U0797541

破产疑难案例

研习报告

第3辑

主　编◎韩长印

副主编◎何心月　王雯慧　刘　派

COMMENTARY OF HARD CASES
IN BANKRUPTCY LAW

法律出版社 LAW PRESS · CHINA

北　京

图书在版编目(CIP)数据

破产疑难案例研习报告. 第3辑 / 韩长印主编. --
北京:法律出版社,2024
(当代破产法丛书)
ISBN 978-7-5197-9076-9

Ⅰ.①破… Ⅱ.①韩… Ⅲ.①破产法-案例-中国
Ⅳ.①D922.291.925

中国国家版本馆CIP数据核字(2024)第081808号

当代破产法丛书	破产疑难案例研习报告(第3辑) POCHAN YINAN ANLI YANXI BAOGAO(DI-3JI)	韩长印 主编	策划编辑 田 浩 责任编辑 田 浩 装帧设计 臧晓飞

出版发行 法律出版社
编辑统筹 法商出版分社
责任校对 张翼羽
责任印制 刘晓伟
经 销 新华书店

开本 710毫米×1000毫米 1/16
印张 33.5 字数 506千
版本 2024年6月第1版
印次 2024年6月第1次印刷
印刷 三河市兴达印务有限公司

地址:北京市丰台区莲花池西里7号(100073)
网址:www.lawpress.com.cn
投稿邮箱:info@lawpress.com.cn
举报盗版邮箱:jbwq@lawpress.com.cn

销售电话:010-83938349
客服电话:010-83938350
咨询电话:010-63939796
版权所有·侵权必究

书号:ISBN 978-7-5197-9076-9
定价:138.00元
凡购买本社图书,如有印装错误,我社负责退换。电话:010-83938349

主 编 简 介

韩长印

上海交通大学凯原特聘教授、博士生导师，兼任中国法学会商法学研究会常务理事，中国法学会保险法学研究会副会长，上海市法学会破产法研究会会长。先后在《中国社会科学》《中国法学》《法学研究》等刊物发表论文百余篇。曾获中国法学会优秀论文一等奖，上海交大优秀教师特等奖、教书育人一等奖、教学成果一等奖等奖励，并获上海市领军人才称号。

主　编： 韩长印

副主编： 何心月　王雯慧　刘　派

参　编： 周楚航　殷　玥　史　孟　石文彦　郭冠宏
张惠敏　沈子砚　叶雪滢　林安琪　张天禾
周　冰　潘乙彤　吴柄萱　张小川　宋　辉
郑飞虎　郑建军　张　玖

当代破产法丛书

编 委 会

王卫国　中国政法大学民商法学院教授，中国法学会银行法研究会会长

王欣新　中国人民大学法学院教授，北京市破产法学会名誉会长

杨忠孝　华东政法大学经济法学院教授，上海市法学会破产法研究会副会长

齐　明　吉林大学法学院教授，吉林省法学会破产法学研究会会长

徐阳光　中国人民大学法学院教授，北京市破产法学会会长

刘　敏　最高人民法院民一庭副庭长，北京市破产法学会副会长

章恒筑　华东政法大学国际金融法律学院教授，浙江省高级人民法院民四庭原庭长，全国审判业务专家

王　静　南京破产法庭庭长，全国审判业务专家

李红芬　河南省焦作市中级人民法院院长

黄贤华　上海破产法庭副庭长

俞　巍　上海市浦东新区人民法院副院长，上海法院审判业务专家

季　诺　上海市方达律师事务所高级合伙人，上海市破产管理人协会会长，上海律师协会原会长

王剑锋　北京大成（上海）律师事务所高级合伙人，监委会主任

郑飞虎　广东金轮律师事务所高级合伙人，广州市破产管理人协会副会长

池伟宏　北京市天同律师事务所合伙人，破产重组业务负责人

董　明　上海君合律师事务所合伙人，破产重组业务负责人

总　序

毋庸置疑，我国已经进入了信用和风险一并快速扩张的时代。24%～36%民间借贷利率的合法化及诸多领域高负债基础上杠杆交易的实施，又进一步放大了此种风险。在政策性软预算约束的惯性下，政府或者准政府机构对大面积违约的刚性兑付，以及部分地区依靠行政力量对困境企业进行以强扶弱的治标做法，尽管能将某些债务风险暂时掩盖起来，但诸多领域内风险的积聚，无疑会成为酝酿新一轮经济和破产危机的量变因子。实际上，有信用关系存在的地方，就可能有破产。只不过，当代社会对于破产制度的需求比以往任何时候都更为迫切。

早在1992年我国确立市场经济体制改革目标之前，1986年《企业破产法（试行）》的制定、颁布就突破性地给自己贴上了这样的历史标签：第一次在电视上直播立法机关现场讨论法律草案的场面；第一次以尚未通过的法律（《全民所有制工业企业法》）的颁布实施作为其自身生效实施的前提。除此之外，该法不仅是在生效之前周知时间最长的法律（1986年12月2日～1988年11月1日），也是迄今"试行"时间最长的法律（1988年11月2日～2007年5月31日）。

然而，有目共睹的是，此后长时期内，破产法的实施效果并不理想。各种制度性替代措施和政策性替代因素借助于经济危困的传统化解手段的普遍采用，以及"维稳措施"对破产功能的消解，使当初为获取市场经济地位而出台破产法的初衷几度被人怀疑。或许，包括破产法在内的整个法制的命运某种程度上就是在这样一波三折的风雨历程中艰难前行的！

2016年是现行《企业破产法》颁布的第10个年头，对破产法实施的推进来讲，这也是值得纪念的一年。这一年，最高人民法院为回应国家供给侧结构性改革和僵尸企业处理的政策精神，改变破产法长期得不到有效实施的现状，推出了一系列促进破产法实施的措施，包括但不限于：在中级人民法院设立专门的清算与破产审判庭（直辖市至少须有一个中级人民法院设立，省会城市、副省级城市所在地中级人民法院均应设立，其他中级人民法院由各高级人民法院会同省级机构编制部门统筹安排）；建成并开始运营全国企业破产重整案件信息网，发布实施了《关于破产案件立案受理有关问题的通知》，实现了类似立案登记制的效应。此外，一些民间机构不失时机地建立了危困企业投资并购联盟、资产投资促进机构及信息共享平台等。通过规模不等的学术论坛、微信群聊等正式或非正式方式，破产法的学术交流、破产法理论与实务界的沟通均空前活跃，不少地方还成立了破产法研究会、破产管理人协会等学术和行业组织。我们欣喜地看到，政府、社会和市场终于认识到了经济发展对破产法不可或缺的内在需求以及破产法对社会与市场所具有的良性回应机能。

破产制度之于我国，无论其制度本身还是其文化内涵，严格说来皆属舶来品。1986年《企业破产法（试行）》颁布至今虽已30年，但从其遭遇的多舛命运来看，难言其已达到“三十而立”的境界。破产程序的启动仍然较依赖或许只是作为临时性措施的配套制度（如“执转破”制度），而缺少必要的自洽机能（如破产启动程序的常态化），现有规则对诸多疑难问题的应对，很难说达到了得心应手、运用自如的程度。应当说，任何一项法律制度的实施，都需要参与制度运作的机构和个人对相关制度要素的准确把握和透彻理解。因而，我们不仅需要学习和借鉴破产法制先进国家的立法经验，也要基于国内的既有实践来培育我们自己思考、应对和化解破产法疑难问题的能力。

应当承认，我国近年来破产法制实践的展开，离不开诸多一线商事法官、破产管理人苦心孤诣、不畏险阻、知难而上、孜孜以求的努力。他们无怨无悔地宣传着破产法的理念，钻研着破产法的精髓。这种坚持不懈地推动破产法实施的卓越智慧和勇气，或许会成为我国破产法艰难实施历史中至为宝贵的民间记忆。在他们这股力量的强大感召和无私激励下，我们没有理由充当破产法制建设的旁观者，没有理由不投入到已现端倪的破产法实施的澎湃激流中去。

本套丛书由上海交通大学法学院破产保护法研究中心（以下简称中心）组编，中心致力于推进破产法学的繁荣和破产法制的进步。中心的成立得到了破产法理论与实务界诸多机构和同仁，尤其是上海市方达律师事务所与浙江京衡律师事务所的鼎力支持。中心成立后在锦天城律师事务所、方达律师事务所等机构支持下，截至2015年先后举办了4届“企业破产法实务论坛”，编辑刊发了10期《破产法通讯》；在浙江京衡律师事务所的支持下，中心于2014年开办了“中国破产保护法律网”，并作为长期项目正式出版“当代破产法丛书”系列。

本套丛书的组编工作启动于2014年，前三部著作于2015年完成初稿并由中国政法大学出版社完成版权翻译许可合同的签署工作。组编工作启动得到了好友章恒筑、任一民、许德风、季诺等破产法同仁的支持。中心期望通过“丛书”的出版，将境内外破产法方面的立法指南、改革报告、经典著作、学术新论、实务案例等素材陆续推出，以表明我们对破产法制事业一如既往的热爱和矢志不渝的信心。期待大家不吝指正，欢迎大家踊跃赐稿。

谨以本套丛书献给正在见证中国破产法制走向进步的人们。

韩长印

识于2016年9月3日

本辑编写说明

《破产法疑难案例报告》2020年卷、2021年卷出版以来，我们收到了学界和实务界不少同仁的肯定和鼓励。尽管在本卷研习过程中经历了前所未有的新冠疫情考验，但在多方共同坚持和努力之下，研习成果最终得以成功推出。

该套案例研习报告的目的，在于通过广泛的案例检索和研读，提升在校生课堂之外的专业训练效果：一则帮助在校生尽可能高效且精准地掌握相关制度、规则在我国现阶段的实施状况，提升研习者通过裁判文书发现案件争点的能力；二则通过案例研习让学生在踏入工作岗位接触真正的破产案件之时，可以回溯曾经研读过的案例，使思路的铺陈更为有的放矢。本书的部分研习成果已在中国破产法论坛、山东、浙江、江苏、四川、河南等地的破产法论坛中获得过相应的奖项，数位作者还受邀出席相关会议并作了主题发言，这些奖项以及会议交流的机会都极大地激发了在校生的研习热情，使同学们有机会求教于破产法领域内的理论和实务专家，同时也是对本书价值的一种检验。

法律的生命力在于实施。在经济下行的大环境下，与解散、清算和挽救危困企业相关的实践做法不断推陈出新，与之相伴，破产法在适用中的各类疑难问题也不断凸显出来。本书部分专题分别针对联合管理人在合并重整中的诉讼主体地位、破产债权人的民事撤销权、代偿取回权在破产程序中的行使、破产受理前商业银行扣款还贷的法律适用、破产清算中"配合清算义务人"的责任承担、上市公司重整中出资人权益调整与股权质押权的协调处理以及府院联动对上市企业预重整的作用等问题，结合实际案例展开研习和论述。

在研习中我们发现，现行《企业破产法》提供的破产程序类型已经无法充分满足我国社会经济生活良性运转的现实需求，尤其是面对破产和解制度的存废、各类破产程序之间的转化、实质合并的实施标准，以及个人破产的立法模式选择等棘手话题之时。就破产制度的本源而言，自然人破产其实正是破产制度进入人们视野的早期模式。赋予自然人以破产能力，有助于债务人进入破产后豁免财产范围、免责条件的合理界定，有助于降低实现债权的整体司法成本；而允许债权人追及债务人的未来收入，则有望以此建立债权的长效保障机制以及社会信用问题的常规化解机制。① 因此，对于包括个人破产在内的破产程序类型的革新，应作为未来企业破产法修法的工作重点。

根据责编和读者的建议，自本卷开始，本书做了如下改进：（1）采取连续标注辑次的方式，本卷为第3辑；（2）封面列举部分主要选题，并在编写说明部分，提示破产实践中的一些新动向和新趋势以及所选用主题的标准及价值等；（3）目录部分，分为要目与细目，细目部分增设一级标题，体现更多的内容信息。另外，本辑专门增加了一个“硕士学位论文”栏目，收录了周楚航同学硕士学位论文的简写版。

本书初稿完成于2022年8月下旬，初稿的写作过程经历了校园封闭生活的磨砺与考验，相信大家心中都留下了一段永远难以忘怀的记忆，并在心理上留下了不少“疫情疤痕”。本书初稿形成后，特别邀请实务界同仁郑飞虎、郑建军、张玖等对部分稿件进行了审阅，姚禹含、施雯奕、段建伟、余悦同学参加了部分稿件的研讨。

研习报告对相关案例、裁判文书的误读或谬解之处，还恳望有关主审法官和破界同仁多多包涵！

本辑“破产疑难案例研习报告”系国家社科基金项目“重整程序中的公司治理问题研究”（22BFX092）的阶段性成果。

此为记。

编者

2023年初于上海

① 参见韩长印：《建立自然人破产制度正当其时》，载《人民法院报》2021年10月15日第2版。

《破产疑难案例研习报告（第3辑）》缩略语表

全称	缩略语	全称	缩略语
《中华人民共和国民法典》	《民法典》	《最高人民法院关于适用〈中华人民共和国企业破产法〉若干问题的规定（一）》	《企业破产法司法解释一》
《中华人民共和国企业破产法》	《企业破产法》	《最高人民法院关于适用〈中华人民共和国企业破产法〉若干问题的规定（二）》	《企业破产法司法解释二》
《中华人民共和国公司法》	《公司法》	《最高人民法院关于适用〈中华人民共和国企业破产法〉若干问题的规定（三）》	《企业破产法司法解释三》
《中华人民共和国物权法》	《物权法》（已失效）	《最高人民法院关于审理企业破产案件若干问题的规定》（2002年）	《破产案件审理规定》（2002年）
《中华人民共和国担保法》	《担保法》（已失效）	《全国法院破产审判工作会议纪要》（法〔2018〕53号）	《破产审判纪要》（2018年）
《中华人民共和国税收征收管理法》	《税收征管法》	《最高人民法院关于适用〈中华人民共和国担保法〉若干问题的解释》	《民法典担保制度司法解释》
《中华人民共和国信托法》	《信托法》	《最高人民法院关于适用〈中华人民共和国公司法〉若干问题的规定（二）》	《公司法司法解释二》
《深圳经济特区个人破产条例》	《深圳个人破产条例》	《全国法院民商事审判工作会议纪要》	《九民纪要》

要　目

细 目

以税收债权为主要负债的破产原因构成问题

内容提要：税收债权在破产程序中的处置向来是破产法和税法共同面临的疑难问题。本专题结合一起由税务机关提起的破产申请纠纷案，从税收债权在破产程序中的权利顺位出发，主张滞纳金原则上属于普通破产债权而非劣后债权；在此基础之上，税收机构参与破产程序的行为属于“私经济行政行为”，主要受民事法律规范的调整，税收债权的公债权属性并非阻碍税收债权人申请破产的事由。当以税收债权为主的债务人主动提出破产申请时，法院应采取形式审查的方式，是否具备破产原因不应以申请人的主体类型或权利属性等而差异化处理。坚持以资不抵债为核心的客观化破产原因为标准，有助于形成较为高效且稳定的破产清算受理机制。

关键词：破产申请、税务机关、滞纳金、公法之债、破产原因

一、问题的提出

青海瑞达药业有限公司（以下简称瑞达公司）于2012年10月注册登记成立，注册资本为500万元，2020年8月31日以资不抵债为由向法院申请破产清算。审计报告记载，瑞达公司资产总额1,265,333.15元，负债总额10,213,059.96元，所有者权益为-8,947,726.81元。公司主要资产均为流动资产，其中货币资金8398.35元，预付款项30,884.80元，其他应收款1,226,050元（主要为借款、保证金等，

均存在无法跟债务人联系的情况）；公司负债为应付账款865,655.50元（主要为应付货款债权8家），应交税费6,380,105.81元，其他应付款2,967,298.65元（主要为对外借款）。公司现有员工1人，为公司会计，其他员工均已解除劳动合同，无欠付职工工资和社会保险费用的情况。公司无对外担保，亦无涉诉案件。

对于瑞达公司的破产申请，一审法院认为，债务人用以证明公司资产与负债的证据系其单方制作，公司主要债务为欠缴税费，在无其他客观证据的情形下，不足以证明债务人存在资不抵债或明显缺乏清偿能力的客观情形，遂裁定不予受理。二审法院则认为：瑞达公司债务的流动货币资金明显不足以清偿其已知债务，符合破产清算的受理条件，且审计报告系由青海中旗会计师事务所出具，非瑞达公司单方制作；对于瑞达公司“需要交纳的仅是170万元的滞纳金”的说法，根据《最高人民法院关于税务机关就破产企业欠缴税款产生的滞纳金提起的债权确认之诉应否受理问题的批复》，“破产企业在破产案件受理前因欠缴税款产生的滞纳金属于普通破产债权”的规定，仍属于瑞达公司的债务，而非一审法院认定的税费性质。遂裁定受理瑞达公司的破产清算案。[①]

本专题拟从该破产清算申请纠纷案出发，探讨如下问题：（1）税收债权是否属于破产债权，针对滞纳金，其是否具有执行罚性质因而属于劣后债权？（2）当引发债务人营运困境的主要债权为税收债权时，法院是否应当受理债务人的破产清算申请？（3）破产原因构成要件系仅关于债务人企业营运状态的“客观标准”，还是同时包含申请人主体性质等“主观要素”的综合标准？

二、税收债权（滞纳金）在破产程序中的权利顺位

“在破产案中，没有比税收债权更让人伤脑筋的问题了”[②]。对于税收债权在破产程序中可能引发的争议的分析，还要从其权利属性谈起。[③]

① 参见青海省高级人民法院民事裁定书，（2021）青破终2号。

② Endicott，Allen B. Jr.，*Taxes*，*Wage Claims*，*and Inheritances*，16（2）Journal of the National Association of Referees in Bankruptcy 58（1942）.

③ 税务机关对债务人企业的破产申请权，在私法领域体现为“权利”，而在公法领域其本质上是“权力”。该案中破产法与税法存在领域融合，故而采用“权利”的表述。

（一）破产法与税法的理念分野及领域交融

税法具有浓厚的公法色彩，其立足于国家本位，旨在维护国家应得的财产利益。《税收征管法》第1条规定，以“加强税收征收管理，规范税收征收和缴纳行为，保障国家税收收入，保护纳税人的合法权益，促进经济和社会发展”作为其立法目标。相较于税法，破产法则是一种概括性的债务清理程序。《企业破产法》第1条规定的“规范企业破产程序，公平清理债权债务，保护债权人和债务人的合法权益，维护社会主义市场经济秩序”系其立法意旨。

在公、私分野的语境下，当前有关税收争议存有一种越发值得注意的倾向：税法产生了与私法规则融合的倾向，甚至部分税收制度直接来源于私法，例如税收代位权、纳税担保等制度。① 税收债权在发展过程中，不断与其他部门法相融合。“税是把私有性部门所产生的财富的一部分为了筹集公共服务资金而被强制性地转移到国家手中的手段”②，因此，税务机关与纳税人之间的法律关系一般被视为“公法之债”，可参照适用民法上关于债权的相关规则。③ 较早将传统意义上属于私法的“债”之概念引入税法领域的是德国学者阿尔伯特·亨泽尔（Albert Hensel），其于1926年3月在明斯特举行的德国法学家会议上提出了“税收债务关系说”。这一观点后来得到了税法理论界的广泛认可，并通过课税要件成立时间等相关规定得到贯彻。④ 税收债务关系说的提出和“税收之债”概念的导入，对于建立富有现代法治精神的税收法制具有重大意义。⑤ 因此，税收债权是具有公法色彩的特殊债权，但其对私法规则的参照适用，已有充分的理论支撑。

破产作为实现债务公平清偿的特殊法律制度，势必会对其他法律的实体或程序规则作出必要的变通适用。进一步而言，当前“领域法学”的发展将有助于对税收债权性质的厘清。一方面，破产法因其程序的复杂性、终局性而引发的“坩埚”效应，必然要求破产程序规则整合民商法、经济法、行政法、诉讼

---

① 参见徐阳光、范志勇、徐战成：《破产法与税法的理念融合及制度衔接》，法律出版社2021年版，第5页。

② ［日］金子宏：《日本税法》，战宪斌、郑林根等译，法律出版社2004年版，第23页。

③ 参见刘剑文等：《财税法总论》，北京大学出版社2016年版，第103页。

④ 参见徐阳光：《破产程序中的税法问题研究》，载《中国法学》2018年第2期。

⑤ 参见施正文：《税收债法论》，中国政法大学出版社2008年版，第3页。

法、国际法等多个部门法的力量，在此意义上，破产程序确实是一个供各方主体利益博弈以及多重法律部门参与的综合性平台或曰“领域”。[①] 另一方面，税法自身面临着属于行政法还是经济法的争论，若采取“领域法学”的分析，便可在实体税法规范中引入民商事法律规则，同时在程序税法规范中发挥“公权力行政”与“私经济行政”的合力。[②] 由此，破产程序中的税收债权将不再是简单的两个部门法之间的优先适用位阶问题，而是公、私法域之间的互动与协作问题。

（二）破产法语境下对税收债权的解释歧义

基于现有法律规范，税收债权（优先权）的适用问题主要体现在《企业破产法》与《税收征管法》的矛盾之中。举例而言，依据《税收征管法》第45条的规定，税收债权优先于无担保债权，同时，应当按债权成立时间的先后来确定其与担保物权之间的受偿顺位，即“时间在先，权利在先”，然而，依据《企业破产法》第109条和第113条的规定，税收债权的受偿顺位仅优先于普通债权，而次于担保债权和职工债权。比对两部法律便可发现，税收优先权在破产程序中容易产生适用上的混乱。依照《税收征管法》的有关规定，当税收债权与抵押权、质权、留置权相竞合时，若纳税人欠缴的税款发生在前，那么该税收债权就应当优先于担保物权受偿；但是在破产程序中，若对享有抵押权、质权、留置权的债权适用破产法的规范，又将得出此类担保物权优于税收债权受偿的结论。更何况，仅就《企业破产法》的规范内容而言，其对“税收优先权”的规定较为笼统，税收是否仅指本金，是否包括滞纳金和罚金这部分债权，尚有疑问；而且，税收优先权的确定时间也并不明确，“欠缴税款发生的时间”到底是纳税期限届满还是纳税核定的时间，尚不得而知。[③] 我国尚未健全税收债权的公示制度，这意味着为税收债权设立优先权会导致交易成本的增加、程序的烦琐化，整体上不利于交易安全。

此外，就《企业破产法》和《税收征管法》对税收债权受偿地位问题的矛

① 以问题为中心，旨在汇集多种法律手段、综合地解决复杂社会条件下产生的社会问题的“领域法学”已经形成。参见刘剑文：《论领域法学：一种立足新兴交叉领域的法学研究范式》，载《政法论丛》2016年第5期。

② 参见徐阳光：《破产程序中的税法问题研究》，载《中国法学》2018年第2期。

③ 参见徐阳光：《破产程序中的税法问题研究》，载《中国法学》2018年第2期。

盾性规范而言，无法直接通过对法律适用位阶的优先级解释得出结论。这是因为，此两部法律处于同一立法位阶，从某种角度来看，均具有所谓的“特别法”性质，[①] 并非因为破产法意欲规范的是破产程序中的相关法律问题，就足以认定其处于更为优先的适用位阶。

为解决破产程序中税收债权的受偿顺位问题，我国破产法学者借鉴比较法，提出了转变税收债权优先受偿地位的建议。有观点就认为，各国破产法早期大多规定税收债权具有优先受偿地位，但这一情形随着时间的推移已有重大变化，目前多数国家将税收债权规定为普通债权。[②] 具体理由包括：（1）随着社会经济的发展，现代国家的福利国家属性有所加强，企业的税负急剧增加，若仍允许其享有优先受偿地位，将极大地降低其他普通债权的受偿比例，甚至使普通债权人得不到任何清偿。（2）在破产实践中，破产财团的价值往往很有限，对于作为债权人的税收机关而言，参加破产程序的成本和收益往往并不相称，因而即使法律规定其享有优先受偿权，税收机关也常基于税收成本的考虑而选择不作为。[③]（3）随着国家财政能力的增强，税收机关能够从破产企业获得的税收在总财政收入中仅占极小的比例，适当地放弃这项优先地位也不会对国家收入产生太大影响。[④] 总而言之，在当今经济发展的趋势下，再过多地强调税收债权的优先地位，似已不合时宜。[⑤]

---

① 有观点认为，《企业破产法》相对于《税收征管法》具有适用上的特殊性和优先性。其认为：“在《企业破产法》中，对于破产债权中税收债权这一特殊事项，是有特别规定的，但是在《税收征管法》中并没有对破产企业这一特殊主体作出特别考虑，换言之，仅就税收债权的顺位这一事项而言，《税收征管法》和《企业破产法》都有相应的规定，但就破产企业这一特殊主体而言，《税收征管法》并没有特殊规定，在这个意义上，对于破产企业的税收债权与担保物权的冲突这一具体问题而言，《企业破产法》属于《税收征管法》的特别法，应当优先适用。”王雄飞、李杰：《破产程序中税收优先权与担保物权的冲突和解决》，载《法律适用》2018 年第 9 期。

② 《美国联邦破产法典》第 507（a）（8）条规定了 7 种税收债权居于第 8 类受偿顺位，具体包括债务人的所得与总收入税、财产税、代扣税、股用税、消费税、关税以及与此相关的罚款。日本新破产法对于税收优先权的顺序进行了调整，提高劳动债权的清偿优先级，适当降低税收债权的顺位，实现保障民生的意旨。参见徐阳光、范志勇、徐战成等：《破产法与税法的理念融合及制度衔接》，法律出版社 2021 年版，第 28－34 页。

③ 如德国修订破产法前的统计显示，税收机关仅在 2% 的破产案件中派员参加破产程序。

④ 参见许德风：《论破产债权的顺序》，载《当代法学》2013 年第 2 期。

⑤ 但也有不同观点，具体可见韩长印：《破产优先权的公共政策基础》，载《中国法学》2002 年第 3 期。

以税收债权受偿顺位问题为例，为符合破产法的制度目标，对税收优先等公法规则作出变通的现象已经反映出，在领域法学的影响下，破产程序中税收债权的处置问题可能不再受“税收法定”这一公法上的具有强制属性原则的绝对管控，而是应当承认破产程序中税收债权问题的天然“整合性、交叉性、开放性、应用性和协同性”①。换言之，综合我国当前的法律规范以及比较法上的相关立法发展而言，可以认为，税法与破产法之间确实存在某种解释上难以弥合的差异与矛盾，税收债权在破产程序中的定性必须就具体问题进行具体分析。

（三）滞纳金税收债权在破产程序中的受偿顺位

结合文首案例中的争议焦点，本节重点讨论作为税收债权的滞纳金在破产程序中的定位问题。

加征滞纳金，是指在纳税义务人无法及时缴纳税金时，为督促纳税人履行纳税义务，而在其原负之税款债务外，以滞纳期间经过之时日乘以一定比例的滞纳税额的金钱给付义务。② 在我国，对于滞纳金的性质认定经历了从观点林立到逐渐统一的过程。2012 年施行的《行政强制法》第 12 条将滞纳金定性为行政强制执行中的执行罚。2015 年 1 月 5 日，国务院法制办公室公布的《中华人民共和国税收征收管理法修订草案（征求意见稿）》中，有关税收滞纳金规则的修改可谓是变动最大的内容之一，其第 59 条第 1 款规定，纳税人未按照规定期限缴纳税款的，扣缴义务人未按照规定期限解缴税款的，按日加计税收利息；第 67 条规定，纳税人逾期不履行税务机关依法作出征收税款决定的，自期限届满之日起，按照税款的 5‰按日加收滞纳金。而当前《税收征管法》第 32 条③吸收整合了草案中的规定形成了滞纳金的一般性规则。

相比较而言，我国台湾地区通说采取“怠金”的概念，其认为税务机关收取“怠金”是为了“督促”纳税人缴税。并且，“怠金”属于法定的“税捐附带给付”，目的是维持租税的公平性，填平如期缴纳者与逾期缴纳者之间的差异，贯彻租税中立及租税公平原则。④ 相关理论观点认为，我国大陆关于滞纳

① 刘剑文：《论领域法学：一种立足新兴交叉领域的法学研究范式》，载《政法论丛》2016 年第 5 期。

② 参见黄茂荣：《论税捐之滞纳金》，载《台大法学论丛》1987 年第 2 期。

③ 该条规定：“纳税人未按照规定期限缴纳税款的，扣缴义务人未按照规定期限解缴税款的，税务机关除责令限期缴纳外，从滞纳税款之日起，按日加收滞纳税款万分之五的滞纳金。”

④ 详见我国台湾地区“司法院”大法官第 746 号解释。

金的立法系参照比较法中的罚款，是税务行政处罚的一种类型；[①] 而我国台湾地区“怠金”的惩罚性与“漏税罚”不可同日而语。[②]

总体来看，当前税法理论中关于滞纳金性质的分析，存有以下观点分歧：

1. 给付延迟之损害赔偿说

税捐债务属于公法上的金钱之债，因此纳税义务人于清偿期届满时，若不能如期履行，即构成给付延迟。至于是否以存在可归责于纳税义务人的事由为成立延迟责任之前提，一般认为，仍应以可归责为必要。实际上，滞纳金的计算方式正显现出其延迟损害赔偿的性质：针对关税加收的滞纳金，按日加征万分之五，这在比例上接近于民间借贷的利息；而其加征期间为自缴税期限届满日或关税记账之翌日起，直至税款缴清之日止，这一期间与税法中其他关于加征利息的规定相近。

2. 行政执行罚说

秉持督促履行的作用的立场，对纳税义务人课以作为滞纳金的行政行罚，此为行政执行罚说。该说亦从责任金额的具体计算方式入手，但其视角在于不同类型滞纳金内部的比较：所得税、遗产及赠与税、营业税、土地税、契税、印花税、使用牌照税、房屋税之加征滞纳金均具有执行罚的性质，因其数额为，30 日内每逾两日按应纳税额加征 1%，额度高达关税滞纳金的 10 倍左右，显非仅延迟利息所当，具有通过重罚监督履行的意味。并且，滞纳金乃按日数、依法律而直接计罚，稽征机关对此不具有裁量权，因而与行政机关的直接处罚权

---

① 税收行政处罚的类型，根据违反义务的种类不同，分为违反缴纳义务的偷税罚（我国台湾地区称为“漏税罚”）和违反协力义务的行为罚两种。在我国大陆，滞纳税款行为应归属于违反缴纳义务行为的范围；其行为主体为纳税主体（包括纳税人和扣缴义务人），并且以滞纳税款为基数连续计征滞纳金。综观《税收征管法》针对违反缴纳义务行为的罚款，属于行政罚的性质，通常以偷税款为基数处以有上下限幅度的倍数罚；综合其罚款倍数幅度，最低的倍数下限为 0.5 倍，最高的倍数上限为 5 倍。因此，可得作为税收滞纳金参照系的罚款，应当以偷税罚的幅度倍数罚，且以其最低倍数下限 0.5 倍，即 50% 为准；这也就同时表明，对具有可罚性的税收违法行为处以超过其违法金额一半以上的罚款，即足以展现出惩罚性。参见李刚：《税收滞纳金的功能与性质的界定方法：利罚参照比较法——从海峡两岸比较的角度》，载《税务研究》2018 年第 5 期。

② 以所谓“所得税法”为例，我国台湾地区规定的漏税罚针对不同行为主体及其不同行为有多种类型，除第 110 条对于纳税人区分不同情形分别规定了 2 倍以下和 3 倍以下的罚款外，第 110 条之 2 规定了未分配盈余的漏税罚为 1 倍以下罚款，第 114 条又规定了对扣缴义务人违反扣缴义务的不同情形分别处以 1 倍以下和 3 倍以下罚款。

又不尽相同。

3. 行政秩序罚说

对纳税义务人过去的违法行为加以制裁的观点认为，滞纳金意在对纳税人课以行政秩序罚，此为行政秩序罚说。具体而言，印花税、使用牌照税之滞纳罚款的性质便接近于此，表现为其滞纳罚款之额度为总税金除以1倍至5倍之数额，并且此时滞纳罚款的计算中，行政机关享有裁量权，符合行政秩序罚之裁量特征。① 此外，上述税目计算以超过滞纳期间尚未缴税为处罚要件，从而其所涉及之违章情形已有漏税之特征，亦符合行政秩序罚的要件要求。

4. 行政执行罚兼给付迟延之损害赔偿说

从税务的金钱之债属性来看，当债务人陷入给付延迟时，本就应负担延迟利息之损害，因此可以认为，滞纳金的加征本就包含对迟延利息的考虑。若仅对税捐债务采取传统意义上的金钱之债的观点，则应对纳税义务人的财产采取强制执行措施，但鉴于税捐行政的大量性，滞纳金的额度可直接由法律规范加以确定。两相结合，对纳税义务人加征高于延迟利息的滞纳金便兼具行政执行罚之作用和给付延迟损害赔偿的意义。

由以上关于滞纳金性质的不同观点可知，征收滞纳金的场景包含多种情况，因而其性质难以一概而论。本专题认为，针对破产程序而言，在程序启动前的税收滞纳金债权原则上应归属于一般破产债权，仅就明显超出民间借贷利率的部分，有可能构成罚金。我国目前税收滞纳金的计算标准为按日加收滞纳税款的万分之五，折算为年利率即为18.25%，而我国民间借贷利率上限为4倍LPR，即15.4%左右。尽管税收滞纳金的计算标准仍然高于贷款利息，这可能显示出一定程度的行政执行罚金性质，但不可否认的是，滞纳金作为对迟延履行之补偿的损害赔偿性质更为明显。② 因而，在《税收征管法》未区分滞纳金的“损害赔偿”性质部分与“执行罚”性质部分的情况下，在多数场景下可以直接将破产程序启动前的税收滞纳金认定为损害赔偿，进而归入一般破产债权，而非属于劣后债权的“罚金”。

除滞纳金外，税收债权的类型实则更为多样。对此，已有研究成果尝试对

① 不过其倍数由法律规定按月提升1倍至4倍。
② 参见刘剑文、熊伟：《税法基础理论》，北京大学出版社2004年版，第293页。

破产清算中税收债权的受偿顺位之全貌进行还原，其指出，税收债权的内容复杂多样、性质各异，因而有必要采取类型化的分析思路，将不同的税收债权归入优先债权、普通债权甚至劣后债权之中。① 如表1-1所示。

表1-1　破产清算中税收债权的分类及其优先权划分

在破产中的地位	类　别	具体内容	税收的目的性	受偿顺序
非破产债权	第一类税收（基于破产别除权的优先权）	破产清算中的“新生税收”	为破产人全部财产利益、维护全体债权人的公共利益而发生的破产费用和共益债务	最优先受偿，在破产清算程序中随时清偿
	第二类税收（基于担保物权的优先权）	基于担保物权的税收	为实现公共利益，保障国家的税收，公益性大	与担保的普通债权处于同一顺位，以担保权设立的时间为准先后受偿
破产债权	第三类税收（狭义的税收优先权）	无担保的税收本金及其利息	为保障国家的税收，实现公共利益，公益性较大	优先于无担保的普通债权
	第四类税收（次后的税收债权）	税收的滞纳金、罚款	带有浓郁的惩罚性质，公益性较小	作为劣后债权滞后于普通债权受偿

归纳之，税收债权在破产程序中的受偿地位不可一概而论，有可能构成优先债权、普通债权、劣后债权，甚至产生于同一基础事实的税收债权可能同时由多项不同类型的权利内容构成。由此反观文首案例中二审法院援引的《最高人民法院关于税务机关就破产企业欠缴税款产生的滞纳金提起的债权确认之诉应否受理问题的批复》，该批复一概将所有破产程序受理前的滞纳金视为普通破产债权，虽然符合多数案件的处理结果，但更为合理和周全的方式可能是由法院在与民间借贷利率进行比较之后，视情况将滞纳金的受偿顺位列于普通破产债权或列为劣后债权。

① 参见李慈强：《破产清算中税收优先权的类型化分析》，载《税务研究》2016年第3期。但该文将滞纳金划分为劣后债权，与本专题的立场有所不同。

三、税收机关申请破产的主体资格证成

既然税收债权在权利性质上具有复杂构成，那么当争议同时涉及破产程序的启动时，税收债权的这种特性又会产生何种影响呢？如文首案例中，一审法院就直接以破产申请人的主要债务为税收滞纳金为由，驳回了其申请，法院的这种裁判思路是否具有充分的法律依据呢？

（一）税务机关提起破产申请的现有法律规范

税务机关作为公法人，对于其参与破产程序时的主体地位并非毫无争议。根据《企业破产法》第7条第2款的规定，债权人是提出破产申请的重要主体，但并未对债权类型作出特别的限制，公法人的申请人地位并非完全明晰；与此同时，《税收征管法》虽未禁止征税机关提起破产申请，但也并未作出明确授权。① 而在实践中，税收债权人的破产申请权问题素有争议，各地法院对税务机关提起的破产申请所作的裁定结果不一。从地方层面来看，我国部分高级人民法院以及地方税务部门颁发的规范性文件亦针对性地肯认了税务机关作为债权人来申请纳税人进入破产程序的权利，如《北京市高级人民法院企业破产案件审理规程》第10条规定："债务人出现企业破产法第二条规定的情形，欠缴税款、企业应缴纳部分社会保险费用（不包括滞纳金、罚款）的，税务机关、社会保险费用管理部门可以向人民法院申请债务人破产清算。"② 对此，下文将从实践中法院对税务机关提起的破产申请的审理情况出发，归纳相关争议，并在此基础上结合现有理论观点作进一步的分析。

（二）税务机关提起破产申请的司法裁判

截至2022年3月4日，笔者以"税务"为案件标题关键词，并以"申请破产清算"、"申请破产重整"以及"申请破产和解"为案由，在"北大法宝"检索分别得到相关案例27篇、3篇、0篇，经阅读筛选后得到18个关于税务机关申请破产的样本案例，并归纳相关案件信息及裁判理由于表1－2。

① 参见韩长印主编：《破产法教程》，高等教育出版社2020年版，第51页。

② 还可参见《浙江省国家税务局关于充分发挥税收职能作用推动处置"僵尸企业"的指导意见》（浙国税发〔2016〕140号）规定："'僵尸企业'不能清偿到期债务的，国税机关作为债权人，可以依法向人民法院提出对债务人启动破产程序的申请。"江苏省高级人民法院《破产案件审理指南（修订版）》（苏高法电〔2017〕794号）规定："债务人欠缴税款、社会保险费用或者法定住房公积金的，税务部门、劳动保障部门或者住房公积金管理部门可以向人民法院申请债务人破产。"

表 1－2 税务机关申请破产的样本案例

编号	受理时间	案号	案件名称	申请人	被申请人	受理理由
1	2018 年 5 月 9 日	（2018）粤 01 破 21－1 号	广州市地方税务局第二稽查局、广州彩色带钢厂合同、无因管理、不当得利纠纷破产民事裁定书	广州市地方税务局第二稽查局	广州彩色带钢厂	广州彩色带钢厂不能清偿到期债务，并且资产不足以清偿全部债务
2	2020 年 12 月 22 日	（2020）粤 01 破申 402 号	国家税务总局广州市天河区税务局、广州市诚越服务有限公司合同、无因管理、不当得利纠纷破产民事裁定书	国家税务总局广州市天河区税务局	广州市诚越服务有限公司	广州市诚越服务有限公司不能清偿到期债务，且经人民法院强制执行仍无法清偿，应当认定其明显缺乏清偿能力
3	2018 年 11 月 20 日	（2018）粤 13 破申 42 号	国家税务总局惠州市税务局、惠州广信物业发展有限公司破产民事裁定书	国家税务总局惠州市税务局	惠州广信物业发展有限公司	被申请人未依法缴纳税款及相应罚款，且经人民法院强制执行，仍未能履行清偿义务，且除欠缴该案税款债权外，仍涉及众多执行案件未能清偿债务，被申请人的现有财产已不足以清偿全部债务，处于不能清偿到期债务并且资产不足以清偿全部债务、明显缺乏清偿能力的状态

续表

编号	受理时间	案号	案件名称	申请人	被申请人	受理理由
4	2018年8月31日	（2018）琼02破申17号	国家税务总局三亚市吉阳区税务局与三亚鹿南实业有限公司再审案件民事裁定书	国家税务总局三亚市吉阳区税务局	三亚鹿南实业有限公司	三亚鹿南实业有限公司不能清偿到期债务，且明显缺乏清偿能力，但具有重整的意愿和重整的必要性、可行性，故其符合“重整的对象应当是具有挽救价值和可能的困境企业”的要求
5	2018年8月31日	（2018）琼02破申10号	国家税务总局三亚市吉阳区税务局与三亚鹿湾实业有限公司再审案件民事裁定书	国家税务总局三亚市吉阳区税务局	三亚鹿湾实业有限公司	三亚鹿湾实业有限公司系依法注册成立的企业法人，故其属于重整适格主体。吉阳区税务局对三亚鹿湾实业有限公司的税款债权已经生效法律文书确认，且履行期限届满未得到清偿，故吉阳区税务局有权提出重整申请。三亚鹿湾实业有限公司不能清偿到期债务，且明显缺乏清偿能力，但具有重整的意愿和重整的必要性、可行性，故其符合“重整的对象应当是具有挽救价值和可能的困境企业”的要求
6	2018年8月31日	（2018）琼02破申12号	国家税务总局三亚市吉阳区税务局与三亚鹿影实业有限公司再审案件民事裁定书	国家税务总局三亚市吉阳区税务局	三亚鹿影实业有限公司	三亚鹿影实业有限公司系依法注册成立的企业法人，故其属于重整适格主体。吉阳区税务局对三亚鹿影实业有限公司的税款债权已经生效法律文书确认，且履行期限届满未得到清偿，故吉阳区税务局有权提出重整申请。三亚鹿影实业有限公司不能清偿到期债

续表

编号	受理时间	案号	案件名称	申请人	被申请人	受理理由
						务，且明显缺乏清偿能力，但具有重整的意愿和重整的必要性、可行性，故其符合“重整的对象应当是具有挽救价值和可能的困境企业”的要求
7	2021年2月19日	（2021）浙1021破申2号	国家税务总局台州市税务局第二稽查局、台州嘉田汽车部件制造有限公司破产民事裁定书	国家税务总局台州市税务局第二稽查局	台州嘉田汽车部件制造有限公司	被申请人经申请人催告仍未缴纳相关款项，且于2012年12月28日被吊销营业执照，被申请人亦未提供证据证明其未出现破产原因，故申请人对被申请人的破产清算申请符合法律规定
8	2020年10月10日	（2020）浙1081破申50号	国家税务总局台州市税务局第二稽查局、温岭市铭川鞋业有限公司申请公司清算破产民事裁定书	国家税务总局台州市税务局第二稽查局	温岭市铭川鞋业有限公司	被申请人自2018年6月28日以来，拖欠税款、滞纳金以及罚款未付，故其已出现不能清偿到期债务且明显缺乏清偿能力的情形，具备破产原因。因此，申请人作为债权人申请对被申请人进行破产清算，符合法律规定
9	2018年12月29日	（2018）津02破申56号	国家税务总局天津市河西区税务局、天津乐园宾馆有限公司破产民事裁定书	国家税务总局天津市河西区税务局	天津乐园宾馆有限公司	被申请人到期不能清偿，并且被申请人资产已不足以清偿全部债务

续表

编号	受理时间	案号	案件名称	申请人	被申请人	受理理由
10	2018年12月29日	（2018）津02破申55号	国家税务总局天津市河西区税务局、天津维克食品有限公司破产民事裁定书	国家税务总局天津市河西区税务局	天津维克食品有限公司	申请人对被申请人享有债权，被申请人到期不能清偿，并且被申请人资产已不足以清偿全部债务。被申请人天津维克食品有限公司为企业法人，对其申请破产清算符合法律规定的主体条件
11	2020年5月27日	（2020）浙0483破9号之一	国家税务总局桐乡市税务局宣告债务人破产的民事裁定书	国家税务总局桐乡市税务局	嘉兴和兴能源有限公司	债务人嘉兴和兴能源有限公司已不能清偿到期债务，并且资产不足以清偿全部债务，符合破产的法定条件
12	2017年4月12日	（2017）浙08破申1号	衢州市地方税务局直属分局、衢州金德塑胶管业有限公司破产民事裁定书	衢州市地方税务局直属分局	衢州金德塑胶管业有限公司	被申请人长期欠缴税款，且对债权人负有到期债务不能清偿，可见其明显缺乏清偿能力，故可以认定被申请人衢州金德塑胶管业有限公司已经不能清偿到期债务且明显缺乏清偿能力，具备破产条件
13	2017年4月12日	（2017）浙08破申3号	衢州市地方税务局直属分局、浙江金德卫浴有限公司破产民事裁定书	衢州市地方税务局直属分局	浙江金德卫浴有限公司	被申请人长期欠缴税款，且对债权人负有到期债务不能清偿，可见其明显缺乏清偿能力，故可以认定被申请人浙江金德卫浴有限公司已经不能清偿到期债务且明显缺乏清偿能力，具备破产条件

续表

编号	受理时间	案号	案件名称	申请人	被申请人	受理理由
14	2016年9月2日	（2016）浙0324破申3号	永嘉县国家税务局与温州宾迈服饰有限公司再审民事裁定书	永嘉县国家税务局	温州宾迈服饰有限公司	申请人永嘉县国家税务局系被申请人温州宾迈服饰有限公司的债权人，现被申请人温州宾迈服饰有限公司未清偿到期债务，故申请人永嘉县国家税务局有权向人民法院提出对被申请人温州宾迈服饰有限公司进行破产清算的申请。被申请人温州宾迈服饰有限公司系依法成立的企业法人，主体适格，故申请其破产清算的案件应由永嘉县人民法院管辖
15	2016年9月2日	（2016）浙0324破申1号	永嘉县国家税务局与温州蒂柏龙服饰有限公司再审民事裁定书	永嘉县国家税务局	温州蒂柏龙服饰有限公司	申请人永嘉县国家税务局系被申请人温州蒂柏龙服饰有限公司的债权人，现被申请人温州蒂柏龙服饰有限公司未清偿到期债务，故申请人永嘉县国家税务局有权向人民法院提出对被申请人温州蒂柏龙服饰有限公司进行破产清算的申请。被申请人温州蒂柏龙服饰有限公司系依法成立的企业法人，主体适格，故申请其破产清算的案件应由永嘉县人民法院管辖

续表

编号	受理时间	案号	案件名称	申请人	被申请人	受理理由
16	2016年9月7日	（2016）浙0324破申2号	永嘉县国家税务局与永嘉县嘉丰服饰有限公司再审民事裁定书	永嘉县国家税务局	永嘉县嘉丰服饰有限公司	申请人永嘉县国家税务局系被申请人永嘉县嘉丰服饰有限公司的债权人，现被申请人永嘉县嘉丰服饰有限公司未清偿到期债务，故申请人永嘉县国家税务局有权向人民法院提出对被申请人永嘉县嘉丰服饰有限公司进行破产清算的申请。被申请人永嘉县嘉丰服饰有限公司系依法成立的企业法人，主体适格，故申请其破产清算的案件应由永嘉县人民法院管辖
17	2018年2月9日	（2018）浙1021破申1号	浙江省玉环市地方税务局、玉环县环球润电制造有限公司破产民事裁定书	浙江省玉环市地方税务局	玉环县环球润电制造有限公司	被申请人已不能清偿到期债务，且明显缺乏清偿能力。申请人的申请符合法律规定，法院予以受理
18	2014年12月3日	（2014）房破预初字第00008号	北京市房山区地方税务局等申请破产清算一审民事裁定书	北京市房山区地方税务局	北京碧溪温泉饭店有限责任公司	北京市房山区地方税务局陆续向北京碧溪温泉饭店有限责任公司送达了税务处理决定履行催告书、税务行政处罚决定履行催告书等税务文书，对此，北京碧溪温泉饭店有限责任公司既未提出陈述、申辩意见，亦未履行相应的缴纳义务。现北京市房山区地方税务局的申请符合相关法律规定，法院予以受理

从以上裁判情况中可以看出，税务机关主动申请债务人破产的案件多发生在浙江省；从时间来看，以2016年9月永嘉县国家税务局对温州蒂柏龙服饰有限公司等三家公司的破产清算申请获永嘉县人民法院裁定受理为典型案例，此后显然有更多法院更倾向于受理税务机关对债务人企业的破产申请。

从具体的裁判理由中可以看出，法院受理税务机关破产申请的理由可主要归结为：（1）申请人对被申请人享有到期的税收债权；（2）被申请人不能清偿到期的税收债权并且明显缺乏清偿能力；（3）被申请人资不抵债。在法律适用上，相关裁判都提出，法院受理税务机关申请债务人企业破产的依据为《企业破产法》及其司法解释，现有规定并未附加其他条件，亦未对申请人的公法人属性作出限制性规定，这可被视为在某种程度上认可了税务机关属于破产债权人的范畴，并承认其申请破产的主体资格。

（三）由税务机关提起破产申请的理论争鸣

当前我国司法实践虽大多对税务机关提起破产申请的资格予以肯定，但尚未对适用《企业破产法》第2条的正当性进行充分的论证说明，就该问题，在理论中存有如下争议。

1. 反对说的依据

第一，税收债权因其优先性而区别于一般破产债权，为保障税收优先权，采取非破产法的救济方式其实更利于权利的充分实现。[①] 若对所申请的破产程序的具体类型加以区分，还有观点进一步提出：依照税收法定原则，税收债权的征收与减免均由相关立法规定，税务机关无权在重整程序中主动做出债权减免的让步，所以，由税务机关申请重整不具有任何积极意义，一般而言，税务机关只可能享有对纳税人的破产清算申请权，但不享有破产重整或和解的申请权。[②]

第二，税务机关提起破产申请缺少法律依据。税收债权虽然可以参照适用民事债权理论和规则，但其仍属于行政法律关系，而非民事法律关系。对于行政法律关系，有关国家公权力机关行使职权的权力，必须具有明确的法律依据。[③]

---

① 参见李永军：《破产法——理论与规范研究》，中国政法大学出版社2013年版，第75页。

② 参见王欣新：《破产法》（第3版），中国人民大学出版社2011年版，第48页。

③ 参见郑大世：《为什么税务局不能申请企业破产清算》，载房地产财税网，http：//www.fdctax.com/cms/csqk/25788.htm，最后访问日期：2024年5月13日。

而《税收征管法》及其实施细则只对纳税担保权、税收代位权、税收撤销权以及税务机关享有的破产清算权作出了规定，唯独对于税务机关提起破产申请的权利问题，未作规定。此时，民事法律理论中的“法无禁止皆可为”原则显然无法适用于税务机关的行政行为，因为要遵循税收法定主义、行使职权必须以法律规定作为依据，可以说是“法无授权不可为”。[①] 因此，税务机关提起破产申请的行为，可能遭遇公权力在私法领域过度扩张的质疑。

第三，税务机关提起破产申请违反比例原则。行政法中的比例原则是指，行政机关在实施行政行为时，应适当权衡行政目标的实现和保护相对人的权益之关系，具体而言，行政目标的实现与相对人权益所受的不利影响之间应当符合适当的比例，即前者应大于给相对人权益造成的不利影响。[②] 基于税收法定原则，税收债权本就享有较高强制力的法律保障，税务机关在破产程序之外已经具备追缴债务人财产的行政手段以及充分的财力、物力、人力，[③] 在此情况下仍赋予税务机关破产申请权，缺乏必要性，也不利于对其他普通债权人的利益保护。

第四，由税务机关提起破产申请缺乏合理性。破产程序启动后，税收债权的保障和实现会因为司法程序而遭受不必要的限制，由此会加大税务机关的执法风险，税务机关在申请企业破产的动机上，其实缺少“诉的利益”。甚至，破产程序实际上给税务机关增加了不必要的负担，使得本就忙碌的税务机关需要付出更多的时间和精力来处理破产申请。并且，法院将在破产程序中享有主导权，税务机关在遵循司法程序要求的同时，还要准备大量的法律文书和相关证据，这不仅延长了税务机关征收税款的时间成本，更增加了税务机关的人力成本。更何况，若允许税务机关申请企业破产，势必会对企业造成巨大的信誉损害，不利于暂时处于困境的企业谋求借贷，极有可能导致仍有扭转可能性的企业彻底走向破产清算。

2. 支持说的依据

第一，税务机关提起破产申请并无法律适用上的障碍。虽然《税收征管

---

① 参见徐战成：《企业破产中的税收法律问题研究——以课税特区理论为指导》，法律出版社2018年版，第23-32页。

② 参见陈清秀：《现代财税法原理》，厦门大学出版社2017年版，第10页。

③ 《税收征管法》第40条第1款规定，从事生产、经营的纳税人、扣缴义务人未按照规定的期限缴纳或者解缴税款，税务机关可以采取强制执行措施。

法》《企业破产法》均未明确规定征税机关可以提起破产申请，但也并未作出直接禁止，[①] 就部门法之间的关系而言，税务机关作为公法人组织，其通过民事诉讼手段实现征税目的的行为，本质上属于私经济行政行为中的“以私法方式达到行政任务的行为”，无须以法律有明确授权为前提。[②] 从税收债权的性质出发，税务机关申请企业破产的权利乃基于平等的债权债务关系，其目的虽然是保障国家税收利益，但已不再属于严格意义上的行政行为。根据“私经济行政”的观点，[③] 对于行政机关的此类私法行为，典型如《税收征管法》关于税收代位权、撤销权的规定，可以参照适用民事法律规范的相关规定。[④] 基于此，根据《企业破产法》第 82 条和第 113 条的规定，既然税收债权与其他破产债权一并规定于同一法律条文中，那么税务机关也应被认定为同其他破产债权人一样享有破产申请权利。因此，税务机关申请企业破产的行为并非行政法中的税收征管问题，而是破产法中的民事行为问题。

第二，一旦采取“私经济行政行为”的立场，便可不受比例原则的约束。如前文所述，行政机关申请破产属于私经济行政行为，而非公权力行政行为，因而不受行政法上比例原则的约束。即便理论上有部分观点认为，比例原则“不仅适用于作为行政的权力性行为形式的行政，而且被认为有时也适用于行政采用非权力性的行为形式的民事上的手段的情况”[⑤]，有可能认为税务机关申请破产的行为亦应满足比例原则之要求，但本专题认为，不应对比例原则作此扩张性适用。从现有司法案例可见，由税务机关申请破产的欠税企业均系运用常规手段征税无望的“死欠”企业，[⑥] 此时破产程序的价值尤为彰显，因为税务机关在申请企业破产的过程中，可能借助于司法程序中的破产撤销权、宣告无

---

① 参见韩长印主编：《破产法教程》，高等教育出版社 2020 年版，第 51 页。

② 参见徐阳光：《破产程序中的税法问题研究》，载《中国法学》2018 年第 2 期。

③ 参见吴庚：《行政法之理论与实用》，台北，三民书局 2000 年版，第 12 页。

④ 《税收征管法》第 50 条规定，税务机关可依照原合同法第 73 条、第 74 条的规定行使撤销权。

⑤ ［日］盐野宏：《行政法总论》，杨建顺译，北京大学出版社 2008 年版，第 55 页。

⑥ 以温州市国税局为例，其为及时发现“死欠”企业所采取的措施，可谓充分行使了依据税收征管法所享有的其他保障税收债权的手段，满足“穷尽救济手段”的原则要求。参见浙江省衢州市中级人民法院民事裁定书，（2017）浙 08 破申 1 号和（2017）浙 08 破申 3 号。温州市国税局建立了一套系统的清算企业筛选机制，定期从税收征管系统中抽取数据，通过设置欠税数额、欠税时间和纳税申报信息等，初步筛选出目标企业，再经过强制扣款、实地核查等程序确认企业资不抵债的情况，最终确定申请破产清算的企业名单。

效等制度手段，追回债务人企业的财产，实现债权人利益的最大化，① 并不会导致相对人的“不利益”情况。并且，即便如反对观点认为的，申请企业破产可能会导致纳税人企业因为破产程序而加速死亡，但这实际上也并非税务机关申请破产的行为所致，况且破产重整或和解本就是旨在帮助债务人获得新生的制度。总之，税务机关申请企业破产的正向价值应当是显著大于对纳税人可能造成的“不利益”的。

第三，从我国破产实际来看，当前债务人和债权人申请破产的积极性并不高、破产文化尚未彰显、破产法的实施并不顺畅，此时允许更具法律专业知识的税务机关提起破产申请具有必要性和合理性，在一定程度上能够维护国家的税收利益，也可以进一步解决破产程序启动难的问题，有助于实现破产制度的市场化、法治化、常态化目标。② 根据最高人民法院《关于为改善营商环境提供司法保障的若干意见》提出的“加强破产制度机制建设，完善社会主义市场主体救治和退出机制”的总体要求，以及“完善破产程序启动机制和破产企业识别机制，切实解决破产案件立案难问题”的具体思路，税务机关在一定情况下提出破产申请有助于及时清理“僵尸企业”，满足僵尸企业出清中的制度供给，形成良性的市场主体优胜劣汰机制，并最终完善破产立法和高效便捷的相关司法机制。③

（四）税务机关提起破产申请的域外模式镜鉴

在比较法上，由税务机关提起破产申请的做法亦有例可循。典型如《美国联邦破产法典》第301条对破产程序的启动规定，债权人有权提出破产申请从而启动第7章或第11章程序。《美国联邦破产法典》第303（b）条则进一步对有权提出破产申请的债权人主体要件与人数要件进行了规定，即：有权提出破产申请的债权人必须拥有一项债权，并且该债权必须是“非或然性且未被提出善意争执的债权”。此处所谓“或然性”债权，不同于非金钱债权和未到期债

① 参见蔡景像、周浩、董晓岩：《温州国税主动向法院提起企业破产清算》，载《中国税务报》2016年8月24日，A02版。

② 参见徐阳光：《破产程序中的税法问题研究》，载《中国法学》2018年第2期。

③ 参见韩长印：《僵尸企业的可能出路与破产程序的制度诱因》，载《人民论坛·学术前沿》2018年第20期。

权，是指附条件的债权。[①] 据此，税收债权人符合美国破产法对申请破产的适格债权人的要求。

实践中，美国国税局（Internal Revenue Service）主动提起破产申请的情况比较鲜见。美国国税局官方网站并未明确美国国税局主动提起破产申请的可能性，但明确建议拖欠逾期税款的企业选择破产，同时必须通知美国国税局。对于申请破产的公司而言，债务人必须提交过去四个纳税期的申报表并缴纳到期所得税，并且不会免除其申报后的纳税责任。[②] 美国国税局之所以在实践中较少主动提起破产申请，原因可能在于美国的破产制度比较完善，无论是作为债务人的个人还是公司、农场主，均具有充分的主动申请破产的动力，因而由债权人，尤其是税务机关类债权人提交破产申请权的问题，在美国也就不会形成显著的争议焦点。

此外，还有立法例明文赋予税务机关主动申请企业破产的权利。如香港特区政府就有政策指明，若债务人逾期未缴税款，则除征收附加费、申请扣押债务人财产及动产、对其不动产执行押记令外，税务局还有权提出破产/清盘的申请。[③]

（五）对税务机关破产申请权的补强

本专题认为，税务机关有权提起破产申请，该结论具有以下现行法以及法理上的依据。

税务机关可以作为民事诉讼主体参与私法行为。根据《民事诉讼法》第3条的规定，人民法院受理公民之间、法人之间、其他组织之间以及他们相互之间因财产关系和人身关系提起的民事诉讼。而对此处“法人”的定义在《民法典》第97条，其规定：“有独立经费的机关和承担行政职能的法定机构从成立之日起，具有机关法人资格，可以从事为履行职能所需要的民事活动”，因而包括公法人组织等“机关法人”。因此，税务机关作为民事诉讼主体的资格，在

① 参见［美］大卫·G. 爱波斯坦等：《美国破产法》，韩长印等译，中国政法大学出版社2003年版，第24－26页。

② 参见美国国税局网站，https：//www. irs. gov/businesses/small－businesses－self－employed/declaring－bankruptcy，最后访问日期：2022年3月6日。

③ 参见香港特区政府网站，https：//www. gov. hk/sc/residents/taxes/taxfiling/consequences/recovertax. htm，最后访问日期：2022年3月6日。

《民法典》及《民事诉讼法》中均具有相应依据。何况，根据《企业破产法》第48条的规定，税收债权被视为一种应申报的破产债权，既为破产债权，那么在法律并未做出其他限制的情况下，税务机关自然享有破产债权人的系列权利。根据前文所述，税务机关持有的滞纳金债权并非完全符合“罚金”属性，而是主要体现出对纳税义务人的迟延履行进行损害赔偿的属性，属于普通破产债权。此时，税务机关参与民事法律关系符合法律规定，应当享有对债务人企业的破产申请权。

反观当前反对由税务机关申请破产的观点，其说理缺乏依据。相关观点认为，税务机关在追缴债务人资产的过程中本就具有充分的手段，其在非破产场景下的权利保障已经十分全面，因此无须另行赋予其破产申请权。但此类观点未能意识到，破产程序的启动并非仅意味着公平清偿机制的开启，也同时意味着对股东出资责任的加速到期、对破产财产更为全面的追缴。对于此问题，在2019年的《九民纪要》第6条①明确肯认两项“非破产加速到期”之例外场景之前，股东的出资责任只能在破产程序启动之后被加速到期。② 若债务人尚未进入正式破产程序，即便其资不抵债或营运的困境程度已十分显著，债权人也无权越过公司有限责任的屏障来直接对享有认缴制之期限利益的股东追究责任。从这个角度来看，税务机关显然也具有主动启动破产程序的正当动机。

从更为宏观的经济视角出发，允许我国税务机关申请企业破产具有现实必要性：（1）税务机关申请企业破产，有利于实现公、私债权主体之间的平等分配。根据《企业破产法》的立法目的，赋予税务机关破产申请人资格，有利于税务机关更为主动地加入破产程序，进而淡化税务机关的公权力组织属性，有助于在最终分配结果上实现公、私债权主体之间的相对平等。（2）赋予税务机关主动申请破产的权力，有利于维护市场经济秩序。税务机关针对逾期未缴纳税款的债务人虽然享有较为广泛的强制执行措施保障，但这些措施同样需要消

① 该条规定：“在注册资本认缴制下，股东依法享有期限利益。债权人以公司不能清偿到期债务为由，请求未届出资期限的股东在未出资范围内对公司不能清偿的债务承担补充赔偿责任的，人民法院不予支持。但是，下列情形除外：（1）公司作为被执行人的案件，人民法院穷尽执行措施无财产可供执行，已具备破产原因，但不申请破产的；（2）在公司债务产生后，公司股东（大）会决议或以其他方式延长股东出资期限的。”

② 参见蒋大兴：《论股东出资义务之“加速到期”——认可“非破产加速”之功能价值》，载《社会科学》2019年第2期。

耗大量的人力、物力，且收回税款的难度较大。正因作为纳税义务人的企业必须定期向税务机关披露其资产负债表、利润表等，税务机关应是除内部人员之外，有能力较全面掌握企业实际状况的第三方主体，其具有充分的信息资源来及时地提起破产申请。(3) 赋予税务机关主动申请企业破产的权力，有利于减少税费外流。税收作为政府的基础经济来源，若欠缴的情况大量存在，必将造成国家税款的大量流失。若能由税务机关主动申请破产，则能够达到尽量多地收取税费的目的，同时也能避免企业先处理完其他债务后再通过申请破产来逃避交税的行为，有利于稳固国家和地方政府的经济基础。(4) 税收机关申请破产对“僵尸企业”的清理具有积极意义。“僵尸企业”是指，丧失自我发展能力，必须依赖非市场因素，如政府补贴、银行续贷来免于倒闭的负债企业。①得益于垂直管理的体系，税务机关可不受地方政府的干预，因而具有清理“僵尸企业”的能力。并且“僵尸企业”往往是“欠税大户”,② 税收机关以申请破产的方式淘汰“僵尸企业”也具有内在的动机。(5) 最后，就可操作性而言，考虑到税收债权本身可能同时由优先债权、普通债权以及劣后债权等复杂的权利部分组成，而这种具体的权利构成本就是应当在破产程序之内加以核查的问题，不应提前到破产受理阶段就要求当事人承担过重的举证责任。

在原则上认可税务机关具有破产申请权的基础之上，本专题主张，即便是在行政私法行为的语境下，税务机关申请破产的行为仍应遵循比例原则下的“必要性”要求，也即将行政干预降低到最低限度。③ 具体说来，基于破产法立法理念及“公法之债”的特殊性质，在税务机关申请破产的具体规则构建上应作出相应的限制性规定，如：分税制下税务机关的申请人主体资格限定、税务机关行使破产申请权的前提条件和顺位安排、针对税务机关设置专门的债权申请数额要求、税务机关怠于行使权力及滥用权力的后果等。

归纳之，不论税收债权在特定破产程序中的受偿地位如何，现行法律规定以及破产原因构成的基本原理均无法直接作为将税收债权人排除在破产申请人

---

① See Caballero R J., Hoshi T., Kashyap A K., *Zombie Lending and Depressed Restructuring in Japan*, The American Economic Review, 2008, 98 (5): 1943 - 1977.

② 参见王欣新:《僵尸企业治理与破产法的实施》，载《人民司法（应用）》2016 年第 13 期。

③ 参见黄学贤:《行政法中的比例原则研究》，载《法律科学（西北政法学院学报）》2001 年第 1 期。

之外的充分依据，破产程序的供给应当平等地向税务机关开放。

四、破产申请的审查标准问题

以上探讨均系围绕税务机关在破产程序启动中的申请人地位展开，但文首案例其实是由债务人主动申请破产而引发的纠纷，对此，一审法院仍以税收债权的特殊属性为理由作出了驳回裁定。在明确税收债权的公法债权属性并不会改变破产原因之构成的基础之上，法院的驳回依据只可能在于申请主体的差异。对此，本专题最后就债权人所申请的“被动破产”和债务人自愿申请的“主动破产”进行比对与探讨。

我国当前的破产受理制度采取的是较为严格的实质审查标准。在比较法上，对债务人主动提出的自愿破产申请的处置，存在“自动受理”与“审查受理”两种立法例。[①] 当前《企业破产法》在立法条文上并未区分主动破产和被动破产的情形，而是一概采取“审查受理”模式，主要出于以下两个方面的顾虑：（1）破产程序中所需要的司法资源较多，为节省司法资源，不应当允许未达到破产界限的债务人进入破产程序；（2）在破产程序启动时对债务人是否达到破产界限进行审查，可以在一定程度上规制“假破产、真逃债”现象的发生。结合文首案例的事实背景，一审法院对债务人提供的财务报表的真实性以及债务的性质与内容作出了详尽的实质审查，可能正是出于以上两点考虑。

然而笔者认为，在债务人自愿破产的情形下，司法权力的实质审查似乎是不必要的，理由如下：（1）倘若债务人没有达到破产界限，除非是通过虚构债务并假借破产程序来逃废债，债务人实则没有动机主动申请破产。（2）对于“假破产、真逃债”的问题，应采取“在受理后由管理人与债权人来查明债务人是否存在虚构、承认不真实债务的行为，再依欺诈行为无效制度进行处理”这种“宽进严出”的处理思路。对此，已有学者提出了十分有力的论证：一方面，根据《企业破产法》第10条，债权人提出破产申请的，人民法院应当自收到申请之日起五日内通知债务人，人民法院应当自收到破产申请之日起十五日

---

① 《美国联邦破产法典》第103条规定：“本法下的各章的自愿破产案件由可能属于该章适格债务人的主体提交破产申请而启动本法下的各章自愿破产案件的启动同时构成该章的破产救济裁定。”

内裁定是否受理。显然法院能否在如此短的时间内查明是否存在“假破产、真逃债”的情况有一定难度；另一方面，破产财产的多寡与债权人以及管理人的利益挂钩，而这些利害关系人不但较法院具有更充裕的时间，同时也更有积极性查明是否存在破产欺诈的问题。[①] 而这些调查工作，都以破产程序的启动为前提。

实际上，根据我国现行法对破产原因的规定，债权人自愿申请破产的事由明确为“资产不足以清偿全部债务或者明显缺乏清偿能力”，至于债务的性质、债务的构成，法律并未作出要求。“资不抵债”属于对债务在“量”上的判断，而债务的性质与债务的构成则属于对债务在“质”上的判断，其并不会影响债务人所提供的证据是否具备破产原因的证明效果，甚至可以认为，法院在裁定是否受理破产申请时，对破产申请书及相关证据的审查本就应当属于形式审查。[②] 在文首案例中，一审法院以财务报表的出具人为债务人单方而驳回破产申请的理由便属于形式审查的范畴（虽然该项认定也存在偏差），但其对债务性质的审查则显然逾越了对“资不抵债”形式审查的边界。

笔者赞同以上关于债务人自愿申请破产清算时，法院应只进行“形式审查”的观点，在此基础之上，破产受理阶段司法权力的审查强度还有必要考虑对债权人利益的影响问题。在实践中，债务人达到破产界限却不愿意申请破产的问题仍普遍存在，这是因为，对于债务人而言，其财产不论是在债权人之间依照破产程序公平分配抑或是个别执行，对其自身利益几乎无影响；但是，倘若债务人可以继续营业，即使经营状况进一步恶化，股东基于有限责任而享有的法律屏障也不会受损，原经营管理人仍可以保留其工作岗位，债务人仍具有“翻身”的可能性。因而对于已经达到破产界限的企业而言，股东和管理人员均有可能倾向于选择继续营业，将资产进一步减少的风险外化给债权人承担。在此背景下，有关立法和司法若严守破产程序的大门，可能进一步恶化企业内部人员机会主义的道德风险问题，反而导致债权人的利益减损。

---

① 参见韩长印、何欢：《破产界限的立法功能问题——兼评〈企业破产法〉司法解释〈规定（一）〉的实际功效》，载《政治与法律》2013年第2期。

② 参见韩长印主编：《破产法教程》，高等教育出版社2020年版，第56页。另参见王欣新：《破产法学》，中国人民大学出版社2004年版，第72页。

五、结语

文首案例引发的问题在于，破产法与财税法在破产原因构成要件上可能引发的纷争。总体来看，二审法院对一审法院裁决结果的纠正值得肯定，在此基础之上，本专题深入探讨了滞纳金债权在破产程序中的性质、税务机关作为破产债权人申请破产的可能性，以及债务人自愿申请破产时对破产原因的形式审查问题。本专题提出，应在破产原因这一较为复杂的客观标准（资不抵债）中，尽可能地减少对破产申请人的主体地位、权利属性等主观要素的审查，以期形成较为高效且稳定的破产程序（尤其是清算程序）受理标准。

破产法与税法的立法理念固然有所不同，但不可否认的是，随着市场经济的发展，二者产生交融的领域与日俱增，传统意义上的“公权力”与“私权利”不再泾渭分明。在交叉领域的规则适用方面，介入私法领域的公权力应当遵循私法规则，但同时仍应受到公法上“帝王条款”比例原则的约束。我国未来立法和司法实践的任务绝非回避或否认公债权人在破产程序中的重要角色，而是为其常态化的参与角色提供更为充分的法律规范，在公法之债与其他民事债权之间形成更为公正合理的处置方式。

破产冻结规则下第三人代为清偿的效力问题

内容提要：次债务人与债权人在债务人的破产申请被受理前达成执行和解、并于破产受理后进行代为清偿的行为，涉及代为清偿性质与效力的认定、无效与可撤销民事案由的选择、禁止个别清偿规则的解释等诸多实体法与程序法、私法与公法交织的问题。本专题结合一起由第三人根据法院的执行和解协议对债权人进行直接清偿的破产撤销权纠纷，就该问题进行了如下分析：在代为清偿无效说的法律依据选择方面，《企业破产法》第16条与第32条、《企业破产法司法解释二》第5条与第15条各自在适用条件上具有相对独立性，不应任意地选取用以补强；而在此类涉及第三人或公权力介入的个别清偿效力认定上，应当坚持"实质大于形式"的考察思路，即便清偿效果确有执行裁定的背书，当其事实上产生偏颇结果时，仍应根据行为发生的具体时间节点，以确认无效或者撤销等破产程序规则对其加以否认。

关键词：第三人代为清偿、个别清偿、行为性质、行为效力、破产撤销权

一、问题的提出

2018年6月7日，沈北新区人民法院作出（2018）辽0113民初1311号民事调解书，确认沈阳中意商砼有限公司（以下简称中意公司）与沈阳利源轨道交通装备有限公司（以下简称利源公司）达成如

下协议：利源公司给付中意公司货款13,846,855.3元。2019年1月17日，中意公司向沈北新区法院申请执行利源公司对大连爱尔凯科技有限公司（以下简称爱尔凯公司）的债权。2019年4月17日，沈北新区法院作出（2018）辽0113执3131号履行债务通知书，要求爱尔凯公司履行对利源公司所负的到期债务。2019年11月3日，中意公司向沈北新区法院申请财产保全。同日，沈北新区法院作出（2019）辽0113执3131号民事裁定书，冻结利源公司、爱尔凯公司200万元的银行存款或查封、扣押其相应价值的财产。中意公司与爱尔凯公司均确认：2019年11月12日，双方达成执行和解，爱尔凯公司同意将执行款111万元给付中意公司，但是必须先由中意公司开具收据、法院出具履行债务证明书后，爱尔凯公司才能进行付款。2019年11月12日，中意公司出具"情况说明"，其中载明中意公司收到爱尔凯公司替利源公司偿还款项111万元。同日，沈北新区法院出具《履行债务证明书》。

2019年11月14日，沈阳市中级人民法院裁定受理辽源市兴业建筑工程有限公司对利源公司的破产重整申请。11月28日，爱尔凯公司分两次向中意公司转款共计111万元。利源公司将管理人中意公司诉至法院，请求撤销该清偿行为，爱尔凯公司作为第三人参与诉讼。一审法院判决爱尔凯公司对中意公司的履行行为构成个别清偿。中意公司不服，提起上诉，其认为《企业破产法》第16条所约束的行为主体应为破产债务人，而不包括次债务人；利源公司则主张第三人向利源公司清偿的111万元实为代替利源公司向中意公司清偿，属于个别清偿，自始无效，应予返还。辽宁省高级人民法院二审驳回上诉，维持原判。中意公司遂申请再审。最高人民法院经审理认为，撤销代为清偿行为有利于债权的公平清偿，并无不当，最终裁定驳回再审申请。①

该案所引发的问题是：（1）当事人达成执行和解后的代为清偿行为的法律性质如何？为实现债权债务的公平清偿，管理人应主张破产法关于执行中止还是禁止个别清偿的规定，还是二者皆可作为法律依据？（2）破产申请受理后，破产债务人的债务人以代位执行的方式向债权人清偿，是否构成个别清偿？抑或次债务人所作的代为清偿是否属于破产程序启动冻结效力所辐射的范围，是

① 参见最高人民法院民事裁定书，（2021）最高法民申6119号。

否可以将《企业破产法》第16条中“债务人”的范围扩大解释至“次债务人”?(3)在有法院介入的背景下，破产法对偏颇清偿作出禁止时，是否有必要考虑当事人的主观要件?

二、案涉代为清偿行为的法律性质与效果分析

该案中，次债务人爱尔凯公司在与中意公司达成执行和解的基础上代利源公司向其履行债务的行为性质，究竟属于私法领域中的第三人代为清偿，还是公法领域的执行程序，该问题的答案决定着破产管理人是以《企业破产法》第16条禁止个别清偿的规定还是以第19条执行中止的规定向法院起诉。因此，该行为性质的界定对于该案至为重要。

(一)代为清偿行为的私法性质

该案的实体纠纷围绕着第三人的代为清偿行为展开，因而有必要在厘清第三人代为清偿行为的性质、要件与效力的基础之上，从破产法的视角对代为清偿行为作出评价。代为清偿的正当性在于提升交易的效率性价值。就一般法理而言，债务之清偿本应由债务人自行为之，第三人代为清偿显属“干涉他人事务”;然而，因债之清偿将有利于债权人债权之实现，如债权可获满足，则第三人给付实则与债务人自行给付并无不同，且经济上可获同一利益，如此，其给付究竟由债务人所为或由第三人所为，法律可在所不问。①

不同于由债务人直接履行其个人责任的情况，在由第三人代为清偿的法律关系构造中，第三人清偿行为的效力将面临多重考验。实际上，在表彰其交易效率价值的同时，有必要由法律对第三人代为清偿在消灭债权债务关系上的效力作出适当限制。表面来看，第三人代为清偿的结果对于债务人似乎并无不利影响，但在越发复杂的社会经济往来中，债务人出于各种缘由未必愿领代偿人之“人情”，对第三人代偿行为不设任何限制很有可能引起社会生活之困扰。②更何况，就债权本来之定义而言，其本就专指特定主体之间的权利义务关系，是一种严格限制主体特性的权利。由此，认为第三人未获债务人的许可不得代为清偿，便是债权之内涵的自然推演了。

---

① 参见史尚宽:《债法总论》，中国政法大学出版社2000年版，第777页。

② 参见孙森焱:《民法债编总论》，作者自版1990年版，第755页。

正因如此，传统民法理论已对第三人代为清偿形成了较为一致的限定性立场，史尚宽先生就认为，第三人清偿的构成要素包含以下四点：（1）须依债之性质许由第三人代为清偿；（2）须当事人间无不许第三人代为清偿之约定；（3）须债权人不得拒绝其清偿；（4）须以为债务人之意思而为之。[①] 冉克平教授结合《民法典》的编纂背景进一步将我国当前的第三人代为清偿的要素归纳为如下三点：（1）第三人代为清偿的适用范围受债之性质的限制；（2）当事人可约定禁止第三人代为清偿；（3）无利害关系的第三人原则上不可违背债务人的意思代为清偿（有利害关系的第三人代为清偿原则上不受禁止）。[②]

在比较法视角下，域外很多文件对第三人代为清偿行为作有限制。如我国台湾地区所谓“民法”第311条第2款设有明文：“第三人之清偿，债务人有异议时，债权人得拒绝其清偿。但第三人就债之履行有利害关系者，债权人不得拒绝。”我国台湾地区采取的此种模式系以债务人的异议途径来保障其自我处分权。此项债务人的“异议权”同样出现在德国和日本的民法之中，不过其权利义务的分配格局稍显不同：依德国民法之规定，债务人对第三人之清偿有异议时，亦仅债权人得拒绝其清偿；而在日本民法中，债务人纵无异议，第三人亦不得违背债务人之意思而为清偿。

《民法典》同样对第三人代为履行作有一定限制，其第524条第1款规定：“债务人不履行债务，第三人对履行该债务具有合法利益的，第三人有权向债权人代为履行；但是，根据债务性质、按照当事人约定或者依照法律规定只能由债务人履行的除外。”《民法典》最终采取的规范模式虽然并未涉及债务人的异议权，但是其中有关“第三人对履行该债务具有合法利益的”之规定，显然是对代为履行效力的限缩。

总之，第三人的代为履行若要达到消灭债权债务的效果，无法完全越过债务人的法律地位、全然忽视债务人的主观意思；由此，当债务人破产时，即使代为清偿的行为人和受领人均不是破产债务人，但其清偿效果仍有可能受到破产法的规范与调整。

---

① 参见史尚宽：《债法总论》，中国政法大学出版社2000年版，第777－779页。

② 参见冉克平：《民法典编纂视野中的第三人清偿制度》，载《法商研究》2015年第2期。

（二）法院介入清偿的公法效果

1. 代位执行的程序属性

我国实定法有关执行到期债权的规定，首先出现在1992年最高人民法院印发的《关于适用〈中华人民共和国民事诉讼法〉若干问题的意见》（已失效）中，其第300条所规定的代位执行制度，在我国民事诉讼制度中具有里程碑的意义。而后，1998年最高人民法院《关于人民法院执行工作若干问题的规定（试行）》（以下简称《人民法院执行规定（试行）》）第61～69条对代位执行的流程进行了细化，主要体现在相关通知的内容、第三人的异议等方面，进一步增强了代位执行在实践中的可操作性。① 当前《民事诉讼法》并未对代位执行制度作出明确规定，而是于《最高人民法院关于适用〈中华人民共和国民事诉讼法〉的解释》（以下简称《民事诉讼法司法解释》）第499条规定："人民法院执行被执行人对他人的到期债权，可以作出冻结债权的裁定，并通知该他人向申请执行人履行。该他人对到期债权有异议，申请执行人请求对异议部分强制执行的，人民法院不予支持。利害关系人对到期债权有异议的，人民法院应当按照民事诉讼法第二百三十四条规定处理。对生效法律文书确定的到期债权，该他人予以否认的，人民法院不予支持。"

就代位执行的性质而言，当前存在如下几种不同的学说：（1）执行方法说。该说认为，代位执行的对象是被执行人对第三人的到期债权，虽然相较于动产或不动产而言，在实现上有履行不能的风险，但其本质仍是财产性权利。因此，代位执行制度的本质只是执行被执行人广义上的财产的一种方法。（2）继续执行说。该说主张，被执行人的到期债权属于财产性权利，法院对被执行人的动产、不动产等有体财产强制执行后，可以对被执行人享有的债权进行执行，本质上属于执行程序的自然延续。因此，代位执行是继续执行的一种具体表现，属于《民事诉讼法》第265条规定的"债权人发现被执行人有其他财产的，可以随时请求人民法院执行"的情形。（3）协助执行说。该说认为，被执行人的债务人进入执行程序的依据是协助司法执行，即通过协助司法机关向第三人（债权人）清偿从而达到消灭全部或部分债权债务的法律效果，属于第三人履

① 参见王建：《代位执行制度的规则构建》，载《人民司法（应用）》2016年第25期。

行司法协助义务的行为。[①]（4）债权保全说。该种观点形成的时间较早，其认为申请执行人提出代位执行申请的主要目的在于对被执行人的债务人的财产获得执行名义从而实现自己的债权，因此代位执行本质上是一种债权保全的执行制度。[②]（5）督促程序说。该说认为，代位执行是一种非诉的督促程序，是一种由次债务人根据法院的支付令而直接向第三人债权人履行的制度，同时避免当事人另诉造成的司法资源浪费。[③]（6）收取命令说。该说认为，代位执行制度与我国台湾地区的“收取命令”并无本质区别。“收取命令”是指执行法院以命令的方式许可债权人直接收取债务人对于第三人的金钱债权，在收取命令送达后，债权人尚未收取前，不能认为已受清偿，此时若破产申请被受理，申请执行人应停止收取，并可就其未受偿之债权依破产程序行使权利；如果申请执行人已向次债务人收取完毕，破产申请才被法院受理，则发生清偿效力。[④]

就代位执行的法理依据，基于对代位执行性质的不同认识，亦存在不同观点：（1）履行通知说。该说认为，履行通知在法律性质上与督促程序中的支付令相类似，可以将其视为执行程序中的“支付令”，即法院要求第三人向申请执行人清偿债务的命令。[⑤]（2）债权冻结裁定说。该说认为，在法院裁定冻结被执行人对第三人所享有的债权后，第三人如在规定的期限内未提出异议或者异议的理由不成立，法院则有权以该冻结裁定书作为执行依据而开始对第三人实施强制执行。[⑥]（3）原生效法律文书说。该说认为，对第三人强制执行的依据是申请执行人对被执行人申请强制执行的生效法律文书，原因在于该生效法律文书执行效力的扩张。[⑦]（4）强制执行裁定说。该说认为，在第三人对履行到期债务通知书无异议但不履行或者异议被驳回的情形下，法院作出的对第三人的强制执行裁定书可直接作为执行依据。[⑧]（5）债权冻结裁定和强制执行裁

① 参见王伟良：《谈执行被执行人到期债权的条件及具体操作》，载《法学》1996年第10期。
② 参见谢春和、黄胜春：《代位执行制度的理论与实践》，载《现代法学》1995年第6期。
③ 参见范向阳：《被执行人到期债权执行的若干问题》，载《人民司法》2006年第1期。
④ 参见齐树洁、陈洪杰：《破产程序与执行程序的冲突及其协调》，载《厦门大学学报（哲学社会科学版）》2007年第3期。
⑤ 参见谢春和、黄胜春：《代位执行制度的理论与实践》，载《现代法学》1995年第6期。
⑥ 参见赵钢、占善刚：《代位执行中的几个基本问题》，载《政治与法律》1998年第1期。
⑦ 参见吴英姿：《代位执行之我见》，载《南京大学法律评论》1998年第2期。
⑧ 参见李霞：《代位执行的适用条件及其立法完善》，载《法学杂志》1997年第5期。

定说。该说认为，此两项裁定使得第三人和被执行人受到约束，申请执行人与第三人发生权利义务关系，由此成为对第三人强制执行的执行依据。[①] 从代位执行程序的立法目的来说，其以迅速、经济地实现债权人的权利为主要目标，在实现该制度价值的同时，也应当赋予相关方相应的程序保障，尤其是针对第三人的程序保障，代位执行程序才可能具备正当性基础。从执行标的来说，代位执行的是第三人的责任财产，应依据新的执行依据而进行，是能够对第三人产生执行力的一种"略式程序"。

就以上学说，采用执行法院的强制执行裁定说较为妥当，由此，法院颁发的强制执行裁定应当明确代位执行的标的及其数额。这是因为，法院的履行通知主要是一种告知方式，通知的作用主要在于沟通而无法作为强制执行的依据；[②] 而法院的债权冻结裁定，仅仅是一种保全性措施，自然也不足以作为执行依据；唯有法院的强制执行裁定，是执行法院在第三人不提出异议以及异议被驳回的情形下作出的法律文书，该过程已经赋予了第三人一定的程序保障，可以成为对第三人的执行依据。

综上，代位执行本质上是在法院执行部门的要求下，由被执行人的债务人直接向申请执行人履行债务的制度，是在司法权参与下的特殊代为清偿制度。传统民法意义上的代为清偿规定于《民法典》第 524 条第 1 款，相比较而言，由于被执行人的债务人在法院的司法指令下完成代为清偿，相较于根据合同约定的代为清偿而言，具有更为浓厚的公法色彩。在前引诸多学说中，继续执行说的本质仍属于执行方法说的一种，只是额外设置了被执行人的一般财产、财产性利益的执行顺序，现行法并未明确规定固定的执行顺序，需要根据个案加以判断，因此不具有普适意义。而协助执行说并未考虑到代位执行中被执行人的债务人系在法院的指令下进行清偿，其本身就属于执行程序的当事人，司法协助义务更多针对的是案外人，因此协助执行说在逻辑上不周延。债权保全说虽然提出债之保全构成一种申请执行人实现债权的重要方式，但是忽视了其实现更多的是依靠代位权诉讼等实体纠纷解决机制，并未考虑代位执行作为非诉

---

① 参见肖建国、刘文勇：《论执行力主观范围的扩张及其正当性基础》，载《法学论坛》2016 年第 4 期。

② 参见赵钢、占善刚：《代位执行中的几个基本问题》，载《政治与法律》1998 年第 1 期。

程序的特殊性。督促程序说虽然较大程度地概括了代位执行中当事人受法院指令进行支付的特征，但考虑到现行《民事诉讼法》及其司法解释将督促程序与代位执行分别规定为非诉程序和执行程序这两类不同的制度领域，为避免程序体系间的混乱，不宜将代位执行视为督促程序。相较之下，执行方法说更能体现代位执行作为一种执行程序的普遍性特征。

2. 执行裁定的公法效力

针对文首案件，其事实部分还存在较为特殊之处，即第三人代为清偿的效果具有一定的公权力介入特征，表现为债权人与第三人在执行过程中还达成了所谓的“执行和解”。这就引发了以下问题：此类具有公权力色彩背书的执行程序，是否足以证明相关清偿行为（即使是个别清偿）是充分公平、公正的，因而不得成为破产管理人主张无效的对象？

本专题认为，法院在执行阶段出具的执行裁定书，原则上无碍于破产撤销权规则的适用，即不影响破产程序整体上的冻结效力，主要理由如下：（1）法院于执行阶段作出的裁定书本就不具有改变实体权利内容的法律效力。对此问题，由法院介入甚至主导的调解裁定及和解裁定，虽然相较于当事人私下签订的调解书而言具有更强的效力，但其对于相关实体争议仍不具有终局性的既判力。[①] 更何况，涉及第三人代为履行问题的执行裁定表现为冻结债权裁定，此类裁定书仅仅是执行阶段的指令文件，在严肃对待“以执代审”的当下，更加有必要将此类执行裁定排除在实体问题处置方案的效力之外。（2）破产程序中的确认无效或撤销本就不宜以当事人的主观善恶为前提，更不应以当事人行使权利的不同模式为转移。实际上，在破产临界期以及破产程序启动这段时间内，大多债权人对破产事实可能都不存在预知或者不可能预知，因而很难说他们有接受偏颇清偿的恶意动机。但是《企业破产法》第16条仍对破产申请受理后的个别清偿行为“不分青红皂白”地一概作出无效认定，这看似对个别债权人的合法权益造成了某种损害，但实际上彰显了更为深远的破产制度价值：社会资源的公平分配价值取向是民商事法律规范中不可忽视的一类立法本位，当取得利益或取得生活资源的方法合法、但取得的结果却发生资源分配不公的现象时，

① 参见谢晖：《论民间法与纠纷解决》，载《法律科学（西北政法大学学报）》2011年第6期。

即产生了应否受法律保护的问题。若尊重利益取得方法的合法，则利益应归属于取得利益的当事人；反之，若尊重资源分配的合理性，则应将利益设法调回并归还他方当事人。① 实际上，破产法上对偏颇行为的否定性评价也许是“偏颇行为制度最能彰显破产程序颠倒乾坤的威力”所在，也是破产法作为一种总括强制执行程序与破产法之外的个别强制执行程序的主要差别所在。②（3）司法机关在执行程序中以裁定的方式对清偿行为做出了背书，仅能说明这种执行结果在个别的债权债务关系之中是合理的、公正的；而一旦放在破产程序之中，采取一债务人对多债权人的分配程序视角，这种执行结果仍有可能暴露出其不公正性。（4）若仅依据法院出具的执行裁定就使得特定的交易结果逃脱破产撤销和无效的评价体系，③ 那么滥诉、虚假诉讼的危险性会暴露无遗——精明的债权人在可以通过私力方式实现其债权的情况下，为了确保其权利事后不会招致破产撤销权的否认，将“假借”诉讼的方式来提升其受偿保障，这将对社会的整体债权债务清偿机制形成一种更为低效的错误引导。

3. 执行和解的双重效果

基础法律行为的性质决定了管理人维护破产财产的不同路径，该案中的代位执行系建立在被执行人的债务人与债权人达成执行和解的基础上，而执行和解制度是我国民事诉讼法所特有的执行制度，只是现行《民事诉讼法》及其司法解释并未对其作出一个清晰的概念与范围界定。实际上，关于执行和解究竟属于民法领域中的“合同”还是诉讼法领域中具有阻碍强制执行效果的行为的问题，并无明确定论。通常认为，执行和解是指各方当事人经过平等协商，在执行过程中，变更执行依据并重新就其权利义务达成的和解，且经法院审查认可后，可中止或终结执行程序。因此，执行和解协议是在执行和解的过程中所达成的协议，和解协议可以变更原生效法律文书确定的权利义务主体、履行标的、期限、地点和方式等内容。

---

① 参见曾世雄：《民法总则之现在与未来》，中国政法大学出版社 2001 年版，第 46 页。

② 转引自韩长印：《破产撤销权行使问题研究》，载《法商研究》2013 年第 1 期。

③ 从这个角度来看，《企业破产法司法解释二》第 15 条的规定似乎缺乏合理性。该条规定：“债务人经诉讼、仲裁、执行程序对债权人进行的个别清偿，管理人依据企业破产法第三十二条的规定请求撤销的，人民法院不予支持。但是，债务人与债权人恶意串通损害其他债权人利益的除外。”

执行和解行为虽一直存在于民事执行的实践当中，但直至21世纪初期，学界才明确引入私法行为与诉讼行为的分析框架，对执行和解的行为性质进行分析，并形成了“私法行为说”、“诉讼行为说”以及“一行为两性质说”等不同的观点，[①] 具体说来：（1）“私法行为说”主张，执行和解仅是民事法律行为，其成立、生效、无效或者可撤销都应受合同法规范的调整。因此该协议亦受合同相对性的拘束，并不直接约束法院或对执行程序产生影响，也即，执行和解并不意味着替代原生效法律文书。对此，根据《最高人民法院关于执行和解若干问题的规定》第9条的规定，当被执行人不履行执行和解协议，申请执行人不能向法院申请强制执行和解协议，而是只能申请恢复执行原裁判文书，或就执行和解协议的履行向法院提起诉讼，因此该协议仅具有私法属性。[②]（2）“诉讼行为说”则认为，执行和解协议发生的是民事诉讼法上规定的诉讼效果，其要件亦由民事诉讼法直接规定，并且将直接约束法院，因此属于诉讼行为的一类。（3）相较之下，“一行为两性质说”融合了上述两种观点，在具体的构成要件上，承认执行和解具有私法行为的性质，只是由于其经历了一系列公法程序，因此应当产生诉讼法上的效力。[③]

具体到文首案件中，在法院受理债务人利源公司破产重整一案后，次债务人爱尔凯公司与债权人中意公司达成执行和解，同意给付执行款，法院亦出具《履行债务证明书》，这在程序上均属于民事诉讼执行程序中的执行行为，而在实体方面亦体现出意思自治的私法倾向。因此，通过达成执行和解而进行的代位执行，是一种私法化的公法行为，需要同时受民商法及民事诉讼法的约束，其是否构成个别清偿行为从而归于无效，就需要同时经过这两个方面的考察。

三、主张代为清偿行为无效或可撤销的案由确定

2020年发布的《最高人民法院关于印发修改后的〈民事案件案由规定〉的通知》（法〔2020〕347号）明确了民事案件案由的法律性质与实际功能，其指出民事案件案由是民事案件名称的重要组成部分，反映出案件所涉及的民事法

---

① 参见韩波：《执行和解争议的法理分析》，载《法学》2002年第9期。

② 参见张卫平：《执行和解制度的再认识》，载《法学论坛》2016年第4期。

③ 参见刘哲玮：《回归与独立：执行和解的私法解释考辨》，载《法商研究》2021年第6期。

律关系的性质，更是对当事人诉争的法律关系性质的高度概括。民事案件案由承载着法院管理与诉讼标的双重功能，司法实务中在法律适用、事实认定与诉讼请求判断、诉的变更与法院释明等方面发挥着作用。①

具体到文首案例中，管理人主张次债务人的代为清偿行为无效，而法院将案由确定为“请求撤销个别清偿行为纠纷”。本专题认为，“请求撤销个别清偿行为纠纷”与“请求确认债务人行为无效纠纷”二者系不同案由的原因之一是，无效法律行为与可撤销法律行为系两种不同的行为类型，破产申请受理后个别清偿无效中的“无效”与破产申请受理前个别清偿可撤销之间的法律后果，将影响管理人的诉讼请求之选取。有观点认为，《企业破产法》第 16 条个别清偿无效中的“无效”属于绝对无效，与《企业破产法》第 32 条规定的偏颇清偿可撤销的法律效果并不相同。实际上，《企业破产法》第 16 条和第 32 条本质上都是关于避免债务人财产不当减少的法律规定，其差异在于：第 16 条可直接产生相关行为无效和恢复原状的法律效果，而第 32 条无法直接产生上述效果，还可能涉及个人的法律责任的问题。② 但是，亦有观点指出，“无效”是指清偿行为本身不具有法律效力，虽然属于自始无效，但是仍应当通过撤销权追回。该种观点在请求权基础上并未区分无效行为与可撤销行为。

如果无效行为必须由管理人通过撤销权来加以纠正，则可能造成程序与实体方面的双重困境：（1）在实体方面，可能造成《企业破产法》与《民法典》之间的衔接不畅。通常认为，无效是指法律行为当然、自始、确定地不发生效力，任何人皆可主张。但是，当原告以积极行使诉权的方式来确认法律行为无效时，原则上应限于合同当事人、个别利害关系人，其余当事人只享有消极的抗辩权。③《民法典》中的可撤销行为则是因为一方的意思表示不真实，可因撤销权的行使而使该行为自始不发生效力，包括重大误解、欺诈、胁迫以及显失公平等情形。但是无论是可撤销行为还是无效行为，在一般的破产法理论中，

---

① 参见曹建军：《民事案由的功能：演变、划分与定位》，载《法律科学（西北政法大学学报）》2018 年第 5 期。

② 参见王卫国：《破产法精义》（第 2 版），法律出版社 2020 年版，第 63 页。

③ 参见崔建远：《合同效力瑕疵探微》，载《政治与法律》2007 年第 2 期。

大多认定其最终的法律效果均无效。[①]《企业破产法》中有关无效行为后果的规定在第16条、第33条、第34条等，可撤销行为的规定在第31条、第32条等，之所以分开规定，是因为考虑到这两类违反公平清偿要求的行为恶性程度不同，对债权人财产利益的影响不同。如文首案例中，依据《企业破产法》第16条个别清偿无效的规定而撤销该清偿行为，虽然可能是基于实际诉讼策略选择的考量，但是这在一定程度上淡化了可撤销法律行为与无效法律行为之间的界限。（2）在程序方面，处分原则与辩论原则是民事诉讼法中当事人主义的基础性原则，而如果破产管理人主张个别清偿无效，且诉讼请求为确认清偿行为无效并返还价款，那么无论案由确定为“撤销个别清偿行为纠纷”还是“请求确认债务人行为无效纠纷”，似乎都并非妥当——若案由确定为前者，那么该案的裁判依据应当是《企业破产法》第16条关于个别清偿无效的规定，并不涉及撤销权的行使，否则将违背无效与可撤销的行为类型划分；若案由确定为后者，那么就必然面临第16条中的“债务人”的范围是否包括“债务人的债务人”这一法律适用难题，缺乏明确的认定依据。就文首案例的处理方式而言，再审申请人就指出，当事人并未请求撤销清偿行为，二审超出诉讼请求范围，对于此诉求，再审法院从判决的结果出发，认为二审裁判并未超出诉讼请求。

本专题认为，在现有破产法的体系框架下，文首纠纷的案由选取确实面临两难问题：如果将案由确定为“请求确认债务人行为无效纠纷”，仅从文义解释出发难以将“次债务人”的行为完全涵括在内；而法院将案由确定为“请求撤销个别清偿行为纠纷”，这在一定程度上又忽略了可撤销与无效法律行为的差异性，究其根本可能是一种“两害相权取其轻”的无奈选择。对此问题一种可能的解决方案是不局限于文义解释，既然裁判依据仍在于《企业破产法》第16条，即破产程序的中止效力实质上约束着次债务人，那么不妨在案由确定时便将其同样纳入破产衍生诉讼的范围，即将案由确定为“请求确认债务人行为无效纠纷”，并在此基础上进行裁判，下文将对裁判结果的约束主体范围问题进行具体阐述。

---

① 参见李曙光：《论〈企业破产法〉与〈民法总则〉的契合》，载《京师法律评论》（第11卷），中国法制出版社2018年版，第4－12页。

四、对《企业破产法》第16条中“债务人”范围的解释

《企业破产法》第16条规定：“人民法院受理破产申请后，债务人对个别债权人的债务清偿无效。”在关于债务人进入破产重整程序后，债务人的债务人是否能继续代位履行债务人对第三人到期债权的问题，实则是对“债务人”之具体范围的不同理解，对此，存在两种截然不同的观点。

当前，肯定“债务人”亦包含“次债务人”的观点占据多数。该说主张：(1)代位执行是《民事诉讼法司法解释》第501条赋予申请执行人突破债权相对性以促进债权的及时实现的执行方法，属于广义上的一种执行方式，因此应当依据《企业破产法》第19条的规定，中止与破产企业相关的执行程序。(2)代位执行的标的是债务人对次债务人的债权，此时被执行人虽然是作为次债务人的第三人，但本质上执行程序处置的仍然是债务人享有的权利，应当作为破产财产，由全体债权人公平受偿，否则构成对其他债权人利益的侵犯。因此，破产这一法律事实本身即可阻却代位执行程序，不可再进行代位求偿。(3)《企业破产法》第17条规定：“人民法院受理破产申请后，债务人的债务人或者财产持有人应当向管理人清偿债务或者交付财产。债务人的债务人或者财产持有人故意违反前款规定向债务人清偿债务或者交付财产，使债权人受到损失的，不免除其清偿债务或者交付财产的义务。”根据该规定，法院受理破产重整后，对相关债权债务的清理应以《企业破产法》为依据，债权人应当按照破产法规定的程序来行使权利，债务人应当向管理人清偿债务或者交付财产。相较之下，否定“债务人”包含“次债务人”的观点则认为，《企业破产法》第16条约束的行为主体应为债务人，将“债务人”扩大解释至“债务人的债务人”并无法律依据。虽然名为“代位执行”，但这本质上仍是代为清偿债务的行为，在次债务人善意的情况下，难以形成约束。

本专题认为，从破产制度的目的出发，肯定说更具有合理性。就我国当前的实践情况而言，与该案事实在某种程度上相类似的另一起案件“瑞安融信联合会计师事务所与华夏银行股份有限公司温州瑞安支行请求确认债务人行为无

效纠纷”案①中，法院认为，《企业破产法》第16条规定了破产申请受理后债务人个别清偿行为无效。但是，担保人在破产程序期间所作的清偿，系担保人的自愿代偿行为，且用于代偿的款项也并非属于债务人的财产，因此不构成个别清偿，故原告要求将两担保人的清偿行为认定为无效并返还财产，无事实和法律依据。需要特别指出的是，债务人以其自有财产向债权人提供担保的，其在担保价值内向债权人所作的债务，可不受《企业破产法》第16条的限制。②本专题认为，在判断是否构成个别清偿的问题上，还是更应从清偿性质、清偿结果等多方面进行考虑，不可仅拘泥于法条的字面含义，而应尽可能地契合立法目的，将次债务人纳入第16条的约束范围。

五、代为清偿无效说的法理基础与法律依据

该案较为特殊的事实情况还在于，次债务人与债权人系在债务人破产重整被法院受理前已达成代位执行的和解协议，法院对此亦出具了《履行债务证明书》，而短短两天后，债务人就被上级法院裁定受理破产重整案，嗣后次债务人方才向债权人给付111万元。且不论在破产申请受理前是否有种种迹象表明债务人已无法清偿到期债务，《企业破产法》中有关破产申请受理后的执行程序中止与禁止个别清偿并非同一事项，这两项法律依据不可相互“补强”，而该案在裁判过程中似乎未能厘清二者的区别。

（一）认定代为清偿无效的法理基础

厘清具体行为的逻辑原理是选择正确法律依据的前提条件之一。就第三人代为清偿的行为性质而言，无论采何种效力认定思路，根据行为发生的具体时间节点，均有可能在债务人破产的情况下引发无效或撤销问题。

首先，在缺乏法律所认可的“利害关系”的情况下，第三人代为履行应以债务人的同意为前提，而这种债务人的同意要素便足以作为破产债务人的意图作出个别清偿的佐证。当代为履行的第三人与债务人之间具有特定的利害关系时，对于何为符合代为履行前提要求的“利害关系”，《民法典》没有直接的规定。一般认为，“利害关系”包括保证、合伙、连带债务等。此时第三人的履

① 参见浙江省瑞安市人民法院民事判决书，（2015）温瑞商初字第1464号。

② 参见韩长印主编：《破产法教程》，高等教育出版社2020年版，第59页。

行具有充分的正当性基础（甚至构成其法定义务），因而无须债务人另行作出同意的意思表示。而在缺乏此类进行代为清偿的特定利害关系的情况下，若当事人事先就代为清偿作有契约约定，则应依其约定；若无约定，则第三人代为清偿须有利于债务人，且“不得违背债务人之明示或可得推知的意思”。[①] 本专题认为，无论是代为清偿行为对于债务人之同意权、“默示可推得意思”或异议权的明确规定，还是理论上对于债务人之明示或默示同意的要件要求，都足以说明，第三人代为清偿的效力与债务人的主观意思具有不可否认的关联性。在《民法典》对此未作直接规定的情况下，司法实践可对此保留一定自由裁量的余地，但是对债务人在其中起决定性作用的承认，便将该话题顺理成章地引回到了破产法律规范的辐射范围之内。

其次，第三人代为清偿之所以能引发债权债务的消灭，其法理依据在于债之抵销，而破产申请受理后的清偿行为可能会遭遇破产法的确认无效。具体说来，第三人代为清偿的结果是第三人获得对债务人的主动债权，[②] 那么在第三人事先和债务人作有约定的情况下，由其代为清偿行为引发债权债务的消灭，自不待言；但若无事先约定，第三人可以其代为清偿而持有的主动债权，与其对债务人所负担的被动债务作抵销，由此消灭代为清偿中的三方债权债务关系。既然如此，代为清偿最终发挥其效力的前提在于相关债权债务的可抵消性。但对此问题，《企业破产法》第40条第3项明确规定，“债务人的债务人已知债务人有不能清偿到期债务或者破产申请的事实，对债务人取得债权的”，不得适用抵销，“但是，债务人的债务人因为法律规定或者有破产申请一年前所发生的原因而取得债权的除外”。显然，在破产申请受理前后的一段时期内，相关抵销行为很有可能遭到破产管理人的否认。

（二）处置代为清偿纠纷的法律依据选取

文首案例的二审法院认为，次债务人代为清偿的行为属于破产申请受理后的个别清偿，应当予以禁止。而最高人民法院的再审裁判理由将代为清偿行为

---

① 参见施建辉：《第三人代为清偿研究——兼论预备债务抵销抗辩》，载《法学评论》2007年第6期。

② 对于主动债权的取得方式，学说上意见不一，大致存有所谓“债权买卖说”、“拟制移转说”、“赔偿请求权说”和“债权移转说”。可参见施建辉：《第三人代为清偿研究——兼论预备债务抵销抗辩》，载《法学评论》2007年第6期。

认定为执行程序，却同时援引《企业破产法》第16条关于禁止个别清偿以及《企业破产法司法解释二》第5条关于执行中止的规定，最后裁定驳回再审申请。本专题认为，破产申请受理后个别清偿无效是对私法行为的禁止，而执行中止后回转则更多的是一种执行行为的纠正措施，两种法律依据在适用上具有一定的独立性，难以同时适用，否则在逻辑上可能引发矛盾。

首先，若将代位执行视为一种执行程序，那么在破产申请受理后，根据《企业破产法》第19条以及《企业破产法司法解释二》第5条的规定，有关债务人财产的执行程序未中止的，应当依法予以纠正。依法执行回转的财产，应当认定为债务人财产。在处理方式上，法院可根据《人民法院执行规定（试行）》第65条第1款的规定，在执行中或执行终结后，依破产债务人管理人的申请或依职权作出执行回转的裁定，责令原申请执行人返还已取得的财产及其孳息，若拒不返还，可强制执行。若代为清偿行为发生在破产申请受理之前，根据《企业破产法司法解释二》第15条的规定，除非债务人与债权人恶意串通损害其他债权人利益，否则管理人无法依据《企业破产法》第32条请求撤销债务人经执行程序对债权人进行的个别清偿。

具体到文首案件中，相关代位执行程序就应当受到破产冻结效力的限制。第一，代位执行是通过突破债权相对性以保护债权及时实现的执行方法，其本质依旧是执行措施，故应遵循执行措施在企业破产程序中的相关法律规定。第二，尽管执行和解协议不具有强制执行的效力，但考虑到其履行效果与强制执行的结果是一致的，且不履行和解协议亦可被起诉要求履行和解协议或申请恢复强制执行，故该案中基于和解协议而作出的代位执行行为仍属于破产申请被受理后应当中止的执行程序。具体而言，利源公司于2019年11月14日进入破产重整程序，此时爱尔凯公司尚未向中意公司支付111万元款项，根据前述法律规定，爱尔凯公司应当中止给付行为，不应再向中意公司进行给付。而因为债权人中意公司代位执行的债务人利源公司已进入破产程序，此时中意公司主张代位执行就应受到法律的限制。

其次，若将代位执行认定为普通的债权清偿行为，根据《企业破产法》第16条的规定，债务人对个别债权人的清偿行为亦应属无效。次债务人向债权人清偿后，法院可以宣告该清偿行为无效。

总之，根据文首案例事实，次债务人基于执行和解而作出的代为清偿本质上是一种公法化的私法行为，或者理解为一种私法化的公法行为。因此管理人有两种不同的独立路径用以维护破产财产从而实现公平清偿：一是依据《企业破产法》第19条主张执行中止后回转，二是依据《企业破产法》第16条来主张次债务人的个别清偿无效。这二者是基于对代为清偿行为性质的不同理解做出的不同选择，因而在适用上具有独立性，选择适用其一即可。

六、司法权介入情形下代为清偿行为的效力认定

就破产法相关规定的文义而言，偏颇清偿的成立要件均为客观要件，原则上不考虑当事人的主观因素，债务人及债权人在主观上是否存有恶意，债权人、债务人是否知道或应当知道债务人为个别清偿时存在破产原因等主观因素，并非法院裁判撤销个别清偿行为或者确认行为无效时应予审查的要素。当前关于偏颇清偿行为的主观要件认定问题已有较广泛的讨论。至于文首案例中的代为清偿问题，一方面次债务人的加入使得既有法律关系变得复杂，另一方面代位执行、执行和解等法院公权力的介入可能会对行为效力的认定产生一定影响。因此，有必要进一步探讨在公权力介入背景下对于代为清偿行为的效力认定而言，是否需要考虑当事人的主观要件。需要明确的是，虽然代为清偿行为的无效或撤销是法院根据法律行为效力的不同而采取的不同措施，但由于行使破产撤销权系管理人的法定义务，二者在法律后果上并无明显差异，且在立法目的上均是为了保障公平清偿，因此在主观要件之有无方面，具有同质性，本专题就以撤销规则为例，一并讨论代为清偿行为效力的主观认定问题。

如前文所述，在代为清偿的背景下，从目的解释出发，将“次债务人”纳入《企业破产法》第16条中“债务人”的解释范畴并无不妥。虽然目前学界鲜有在代为清偿背景下讨论主观要件问题的情况，但是关于债务人的主观态度是否属于偏颇清偿的构成要件之一，我国理论界与实务界对此存在较多的观点交锋，可以从中窥见主要争点问题，以期解决代为清偿行为效力认定的相关问题。

（1）肯定说。有学者主张，主观要件应当作为偏颇清偿行为的构成要件。①

---

① 参见柴发邦主编：《破产法教程》，法律出版社1990年版，第225－226页。

司法实践中有法院亦采此观点。以马鞍山马钢裕远物流有限公司管理人与徽商银行股份有限公司马鞍山富园支行破产撤销权纠纷案①为例，法院认为应注意平衡各方当事人的利益，既要防止债务人偏颇清偿债务损害全体或多数债权人的利益，亦应注意对善意第三人权益的保护、交易的安全和经济秩序稳定的维护，如此才能体现破产法诚实信用、公平清偿的立法本意。再如，在广安明兴科技发展有限公司破产管理人与王某等破产撤销权纠纷案②中，法院在说理部分采取主观主义，认为“没有证据证明行为时当事人存在恶意”；在浙江中兴会计师事务所有限公司与临沂嘉汇聚铸造科技有限公司、宁波市北仑区大矸金鑫模具压铸厂破产撤销权纠纷案③中，法院认为《企业破产法》第32条的具体适用，应注意兼顾各方当事人的利益，既要防止债务人偏颇清偿债务损害全体或多数债权人的利益，亦应注意对善意第三人权益的保护、交易安全和经济秩序稳定的维护，如此才能体现破产法诚实信用、公平清偿的立法本意；在湖南博翰化学科技有限公司管理人与中国建设银行股份有限公司岳阳市分行、中国建设银行股份有限公司岳阳市巴陵东路支行破产撤销权纠纷案④中，法院认为“博翰公司也没有明知不能清偿到期债务而故意向个别债权人建行岳阳分行清偿债务，双方不存在串通为个别清偿损害其他债权人的主观恶意”，因此“倘若本案对善意受偿的建行岳阳分行的到期债务依管理人的请求予以撤销，已解除的担保合同却无法恢复”，这“破坏了市场交易秩序与安全，不利于经济的健康发展，也不符合破产法的立法本意”。

（2）否定说。该说主张，不应当将债务人损害债权人利益的恶意作为偏颇清偿行为的构成要件。⑤ 司法实践中亦有法院采此观点。在苏州海港皮革有限公司管理人诉昆山市民安印刷厂破产撤销权纠纷案⑥中，法院认为对于符合个别清偿法定期间的行为，《企业破产法》的立法考量是倾向于保护全体债权人利益，因此无须将“恶意串通”作为破产撤销权成立的构成要件，仅考虑客观

① 参见安徽省高级人民法院民事判决书，（2015）皖民二终字第00042号。

② 参见四川省广安市中级人民法院民事判决书，（2017）川16民终414号。

③ 参见浙江省绍兴市柯桥区人民法院民事判决书，（2016）浙0603民初1380号。

④ 参见湖南省岳阳市中级人民法院民事判决书，（2016）湘06民终1548号。

⑤ 参见李玉泉、何绍军主编：《中国商事法》，武汉大学出版社1995年版，第217页。

⑥ 参见江苏省苏州市吴江区人民法院民事判决书，（2015）吴江商初字第00186号。

行为即可。再如浙江德美彩印有限公司破产管理人与上海绿新包装材料科技股份有限公司破产撤销权纠纷案①中，法院认为《企业破产法》第31条规定并没有将行为人的主观要件作为破产撤销权的构成要件，采取的是形式判断原则，那么对于当事人主观上是否存在恶意，并不是破产撤销权需审查的范围。此外，在浙江衢州柯城农村商业银行股份有限公司、衢州市中山房地产开发有限公司管理人破产撤销权纠纷案②中，法院认为“债权人行为时的主观善意并不属于管理人行使撤销权的例外情况”。

在域外的相关规定中，关于主张确认行为无效以及破产撤销权行使对当事人主观要件的规定不一，在撤销权例外中是否对债权人的主观要件作出限制，也存有不同的规定。如美国破产法中，偏颇行为通常被认为是对特定债权人有利而对其他债权人不利的处分或者给付行为，对于偏颇清偿行为的撤销而言，《美国联邦破产法典》第547条并未将主观要件考虑在内。③ 甚至在欺诈性撤销方面，虽然其最初需要债务人具有欺诈意图，但是如今由于拟制欺诈的理念得到了采纳，不论债务人在主观上是否具有不当意图，其行为均有可能被撤销。④

相较之下，德国破产法就对债权人的主观因素做出了要求，这在德国《支付不能法》第130条与第131条中均有所体现，其要求当事人行使破产撤销权对清偿行为进行撤销时，明确举证债权人的主观为恶意。德国破产法中的恶意债权人，是指在清偿行为进行中，受领清偿的债权人知道或应当知道债务人已支付不能或已经向法院提出破产申请的事实，或者在接受清偿时知道该转让行为将对其他多数债权人的合法权益造成损害。⑤ 我国台湾地区与德国破产法的规定十分相似，都将受偿的债权人的主观因素考虑在辨别清偿行为是否正当之中。我国台湾地区在2007年通过的所谓“消费者债务清理条例”就将对偏颇行为的撤销规则规定于第20条第2、3款中：“债务人所为之下列行为，除本条例

① 参见浙江省桐乡市人民法院民事裁定书，(2015) 嘉桐破（预）字第5号。

② 参见浙江省衢州市中级人民法院民事判决书，(2016) 浙08民终1374号。

③ 参见［美］查尔斯·J. 泰步：《美国破产法新论》（第3版）（中册），韩长印等译，中国政法大学出版社2017年版，第534－540页。

④ 参见［美］查尔斯·J. 泰步：《美国破产法新论》（第3版）（中册），韩长印等译，中国政法大学出版社2017年版，第631页。

⑤ 参见郑冲：《德国新破产法的特点与问题》，载中国政法大学诉讼法学研究院，http: //www.procedurallaw.cn/info/1013/6079.htm，最后访问日期：2024年5月13日。

另有规定外，监督人或管理人得撤销之：……（2）债务人于法院裁定开始更生或清算程序前，二年内所为之有偿行为，于行为时明知有害及债权人之权利，而受益人于受益时亦知其情事者；（3）债务人于法院裁定开始更生或清算程序前，六个月内所为提供担保、清偿债务或其他有害及债权人权利之行为，而受益人于受益时，明知其有害及债权人之权利者。”①

当前，我国破产法关于债权人主观要件的规定同美国一样，并未将债权人主观因素规定在否定偏颇清偿效力的构成要件中。但实践中，仍普遍存有采主观主义的法院，即认为当事人的主观状态系否定清偿行为效力的重要构成要件。

本专题认为，在法院介入的次债务人代为清偿的情况下，或许应对偏颇清偿规则的适用标准做出适当调整，可以适当考虑债权人与次债务人的主观要件。具体说来，对于债权人的主观因素而言，债权人若欲主张其受领财产的行为是正当的，需由其承担举证责任，以证明其于受领清偿时对债务人的支付能力以及是否已提出破产申请处于不知情的状态。考虑到债权人对其自身主观状态的举证相对容易，并且债权人为了保住已获得的清偿利益必定会谨慎尽职地履行证明责任，因而其对于偏颇行为的证明仍处于有利地位。相较之下，次债务人则是在法院的履行通知下代为清偿，其行为似乎具有合法的外观，这就使得在偏颇清偿案件的审理过程中，对次债务人的实际主观态度的区分和把握提出了更高的要求。次债务人若在偿还个别债权人的债务时，具有损害其他债权人或者减少即将成为破产财产的财产数量的故意，实质上是一种有预谋的、侵害其他债权人合法权益的行为；但有些债务的偿还完全是出于正常的经营需要，此时当事人就不具有这种恶意。上述两种行为表面上没有任何差别，仅仅是在当事人的主观态度上有差别，要正确区分上述行为，就必须提高审判机关区分和判断当事人主观情况的能力，做到从破产企业的实际破产情况出发，结合债权人及次债务人的陈述，尽可能还原清偿行为做出时当事人的主观态度为恶意还是善意，以形成公正判决。

七、结语

本专题选取的案例系破产程序启动的冻结效力与第三人权利义务之边界划

① 陈荣宗：《破产法》，台北，三民书局1982年版，第263页。

分的典型案例。该案中，次债务人与债权人在债务人破产申请被受理前达成执行和解，并在破产申请受理后进行代为清偿，这涉及对清偿行为性质的认定、管理人诉讼请求的选择、破产申请受理后禁止个别清偿的约束范围等诸多实体法与程序法交织的问题。在具体的法律依据上，法院将破产债务人的债务人纳入《企业破产法》第16条“债务人”的范畴，判决以代为履行方式作出的个别清偿无效，但将案由确定为“请求撤销个别清偿行为纠纷”。此外，管理人主张个别清偿无效，再审法院的裁判依据之一是破产申请受理后的执行中止，却同时据此判决个别清偿无效，这在路径选择方面可能存在重叠之处。加之该案涉及执行和解的问题，实际上，执行和解无非系一种特殊的执行方式，原申请执行人通过执行和解取得财产并不影响执行回转的成立。[①] 因此，在次债务人于破产申请受理后以代位执行的方式向债权人作出清偿的情况下，对此行为有两种评价路径：（1）若是将清偿行为认定为执行程序，在破产申请受理后，根据《企业破产法》第19条以及《企业破产法司法解释二》第5条的规定，执行程序本应中止，并可通过执行回转制度追回财产。需要进一步考虑的是，如果代为清偿行为发生在破产申请受理前，那么可以适用《企业破产法司法解释二》第15条的规定。（2）若是将该清偿行为认定为一般的个别清偿行为，可将《企业破产法》第16条中“债务人”的范围扩大至“债务人的债务人”，管理人据此主张清偿行为无效，法院可将案由确定为“请求确认债务人行为无效纠纷”。这种处理路径一方面在实体上契合无效行为与可撤销行为的民商法理论根基，另一方面也可在程序上符合处分原则与辩论原则的内在要求。上述两条路径在适用上存在一定的排斥性与独立性，选择其一适用更为妥当，倘若为补强法律依据而同时适用，难免有“画蛇添足”之嫌。

未来司法实践在此类涉及第三人或是公权力问题的破产冻结效力认定案件的处理上，应当坚持这种“实质大于形式”的考察思路，即便清偿效果确有执行裁定的背书，当其结果实际上产生了偏颇后果时，仍应根据代为清偿行为发生的具体时间节点，选择确认无效或者撤销等某一特定制度否认之。

---

① 参见赵国军：《执行回转的认定与适用》，载《人民司法》2021年第14期。

专题三

破产集中管辖规则对衍生诉讼的适用问题

内容提要：破产衍生诉讼集中管辖规则是我国《企业破产法》为提高程序效率、公平统一地对债权人进行清偿而设置的特殊管辖规则。本专题结合一起建设工程款的专属管辖与破产案件集中管辖相冲突的纠纷，对该问题展开分析。一般而言，破产衍生诉讼范围的判断应以债务人是否与案件处理结果具有实际利害关系为准，同时，为了更好地兼顾破产程序的效率和破产案件办理的专业性，可适当突破集中管辖规则。具体来说，在集中管辖与不动产专属管辖竞合时，应优先适用集中管辖规则；而当集中管辖与仲裁专属管辖发生竞合时，除涉及债权人专属权益的事项必须集中管辖外，其他情形可由管理人从高效和专业的角度出发，自行选择是否适用集中管辖。

关键词：破产衍生诉讼、破产法院、集中管辖、专属管辖

一、问题的提出

2013 年，宿迁中瑞汽车服务有限公司（以下简称中瑞公司）将江苏省泗洪县进口大众 4S 店、一汽大众 4S 店的土建工程发包给江苏省宿迁市永业建设工程有限公司（以下简称永业公司）。永业公司将工程转包给殷某，殷某组织人员进行了施工。2018 年 8 月 7 日，宿迁市宿城区人民法院受理了永业公司破产清算一案。因永业公司未支付殷某工程款，殷某于 2019 年提起该案诉讼，请求永业公司支付工程

款，并由中瑞公司在欠付工程款范围内承担连带责任。中瑞公司在提交答辩状期间提出管辖权异议，称：中瑞公司住所地在泗洪县，工程所在地也在泗洪县，故该案应由江苏省泗洪县人民法院管辖。

宿城区法院经审理认为：根据《企业破产法》第21条的规定，在永业公司破产清算一案被法院受理后，涉及永业公司的所有案件均应由受理破产案件的法院集中管辖。中瑞公司请求将案件移送至泗洪县法院，其法律依据是2017年修正的《民事诉讼法》第33条第1项："因不动产纠纷提起的诉讼，由不动产所在地人民法院管辖。"但就此问题，2015年修正的《立法法》第92条规定："同一机关制定的法律、行政法规、地方性法规、自治条例和单行条例、规章，特别规定与一般规定不一致的，适用特别规定；新的规定与旧的规定不一致的，适用新的规定。"《民事诉讼法》和《企业破产法》均属于全国人大或其常委会制定的法律，但是前者关于不动产的专属管辖规则系一般性规定，后者关于涉破产企业案件的集中管辖则属于特别规定，故应当优先适用《企业破产法》的规定。因此，宿城区法院裁定驳回了中瑞公司对该案管辖权提出的异议。[①]

上述案件的主要争议焦点为建设工程施工合同案件的专属管辖规则与《企业破产法》中破产衍生诉讼的集中管辖规则发生冲突时，法院管辖权的确定问题，由此可以延伸出如下两个论题：一是如何界定《企业破产法》第21条规定的"有关债务人的民事诉讼"，即破产衍生诉讼的范围；二是如何处理破产衍生诉讼集中管辖规则与专属管辖规则之间的竞合。

二、破产衍生诉讼范围的界定标准

《企业破产法》第21条规定："人民法院受理破产申请后，有关债务人的民事诉讼，只能向受理破产申请的人民法院提起。"自立法史的角度观之，该条在2000年破产法草案中并未出现，直到2004年6月、10月的草案中，才出现于第四章"债务人财产"下第一节"一般规定"之中。2006年出台的《企业破产法》吸收了这一司法实践成果，[②] 自此确立了破产衍生诉讼的集中管辖规

① 参见江苏省宿迁市宿城区人民法院民事裁定书，(2019）苏1302民初3625号、(2019）苏1302民初3625号之一。

② 参见陈夏红：《企业破产法注释》，北京大学出版社2021年版，第137页。

则。《企业破产法司法解释二》第47条进一步规定："人民法院受理破产申请后，当事人提起的有关债务人的民事诉讼案件，应当依据企业破产法第二十一条的规定，由受理破产申请的人民法院管辖。受理破产申请的人民法院管辖的有关债务人的第一审民事案件，可以依据民事诉讼法第三十八条的规定，由上级人民法院提审，或者报请上级人民法院批准后交下级人民法院审理。受理破产申请的人民法院，如对有关债务人的海事纠纷、专利纠纷、证券市场因虚假陈述引发的民事赔偿纠纷等案件不能行使管辖权的，可以依据民事诉讼法第三十七条的规定，由上级人民法院指定管辖。"

然而，对于何为"有关债务人的民事诉讼"，即破产衍生诉讼的具体范围，我国企业破产法并没有做出进一步的界定。下文将首先梳理破产法学界与司法实务界针对破产衍生诉讼范围存在的不同观点，并在此基础上提出本专题对破产衍生诉讼范围之判定标准的意见。

（一）学界与实务界关于衍生诉讼的观点

就此问题，有学者认为，"有关债务人的民事诉讼"是指，"以债务人为一方当事人、以实体权利义务纷争为内容的一般性民事诉讼"①。还有学者进一步指出，有关债务人权益诉讼的争议，不论债务人是本诉、反诉的原告、被告亦或无独立请求权的第三人，都应向受理破产案件的法院提起。②

实务中法院的观点也存在差异。如在"中国国际金融股份有限公司等与烟台银行股份有限公司"③一案中，烟台银行股份有限公司（以下简称烟台银行）作为证券投资者购买了发行人华信集团的中期票据，在华信集团的破产申请被受理后，烟台银行起诉中国国际金融股份有限公司（以下简称中金公司）等承销商及其他中介机构，要求后者就其在相关票据发行和交易过程中存在的重大过错对烟台银行造成的损失承担赔偿责任。而中金公司和邮储银行作为其中两个被告提出了管辖权异议，其认为案件诉讼结果可能会直接影响华信集团破产债权的确认，因此该案理应由受理破产案件的法院统一管辖。然而，一审法院

① 韩长印、郑金玉：《民事诉讼程序之于破产案件适用》，载《法学研究》2007年第2期。
② 参见尹正友、张兴祥：《中美破产法律制度比较研究》，法律出版社2009年版，第48页；韩传华：《企业破产法解析》，人民法院出版社2007年版，第71页。
③ 参见北京市高级人民法院民事裁定书，（2022）京民辖终14号。

认为，发行人华信集团虽已破产，但并非该案被告，因此该案不属于“有关债务人的民事诉讼”，不适用破产集中管辖原则。显然，该案的法律适用结果就与文首案例存有差异。

除此之外，不同地方的法院对此问题的相关规定也不尽相同。笔者以“破产”、“管辖”以及“破产衍生诉讼”为主要关键词在“威科先行数据库”中进行交叉检索，经筛选得到与上述问题相关的现行有效的司法文件共6份，相关规定如表3－1所示（按地域和发布时间排序）。

表3－1　我国多地高级人民法院有关司法文件的梳理

文件名称（文号）	规范内容	范围界定与标准	与专属管辖冲突时的处理
《北京市高级人民法院企业破产案件审理规程》（京高法发〔2013〕242号）	59. 人民法院受理破产申请后，以债务人为原告、被告或者第三人的新提起的第一审民事诉讼，由受理破产申请的人民法院管辖，不受民事诉讼法、海事特别诉讼法及有关司法解释关于地域管辖、级别管辖和专属管辖规定的限制	债务人为原告、被告或第三人	不受专属管辖限制（但未排除民事诉讼法管辖权转移的适用空间）
《北京市高级人民法院关于调整公司强制清算案件及企业破产案件管辖的通知》	自2019年11月1日起，下列案件由北京破产法庭集中管辖：1. 北京市辖区内区级以上（含区级）市场监督管理部门核准登记的公司（企业）的强制清算和破产案件；2. 上述强制清算和破产案件的商事类衍生诉讼案件；3. 跨境破产案件；4. 其他依法应当由其审理的案件。 根据《中华人民共和国民事诉讼法》第三十八条第一款、《最高人民法院关于适用〈中华人民共和国民事诉讼法〉的解释》第四十二条规定，本院批准北京破产法庭所在法院即北京市第一中级人民法院将下列破产衍生诉讼案件交由石景山区、门头沟区、海淀区人民法院审理：1. 按诉讼标的额应由区级人民法院审理的破产债权确认案件；2. 按诉讼标的额应由区级人民法院审理的	/	不受专属管辖限制，但受指定管辖限制

续表

文件名称（文号）	规范内容	范围界定与标准	与专属管辖冲突时的处理
	取回权案件。 上述第二条所列之外的破产衍生诉讼案件和全部强制清算衍生诉讼案件，由北京破产法庭所在法院即北京市第一中级人民法院审理。 强制清算和破产案件的衍生诉讼案件，按照案件性质和人民法院内部职能分工，由相应审判庭归口审理		
江苏省高级人民法院民事审判第二庭《破产案件审理指南（修订版）》（苏高法电〔2017〕794号）	有关债务人民事诉讼的管辖。人民法院受理破产申请后、破产程序终结前，当事人提起的有关债务人的第一审民事诉讼，由受理破产申请的人民法院管辖，但债务人作为无独立请求权第三人参加诉讼的除外。受理破产申请的人民法院经报请上级人民法院批准，可以在开庭前将有关债务人的第一审民事诉讼移交下级人民法院审理。人民法院受理破产申请后，有关债务人的海事纠纷、专利纠纷、证券市场因虚假陈述引发的民事赔偿纠纷等案件，由受理破产申请的人民法院管辖。受理破产申请的人民法院因专业性不足等原因不能行使管辖权的，可以依据民事诉讼法第三十七条的规定，由上级人民法院指定管辖	债务人为原告、被告或有独立请求权的第三人	原则上具有集中管辖权，可报请上级法院指定管辖
《上海市高级人民法院破产审判工作规范指引（试行）》（沪高法民二〔2018〕9号）	44. 有关债务人民事诉讼的管辖。人民法院受理破产申请后，当事人提起的有关债务人的一审民事诉讼，由破产案件受理法院管辖，但债务人作为无独立请求权第三人参加诉讼的除外。 …… 46. 破产衍生诉讼集中管辖与专属管辖冲突的处理。解决破产集中管辖	债务人为原告、被告与有独立请求权的第三人	原则上具有集中管辖权，可以商请移送或报请指定管辖

续表

文件名称（文号）	规范内容	范围界定与标准	与专属管辖冲突时的处理
	与专属管辖等特殊管辖冲突时，应考量后发衍生诉讼与破产程序、专业化审理之间的关联程度。原则上，破产案件受理法院和专门法院依法都享有管辖权，先收到原告起诉状的法院不得以管辖不明为由拒绝受理。破产案件受理法院认为涉及特殊类型案件管辖不具备审理条件的，可以商请移送相关法院；必要时，可依照《民事诉讼法》第三十七条和《最高人民法院关于适用〈中华人民共和国企业破产法〉若干问题的规定（二）》第四十七条第三款的规定报请共同上级法院指定管辖		
《云南省高级人民法院破产案件审判指引（试行）》（云高法发〔2019〕3号）	第155条　人民法院受理破产申请后，在破产程序终结之前，涉及该破产案件债务人的一审民事诉讼，由受理破产申请的人民法院管辖，但债务人作为未被要求承担责任的无独立请求权第三人参与诉讼的除外	债务人为原告、被告以及第三人，但排除未被要求承担责任的无独立请求权的第三人，即“辅助型无独三”	/
《广东省高级人民法院关于审理企业破产案件若干问题的指引》（粤高法发〔2019〕6号）	第41条　人民法院受理破产案件后，以债务人为当事人新提起的民事诉讼，不适用民事诉讼法、海事特别诉讼法以及有关司法解释关于地域管辖、级别管辖和专属管辖的规定，由受理破产申请的人民法院管辖	债务人为当事人（包括原告、被告与第三人）	不受专属管辖限制

注：上海市高级人民法院于2021年公布的《关于调整上海法院强制清算与破产案件集中管辖的通知》进一步对破产案件的集中管辖进行了细化和调整。

由表3-1可知，北京市高级人民法院与广东省高级人民法院对破产衍生诉讼范围的规定最为宽松，只要债务人属于原告、被告或第三人中的任何一方，该案即属于“有关债务人的民事诉讼”。而上海市高级人民法院和江苏省高级人民法院则将所有债务人作为无独立请求权第三人的案件均排除在破产衍生诉讼之外。与此同时，云南省高级人民法院的规定则更为细致，其将“无独三”区分为“被告型无独三”与“辅助型无独三”，前者限于被要求承担责任、需要参与诉讼以防止遭受不利益的“无独三”，后者则指代自身权益可能无法得到满足，因此需要通过参与诉讼辅助原被告从而满足自身权益的“无独三”，并将后者排除在了破产衍生诉讼的范围之外。

（二）破产衍生诉讼的判定标准

总结当前学界和实务界的观点可知，对于破产衍生诉讼范围的界定实际上存有三种标准：(1）以债务人是否为该诉讼的被告为标准，即只有债务人作为被告时该诉讼才由受理破产申请的法院管辖，这种标准对破产衍生诉讼范围的限定最为严格；(2）以债务人在诉讼中是否具有独立的诉讼请求为标准，只有在债务人是原告、被告或有独立请求权的第三人时，受理破产案件的法院才对该诉讼享有管辖权；（3）以债务人是否与案件结果具有实质的利害关系为标准，若案件结果同破产程序具有实体关联性，则该诉讼与债务人有关，应一并由受理破产申请的法院管辖，此标准对破产衍生诉讼的范围限定最为宽松。

本专题认为，从破产衍生诉讼集中管辖的确立目的出发，对“有关债务人的民事诉讼”的解释不应太过狭窄。当债务人作为被告或原告时，其显而易见地与案件具有直接的利害关系，因此该案因债务人即为被告而自然属于破产衍生诉讼的范畴。但在债务人不具有独立的诉讼请求或并非案件当事人时，并不意味着其与案件的处理结果就一定不具有实际利害关系。以上述云南省高级人民法院的规定为例，在破产企业作为“辅助型无独三”的案件中，最终判决结果仅会对破产企业的权利产生一定积极或消极影响，不会给破产企业增加额外债务，也即不会影响其他债权人在破产程序中的公平分配与清偿。因此，将破产企业作为“辅助型无独三”的相关诉讼排除在破产衍生诉讼之外的做法，存在一定的合理性。然而，集中管辖的立法意旨不仅包括“避免对个别债权人的偏袒”，还要求“迅速处理债权人与债务人的争议，以实现破产对效率性的要求”，也即破产企业“是否承担责任”与“能否享有权利”是破产程序需要兼顾的两个方面，前者关系到破产债权的确定，后者关系到破产财产的最大化，范围过窄的做法一定程度上可能无法兼顾上述两个目的的实现。故整体来看，上述标准三对债务人与案件处理结果是否具有实际的利害关系进行实质性的判定，有利于实现破产衍生诉讼集中管辖规则的设立初衷，满足保障债务人财产和实现债权人平等清偿的需要。

此外，对于法院批准重整计划后发生的与债务人有关的民事诉讼，由于重整计划已进入执行阶段、重整程序业已终止，债务人已逐步完成资产负债的集中清理并恢复经营，因而在计划执行阶段新发生的事实与重整工作已无直接关联，此时应当恢复适用《民事诉讼法》中的管辖规则。①

三、破产衍生诉讼集中管辖的正当性分析

域外立法例大多针对破产案件的审理设置了专门的破产法院，并且对破产衍生诉讼和集中管辖的范围作有不同程度的规定。以美国为例，其破产管辖制度的基础是移送管辖，即“将破产案件及争讼从具有宪法第 3 条法院地位的联邦地区法院移送至不具有这一地位的破产法官手上。”② 除另有规定外，地区法院拥有对所有破产案件的原始和专属管辖权。③ 这里的“案件”实际上包含了破产申请提交后发生的所有诉讼。④ 该法后来进一步扩大了地区法院上述专属管辖权的范围，具体包括：“（1）已受理案件或案件尚未办结的地区法院对该案件开始时所有无论位于何处的债务人财产和破产财团（破产财产）都享有专属管辖权；（2）对涉及解释联邦法典第 11 篇第 327 节及其下设披露规则的所有主张和诉因，地区法院同样享有专属管辖权。”⑤ 根据解释，第 327 节主要处理的是“破产案件中受托人（包括债务人在内）雇用专业人员的相关问题”⑥。同时，该法允许地区法院将部分或全部破产案件的管辖权移交给破产法院。⑦ 破产法官可以审理和裁决所有的破产案件和核心衍生诉讼。所谓“核心衍生诉

① 《九民纪要》第 113 条第 2 款第 1 句规定：“重整计划执行期间，因重整程序终止后新发生的事实或者事件引发的有关债务人的民事诉讼，不适用《企业破产法》第 21 条有关集中管辖的规定。”

② ［美］查尔斯·J. 泰步：《美国破产法新论》（第 3 版），韩长印等译，中国政法大学出版社 2017 年版，第 377 页。

③ See 28 U. S. C. § 1334 (a).

④ See Alan N. Resnick & Henry J. Sommer, *Collier on Bankruptcy*, LexisNexis, 2011, pp. 3 – 7.

⑤ 28 U. S. C. § 1334 (e).

⑥ Alan N. Resnick & Henry J. Sommer, *Collier on Bankruptcy*, LexisNexis, 2011, pp. 3 – 24.

⑦ See 28 U. S. C. § 157 (a).

讼”包含“因第11篇及其所含案件直接衍生的诉讼”①，比如破产财产清算、债权债务关系调整等与破产有关的重要内容。② 核心衍生诉讼之外其他与第11篇所含案件相关的诉讼则属于“非核心诉讼”。破产法官应结合自身经验或当事人陈述来判断某一衍生诉讼是否属于“核心衍生诉讼”。③ 对于“非核心诉讼”，破产法官只能审理不能裁决。也就是说，联邦破产法官应将事实认定和法律结论提交给地区法院，而最终的命令或判决只能由地区法官在综合考量上述材料并重新审查任何一方当事人及时提出的明确反对事项后作出。当然，上述情况也存在例外，即经诉讼各方当事人同意，地区法院可将非核心诉讼交由破产法官进行审理和裁决。④

目前，我国部分法院采用的是对破产衍生诉讼归口审理的做法。2012年《广东省高级人民法院关于破产衍生诉讼案件归口由破产审判业务庭审理的通知》规定：“一、破产案件受理后提起的破产衍生诉讼案件原则上统一由破产审判业务庭（包括审理破产案件的专门破产审判庭、商事审判庭或其他审判业务庭）审理；二、涉及劳动争议、知识产权、海事海商等类型的破产衍生诉讼案件仍按照案件性质分由相应的审判业务庭审理；三、实行破产案件承办合议庭回避制度，即破产案件的承办合议庭不再审理相应的破产衍生诉讼案件……”⑤而在浙江省温州市，11个基层法院中有5个设立了专业破产审判庭，其余6个法院也确立了由民二庭或者金融庭审理相关案件。其中5个法院将破产衍生诉讼统归专业的破产审判组织（独立编制的审判庭或其他庭的破产专业合议庭）审理，其他则由归口案件所对应的审判庭审理。⑥

除此之外，各地法院根据审判实践的需要，会对破产衍生诉讼的审理法院作出特别规定，并根据相关规定来办理立案。如上海市高级人民法院《关于调整上海法院强制清算与破产案件集中管辖的通知》就针对一些特殊情形特别规定了管辖法院。

① 28 U. S. C. §157（b）（1）. See Alan N. Resnick & Henry J. Sommer, *Collier on Bankruptcy*, LexisNexis, 2011, pp. 3 - 26.

② See 28 U. S. C. §157（b）（2）.

③ See 28 U. S. C. §157（b）（3）.

④ See 28 U. S. C. §157（c）（1）.

⑤ 万国营主编，深圳破产法庭编：《破产审判手册》（第2版），法律出版社2019年版，第248页。

⑥ 参见鞠海亭主编：《维护金融安全的破产审判路径》，法律出版社2019年版，第71页。

总体来看，《企业破产法》规定破产衍生诉讼集中管辖的意义主要有二：一是有助于提高破产程序的效率，降低破产成本。在破产程序的进行中，将案件管辖权集中于受理破产案件的法院有助于使与债务人有关的财产纠纷得到更便捷、迅速的处理。[①] 如果放任不同法院分散管辖，无疑会增加不同审判程序与破产程序的协调难度，影响破产程序的有序、顺利进行。[②] 例如，根据《企业破产法》第119条的规定，若在破产财产分配时存在未决诉讼，则管理人应当将涉诉债权的分配额提存，而分配后两年仍不能确定破产债权的，则应当将分配额分配给其他债权人。这是因为，因受理衍生诉讼的其他法院对破产案件的整体进度缺乏信息把握，可能导致未决诉讼久拖不决，甚至导致债权无法实现的后果产生，不利于涉诉债权人的利益保护，因而必须结合提存手段来实现破产程序的公正目标。二是有利于收集债务人财产并确保债权人之间的平等清偿。集中管辖规则能够将案件审理置于利害关系人的监督之下，能够有效防止分散管辖权导致的地方保护主义，避免地方法院偏袒个别债权人，损害其他债权人的公平受偿地位。[③] 由此来看，破产衍生诉讼集中管辖规则的确立对于破产程序的高效推进和顺利完结，确实有着重要的保障作用。

四、破产衍生诉讼集中管辖与专属管辖之间的竞合问题

诚然，集中管辖可以最大限度地发挥破产这一概括执行程序的效率，但这并不意味着受理破产申请的法院就必然对所有的破产衍生诉讼无一例外地进行集中管辖，也并不意味着集中管辖在任何时候都是最优选。

首先，破产作为概括执行程序，持续时间长、涉及范围广，导致其衍生诉讼的内容通常十分庞杂，因此将其全部交给远不如普通法院普及的破产法院或法庭不仅会给后者带来极大的工作负担，也会影响破产程序的整体效率。事实上，美国破产法通过不断的修正一直在调整破产法院专属管辖权的范围，目前其破产法院通常只负责审判与破产最为相关的衍生诉讼，对于其他非核心衍生诉讼，破产法院可以通过业已掌握的破产案件相关信息作出基本的事实认定，

---

① 参见韩长印主编：《破产法教程》，高等教育出版社2020年版，第60页。

② 参见安建主编：《中华人民共和国企业破产法释义》，法律出版社2006年版，第37页。

③ 参见《中华人民共和国企业破产法》起草组编：《〈中华人民共和国企业破产法〉释义》，人民出版社2006年版，第96－97页。

但最终的审理一般还是交给地区法院。由此，联邦破产法院和地区法院之间实现了良好的分工合作、主次分明，从而提高了破产案件的处理效率。

其次，当破产衍生诉讼案件涉及海事纠纷、专利纠纷、涉外纠纷以及证券市场因虚假陈述引发的民事赔偿纠纷等专业性特别强的案件时，如果破产申请受理法院不具备相应的审判能力，就无法应对相关案件的审判工作，集中管辖反而会影响相关案件的审判效率和质量，有悖于破产衍生诉讼专属管辖的初衷。目前，针对专业性较强的破产衍生诉讼的管辖竞合，《企业破产法司法解释二》第47条已经给出了基本的解决方案，但民事领域的专属管辖规则并非局限于此。如何基于审判效率和质量的考量，处理破产衍生诉讼集中管辖与民事领域其他专属管辖的竞合，需结合具体问题进一步分析。

在文首案例中，殷某与永业公司之间建设工程款的纠纷属于建设工程施工合同纠纷，依照《民事诉讼法司法解释》第28条第2款①的规定，应按不动产纠纷确定管辖。而该条款所指向的2021年修正的《民事诉讼法》第34条第1项规定，“因不动产纠纷提起的诉讼，由不动产所在地人民法院管辖”。永业公司在纠纷发生前已被受理破产清算，根据《企业破产法》第21条的规定，该案应由受理破产申请的法院集中管辖。因此，破产衍生诉讼的集中管辖规则与民事诉讼法的专属管辖规定在此发生了竞合。下文将首先对破产衍生诉讼集中管辖与民事诉讼法中不动产专属管辖的竞合问题进行分析，以回应题首案例。随后文章将进一步延伸探讨破产衍生诉讼集中管辖与仲裁专属管辖规则的竞合，以回应司法实践中存在的争议。

（一）破产衍生诉讼集中管辖与不动产专属管辖的竞合

由前述内容可知，文首案例中破产衍生诉讼集中管辖与民事诉讼法不动产专属管辖的竞合其实是《民事诉讼法》和《企业破产法》在不动产管辖上的适用位阶问题。对此，学界主要存在两大观点：（1）上下关系说。该说认为，我国现行《企业破产法》由全国人民代表大会常务委员会（以下简称全国人大常委会）制定通过，而现行《民事诉讼法》系由全国人民代表大会（以下简称全国人大）制定通过。根据《立法法》第108条第1项的规定，全国人民代表大

---

① 《民事诉讼法司法解释》第28条第2款：“农村土地承包经营合同纠纷、房屋租赁合同纠纷、建设工程施工合同纠纷、政策性房屋买卖合同纠纷，按照不动产纠纷确定管辖。”

会有权改变或者撤销它的常务委员会制定的不适当的法律，故全国人大制定的法律的位阶高于全国人大常委会制定的法律。[①] 依此观点，《民事诉讼法》属于基本法，按照上位法优于下位法的规则，应优先适用前者。（2）相同位阶说。该说认为，全国人大与全国人大常委会同属立法机关，两者制定的法律在效力上应等同。[②] 此外，全国人大常委会法工委于2008年8月曾对全国政协十一届一次会议第1524号（政治法律类137号）提案作出明确答复："依照宪法规定全国人大常委会对于全国人民代表大会制定的法律，在不与其基本原则相抵触的情况下，可以进行修改和补充。"依此观点，《民事诉讼法》与《企业破产法》效力位阶相同，并无上位法与下位法之分。

具体到案件中，法院指出：一方面，《民事诉讼法》于1991年开始实施，《企业破产法》于2007年开始实施，两者之间后者为新法，前者为旧法；另一方面，《民事诉讼法》关于专属管辖的规定是针对普通民事诉讼程序的一般规定，而《企业破产法》关于集中管辖的规定是针对破产企业诉讼程序的特殊规定，两者为一般法与特别法的关系。同时《企业破产法》第4条规定："破产案件审理程序，本法没有规定的，适用民事诉讼法的有关规定。"因此，破产法中衍生诉讼集中管辖的规则应优先于民事诉讼法专属管辖规则适用。

本专题以"《企业破产法》第21条"以及"管辖冲突"为全文关键词进行检索，得到相关案例9个。从现有司法判例来看，破产案件中集中管辖与专属管辖冲突多集中在建设工程合同纠纷中，相关争议主要在于案件应当由不动产所在地法院管辖还是受理破产申请的法院管辖。对此，绝大多数法院支持由受理破产申请的法院集中管辖，其裁判思路与该案基本一致，即认为"民事诉讼法的适用和企业破产法的适用产生冲突，而由于《企业破产法》属于特别的民事诉讼程序法，根据特别法优先于一般法的法律适用原则，应优先适用《中华人民共和国企业破产法》"。[③] 但也有部分法院给出了不同意见，即专属管辖优先。[④]

---

① 参见钱桂芳：《破产企业所涉知识产权纠纷的管辖冲突》，载《人民司法》2011年第3期。

② 参见董和平：《宪法学》，法律出版社2000年版，第466页。

③ 参见（2018）最高法民辖终129号民事裁定书、（2020）浙民辖终60号民事裁定书、（2020）黑08民初87号民事裁定书、（2021）浙0203民初3474号民事裁定书、（2020）浙0203民初13175号民事裁定书、（2020）渝0114民初4415号民事裁定书、（2019）苏1181民初10768号民事裁定书、（2020）苏1283民初2202号民事裁定书。

④ 参见山东省烟台市中级人民法院民事判决书，（2019）鲁06民终3631号。

本专题认为，当破产衍生诉讼集中管辖与不动产专属管辖产生竞合时，适用集中管辖更显合理。不动产纠纷专属管辖与破产衍生诉讼集中管辖的竞合问题，本质上是对地域管辖确定规则的不同选择。而评价不同地域管辖模式的重要标准之一，是最高人民法院在2005年制定的《关于全面加强人民法庭工作的决定》（已被修改）中提出的“两便原则”，即一方面便利人民法院审判、取证、执行，另一方面便利当事人参诉。加之，我国对不动产纠纷的专属管辖可以分为两个类别，一是对不动产物权纠纷的专属管辖，二是《民事诉讼法司法解释》确定的四类不动产合同纠纷的专属管辖。案涉建设施工合同纠纷即属后者。《民事诉讼法司法解释》规定的四类涉不动产合同纠纷是应当“一刀切”地统一适用专属管辖，还是遵循物债二分原理，即仅限于原告诉讼请求含物权变动情节之纠纷适用，在民事诉讼法学界素有争议。① 不动产物权纠纷专属管辖的必要性主要在于“两便原则”中的便利人民法院对证据调查、案件执行，而不动产合同纠纷，尤其是文首案例中原告诉讼请求为由被告支付工程款的建设工程施工合同纠纷，似不具备该必要性基础，因建设工程价款的支付问题并不需要法官进行现场勘验等查看不动产的行为，故对工程价款合同纠纷专属管辖的必要性来源似乎仅为在具有工程价款优先受偿权的当事人提出折价或拍卖工程的诉请时人民法院具有的执行便利，仅仅因此即实行专属管辖而消除当事人协议管辖的可能，其正当性存疑。

在比较法上，德国民事诉讼法对与不动产物权具有关联性诉讼事件中的当事人赋予选择权，即当事人可以选择由被告住所地法院管辖或者不动产所在地法院管辖。② 在同样继受德国民事诉讼法的日本，相关立法曾将不动产纠纷区分为不动产物权纠纷与不动产债权纠纷，对不动产债权纠纷不适用专属管辖。

---

① 参见詹明、刘承涛：《不动产合同纠纷诉讼协议管辖初探——兼对〈最高人民法院关于审理建设工程合同纠纷案件适用法律问题的解释〉第24条的理解》，载《江西青年职业学院学报》2007年第4期。

② 《德意志联邦共和国民事诉讼法》第25条规定：“在关于抵押权、土地债务或定期土地债务的诉讼中，附带提起债务诉讼时，在关于抵押权、土地债务或定期土地债务的注销登记或权利消灭诉讼中附带提起对人义务免除的诉讼时，在关于确认物上负担的诉讼中，附带提起请求延迟给付的诉讼时，都可以向不动产审判籍的法院提起，但以附带的诉讼是对同一被告提起为限。”［德］汉斯—约阿希姆·穆泽拉克：《德国民事诉讼法基础教程》，周翠译，中国政法大学出版社2005年版，第31页。

而经过1996年修改后的民事诉讼法已经不再区分不动产物权与债权纠纷，对所有不动产纠纷均规定适用任意管辖。① 可见，德国与日本均认为不动产合同纠纷中“便利法院执行”这一社会公共目的不足以构成改变当事人意思自治的理由。

综上，由于专属管辖与集中管辖均排除协议管辖的适用，均是对当事人意思自治的限制，而对当事人意思自治的改变必须要有稳固的国家、社会公共利益目的作为支撑。不动产专属管辖虽然也属于特别规定，但这种特殊规定只是出于法院对案涉不动产统一管理的方便而设定，不同于知识产权纠纷等对法官专业技能要求较高从而形成的专属管辖。换言之，从案件办理的专业要求来看，对不动产纠纷适用专人专管的专属管辖规则的必要性较小。而破产程序又是对债权债务的集中清理，各地成立专门的破产法庭也是为了概括解决破产带来的相关债权债务困境。因此，如果仅因集中管辖违背不动产专属管辖原则而不予适用，进而由不同法院分散管辖破产企业债务人的相关民事诉讼，必然造成一般审判程序与破产程序之间难以协调的局面，进而影响破产程序的顺利进行，也会导致我国近年来试点成立破产法庭或破产法院的现实意义大减，这是得不偿失的。故集中管辖相较于不动产纠纷的专属管辖在法政策考量上更具正当性，在二者发生冲突时适用集中管辖的规定，亦属应有之义。

（二）破产衍生诉讼集中管辖与仲裁专属管辖的竞合

实务中，当事人在起草商事合同时也可能选择仲裁作为争议解决的方式。就破产衍生诉讼而言，如果对方当事人主张依照仲裁协议或条款对破产衍生诉讼进行管辖，那么根据《仲裁法》的根本原则，有效成立的仲裁协议理应具有排除法院管辖权的效力。② 但若采纳前述实际利害关系标准，该类诉讼似乎又应由受理破产申请的法院集中管辖。实际上，我国现行《企业破产法》③ 及其

① 参见［日］高木丰三：《日本民事诉讼法论纲》，陈与年、洪冬英译，中国政法大学出版社2006年版，第52－53页。

② 《仲裁法》第5条：“当事人达成仲裁协议，一方向人民法院起诉的，人民法院不予受理，但仲裁协议无效的除外。”第26条：“当事人达成仲裁协议，一方向人民法院起诉未声明有仲裁协议，人民法院受理后，另一方在首次开庭前提交仲裁协议的，人民法院应当驳回起诉，但仲裁协议无效的除外；另一方在首次开庭前未对人民法院受理该案提出异议的，视为放弃仲裁协议，人民法院应当继续审理。”

③ 《企业破产法》第20条：“人民法院受理破产申请后，已经开始而尚未终结的有关债务人的民事诉讼或者仲裁应当中止；在管理人接管债务人的财产后，该诉讼或者仲裁继续进行。”

司法解释[①]就破产申请受理时已经开始的仲裁程序的处置以及债权债务关系的确认问题作有规定，同时在实务中，有观点就指出，“问题往往发生在管理人此时不愿意把纠纷付诸仲裁”[②]。

对于破产受理时仲裁程序尚未开始的仲裁协议或条款的效力，也即破产衍生诉讼集中管辖规则与仲裁管辖规则的竞合问题，目前主要存在以下几种观点：（1）集中管辖说。该说认为，当仲裁法与破产法关于管辖权的规定发生竞合时，出于提高破产作为概括执行程序的效率的考量，法院应优先适用破产法的集中管辖规则。因为破产债务人一旦破产，便遭遇了行为能力的贬损，这会影响仲裁裁决的承认与执行，从而使仲裁难以发挥其通过意思自治分散和化解纠纷的作用。[③]（2）管理人承继说。该说认为，“仲裁裁决具有既判力，因此，作为诉讼契约的仲裁协议主体范围应该及于管理人”[④]。此外，该说还主张应当根据具体事实决定是否适用仲裁协议或条款。具体来说，“破产撤销、禁止抵销、欠缺登记等所有权转移对抗要件等纠纷因涉及破产债权人的专属权限，管理人一律不受仲裁协议的拘束；但其余情形，因不存在破产法上规定的特别对抗事由，管理人当然地承继债务人在破产受理前签订的仲裁协议”[⑤]。（3）管理人选择说。该说认为，将破产衍生诉讼涉及的仲裁协议或条款视为破产法中的待履行合同，应当参照适用《企业破产法》第18条第1款的规定，由此，“倘若破产管理人接受含有仲裁条款的合同，通常情况下该仲裁条款也就作为合同的一部分而具有执行力；倘若破产管理人选择不继受合同……应当允许破产管理人在选择不继受主合同时决定是否履行其中的仲裁条款”[⑥]。（4）综合适用说。该

① 《企业破产法司法解释三》第8条最后一句：“当事人之间在破产申请受理前订立有仲裁条款或仲裁协议的，应当向选定的仲裁机构申请确认债权债务关系。”

② 金春：《破产法视角下的仲裁：实体与程序》，载《当代法学》2018年第5期。

③ 参见刘经涛：《刍议跨国破产程序与国际商事仲裁程序的冲突》，载《中国海商法研究》2017年第2期。

④ 金春：《破产法视角下的仲裁：实体与程序》，载《当代法学》2018年第5期。转引自伊藤真『破産法・民事再生法（第3版）』（有斐閣，2014年）633頁。

⑤ 金春：《破产法视角下的仲裁：实体与程序》，载《当代法学》2018年第5期。转引自松下淳一「倒産法制と仲裁（1）」JCAジャーナル41巻4号（1994年）10頁；山本和彦「倒産事件における各種訴訟の立法論的課題」島岡大雄ほか編『倒産と訴訟』（商事法務，2013年）484頁；杉山悦子「倒産手続における仲裁合意」仲裁とADR10号（2015年）1頁。

⑥ 李沣桦：《论破产与国际商事仲裁的冲突及其协调》，载《国际经济法学刊》2011年第1期。

说认为，“仲裁协议的效力问题应根据其仲裁事项进行类别考察，并在一定情形下认可由管理人选择解除或履行仲裁协议”①。这一观点是对管理人承继说和管理人选择说的结合。该观点主张，在处理破产撤销、禁止抵销等事项时，将仲裁协议认定为无效，而对于除此以外的其他破产事项，则应当从高效和专业性的角度考虑是否适用仲裁协议或条款。如果仲裁协议有利于破产财产价值最大化以及全体债权人的利益，则管理人就应当选择履行仲裁协议或条款；如果适用仲裁协议或条款的成本高昂且不利于破产财产的最大化和破产程序的高效运行，则管理人应解除仲裁协议或条款并把纠纷付诸诉讼，即适用集中管辖规则。

我国司法实务中相关案例的判决结果同样反映出了不同倾向。例如，在“无锡万昌交通工程有限公司与江苏名威商品混凝土有限公司买卖合同纠纷管辖权案”② 中，一审法院认为双方在《材料购销合同》中约定的仲裁条款与《企业破产法》对案件集中管辖的具体规定相抵触，因此为无效约定。二审法院却主张，《企业破产法》第 21 条所规定的破产专属管辖仅限于有关债务人的民事诉讼，并未对仲裁解决纠纷作出规定，而仲裁与诉讼显然属于不同的纠纷解决机制，在当事人之间存在有效仲裁条款的情形下，不应适用诉讼管辖的有关规定，并撤销了前述一审判决。

本专题认为，上述第四种观点较为合理，理由在于：首先，仲裁与诉讼作为两种独立的解决民事争议的方式，均可产生法律上的确定力和执行力，不存在孰优孰劣的区分；其次，《企业破产法》虽然明确了破产衍生诉讼的集中管辖规则，但这并不意味着该规则的绝对排他性适用。法院受理破产申请前已经开始的诉讼和仲裁，根据《企业破产法》第 20 条、第 25 条③的规定，并不适用集中管辖。由此可见，破产法设立集中管辖规则的目的是妥善解决管辖权争

① 金春：《破产法视角下的仲裁：实体与程序》，载《当代法学》2018 年第 5 期。

② 参见江苏省泰州市中级人民法院民事裁定书，(2014) 泰中商辖终字第 00109 号。类似案件还包括“中油新兴能源产业集团有限公司等诉甘肃建新实业集团有限公司等股权转让纠纷案”，参见甘肃省高级人民法院民事裁定书，(2017) 甘民辖终 69 号。

③ 《企业破产法》第 25 条：“管理人履行下列职责：(一) 接管债务人的财产、印章和账簿、文书等资料；(二) 调查债务人财产状况，制作财产状况报告；(三) 决定债务人的内部管理事务；(四) 决定债务人的日常开支和其他必要开支；(五) 在第一次债权人会议召开之前，决定继续或者停止债务人的营业；(六) 管理和处分债务人的财产；(七) 代表债务人参加诉讼、仲裁或者其他法律程序；(八) 提议召开债权人会议；(九) 人民法院认为管理人应当履行的其他职责。本法对管理人的职责另有规定的，适用其规定。”

议，从而推动破产程序的高效进行。考虑到破产衍生诉讼的解决既关乎法院系统的内部分工，又涉及诉讼和仲裁之间的抉择，具有一定的复杂性，因此立法者仅仅以实定法的形式确立了一个一般情况下最有利于迅速解决纠纷、维护债权人利益的方式，但这并非意味着例外情形下仍然必须适用集中管辖规则。换言之，在管辖规则适用有更优选的特殊情况下，理应适用集中管辖之外的其他方式，只要能更好地实现破产财产最大化、保护债权人的合法权益。总之，在仲裁协议与破产集中管辖规则产生冲突时，一味地坚持集中管辖规则，反而会背离设立集中管辖规则的初衷。

五、结语

破产衍生诉讼集中管辖规则是《企业破产法》针对进入破产程序的企业设置的有关其民事诉讼集中管辖的特殊规则，该规则的主要目的在于提高破产程序的效率、公平地对债权人进行清偿。本专题认为，以债务人是否与案件处理结果具有实际的利害关系为标准，将与破产程序具有实体关联的民事诉讼纳入破产衍生诉讼的范围，既符合衍生诉讼集中管辖规则的设立意旨，也有利于保障债务人与债权人的利益，推进破产程序的顺利进行。同时，通过分析中美两国关于破产案件集中管辖的相关规定，文章论证了破产案件集中管辖的正当性，也意识到了集中管辖在兼顾破产效率和案件专业性上所面临的适用问题。本专题认为，破产法院/法庭可依据实体关联性标准来一并受理与债务人有关的诉讼，同时充分考虑特殊情形，将涉及知识产权、涉外、涉海商海事等专业领域的纠纷交由相应的专门法院进行审理。对于与破产案件关系不那么密切的传统民事纠纷，可在交由相应民事审判庭进行管辖的同时，借鉴美国破产法的做法，附上破产法庭对相关诉讼作出的初步事实认定和法律适用结论。当破产衍生诉讼集中管辖与不动产专属管辖发生竞合时，依照特别法优先于一般法的规则，应优先适用集中管辖规则；当集中管辖与仲裁专属管辖发生竞合时，对于涉及债权人专属权益的事项，应适用集中管辖；而在其他情形下，则可由管理人从高效和专业性的角度出发，选择解除或履行仲裁协议。

联合管理人在破产撤销之诉中的主体适格问题

内容提要：联合管理人能否直接以破产管理人的名义提起破产撤销权诉讼，在破产实务中存在争议。当前最高人民法院《破产程序文书样式（试行）》中的“文书样式95”规定联合管理人应以具体中介机构作为共同原告起诉，但该文件属于工作规范型司法解释性文件，不应对诉讼主体适格性的判断产生实质影响。本专题结合一起由多家律所担任联合管理人的管理人破产撤销之诉时的原告资格认定纠纷，对该问题展开分析。就其主体地位而言，联合管理人对破产财产享有管理处分权，提起破产撤销权诉讼符合法定诉讼担当且具备诉的利益；就具体程序而言，在联合管理人直接以“×××管理人”名义提起撤销权诉讼时，法院应对诉讼主体进行必要的释明或依职权直接将中介机构列为诉讼原告。仍有疑问的是联合管理人的内部职权划分与外部责任承担问题，对于前者，各管理人可根据中介机构的性质及业务范围通过协商予以确定；对于后者，在不属于法定或约定需要承担连带责任的情形下，各管理人对外承担按份责任。最后，在法律明确规定或管理人之间已有约定的情况下，可以参考德国民法“同一层次理论”，要求各管理人对外承担真正连带责任，对内根据分工承担相应责任。

关键词：联合管理人、破产撤销权诉讼、诉讼主体、“文书样式95”、主体适格

一、问题的提出

2019年4月25日，浙江省金华市中级人民法院裁定受理新光控股集团有限公司（以下简称新光集团）破产重整一案，并于2019年4月26日指定浙江天册律师事务所、北京市高朋律师事务所、浙江振进律师事务所、浙江韦宁会计师事务所有限公司担任新光集团的破产联合管理人。新光集团的管理人在履职期间向金华市中级人民法院提起破产撤销权诉讼，请求判令撤销新光集团在其破产申请受理前6个月内向吉林银行东盛支行个别清偿64,760,130元借款本金及利息的行为，法院判决予以支持。吉林银行东盛支行对监管账户内资金性质的认定存在异议，提起上诉。浙江省高级人民法院在二审中认为，根据最高人民法院发布的《人民法院破产程序法律文书样式（试行）》（以下简称《破产程序文书样式（试行）》）中“文书样式95”的规定，管理人为中介机构的，破产撤销权诉讼的原告应列为担任管理人的律师事务所、会计师事务所或者破产清算事务所，该案破产管理人以“新光集团管理人”作为原告提起诉讼，属于原告主体不适格，故对新光集团管理人的起诉予以驳回。在再审中，最高人民法院认为《破产程序文书样式（试行）》对于规范有关破产程序的法律文书具有示范和指引功能，但不能作为判断破产案件或者与破产有关案件诉的要件的直接法律依据。因此二审法院以新光集团管理人作为该案原告主体不适格为由，驳回新光集团管理人的起诉，属于适用法律错误，故撤销二审裁定，指令浙江省高级人民法院对该案进行审理。①

该案引发的主要争议问题为：破产联合管理人能否直接以“×××管理人”而非组成联合管理人的各中介机构为共同原告的名义提起破产撤销权之诉。下文将首先对破产联合管理人这一新型管理人模式进行分析，指出联合管理人的构成与指定条件；其次，对《破产程序文书样式（试行）》中“文书样式95”规定的法律效力进行分析，并在此基础上回应文首案例有关联合管理人诉讼主体适格问题的争议，指出联合管理人以“×××管理人”名义提起诉讼时法院可行的应对举措；最后，对联合管理人内部的职责划分与外部的责任承担

① 参见最高人民法院民事裁定书，（2021）最高法民再327号。

问题进行探讨。

二、破产联合管理人的法律性质、构成及指定条件

（一）破产联合管理人的内涵与构成

破产管理人是在破产程序中负责破产财产的管理、处分、业务经营以及破产方案的拟定和执行事务的专门机构或者个人。根据《企业破产法》第24条的规定，我国管理人有清算组、社会中介机构以及个人等三种类型。在履职过程中，管理人可以代表债务人参加诉讼、仲裁或者其他法律程序，并且在身份、决策权上具有一定的独立性。在关于破产管理人的诸多学说中，占据主流观点的是破产财团代表说，该说更契合管理人的真实法律地位。[①] 管理人作为破产财团的代表人管理和处分财产，更好地反映管理人在破产程序中的实际作用，同时能为管理人制度提供合理的法理依据。

通常认为，联合管理人是指，就同一破产案件，由两个及两个以上具备破产管理人资格的社会中介机构或个人共同组成的，对内各自独立行使破产管理权限，对外承担连带责任的管理人联合体。从联合管理人的工作职责来看，联合管理人更接近合伙组织。在内部关系上，不同管理人与合伙企业中不同的合伙人类似，就破产事务各自享有相对独立的管理权限；在外部效果上，均以管理人的整体名义履职，各管理人就其履职承担连带责任。[②] 联合管理人的特殊性更多体现在内部职权划分与外部责任承担上，相较于一般管理人在内部关系上更为复杂，但是由此产生的问题是，联合管理人中各管理人的连带责任是指无限连带责任还是不真正连带责任？相关责任的具体承担方式以及相应的法律依据等诸多问题亟待进一步明确。

《企业破产法》及《最高人民法院关于审理企业破产案件指定管理人的规定》（以下简称《指定管理人的规定》）并未对联合管理人作出明确规定，但不少地方人民法院的规范性文件对这一管理人模式持肯定态度。浙江省高级人民法院2013年发布的《关于规范企业破产案件管理人工作若干问题的意见》（浙

① 参见韩长印：《建立我国的破产财团制度刍议》，载《法学》1999年第5期。
② 参见娄奇铭、王永建：《对破产联合管理人模式利弊问题的思考——以浙江省破产联合人管理规定为中心》，载《人民论坛·学术前沿》2017年第16期。

高法〔2013〕38号）第13条第1款规定："受理企业破产申请案件的人民法院，可以根据案件情况并听取主要债权人的意见，决定通过随机方式或竞争方式产生联合管理人。"该条第2款和第3款进一步细化了联合管理人的构成，即律师事务所之间、会计师事务所之间或律师事务所、会计师事务所和个人管理人相互之间均可组成联合管理人，但个人管理人不得与所在社会中介机构组成联合管理人。2017年河南省高级人民法院发布的《关于规范企业破产案件管理人工作若干问题的意见》（豫高法〔2017〕246号）第11条也对联合管理人的指定作出了规定，并指出联合管理人由社会中介机构管理人与其他管理人组成，但个人管理人不得与所在社会中介机构或其他个人管理人组成联合管理人。由此可知，浙江省高级人民法院与河南省高级人民法院均认可机构管理人之间组成联合管理人，但个人管理人则存在一定限制——一方面，其仅能与机构管理人而非其他个人管理人联合管理同一破产案件；另一方面，其不能与自身所在的中介机构组成联合管理人。但也有法院对联合管理人的构成采不同做法。[①]其中山东省高级人民法院与广西壮族自治区高级人民法院都将联合管理人选任限制在机构管理人之间，山东省高级人民法院更强调了联合管理人应在不同类别的社会中介机构中选定。

从各地的规定中不难看出，目前有关联合管理人的制度规范尚未形成体系。具体表现为：（1）采用联合管理人模式的法院少，联合管理人并未在全国范围推行；（2）管理人的构成不一，部分地方人民法院明确否认个人可以成为联合管理人的成员，且要求联合管理人应由不同类别的社会中介机构组成；（3）联合管理人之间的责任承担方式不明，部分法院将其粗略地规定为连带责任，部分地方法院则未规定管理人责任划分与承担问题。由此导致在联合管理人被处罚或者承担民事责任时，法院将不得不进行自由裁量，从而引发新的纠纷。

在管理人内部构成方面，本专题认为，联合管理人的构成应主要限定在不同类别的机构管理人之间，而不应包括个人管理人。主要理由如下：（1）根据

① 山东省高级人民法院2016年发布的《企业破产案件管理人管理办法（试行）》第8条规定："人民法院企业破产案件审判部门根据案件情况，确定是否从律师事务所、会计师事务所、破产清算所三类机构中指定不同类别的联合管理人。"广西壮族自治区高级人民法院2021年发布的《关于规范破产案件管理人工作若干问题的意见（试行）》第9条规定，只有社会中介机构才可以参加破产案件联合管理人的竞选。

《指定管理人的规定》第 16 条[①]和第 17 条[②]的规定可知，只有事实清楚、债权债务关系简单且债务人财产相对集中的破产案件，人民法院才可以指定个人担任管理人，对于其他的破产案件，一般均应指定社会中介机构担任管理人。而若某一案件需要联合管理人共同管理破产企业财产、共同决定债务人企业内部管理事务，则表明该案件已经难以由单个管理人胜任，此时不应再指定个人管理人，而应有两个及以上机构管理人一同管理，以满足复杂破产案件的现实需求。(2) 只有在律师事务所、会计师事务所、破产清算所等不同类别的中介机构中组成联合管理人，才能实现联合管理的价值。若联合管理人在相同类别的机构管理人中产生，不仅不利于划清各自的责任范围，且机构之间一旦无法有效协作、相互推诿，反而会影响破产程序的顺利进行，降低管理效率。[③] 但若破产企业存在有数个生产经营场所、财产分散在多处等特殊情形，确需两个及以上同类管理人机构分担职责的，可以破例允许相同类别的机构管理人联合管理。

（二）破产联合管理人的指定条件

对于破产联合管理人的指定条件，地方法院在其规范性文件中通常仅笼统地规定由受理破产申请的法院根据案件具体情况决定，赋予了法院较大的裁量权。2018 年最高人民法院发布的《全国法院破产审判工作会议纪要》在第三部分“管理人制度的完善”第 5 条规定：“两家以上具备资质的中介机构请求联合担任同一破产案件管理人的，人民法院经审查符合自愿协商、优势互补、权责一致要求且确有必要的，可以准许。”上述规定为法院的破产审判实践提供了指引。首先，法院在指定联合管理人时应听取债务人、债权人等利害关系人的意见，确保符合当事人自愿原则；其次，联合管理人在构成上应实现优势互补，在选取时需注重在律师事务所、会计师事务所、破产清算所等不同类别的管理人之间进行组合；再次，联合管理人的指定需符合权责一致的要求，这就表明各联合机构应有明确的权责划分，必要时法院可以要求其提交职责分工协议；

---

① 《指定管理人的规定》第 16 条规定：“受理企业破产案件的人民法院，一般应指定管理人名册中的社会中介机构担任管理人。”

② 《指定管理人的规定》第 17 条规定：“对于事实清楚、债权债务关系简单、债务人财产相对集中的企业破产案件，人民法院可以指定管理人名册中的个人为管理人。”

③ 参见许德凤：《破产法论：解释与功能比较的视角》，北京大学出版社 2015 年版，第 269 页。

最后，应对联合管理人的指定进行必要的限制，只有根据案件情况确有必要指定多个管理人时，法院才可准许，以避免不当增加破产成本，降低破产程序的效率。

三、案涉“文书样式95”的法律效力

（一）《破产程序文书样式（试行）》的法律性质

最高人民法院除发布带有“解释”“规定”“批复”等严格意义上的司法解释之外，还会发布若干“通知”“意见”“问答”“座谈会纪要”“会议纪要”等形式的规范性文件。对于这类文件该如何称呼，目前尚缺乏具体明确的学术探讨。有学者将其表述为“司法文件”①，亦有学者将其称为“法院审判业务指导文件”②。在最高人民法院的官方网站中搜索可知，在“权威发布”栏目中设置有“通知”、“司法解释”、“司法文件”、“大数据专题”以及“标准化工作”等五个与审判业务有关的具体项目。“司法解释”中的文件均具有“法释”字样及编号，而“司法文件”栏目发布的规范性文件并无“法释”字样及编号，但均有“法发”字样及编号。“意见”“通知”等规范性文件均发布在“司法文件”一栏，司法文件大致可以分为司法解释性文件、司法行政文件等。③

具体到《破产程序文书样式（试行）》性质的判断上，应当认为其属于司法文件，理由包括：（1）就发布主体而言，《破产程序文书样式（试行）》系由最高人民法院制定并发布，在全国范围内有效实施；（2）在发布内容方面，其主要规定了文书样式的体例、案号和各文书样式的文号编排规则，并附上“通用类文书”、“破产清算程序用文书”、“重整程序用文书”、“和解程序用文书”以及适用于破产衍生诉讼一审程序的“破产衍生诉讼用文书”五类共105个文书样式，与审判业务密切相关；（3）在形式方面，并无任何“法释”、“法发”字样及相应编号，且具体内容发布载体的名称为“最高人民法院关于印发《人民法院破产程序法律文书样式（试行）》的通知”。综合各种因素判断，《破产

---

① 黄韬：《最高人民法院的司法文件：现状、问题与前景》，载《法学论坛》2012年第4期。

② 侯丹华：《法院审判业务指导文件功能探析》，载《上海政法学院学报（法治论丛）》2011年第6期。

③ 参见彭中礼：《最高人民法院司法解释性质文件的法律地位探究》，载《法律科学（西北政法大学学报）》2018年第3期。

程序文书样式（试行）》是一种典型的司法解释性文件，属于“司法文件”的范畴。

（二）司法解释性的文件的约束范围及效力

1981年以来，全国人大及其常委会分别通过《关于加强法律解释工作的决议》以及《人民法院组织法》《立法法》，有关内容概括授予“两高”司法解释权，① 但法律并没有明确其解释法律的形式，所以通过制定司法解释性质的文件也是一种路径。然而，由于《各级人民代表大会常务委员会监督法》和《立法法》以备案程序限定了“具体应用法律的解释”之指向，所以，司法解释性质的文件的具体效力位阶无法得到来自权力机关及法律的外部确认，也即，司法解释性质的文件因其并非“具体应用法律的解释”，在没有得到法律明确规定时，并不在最高权力机关所授予的司法解释权范围内。因此，即便司法解释性质的文件是由最高司法机关制定的，也不会直接产生与司法解释相同的规范约束力。因为缺乏法律基础，对于规范上的约束力，司法解释性质的文件至多只能“从制定法中引申出和间接获得”。② 尽管司法解释性质的文件在司法活动中仍然具有一定约束效力，但其“效力”只是事实上的，制度性权威与事实性权威有着层次性的差异：具有制度性权威的准则一定具有事实性权威，反之则不然。③ 因此这种具有“事实性效力”的意见、指引、先例等准则，并不属于司法裁判者必须适用的正式法源。

司法解释性文件虽然不是正式的直接法源，但其确实具有填补、规范、引导和借鉴等四大基本功能。④ 最高人民法院2018年6月发布的《关于加强和规范裁判文书释法说理的指导意见》（法发〔2018〕10号），对于规范与完善裁判文书释法说理具有积极意义，该意见第13条指出：“除依据法律法规、司法解释的规定外，法官可以运用下列论据论证裁判理由，以提高裁判结论的正当性和可接受性：最高人民法院发布的指导性案例；最高人民法院发布的非司法解释类审判业务规范性文件……”。此处“非司法解释类审判业务规范性文件”

---

① 参见聂友伦：《论司法解释的立法性质》，载《华东政法大学学报》2020年第3期。

② 参见雷磊：《指导性案例法源地位再反思》，载《中国法学》2015年第1期。

③ 参见苗炎：《哈特法律规范性理论再研究》，载《法制与社会发展》2010年第6期。

④ 参见侯丹华：《法院审判业务指导文件功能探析》，载《上海政法学院学报（法治论丛）》2011年第6期。

即是指司法解释性文件，《破产程序文书样式（试行）》便属于该类范畴。但是其作为论证依据的地位，并不等同于法律依据，法院不能以《破产程序文书样式（试行）》的规定对《企业破产法》及《民事诉讼法》中管理人的诉讼主体资格作出额外限制。

对于提起破产撤销权的诉讼主体问题，《破产程序文书样式（试行）》中的“文书样式95”明确规定：“应区分不同管理人类型分别确定原告：管理人为个人的，原告应列为担任管理人的律师或者注册会计师；管理人为中介机构的，原告应列为担任管理人的律师事务所、会计师事务所或者破产清算事务所……”正是按照该条规定，文首案例的二审法院认为，在文书制作过程中应以浙江天册律师事务所、北京市高朋律师事务所、浙江振进律师事务所、浙江韦宁会计师事务所为共同原告提起破产撤销权之诉，法院据此认为该案未进行原告列明，属于原告主体不适格，应当驳回其起诉。而再审法院即最高人民法院则认为，虽然各级法院应遵照执行《破产程序文书样式（试行）》中有关破产程序法律文书的规定，但该文件不能作为判断破产案件或者与破产有关案件诉的要件的法律依据。因此，问题在于，“文书样式95”是否能够作为判断原告适格的依据。关于“文书样式95”的效力，存在两种不同的观点：（1）裁判依据说。该说实际上将《破产程序文书样式（试行）》作为司法解释，认为其是对法律及司法解释未规定部分的补充规范。该案二审法院即采用此种观点。（2）参照效力说。“文书样式95”系最高人民法院根据《企业破产法》及其他规范制作，该法律文书样式对破产撤销权案件原告诉讼主体的规范，在某种程度上体现了最高人民法院贯彻实施破产法的意见。

本专题认为，司法解释性文件内部可以大致分为两类，一类是裁判适用型司法解释性文件，另一类是工作规范型司法解释性文件。“文书样式95”主要是对破产程序中的有关文书加以规范，具有工作规范型司法解释性文件的特点，鲜有裁判适用的特点。在实践中，法院、管理人均应遵照执行最高人民法院发布的相关文书样式，但是如果文书内容无明显瑕疵，则形式上的疏忽并不对实体问题的判定产生影响。因此，联合管理人即使未将所有管理人列为共同原告，而是采用“×××管理人”的名义起诉，至多会被认定为不符合文书规范、形式上有瑕疵，但是若据此便直接在实质上认定原告主体不适格，似显不妥。文首案例中，再审法院所认为的“该文件不能作为判断破产案件或者与破产有关案件诉的要件的法律依据”，确有其合理性，本专题予以赞同。

四、联合管理人在破产撤销权诉讼中的主体适格性

《企业破产法司法解释二》第9条第1款赋予了管理人诉讼实施权，明确肯定了破产管理人在撤销之诉中作为原告的主体适格性。① 管理人以自身名义直接提起破产撤销之诉是民事诉讼法诉讼担当制度在破产法中的体现，该制度允许实体法律关系中的非权利义务主体以自己的名义起诉或应诉，而该判决对实体权利义务主体具有拘束力。② 破产法赋予管理人关于撤销诉讼的诉讼实施权的主要原因在于管理人在破产程序中的特殊身份，在法院受理破产申请后，管理人有权接管债务人的财产并行使管理职权，故其自然是解决争议最具实效性的主体，是撤销之诉的适格当事人。③ 在文首案例中，联合管理人有权作为原告提起破产撤销之诉这一结论并无争议，但对于联合管理人能否以“新光集团管理人”的身份直接起诉，二审与再审法院则存在不同观点。

（一）两种不同的履职方式：代表债务人诉讼与自行起诉

作为破产财团的代表人，破产管理人在履职过程中不可避免地需要参加较多的诉讼，根据诉讼主体的不同，大致可以归为两类，一类是自行起诉，另一类则为代表债务人参加诉讼。

1. 代表债务人参加诉讼

《企业破产法》第25条列明了管理人的若干职责，其中第7项为“代表债务人参加诉讼、仲裁或者其他法律程序”。据此，有观点主张该条是对破产管理人诉讼主体地位的一般性规定。④ 有观点指出，相关案件应该由管理人以本人名义进行，对应诉讼主体为管理人，管理人也应该以自己的名义承担诉讼、和

---

① 该款规定：“管理人依据企业破产法第三十一条和第三十二条的规定提起诉讼，请求撤销涉及债务人财产的相关行为并由相对人返还债务人财产的，人民法院应予支持。”

② 参见李晓：《论诉讼担当的制度缘由》，载《法学杂志》2016年第3期。

③ 参见冀宗儒、钮杨：《破产管理人民事诉讼地位错位之分析》，载《河北法学》2016年第4期。

④ 参见吴兴武：《浅议破产管理人的民事诉讼地位》，载《洛阳理工学院学报（社会科学版）》2011年第5期。

解和仲裁的责任。[①] 还有观点认为，司法实务中可采取债务人名称和管理人名称并列的方式来分别标明债务人和管理人，但应明确只能由管理人代表债务人参与诉讼、仲裁或者其他法律程序。[②] 亦有观点从基本原理出发，主张管理人此时代表着债权人、债务人、企业员工及国家等各方面利益，因此其参与诉讼的身份，只能是诉讼担当人。[③] 司法实践中，吉林省高级人民法院民二庭《关于商事审判若干疑难问题的解答（一）》在对“债务人被宣告破产后，有关债务人的民事诉讼应当如何确定诉讼主体”的问题上，认为根据《公司法司法解释二》第10条[④]的规定，在债务人被宣告破产后，有关债务人的民事诉讼，应当以债务人的名义进行，而由破产管理人的负责人作为代表人参加诉讼。

然而，《企业破产法》第25条中的“代表”一词可能引发歧义，其面临的一个直接问题为，破产管理人是否能够成为债务人的“诉讼代表人”。从《民事诉讼法》的基本原理出发，管理人扮演的角色似乎并非完全等同于诉讼代表人。《民事诉讼法》第56条第1句对代表诉讼制度进行了较为详细的规定，其规定，“当事人一方人数众多的共同诉讼，可以由当事人推选代表人进行诉讼”。通常认为，诉讼代表人是为便于诉讼，由当事人人数较多一方推选出来的，代表其利益进行诉讼的人。因此，诉讼代表人本身就是案件当事人，并且应当具有诉讼行为能力，能够善意地代表当事人一方的利益。在破产程序中，破产管理人具有相对独立的地位，其并非债务人的组成机构，更非债务人诉讼的当事人，自然不是民事诉讼法意义上的“诉讼代表人”，或许称其为“诉讼代理人”更为妥当。

即使将破产法中管理人“代表债务人参加诉讼”的职权解释为诉讼法意义上的“代理”，亦有学者提出了不同观点。一方面，债务人进入破产程序之后，除自行管理模式之外，通常由管理人接管，即破产程序中的债务人原则上失去对企业财产的管理控制。此时债务人失去其原有的表意资格，从形式上看，管

① 参见李国光主编：《新企业破产法条文释义》，人民法院出版社2006年版，第185页。
② 参见韩传华：《企业破产法解析》人民法院出版社2007年版，第93－95页。
③ 参见李峣：《破产管理人的诉讼地位》，载《北京政法职业学院学报》2017年第2期。
④ 《公司法司法解释二》第10条规定：“公司依法清算结束并办理注销登记前，有关公司的民事诉讼，应当以公司的名义进行。公司成立清算组的，由清算组负责人代表公司参加诉讼；尚未成立清算组的，由原法定代表人代表公司参加诉讼。”

理人并没有代表债务人的基础。另一方面，民事诉讼法上适格当事人的确定与实体法上当事人的确定并不相同。民事诉讼法中的当事人适格理论，不仅进行“从成为当事人之人中剔除非正当当事人”的消极退出，在特定情形下还进行着“从众多利害关系人中选定妥当之人”的积极确定。① 而“妥当之人”则是指对于争议的解决最具实效性的诉讼参与主体。因此，适格诉讼当事人除了实体法上的法律关系主体外，还包括被赋予诉讼实施权的第三人，即对诉讼标的具有管理支配权的主体。而破产管理人参加债务人的诉讼，符合“妥当之人”的构成要求。该种观点又参照德国法与日本法的规定，提出既然破产财产由管理人进行管理控制，那么就应当赋予其诉讼当事人的地位。②

本专题认为，上述观点有待商榷。在我国破产法语境下，将“代表债务人参加诉讼”解释为诉讼法上的“法定代理”在逻辑上更为顺畅，而非将管理人的诉讼地位确定为诉讼代表人甚至是诉讼当事人，理由包括：首先，破产申请受理后，虽然管理人对破产企业的财产进行事实上的管理与控制，但是财产所有权益并非归属于管理人，况且我国破产法司法实践中还存在债务人自行管理的可能，因此管理人代表债务人进行诉讼时，不可能完全等同于当事人的地位；其次，破产申请受理后，有关诉讼即告中止，破产债务人的主体资格并未消灭，并无诉讼承继的可能性，只不过类似于诉讼行为能力受限，应当认为原诉讼的当事人并未更换。总之，管理人代表债务人参加诉讼，在诉讼地位上更多体现为法定诉讼代表人。

2. 管理人自行提起诉讼

明确诉讼当事人有利于确定诉讼主体的诉讼地位、明晰诉讼权利义务，从而使各诉讼主体充分发挥其诉讼能动性，充分发挥诉讼程序解决争议的功效。③《企业破产法》为便于管理人履职、及时有效维护债务人财产、促进债务实现公平清偿，赋予了管理人提起诉讼的权利，例如第 31 条、第 32 条就规定了管理人可以请求法院撤销的个别清偿行为，第 34 条规定管理人享有追回权。联合管理人提起诉讼的问题更为复杂，其可能涉及两个方面的问题：一是诉讼主体

---

① 参见［日］新堂幸司：《新民事诉讼法》，林剑锋译，法律出版社 2008 年版，第 125 页。

② 参见冀宗儒、钮杨：《破产管理人民事诉讼地位错位之分析》，载《河北法学》2016 年第 4 期。

③ 参见张莹、冀宗儒：《民事诉讼代表人制度中诉讼当事人制度论》，载《河北法学》2020 年第 5 期。

资格问题，即联合管理人应以“×××管理人”作为原告，还是将所有管理人列为共同原告，抑或是二者皆可；二是管理人以自己名义提起诉讼，但是法律后果却归属于债务人，在诉讼法上是否具备法理基础和依据。

此外，联合管理人中的各管理人虽然以各司其职的方式为债务人企业处理不同的破产事务，内部准确分工，但整体来看，其属性并无实质性的差别，都应视为管理人。不过即便每个管理人都享有独立的破产管理权，在对外进行诉讼时，其内部也应进行协商并取得一致同意，之后再以整体的名义提起诉讼。只有如此才能向外部表明该诉讼请求是经全体认可而做出的判断，避免外界诟病个别管理人的单方意见不足以代表整体破产管理人，从而导致诉讼进度的拖延。

（二）联合管理人诉讼主体适格的法理依据

究其本质，破产管理人应以何种理由来介入他人间的诉讼？事实上，由一个与原权利义务之争议事项或主体无关的主体来代为行使诉权是很危险的，因为这将为私权的滥用打开方便之门，使得处于主当事人地位的破产管理人有主宰他人民事诉讼的机会。① 因此，管理人提起破产撤销权诉讼，应有相关民事诉讼理论作为支撑。管理人的法定职责决定了其不能以债务人的名义提起撤销权诉讼，此时若仍然沿用债务人的名义进行诉讼，撤销偏颇性清偿便无法律依据。民法规范重视当事人的意思自治与交易安全，如果仅因债务人陷入困境便撤销法律行为，则有违民法基本规则。因此，只有在破产法规范的语境下考量，管理人提起撤销权诉讼才具有正当性基础。②《民事诉讼法》第122条第1项规定的“原告是与本案有直接利害关系的公民、法人和其他组织”通常被认定为当事人主体适格的表现，而当事人适格的理论基础包括实体上的管理处分权、诉讼担当、诉的利益等。针对管理人提起破产撤销权诉讼的问题，本专题对相关民事诉讼的理论基础梳理如下。

1. 管理人享有破产财产的管理处分权

通常认为，享有实体上管理权或者处分权是当事人适格的前提条件之一。

---

① 参见［法］洛伊克·卡迪耶：《法国民事司法法》，杨艺宁译，中国政法大学出版社2010年版，第128－129页。

② 参见冀宗儒、钮杨：《破产管理人民事诉讼地位错位之分析》，载《河北法学》2016年第4期。

具体到形成之诉中，主张形成权的当事人应当具有诉讼法上的主体地位。尽管有学者主张，在确认之诉以及形成之诉中，当事人适格的直接法理基础并非管理处分权而是诉讼利益，但是如果在形成之诉中缺乏实体上的管理处分权，则将在一定程度上割裂实体与程序的关系，因此管理处分权至少构成破产管理人主体适格的间接基础。

2. 管理人参加诉讼符合诉讼担当理论

在理论上，诉讼担当的情形包括法定诉讼担当以及任意诉讼担当，法定诉讼担当包括管理控制主体、实体权利义务归属主体、实体权利义务利害关系主体等情形，而任意诉讼担当包括诉讼代表人等情形。我国在《民事诉讼法》及相关法律、司法解释中，并没有明确破产管理人的诉讼主体地位。但早在1988年公布的《最高人民法院关于贯彻执行〈中华人民共和国民法通则〉若干问题的意见（试行）》（已失效）中就对清算组的法律地位、当事人属性作有尝试性解释，该文件中第60条第2款规定，“对于涉及终止的企业法人债权、债务的民事诉讼，清算组织可以用自己的名义参加诉讼”。从破产管理的具体过程来看，清算过程属于债务人与债权人之间权利义务的整合和梳理，也是一场博弈过程。在此，破产管理人并不属于权利义务主体，而是属于利害关系人之外的第三者，其对他人的权利义务或法律关系因实体法的规定而享有管理权，以当事人诉讼地位就该实体权利产生的纠纷而行使诉讼实施权，而诉讼得到的判决效力及于该实体权利主体，也就是破产程序中的债权人、债务人等利害关系人。关于清算组与破产管理人之关系，“清算组”是1986年《企业破产法（试行）》中的称谓，而2006年《企业破产法》施行后，改称为“管理人”，虽然二者在成员组成、资格要求及法律责任等方面存在着差异，但更多的是不同时期的不同称呼，因此破产管理人制度也可作相同解释，故可以概括认为，破产管理人制度与诉讼担当制度在很大程度上存在着契合。

在实体请求权基础方面，《企业破产法》规定管理人的管理权所涉及的诉讼包含撤销之诉、抵销之诉、确认之诉、取回之诉等，但这些类型的诉讼实施权都是由管理人独立行使的，并非代理或代表任何一方。《企业破产法》第31条明确了管理人在撤销之诉中并不是诉讼代表人，在撤销权诉讼中管理人作为唯一的原告诉讼主体，以自己的名义提起诉讼并受判决的拘束。《企业破产法司法解释二》从第9条到第16条是对《企业破产法》第31条至第32条规定的撤销权的解释，该解释均采用了同样的表达方式，也即“管理人请求法院撤销”，明确了管理人为撤销之诉的原告。可见，在破产案件中，由破产管理人实际行使诉讼实施权，从判决既判力的范围来看，如果对管理人的主体地位采用代理人说，则判决既判力将直接拘束债务人，而如果采用当事人说，则如上文所述，基于诉讼担当理论，判决既判力即应及于债务人。

3. 管理人具备诉的利益

随着社会的发展，大量扩散性利益、集合性利益、社会性利益等新型利益层出不穷，这大大削减了个别性司法救济的有效性，而这种新型利益的出现也使得传统的诉讼手段难以应对，因而相继出现了集团诉讼、团体诉讼等新型诉讼制度。在这些新型诉讼中，起诉者提起诉讼并非总是基于自身的利益，因而要求诉讼实施权人具有自己独立的法律利益过于苛刻，同时也不符合现实，因此将该条件作为诉讼实施权的构成要件并不合理。[①] 在理念上，正当当事人本质上并非取决于其是否存在实体上的权利义务关系，在一些特定案件中可以因为一些特定诉讼因素来决定当事人的诉讼主体身份。[②]

从本质上来看，破产管理人属于职务上的当事人，破产管理人是在破产程序中负责破产财产的管理、处分、业务经营以及破产方案的拟定和执行事务的专门机构或者个人。也就是说，实体法规定中的管理人属于管理他人权利义务的职务当事人，其职能与公益诉讼中的检察官具有异曲同工之处。就破产管理制度而言，管理人的职责之一就是在法律框架下使债权人利益最大化。但出于对公众利益及社会稳定的考虑，破产企业员工的妥善安置工作也部分落入管理人的职权范畴。最高人民法院2009年制定的《关于正确审理企业破产案件为维护市场经济秩序提供司法保障若干问题的意见》就要求，管理人应当“坚持在当地党委的领导下，努力配合政府做好企业破产案件中的维稳工作，为构建和谐社会提供司法保障”。该规定意味着，破产管理人的工作与社会公共利益密不可分。在诉讼资格方面，《民事诉讼法》第122条第1项规定，“起诉必须符合下列条件：（一）原告是与本案有直接利害关系的公民、法人和其他组织”。针

---

① 参见肖建国、黄忠顺：《诉讼实施权理论的基础性建构》，载《比较法研究》2011年第1期。
② 参见李晓：《破产管理人的诉讼地位》，载《北京政法职业学院学报》2017年第2期。

对破产管理人，这种“利害关系”就表现为管理人自身的诉的利益，这与诉讼担当制度中检察机关提起公益诉讼的法理基础相同，即检察机关行使公诉权的主要依据是和公共利益之间具有利害关系。①

从学理上来看，正当当事人的理论基础在于诉的利益，也就是说某一主体成为某一具体案件的当事人的资格问题，除了具有当事人能力外，还需对该案的诉讼标的存在“诉的利益”。一般认为，诉的利益是法院对当事人进行救济的必要性以及实效性，不同类型的诉所要求的诉的利益并不完全一致。如果案件当事人欠缺诉的利益，其起诉便会遭到法院驳回。但是，破产管理人之所以能成为诉讼担当人，正是因为其有诉的利益。破产管理人的“管理权”是从法院受理破产案件开始对债务人的财产进行实际管理，债务人的财产就是其管理权行使的对象。无论是债权人所提起的还是破产管理人所提起的涉及破产财产的诉讼，都直接关系到管理权的行使，因为关于破产财产的涉讼，实质上就是破产管理人的“管理权”涉讼，该诉讼就是为了解决破产管理人与债务人或债权人之间的纠纷，因此破产管理人对破产财产的相关案件具有“诉的利益”，属于诉讼担当人，自然具有相应的诉讼地位。对于形成之诉而言，只要实体法赋予当事人相应的权利，法院自然就需要对其进行审理裁判，因此，既然《企业破产法》第31条、第32条赋予管理人破产撤销权，那么管理人在撤销权诉讼中便具有诉的利益。② 管理人针对偏颇性清偿提起撤销权诉讼符合管理处分权、诉讼担当、诉的要件等具体要求，作为撤销权诉讼的原告具备主体适格的理论基础。

（三）联合管理人以“×××管理人”作为原告起诉的司法回应

在跨国破产的案件中，由于案件的复杂性，多见设立联合破产管理人并将其设为诉讼主体的情形。1999年《日本破产法》就允许法院指定破产管理人或者联合破产管理人管理破产案件。在跨国破产案件 Tsuboi（Sanko Steamship）中，美国纽约南区破产法院根据《美国法典》第11编第304条授权日本联合管

① 参见李峣：《破产管理人的诉讼地位》，载《北京政法职业学院学报》2017年第2期。

② 参见江伟、肖建国主编：《民事诉讼法》（第8版），中国人民大学出版社2018年版，第120－125页。

理人为诉讼的代表。①

文首案例中，二审法院主张联合管理人若以“新光集团管理人”为原告身份提起诉讼，将会使法院的决定书和判决书在应当直接由中介机构作为被处罚人和承担赔偿责任的主体时出现责任主体难以落实和确定的问题，有违当事人诉讼权利义务对等原则且不利于管理人赔偿责任的归属。无独有偶，在“德州银行股份有限公司临邑支行、北京大成（济南）律师事务所管理人责任纠纷案”②、“佛山市泰康卫生用品有限公司与蔡某破产抵销权纠纷案”③、“杨某与河北双鸿房地产开发有限公司破产撤销权纠纷案”④ 中，联合管理人以原告身份提起诉讼或以被告身份应诉，二审法院均认定一审法院对于主体适格问题法律适用错误，并予以纠正。对此，本专题认为，在联合管理人直接以“×××管理人”提起诉讼时，法院可以采取以下两种措施予以应对。

第一，对诉讼主体进行必要的释明。释明是指在民事诉讼中，法官在当事人主张不适当、案件事实不清等情况下，通过向当事人发问、提醒、解释等方式，启发当事人将权利主张和事实问题等予以澄清、补充或更正。⑤ 释明是大陆法系国家民事诉讼法中的常用用语，在德国法中释明的性质经历了从法院权能到义务的转变，而在日本法中主流观点认为释明兼具权能与义务的双重属性。⑥ 之所以明确法院的释明义务，主要原因在于充分尊重当事人在诉讼中的处分权和辩论权，实现民事纠纷的公正、有效解决。我国民事诉讼法对于法官释明的范围并未划定明确的边界，民诉法学者一般将释明划分为应当释明、可以释明与不应释明这三种样态。⑦ 法官应当释明的事项主要指法律明确规定的事项，包括基础法律关系认定错误、合同效力认定错误、诉讼请求不明确等，诉讼请求不明确还可以进一步划分为诉讼主体不明确、诉讼权利竞合、诉讼请

① See Shinjiro Takagi, *Japanese Insolvency Laws*, Norton Annual Survey of Bankruptcy Law (1999).

② 参见山东省德州市中级人民法院民事裁定书，(2021) 鲁14民终31号。

③ 参见广东省佛山市中级人民法院民事判决书，(2019) 粤06民终8787号。

④ 参见河北省邢台市中级人民法院民事判决书，(2018) 冀05民终1094号。

⑤ 参见袁俊龙：《民事诉讼中法院释明范围界定的一种尝试——以释明目的为视角》，载《广西政法管理干部学院学报》2018年第6期。

⑥ 参见熊跃敏：《民事诉讼中法院的释明：法理、规则与判例——以日本民事诉讼为中心的考察》，载《比较法研究》2004年第6期。

⑦ 参见任重：《我国民事诉讼释明边界问题研究》，载《中国法学》2018年第6期。

求之间存在冲突等。① 法官可以释明的事项范围较宽，在司法实践中比较典型的通常有举证情况、司法鉴定等。文首案例中，联合管理人提起破产撤销权诉讼在实体法上属于适格的当事人，只是在程序事项上单列“新光集团管理人”为原告不符合“文书样式95”的规定并可能在其后的责任承担上引发争议，此时法院从保障实体正义和当事人诉权角度可以予以释明，联合管理人基于处分权有权将原告主体更换为具体的中介机构。

第二，依职权将中介机构直接列为破产撤销权纠纷案件的原告。在诉讼当事人主体不适格的情况下，是否允许法院直接依职权对当事人进行变更存在不同观点。肯定说认为，允许法院更换当事人能够避免案件被裁定或判决驳回，有利于节约司法资源、维护司法程序的安定并促进纠纷的解决。② 否定说则认为，法院依职权更换当事人是对诉讼主体处分权和自治权的不当侵犯，且有不当偏袒原告、裁减原告举证责任之嫌。③ 本专题认为，否定说主张者的担忧在文首案例的情形下并不存在，因为“新光集团管理人”指向的仍是其背后联合组成管理人的律师事务所与会计师事务所，法院依职权将原告由“新光集团管理人”变更为联合管理的中介机构为共同被告，只是从规范破产程序法律文书、便利确认责任承担主体角度在形式上变更当事人，而在实质意义上，破产撤销之诉的原告主体前后保持着一致性，与法院以适格当事人替换不适格当事人的直接变更，存在本质的不同。

综上，联合管理人在破产撤销权诉讼中的实质适格性不应受到形式适格性的影响，法院对原告列明向联合管理人予以释明或依职权变更原告有利于尊重管理人的诉讼实施权、节约司法资源，进而提高破产程序的效率。

五、联合管理人的职责划分与责任承担

破产联合管理人模式在实现不同类别中介机构之间优势互补的同时，确实也存在一定的弊端。由于各联合管理人对于整个破产案件的管理权是独立且完

① 参见王占林、杨志超：《论民事诉讼中释明制度存在的问题及完善——以200份民事裁定书为分析样本》，载《法律适用》2019年第20期。

② 参见肖建华：《民事诉讼当事人研究》，中国政法大学出版社2002年版，第154－155页。

③ 参见杨严炎：《当事人的概念与当事人的更换》，载《政治与法律》2005年第4期。

全的，故会导致联合管理人之间的权责并不清晰。且由于各个联合破产管理人之间实际地位平等，通常不存在隶属与支配关系，可能会产生“争抢”的积极冲突或者“推诿”的消极冲突，因此，《浙江省高级人民法院破产案件管理人指定工作规程（试行）》第21条就要求评审委员会在选定管理人时应当考虑“联合报名的中介机构是否有合作经历和相对稳定的合作模式”。破产管理人工作协调上的复杂性无疑会导致在责任承担问题上确定个体责任的困难。正因如此，文首案例中二审法院认为如果管理人被法院处罚或承担赔偿责任，基于同一法律事实产生的法律责任在不同法律文书中的诉讼主体应当具有一致性之要求，若简单以“×××管理人”作为原告，将会使法院的决定书和判决书应当直接由中介机构作为被处罚人和承担赔偿责任的主体，难以落实到位。这进一步表现为：（1）在联合管理人中各管理人的责任大小不同时，无法在判决书中将责任进行分配；（2）法院判决后，联合管理人在承担责任时可能出现内部各个主体相互推诿、逃避责任的情形。但是本专题认为，上述问题与原告是“×××管理人”还是四家事务所为共同原告并无必然关系，而是联合破产管理人制度面临的、有待加以解决的问题，并非在诉讼程序上简单否认联合管理人的原告主体资格就可加以化解。事实上，联合管理责任人承担责任的问题相较于一般管理人而言，更显复杂，但是如何承担责任问题并非联合管理人提起撤销权诉讼时主要考虑的问题，更不宜以此为依据驳回起诉。

（一）内部职责的划分机制

《指定管理人的规定》中关于破产管理人的指定问题，只简单规定了应当根据案情从社会中介机构管理人（包括律师事务所、会计师事务所和破产清算事务所）或从个人管理人中指定，但是并未提及联合管理人的问题。浙江省高级人民法院从司法实践角度出发，确认破产联合管理人应当确认组长一名，但是包括浙江在内的诸多高级法院并未明确规定联合管理人工作小组的具体工作机制。

目前部分地方法院已经开始探索在破产案件中指定联合管理人的尝试，但其中的共性问题是，并未就内部职权的划分问题做出规定。在法无明文规定的情况下，各管理人可根据中介机构的性质及业务范围，通过协商确定各管理人的职责范围，在无法达成共识时，则可请求法院予以确定。

本专题认为，联合管理人之间应当首先明确各自的工作范围，就分配的工作各司其职，并就各自的工作内容与进展进行定期沟通。此外，有学者建议，破产联合管理人内部各管理人应当选派代表组成工作小组，成员可以参考公司董事会的结构，通常为5人以上，并且为避免决策僵局，人数应设置为单数。工作小组也应定期召开会议，对管理事务进行讨论。[①] 对于债权人能否就各管理人之间的分工提出异议的问题，如何分工属于联合管理人的内部事务，因而仅就分工事项而言，并不存在直接侵害债权人利益的可能性。若因联合管理人履职产生纠纷，则当事人可以通过管理人责任之诉加以解决，此时方才涉及联合管理人中各管理人对外部责任的承担问题。

（二）联合管理人外部责任的确定与承担

当前，我国各地法院发布的有关规范文件中，大多仅是简略规定了联合管理人中各管理人应当承担连带责任，但并未明确连带责任的具体类型，有的文件则根本未提及联合管理人的责任承担问题。现有的司法实践中，关于联合管理人责任纠纷的案例也不多见。在“平某、袁某管理人责任纠纷案”[②] 中，法院经实体审理认定不构成管理人责任，但审理过程表明，该案以某律师事务所与某会计师事务所为共同被告。在“浙江东方集团浩业贸易有限公司、索日新能源股份有限公司管理人责任纠纷案”[③] 中，各管理人同样作为共同被告。总体来看，目前司法实践并未对有关责任的性质作出明确界定。

在联合管理人责任纠纷中，各管理人共同对债权人承担责任的情况，当属多数人之债，应按照多数人之债的规则确定责任。《民法典》第177条和第178条将多数人之债划分为按份之债与连带之债，主要标准为债的外部效力，即债权人可否向数个债务人之一就全部给付内容行使请求权。[④] 连带责任应以法律的明确规定作为适用前提，目前仅有部分法院规定了各管理人就民事赔偿承担连带责任，具体可分为两种情况加以讨论。

（1）若法律、司法解释、司法解释性文件等均未作明确规定，或者各管理

---

① 参见娄奇铭、王永建：《对破产联合管理人模式利弊问题的思考——以浙江省破产联合人管理规定为中心》，载《人民论坛·学术前沿》2017年第16期。

② 参见河南省许昌市中级人民法院民事判决书，（2020）豫10民终2781号。

③ 参见浙江省台州市中级人民法院民事裁定书，（2021）浙10民终562号。

④ 参见赵吟：《连带责任视角下个人与企业合并破产的准入规范》，载《法学》2021年第8期。

人未约定承担连带责任，那么要求各管理人承担连带责任并无充足依据，应以按份责任为宜。在管理人责任的性质为侵权责任时，如果当事人主张各管理人承担连带责任，那么可能的法律适用路径应当是《民法典》第1168条[①]所规定的共同侵权责任。

（2）若法律、司法解释、司法解释性文件等已明文规定各管理人承担连带责任，那么从广义连带责任的视角出发，又将涉及连带责任的具体类型，如各管理人承担真正连带责任抑或是不真正连带责任。一般认为，不真正连带之债区别于真正连带之债的主要特征体现在法律关系不同、缺乏共同目的、承担同一给付、缺乏内部分担关系等方面。[②] 在德国法中，"同一层次理论"是学界通说，该说主张连带之债不需要债务原因与目的具有同一性，只需各债务人的义务处于同一层次。当债务人的义务不处于同一层次时，则不存在连带债务。该义务的同层次性使得各债务人最终都应承担部分责任，当数个债务人的义务不在同一层次时，尽管部分债务人需对外进行"预先给付"，但这并不会使最终义务人的责任彻底消灭，而是在"预先给付"满足债权人后，债权人对最终义务人的债权就转给了该"预先给付"人。[③] 本专题认为，联合管理人作为统一的整体，内部各管理人处于同一义务层次，因此联合管理人的责任应属于连带责任，权益受损的债权人、债务人或者管理人可向任一管理人提起管理人责任之诉。但是，实践中可能会出现某管理人虽然责任占比不大，但因资产较多而被要求承担全部连带责任的情形，这会导致过错与责任不平衡的现象出现。因此，需要建立联合管理人内部的追偿规则。对内根据分工就其工作情况承担相应的责任，而对于分工不明的事项，各管理人原则上应平等地承担相应的责任。[④]

六、结语

破产联合管理人制度目前尚未在全国范围内大范围地推行，但随着破产企

---

① 《民法典》第1168条规定："二人以上共同实施侵权行为，造成他人损害的，应当承担连带责任。"

② 参见李中原：《不真正连带债务理论的反思与更新》，载《法学研究》2011年第5期。

③ 参见张定军：《论不真正连带债务》，载《中外法学》2010年第4期。

④ 参见娄奇铭、王永建：《对破产联合管理人模式利弊问题的思考——以浙江省破产联合人管理规定为中心》，载《人民论坛·学术前沿》2017年第16期。

业类型的增加，资产庞大、负债来源多样的破产企业将有可能扩张，可以预见破产联合管理人制度的适用空间在未来将越来越广。联合管理人在专业的深度和广度上一般均优于单一破产管理人，这在相当程度上有助于提高破产管理人的独立性和中立性。然而，现有规范对联合管理人在主体适格、责任承担等方面的规定较为简略，文首案例正揭示出《企业破产法》、《民事诉讼法》与《破产程序文书样式（试行）》之间的适用逻辑存在不畅通之处，管理人之间的分工合作和内外部责任承担等问题亟待解决。联合管理人以原告身份提起撤销权诉讼，属于法定的诉讼担当，其主体当然适格。《破产程序文书样式（试行）》中“文书样式95”作为参考适用规范并不能对联合管理人的诉讼主体资格产生实质影响，即便联合管理人按照“文书样式95”的要求以其组成的四家事务所为共同原告提起诉讼，后续一旦产生管理人责任问题，在具体责任承担上仍需法院结合分工、主观过错、损害后果以及因果关系等诸多因素进行判断，这与原告列明“×××管理人”还是以四家事务所为共同原告并无必然关联。如果以“便于落实责任主体”为由直接否认联合管理人的原告资格，有“层层加码”之嫌。在联合管理人具体的责任承担问题上，我国立法尚属空白，司法实践应参考地方法院文件以及管理人之间的约定，具体确定联合管理人中不同管理人的内部与外部责任。

破产重整中管理人责任的性质与构成要件

内容提要：我国破产立法和司法实践均未确定破产管理人履责的要求与法律责任形成统一的认定标准，尤其是在涉及重整计划的执行与变更事宜时，管理人的责任认定更显困惑。本专题结合一起因新冠疫情导致重整计划对债务的清偿延期后引发的管理人责任之诉，对该问题展开分析。就其责任属性而言，破产管理人承担的民事责任应定性为侵权责任，并在此基础上结合破产制度的特殊性，将其定性为特殊的侵权责任。具体而言，引发破产管理人侵权责任的客观行为包括违反善管义务和忠实义务，主观过错要件应限定为管理人存在“故意或重大过失”，且由管理人承担其行为符合必要注意标准的举证责任。最后，结合新冠疫情导致重整计划变更这一外在因素，还应严格区分计划执行的责任主体，有必要在未来的破产立法中明确管理人在计划执行期间的职责内容。

关键词：破产管理人、破产重整、计划变更、延迟清偿

一、问题的提出

2018 年 4 月 8 日，重庆市武隆区人民法院裁定批准重庆通耀铸锻有限公司（以下简称通耀公司）的重整计划。原告何某某系破产债权人，依重整计划的内容，重整清偿款项应逐年发放，但原告自 2019 年起便未收到重整企业的清偿款，遂起诉破产管理人，请求破产管理人

承担损害赔偿责任。原告主张，原告未收到款项后已多次上门催款，通耀公司不予理睬，管理人对此也并未行使监督管理责任，其行为已违反了《企业破产法》第90条第1款“自人民法院裁定批准重整计划之日起，在重整计划规定的监督期内，由管理人监督重整计划的执行”之规定。管理人未履行监督职责，致使原告一直未收到通耀公司2019年期的清偿款，给原告造成了经济损失。

被告管理人抗辩称，其监督职责乃覆盖破产重整程序，而非仅针对债权人权益的赔付，何况，由于新冠疫情暴发，通耀公司向管理人发出了关于新冠疫情影响生产经营相关情况的报告，报告因受新冠疫情影响，延迟清偿重整计划草案的到期债务的请求。嗣后，管理人亦向法院提交了通耀公司与债权人协商延期执行重整计划草案的函请，并得到了法院的批准。

一审法院认为，该案属于管理人责任之诉，而管理人承担民事责任当属一般侵权责任，采用过错归责原则。该案中，原告需提供证据证明管理人系故意或者过失地实施了违反勤勉尽责义务和忠实义务的行为，对债权人、债务人或者第三人造成损失，且损失与管理人的行为之间存在因果关系。而原告出示的证据不足以证明其诉请成立，应承担举证不能的法律后果。原告提起上诉。二审法院同样认为，管理人责任属于侵权责任，原告遭受的损害后果系由疫情影响下债务人的生产经营情况所致，而非管理人未履行监督职责所致，遂维持一审判决。①

该案中的争议焦点引发了对破产管理人履职时其责任性质及标准的思考：破产管理人履职过程中产生的责任是否应当定性为侵权责任？法院在管理人责任之诉中应采取的审查标准如何？以及新冠疫情这一因素将对执行期间的重整计划产生何种影响，又将如何影响管理人责任？

二、我国破产管理人责任纠纷的司法实践现况

《企业破产法》第27条、第89条、第90条、第130条都对管理人责任作出了规定。据此，笔者检索了2020—2022年“威科先行”中公开的关于破产管

① 参见重庆市第三中级人民法院民事判决书，(2021)渝03民终48号。

理人责任纠纷的案例共484件,[1] 其中一审裁判307件、二审裁判177件。因文首案件系由债权人提起的管理人责任纠纷，笔者进一步以“债权人”作为关键词于结果中检索，聚焦二审裁判总计76件，对审理情况总结如下。

第一，由债权人提起的管理人责任纠纷中，管理人最终几乎均无须承担民事责任，检索到的案例中仅有一例案件为管理人承担民事责任。在该案中，管理人负责存放破产财产的仓库遭盗贼入侵并导致了破产财产的损失，法院由此认为管理人在接管破产财产后，未能勤勉尽责、采取合理的保管措施，怠于行使管理人对破产财产的管理职能，造成损失，应承担与其过错相当的赔偿责任。[2]

第二，就管理人责任性质的说理而言，法院大都认为管理人责任属于侵权责任。仅在一起2017年的案件中，法院认为管理人责任属于违约责任。该案中，原告系破产企业的重整投资人，其与管理人就破产企业资产收购进行磋商后签订了《整体资产收购意向协议》，约定原告向管理人支付履约保证金500万元。但双方最后未能签订资产收购协议，原告认为该500万元应予返还。审理该案的法院认为，该案案由虽为管理人责任纠纷，但该案系双方因为预约合同的履行而产生的纠纷，涉及的责任系合同责任纠纷。[3] 就该案而言，管理人承担的民事责任不仅包括侵权责任，亦可能包括违约责任，应视原告的具体诉求而定。

第三，法院在判决债权人败诉时最为常见的说理系原告举证不能。如在济宁市印刷包装总公司破产清算组管理人责任纠纷案中，法院认为原告需要证明破产企业的抵押设备并未全部拍卖，仅能从结果、数据等外观上判断，而库存证据等均实际掌握在债务人手中，存在客观上的取证困难。但因管理人责任被

---

① 本专题用“威科先行”作为检索平台，先选定时间范围三年以内全文公开的文书，为方便进一步以个案为单位进行分析，文书类型仅选择了判决书（近三年破产管理人纠纷案件公开的法律文书总计有972件），案由选择与破产有关的纠纷条目下的管理人责任纠纷（但因为检索平台的分类有误，仍需要在之后的检索结果中加入“破产”全文检索来除去该条目下混入的公共管理人责任纠纷等案件）。检索网站链接：https：//law. wkinfo. com. cn/，最后访问日期：2022年3月30日。

② 参见江苏立信会计师事务所有限公司与丹阳中美电器有限公司、江苏沃得农业机械有限公司管理人责任纠纷案，江苏省镇江市中级人民法院民事判决书，(2019) 苏11民终3217号。

③ 参见浙江志城房地产有限公司与江山国际大酒店有限责任公司管理人责任纠纷案，浙江省江山市人民法院民事判决书，(2017) 浙0881民初3214号。

认作一般侵权责任，根据谁主张谁举证的规则，法院最终判决债权人承担举证不能的不利后果。①

第四，法院在判决债权人败诉时的其他说理还包括，原告无法证明因果关系，而该类案件往往涉及价值判断上的不确定性。在江阴安恒置业有限公司与苏亚金诚会计师事务所管理人责任纠纷案中，法院审查后认为，苏亚金诚会计师事务所在破产管理工作中确有不当的情况，但现有证据不能证明苏亚金诚无锡分所给安恒公司造成了损失，即虽然管理人在拍卖过程中所作的决定存有程序瑕疵，但尚不能认定该决定给债权人造成了实际损失。②

三、破产管理人民事责任的性质辨析

（一）破产管理人民事责任性质的理论分歧

1. 侵权责任说

侵权责任说是当前司法实践中的主要裁判观点，亦得到了国内大多数学者的支持。有观点认为，区分违约责任与侵权责任的标准在于是否存在合同：如果管理人违反基于合同而产生的义务，则应该承担违约责任；如果管理人违反法律规定的义务，则应该承担侵权责任。在破产程序中，管理人作为破产程序启动后方才加入的主体，显然与债权人以及债务人均不存在合同。且就我国破产管理人的选任模式而言，管理人系由法院指定，因此不难理解管理人并非债权人或债务人的代理人或受托人，而是处于较为中立之地位，此时管理人所履行的职责并非源于合同的约定，而是法律的规定。更何况，所谓的管理人勤勉义务与忠实义务，本就来源于法律中的明确规定。③ 实际上，管理人的受信义

① 参见山东省高级人民法院民事判决书，(2020) 鲁民终 2803 号。

② 参见江苏省无锡市中级人民法院民事判决书，(2020) 苏 02 民终 3112 号。该案事实为：当管理人对破产财产的变价方案进行第三次拍卖时，买受人未按约付款。对此，已有担保债权人提出应当没收买受人的保证金、重新拍卖，而管理人认为重新拍卖不利于保护全体债权人利益、不同意重新拍卖，于是未经债权人会议自行作出决定。案涉破产财产第二次拍卖底价约 7800 万元，第三次拍卖底价约 5600 万元，最终成交价为 7640 万元，已接近第二次拍卖底价，而且最后一次拍卖时虽有三家报名并缴纳保证金，但其中一家公司并未出价，实际参与竞价的仅有买受人与另一家竞买人，如重新拍卖，原买受人便不能再次参拍，拍卖价格确有可能不高于 6840 万元（最后一次拍卖成交价 7640 万元减去保证金 800 万元）。

③ 参见符望：《管理人民事赔偿责任认定中的问题》，载王欣新、尹正友主编：《破产法论坛》（第 2 辑），法律出版社 2009 年版，第 105 页。

务本就具有法定义务的性质，因而违信责任是侵权责任在破产法中的特殊运用。[①] 总之，无论称之为受信义务还是勤勉忠实义务，都应落脚于管理人可能承担的侵权责任。

2. 违约责任说

违约责任说认为，破产管理人承担责任的基础在于其违反了契约义务，德、日破产制度采取的即为此立场。《德国破产法》第60条与第61条规定了管理人的民事责任,[②]《日本破产法》第85条[③]与我国台湾地区所谓“破产法”第86条[④]均有类似的规定。由于这些国家或地区将破产管理人视为破产财团的代表，管理人在接管工作中承担的民事责任便有可能被定性为违约责任。我国台湾地区破产理论认为，破产财产系“目的财产”，虽非财团法人可直接类比，但其既有一定的破产法之机能运作，自宜承认其为一类破产程序之法定主体。而破产管理人则系法院所选任之破产财团独立执行机关，系代表破产财团，执行其法定职务。[⑤] 有观点更进一步指出，破产财团的法人机关为破产管理人，其地位相当于公司董事。[⑥] 而公司（企业）与董事之关系，除了在特别方面（如竞业禁止）作有法律上的专门规定外，董事的履责内容多数应交由有偿的委任合同加以解释。由此类比，似乎也有可能以契约关系来看待破产管理人与企业破产财团之间的关系，并依照违约责任加以定性。

值得一提的是，认可破产财团独立地位的部分观点亦支持由管理人承担侵权责任的立场，其认为，关于破产财产的信托关系并非当然地产生于信托合同，也有可能是依据法律规定产生。根据侵权责任说，破产管理人与其信义义务对

---

① 参见付翠英：《论破产管理人的赔偿责任》，载王欣新、尹正友主编：《破产法论坛》（第2辑），法律出版社2009年版，第77页。

② 参见李飞主编：《当代外国破产法》，中国法制出版社2006年版，第32页。

③《日本破产法》第85条：破产管理人在履行职务时对利害关系人负有善管注意义务，管理人违反上述义务，给利害关系人造成损害，须承担连带赔偿责任。参见［日］谷口安平主编：《日本倒产法概述》，佐藤孝弘、田言等译，中国政法大学出版社2017年版，第59页。

④ 我国台湾地区所谓“破产法”第86条规定：“破产管理人，应以善良管理人之注意，执行其职务。”

⑤ 参见陈计男：《破产法论》，台北，三民书局2004年版，第130页。

⑥ 参见陈荣宗：《破产法》，台北，三民书局1982年版，第161页。

象之间系由法律规定而产生了“推定信托”,① 此时，管理人的信义义务仍属于法定义务。

3. 专家责任说

持此观点的学者认为，管理人承担着向委托人提供专门服务的契约责任，在此基础上，管理人责任是指受益人（破产债权人、债务人）有权对管理人追究的契约责任。② 也有观点认为，专家责任和侵权责任乃管理人责任的一体两面，管理人的专家责任即是侵权责任，将专家责任认定为侵权责任可以更好地维护相对方利益，因为合同的相对性和有限性特质往往会使专家责任难以追究。

4. 准违约责任说

持此观点的学者提出了以下三方面的理由：（1）在大陆法系中，破产管理人与公司的其他机关地位相似，既然公司董事与公司之间构成有偿委任的民事法律关系，那么破产管理人与破产企业之间也应该是类似的契约关系。另外，破产管理人有权向破产企业主张报酬请求权，这更加说明其与破产企业之间存在着拟制的契约关系。（2）破产管理人对破产财团承担违约责任时，应符合违约责任的构成要件。（3）违约责任的归责原则便于原告在管理人责任纠纷案件中进行举证，因违约责任纠纷将人身、精神损害赔偿排除在原告诉请之外，这在责任范围上进行了限缩，使得管理人承担的法律风险更具可预见性。③

（二）对现有学说的评析

将破产管理人的民事责任或赔偿责任定性为侵权责任与我国现有的管理人选任模式较为贴合。④ 具体而言，在管理人由法院指定的情况下，管理人与债权人、债务人之间自然不存在契约，管理人只能对债权人、债务人承担侵权责任；而在管理人由债权人选任的情形下，管理人与债权人、债务人才有可能表

---

① 参见邢建东：《衡平法的推定信托研究——另一类的物权性救济》，法律出版社 2007 年版，第 1 页；又见李江鸿：《论破产管理人的民事责任——以英美法之借鉴为视角》，载《政治与法律》2010 年第 9 期。

② 参见李志强：《破产管理人民事责任论》，中国政法大学 2008 年博士学位论文，第 35 页。

③ 参见李志强：《破产管理人民事责任论》，中国政法大学 2008 年博士学位论文，第 36 页。

④ 参见李江鸿：《论破产管理人的民事责任——以英美法之借鉴为视角》，载《政治与法律》2010 年第 9 期。

现为契约关系，具体可以解释为信托关系或是代理关系。

我国破产管理人是由法院指定的，管理人理应承担侵权责任，这是从管理人身份形成角度所得出的推论。具体说来，在我国当前的司法实践中，一般系由法院指定管理人，管理人向法院报告工作。根据“由谁产生、对谁负责”的一般原理，管理人理应对法院负责，从而在法院和管理人之间形成一种监督与被监督的关系，而非合同当事人之间的平等关系。管理人亦不可能与债权人形成合同关系，因为债权人身份的确定与管理人的选任之间本就具有明显的时间错位：债权审核与确认是在破产程序开始后，由管理人按照法律的要求制作破产债权表并交由法院裁决，在该程序中，管理人业已选任而破产债权人身份并未确定。此外，破产债务人是否有可能与管理人之间形成合同关系呢？本专题认为，答案亦是否定的。破产程序中的债务人财产应当优先归于债权人，此时管理人的接管任务实则是对债务人财产的执行，将此具有冲突性的义务视为契约义务来约束管理人是不合适的。相比较而言，侵权责任说更符合管理人的产生和选任机制，但该说将在司法实践中对原告提出十分严格的举证责任要求；违约责任说相较于侵权责任说在司法适用上更为便利，但显然缺少合同解释路径的基础。

至于专家责任说，其实这并非一类独立的责任形式，只是对复合型责任形式的一种概括表达。实际上，关于管理人承担专家责任的观点本就存在内部相互矛盾的情况，原因在于，专家责任的表现形式本就不是单一的。对此，英美法系已基本形成了完整的专家责任体系，其同时包含了契约责任与侵权责任：例如对于管理人提供不真实信息的责任性质，有观点认为应采取“以契约责任为主，以侵权责任为辅”的方法来认定纯粹财产损害的契约责任，甚至第三人对于专家也可能具有合理的、高于普通人的信赖，因此当专家行为致使第三人利益受损时，第三人也可主张相关权利。简而言之，专家责任的认定一般应根据受损对象、原告身份的不同而呈现出不同的责任性质。在我国破产实践中，管理人往往是由律师、会计师等具有专业能力的人员组成，而注册会计师对利害关系人所承担的责任是侵权责任。对此，有学者在考察了《侵权责任法》（已失效）的立法情况后，也得出了将专家责任作为侵权责任加以规定是更符合我国实际的做法这一结论。[①] 虽然管理人与专家受托人在主体性质上具有相似性，但将管理人责任等同于专家责任，实则忽略了管理人并非受托人的实际情况。[②] 并且，专家责任与普通民事责任的最大不同在于，专家具有较高的专业知识水平，其负有的注意义务比一般人更重。但就破产管理人而言，使其负担过重的义务将对管理工作造成过度的压力，何况，担任管理人的中介机构基本上是具有单一专业背景的机构，要求管理人接管破产企业后必须对所有工作内容承担较高注意义务是不现实的。管理人负有的注意义务应主要集中于其专业领域之内。而鉴于我国管理人接手债务人企业后的工作内容较为繁杂，既要协调各方的利益，又要受法院、债权人监督，且其接管对象本身就是濒临破产的企业，风险和压力俱增，此时还将管理人责任解释为专家责任，似显不妥。

此外，将管理人责任视为"准违约责任"也不尽合理，准违约的产生前提是准契约的存在。从这个角度来说，准契约责任与违约责任之间缺乏明确的界限，将破产管理人与破产债务人的法律关系视为准契约关系，其实质上仍然是一种契约责任，因而该说并未跳出契约责任的分析模式。也正因如此，准违约责任说仍然无法回避违约责任中有关合同相对性的问题，即管理人并非处于所谓的准契约法律关系中。

（三）破产管理人责任应定性为侵权责任

本专题认为，破产管理人承担的民事责任应定性为侵权责任，或结合破产制度的特殊性，将其定性为特殊的侵权责任，兹论证如下。

1. 从责任特征角度的推论

当前主流的民法学观点提出，对于违约责任与侵权责任，主要可以利用以下三项标准进行界分：被违反义务的来源（主要标准）、被侵害权益的绝对性，以及损害范围的利益属性（辅助标准）。[③] 对于管理人责任的性质问题，不妨亦

① 参见周友军：《专家对第三人责任的规范模式与具体规则》，载《当代法学》2013年第1期。

② 按照英美法的观点，专家责任包括专家对委托人责任和专家对第三人责任。参见周友军：《我国〈侵权责任法〉修订入典的初步构想》，载《政治与法律》2018年第5期。

③ 参见王利明：《违约责任和侵权责任的区分标准》，载《法学》2002年第5期。王利明先生除此三点之外还提出了"根据事先是否存在合同关系进行区分"标准，本专题将此标准融入违反义务的来源这点进行了统一论证。

以该三项判断标准加以检验。

从违反义务的来源来看，合同责任一般是指当事人因违反了合同义务而产生的责任，而侵权责任则是因违反了法定义务而产生的责任。[①] 尽管现代民法理论中产生了对合同义务作扩大化解读的趋势，对部分法定义务的违反也会产生违约责任（如诚实信用“义务”、附随义务），但这种扩张解释仍应以合同的存在为必要前提。[②] 本专题认为，无论采取何种解释方式，破产管理人与债权人、债务人或其他利害关系人之间均不存在合同关系。在我国，债权人会议不仅无权直接选任管理人，还无法直接撤换管理人，而是仍应由法院指定。[③] 综上，违约责任说在我国破产管理人的选任模式下不具有解释力。

文首案例中，法院认为管理人在计划执行阶段承担的是“监督”责任，而重整程序业已终止。值得进一步思考的是，此处的“监督”责任相较于重整程序中的管理人责任是否有所不同？本专题认为，管理人在重整计划执行期间所承担的特定义务，不论是“勤勉义务”抑或是“忠诚义务”，其程度相较于重整期间均应更轻，且管理人承担责任的性质仍为侵权责任。其原因在于，重整计划的执行阶段已无须依托管理人履职的专业性，如该案中，重整计划确定由债务人负责执行，管理人仅负责监督债务人的履行，因而不应对管理人的履职行为设置高于接管程序期间的注意义务；而且，管理人基于“监督”义务而承担的责任系基于法定义务而产生，此时管理人责任的性质在外观上亦更符合侵权责任说。

从责任范围属性来看，违约损害赔偿仅限于财产损失赔偿，因为违约造成的人身伤亡与精神损害，一般不应由合同法提供补救，而侵权损害赔偿则既包含财产损失，也包括人身伤害和精神伤害。[④] 对此，持违约责任说的学者提出：“各国立法都未规定破产管理人违反义务时要对破产财团及利害关系人的损失承担人身或精神损害的赔偿，从此点来说，其符合违约责任的构成要件要求。”[⑤] 本专题认为，这种推论过于草率，因为人身伤亡和精神损害之侵害后果只是侵

① 参见王利明：《违约责任和侵权责任的区分标准》，载《法学》2002年第5期。
② 参见叶名怡：《再谈违约与侵权的区分与竞合》，载《交大法学》2018年第1期。
③ 参见韩长印主编：《破产法教程》，高等教育出版社2020年版，第68页。
④ 参见王利明：《违约责任和侵权责任的区分标准》，载《法学》2002年第5期。
⑤ 李志强：《破产管理人民事责任论》，中国政法大学2008年博士学位论文，第39页。

权责任的充分条件而非必要条件，否则“财产侵权”便无从谈起。但这种观点确实揭示出了管理人责任的侵害后果主要为财产损失而非人身损害的特征，这是由管理人信义义务的内容所决定的。管理人的信义义务之内容是对破产财产的管理与维护，如果破产管理人未能尽职实施管理行为、未能维护破产财产的安全，甚至侵占或挪用破产财产，其当然应当承担财产损失的赔偿责任，但一般不会涉及人身损害的问题。

值得说明的是，要求管理人对其接管行为承担民事责任，并不会引发对侵权责任所保护权益的绝对性认定问题。一般认为，“违约行为所侵害的是一种相对权即合同债权，侵权行为所侵害的是一种绝对权。”① 在破产程序中，当管理人因违反信义义务而使债权人的债权无法实现时，其侵害的对象似乎是债权人的债权，而债权属于相对权，按照“纯粹经济损失一般不予救济”的一般原则，唯有侵权人故意或以违背公序良俗的方式侵害债权时，债权人才可以通过侵权法予以救济。② 这是否即意味着，即便管理人因重大过失违反勤勉义务、侵害债权人利益，债权人也无法得到救济呢？对此本专题认为，认定管理人责任的要件标准与纯粹经济损失并不完全相同，原因在于：（1）《民法典》第1165条第1款规定：“行为人因过错侵害他人民事权益造成损害的，应当承担侵权责任。”所谓民事权益并非仅局限于绝对权，债权当然属于民事权益中的一种，所谓的“纯粹经济损失一般不予救济”只是学理层面的讨论，并不具有明确的实定法依据。(2) 即使认可“纯粹经济损失一般不予救济”的理论主张，破产管理人违反信义义务而侵害债权人债权的情形也不属于该理论的规制范围。具体而言，“纯粹经济损失一般不予救济”是为保护人们一般行为的自由而为权利人设定的一种“容忍义务”，其依据在于，倘若人们除了要为侵权造成的直接人身、财产损害负责，还须为事前难以预见到的间接损失负责，则人们的行动自由必然会受到重大拘束，这是一种关于“诉讼闸门”的法政策考量。③ 然而，对于破产管理人的责任承担，破产法已明确规定了其接管责任以后债权

① 王利明：《违约责任和侵权责任的区分标准》，载《法学》2002年第5期。

② 参见张新宝、李倩：《纯粹经济损失赔偿规则：理论、实践及立法选择》，载《法学论坛》2009年第1期。

③ 参见张新宝、李倩：《纯粹经济损失赔偿规则：理论、实践及立法选择》，载《法学论坛》2009年第1期。

人的损害赔偿请求权，故管理人在承担该项工作时本就应当预见到其违反信义义务会对债权人造成损害的可能性。综上，侵权责任认定中的“被侵害权益的绝对性”判断标准并非绝对，而是一种辅助性的判断标准，对于破产管理人而言，其违反信义义务的责任认定就不应受“纯粹经济损失一般不予救济”的拘束。

2. 从结果角度的反证

违约责任说或侵权责任说的不同立场，将在司法实践中导致完全不同的责任构成要件。违约责任由合同义务转化而来，而合同义务本质上相当于当事人双方为自己制定的法律，① 故违约责任的认定逻辑是，只要违约就应当承担违约责任，责任的构成仅以不履行为要件，违约方不履行是否有过错在所不论。因而，除非有法律另行规定，违约责任的认定以无过错责任为“缺省原则”。而侵权责任的本质是对损失后果进行合理分配和救济，这决定了侵权责任法的归责以过错责任作为缺省原则，无过错责任原则只是在法律有例外规定的情况下适用。②

如此一来，违约责任说相较于侵权责任说显然对原告更为有利。因为若采此说，则管理人只要实施了客观上违反忠实、勤勉义务的行为，导致其负有信义义务对象的财产权益遭到损害，即应当承担损害赔偿责任，而不问管理人之主观过错。如此确实减轻了原告的举证责任，然而如果破产重整管理人依据商业判断与第三人签订合同，但仍遭遇了经营失败，此时若不将管理人的主观情况作为一个单独的要件进行审查，则可能诱发法院“事后诸葛”的判断，使管理人承担正常商业风险。实际上，破产重整的本来目标就在于及时挽救继续经营价值高于清算价值的企业，③ 那么在重整期间，由管理人与包括投资人等在内的第三人签订合同以整合社会资源就十分必要。如果此时管理人不得不因其商业决策的失败遭受苛责，其必将以“自保”而非“保护破产企业与债权人利

① 参见梁慧星：《从过错责任到严格责任》，载梁慧星主编：《民商法论丛》（第8卷），法律出版社1997年版，第5页、第7页；又见韩世远：《合同法总论》（第4版），法律出版社2018年版，第745页。

② 参见王利明：《我国侵权责任法的体系构建——以救济法为中心的思考》，载《中国法学》2008年第4期。

③ 参见韩长印主编：《破产法教程》，高等教育出版社2020年版，第221页。

益”作为决策行为的出发点，并且很可能最终导致重整企业走向清算，而这与破产重整程序的价值目标背道而驰。

3. 从公司法董事责任理论的旁证

《企业破产法》中管理人的信义义务与《公司法》上董事的信义义务之间有着千丝万缕的联系甚至极为相似的内涵。例如，《企业破产法》对管理人勤勉义务内涵的界定，即为借鉴了《公司法》对董事、监事和高管信义义务之规定的结果。[①] 在主流学说“破产财团代表说”的框架下，破产管理人信义义务的来源在于法定信托关系，而公司法上董监高信义义务的来源同样为信托关系，[②] 在英美法系国家，均以“fiduciary duty”一词代称。故公司法关于董事违信责任性质的讨论或许也能为破产管理人违信责任的定性提供一定的借鉴。

股东请求董事承担违信责任的请求权基础为《公司法》第188条，该条规定：“董事、监事、高级管理人员执行职务违反法律、行政法规或者公司章程的规定，给公司造成损失的，应当承担赔偿责任。”可见，《公司法》将董监高的违信责任直接规定为“违反法律规定”的损害赔偿责任，而违反法定义务所生之责任自然应属侵权责任。我国的公司法理论一般认为，董事违反信义义务的责任实际上是侵权责任在公司法上的特殊体现与具体应用，董事、高管违反信义义务所发生的责任与侵权责任并没有什么不同，只是由于董事工作的特殊性，其违信责任与一般侵权责任在构成要件上具有一定的特殊性。[③] 总之，在承认管理人责任属于侵权责任的基础之上，还需要进一步讨论该侵权责任的构成要件在破产程序中有何特殊性。

四、破产管理人民事责任的认定标准

文首案例中，一审法院在认定管理人责任属于侵权责任的基础上，否认了因果关系的存在，并指出管理人责任在主观过错要件的判定上采默认的过错责

---

① 参见韩长印主编：《破产法教程》，高等教育出版社2020年版，第82页。

② 参见施天涛：《公司法论》（第4版），法律出版社2018年版，第406页。当然，此点在公司法学界存有争议，但无论股东与董监高之间是委托代理关系抑或是信托关系，董监高均对股东负有信义义务。

③ 参见李建伟：《公司法学》（第4版），中国人民大学出版社2018年版，第367页；另参见施天涛：《公司法论》（第4版），法律出版社2018年版，第420－421页。

任原则。对此，二审法院进一步提出管理人不存在违反勤勉义务、忠诚义务的行为。两审法院均依照侵权责任原理来解释管理人责任的构成要件，只是仍有以下两项内容需要进一步明确：第一，判定管理人的行为构成“侵权行为”的标准为何；第二，两审法院均将“故意或重大过失”作为认定管理人存在过错的要件，而将一般过失排除在外，同时将过失的举证责任分配给原告承担，而实际上对于管理人责任还可能有适用“过错推定”的空间，归责标准并不明晰。

（一）破产管理人承担侵权责任的客观行为要件

1. 违反善管义务的认定标准

管理人违反勤勉义务的责任具有专家责任的性质，即“管理人不仅应以一个普通谨慎的人处理自己财产时应有的谨慎和技巧行事，还必须以高于普通谨慎人的技能勤勉行事”①。然而，有关“善管义务”的判断标准仍然是模糊的。在英美法系国家，法院在审理管理人责任纠纷时通常会将案件中管理人的行为与已生效判例中的情形进行对比，进而得出管理人是否违信的结论，最终通过司法判例的积累来形成一个相对明确的标准。② 本专题认为，我国或许可以调动和发挥各地破产管理人行业协会的职能，以其制作的职业准则作为管理人履责标准的参照。如《上海市破产管理人协会破产案件管理人工作指引（试行）》第27条第1句就作有规定：“债务人或相关单位和个人不得协助管理人接管财物，或者出现影响接管的其他情形的，管理人应当及时向人民法院报告，并可以向人民法院申请对债务人或相关单位和个人处以罚款，并责令其限期协助接管。”由此，倘若管理人未能对妨碍接管的行为履行相应程序并导致破产财产减损，便可以认定管理人存在违反勤勉义务的行为。

值得说明的是，文首案例中，重整计划执行阶段的管理人责任认定标准应区分于前述专家责任。实际上，管理人在重整企业挽救全程均可能发挥其职能，只是不同阶段的任务属性不同，应视不同阶段管理人的职责性质来确定合适的

---

① 韩长印主编：《破产法教程》，高等教育出版社2020年版，第82页。

② In re Johnson 一案中法院将被告 Clark 的行为与 Mosser v. Darrow、Crews v. Wills、In re Kenin's Trust Estate、Crutcher v. Joyce 等案件中管理人的行为进行对比分析。See, In re Johnson, 518 F. 2d 246.

判断标准。重整程序终结并进入执行阶段后，管理人所负担的职能实际上是十分有限的，除了对重整计划中有关还债的部分约定进行严格监督之外，对于债务人的具体经营模式、经营状况等问题，管理人的监督职能相对弱化甚至退出。这是因为，管理人作为法律、财会方面的中介机构，其专业性必然不涉及重整企业的业务本身。可以认为，管理人的监督职能具有程序化的特征，即及时向法院反映债务人对重整计划执行的状况，并不涉及企业经营的具体内容，此类事务已经超出了善管义务的范围。

2. 违反忠实义务的认定标准

一般认为，违反忠实义务的行为是指“将（管理人的）自身利益置于债务人财产之上”①。也有学者提出，违反忠实义务的行为不限于此，根据《企业破产法》第130条的规定，还可包括管理人将债务人或债务人股东的利益置于债权人利益之上的行为。具体而言，在债务人破产的情形下，企业的剩余利益索取权人由股东转向债权人，因具备破产原因即意味着所有者权益接近于零，而债权人成为承担企业经营失败风险的人，② 故管理人将债务人、债务人股东的利益置于债权人利益之上的行为构成对其信义义务的违反。

笔者认为，以“状态依存所有权”理论下企业的所有权分配状态来界定信义义务对象的方式在公司法中可能是成立的（如董事将债权人利益置于股东之上，将构成对忠实义务的违反），但这种逻辑无法直接对应到破产法中。尽管对于资不抵债的企业，可以认为债权人系企业实质上的所有者，但破产管理人既不隶属于债权人也不隶属于债务人的中立地位决定了其并非债权人的代理人，③ 其管理目标并非单纯地满足债权人的利益最大化，而是实现破产财产的整体价值最大化，这就包含对债权人、债务人及第三人利益的兼顾与平衡。因而对于破产企业而言，管理人违反忠实义务的认定标准应当在于管理人是否将债权人、债务人的出资人或者自身等主体利益置于破产财产之上，因而做出违反“破产财产最大化”目标的行为。

---

① 韩长印主编：《破产法教程》，高等教育出版社2020年版，第82页。

② 参见宋辉：《破产管理人民事责任：现状、问题与完善》，载《人民司法·学术前沿》2020年第22期。

③ 参见韩长印主编：《破产法教程》，高等教育出版社2020年版，第67页。

（二）破产管理人承担侵权责任的主观过错要件

1. 管理人过错的认定标准

依据管理人责任为侵权责任的定性，倘若不存在法律的另行规定，则对于侵权责任应当适用过错责任原则。对此，《企业破产法司法解释二》第9条第2款规定："管理人因过错未依法行使撤销权导致债务人财产不当减损，债权人提起诉讼主张管理人对其损失承担相应赔偿责任的，人民法院应予支持。"该条规定为管理人的过错归责原则提供了现行法上的依据。

就管理人责任中的过错标准问题，应当限定为"故意或重大过失"。[①] 美国破产法对管理人违信责任之过错程度的要求经历了从 Mosser v. Darrow 的故意标准，到 In re Mailman、In re Gorski 等案的一般过失标准的变化，并最终以 In re J. F. D. Enter. 案为标志，采纳了联邦破产审查委员会立法改革建议报告中提出的重大过失标准。[②] 正如 Boroff 法官在 In re J. F. D. Enterprise Inc. 一案判决书中所言，对管理人责任采取"重大过失"标准的原因在于，"（倘若仅仅因为普通过失即追究破产管理人的责任，）便太低估了破产管理人在破产法中的地位、太低估了破产管理人职责的困难程度"[③]。Boroff 法官对此论证极为精辟，兹将其对管理人履职困境的叙述翻译如下：

> 如果债务人是一个商业组织，破产管理人通常在事前对债务人所属行业知之甚少，或甚至根本没有了解。倘若债务人在破产后需要有任何进一步的经营活动，破产管理人会被期待作出较之于债务人股东

---

① 在河南安彩高科股份有限公司与华飞彩色显示系统有限公司管理人责任纠纷一案的再审裁定书中，最高人民法院认为管理人对谨慎、忠实、信用、注意等基本义务的违反，是其承担民事责任的前提和依据。管理人未勤勉尽责、忠实执行职务的判断标准应当限定于管理人有故意或者重大过失的范围内，即必须在有充分证据证明管理人在履行职务过程中因故意或重大过失造成破产财产损失时，才可追究管理人的民事赔偿责任。事实上，该案争议焦点并非涉案管理人是否有故意或者重大过失，而是其是否有过失。但是最高人民法院在认定涉案管理人没有过失的同时，特别强调了管理人承担责任的前提是"故意和重大过失"，这表明关于管理人承担民事责任的主观过错标准问题，最高人民法院的裁判态度更倾向于采取"故意和重大过失"标准。参见最高人民法院民事裁定书，（2014）民申字第827号。

② See, Elizabeth H. McCullough, *Bankruptcy Trustee Liability: Is There a Method in the Madness*, 15 Lewis & CLARK L. REV. 153 (2011).

③ In re J. F. D. Enterprises, Inc., 223 B. R. 610.: "Further, those courts which apply a simple negligence standard to the acts of a trustee underestimate the role of a trustee under the Bankruptcy Code and the difficulties associated with a trustee's duties."

> 更为合理的决策。具体来说，若进入的是破产清算程序，破产管理人会被希望能以与破产债务人所处行业的理念相一致的方式进行清算，而此时受托人必须在没有任何他人协助的情况下完成这项任务；法院必须保持中立，债务人当然不会帮助管理人，而有担保的债权人是管理人的“法定对手”，无担保的债权人则会要求破产管理人适当履行其职责，因为他们担心管理人可能会以偏颇性清偿或欺诈性财产转让而损害其收益，或是会对他们事前与债务人的商业行为提出质疑。此外，无担保的债权人还会因管理人介入而导致其债权被“稀释”而感到不满，最终将管理人诉至法庭请求损害赔偿。①

在充分考虑管理人接管工作之复杂性、挑战性的基础之上，就不应仅以过失标准对管理人追责，这无疑是对破产管理人设置了“必须作出较之于债务人股东更为合理决策”的过高期待，一方面会导致破产管理人行业发展受限，另一方面会使管理人丧失对自己行为后果的合理预知能力。更糟糕的是，由于破产管理人不能像公司董事那样要求提高薪酬，其只能在进行决策时以“自保”而非“破产财产最大化”为出发点，尽力规避被追究违信责任的风险，而这又将使全体利害关系人的整体利益受损。综上，将管理人违信责任的过错要件限于“故意或重大过失”，可能是一种更为合理的选择。

2. 对过错要件的证明责任分配

有观点主张，对管理人责任采“过错推定原则”，即由管理人承担证明其不具有故意或重大过失的证明责任。其论据可概括为以下两点：（1）破产管理人掌握着与决策相关的各项信息，破产管理人的举证能力明显优于破产案件的其他参与主体，采过错推定原则可以适当平衡原告和破产管理人之间的举证能力；（2）采过错推定原则有利于促进破产管理人勤勉忠实地开展破产工作。②

本专题认为，若将管理人责任认定为过错推定的归责模式，有必要首先考察侵权责任法中过错推定原则的本来意旨。一般来说，侵权法下的“过错推定”可以分为两类：一为事实上的推定，其本质在于法官的推论，即加害人对过错的证明达到一定程度使法官形成了积极的心证，此时被告倘若无法提出证

---

① In re J. F. D. Enterprises, Inc., 223 B. R. 610.

② 参见宋爱云：《论我国破产管理人制度的完善》，河北大学2010年硕士学位论文，第24页。

据驳斥此种心证，即应承担败诉的法律后果；二为法律上的推定，即根据法律的规定，当特定基础事实存在时，必须假定推定事实的存在，至于该事实是否合乎逻辑地出自基础事实，在所不问。[①] 事实上的推定属于法官自由心证的范畴，并不需要法律的特别规定，属于对所有案件均应适用的“原则性过错推定”，而法律上的推定则属于例外的规定，在我国侵权法上仅存在9类，包括医疗机构违反诊疗规范拒绝提供病历资料的情形、地面施工或地下设施致人损害的情形等。可见，若要对特定类型的侵权责任适用过错推定原则，应当具有充足的理由，并且经过慎重的利益衡量和政策选择。[②]

在此视角下，不难发现管理人责任不具有实施“法律上的过错推定”的正当性基础，但是可以纳入“事实上的过错推定”的范畴。这是因为，原告的“举证困难”并非在于对管理人具有过错的举证不能，而是在于其无法收集管理人具有违反忠实、勤勉义务这一侵权行为的证据。以文首案例为例，法院判决原告败诉的最主要原因在于，被告提出了其积极履行职责的证据，使法院无法认定被告存在“怠于履行监督职责”的不作为状态。相反，倘若原告能够证明被告存在怠于履行职责的客观状态，那么该侵权行为本身即包含了被告存在过错的内涵，足以使法官形成积极的自由心证，原告无须再对被告的主观方面加以证明，此时对过错状态的证明责任也已转由被告承担。总之，对管理人责任采取“事实上的过错推定”，有可能激发其忠实勤勉执行职务、妥善保管工作底稿的动机，而实施“法律上的过错推定”，不仅不会进一步促进管理人履行忠实勤勉义务，反而会加剧前引 Boroff 法官所描述的管理人履职困境。

由此，可以认为，管理人因其履职行为导致他人损害的，应当承担赔偿责任，除非管理人可以证明其行为符合必要的注意标准。对此，在美国的破产法实践中，存在下列情形之一时，管理人可获得免责：（1）管理人合理的商业判断行为；（2）管理人经法院许可的行为；（3）管理人已就其履职行为持续性地向利害关系人加以解释说明。结合我国的破产法实践，本专题认为，未来破产立法亦可将管理人的合理商业判断行为与经法院许可的行为视为管理人在其责

---

① 参见王利民、郭明龙：《民事责任归责原则新论——过错推定规则的演进：现代归责原则的发展》，载《法学论坛》2006年第6期。

② 参见王利民、郭明龙：《民事责任归责原则新论——过错推定规则的演进：现代归责原则的发展》，载《法学论坛》2006年第6期。

任之诉中的免责事由。

五、新冠疫情作为重整计划执行变更事由对管理人责任的影响

根据文首案例中的相关事实，引发该案中重整计划变更执行的根本原因在于新冠疫情的影响。因此，在考察管理人客观行为是否违反信义义务时，就必须考察该重整计划执行时所处的客观情势。

（一）疫情构成合同法中情势变更的事由

情势变更这一法律制度在我国的民事法律体系中经历了一个从无到有、效力位阶逐步提升的过程。[①]《民法典》第533条对情势变更制度的规范力度有所提升，具体在于以下三个方面：（1）情势变更原先仅规定于《最高人民法院关于适用〈中华人民共和国合同法〉若干问题的解释（二）》（以下简称《合同法司法解释二》，已失效）第26条之中，现被纳入了《民法典》“合同的履行”一章，相关规则的法律效力位阶显著提升；（2）《民法典》中的情势变更现已构成不可抗力的上位概念。《民法典》合同编一审稿曾在不可抗力制度中规定有合同变更之诉，然而这一规定在二审稿中被删除，《民法典》最终将有关不可抗力的法律效果统合规范于情势变更规则之中，由此可以认为，情势变更构成不可抗力的上位概念；（3）《民法典》对情势变更的具体定义也有所变化：由《合同法司法解释二》中“合同成立以后客观情况”转变为“合同的基础条件”发生变化。新规的用语实则是对《国际商事合同通则》第6条中“the equilibrium of the contract”的直译。而《国际商事合同通则》明确规定客观事实同时构成情势变更和不可抗力时，遭遇不利的当事人可以自主选择诉请调整合同亦或是解除合同，这对我国《民法典》的解读也具有重要的参考意义。与此同时，《联合国国际货物销售合同公约》（CISG）第79条同样以“Impediment”一词对合同的免责事由作出了统一规定，[②]据其官方译注，履行障碍是指那些难以掌握的、使完全履行变得绝无可能的风险，包含不可抗力、经济困境和履

---

① 参见何心月：《新冠肺炎疫情中合同变更的法律路径研究——基于〈民法典〉的统一论立场》，载《社科大法学》2020年第1期。

② CISG的立法资料显示，正是考虑到各国立法的多样性，联合国国立法组为了使CISG规制更多类型的免责事由，才采纳了内涵宽泛且不同于任何国内法的“impediment”一词。See John Honnold, *Documentary History of the Uniform Law for International Sales*, 185, 252 (1989).

行困难。[①] 不难发现，CISG 中的履行障碍概念同时涵盖了不可抗力和情势变更。[②]

就新冠疫情对合同履行可能产生的影响，许多地方法院的指引文件都将其视为合同的情势变更事由：（1）多数法院认为疫情构成不可抗力或者情势变更。典型如广西壮族自治区高级人民法院意见在“关于新冠肺炎疫情的法律性质”一条中，指出疫情可能构成不可抗力也可能构成情势变更。吉林省高级人民法院亦指出，应“根据不可抗力或情势变更等相关规定”妥善处理具体案件。而贵州省高级人民法院的规定比较具体，仅在融资金融合同纠纷部分指出：“不可抗力和情势变更的适用具有相似性，应结合个案情况不同，融资借贷类合同符合情势变更要件的，企业亦可以要求变更或解除合同。”类似的还有福建等地高级人民法院制定的指导意见。[③]（2）也有部分法院仅将疫情定性为不可抗力，但是在法律效果部分间接承认了其情势变更的性质。典型如上海市高级人民法院认为，疫情是不能预见、不能避免并不能克服的不可抗力，但在合同是否应予解除的部分，又指出法院应当鼓励当事人重新协商、继续交易，参照《合同法司法解释二》第 26 条引导当事人变更合同内容。[④] 此类规定似乎将情势变更的法律效果嵌套于不可抗力内。此外，内蒙古自治区高级人民法院虽然认为，因疫情构成不可抗力的，原则上不再适用情势变更原则，而后又指出在个案中应综合判断各方当事人的责任比例，避免简单机械地解除合同；湖北省高级人民法院则指出，疫情属于不可抗力而非情势变更，“但与该条规定的情形

---

① The UNCITRAL Digest of case law on the United Nations Convention on the International Sale of Goods (2012), Art. 79.

② 认为“impediment”同时包含了情势变更的有日本学者 Yasutoshi Ishida, *CISG Article 79: Exemption of Performance, and Adaptation of Contract Through Interpretation of Reasonableness – Full of Sound And Fury, but Signifying Something*, Himeji Law Review, 2018；国内学者称之为一元规范模式，参见韩世远：《情事变更若干问题研究》，载《中外法学》2014 年第 3 期。

③ 参见《广西壮族自治区高级人民法院民二庭关于审理涉及新冠肺炎疫情民商事案件的指导意见》《吉林省高级人民法院关于审理涉新冠肺炎疫情民商事案件的工作指引》《贵州民营企业涉疫情商事合同履行中的法律风险提示书》《福建高院关于充分发挥审判职能作用为坚决打赢疫情防控阻击战提供有力司法服务保障的指导意见》。

④ 参见《上海市高级人民法院关于涉新冠肺炎疫情案件法律适用问题的系列问答（一）》《浙江省高级人民法院民事审判第二庭关于审理涉新冠肺炎疫情相关商事纠纷的若干问题解答》《重庆市高级人民法院关于审理涉新型冠状病毒肺炎疫情民事案件若干问题的解答》。

类似，故可以类推适用该条规定”[1]。

（二）对重整计划之情势变更的审查较普通合同应更为严格

固然，疫情完全有可能引发普通民事合同的变更、调整等后果，但是对于重整计划这一较为特殊的“合同”而言，重整企业或破产管理人是否可以以疫情为由而要求延期清偿并调整计划内容呢？

《企业破产法》并没有直接规定重整计划的变更问题，仅第93条第1款规定了当债务人不能执行或不执行重整计划时，人民法院经请求应裁定终止执行重整计划并宣告债务人破产。正是为了弥补法律与实践的脱节，《全国法院破产审判工作会议纪要》第19条就重整计划的变更问题作出了规定，即“债务人应严格执行重整计划，但因出现国家政策调整、法律修改变化等特殊情况，导致原重整计划无法执行的，债务人或管理人可以申请变更重整计划一次。”显然，就法律规范而言，当前变更重整计划的标准与一般意义上合同的情势变更有所不同，具体表现在如下方面：（1）构成重整计划变更事由的只能是“国家政策调整、法律修改变化”，似乎并不必然包括突发自然事件以及疫情的暴发。虽然《全国法院破产审判工作会议纪要》第19条中含有“等特殊情况”的规定，但应当认为此处的特殊情况须具有与前述政策、法律变化相一致的严重程度，方才符合重整计划的变更事由标准。（2）限制变更次数，即仅有一次变更机会。对于情势变更而言，虽然普通合同的变化也应当符合正当性要求，但是法律及司法实践均未对此有次数上的限制。而对于重整计划，或许是因为此类“协议”涉及的利害关系过于广泛，法律对其有次数上的限制。但是对此规定的合理性，在理论上不乏质疑的观点。如部分观点就认为，执行期限的变更与重整计划内容的变更应当有所区别，《全国法院破产审判工作会议纪要》关于重整计划仅许变更一次的规定较为严苛。实际上，在重整计划的执行期间，对期限的缩短或者适当延长只要更有利于重整计划目标的实现，此类变更的次数就不应当受到严格的“一次”限定，而应当由人民法院充分参考债权人会议的意见

---

① 参见《内蒙古自治区高级人民法院关于审理涉新冠肺炎疫情民商事案件相关问题的指引》《湖北省高级人民法院民事审判第二庭关于审理涉及新型冠状病毒肺炎疫情商事案件若干问题的解答》（全省各级法院应当重点审查继续履行合同是否导致对一方当事人明显不公平，在此基础上根据公平原则，结合案件的实际情况确定如何变更）。

并结合实际情况综合判定。① （3）究其本质，重整计划本就并非纯粹依靠当事人意思自治而形成的平等主体之间的普通合同，而是一份由破产管理人参与制作和监督的、由人民法院进行审核与批准的、具有一定司法属性的财产分配和经营筹划文件。② 重整计划的执行效果影响着破产制度的实施效果，若准许其随意变更，无疑将导致破产法自身的拘束力贬损，进而使概括清偿制度丧失保障。

在文首案例中，重整计划的调整问题尚未引发次数限制的问题，但现有证据亦未能充分说明，在疫情防控期间企业的资产情况已恶化到了何种地步，导致其无法履行原先的偿债计划；与此同时，在疫情可能持续存在的语境下，企业的重整可能性是否已经遭到了根本性的摧毁，以至于应当依照《企业破产法》第93条直接对其进行清算。这些重要事实需要由管理人、债权人会议以及破产受理法院加以严格把握，仅疫情的暴发这一事件本身并不必然导致所有在此期间执行的重整计划的延期，而这些事实正是管理人责任之诉中的核心焦点。

（三）执行期间变更重整计划的程序要求及管理人在其中的法律责任

引发本专题选取的管理人责任之诉的直接原因在于，原告债权人对于重整计划的变更结果并不满意。对此，《全国法院破产审判工作会议纪要》第19条亦作有规定：由债务人或管理人提出申请，如果债权人会议决议同意变更重整计划，则应自决议通过之日起十日内提请人民法院批准。而如果债权人会议决议不同意或人民法院不批准变更申请，则人民法院经管理人或利害关系人请求，应当裁定终止重整计划的执行，并宣告债务人破产。此外，在文首案件的二审期间，最高人民法院颁发了《关于依法妥善审理涉新冠肺炎疫情民事案件若干问题的指导意见（二）》，其第20条第2款规定："对于重整计划或者和解协议已经进入执行阶段，但债务人因疫情或者疫情防控措施影响而难以执行的，人民法院要积极引导当事人充分协商予以变更。协商变更重整计划或者和解协议的，按照《全国法院破产审判工作会议纪要》第19条、第20条的规定进行表决并提交法院批准。但是，仅涉及执行期限变更的，人民法院可以依债务人或

① 参见钱宁：《重整计划执行期间的独立性及规则完善》，载《华侨大学学报（哲学社会科学版）》2021年第1期。

② 参见许德风：《破产法论：解释与功能比较的视角》，北京大学出版社2015年版，第432页。

债权人的申请直接作出裁定，延长的期限一般不得超过六个月。”

结合以上关于重整计划执行期间计划变更程序的现有规范，可以发现，其标准与重整计划的表决标准是基本一致的——先由债权人会议作出表决，而后由法院作出批准，虽然法律没有展开细化规定，但在解释上应当认为，此时法院批准的标准与重整计划的批准应当是一致的。值得一提的是，特别针对疫情期的情况，最高人民法院对于“仅涉及执行期限变更的”计划变更情况设置了由法院直接作出裁定的权力。这种变更程序的差异，与前引部分理论观点认为计划执行中的单纯延期与计划内容的彻底变更虽有不同，实为同一意旨。结合文首案例中的相关事实，本专题认为，在疫情防控期间对重整计划的执行作延期处理是合理的，因为其并非意在改变分配格局，并且该计划的变更也已依照债权人会议决议的程序进行，且该变更系计划的首次变更。在原告未能举证证明管理人存在其他未勤勉尽责行为的情况下，原告主张管理人在计划变更中的行为存在程序上的瑕疵，确实缺乏法律依据。

更进一步来看，即便该案中重整计划的重新表决在程序上确实存有瑕疵，但负责重整计划执行的本就不是破产管理人，而是债务人自身。《企业破产法》第 89 条第 1 款对此作有明确规定：“重整计划由债务人负责执行。”而管理人在计划执行期间的角色相对消极，其仅处于监督的地位。这种权责分配是基于债务人对其自身经营管理的信息优势、对经营连续性的保障，以及充分发挥企业运营的专业性等要求。① 而破产管理人作为在重整这一“过度与喘息”阶段暂时接管企业并且随着程序的终止而终止其绝大部分法律职责的外部中介机构，虽然对破产债权人承担着善良管理义务，但该义务也应当随着重整计划的批准、程序的终止而相应地降低其职责内容和履责标准。因此，在计划执行期间，仍以计划变更时债务人可能面临的其他履行障碍来要求管理人尽其善管义务，对管理人而言应属苛刻。

六、结语

本专题选取的案例是由个别债权人在重整计划的执行期间，基于计划执行

① 参见崔明亮：《破产重整计划执行法律问题研究》，载《中国政法大学学报》2018 年第 2 期。

期间发生的疫情因素而对管理人提起的责任之诉。在辨认管理人是否违反其勤勉忠实义务时，应当意识到，破产管理人在其选任、履职、取酬等方面本就处于相对弱势的地位（与一般企业的董事、监事和高管相比），管理人在接管破产企业的过程中被赋予了多重角色和职责，不得不面对诸多需要结合价值判断的决策场合；尽管如此，企业的重整与复苏并非依靠管理人之勤勉忠诚便能必然达成，重整计划的执行期间仍可能遭遇诸多商业风险甚至是疫情的暴发等其他外界因素。

正因管理人的履职工作天然地伴随相当程度的风险性，本专题认为，相较于违约责任及具有较高注意义务标准的专家责任而言，侵权责任的定性最能保障破产管理人相对合理的决策空间，结合对管理人主观过错要件举证责任的倒置，亦能在司法实践中形成相对合理的管理人责任认定标准。此外，鉴于文首案例中的纠纷系发生在重整计划执行期间，还有必要认识到虽然破产法对管理人的接管工作提出了较高的履职要求，但是对于破产程序终止后的计划执行阶段，有必要适当放松对管理人履职的要求——其仅需要承担监督和及时向法院报告的基本责任，而绝非如计划制定阶段一般，仍对债权人会议的召集、协商等大小事务全权负责。

破产程序中商铺使用权合同解除后的预付款返还问题

内容提要：破产程序中因合同解除而产生的债权受偿顺位问题素有争议，尤其是对商铺长期使用权的预付款的性质更是莫衷一是。本专题围绕一起因商铺经营使用权转让合同解除而产生的预付款债权受偿纠纷展开讨论。从民法理论出发，《民法典》第566条第1款对于合同解除是否具有溯及力采取了比较模糊的态度，传统民法理论中仍存有溯及力肯定说与溯及力否定说两派观点；而在破产法语境下，考虑到破产程序公平清偿债务的立法目标，相关规则应符合促进破产财产价值最大化的要求，从而限定共益债务的内在认定逻辑，并在破产程序中对合同的解除采溯及力否定说，即解除的效力并不溯及债务人已经取得占有的预付款，债务人对此也不承担不当得利返还义务，债权人因合同解除而享有的债权属于普通破产债权而非共益债务，不具有破产法上的优先受偿地位。

关键词：待履行合同、合同解除、预付款债权、溯及力、共益债务

一、问题的提出

2013年5月21日，沈阳佳建置业开发有限公司（以下简称佳建公司）（转让方）与王某（受让方）分别签订两份《商铺经营使用权转让合同》，约定转让位于沈阳市沈河区中街路某商铺的经营使用权，总价款分别为259,073元及257,692元，期限均为2013年10月1日起

至2043年12月15日止。为此，佳建公司先后向王某出具收款收据，确认王某已将其购买的地下一层B097号、B096号两个商铺的使用权转让价款259,073元、257,692元全部付清。

2018年10月26日，法院受理债权人对佳建公司的破产重整申请，指定佳建公司清算组为破产管理人。在债权申报期间，王某以该使用权转让合同尚未履行部分的“租金”向管理人申报债权，管理人未予确认。于是王某提起破产债权确认之诉，请求法院确认其多付的25年租金共计430,637元在佳建公司重整程序中的优先受偿顺位。

一审法院认为，根据案涉合同的内容，王某向佳建公司交付的款项为商铺“使用权转让金”，故当事人之间的法律关系为商铺经营使用权转让，而非房屋租赁，因而王某主张的430,637元并非租金，而是使用权转让金，不具有共益债务的性质。

二审法院认为，若《商铺经营使用权转让合同》的性质系租赁合同，那么案涉款项便属于合同解除后佳建公司占有的租金，构成不当得利债务；但就《商铺经营使用权转让合同》的名称和内容来看，其并不含有与租赁相关的条款，一审法院认定案涉合同并非房屋租赁合同正确，王某主张的剩余25年商铺经营使用权转让金属于因合同解除而产生的损害赔偿，不具有共益债务性质，仅属于普通破产债权。二审法院遂裁定维持原判。

再审法院则认为，无论案涉合同性质为何，由于王某在签订时预付了30年的经营使用权转让金，而实际使用仅5年，合同解除而致案涉商铺的使用权返还给佳建公司之后，王某给付的剩余25年经营使用权转让金已不能实现给付目的，佳建公司继续占有商铺则构成不当得利。《企业破产法》第42条第3项规定，在人民法院受理破产申请后，因债务人不当得利所产生的债务为共益债务，因而剩余25年经营使用权转让金430,637元应认定为共益债务。①

该案的主要争议焦点为，破产程序中合同解除所产生预付款债权的受偿顺位问题。② 本专题拟从如下方面展开分析：（1）在破产法语境中，对尚未履行

① 参见最高人民法院民事判决书，（2021）最高法民再194号。

② 从应然的视角看，该案争点问题似乎应当着眼于长期商铺使用权的性质，是商铺使用权转让合同还是租赁合同；并从破产法上破产程序的开始对包括租赁合同在内的特种合同是否适用《企业破产法》第18条关于管理人挑拣履行权的规定。

完毕的《商铺经营使用权转让合同》应作何定性？破产管理人是否有权选择解除？（2）若解除该类合同，债务人应返还预付款，属于破产程序开始后因为待履行合同的解除而产生的共益债务还是普通破产债权？

二、案涉合同是否属于破产管理人有权选择解除的待履行合同

作为问题分析的出发点，文首案例中的《商铺经营使用权转让合同》应定性为当事人尚未履行完毕的继续性合同。在民法语境中，继续性合同是指，债的内容并非一次性给付完结，而是以持续性地交付为债权实现方式。基于此种定义，继续性合同区别于一次性结清合同的基本特征就在于，时间因素在此类合同之债的履行中占据重要地位，具体表现为，总给付内容的确定系基于应给付时间之长度。[①] 在该案中，由于案涉房屋所有权并未转移，时间因素在案涉合同的履行中占据主导地位，当事人并非一次或一时即可实现合同目的，符合继续性合同的特征。而债务人的破产程序启动时，原合同中约定的期限尚未届满，因而破产管理人可能对此享有破产法中的特别选择权限。

（一）破产管理人的挑拣履行权

破产法语境中尚未履行完毕的合同是指，于破产申请受理前业已成立，而债务人和对方当事人均未履行完毕的合同。此处的合同应指双务合同，即双方当事人互负具有对价意义的债务且双方当事人的主给付义务之间具有密切牵连关系的合同，典型如买卖、租赁、承揽、有偿保管、有偿委托等。[②] 案涉《商铺经营使用权转让合同》便属于尚未履行完毕的合同。不同于在破产程序启动前已届期或者已履行完毕的合同，未届期的待履行合同在破产程序中将面临破产自动冻结效力的限制，从而处于一种“胶着”的履行状态。一方面，若管理人请求合同相对人继续履行合同，则后者有权行使同时履行抗辩权而拒绝前者的履行要求，或者合同相对人负有先履行义务，其仍有权以债务人进入破产程序为由，行使不安抗辩权进而要求管理人提供适当担保，而管理人往往很难提供合适的担保；另一方面，若合同相对人要求管理人继续履行合同，管理人亦

① 参见王泽鉴：《债法原理》（第1册），中国政法大学出版社2001年版，第132页。

② 参见许德风：《论破产中尚未履行完毕的合同》，载《法学家》2009年第6期。

有权以破产程序禁止个别清偿为由，拒绝其履行要求。[①] 从学理的角度来看，对于债务人破产时双方均未履行完毕的双务合同，既难以避免合同的终止、亦难以悉数终止。[②]

破产法赋予管理人的挑拣履行权正是为了应对待履行合同此种“胶着”的状态。根据《企业破产法》第18条的规定，人民法院受理破产申请后，管理人对破产申请受理前已成立而债务人和对方当事人均未履行完毕的合同有权决定解除或继续履行。对于破产申请受理前成立且双方均未履行完毕的合同，管理人有必要做出妥当的处理，以便实现债务人财产最大化的目标。[③] 可见，挑拣履行权的制度设计赋予了管理人于破产申请受理后对待履行合同进行挑拣并决定是否继续履行的权利，意在以管理人的选择权替代合同当事人的选择权，以实现债务人财产的整体利益最大化。

就该权利的性质而言，《企业破产法》第18条明确将破产管理人拒绝履行的后果设置为“解除合同”。依据《民法典》第566条之规定，合同解除将导致未履行债务的终止履行而已履行债务的恢复原状。但破产程序中的合同解除应有其特殊性。有学者在考察管理人挑拣履行权制度演进后指出，德国1877年破产法第17条规定了合同履行，但并未提及拒绝履行，仅将该权利表述为管理人有权继续履行合同。学理上一般将此定性为形成权，若管理人选择拒绝履行，将导致债权人的履行请求权消灭，此时债权人的权利仅限于损害赔偿请求权。[④] 奥地利破产法引入相关概念时，将其表述为合同的继续履行与解除，其中解除的效果仅限于消灭未履行的给付；而日本破产法直接将该项权利界定为管理人的选择解除权，且后来的理论发展逐渐采取了民法中溯及既往的消灭效力立场。[⑤] 我国当前的破产法规则与日本较为相近，即将管理人的拒绝履行权视为合同解除权。

（二）破产管理人挑拣履行权的适用范围

在识别管理人是否享有挑拣履行权时，应区别对待以下两类合同：（1）对

① 参见庄加园、段磊：《待履行合同解除权之反思》，载《清华法学》2019年第5期。
② 参见陈夏红编著：《企业破产法注释》，北京大学出版社2021年版，第112页。
③ 参见陈夏红编著：《企业破产法注释》，北京大学出版社2021年版，第113页。
④ 参见庄加园、段磊：《待履行合同解除权之反思》，载《清华法学》2019年第5期。
⑤ 参见庄加园、段磊：《待履行合同解除权之反思》，载《清华法学》2019年第5期。

于债务人已完全履行而对方当事人尚未履行或未履行完毕的合同，管理人无权决定解除，只能要求对方当事人继续履行，此时债务人因对方当事人未履行而享有的债权，就属于破产财产。（2）对于对方当事人已完全履行而债务人尚未履行或未履行完毕的合同，管理人原则上不能决定继续履行，因为此时对方当事人已享有对债务人的债权，继续履行合同将构成对个别债权人的偏颇清偿；相反，管理人应解除合同，对方当事人虽可将损害赔偿额作为破产债权，却只能依破产程序得到一定比例的清偿。① 此时，合同相对人将因比例受偿而处于较为不利的地位。其实，当债务人破产时，所有对债务人作出过信用授予的债权人都将在相同比例上丧失原合同利益，这本就是破产制度作为总括清偿程序所固有的效力。

由此可知，管理人挑拣履行权的行使对象应当是双方当事人均未履行完毕的合同。值得说明的是，破产法上关于合同履行完毕的标准不应简单地理解为合同的所有条款全部履行完毕，而是指合同的主要义务或者关键性义务履行完毕。当合同的履行程度足以实现合同的实质性目的时，即应视为履行完毕。若不采取此种弹性解释方式，以房地产开发企业破产为例，房屋买卖合同可能因存在房屋保修、税费支付等次要或附随义务尚未履行完毕的情况而被视为待履行合同，从而使管理人的挑拣履行权适用范围过宽，以至于损害购房者的正当权益。②

在此分析视角下，文首案例中佳建公司与王某分别签订了两份《商铺经营使用权转让合同》，而经破产管理人的核查，王某已将合同项下的使用权转让价款全部付清。这说明，王某在《商铺经营使用权转让合同》中的主要合同义务为给付使用权转让金，而其已于法院受理佳建公司的破产重整申请前全额给付该价款，即完全履行了其主给付义务。债务人佳建公司在《商铺经营使用权转让合同》中的主要合同义务为转让商铺经营使用权，并附有30年的使用期限。是故，应当认为《商铺经营使用权转让合同》是仅破产债务人一方尚未履行完毕的双务合同，管理人对此不享有挑拣履行权，合同原则上应当解除。

---

① 参见王欣新、乔博娟：《论破产程序中未到期不动产租赁合同的处理方式》，载《法学杂志》2015年第3期。

② 参见王欣新、张思明：《房地产开发企业破产中的房屋产权界定与合同履行》，载《人民司法（应用）》2016年第7期。

（三）管理人解除租赁合同的特别限制

在部分特种合同中，即便该合同满足双方均未履行完毕的双务合同的特征，管理人的解除权也有可能受到特定的限制。典型如在租赁合同的场合，债权人的请求权可能就具有特殊的物权属性。从权利属性的角度看，物权是指权利人对特定物所享有的管领支配的权利，而债权则是债权人请求债务人为一定作为或不作为的权利。① 仅就其定义出发，物权与债权之间应当是泾渭分明的，但若具体到租赁合同的场景中，租赁合同的标的虽然为不动产这一特定物，但当事人意思表示的外在载体仍为合同。《民法典》第703条对此规定："租赁合同是出租人将租赁物交付承租人使用、收益，承租人支付租金的合同。"司法实务中，承租人一般被认为享有"买卖不破租赁"的优先地位，因而关于不动产租赁权的性质，理论上产生了债权说、物权说、形成权说以及租赁权物权化说。②可以认为，不动产租赁合同是一种兼具债权属性和物权属性的合同。

正是因为租赁合同的此种特性，破产管理人对此类合同进行挑拣选择时，也将受到特别限制。域外破产立法大多对尚未届满的租赁合同作有特殊处置，如《美国联邦破产法》第365（h）条就对债务人为不动产出租人时拒绝该不动产租约的权利作有限制：尽管债务人（不动产出租人）有权拒绝租约，但是其拒绝的效力十分有限，除非承租人自愿搬离，否则出租人不得收回该房产；③德国破产法规定，债务人关于不动产标的或房屋的使用租赁和收益租赁关系，应当以对破产财产具有效力的方式延续；日本破产法则规定，处理待履行合同的一般规则不适用于就设定租赁权以及其他以使用、收益不动产为目的的合同。④ 总之，通过考察域外破产法规范可以发现，在租赁合同的场合中，管理人的选择权将面临更为严格的限制。

文首案例中，根据《商铺经营使用权转让合同》的约定，商铺经营使用权

---

① 参见郑玉波：《民法债编总论》（修订2版），陈荣隆修订，中国政法大学出版社2004年版，第1页。

② 参见戚兆岳：《不动产租赁法律制度研究》，法律出版社2009年版，第137－139页。

③ 参见［美］大卫·G. 爱波斯坦等：《美国破产法》，韩长印等译，中国政法大学出版社2003年版，第239页。

④ 参见王欣新、乔博娟：《论破产程序中未到期不动产租赁合同的处理方式》，载《法学杂志》2015年第3期。

的转让期限为2013年10月1日起至2043年12月15日止，一审法院及再审法院均据此认为佳建公司在未履行完毕《商铺经营使用权转让合同》的情形下进入破产重整程序。若参照以上域外破产法的立场，那么此时管理人将无权宣布该合同解除，而是应当承认承租人关于不动产的租赁、使用和收益关系，但是可以采取打包转让等方式使之以对破产财产具有效力的方式延续。不过，考虑到《企业破产法》第18条并未就待履行的特种合同作出特别规范，在文首案例中便不得不承认该不动产的使用权转让关系业已终止，这里讨论的也就仅是合同解除的法律后果。①

三、《民法典》语境下合同解除的法律效力辨析

文首案例的争议焦点集中于破产程序中合同解除的法律后果，既然当前我国破产法对管理人的挑拣履行权采取了合同解除的规范模式，那么不妨首先回顾民法语境中合同解除的效力。对此，《民法典》第566条第1款规定："合同解除后，尚未履行的，终止履行；已经履行的，根据履行情况和合同性质，当事人可以请求恢复原状或者采取其他补救措施，并有权请求赔偿损失。"据此，对于合同解除后未履行的部分即告终止其履行实际上已无争议，但对于已经履行的部分是否应当"恢复原状或者采取其他补救措施"，则存在较多争论。

（一）合同解除是否具有溯及效力

在合同解除的情形下，当事人是否需要对已经履行的部分恢复原状，理论上存在溯及力肯定说与溯及力否定说两派观点。前者主要为直接效力说，后者则包括间接效力说、折中说和清算关系说。具体说来：（1）肯定合同解除溯及力的直接效力说认为，合同因追及性消灭而被认为自始不存在，已经履行的部分将产生返还请求权。②（2）否定合同解除溯及力的间接效力说则主张，合同解除并不使合同溯及既往地消灭，而是应当对尚未履行的债务发生拒绝履行抗

① 需要特别指出的是，如果从立法论的角度对文首案例引出的问题进行研究，或许应当将该案合同的性质确定为一种不动产租赁合同，而不动产租赁合同在出租人进入破产程序后，对未到期的租赁合同并未产生解除的效力。本专题只是立足于现行法律适用的语境而展开。

② 参见曾祥生：《合同解除效力的比较研究》，载《武汉大学学报（哲学社会科学版）》2009年第4期。

辩权、对已经履行部分发生新的返还债务。（3）同为溯及力否定说的折中说则综合了前两种学说，一分为二地看待合同解除的溯及力，即未履行的债务溯及消灭、已履行的债务并不消灭而是发生新的返还请求权。（4）清算关系说同样否认合同解除的溯及力，其认为在合同解除后，合同之债的关系将因解除权的行使而发生变更，并在双方之间产生清算关系。①

上述四种学说在合同解除的场景中会产生截然不同的法律后果。对于直接效力说而言，因其肯定合同解除的溯及力，故对已经履行的部分，当事人应将其恢复到合同未履行时的状态。而另外三种学说则否定合同解除对已履行部分的溯及力，故就已经履行的部分，双方当事人无须另作返还。相比较而言，肯定合同解除溯及力的直接效力说是我国当前民法学界的主流观点。持此说的学者认为，肯定合同解除的溯及力将有利于保护守约的一方。② 但也有学者通过实证分析，从破坏交易安全、不符合经济效益需要、违背平等保护原则等方面对合同解除的溯及力进行了批判，认为应以无溯及力说来重构我国合同解除的效力制度。③ 就我国现行《民法典》的规定而言，合同解除是否具有溯及力的问题，需要法官“根据履行情况和合同性质”加以判断，故法官在个案裁判中具有较大的自由裁量权。

域外民事法律制度多对合同解除的效果采不具溯及力的立场。譬如，德国民法曾以直接效力说为通说，但在德国债法修正案通过后改采清算关系说，即认为合同解除后原契约的基础仍存在，不存在不当得利返还的问题，但双方之间将产生恢复原状的清算关系。④ 《荷兰民法典》债编第6编第269条规定：“合同的解除不具有溯及力，但是请求解除合同之后作出的履行要约在合同被宣告解除的情形下不生效力的除外。”该法第271条还规定：“合同的解除使当事人免除解除所涉的义务。这些义务已经履行的，该履行的法律原因保持不变，但是接受给付的当事人负有返还给付的义务。”在英美法系中，合同的解除同样

① 参见余跃武、王惠玲：《合同解除的法律后果》，载《人民司法》2011年第21期。
② 参见崔建远：《解除权问题的疑问与释答（下篇）》，载《政治与法律》2005年第4期。
③ 参见李开国、李凡：《合同解除有溯及力可以休矣——基于我国民法的实证分析》，载《河北法学》2016年第5期。
④ 参见曾祥生：《合同解除效力的比较研究》，载《武汉大学学报（哲学社会科学版）》2009年第4期。

不具有溯及力，一般只会产生消灭合同尚未履行义务的效力，且解除权人有权请求违约方赔偿损失。综上，合同解除不具有溯及力系域外民事立法和理论中的主流立场。

（二）恢复原状或者采取其他补救措施之内涵

基于我国民事理论中关于肯定合同解除具有溯及力的主流立场，有必要进一步讨论合同解除后"恢复原状"或"采取其他补救措施"的具体内涵。通常说来，"恢复原状"是指，将当事人之间的法律关系恢复到原来的状态，主要针对给付物为有体物的情形；而"采取其他补救措施"则主要适用于提供劳务不能、受领原物毁损灭失等场合。① 若采合同解除具有溯及力的直接效力说，那么在原物仍存在的情况下，恢复原状将产生合同当事人的原物返还请求权，而采取其他补救措施则属于不当得利返还请求权。② 对此，《民法典》第985条第1句规定："得利人没有法律根据取得不当利益的，受损失的人可以请求得利人返还取得的利益。"由此，判定不当得利请求权的核心标准为受领人之受领是否具有"法律根据"，而当事人之间不存在有效的合同关系即可构成无法律上的原因。③ 直接效力说就此认为，由于合同解除使得双方法律关系溯及既往地消灭，相对方对于已履行的给付丧失继续保有的法律原因，故应作为不当得利予以返还。但也有反对观点指出，相比于合同无效、被撤销之情形，合同解除并不构成不当得利返还义务的正当性基础。因为前述两种情形往往因对公共利益的危害或侵犯表意人意思自由而触犯了法律所容忍的底线，但后一类型中权利人是否行使解除权仍系出于对自身利益的判定而与公共利益无涉，赋予合同解除与合同无效、被撤销相同的效力难谓合理。④ 由此，若采合同解除不具有溯及效力的其他三种学说，⑤ 由于原先已经履行的债务并不消灭而是仅发生新的返还债务，此时合同当事人负有广义上的恢复原状义务，该义务属于财产返

① 参见朱虎：《解除权的行使和行使效果》，载《比较法研究》2020年第5期。

② 参见王洪亮：《〈民法典〉中得利返还请求权基础的体系与适用》，载《法学家》2021年第3期。

③ 参见王利明：《债法总则研究》，中国人民大学出版社2018年版，第417页。

④ 参见靳羽：《合同解除效果：〈合同法〉第97条的解释论》，载《中南大学学报（社会科学版）》2014年第1期。

⑤ 为行文方便，下文将此三种学说统称"溯及力否定说"，将直接效力说称"溯及力肯定说"。

还之债权请求权，而非物的返还请求权或不当得利返还请求权。[①]

综上，《民法典》对于合同解除是否具有溯及力的问题采取了比较模糊的态度，现有规定将“根据履行情况和合同性质”作为判定标准，且当事人“可以”请求恢复原状或者采取其他补救措施。我国民法学界对此问题存在溯及力肯定说与溯及力否定说两派不同的观点，二者之间存在难以调和的矛盾。若将相关争议对应在破产程序中，对合同解除效力的不同理解还将直接决定对破产债权的认定与处理，这又使得上述学说之间的冲突在破产程序中体现得尤为明显，因此下文将着重从破产法语境来重新审视以上两派观点。

四、破产程序中合同解除的法律效力辨析

（一）合同解除的溯及力与破产顺位的关系

在破产法语境下探讨溯及力肯定说与否定说的意义在于，若承认合同解除具有溯及力，则文首案例中王某预付的商铺经营使用权转让金对破产债务人而言，便构成不当得利，依照《企业破产法》第42条的规定可以按照共益债务获得优先受偿；反之，仅构成普通的破产债权，应与其他普通债权一同按比例受偿。

对于破产程序中合同解除的法律效果，《企业破产法》第53条规定，债权人有权就管理人或债务人解除合同所产生的损害赔偿请求权申报债权，但并未对管理人行使选择权来解除合同的情形作出规定。对此问题，有观点认为，管理人在选择解除双方均未履行完毕的双务合同时，其返还所接受的已经履行部分应依照我国当前合同法理论的主流观点归为不当得利，由此产生的请求权属于共益债权。[②] 有学者则批评前述共益债务的主张，并进一步指出，合同解除的溯及既往效力会对破产程序产生干扰，且基于合同解除的清算关系引发的债权人返还请求权若被认定为共益债权，则将有违破产程序的平等清偿，故应限制合同解除在破产程序中的溯及既往效力。[③]

本专题认为，《企业破产法》第53条的表述并未明确排除债权人在合同解

① 参见朱虎：《解除权的行使和行使效果》，载《比较法研究》2020年第5期。

② 参见刘颖：《反思〈破产法〉对合同的处理》，载《现代法学》2016年第3期；另参见许德风：《破产法论：解释与功能比较的视角》，北京大学出版社2015年版，第170页。

③ 参见庄加园、段磊：《待履行合同解除权之反思》，载《清华法学》2019年第5期。

除的情形下主张不当得利返还请求权，即当前的破产法规范并未明确回应该问题，因而对于破产程序中合同解除法律效果的判定仍应结合《民法典》的相关规定，对溯及力肯定说与溯及力否定说的争论展开分析。

（二）在破产程序中否定合同解除溯及力的正当性证成

对于破产程序中合同解除是否具有溯及既往的效力的问题，本专题赞成溯及力否定说，主要理由如下。

第一，溯及力否定说更加符合破产程序公平清偿债务的立法目标。破产程序系债务人企业债权债务的总括清偿程序，其立法宗旨包括实现对全体债权人的公平清偿。若允许破产程序中合同的解除具有溯及力，其直接的法律后果为债权人对已经履行的给付享有返还请求权。若给付标的为有体物，则将产生所有物返还请求权，在破产程序中将表现为取回权；而若给付标的为劳务、金钱等，则属不当得利返还请求权，在破产程序中属共益债务，亦具有优先清偿的地位。因此，不论待履行合同中的给付构成何种类型的给付，溯及力肯定说均会赋予该债权人在破产程序中的优先受偿地位。其他因合同已经履行完毕而不享有解除机会的债权人，只能依据普通债权在破产程序中按比例受偿，这将导致合同债权人之间的受偿地位显著不均衡。而溯及力否定说则将合同解除情形下债权人的请求权定位为债权请求权，故而属于普通破产债权，与其他合同债权人一同公平受偿。

第二，溯及力否定说有利于实现破产财产价值的最大化。在合同解除具有溯及力的语境下，破产债务人需以归还原物或清偿共益债务的方式返还债权人已经履行的给付，但这并不利于债务人破产财产的保值增值。恢复原状是合同履行的逆向过程，原合同履行的程度越深，需要恢复原状的部分也就越多，但此种逆向履行不仅会增加履行成本，如返还原物导致的运输费用、人力耗费等，还会剥夺债务人企业既得的履行利益。① 而根据溯及力否定说，不论给付标的为有体物还是劳务、金钱等，债权人均以普通破产债权人的身份参与破产财产的分配，这将有利于保障前期破产财产的稳定并实现增值，以维护全体债权人的利益。

---

① 参见李开国、李凡：《合同解除有溯及力可以休矣——基于我国民法的实证分析》，载《河北法学》2016年第5期。

第三，溯及力否定说否认预付款债权的共益债务属性，符合破产法共益债务的判定逻辑。文首案例的再审法院就认为，王某在签订《商铺经营使用权转让合同》时预付了30年的经营使用权转让金，而实际仅使用5年，合同解除后，案涉商铺的使用权返还给了佳建公司，王某给付的剩余25年经营使用权转让金不能实现给付目的，佳建公司继续占有构成不当得利，进而构成共益债务。本专题认为，该观点值得商榷。若从共益债务本身的定性出发，学理上对共益债务的范围抽象出了三方面的标准：为债务人整体资产或具体资产保值增值所产生的债务，法律规定债务人应当承担的债务，以及为清算、重整、和解等共益目的所产生的债务，这三个标准基本涵盖了共益债务的全部外延。① 而在该案中，特定合同中的预付款显然无法符合上述标准，且管理人对案涉合同的解除也未对破产企业的财产带来整体增益，故对预付款债权的清算应当与其他破产债权一视同仁。除此之外，该案涉合同项下债权人方的合同义务已经完全履行而债务人方的义务仅为部分履行，此时，管理人原则上不能决定继续履行，因为对方当事人对债务人的债权已经产生，继续履行合同将实际构成对个别债权人的偏颇清偿。相反，管理人应解除合同，对方当事人虽可将损害赔偿额作为破产债权，但只能依破产程序得到一定比例的清偿。② 此时尽管合同相对人因其普通债权人的身份处于较为不利的地位，但其预先作出的履行，或基于合同签订时的约定而先于债务人作出的履行，实则是对债务人的一种信用授予，因而当债务人破产时，债权人自然也就丧失了其原合同期待，这是破产制度的固有效力使然。

除此之外，从相关制度设计的价值取向来看，在非破产场合，解除权的行使是专门赋予守约方的救济手段，因而在法律效力的设计上，解除合同的效果应倾向于保护守约方的利益；但在破产程序中，解除权的行使主体一般是违约方（可以认为是破产管理人代表债务人作出选择），此时的合同解除旨在使债

---

① 参见樊星：《共益债务与破产法司法解释三的法律适用——基于北京京西峪鑫物资有限公司申请北京京西国利信机电设备有限公司破产清算案的分析》，载《法律适用》2019年第12期。

② 参见王欣新、乔博娟：《论破产程序中未到期不动产租赁合同的处理方式》，载《法学杂志》2015年第3期。

务人摆脱负担，增进全体债权人的利益。[①] 故即便合同解除的效力问题在非破产的场合中仍具有较大的争议，但针对破产程序而言，若认可合同解除的溯及力，显然将与破产程序的主旨背道而驰。

综上，本专题认为，破产程序中的合同解除不应具有溯及力，即合同的解除仅消灭未履行的部分，对于已经履行的部分，破产债务人并不负有不当得利返还义务，债权人仅享有作为普通破产债权的请求权。

（三）案涉使用权转让合同预付款的性质

在前文关于破产程序中合同解除效力的普适性分析的基础之上，针对合同标的为占有、使用或收益不动产的情况，合同解除后的预付款债权在破产程序的受偿地位是否具有特殊性，值得进一步地针对性讨论。文首案例中的一审法院即以案涉合同并非房屋租赁合同且王某支付的款项并非租金为由，否定了债权人关于共益债务的主张。二审法院的判决思路与一审法院基本一致，认为王某主张的剩余25年商铺经营使用权转让金实质上并非租金，而是因合同解除所产生的损害赔偿，仅属于普通破产债权。但再审法院认为，案涉合同的性质与该案债权性质的认定无关，合同解除后破产债务人继续占有合同对价的状态构成不当得利，应作为共益债务优先清偿。

在我国司法实践中，各地法院对于预付租金在破产程序中的性质问题并未达成统一意见。例如，有法院在裁判中认为，当被告占有原告的款项系基于双方签订的合法有效的租赁合同时，被告需履行的返还义务系基于租赁合同的解除、原告的债权系因合同解除所产生的损害赔偿请求权，该债权并非没有法律根据的不当得利之债权，该债务的债权人应按普通债权受偿，最终判定预付租金不属于共益债务。[②] 最高人民法院于2016年给湖南省高级人民法院的答复函《关于破产企业签订的未履行完毕的租赁合同纠纷法律适用问题的请示》（最高法民他93号）中则指出："租赁合同如判解除，则预付租金构成不当得利应依法返还，根据《中华人民共和国企业破产法》第四十二条第三项的规定，该不当得利返还债务应作为共益债务，由其财产中随时清偿。"根据该答复函之精

---

① 参见王欣新、余艳萍：《论破产程序中待履行合同的处理方式及法律效果》，载《法学杂志》2010年第6期。

② 参见浙江省玉环市人民法院民事判决书，（2018）浙1021民初2521号。

神，租赁合同解除后的预付租金应当属于共益债务。

考察域外破产制度，可以发现《日本倒产法》对合同相对人的保护更进一步。按照该法第54条第2款的规定，破产管理人选择解除合同的，若在破产财团之中现存破产债务人处取得对待给付，则合同对方当事人可以请求将其返还，该请求权为“取回权”；在原物不存在时，其价额可以作为“共益债权”。①

实际上，针对租赁合同在破产程序中的解除问题，我国已有破产法理论观点提出，合同解除意味着承租人要返还租赁物，同时考虑到在租赁合同履行中可能存在承租人已经预付租金、支付押金以及对出租财产进行添附、装修、维修等特殊情况，所以在合同解除时，承租人有权要求返还预付的租金、押金，甚至还享有相应费用返还请求权，这些均可视为共益债权。②

本专题认为，不应仅以管理人解除的合同为租赁合同为由就改变对合同解除所产生的预付款债权请求权之性质认定。若认为租赁合同当事人应当在破产程序中获得特殊的保护，那么完全可以从对管理人挑拣履行权的规则设计出发，对特种合同作出特别的设置，而不是从债权受偿顺位规则出发，动摇破产程序的总括清偿属性。如此看来，不论文首案例中合同的性质如何，在债权人王某行使解除权来解除合同时，解除的效力并不溯及债务人已经取得的经营使用权转让金，当事人双方之间只是产生了新的预付转让金返还义务，而此时债权人仅享有债的返还请求权，在性质上仍属于普通破产债权，在破产法上并不享有优先受偿的地位。

五、结语

《民法典》与《企业破产法》中均规定有合同解除权，只不过在《民法典》语境下，合同解除的法律后果并非完全清晰，对于合同解除是否具有溯及既往效力的问题，民事理论上存在肯定说与否定说两派观点，而相关争议在破产程序中则显得更为棘手。结合文首案例，若从破产法的立法宗旨以及制度目标出发进行考量，本专题认为，在破产程序中适用溯及力否定说具有正当性。在溯及力否定说之下，破产管理人对合同的解除将无法对已经履行的部分产生消灭

---

① 参见许德风：《论破产中尚未履行完毕的合同》，载《法学家》2009年第6期。
② 参见刘颖：《反思〈破产法〉对合同的处理》，载《现代法学》2016年第3期。

效力，故破产债务人无须就预付款对债权人负担不当得利返还义务；与此同时，对因合同解除而产生的新的返还债务（仅构成债权请求权），预付款债权人可就此申报债权，并以普通破产债权人的身份在破产程序中按比例受偿。总之，破产程序中合同的解除仅消灭合同未履行的部分，对于已经履行的部分，破产债务人并不负有不当得利返还义务，债权人仅享有普通的债的请求权。

专题七

债权人会议决议中决议行为与合同行为的无效问题

内容提要：债权人会议形成的决议属团体法中决议行为之一种，但此类决议的效力认定又与一般的团体决议存在较大不同。本专题结合一起个别债权人以合法形式掩盖非法目的为由诉请债权人会议决议无效的纠纷，对该问题提出了如下主张：从意思自治的决议效力来源基础以及法律行为效力评价规则的体系化完善角度出发，对债权人会议决议应采“法律行为说”而非“意思形成说”；基于破产法的价值取向与程序特征，相较于公司决议效力瑕疵的三分法，对债权人会议决议采一元的“可撤销”效力瑕疵形态具有合理性；同时，为避免本应自始无效的决议因申请撤销的除斥期间经过而例外获得法律效力，应对债权人会议决议的“内容违法”进行限缩解释，即将违反法律、行政法规的强制性规定以及违背公序良俗的决议排除在外并参照适用《民法典》有关法律行为无效规则的规定；最后，在债权人会议的决议行为与合同行为发生重合时，应当明确划分二者的界限并适用各自的制度规则。

关键词：债权人会议、法律行为、决议行为、合同行为、决议瑕疵

一、问题的提出

2016 年 3 月 31 日，常州市中级人民法院受理债权人对常州市路桥日用品商场有限公司（以下简称路桥公司）的破产清算申请。2018 年 7 月 14 日，路桥公司召开第二次债权人会议通过《常州市路桥日用品商城有限公司破产财产变价方案》的决议。债权人浙江万鑫装饰工程有限公司（以下简称万鑫公司）主张上述变价方案的附件之一《变卖协议》系以合法形式掩盖逃避债务的非法目的，根据原《合同法》第 52 条第 3 项的规定应属无效，遂提起本案确认无效之诉。万鑫公司主张只要符合“无效”的法律要件，《变卖协议》就自始、当然无效，且其起诉并非基于破产债权人的身份，作为利害关系人，其有权请求法院对《变卖协议》的无效进行确认。同时，由于破产案件审理合议庭主要处理破产程序性事宜，对于破产程序中的实体争议问题，即使债权人会议通过决议，相关当事人仍有权根据民事诉讼法的规定提起相应的民事诉讼，此类诉讼属于破产衍生诉讼的范畴。

对于上述争议，一审法院裁定不予受理，主要理由为债权人起诉的《变卖协议》系变价方案附件的组成部分，该变价方案的决议对全体债权人均有拘束力，该诉讼标的属于对象不能诉。二审法院认为万鑫公司所针对的《变卖协议》作为破产财产变价方案的附件已由债权人会议通过并形成决议，破产法院已出具裁定对前述变价方案进行确认。现上诉人万鑫公司要求确认《变卖协议》无效，实质上是对债权人会议通过变价方案的决议有异议，由个别债权人对此直接提起诉讼缺乏法律依据。再审法院持相同观点，其认为《企业破产法》第 64 条第 2 款规定，债权人认为债权人会议的决议违反法律规定，损害其利益的，可以自债权人会议作出决议之日起十五日内，请求人民法院裁定撤销该决议，责令债权人会议依法重新作出决议。上述规定系破产法对该案所涉事项的特别规定，根据特别法优于普通法的法律适用原则，万鑫公司应当根据上述规定行使相应的诉讼权利，而不能依据原《合同法》和《民事诉讼法》的相关规定，提起该案确认合同无效之诉。因此，对万鑫公司提起的诉讼不予受理。①

① 参见江苏省常州市中级人民法院民事裁定书，（2019）苏 04 民终 121 号；江苏省高级人民法院民事裁定书，（2020）苏民申 892 号。

该案的争议焦点在于，当债权人会议决议所涉及的合同存在无效事由时，债权人是否有权提起确认合同无效之诉。对此，首先，本专题对破产法中债权人会议及其决议的性质进行分析，梳理了有关决议行为法律性质的“意思形成说”与“法律行为说”之争论，在此基础上明确债权人会议的决议属于民事法律行为；其次，本专题对债权人会议决议与公司决议的效力瑕疵形态进行比较分析，指出现行破产法将债权人会议决议的不成立、无效统一归类于可撤销这一事由，债权人对瑕疵决议仅具有申请撤销权而不具有诉权；最后，本专题结合文首案例对决议行为与合同行为交叉时两者的效力认定以及债权人可能的救济手段予以探讨。

二、债权人会议及其决议的性质

(一) 债权人会议的性质

债权人会议由所有依法申报债权的债权人组成，在企业破产程序中行使核查债权、监督管理人、决定继续或者停止债务人企业的营业、通过破产财产变价分配方案等职权。对于债权人会议的性质，破产法学界存在不同观点，主要包括：债权人团体机关说、事实上的集合体说与自治团体说。

债权人团体机关说认为，破产债权人对于破产程序中的诸如破产财产拍卖变价、破产费用与共益债务的认定等事项具有共同的利益，故全体破产债权人共同构成债权人团体，债权人会议即为该团体的机关。该说将债权人会议作为债权人团体的意思机关，强调了债权人会议的决策职能，但债权人会议本身欠缺在破产程序中取得权利主体或诉讼主体的条件，其作为团体机关的职能相应地存在欠缺。① 事实上的集合体说主张债权人会议是由法院召集成立的临时性集合体，并非常设机关。该说存在的问题为，其片面地刻画了债权人参与破产事项的形式，存在轻视债权人的程序地位之嫌。不仅如此，该说还认为债权人会议仅在法院召集时存在，这与债权人会议内在的约束机制相背离。② 自治团

① 参见韩长印：《债权人会议制度的若干问题》，载《法律科学（西北政法大学学报）》2000年第4期。

② 参见汤维建：《试论债权人会议的立法体例、设立原因与法律性质》，载《法商研究（中南政法学院学报）》1996年第3期。

体说认为，债权人会议是表达债权人共同意志的自治性团体，是不具有法人性质的特殊社团组织。该说虽然强调了债权人会议的自治属性，但其忽略了债权人会议仅具有决策、监督职能，而不具有执行职能的事实，[①] 故债权人会议并非完全符合自治团体的特征。

整体看来，上述三种学说均未能准确概括债权人会议的性质。本专题认为，根据《企业破产法》的规定，债权人会议是由全体债权人组成的破产议事组织，是破产程序中的法定自治机构。债权人会议设立的主要目的在于实现债权人的破产程序参与权，保障债权人意志的充分表达，并最大限度地保护债权人的共同利益。[②]

（二）债权人会议决议的性质

由前文所述，债权人会议是破产债权人组成的法定自治机构，由于破产程序中往往债权人人数众多，债权人的集体自治难以通过个人法中的合同行为予以达成，团体法中决议行为的重要意义由此凸显，这在破产法中即表现为各债权人参与债权人会议并通过多数决的形式就某一破产事项达成一致意见。债权人会议的决议属于《民法典》规定的决议行为的一种，故对其性质的判断也可以回归到民法上的决议行为制度之中。

1. 决议行为的性质之争：意思形成说与法律行为说

对于决议行为性质的界定，早前学界的争论见于“合同行为说”、“共同行为说”、“法律行为说”与“意思形成说”之间，而近年来则主要集中于“法律行为说”与“意思形成说”。[③] 本专题主要对这二者展开论述。

“意思形成说”认为，决议是意思形成的制度，与作为意思表示制度的法律行为存在着重大区别，后者以意思自治为核心，而前者主要遵循正当程序原则。[④] 该说受到德国民法学者的影响，主张社团在从事对外行为之前，需首先

---

① 参见韩长印：《债权人会议制度的若干问题》，载《法律科学（西北政法大学学报）》2000 年第 4 期。

② 参见韩长印主编：《破产法教程》，高等教育出版社 2020 年版，第 117 页。

③ 参见吴飞飞：《决议行为“意思形成说”反思——兼论决议行为作为法律行为之实益》，载《比较法研究》2022 年第 2 期。

④ 参见陈醇：《意思形成与意思表示的区别：决议的独立性初探》，载《比较法研究》2008 年第 6 期。

在内部形成社团的意思，即表现为决议行为。① 而从社团内部与第三人的关系视角出发，决议行为仅对成员具有拘束力，若欲与第三方形成法律关系，仍需通过执行机关将该意思表示于外，② 以在此基础上达成双方法律行为。

“法律行为说”则认为，决议行为在性质上仍属于法律行为范畴中的团体法行为，而非意思形成机制。③ 持该说的学者主张，尽管决议行为相较于其他法律行为存在独特性，但其与法律行为的一般理论并不矛盾，这进一步表现为决议中单个的表决行为与合同中的要约、承诺一样，均在追求相应的私法效果，与意思表示的本质相符合。④ 同时，意思自治并不要求意思表示完全一致，多数决是成员在团体法语境下实现意思自治的方式。⑤

由此可知，“意思形成说”与“法律行为说”各持己见，而对决议行为法律性质的判定直接关系到决议行为的效力评价在多大程度上可以适用有关法律行为的效力评价规则，故明确决议行为的法律属性是构建和完善决议行为效力评价体系的必要前提。

2. 债权人会议决议属于民事法律行为

对于决议行为的性质争论，有学者指出其属于“纯粹民法学问题中的解释选择问题，取决于用何种上位概念指称决议行为这一社会现象，不同概念指称对应不同法教义学知识体系的构建”⑥。原《民法总则》首次正式明确了决议行为属于民事法律行为的新类型，而《民法典》沿用了上述观点，并将决议行为规定在第134条第2款，⑦ 归入第六章“民事法律行为”之下。由此，在实定法层面，决议行为当属民事法律行为，而债权人会议的决议作为决议行为的一种，同样属于民事法律行为。

---

① 参见［德］迪特尔·梅迪库斯：《德国民法总论》，邵建东译，法律出版社2000年版，第841页。

② 参见徐银波：《决议行为效力规则之构造》，载《法学研究》2015年第4期。

③ 参见吴飞飞：《决议行为归属与团体法“私法评价体系”构建研究》，载《政治与法律》2016年第6期。

④ 参见孔洁琼：《决议行为法律性质辨——兼评〈民法总则〉第134条第2款》，载《南京大学法律评论》2019年第1期。

⑤ 参见瞿灵敏：《民法典编纂中的决议：法律属性、类型归属与立法评析》，载《法学论坛》2017年第4期。

⑥ 王雷：《〈民法总则〉中决议行为法律制度的力量与弱点》，载《当代法学》2018年第5期。

⑦ 《民法典》第134条第2款规定：“法人、非法人组织依照法律或者章程规定的议事方式和表决程序作出决议的，该决议行为成立。”

在学理分析层面，本专题认为对决议行为采“法律行为说”更为合理，理由包括以下两点。

第一，决议的效力基础仍来源于意思自治，决议行为的个性并不足以抹杀其作为民事法律行为的共性。私法自治可被划分为个人法自治与团体法自治两大领域，团体法由于是多数主体的结合，个人法中的一致同意在团体内部难以实现且有悖于团体法对效率的追求，故团体法的建立具有不同于个人法的意思表示机制，并通过多数决实现团体内部的自治。① 此种多数决是团体内部追求私法自治的特殊方式，但并未突破意思自治本身，只是在一定程度上借助正当程序使少数团体成员的意思被多数成员所吸收，以达成团体法语境下意思自治的最优解。② 尽管从表面上看，程序正义使得决议效力约束少部分持不同观点的成员具备合理性，但其背后的深层次逻辑仍在于社团自治，此时，“意思形成说”所强调的正当程序原则仅是团体自治的工具，并非决议行为的效力来源。

第二，将决议行为认定为法律行为有助于法律行为效力评价规则的体系化完善，也有利于对决议行为效力规则的构建。当前《公司法》中以公司决议为典型代表的决议效力规则主要借鉴自民法中法律行为效力的评价规则，在明确决议行为的法律属性之后，法律行为的有关理论和规则自然就可以“名正言顺”地作为一般法来填补决议效力规则。③ 与此同时，法律行为的效力评价体系也可不再局限于合同效力规则，而是在尊重决议行为与合同行为各自个性的基础上，提炼出共性的评价标准，实现对法律行为效力评价规则的体系化完善。

综上，破产程序中债权人会议的决议属于民事法律行为，系基于全体破产债权人的意思表示所形成，是破产债权人对破产事务处理的共同意思，是破产法中团体自治的体现。

---

① 参见吴高臣：《团体法的基本原则研究》，载《法学杂志》2017 年第 1 期。

② 尽管从私法自治来看，此种多数决属次优解，但在团体自治中已是多种价值因素衡量后能实现的最优解。

③ 参见吴飞飞：《决议行为“意思形成说”反思——兼论决议行为作为法律行为之实益》，载《比较法研究》2022 年第 2 期。

三、债权人会议决议与公司决议效力瑕疵形态之比较

公司法中股东会与董事会的决议是最典型的一种决议行为，因而对公司决议的效力瑕疵形态进行对比分析，有助于更进一步把握破产法中债权人会议决议效力的瑕疵形态及其不同于公司决议的特征。

（一）公司决议的效力瑕疵规则

1. 公司决议效力瑕疵的三分法

根据《公司法》及其司法解释的相关规定，公司决议的瑕疵分为三类：决议不成立、决议可撤销与决议无效。决议不成立主要指决议的成立过程存在重大的程序瑕疵，导致决议本身的存在无法被认可，依照《最高人民法院关于适用〈中华人民共和国公司法〉若干问题的规定（四）》第5条的规定，决议不成立主要包括公司未召开会议、会议未对决议事项进行表决、出席会议的人数或者股东所持表决权不符合公司法或者公司章程的规定以及会议的表决结果未达到公司法或者公司章程规定的通过比例等。决议无效是指，公司决议在实体内容上违反法律、行政法规的规定，有学者进一步将其限缩解释为法律法规中的“效力性强制性规范”①。而决议可撤销中，公司决议在实体上与程序上的瑕疵程度均轻于前两者，根据《公司法》第26条第1款的规定，主要包括两类：一是股东会、董事会的会议召集程序、表决方式违反法律、行政法规或公司章程；二是股东会、董事会的决议内容违反公司章程。

上述决议行为的三种效力瑕疵与一般民事法律行为的不成立、无效以及可撤销相对应。《公司法》及其司法解释赋予了股东、董事以及监事提起决议无效之诉与决议不成立之诉的权利，并单独赋予了在起诉时具有股东资格的股东提起决议撤销之诉的权利。由此，我国公司法已经形成了一套相对完善的决议效力瑕疵的认定与救济规则。

2. 公司决议无效规则的价值取向

基于公司决议性质的特殊性，其价值取向往往兼具行为法与组织法的价值考量，并于二者之间寻求合理的平衡状态。关于二者之间具体内容的区别，行

① 王雷：《公司决议行为瑕疵制度的解释与完善——兼评公司法司法解释四（征求意见稿）第4～9条规定》，载《清华法学》2016年第5期。

为法作为私法，其本质在于允许私主体依自己的意志而自由决定自己的事务，即意思自治原则。私法自治作为行为法所追求的主要价值取向，在各种制度安排上均体现出对私法自治的追求和维护。商事组织法的立法传统则是以实用性及高效性作为基本的价值取向，采取实用主义的立法方式，尊重商人的交易习惯，以有效促进商事交易活动的简便快捷，同时注重商事组织及交易活动的安定性。对于公司决议而言，由于决议的相关内容往往会在公司内部以及公司与外部第三人之间产生多重效力，对于其无效的判定会在很大程度上直接影响公司商业运营的持续性与安定性，因此要充分考虑公司决议在商事组织法层面对于效率、稳定价值的追求。不过，上述两种价值追求虽存在一定的冲突但并非无法相容，换言之，当关于法律行为的一般规则的规范对象是具有较强的组织法特征的公司决议这一特殊法律行为时，就必须进行制度的调整与融合。对此，有观点提出，合理的解决方式在于：一方面扩充法律行为相关规范的外延，使其具有对公司决议的规范能力；另一方面对于公司决议的相关规范进行更为清晰且具有指引性的修改，以期两者能够形成一项整体的制度，以消除其体系上的矛盾，共同为公司决议效力问题的解决提供必要的制度供给。①

公司决议行为效力无效制度的主要规范目的，是引导公司决议行为符合程序正义观等公司法基本价值。对违反法律、行政法规的强制性规定的公司决议作出否定性评价，从一定程度上可以督促公司规范决议行为，实现公司的有效自治，同时避免因公司违法决议产生外部效应而引发更多纠纷，从而有利于维护市场经济秩序。

（二）债权人会议决议效力瑕疵形态

1. 债权人会议决议效力瑕疵形态与公司法中股东会决议效力瑕疵形态的对比

本专题通过表 7－1 对破产法中债权人会议决议的效力瑕疵形态与公司法中股东会决议效力瑕疵的对比发现，虽然现行破产法仅规定了“可撤销”这一种效力瑕疵形态，但“可撤销”项下的四种法定情形基本囊括了公司法中决议无效、不成立和可撤销的情形。

---

① 参见李建伟：《决议行为特殊效力规则的民法解释》，载《法学杂志》2021 年第 7 期。

表7－1　情形对比

破产法中债权人会议决议的“可撤销情形”	公司法中决议的“无效情形”	公司法中决议的“不成立情形”	公司法中决议的“可撤销情形”
债权人会议的召开违反法定程序		公司未召开会议，但依据《公司法》第59条第2款或者公司章程规定可以不召开股东会或者股东大会而直接作出决定，并由全体股东在决定文件上签名或者盖章的除外	股东会或者股东大会、董事会的会议召集程序违反法律、行政法规或者公司章程
债权人会议的表决违反法定程序		会议未对决议事项进行表决的；出席会议的人数或者股东所持表决权不符合公司法或者公司章程规定的；会议的表决结果未达到公司法或者公司章程规定的通过比例的	股东会或者股东大会、董事会的表决方式违反法律、行政法规或者公司章程
债权人会议的决议内容违法	公司股东会或者股东大会、董事会的决议内容违反法律、行政法规的		
债权人会议的决议超出债权人会议的职权范围			决议内容违反公司章程的；导致决议不成立的其他情形

除此之外，《企业破产法》第64条第2款规定：“债权人认为债权人会议的决议违反法律规定，损害其利益的，可以自债权人会议作出决议之日起十五日内，请求人民法院裁定撤销该决议，责令债权人会议依法重新作出决议。”故与公司决议瑕疵相比，破产债权人对瑕疵决议并不享有诉权，仅能自决议作出之日起15日内向法院申请撤销。在实务之中，这种申请一般通过书面方式提出且

大多采用听证的方式进行。对此，最高人民法院民二庭作有如下解释："由于债权人会议决议事项涉及的仅是债权人之间的私权利，并不涉及公共利益，所以关于债权人会议决议仅设置了决议撤销之申请权利，而没有设置决议不成立之诉、决议无效之诉或者决议撤销之诉。"① 司法实务中，债权人针对债权人会议决议提起的诉讼，法院也往往以"破产法及司法解释仅设置了申请法院裁定撤销决议之权利，而没有赋予当事人对决议通过诉讼撤销之诉权"为由，予以驳回。②

2. 债权人会议决议效力瑕疵形态设置的合理性

有学界观点认为，如果债权人会议没有损害债权人利益但违反法律规定，则任何债权人都可以请求该决议无效，而不是撤销，③ 并主张破产法中债权人会议决议同样应该存在无效和不成立这两种效力瑕疵情形。主要原因在于，从法理上讲，所有的决议行为都是集体自治的体现，是集体意思汇集成决议意思的过程。《民法典》第134条第2款已将决议行为界定为民事法律行为，因此也应当符合法律行为的一般规则。法律行为除了可撤销外，还存在无效等效力瑕疵。④ 同时，在债权人会议决议侵害某一具体债权人时其具有可撤销的效力瑕疵，而当其违反法律规定造成全体债权人一般利益受损时，则可认定为无效。若其违反法律规定，但未造成实质损害，则可认定为不成立。此时可对效力瑕疵提出异议的主体包括债权人、债权人委员会以及破产管理人。⑤

域外破产法中，俄罗斯对债权人会议决议无效的制度进行了明确规定。⑥ 而德国破产法学说和实践都对确认债权人会议决议无效的情形予以肯定，⑦《德

---

① 最高人民法院民事审判第二庭编著：《最高人民法院关于企业破产法司法解释（三）理解与适用》，人民法院出版社2019年版，第241页。

② 参见湖南省高级人民法院民事裁定书，（2020）湘民终936号；湖南省高级人民法院民事裁定书，（2020）湘民终934号；浙江省杭州市中级人民法院民事裁定书，（2021）浙01民终547号等。

③ 参见李永军、王欣新等：《破产法》（第2版），中国政法大学出版社2017年版，第37页。

④ 参见韩长印主编：《破产法教程》，高等教育出版社2020年版，第127页。

⑤ 参见韩长印主编：《破产法教程》，高等教育出版社2020年版，第127页。

⑥ 参见最高人民法院民事审判第二庭编著：《最高人民法院关于企业破产法司法解释（三）理解与适用》，人民法院出版社2019年版，第244页。

⑦ 参见［德］莱因哈德·波克：《德国破产法导论》（第6版），王艳柯译，北京大学出版社2014年版，第37页。

国破产法》第78条将法院对债权人会议决议的约束限制在了“与破产债权人的共同利益相抵触”的情形下。换言之，法院不会仅仅因为异议债权人的个别利益而对债权人会议决议的结果进行干涉，即取消该决议。有关破产法理论就认为，“如果决议与破产债权人的共同利益相抵触，基于申请，破产法院必须取消决议，例如决议可能危及债权人被平等对待或优先受偿，当然最终取决于与共同利益相抵触的评价和判断。在此对不同的评判通过多数决的方式决定。如果决议持不同观点，法院也必须接受。但是，如果有证据表明多数债权人存在错误评判——在实践中重要的是——或存在强势债权人的投机表决的证据，则必须进行干预”①。我国台湾地区的学者也对债权人会议的无效持肯定态度。②

本专题认为，《企业破产法司法解释三》未参照公司法细分债权人会议决议的效力瑕疵形态具有一定的合理性：首先，债权人会议与公司的股东会并不相同，债权人之间没有类似于发起人协议或者公司章程的共同契约。同时，债权人会议并非像股东会一样以公司的长期存续与经营为目的，债权人会议的成立主要是为了集中、高效解决全体债权人利益的最大化和分配问题，所处理的事项紧密围绕财产分配，并且强调效率优先。基于此，破产法对决议的效力瑕疵采取了简化手段，对效力瑕疵不予分类。

其次，决议的不同瑕疵形态之间存在一定的模糊空间，如公司法中表决和会议召开不符合公司章程规定的情况究竟属于决议可撤销还是决议不成立，向来是学界讨论的热点问题。《公司法》及其司法解释的相关规定，尤其是《公司法》第26条第1款可撤销中的“股东会、董事会的会议召集程序、表决方式违反法律、行政法规或者公司章程”，和决议不成立中的“（三）出席会议的人数或者股东所持表决权不符合公司法或者公司章程规定的；（四）会议的表决结果未达到公司法或者公司章程规定的通过比例的”在实务中确实存在一定程度上难以区分的情况。破产法及其司法解释没有照搬公司法的上述三种情形，而是将其统归于“可撤销”的情形，也可避免因上述争论而导致的破产程序实施效率低下。

最后，破产法作为程序法，具有不可逆性、时限性、终结性、法定性等特

① ［德］乌尔里希·福尔斯特：《德国破产法》，张宇晖译，中国法制出版社2020年版，第43页。
② 参见陈计男：《破产法论》，台北，三民书局股份有限公司2004年版，第141页。

征。破产程序的不可逆性，充分体现了破产法作为程序法的特征，并对维持破产法的安定起到了重要作用。考虑到破产案件往往涉及众多利益主体，案情复杂，推动破产程序所需时间、人力、财务成本较高，从司法成本、经济成本及程序效率等方面考量，破产程序如大船在小河道里艰难航行而几乎不可回头。不仅如此，破产程序中的决策要求各方经过慎重考虑，若破产法律规范中的不可逆属性不够刚性，相关主体就有可能不断以程序或实体上的瑕疵提出异议，这将导致程序的不断“返工”，和破产财产的不断损耗，最终损害的是全体利害关系人的利益。是故，我国当前的破产法没有单独对决议的无效与不成立作出规定。

由此，依照破产法及其司法解释的规定，文首案例中债权人提起确认合同无效之诉实质上是认为决议内容存在违法情形，但由于债权人会议决议并不存在无效的情形，其应当按照《企业破产法》第 64 条第 2 款的规定在作出决议之日起 15 日内请求法院裁定撤销该违法决议。在 15 日期间经过后，该债权人即丧失撤销决议的权利，应受到该决议的拘束。上述分析为两审与再审法院所支持，但本专题认为该说理虽表面上合乎实定法的逻辑，实质上却存在如下问题：民事法律行为的无效属自始、当然之无效，决议作为民事法律行为的一种，其能否突破民事法律行为效力的一般规则？我国破产法的规定是否例外地使得无效的决议获得了法律效力？两审与再审法院对该问题并没有做出回应。

3. 对债权人会议决议“内容违法”的限缩解释

我国《企业破产法司法解释三》第 12 条第 1 款第 3 项所规定的“债权人会议的决议内容违法”实际上应当属于决议无效的情形，但在破产法中被归类于可撤销决议之下。由此引发的问题是，本应自始无效的决议是否因上述规定而在破产规则中的申请撤销除斥期间经过后，即可忽视其无效的本质而获得法律效力？

本专题认为回答上述问题需对“决议内容违法”之具体内涵展开分析。《公司法》对公司决议的无效同样采取了较为笼统的表述，即“公司股东会、董事会的决议内容违反法律、行政法规的无效”。对此，有学者指出，司法实务中存在不当扩张解释无效事由的情形，极大地影响了公司关系的稳定性，有必要对决议的违法性标准作限缩解释，将决议的一般无效事由限定在违反公司本质、违反公司民主参与规则、违反强制性规定和违反公序良俗这几类情况中。[①]还有学者将有内容瑕疵的公司决议划分为侵权型决议与逾权型决议，并提出只有权利滥用型侵权决议和事项逾权型决议构成无效决议。[②]

破产程序中债权人会议的决议与公司法中的决议一样都具有较强的安定性追求，这是因为债权人会议的决议涉及债权人团体之间、债权人与债务人之间，甚至债权人与股东之间错综复杂的利益关系，如果能够轻易地认定决议无效并适用“自始无效、当然无效”的法律后果，不仅会影响破产程序进行的效率、提高破产成本，还会激化利害关系人之间的矛盾，影响全体债权人的利益。因此，本专题认为，并非所有内容违法的债权人会议决议均无效，根据《民法典》第153条[③]的规定，应将其限缩为违反法律、行政法规的强制性规定以及违背公序良俗的决议无效，而对于其他违法决议应当归类为可撤销决议的范畴。同时，正如前文所述，决议行为属于民事法律行为，法律行为的效力规则可以被用于填补决议效力规则的漏洞，故尽管《企业破产法司法解释三》仅规定了决议被撤销的法律后果，但对于违反法律、行政法规的强制性规定以及违背公序良俗的债权人会议决议，仍将因其不存在瑕疵愈合的空间和可能，应参照适用《民法典》的相关规定[④]，认定其自始没有法律约束力。

四、债权人会议决议行为与合同行为重合时的无效认定

文首案例中，债权人万鑫公司请求确认无效的合同即《变卖协议》，系破产企业路桥公司第二次债权人会议中通过的《常州市路桥日用品商城有限公司破产财产变价方案》决议的附件，那么在决议行为涉及合同行为时，有关该合同行为的效力与决议行为的效力是何关系？合同行为能否直接适用决议行为的效力规则？下文将对此展开分析。

（一）决议行为与合同行为重合的应对

对于案涉争议，二审法院认为，债务人要求确认《变卖协议》无效，这实

① 参见叶林：《股东会决议无效的公司法解释》，载《法学研究》2020年第3期。

② 参见吴飞飞：《公司决议无效事由的扩大解释与限缩澄清》，载《社会科学》2022年第1期。

③ 《民法典》第153条规定：“违反法律、行政法规的强制性规定的民事法律行为无效。但是，该强制性规定不导致该民事法律行为无效的除外。违背公序良俗的民事法律行为无效。”

④ 《民法典》第155条规定：“无效的或者被撤销的民事法律行为自始没有法律约束力。”

质上是对债权人会议通过的变价方案的决议有异议，当事人应根据《企业破产法》第64条第2款的规定申请撤销，而无权提起诉讼。对此，本专题认为，二审法院混淆了决议行为与合同行为之间的界限，在债权人会议的决议行为涉及合同行为时，不能简单地将决议效力规则适用于对合同行为效力的判定，反之亦然。

1. 合同行为不应适用决议效力规则

虽然文首案例中，《变卖协议》是变价方案决议的附件，但严格意义上讲，该《变卖协议》不属于由变价方案来决议的内容。我国《企业破产法》第61条规定，债权人会议有权通过破产财产的变价方案。此处的变价方案应指，整体上对破产财产实施变价的计划或安排，而具体的变价协议仍需由管理人代表债务人与第三人另行签订，不应属于债权人会议的决议内容。故尽管文首案例中《变卖协议》系以变价方案决议的做出为基础，与决议行为密切关联，但其本身应属于独立的合同行为。该合同的效力与债权人会议决议的效力并没有直接的关联，即便债权人会议的决议正当、合法、有效，若合同内容存在违背公序良俗、恶意损害第三人利益之情形，其仍应受到合同行为效力规则的检视，并不能因决议行为的有效而当然地取得效力。由此，对案涉《变卖协议》的处理便不能直接按照决议效力规则进行，而应另行适用关于合同行为的效力规则。

2. 决议行为不应适用合同效力规则

在决议行为与合同行为存在重合时，决议行为同样不应适用合同行为的效力规则。正如前文所述，决议具有不同于合同的特殊法律特征，在近代民法理论中，“决议”被德国学者从合同之中剥离出来，将其作为法律行为中与合同并列的类型而存在。[①] 而债权人会议的决议行为与一般合同行为的效力规则的不同之处还体现在为当事人提供的救济手段之上：对于合同行为的无效，债权人享有诉权，并可提起确认合同无效之诉；而债权人对债权人会议的决议仅享有申请撤销权而不享有诉权，仅例外地在决议违反法律、行政法规的强制性规定以及违背公序良俗时，参照民事法律行为的一般无效规则由债权人申请确认无效。有观点指出，这一差异是由破产程序的非讼属性所决定：首先，破产程

① 参见赵心泽：《股东会决议效力的判断标准与判断原则》，载《政法论坛》2016年第1期。

序中无原告和被告两造诉讼主体，债务人与全体债权人并非诉讼程序中的对立双方；其次，破产程序的主要目的是在债权人之间公平受偿而非处理诉讼争议，偶然产生的债权异议也不是主要的规范对象；最后，法院处理有关破产程序事项时多采用裁定书和决定书的形式而不采用判决书的形式，这表明法院在破产程序中的职能不同于一般民事诉讼程序中的职能。①

因此，在债权人会议的决议同时涉及合同行为时，应当明确划分这两者的界限，对于决议行为的效力按照《企业破产法》及其司法解释的规定予以处理；而对于合同行为则适用《民法典》相关的效力规则，两者不应混淆。

（二）债权人救济手段的选择

文首案例中，债权人万鑫公司主张《变卖协议》系以合法形式掩盖逃避债务的非法目的，当事人通过虚假的买卖行为达到隐匿财产、逃避债务的目的就是一种比较典型的以合法形式掩盖非法目的的行为。由于这种合同被掩盖的目的违反法律、行政法规的强制性规定，并且会造成国家、集体或者第三人利益的损害，所以根据原《合同法》第52条的规定应属无效。故债权人实质上是对以债权人会议决议为基础的合同行为之效力存疑，而非主张通过变价方案的决议本身无效。

由此，债权人不应依据《企业破产法》第64条第2款申请法院撤销债权人会议的决议，而应针对《变卖协议》提起确认无效之诉，此时债权人起诉的身份并非破产债权人，而是因合同订立利益受到损害的第三人。因此在文首案例中，法院直接以债权人会议的决议不可诉为由驳回债权人提起的确认合同无效之诉，似乎混淆了合同行为与决议行为。除此之外，由于破产财产的变卖属于管理人的履职范围，在债权人因相关变卖协议的订立与履行而受有损害时，还有权根据《企业破产法》第130条的规定要求管理人就违反勤勉义务承担民事赔偿责任。结合该案，正如前文所述，《变卖协议》作为合同本身不应当作为债权人会议决议的内容，管理人应当对债权人会议决议的内容进行相关审查，区分合同行为与决议行为，以期从根源上避免诸如该案争议的出现。

① 参见湖南省高级人民法院民事裁定书，（2020）湘民终936号。

五、结语

债权人会议是债权人参与破产程序的重要途径，债权人的团体自治在债权人会议中主要借助决议的方式得以实现。债权人会议的决议系以团体的意思自治作为其效力基础，属于民事法律行为的一种，特殊情形下民法中法律行为效力的评价规则可以用于填补决议效力评价规则的漏洞。与公司法中公司决议瑕疵形态的三分法相比，我国破产法中债权人会议决议的效力瑕疵形态仅有可撤销这一类，决议的无效与不成立均被涵盖在其之下。对债权人会议的“决议内容违法”应当进行适当的限缩解释，在决议内容违背法律、行政法规的强制性规定或违背公序良俗时根据《民法典》的规定应自始、当然无效，而其他违法情形可适用《企业破产法司法解释三》有关决议可撤销的规定。在债权人会议的决议行为涉及合同行为时，对合同行为的效力判定不能直接适用决议的效力规则，而应另行适用关于合同行为的效力认定规则。在合同行为可能存在无效事由损害债权人利益时，债权人有权以利害关系人的身份提起确认合同无效之诉。债权人因合同受到损害时，还将有权对管理人违反勤勉义务的行为追究民事赔偿责任。

专题八

无产可破案件中债权人会议的角色与权限问题

内容提要：《企业破产法》第120条将无产可破作为破产案件提前终结的事由，但并未对无产可破的内涵及其程序特征作出详细规定。本专题选取了两起由同一法院受理的无产可破案件，就是否召开债权人会议以及债权人会议应如何进行表决的问题展开讨论。主张无产可破不过是对于债务人资产状态的一种客观描述，债权人会议是否召开则涉及该机构本来的角色及决议权限：对于符合简易程序特征的“真无产可破”案，可不再召开债权人会议；而对于“假无产可破”案，仍应当正常推进破产程序以保障债权人利益，具体而言，债权人有权对破产财产的处置以及分配方式作出表决。总之，无产可破不应作为破产案件的提前结案事由，未来破产法应确立和完善简易程序以及破产费用基金来应对真假无产可破案件。

关键词：无产可破、债权人会议、决议权限、终结程序、追加分配

一、问题的提出

上海泛华能源应用发展股份有限公司（以下简称泛华能源公司）于2021年11月22日进入破产清算程序。同年12月16日，管理人以无产可破为由，向法院申请终结破产清算程序，同时提供了原则性的“追加分配方案”。法院经审查认为，“追加分配方案”仅为原则性方

案，在该方案未获债权人会议表决通过、债务人未来有无财产可供分配未定的情况下，法院暂无须先行裁定通过追加分配方案；如后续确有财产可收回，管理人可另行制作具体分配方案提交债权人会议表决，再行依法分配；管理人目前未能接管到破产人泛华能源公司的任何财产，无财产可供分配，符合终结破产程序的条件。遂在未经召开债权人会议、未制作财产追加分配方案的情况下，裁定终结破产程序。①

与之类似，在上海北高电气成套设备有限公司（以下简称北高电气公司）破产清算案中，管理人同样以无产可破为由申请终结破产程序。对此，法院认为，有关该案债务人财产不足以清偿破产费用、无财产可供分配的情况已经债权人会议审议，及时终结破产程序及追加分配的方案已经债权人会议表决通过，于是裁定终结破产程序。②

以上两起案件同为无产可破案件，但在裁定程序终结时所审查的内容和标准存在一定差异，尤其表现在债权人会议的决议情况上，这反映出实践中无产可破案件的办理可能遇到如下问题：无产可破案件的内涵如何？无产可破案件的终结是否必须以债权人会议的审查和表决为前提？若是，那么债权人会议的表决对象是什么？为回应上述问题，本专题主要围绕债权人会议的角色和决议权限，探析无产可破案件在我国当前破产制度中的定性及其应然的处理模式。

二、无产可破案件在我国司法审判实践中的争议

无产可破案件源于我国司法实践对于特定类型破产案件办理模式的概括总结，可总结为“企业债务人没有可供清偿的流动资产、固定资产和债权凭证，难以支付破产费用”的一类破产案件。③ 就《企业破产法》的规定而言，仅有第 120 条第 1 款关于“破产人无财产可供分配的，管理人应当请求人民法院裁定终结破产程序”的规定。2008 年《最高人民法院关于债权人对人员下落不明或者财产状况不清的债务人申请破产清算案件如何处理的批复》（法释〔2008〕

① 参见上海市第三中级人民法院民事裁定书，（2019）沪 03 破 211 号。

② 参见上海三胜金属表面处理剂厂与上海北高电气成套设备有限公司申请破产清算破产案，上海市第三中级人民法院（2020）沪 03 破 340 号之二民事裁定书。

③ 参见霍敏主编：《破产审判前沿问题研究》，人民法院出版社 2012 年版，第 111 页。

10号）指出："经依法清算，债务人确无财产可供分配的，应当宣告债务人破产并终结破产程序。"此后，2018年的《全国法院破产审判工作会议纪要》第30条有进一步的细化规定："人民法院终结破产清算程序应当以查明债务人财产状况、明确债务人财产的分配方案、确保破产债权获得依法清偿为基础。破产申请受理后，经管理人调查，债务人财产不足以清偿破产费用且无人代为清偿或垫付的，人民法院应当依管理人申请宣告破产并裁定终结破产清算程序。"根据以上相关规定，无产可破案件的特征在于破产债务人无财产可供分配，处理方式为管理人向法院申请终结破产程序，其概念内涵和办理模式似乎较为清晰。就我国当前的破产审判实际而言，无产可破这一概念被广泛地运用于破产案件受理审查阶段、破产援助基金申请阶段以及简易破产程序探索等实践模式之中。

（一）无产可破不应构成破产案件受理的阻却事由

无产可破在破产案件的受理审查中比较常见。我国多个地方的法院都在关于破产案件受理的指导意见中提及无产可破这一概念。如广东省高级人民法院印发的《全省部分法院破产审判业务座谈会纪要》第10条规定：人民法院受理债务人下落不明、无产可破、缺少账册等破产案件后，应当及时指定管理人并督促管理人找寻债务人财产并运用法律手段予以追收，尽可能保障债权人的合法权益。2017年11月江苏省高级人民法院印发的《破产案件审理指南（修订版）》（苏高法电〔2017〕794号）以及2015年3月贵州省高级人民法院印发的《破产管理人管理制度》（黔高法〔2015〕23号）等破产案件办理指引中均规定，对于"无产可破"案件应予受理。显然，在《企业破产法》第2条关于破产原因的规定并未涉及无产可破因素的语境下，当前相关的法院指导意见普遍将无产可破视为法院应依法予以受理的一类破产案件。

落实在具体个案的办理程序中，仍广泛存在法院以债务人无产可破为由而驳回破产申请的情况。如浙江省高级人民法院在"上海贞元投资管理有限公司、桐乡市河山资产经营总公司申请破产清算再审审查与审判监督案"① 中指出：启动破产清算程序，需要存在可供执行的财产，因为一旦启动破产清算程序，

① 参见浙江省高级人民法院民事裁定书，（2019）浙民申1535号。

必将产生与破产清算工作相关的必要费用，如果被申请人无任何财产，不仅无法支付破产清算的必要费用，还会造成社会资源不必要的浪费。而在该案中，申请人可以依法申请变更执行主体，通过执行程序保障其相应权利。据此，法院驳回了债权人的破产清算申请。另如，最高人民法院在“延边平野实业有限公司、吉林省开发建设投资公司清算纠纷案”① 中指出，启动破产清算需存在可供执行的财产，而在债权人已就其所享有的债权向人民法院申请强制执行的前提下，债务人不存在任何可供执行的财产及财产线索，遂认定该案没有进行强制清算或者破产清算的价值。

然而，若仔细考察这两起案件的事实内容，将会发现，案涉债务人企业具有以下几点特征：（1）已被吊销营业执照，明显缺乏继续经营的能力；（2）法院及（或）债权人均未能查到债务人可供执行的财产或财产线索；（3）债权人均已就其债权向人民法院申请强制执行。问题在于，这些关于债务人资产和负债情况的调查，本应在破产程序启动后由管理人在其接管工作中完成。② 可见，若以债务人无产可破为由拒不受理此类破产案件，无异于由法院对债务人财产情况的“提前”审查来取代破产管理人本应在破产程序启动之后进行的工作。可以认为，这些处理思路一定程度上增加了破产受理的工作难度及工作负担，反而可能构成对司法资源的浪费。

本专题认为，针对无产可破债务人的破产申请应予受理，这正是我国供给侧结构性改革中及时出清“僵尸企业”的重要内容，原因如下。

首先，将无产可破视为债务人获取破产程序的阻却事由缺乏法律依据。一方面，《企业破产法》第 2 条、第 7 条关于债务人申请破产的破产原因要求并未就债务人资产是否足以支付破产费用做出限制性规定；另一方面，《企业破产法》第 120 条关于无产可破案件办理的规定仅限于及时终结破产程序的视角，是破产程序终结的一种具体表现模式，而与破产案件的受理审查并无关联。

其次，无产可破案件内部可进一步分为以下两种情形：“真无产可破”和“假无产可破”。“真无产可破”是指债务人企业确实已不具有任何形式的资产，管理人在调查确认该事实状态后可直接申请终结破产程序；“假无产可破”则

① 参见最高人民法院民事裁定书，（2018）最高法民申 933 号。
② 参见韩长印主编：《破产法教程》，高等教育出版社 2020 年版，第 39－40 页。

是指企业现有资产显著不足，但企业仍享有对包括股东在内的第三人的债权等其他权利，一旦追回便可用于分配，无产可破有可能转变为有产可破。如此看来，当债务人系“假无产可破”时，法院更应当及时受理此类破产案件，结合管理人的接管等破产程序措施对债务人财产进行追收。若否认和限制此类无产可破债务人获取破产程序的机会，无疑和防范恶意逃债行为的司法目标相悖。

最后，法院对无产可破案件的及时受理有助于实现“僵尸企业”出清的供给侧结构性改革目标。“僵尸企业”的治理是我国当前供给侧结构性改革的首要任务，其中法治化路径的设计居于核心地位。①“僵尸企业”治理的实质就是使那些处于“僵尸”状态的企业有序退出市场，是市场退出机制发挥功能的具体体现；破产法则是对市场退出机制进行规制的基本法律，其所架构的重整、和解与清算程序是“僵尸企业”退出市场的重要路径。②

从这个角度来看，债务人无产可破的状态本身不应构成法院拒绝受理破产申请的事由；相反，对已处于无产可破状态的债务人而言，破产制度正是保障其有序退出市场的重要后端制度供给。

（二）无产可破可作为资金垫付和破产援助基金的申请事由

对无产可破案件的讨论，仍应回归到《企业破产法》第120条的规定，即破产财产的显著不足，无产可破案件办理模式的特殊性均应围绕此项特征展开。2007年《最高人民法院关于审理企业破产案件确定管理人报酬的规定》第12条第1、2款就对此作有规定：“管理人报酬从债务人财产中优先支付。债务人财产不足以支付管理人报酬和管理人执行职务费用的，管理人应当提请人民法院终结破产程序。但债权人、管理人、债务人的出资人或者其他利害关系人愿意垫付上述报酬和费用的，破产程序可以继续进行。”应当认为，由利害关系人垫付破产费用以维持破产程序的开展具有重要意义，这主要体现在“假无产可破”案件之中。为避免“假无产可破”债务人恶意逃债的行为，即使在债务人现有财产严重不足的情况下也不能草率地终结破产程序，而应当扩充资金途径来解决管理人报酬的支付问题，并维持破产程序的进行。此时，若债权

---

① 参见赵树文、王嘉伟：《僵尸企业治理法治化保障研究——以破产法及其实施机制的完善为研究路径》，载《河北法学》2017年第2期。

② 参见陆娅楠、左娅：《处置僵尸企业不能等》，载《人民日报》2016年1月11日，第17版。

人等关系人所垫付的资金可以让破产程序进行下去，那么结合管理人的破产撤销权等追收财产的有效手段，其债权尚有获得清偿的可能；对于破产管理人而言，其在接管无产可破案件的情形下，报酬求偿权确有无法获得满足的可能性，此时若有第三方愿意代为垫付破产费用，亦将有助于保障破产管理人实现其个人利益。可以说，允许由债权人等利害关系人代为支付破产费用将有可能实现多方利益最大化，对于垫付人和管理人而言，有助于形成双赢的局面。①

除了由破产企业的利害关系人垫付费用之外，还应当建立制度化的破产费用援助资金制度，从根本上解决无产可破案件的审理问题。对此，《北京市高级人民法院破产费用援助资金使用办法（试行）》（京高法发〔2020〕137号）第4条就规定："破产案件具有下列情形之一的，管理人可以向审理破产案件的人民法院提出援助资金使用申请：（一）债务人无财产支付破产费用，且无利害关系人自愿承担的；（二）债务人财产不足以支付破产费用，且无利害关系人自愿承担的。"我国破产理论亦多支持此种做法，王欣新教授就曾指出，我国应当设置"破产费用保障基金"，以保障管理人的合理报酬和破产程序运行中行政费用等的支付，使破产财产不足以支付破产费用即无产可破企业的破产程序与市场退出能够顺利完成，并解决实施破产欺诈者借由破产企业已无资金追究而逃脱法律处罚的可能。② 在域外破产实践中，针对无产可破案件的办理，还存在通过设立破产署等行政机构来专门负责特殊类破产案件的办理，或以要求从法院收取的案件受理费中支付报酬等方式来解决破产费用问题。这更可以佐证，即便债务人在破产申请阶段已无产可破，若其具备申请援助基金的条件，那么法院便不应驳回此类破产申请。

通过梳理无产可破案件在司法实践中的适用范围和场景特征，可以发现，无产可破本身似乎并不构成破产案件办理的独立模式。本专题认为，无产可破案件的特征主要在于现有破产财产显著不足引发的资金筹措问题以及就现有破产财产进行快速分配后尽快终结程序的一种做法。可以认为，费用紧缺的问题虽然存在，但具有无产可破特征的破产案件一旦被受理，那么此后的破产程序

---

① 参见张磊、陆晓燕：《论破产管理人报酬基金制度之构建》，载《法律适用》2013年第5期。

② 参见王欣新：《僵尸企业治理与破产法的实施》，载《人民司法（应用）》2016年第13期。

开展就应当依据破产法的本来规定进行，与一般的破产案件处理模式没有本质上的区别。文首选取的两起案件的办理情况也表明，即便是无产可破的案件，也可能在法院受理后经历指派管理人、管理人接管、债权人会议的召集和表决，以及法院对相关决议裁定批准后终结破产程序这一系列破产案件的正常办理流程。一言以蔽之，无产可破案件只是对债务人现有财产状况加以描述的一类破产案件，与一般破产案件相比较，应无本质差异。

三、无产可破案件中债权人会议的组建问题

关于无产可破案件性质的辨析可以说明，无产可破案件的办理可以纳入一般破产程序之中。如此，在无产可破案件中是否必须召开债权人会议以及债权人会议应当如何议事的问题，就可以回归到对债权人会议本来职能的分析上来。

（一）债权人会议的本来性质和职能

债权人会议是破产企业的重要职能机关，承担着对破产财产分配方案、重整计划，以及主要破产财产的处置问题作出决策的重要职能。就其法律地位而言，债权人会议是代表债权人利益的专门机构，体现破产程序对债权人自治的保障，是债权人参加破产程序、平等行使权利、获得公平清偿的应然方式。①因而有观点总结道，债权人会议是“破产案件处理过程中集中体现债权人意志的临时性组织形式”②。就其决议权限而言，《企业破产法》第61条第1款对债权人会议的决议权限范围采取了列举式规定，据此，债权人会议有权决议的事项主要集中于对破产财产的管理、变价及分配方案。但就管理人和债权人会议之间的权限划分问题，《企业破产法司法解释三》第15条第1款作出了进一步的细化规定：“管理人处分企业破产法第六十九条规定的债务人重大财产的，应当事先制作财产管理或者变价方案并提交债权人会议进行表决，债权人会议表决未通过的，管理人不得处分。”该司法解释采取了所谓“重大财产”的表述，以此界分债权人会议的保留决议权限和管理人的自由处分权限。在我国破产法理论中，亦有观点采取“一般财产”和“主要财产”的标准来加以区分，认为

① 参见邹海林：《破产法——程序理念与制度结构解析》，中国社会科学出版社2016年版，第194页。

② 曹思源：《企业破产法指南》，经济管理出版社1988年版，第90页。

包括对“主要财产”的处分等有关破产企业“重大事项”的决议权，应当交由债权人会议行使，管理人对此类事务不具有自由决策权。[①] 归纳起来，债权人会议固然是债权人参与破产程序并实现意思自治的主要手段，但是其在决议权限上仍受有一定限制，比如在对破产财产的处分（包括分配）事项中，债权人会议仅保留对重大财产或主要财产处分问题的决议权。

既然债权人会议的议事内容主要围绕着财产分配事宜展开，那么就有可能认为，当特定的破产程序并不涉及债权人会议的可决事项时，理论上就有可能不再组建债权人会议。对此，有学者已提出，并非所有破产案件均应当设债权人会议，当参加破产程序的债权人较少时，就无设立债权人会议的必要。[②] 就比较法而言，在法国、埃及、比利时、意大利等国家，债权人会议被视为债权人参加破产程序的“临时性集会”，破产程序均不必须设立债权人会议。债权人会议是否组成或召集，完全取决于法院的实际需求，当法院认为有必要召开债权人会议时，才会临时召集债权人会议，来决定与债权人利益密切相关的事项。[③] 因而域外破产案件办理模式中存在直接取消债权人会议的做法。如日本破产法中，破产财团财产额不足100万日元的企业可以采用“小破产”形式，原则上将第一次债权者会议日期与债权调查日期合并，不设置监察委员，以法院的决定代替债权者集会的决议，并以贴出告示的方式来取代对破产程序的公告。德国破产法也设有类似的简易破产程序，在债权人不多或债权金额较小、债务人财产状况简明的情况下，法院可以进行书面审理；托管人有权直接制定简易程序的分配制度，经托管人申请，由法院以命令的形式决定对破产财产变价或不予变价的事项，而法院作出程序终结的裁判前应以听证的方式听取破产债权人的意见。[④]

在我国破产实践中，亦不乏关于削减债权人会议决策职能的案件办理模式探索，且此类观点往往立足于对简易破产程序的采纳。有观点指出，对于确实没有必要成立债权人会议或委员会的，法院可在组织召开第一次债权人会议时

---

① 参见韩长印：《论破产程序中的财产处分规则》，载《政治与法律》2011年第12期。

② 参见张卫平：《破产程序导论》，中国政法大学出版社1993年版，第108页。

③ 参见邹海林：《破产法——程序理念与制度结构解析》，中国社会科学出版社2016年版，第200页。

④ 参见徐阳光、殷华：《论简易破产程序的现实需求与制度设计》，载《法律适用》2015年第7期。

即由债权人形成决定，并及时告知债权人在破产程序中的相应权利。对于债权人会议的决议程序，可以采取更加灵活的方式，充分结合网络表决平台、快递、电子邮件、书面确认等方式，让债权人以更加便捷、高效的方式行使权利。甚至有法官认为，在简易破产程序中可以直接取消债权人会议，而由人民法院行使相关职权。① 在实践中，重庆九龙坡法院首次根据重庆市高级人民法院印发的《关于破产案件简化审理的工作规范》（渝高法〔2019〕208号），针对无产可破案件，采用“一堂清”的审理经验，即只召开一次债权人会议，实现确认债权、宣告破产、终结破产程序裁定一并在第一次债权人会议上作出，做到“又快又省”高效发挥破产审判职能。鉴于《企业破产法》尚未明确破产程序可直接不设债权人会议，我国部分地区关于简化破产程序的探索仍属于对普通破产程序的简化，故仍遵循现行破产法的规定，这也是试行简易破产程序的实践做法目前仍保留债权人会议，只是限制债权人会议的召开次数和表决方式的重要原因。②

本专题认为，在债务规模较小且债务关系清晰的破产案件中，可以经由管理人申请而不召开债权人会议，并以告知的方式来保障债权人的知情权和异议权。取消债权人会议的做法并非是对《企业破产法》有关债权人会议规定的违背。既然债权人会议只对破产企业的重大资产处置和财产分配计划等事项做出决策，那么在部分简易破产程序中，很有可能财产的分配过程并未涉及重大资产处置这种必须由债权人表决的事项；甚至，在无产可破案件中，因债务人企业不具有可供分配的财产，因而也就不存在需要由债权人会议制作分配计划的问题。此外，破产清算程序中的财产分配计划不同于重整计划，对破产清算债务人财产的分配方式具有较强的法定性（直接依据《企业破产法》第113条实施），此时不论债权人会议的决议结果如何，法院都有可能根据《企业破产法》第65条的规定直接裁决批准。总之，在简易破产程序中，通过赋予债权人知情权和异议权的方式来取代债权人会议的召开，是合法且可行的。

---

① 参见徐建新、鞠海亭、王怡然：《简化破产程序问题研究——以温州法院试行简化破产案件审理程序经验为样本》，载《法律适用》2014年第8期。

② 参见徐阳光、殷华：《论简易破产程序的现实需求与制度设计》，载《法律适用》2015年第7期。

（二）无产可破案件中召开债权人会议的必要性分析

1. 我国破产审判实践采取的不同处置模式

针对无产可破案件的办理，是否必须召开债权人会议，我国破产实践中存有肯定立场和否定立场的分歧。

肯定立场认为，即便在无产可破案件中，管理人在向法院提请终结破产程序前，也应向债权人、管理人、债务人的出资人等利害关系人咨询是否愿意垫付管理人报酬和管理人执行职务的费用等，若愿意则应继续进行破产程序，这是无产可破案件终结的前提条件。而在法院确定的债权申报期限未满前，破产债权人的范围尚不确定，管理人难以确定愿意垫付破产费用的利害关系人范围，若直接允许管理人以破产财产不足以支付破产费用为由向法院提请终结破产程序，则存在逻辑上的不严谨。此外，召开债权人会议比单个通报、询问债权人的效率更高，债权人会议的召开本身即包含着对效率的追求，与简易化的破产程序并不矛盾。①

否定立场则占据相对主流的地位，其认为当破产企业连基本的破产费用也无力支付时，破产债权显然难以通过破产程序得到有效清偿，破产程序对经济资源配置和优化的目标将难以实现，此时另行召开债权人会议也是徒然，因为债权人会议的审查和表决将无法扭转无产可破这一既定事实。如江苏省高级人民法院印发的《关于“执转破”案件简化审理的指导意见》第 6 条第 7 款规定：“无财产可供分配或破产财产不足以支付破产费用，或者债务人没有财务账册或者财务账册不齐、无法审计，或者债务人人员下落不明或财产状况不清，管理人未追收到财产或者未发现有财产可供分配的，且债权人或其他利害关系人不愿意足额承担破产费用或其垫付的费用不足以支付破产费用的，可以不召开债权人会议，提前终结破产程序。”另如无锡市中级人民法院印发的《关于“执转破”案件简化审理程序的规定》第 10 条第 1 款也规定：“管理人查明债务人财产不足以清偿破产费用的，可提请法院裁定终结破产程序，不受债权申报期限是否已满、第一次债权人会议是否召开的限制。”

除了直接针对无产可破案件作出规定之外，部分法院也多通过将无产可破

① 参见郝振：《“无产可破”案件的审理》，载《人民司法》2019 年第 23 期。

案件与简易破产程序相衔接的做法，间接实现案件办理的简化。典型如《最高人民法院关于支持和保障深圳建设中国特色社会主义先行示范区的意见》（法发〔2020〕39号）第12条指出：“扎实开展破产制度改革试点。深化企业破产重整、预重整、执行转破产制度改革，推动建立针对中小企业的重整机制，探索无产可破案件简易退出机制。”另如浙江省温州市中级人民法院印发的《关于试行简化破产案件审理程序的会议纪要》（温中法〔2013〕54号）第3条第2项规定：“（案件范围）事实清楚、债权债务关系明确、争议不大并且同时具备下列情形之一的破产案件，可以试行简化审理程序：……（2）破产财产可能不足以支付全部破产费用的。”此外，浙江省瑞安市人民法院试行的简化程序对无任何财产或仅有少量财产且符合条件的破产案件，采取在第一次会议上即引导债权人会议通过破产宣告、变价方案、分配方案、终结破产程序等决议的做法，以减少不必要的会议次数，压缩审理时限，并在第一次债权人会议上由承办法官主持引导，全体债权人同意在该次会议后如有其他事项需要表决，可直接采用微信表决方式，并全部签署电子数据送达确认书。①瑞安市人民法院的前述做法虽然没有明确指出不再召开债权人会议的可能性，但可以合理假设，若出现如文首案例一般债务人确实已无任何财产可供分配的情况，那么债权人会议的召开只是徒然，此时会议的表决对象即财产分配计划本身并不存在。因此，诸如文首泛华能源公司一类的案件中未召开债权人会议便直接由管理人申请终结破产程序的情况，完全有可能出现在无产可破案件的办理中。

综合上述关于无产可破案件或简易破产程序的试行方案可以看出，我国多地法院已逐渐倾向于弱化甚至直接否定债权人会议在无产可破案件中的实际意义，转而追求简易化破产案件审理的高效率，这无疑具有积极意义。但在实践的基础上，还需要在理论上进一步明确无产可破案件中简化甚至直接取消债权人会议的法理基础，以及无产可破案件与简易破产程序之间的关系。

2. 对无产可破案件中召开债权人会议的法理推演

从法理推演的角度出发，无产可破的企业是否必须召开债权人会议，还涉及债权人会议是否能在无产可破案件中发挥其职权与功能的基本问题。

---

① 参见浙江省瑞安市人民法院课题组：《无产可破破产案件的再简化审程序——以浙江瑞安法院简化破产案件审理程序经验为样本》，载《人民司法（应用）》2018年第25期。

本专题认为，对于资产负债情况达到无产可破的破产案件，往往已不具有召开债权人会议的必要性，因为此时已经几乎不存在需要由债权人会议作出讨论并进行决议的事项，债权人会议没有设立的必要。具体而言，无产可破案件的办理所涉及的事项主要在于管理人对债务人确已无产可破之状态的调查和确认，而在这方面，债权人会议对破产财产的调查和清收并不具有法定的决议权限，相反，相关事务完全属于管理人根据《企业破产法》第25条第1款第1项“接管债务人的财产、印章和账簿、文书等资料”和第2项“调查债务人财产状况，制作财产状况报告”的规定应当承担的职责，属于管理人的法定职权范围。可见，债权人会议对于债务人确已处于无产可破的事实认定问题，不具有审核或决议权，仅享有合理范围内的知情权和异议权；而当管理人经调查后确认债务人无产可破时，管理人可在履行告知程序后（无须债权人会议的表决同意），提请法院终结破产程序，此类无产可破案件属于简易破产案件。

同时，并非所有无产可破案件都符合以上要求从而可以完全免除债权人会议的召开。实际上，部分无产可破案件中仍存有召开债权人会议的必要性。这是因为，无产可破的债务人亦可能存在恶意转移财产等必须在破产程序中加以纠正的行为，此时便不能认为债务人的资产负债情况符合简易破产程序简单且清晰的要求，债权人会议对尚未追回的企业资产仍享有处分和分配权。此时，仅从管理人履责的角度来认定破产企业无可挽救后直接由法院裁定终结破产程序的做法有失偏颇，因为不排除有其利害关系人愿意垫付追回破产财产的费用或者破产救助基金提供的资金渠道让破产程序进行下去。实际上，在债务人存在以偏颇清偿或者欺诈等手段转移、隐匿破产财产的案件中，直接适用无产可破规则来终结破产程序的做法似有纵容债务人的逃债行为之嫌。[①] 而在此类案件中，债权人会议有权对尚未追回的债务人资产作出是否整体打包出售或者提起追收诉讼的费用承担等问题进行表决，甚至就追回后的破产财产的分配问题进行预先表决。

究其本质，如上文所述，无产可破案件分为“真无产可破”和“假无产可破”。在前者的情况下，确实不存在债权人会议的可决事项，已无须组建债权人

---

① 参见韩长印主编：《破产法教程》，高等教育出版社2020年版，第80页。

会议；而在后者的情况下，若债务人资产不足仅是因为存在对外债权等资产尚未追回的情况，那么该破产案件显然不符合债权债务关系清晰这一要件，从而不构成简易破产程序，并且有召开债权人会议的必要。进一步而言，唯有无产可破案件确实符合简易破产案件之构成要件的情况，在破产程序期间不再召开债权人会议而由管理人履行告知程序后直接提请终结破产程序的做法才是合法可行的，未来《企业破产法》可将此类无产可破案件的办理纳入简易破产程序的规范对象之中。

四、无产可破案件中债权人会议的决议对象

既然无产可破案件并非必然意味着对债权人会议的取消，那么在仍召开债权人会议的情况下，就有必要进一步讨论其表决的对象。对此问题，《最高人民法院关于债权人对人员下落不明或者财产状况不清的债务人申请破产清算案件如何处理的批复》指出："破产程序终结后二年内发现有依法应当追回的财产或者有应当供分配的其他财产的，债权人可以请求人民法院追加分配。"该意见似乎将无产可破案件的办理与追加分配制度的采用相联结。在文首案例中，北高电气公司召开了债权人会议并就所谓的《追加分配计划》做出了表决。但这种处理模式是否合理，有待法理的检验。

（一）追加分配制度的属性剖析

《企业破产法》第123条系我国破产法中的追加分配规则，其规定，债权人可以在破产程序终结后的2年内申请人民法院按照破产财产分配方案进行追加分配。作为问题分析的出发点，追加分配规则有其适用的前提条件，甚至可以认为，追加分配本就是破产制度中的某种例外性规则，其适用上有如下限制：（1）追加分配之所以称为"追加"，首先是因为其发生在破产程序终结之后，所分配的对象是在破产程序终结后"新发现"的财产，而非在破产程序期间已经被发现的财产。[①] 对此问题，日本追加分配规则中的财产来源，就主要分为以下四类：债权确认之诉败诉恢复的财产，否认诉讼胜诉追回的财产，因破产管理人错误等原因所返还的分配金、税金、还付金等，以及最后分配额通知后

① 参见崔明亮：《论破产追加分配》，载《法治研究》2018年第6期。

新发现的财产。[①] 对此分析可知，前三类仅是破产程序中未决诉讼和争议的延伸，并非典型的追加分配对象，仅最后一类“最后分配额通知后新发现的财产”才是追加分配制度所真正指向的对象。我国破产法虽并未对追加分配的对象作有明确的规范，但在适用《企业破产法》第123条时也应将其限于程序终结后新发现的财产，否则将会对破产程序的终局性效力造成贬损。（2）追加分配的申请人为债权人。这是基于《企业破产法》第123条的直接规定，但在实践中不乏关于扩充适格申请人类型的讨论。譬如，当管理人的相关职务尚未完全终结时，不妨赋予管理人申请追加分配的资格；此外，还可能存在未及时申报债权的债权人申请追加分配的问题，就有主张对此采取区分主观状态并以诉讼时效来限制权利滥用的方式。[②]（3）追加分配适用三年的除斥期间。这意味着，债权人或相关利害关系人在破产程序终结之日起，于法定除斥期间内新发现债务人仍存有可供分配或符合追回规定的财产，便有权向法院申请追回并进行追加分配。将此期间定性为除斥期间的结果是，追加分配的申请期间在破产程序终结后应当连续计算并不产生中断和延长的效果。一般认为，这种期限上的限制不仅有助于保障债权人在程序终结后享有的权益，也可以适当平衡和稳定经济流转的分配。[③]（4）追加分配的依据为破产程序内作出的财产分配方案，并直接由法院执行，一般不再由管理人另行制订计划。破产财产的分配方案在程序内由债权人会议表决通过，因此对全体债权人均有约束力。在追加分配时，亦应按照破产财产分配方案进行分配。但这并非没有例外，在破产程序终结后新发现债务人隐匿或者转移的财产，可能影响破产财产的整体分配格局的，便可能引发后续分配方案的需要。[④] 对此，有观点认为，可直接在原方案的基础之上，在未获得足额清偿的请求权顺序中，对在先顺序的请求权进行优先清偿，同一顺序的请求权不能足额获偿的，则按照比例清偿，此安排可保证分配工作

---

① 参见［日］伊藤真：《破产法》（第4版），有斐阁2006年版，第502页。

② 参见韩长印、张旭东：《重整程序中未申报债权的清偿规则研究》，载《法律适用》2021年第9期。

③ 参见郭毅敏主编、广东省深圳市中级人民法院公司清算和破产审判庭编：《企业破产与重整案件法律适用关键词与典型案例指导》，法律出版社2015年版，第297－300页。

④ 参见郭毅敏主编、广东省深圳市中级人民法院公司清算和破产审判庭编：《企业破产与重整案件法律适用关键词与典型案例指导》，法律出版社2015年版，第298页。

的连贯性和一致性;[①] 还有观点认为，当新情况出现时，若管理人尚未终止执行职务，则应当由其拟定破产财产的分配方案，若管理人已经终止执行职务，法院可要求其恢复职务并拟定追加分配方案。[②] 不同的是，全国人大法工委在相关条款的释义中明确指出，破产程序终结后，除存在诉讼或者仲裁未决的情况外，应当认为管理人已经终止其执行职务，因此，追加分配应由人民法院实施。债权人发现破产人还有可供分配的财产时，可以请求人民法院进行追加分配，人民法院应当依债权人的请求追回财产并进行分配。[③] （5）追加分配的财产数量足以支付分配费用时，方有可能启动追加分配程序。这也是《企业破产法》第123条的直接规定，若追回财产的数额尚不足以支付分配费用，则无须开展追加分配，而是直接由法院收回后上交国库（更为理想的做法应当是注入无产可破援助基金）。

（二）追加分配计划不属于债权人会议的决议事项

以上关于追加分配本来属性的讨论足以说明，追加分配是破产程序终结之后基于新发生或新发现的事实而适用的破产财产分配规则，其自然也就不构成破产程序当中债权人会议的表决对象。具体说来，追加分配是一类由法院直接根据现有的财产分配计划加以执行的程序，在这个过程中即便存在所谓的“追加分配计划”，也是由法院直接依法制定，而非债权人会议另行召集和表决的对象；并且，分配对象的核心特征在于其“新发现”属性。对应到无产可破案件中，若认为债权人在破产程序中有权直接对追加分配方案进行表决，一方面不符合追加分配方案本身的程序阶段属性、不符合分配对象为“新发现”的本来属性，另一方面也可能使得部分本就属于债务人的权利不当受制于追加分配的除斥期间。实际上，即便是前引《最高人民法院关于债权人对人员下落不明或者财产状况不清的债务人申请破产清算案件如何处理的批复》的相关内容，也并非认为可以直接在无产可破案件的审理过程中对追加分配方案作出表决，只是提示说明此类案件终结后尚有适用追加分配的可能性，而这对于所有破产案

① 参见韩长印主编：《破产法教程》，高等教育出版社2020年版，第202-203页。

② 参见韩传华：《企业破产法解析》，人民法院出版社2007年版，第357页。

③ 参见安建主编、全国人民代表大会常务委员会法制工作委员会编：《中华人民共和国企业破产法释义》，法律出版社2006年版，第173页。

件类型均是适用的。可以认为，无产可破的案件办理与适用于程序终结后的追加分配规则并无必然关联。

相反，若认为无产可破案件审理过程中可以制作所谓的追加分配计划，那么，此时追加分配的对象是基于利害关系人已知晓的、仅是因为费用问题暂未追回的债务人资产，这种处理模式可能损害破产制度的总括清偿属性。不得不承认的是，在资产规模较小但仍存有争议的破产案件办理过程中，管理人的财产清收和分配工作将面临较大的障碍。在现有费用不足的情况下，从管理人的角度出发，其最有动力根据《企业破产法》第120条的规定快速提请终结破产程序，即便其明知存在部分尚未追回的资产，也可通过制作“追加分配方案”的方式交由债权人会议决断，以尽快“摆脱”此类资产不足的案件。这无异于将本应由破产程序进行最终把关的债务人逃债行为交由程序终结后的一些例外性规则来处理，是将本来不具有关联性的两套制度错误地结合使用，无法发挥破产程序清收债务人财产、总括清偿债权的价值。实际上，若债务人仍存在对外债权，虽然尚未有效追回，但此类破产案件并不符合无产可破的标准，实则属于“假无产可破”案件。此时，不仅不应快速终结破产程序，还应当召开债权人会议对该项资产的处置方式进行讨论和表决，表决的对象并非所谓的“追加分配计划”，而是正常的破产财产处置或分配计划。

本专题认为，为应对无产可破案件中可能存在的争议性资产追收问题，管理人应当在破产程序中及时地告知全体债权人，由管理人以及其他有可能垫付费用来提起诉讼的利害关系人在破产程序中作出是否追收以及如何追收破产财产的决定。由此可见，对“假无产可破”案件的办理重点应当在于保障全体债权人对争议性财产的知情权以及选择是否垫付费用来提起追收之诉的参与权。

五、结语

无产可破案件的特征在于债务人资产的显著不足，“无产可破”这一概念本身仅是对债务人资产状态的描述，而非指向一类独立的破产案件处理模式。

进一步而言，以无产可破作为快速终结破产案件的事由，其实是我国在“僵尸企业”出清问题上过度强调效率目标的体现。不得不承认的是，对“僵尸企业”的处置必须讲求效率，“僵尸企业”退出问题的久拖不决必将严重影响我国经济结构的转型与升级，减缓经济活力。但与此同时，对程序效率的追求仍应必须以公平为前提，也即，必须兼顾“僵尸企业”处理过程当中各方当事人的利益，特别是对债权人利益的保护。当前，不仅破产程序将无产可破视为一类快速结案事由，各级政府也确立了明确的时间表来出清“僵尸企业”，[①] 尤为突出地展现了效率至上的思路。在此背景下，难免产生以牺牲公平为代价进而追逐效率的做法，典型如，负债累累的债务人可能在破产前夕恶意转移企业几乎所有的资产，使有产可破的企业沦为“假无产可破”，若破产制度不以第三人垫付资金或者使用破产费用基金等方式来维系此类破产案件的办理，则债务人的恶意行为将再无法得到清算，在快速结案实现破产案件办理效率的同时，实则构成对债权人等关系人合法利益的侵害。

① 参见赵树文、王嘉伟：《僵尸企业治理法治化保障研究——以破产法及其实施机制的完善为研究路径》，载《河北法学》2017年第2期。

破产清算程序中财产拍卖的税费缴纳问题

内容提要：破产财产网络拍卖是破产财产变现的重要途径，目前我国尚未出台统一、明确的破产财产网络拍卖规则来规制税费承担问题。本专题结合一起破产企业在财产处置过程中采取网络拍卖并以包税条款的方式将纳税义务人约定为买受人，但仍由管理人代为支付税费所产生的纠纷的案件，对该问题展开分析。就破产财产拍卖的行为性质而言，尽管其具备司法拍卖的部分特征，但本质上仍应属于商事拍卖，管理人在破产财产拍卖公告中约定由买受人承担全部税费的做法，在现行法框架下当属意思自治而合法有效；然而，考虑到该案中破产财产的拍卖公告约定由买受人承担全部税费，其实无助于最大化破产财产的变价利益，反而可能在实践中引发无端的争议和诉讼。未来较为合理的处置方式应为，管理人不再直接要求由买受人承担全部税费，且法院应出台相应的规定来明确拍卖当事人各自依法承担的税费。

关键词：破产财产、网络拍卖、税费承担、包税条款

一、问题的提出

2017 年 2 月 21 日，咸阳市中级人民法院裁定受理咸阳经纬纺织机械有限公司（以下简称咸阳经纬公司）的破产清算申请。在对破产财产的处置过程中，该院委托西部产权交易所在淘宝网络拍卖平台对

破产财产进行公开拍卖。西部产权交易所在淘宝网络拍卖平台发布的《竞买公告》第6条规定："标的物过户登记手续由买受人自行办理，破产管理人协助，过户过程所涉及的一切税费由买受人承担。"第9条注意事项规定："竞价前竞买人的支付宝账户中应有足够的余额支付竞买保证金，竞买人在竞价前请务必在淘宝网络司法拍卖平台仔细阅读《竞买公告》、《竞价须知》、标的简介及竞买帮助等栏目详细内容。"2018年7月6日，南洋公司经过111轮竞价最终以113,428,000元竞拍成功。嗣后，双方当事人就税收问题产生争议，管理人向咸阳市中级人民法院提交了《关于咸阳经纬公司破产财产成交后税费缴纳的请示》，该院经研究答复，为充分保护债权人利益、避免产生税费滞纳金，可先行按照税法规定而要求出卖方缴纳应缴税款，税费分摊的争议可通过相应法律程序加以解决。2019年3月6日，管理人向税务机关缴纳破产财产拍卖交易税费共计7,520,073.68元，管理人遂以此向南洋公司提起追收债权之诉。

该案经过一审、二审和再审，法院一致认为，该案管理人在破产清算中依法处分破产财产，系管理人基于自由意志而将特定物品转让给最高应价者的行为。该拍卖虽是由咸阳市中级人民法院依据债权人要求而对外作出的委托，但并非法院强制处分财产的行为，因而并非司法拍卖或《最高人民法院关于人民法院网络司法拍卖若干问题的规定》（以下简称《网拍规定》）第1条中的"网络司法拍卖"。因此，《竞买公告》和《竞价须知》对税费承担的约定并不违反法律法规，南洋公司系自愿参与竞买，《竞买公告》和《竞价须知》自应对其具有约束力，南洋公司应依约承担过户涉及的一切税费，包括办理产权过户手续时南洋公司应缴的税费以及因交易发生而咸阳经纬公司应缴纳的各项税费。综上，对于咸阳经纬公司请求南洋公司偿还垫付税费7,520,073.68元的主张，应予支持。①

该案反映出破产财产拍卖中关于税费承担的两个问题：（1）破产财产的网络拍卖在性质上是否属于司法拍卖？其与网络司法拍卖如何界分？（2）破产清算程序中以拍卖方式处置破产财产的，应当如何认定承担税费的主体？本专题将以这两个方面为切入点，对破产程序中的财产拍卖问题作一论证分析。

---

① 参见陕西省高级人民法院民事判决书，（2020）陕民终574号。

二、破产财产网络拍卖税费承担的现状

破产财产的网络拍卖来源于执行程序，这与网络司法拍卖有着密不可分的联系。破产财产的网络拍卖经历了由“借用法院执行平台处置破产财产”到“在法院执行网拍平台设置破产财产处置通道”，再到“管理人学会后台发拍破产资产”，最后到“管理人独立发拍”的发展历程，不同阶段所呈现的不同特性决定了法律规范适用的差异。因此，下文将首先对现有拍卖制度的立法模式以及实务现状进行梳理，以明确破产财产网络拍卖过程中可能存在的困境和问题，并明确规范适用的思路。

（一）破产财产网络拍卖的制度模式

《全国法院破产审判工作会议纪要》第26条规定：“破产财产处置应当以价值最大化为原则……”；第47条规定：“要适应信息化发展趋势，积极引导以网络拍卖方式处置破产财产，提升破产财产处置效益。”如上两条规定确立了“破产财产处置价值最大化”的原则，并将“网络拍卖等信息化”作为破产资产处置的发展目标。破产资产的网络拍卖一般根植于执行资产的网络拍卖，又根据破产资产的特点进行了拓展，从借助执行网拍平台进行处置，到在法院后台拓出破产资产的网拍通道，再由“破产管理人学会”（深圳）进行发拍，直至管理人独立发拍，经历了大致四个发展阶段。

1. 借用执行网拍平台处置破产资产的探索阶段

在网络司法拍卖出现的早期，浙江、江苏等地的破产管理人已经开始借用法院执行网拍后台处置破产资产。2013年6月28日，浙江省高级人民法院发布的《关于企业破产财产变价、分配若干问题的纪要》第11条规定：“经债权人会议决议以拍卖方式变价出售破产财产的，且破产财产适宜由法院主持进行网络拍卖的，可由管理人申请法院根据本院《关于全面推进网络司法拍卖工作的通知》和相关工作规程，通过网络拍卖方式变价破产财产。”自此，浙江省的破产管理人开始借用执行网拍通道处置破产资产。2015年10月16日，温州市中级人民法院出台《关于通过网络司法拍卖平台处置企业破产财产的会议纪要》，明确要求，对于符合条件的企业破产财产，除债权人会议决议不同意的之外，应优先考虑通过网络司法拍卖平台处置相关财产。至2017年，浙江大部分

的法院已借助执行程序中自主性网络司法拍卖平台实现了对破产资产的变价处置，整体上使资产处置的时间得以缩短、溢价率大幅提升。①

2. 在法院执行网拍后台设置破产资产处置通道的实践

2017年5月27日，阿里司法拍卖平台中的破产资产网络拍卖通道正式启用并试运行。升级后的阿里司法拍卖平台设置有执行程序和破产程序这两个并存的财产拍卖通道。其中，通过破产资产网络拍卖平台处置的财产以“（破）”字明确其属于破产资产的拍卖，相关页面显示破产资产的处置主体为管理人，监督单位为管辖破产案件的人民法院。同时，破产通道在破产资产的起拍价、降价次数及降价幅度等方面与执行财产的网拍规则均作有明显的区分，并根据破产资产处置的特点，实现了对破产资产的起拍价、降价次数及幅度均不予限制的技术支持。2018年4月16日，浙江省高级人民法院破产审判新闻发布会上，专门介绍了浙江破产资产网拍平台，并向全省推广破产资产的网络拍卖。②

3. 管理人学会负责发拍破产资产的实践

在浙江法院以破产资产处置通道进行网拍实践的同时，深圳市中级人民法院创造了破产资产处置的“深圳模式”。该模式引入了“深圳市企业破产学会”作为破产管理人的代表机构。由法院向管理人学会出具授权函，由管理人学会整体入驻淘宝网，对全市拍品的上拍进行日常服务和监管，由法院作为破产资产处置的指导单位。在2018年3月6日最高人民法院举办的“优化企业破产法治环境、服务经济高质量发展”新闻发布会上，刘贵祥专委也特地提到了深圳市中级人民法院的“管理人+辅助拍卖服务+网络平台”的模式探索，称此模式为破产资产的高效处置提供了典型案例。③

4. 管理人独立发拍模式的实践

无论是之前的“浙江模式”还是“深圳模式”，其实践和推动都是因为“管理人”系非法人实体，网络平台不能解决其独立发拍资产的主体适格问题。

---

① 参见马嶙侃、黄赛琼：《富阳法院“试水”全国首批运用淘宝网破产管理人挂拍直接通道》，载https：//mp. weixin. qq. com/s/WWqdOc8GyhvWZ3－－ZsHIvw，最后访问日期：2023年6月11日。

② 参见《浙江法院推进破产审判》，载新浪网，https：//news. sina. com. cn/c/2018－04－17/doc－ifzfkmth5137778. shtml，最后访问日期：2022年4月13日。

③ 参见《最高法召开发布会　介绍法院破产审判工作情况》，载中华人民共和国最高人民法院官网，https：//dwz. cn/U0v9KLRq，最后访问日期：2022年4月13日。

为了彻底解决管理人独立发拍的问题，阿里拍卖团队经过多方努力找到了由管理人独立发拍的方法和路径。

2019年1月18日，在保定天威集团有限公司破产重整案中，保定天威电气成套设备有限公司和中南输变电设备成套有限公司的股权在阿里拍卖平台被成功竞拍，此次拍卖开创了管理人通过网络拍卖平台自主处置破产财产的新路径，是全国首例管理人自主通过网拍处置破产资产的尝试。同年8月30日，阿里破产财产拍卖平台的负责人对外宣布，阿里平台开通律所、会计所和清算事务所的入驻功能，如律所、会计所和清算事务所承担多个管理人的角色，有多个案件待处置，可以考虑以律所、会计所和清算事务所的名义入驻，对所内各管理人的案件，仅需通过添加子账号的功能便可实现管理人的独立发拍和案款结算。① 这一模式的更新，使得管理人通过网络平台处置破产财产变得更为高效和便捷。

虽然在程序上，无论管理人是以自己的名义，还是以破产法院或管理人协会的账号来进行破产财产的拍卖，都不足以影响破产财产被处置的行为性质。但在实际情况中，管理人进入的频道是由阿里所设立的司法拍卖平台，这就导致破产财产逐渐从司法拍卖中脱离，破产财产拍卖的性质逐渐向市场化演变、破产财产网络拍卖的性质趋向模糊。此外，破产管理人协会以官方账号入驻司法拍卖平台前，同样需要经过当地人民法院的批准，而法院此处的批准、监督行为，与管理人在平台上进行拍卖并无本质区别——因为管理人协会开通的账号同样有赖于法院的主账号，现在的做法仅是将管理人的义务扩大至管理人协会，外观上虽存有差异，但对于破产财产网络拍卖性质的界定仍然处于模糊状态。最后，管理人借用法院账号进行网络拍卖的定性问题还在于，管理人事实上使用了司法拍卖规则，即管理人拍卖时处分财产的行为效力等同于司法拍卖，但拍卖成交后的追责问题，却又将因拍卖主体的身份问题而缺乏应对措施。

由于司法拍卖难以通过民事诉讼行为来追究悔拍者的损害赔偿责任，这导致公、私法的处置财产行为在拍卖破产财产时，将产生混乱。由此可见，破产财产网络拍卖的法律性质有待进一步明晰，唯有在此基础上，才能够回答破产

---

① 参见江一苇：《颠覆司法拍卖》，载《21世纪商业评论》2021年第8期。

网络拍卖的税费承担问题。

（二）破产财产网络拍卖的规范文件

关于“破产财产网络拍卖”的处置问题，尚无统一的全国性立法，本专题将与破产财产网络拍卖相关的地方性司法文件进行梳理和汇总如表9－1所示。其中，直接与破产财产网络拍卖相关的规范仅有3部，包括山东省高级人民法院于2018年12月发布的《关于破产案件中采取网络司法拍卖方式处置破产财产的通知》，北京市高级人民法院于2019年4月发布的《北京市高级人民法院关于破产程序中财产网络拍卖的实施办法（试行）》以及上海市高级人民法院于2021年5月发布的《关于破产程序中财产网络拍卖的实施办法（试行）》。

表9－1　破产财产网络拍卖相关司法文件梳理

出台日期	发布部门	名　称	主要内容
2013.06	浙江省高级人民法院	《网络司法拍卖（变卖）工作规程（试行）》	将破产财产列入涉讼财产范围
2015.09	温州市中级人民法院	《关于通过网络司法拍卖平台处置企业破产财产的会议纪要》	第14条规定确立了由债权人会议决议确定标的物的起拍价、保证金、增价幅度、保留价等，其中仅提到“增价”幅度
2018.12	山东省高级人民法院	《关于破产案件中采取网络司法拍卖方式处置破产财产的通知》	明确了破产财产处置应积极采取网络司法拍卖的方式，并未对起拍价的确定及网络拍卖方案予以规制
2019.04	北京市高级人民法院	《关于破产程序中财产网络拍卖的实施办法（试行）》	第5条规定了网络拍卖方案中应当包括的内容，包括拟处置的债务人财产的范围与状况、拟起拍价等。第11条规定，由管理人提出处置参考价（定向询价、网络询价、委托评估、管理人估价）并供债权人会议参考确定起拍价
2019.12	重庆市高级人民法院	《关于破产程序中财产网络拍卖的实施办法（试行）》	第4条规定，网络拍卖方案应当直接载明出价递增幅度。第9条规定，管理人应当提出处置参考价供债权人会议参考确定起拍价。债权人会议也可以授权管理人自行确定起拍价

续表

出台日期	发布部门	名　称	主要内容
2020.02	广州市中级人民法院	《破产程序中财产处置的实施办法（试行）》	第7条规定，财产拍卖起拍价应当由管理人提出财产处置参考价供债权人会议参考确定起拍价。债权人会议也可以授权管理人自行确定起拍价。 第18条规定，网络拍卖方案应当载明竞价增降价幅度，首次提出“降价”概念
2021.05	上海市高级人民法院	《关于破产程序中财产网络拍卖的实施办法（试行）》	第10条规定，管理人应当将网络拍卖方案中就拍卖债务人财产可能产生的费用和税费负担情况向债权人会议予以说明。 第25条规定，买受人应根据拍卖公告将拍卖价款支付至管理人账户或审理破产案件的人民法院账户。需由出卖人负担的相关税费，管理人应当在拍卖款中预留并代为申报、缴纳

从各地出台的规范来看，各地法院对网络司法拍卖或破产财产网络拍卖的规范模式不尽相同。如温州市中级人民法院率先提出网络拍卖处置破产财产，对网拍流程进行了规范，其出台的纪要明确了债权人会议确定是否评估以及表决确定破产财产的处置价格，最终默认沿用了我国现在采用的“出价逐升式拍卖”规则；但山东省高级人民法院关于破产财产网络司法拍卖中却并未对起拍价的确定及网络拍卖方案予以规制。而后，北京市高级人民法院关于破产财产网络司法拍卖的规范进一步规范了破产程序中管理人对债务人财产的处置行为，默认沿用了“出价逐升式拍卖”规则。随后，重庆市高级人民法院关于破产财产网络司法拍卖的规定对管理人的工作规定比较详尽，仍然默认沿用了现有的“出价逐升式拍卖”规则。此外，广州市中级人民法院的相关规定则更侧重及时高效处置债务人财产，并首次提出“降价”概念。至于税费承担的问题，北京市、重庆市和上海市的高级人民法院均规定了出卖人所承担的税费在拍卖款中予以预留，间接对买受人承担全部税费进行了否定。

（三）破产财产网络拍卖的司法实务

文首案例中，最高人民法院认定破产财产的网络拍卖并不属于司法拍卖，对由买方包税的条款进行了肯定。而该裁判观点应否作为后续管理人工作和司法裁判的参考，尚需在归纳总结相关实务观点和裁判意见的基础上作出进一步的分析。

在经历了借用法院执行网拍平台处置和在法院执行网拍平台设置破产财产处置通道这两个过渡阶段之后，我国的破产财产网络拍卖规则已经进入了管理人独立发拍的成熟阶段，前述关于破产财产网络拍卖的规范也明确了管理人在财产处置过程中的核心地位，并确立了优先利用网络拍卖处置的原则。在实务中，管理人大多选择参考执行财产处置模式的相关规范，本专题将有关规则的适用状况整理如表9－2所示。

表9－2　管理人适用规则状况

分类	适用状况	相关案例
少数情形	管理人在竞买公告中直接援引《网拍规定》	《（破）浙江非凡雨家纺服饰有限公司管理人关于位于绍兴市钱清镇联兴村墅后非凡雨公司厂区内财产的破产拍卖公告》中，第12条规定："依照法释〔2016〕18号《网拍规定》……"
		《惠安县人民法院关于泉州台商投资区张坂镇惠南工业区的房地产（第一次拍卖）的公告》第11条规定："依照法释〔2016〕18号《网拍规定》……"
		《深圳市福田区人民法院关于东莞市广源实业有限公司持有的东莞市德诚融资担保有限公司3300万股（第一次拍卖）的公告》第13条规定："依照法释〔2016〕18号《网拍规定》……"
	管理人认为不应适用最高人民法院关于网络司法拍卖的相关司法解释	2019年2月14日，绍兴曙光机械有限公司管理人发布的拍卖公告第13条载明："本次拍卖系破产管理人对破产企业财产进行处置而使用法院司法拍卖网络平台，故不同于司法拍卖，不适用最高人民法院关于网络司法拍卖的相关司法解释……"

续表

分类	适用状况	相关案例
多数情形	网络拍卖规则均适用“出价逐升式拍卖”规则	2021 年 3 月 23 日，江苏楚龙面粉有限公司管理人发布的拍卖公告第 6 条拍卖方式规定：“本次拍卖为设有保留价的增价拍卖方式，保留价即为起拍价，对竞拍人数不设限制，一人应买即可成交。有两人以上竞买的，以竞价方式进行，价高者得。本次拍卖活动设置延时出价功能。在拍卖活动结束前，每最后 5 分钟内如有竞买人出价，自该出价时点自动顺延 5 分钟”
		2021 年 3 月 23 日，江西丰龙矿业有限责任公司破产管理人发布的拍卖公告中第 4 条拍卖方式规定：“1. 本次拍卖活动设置延时出价功能，在拍卖活动结束前，每最后 5 分钟如果有竞买人出价，就自动延迟 5 分钟。2. 本次拍卖采取有保留价的增价拍卖方式，保留价即起拍价，至少一人报名且出价不低于起拍价，方可成交”
特殊情形（评估定价机制）	管理人对拍卖财产进行评估，以评估价值作为拍卖依据	2021 年 4 月 21 日，天津世纪橡胶有限公司破产管理人发布的拍卖公告中，相关附件评估明细表载明了拍卖财产的评估情况
		2021 年 4 月 15 日，杭州临安新业科技有限公司管理人发布的拍卖公告中，附件载明资产评估报告书
	管理人基于成本、效率或其他考虑，不对拍卖财产进行评估	2021 年 3 月 18 日，晋煤冀州银海化肥有限责任公司破产管理人发布的拍卖公告第一点中也同样直接载明起拍价格。实务中不采用评估手段的，管理人通常会通过定向询价、网络询价以及日常经验等提出处置参考价供债权人会议审议，也有债权人会议会授权管理人自行确定起拍价
		2021 年 3 月 9 日，安阳县水冶镇供销合作社管理人发布的拍卖公告中第二点直接载明起拍价格

在税费承担的问题上，2017 年实施的《网拍规定》明确了税负应依法由破产程序当事人各自承担的原则。[①] 国家税务总局曾在《对十三届全国人大三次会议第 8471 号建议的答复》中明确指出，“要求各级法院严格落实司法解释关

① 《网拍规定》第 30 条：“因网络司法拍卖本身形成的税费，应当依照相关法律、行政法规的规定，由相应主体承担；没有规定或者规定不明的，人民法院可以根据法律原则和案件实际情况确定税费承担的相关主体、数额。”

于税费依法由相应主体承担的规定，严格禁止在拍卖公告中要求买受人概括承担全部税费，以提升拍卖实效，更好地维护各方当事人合法权益”。而这与文首案例中最高人民法院的观点存在冲突。

总体看来，随着互联网及信息技术的发展，破产财产网络拍卖日益频繁，其在实现破产财产处置市场化、法治化、信息化的过程中发挥着重要作用，然而关于破产财产网络拍卖如何定性、拍卖行为如何约束、当事人权利如何救济的问题，在现行法律法规、司法解释层面，均无统一明确的规定，全国性规范性文件支持的欠缺无疑使实务中相关问题的处理面临较大争议。正如文首案例中的焦点问题，造成实务中困境的原因在于破产财产网络拍卖虽然具备司法拍卖的部分特征，但在严格意义上却又不属于司法拍卖。① 当前《网拍规定》对司法拍卖中涉及的税费承担问题已作有明确规定，因而当事人是否可以自行约定拍卖所产生的一切税费均由买受人承担，抑或应当参照网络司法拍卖的有关规定严格执行税收法定的原则，就需要在对破产财产网络拍卖的定性予以厘清的基础上进行解答。

三、破产财产网络拍卖的性质认定

目前，对于破产财产网络拍卖的性质问题仍存有较大争议，主要包括商事交易说、网络司法拍卖说、折中说（或参照网络司法拍卖说）。

（一）商事交易说

商事交易说认为破产财产网络拍卖实质上是一种商事交易行为，破产清算程序中的财产拍卖与一般意义上的商业拍卖并无二致。根据《企业破产法》第25条和第61条的规定，管理人根据债权人会议通过的管理和变价方案对债务人财产进行管理和变价。据此，破产程序中拍卖财产的行为从其本质来说仍是一种私法行为，破产法院仅对管理人管理、处分破产财产的私法行为进行指导与监督。② 究其本质，破产清算程序中的财产处置就有以下与商业拍卖一致的特性：（1）破产财产系以管理人名义进行处置，而管理人不属于司法机关或者

---

① 参见倪斌：《破产财产网络拍卖税费承担问题探究》，载《上海法学研究》（第9卷）2021年，第197－203页。

② 参见章恒筑、王雄飞：《论完善执行程序与破产程序衔接协调机制的若干问题——基于浙江法院的实践展开》，载《法律适用》2017年第11期。

其组成部分。破产管理人虽由破产法院指定，但破产管理人并非破产管辖法院的代表，而是以相对中立且独立的地位来履行职责。[①] 也正因如此，破产财产的处置人仍是私主体。（2）破产财产在拍卖前尚未被采取查封、扣押、冻结等控制性执行措施。诚然，企业进入破产程序时，将由破产管理人接管相关财产，但是这种接管程序与司法拍卖前法院对拍卖标的所采取的强制措施存在本质不同，管理人的接管仍以财产的及时处分为目的（甚至在重整程序中，一般以企业整体的正常营运为目的），因而从拍卖标的被采取的强制措施来看，也应当认为破产清算程序中的财产拍卖仅属于商业拍卖。（3）若从程序的经济价值取向来看，破产财产拍卖与多方利益休戚相关，若能够按照商业拍卖模式拍卖破产财产，破产管理人便有了更大的主动权（包括是否选择网络拍卖的方式），网络拍卖平台提供者也具备了对破产财产网络拍卖进行商业化运营的条件（包括按照商业拍卖模式进行“抽佣”）。[②] 因而本专题认为，采取商业拍卖的立场将更有利于破产财产的处置效率和效果。

破产财产网络拍卖的商事拍卖性质也得到了部分司法判例的支持。例如，在“南京金腾齿轮系统有限公司与南京星能传动机械有限责任公司买卖合同纠纷案”[③] 中，二审法院认为：“《网拍规定》第1条载明：‘本规定所称的网络司法拍卖，是指人民法院依法通过互联网拍卖平台，以网络电子竞价方式公开处置财产的行为。’本案财产拍卖系星能公司破产程序中由管理人依法处分财产，而非人民法院强制处分财产的行为，与上述规定适用情形不符。”

（二）网络司法拍卖说

网络司法拍卖说认为，破产清算程序中的财产拍卖当属于司法拍卖。主要理由在于：（1）破产程序的特殊性。破产清算程序与民事强制执行程序相似，均属于借助国家公权力强制实现债权的民事司法强制程序，因而在此期间发生的财产拍卖程序，也应以司法强制性为其主要属性。（2）破产财产拍卖主体的特殊性。破产财产的权属关系并不因法院受理破产申请而发生变化，因此强化破产法院对破产财产处置的介入或监督具备正当性基础，如此一来，即便认同

---

① 参见齐明：《论破产法中债务人财产保值增值原则》，载《清华法学》2018年第3期。

② 参见黄忠顺：《破产财产网络拍卖的深度透析》，载《法治研究》2022年第2期。

③ 参见江苏省南京市中级人民法院民事判决书，（2021）苏01民终3号。

管理人具有私主体地位，也仍无法忽视破产受理法院在拍卖程序中的角色和作用。（3）破产财产拍卖客体的特殊性。伴随着人民法院裁定受理破产申请及指定管理人，债务人即丧失自行管理处分其财产的权利，这属于破产程序自动冻结效力的后果。① 因而可以认为，破产程序中所拍卖的客体仍是由司法权力所辐射和限制着的特定标的。② 从这个角度来看，受理破产申请的裁定书就具有禁止债务人擅自处分其财产的效力，在禁止债务人擅自处分财产方面，该效力与控制性执行措施具有相似性。

在实践中，“浙江广立钢结构建设有限公司、浙江兴苗办公用品有限公司对外追收债权纠纷案”中一审法院即支持该说，其认为：第一，案涉拍卖属于网络司法拍卖，相对于拍卖法中的民事拍卖，应当优先适用网络司法拍卖的规定；第二，案涉拍卖属于司法拍卖中的网络司法拍卖，根据特别法与一般法的关系，应当适用网络司法拍卖的规定；第三，《网拍规定》第24条就网络司法拍卖是对原《最高人民法院关于人民法院民事执行中拍卖、变卖财产的规定》第25条（现为第22条）的完善。③

（三）折中说

折中说认为，“破产网络拍卖”既不同于通常意义上的“私力拍卖”，也不同于通常意义上的“公力拍卖”，其兼具“私力拍卖”与“公力拍卖”的特点与性质。但考虑到破产财产网络拍卖具有特殊性，且一般借助法院互联网拍卖平台进行拍卖，故在破产财产网络拍卖中，包含竞买人对司法机关公信力的信赖利益，亦应受到《网拍规定》的约束。且已有多地的高级人民法院专门针对破产财产网络拍卖制定了地方司法文件，规定破产拍卖未规定的，参照司法拍卖的规定执行。④

在前述“浙江广立钢结构建设有限公司、浙江兴苗办公用品有限公司对外

---

① 参见韩长印、李玲：《简论破产法上的自动冻结制度》，载《河南大学学报（社会科学版）》2001年第6期。

② 参见黄忠顺：《破产财产网络拍卖的深度透析》，载《法治研究》2022年第2期。

③ 参见浙江省绍兴市越城区人民法院民事判决书，（2019）浙0602民初827号。

④ 《北京市高级人民法院关于破产程序中财产网络拍卖的实施办法（试行）》第24条规定：“管理人通过网络拍卖方式处置债务人财产，本办法没有规定的，可参照适用《最高人民法院关于人民法院网络司法拍卖若干问题的规定》。”

追收债权纠纷案”中，二审法院否定了一审法院的判决，其认为：首先，《拍卖法》第2条规定“本法适用于中华人民共和国境内拍卖企业进行的拍卖活动”，开宗明义规定《拍卖法》调整的是境内拍卖企业实施的拍卖活动，案涉拍卖并不涉及拍卖企业，主体不适格。其次，案涉拍卖是破产管理人通过司法网拍平台拍卖债务人财产的行为，目的在于处置破产财产以供债权人受偿，拍卖行为涵盖在司法程序之中，而《拍卖法》调整的拍卖行为主要是市场主体之间纯粹的商业行为，两者性质有异。最后，案涉拍卖的拍卖流程与《拍卖法》第4章规定的“拍卖程序”明显不匹配，存在客观上的适用困难。因此，在主体、性质、程序都不匹配的情形下适用《拍卖法》第39条，不具有说服力。广立公司依据《拍卖法》第39条在该案中主张权利，法院不予支持。[①] 可见，二审法院实际上支持了折中说。最高人民法院《网拍规定》在第1条中将网络司法拍卖定义为人民法院通过互联网平台处置财产的行为，而在该规定起草之初采纳“涉讼财产”这一概念，此后考虑到执行根据的多样性以及可能的变化倾向被拍卖的财产不仅包括法律文书进入执行程序后的“涉讼财产”，还包括其他非诉程序法律文书进入执行程序后将处置的财产等内容，因此将其改为处置“财产”。[②] 除司法解释外，如表2所示，已有多地高级人民法院专门针对破产财产网络拍卖制定了地方司法文件，均规定“破产拍卖未规定的，参照《网拍规定》执行”。

（四）破产财产网络拍卖应属商事拍卖

本专题赞成商事拍卖说，认为破产财产网络拍卖应当属于具有私法性质的商事拍卖。主要理由如下。

第一，破产财产网络拍卖是对破产管理人根据债权人会议表决通过的财产管理和变价方案予以实施的行为，体现了全体债权人的意思自治；而司法拍卖的依据则是法院判决生效的法律文书或有强制效力的公证文书，具有明显的强制性，两者之间存在本质不同。

第二，尽管破产财产拍卖需在法院的监督与指导下进行，与纯粹市场化的

---

① 参见浙江省绍兴市中级人民法院民事判决书，（2019）浙06民终2802号。

② 参见江必新、刘贵祥主编、最高人民法院执行局编：《最高人民法院关于人民法院网络司法拍卖若干问题的规定理解与适用》，中国法制出版社2017年版，第70页。

商业拍卖存在一定差异，但这并不足以改变破产财产拍卖属于商事拍卖的本质。《网拍规定》第1条规定："本规定所称的网络司法拍卖，是指人民法院依法通过互联网拍卖平台，以网络电子竞价方式公开处置财产的行为。"根据该规定，司法拍卖的实施主体为人民法院，而破产财产拍卖的实施主体为管理人，如《四川省自贡市中级人民法院关于破产程序中财产网络拍卖的操作规程（试行）》第5条即明确规定："管理人代表破产企业履行处置债务人财产主体职责，应以自己的名义依法通过网络拍卖平台处置债务人财产，对处置结果负责，并接受债权人会议和人民法院的监督。"故在破产财产拍卖中法院的监督角色与破产管理人的拍卖主体地位决定了其难以被归类于司法拍卖之下。

第三，破产财产网络拍卖可能产生的事后救济问题不应直接影响对其法律性质的定性。有学者指出在破产财产拍卖中，管理人作为商事拍卖的主体需承担瑕疵担保责任，但破产企业、管理人以及破产财团本身均将随着破产清算程序的结束而不复存在，这将导致买受人事后难以追究瑕疵担保责任、也无法寻求国家赔偿，故简单地将财产网络拍卖参照商事拍卖规则有失妥当性。[①] 本专题认为，商事拍卖规则应用于破产程序后凸显的事后救济的不足，应通过另行完善有关救济规则来实现，而不能简单地以救济手段欠缺为由否认其商事拍卖性质。

回归到文首案例，案涉发布于淘宝网络司法拍卖平台的拍卖公告中说明，"受咸阳市中级人民法院委托，西部产权交易所在淘宝网络司法拍卖平台上进行公开竞价活动"，但实际上，涉诉拍卖行为的委托人为破产管理人，法院在接受管理人委托后又委托第三方进行拍卖。尽管拍卖过程存在借助网络司法拍卖平台的情形，但平台的介入本身并不会实质影响和改变拍卖行为的性质，案涉拍卖仍不属于司法强制拍卖。

四、破产财产网络拍卖的包税条款

《网拍规定》第30条规定："因网络司法拍卖本身形成的税费，应当依照相关法律、行政法规的规定，由相应主体承担；没有规定或者规定不明的，人民法院可以根据法律原则和案件实际情况确定税费承担的相关主体、数额。"

---

① 参见黄忠顺：《破产财产网络拍卖的深度透析》，载《法治研究》2022年第2期。

《国家税务总局关于人民法院强制执行被执行人财产有关税收问题的复函》（国税函〔2005〕869号）中明确规定：鉴于人民法院实际控制纳税人因强制执行活动而被拍卖、变卖财产的收入，根据《税收征管法》第5条的规定，人民法院应当协助税务机关依法优先从该收入中征收税款。由此可见，当前关于执行中司法拍卖涉及的税费承担等具体问题较为明确。但是破产财产网络拍卖是否可以约定拍卖所产生的一切税费均由买受人承担，仍存在不同观点。

（一）案涉包税条款的效力认定

在税法实践中，合同双方约定由协议一方对交易产生的全部税费予以承担并缴纳的条款被称为"包税条款"，而协议约定承担缴纳税款义务的一方通常并非税法上的义务主体。[①] 案涉《竞买公告》与《竞价须知》中有关买受人承担标的物过户所涉及的一切税费的规定实际上即属于包税条款。其实，有关包税条款的效力争议不仅存在于破产财产的拍卖中，在其他民商事交易活动中也普遍存在。

司法实践中，对于包税条款的效力之争主要集中于其是否违反了《税收征管法》第3条[②]、第4条[③]以及《税收征管法实施细则》第3条[④]的规定。譬如在文首案例中，买受人即主张根据《增值税暂行条例实施细则》的相关规定，增值税依法应由债务人一方承担，拍卖公告作为格式公告与税收法律规定不符，应认定为无效。

上文详细讨论了破产财产网络拍卖性质的目的在于回应因拍卖产生的税费负担问题，本专题认为，在认定管理人对破产财产进行管理和处分不属于公法

---

① 参见肖太寿：《包税合同条款的法律效力与涉税分析》，载《财会学习》2012年第1期。

② 《税收征管法》第3条规定："税收的开征、停征以及减税、免税、退税、补税，依照法律的规定执行；法律授权国务院规定的，依照国务院制定的行政法规的规定执行。任何机关、单位和个人不得违反法律、行政法规的规定，擅自作出税收开征、停征以及减税、免税、退税、补税和其他同税收法律、行政法规相抵触的决定。"

③ 《税收征管法》第4条规定："法律、行政法规规定负有纳税义务的单位和个人为纳税人。法律、行政法规规定负有代扣代缴、代收代缴税款义务的单位和个人为扣缴义务人。纳税人、扣缴义务人必须依照法律、行政法规的规定缴纳税款、代扣代缴、代收代缴税款。"

④ 《税收征管法实施细则》第3条规定："任何部门、单位和个人作出的与税收法律、行政法规相抵触的决定一律无效，税务机关不得执行，并应当向上级税务机关报告。纳税人应当依照税收法律、行政法规的规定履行纳税义务；其签订的合同、协议等与税收法律、行政法规相抵触的，一律无效。"

行为的基础之上，相对于适用包括《网拍规定》在内的司法拍卖规则而言，破产财产的拍卖更应当适用商事拍卖规则。譬如，破产程序的网络拍卖出卖人原则上应承担瑕疵担保责任，对破产财产网络拍卖作出反悔的买受人不仅会被没收保证金，还应当承担拍卖差价的赔偿责任。[①] 如此一来，结合文首案例中的争议焦点，当事人在《竞买公告》和《竞价须知》中作出的告知和规定应认为对于自愿参与竞拍的买受人具有法律效力，因而管理人有权据此主张买受人支付由债务人破产财产先行垫付的税费。

简而言之，在文首案例商事拍卖行为的视角之下，破产财产的网络拍卖应适用不同于《网拍规定》的拍卖规则，由当事人以自行约定的方式来安排税费问题，当无疑问。具体理由包括：（1）我国税收相关法律法规对纳税义务人以及纳税责任、税额税率、缴纳方式等进行了规范，但并没有对税款的实际承担主体作出限制性规定。[②] 案涉包税条款中双方关于税费承担的规定，仅改变了实际的税费承担者，并未否认或改变债务人纳税义务人的身份，没有改变破产企业与税务机关之间的行政法律关系，也未在买受人与税务机关之间建立行政法律关系。[③]（2）案涉包税条款仅改变了税款资金的来源，并不存在降低或减少税收额度的情形，不会对税务机关税收请求权的实现产生影响，[④] 故从尊重商事主体意思自治的角度出发，不应否认该条款的效力。（3）案涉包税条款不存在其他违反税收开征、停征以及减税、免税、退税、补税等同税收法律、行政法规相抵触的决定，不存在无效事由。综上，文首案例中《竞买公告》与《竞价须知》中的包税条款有效，买受人在参与拍卖时对上述条款内容知晓，应当受到该条款的约束。

（二）买受方承担全部税款的利弊分析

尽管根据前文分析，在商事拍卖的语境下，案涉包税条款有效，但在破产财产网络拍卖的实践中，由买受人承担全部交易税费的约定将对买受方产生不

---

① 参见余建华、胡剑飞：《绍兴判决首例破产拍卖多人悔拍纠纷案》，载《人民法院报》2018年8月16日，第3版。

② 参见张婉苏：《包税条款的效力反思与路径重构》，载《南京社会科学》2021年第11期。

③ 参见包关云、包卓群：《破产企业财产拍卖涉税研究——基于财务与法学视角》，载《中国注册会计师》2019年第11期。

④ 参见张婉苏：《包税条款的效力反思与路径重构》，载《南京社会科学》2021年第11期。

同的利弊影响。

在破产财产网络拍卖中约定由买受人一方承担全部税款，从表面上看，似乎是减轻了破产企业的债务负担，有利于破产财产变价的最大化，并可提高供债权人分配的财产额度。但有实务界观点指出，从经济学上分析实际情况，其实并非如此。这是因为，在规定税费由买受人全部承担时，买受人竞拍破产财产的出价必然会考虑其后应当承担的税费，转嫁给买受人的税费越多，其愿意给出的拍卖交易价格就会相应地减少，故实质上债务人企业不能因转移税费承担而获得更多利益。除此之外，买受人承担全部税费的做法还会给管理人勤勉尽责带来难题，假定破产财产已经拍卖成交，若管理人要求买受人缴纳税费后再将财产过户或交付，则因破产企业对该项财产转让所需税费金额难以准确核定，或是双方在核定金额上存有争议，将导致财产过户或交付搁置；而若管理人先行将财产过户或交付，一旦买受人对税费承担反悔，管理人将缺乏有效手段来保障买受人的税费支付，即便提起诉讼也无法对买受人的履约能力作出保证。① 由此，破产财产拍卖实务中，管理人要求买受人承担全部税费的做法，并不能为破产企业及破产财产带来明显益处，反而可能导致拍卖双方诉讼纠纷的多发。

从政策导向及审判趋势来看，破产财产网络拍卖产生的税费概括承担约定的效力存在被否定的风险。2020 年 9 月 2 日，国家税务总局在《对十三届全国人大三次会议第 8471 号建议的答复》中明确指出："我局和最高人民法院赞同您关于税费承担方面的建议，最高人民法院将进一步向各级法院提出工作要求：一是要求各级法院尽最大可能完善拍卖公告内容，充分、全面向买受人披露标的物瑕疵等各方面情况，包括以显著提示方式明确税费的种类、税率、金额等；二是要求各级法院严格落实司法解释关于税费依法由相应主体承担的规定，严格禁止在拍卖公告中要求买受人概括承担全部税费，以提升拍卖实效，更好地维护各方当事人合法权益。"也就是说，国家税务总局对拍卖中要求买受人概括承担全部税费的做法明确持反对态度。除此之外，北京市高级人民法院发布的《关于破产程序中财产网络拍卖的实施办法（试行）》第 19 条规定："买受人应根据拍卖公告将拍卖价款支付至管理人账户或审理破产案件的人民法院账户。

---

① 参见韩传华：《破产财产拍卖中全部税费由买受人承担是否必要?》，载 https://mp.weixin.qq.com/s/cC32t0n0nRGrHQEt9fw5bA，最后访问日期：2023 年 6 月 12 日。

须由出卖人负担的相关税费，管理人应当在拍卖款中预留并代为申报、缴纳。”《重庆市高级人民法院关于破产程序中财产网络拍卖的实施办法（试行）》第19条也规定：“买受人应在拍卖公告确定的期限内将拍卖价款支付至管理人账户或审理破产案件的人民法院账户。须由出卖人负担的相关税费，管理人应当在拍卖款中预留并代为申报、缴纳。”上述人民法院的司法文件都对破产企业承担拍卖过程中应当承担税费的立场持肯定态度。

综上，破产管理人应当改变在破产财产拍卖中直接要求买受人承担全部税费的做法，法院在司法实践中可以对税费的承担问题作出必要的引导，出台规定限制或者禁止破产财产拍卖要求买受人承担全部税费的情况。如上海市高级人民法院发布的《关于破产程序中财产网络拍卖的实施办法（试行）》第34条即规定：“管理人通过网络拍卖方式处置债务人财产，本办法没有规定的，可参照适用《最高人民法院关于人民法院网络司法拍卖若干问题的规定》。”故依据上述规定，上海法院可以参照适用《网拍规定》第30条的规定，要求拍卖双方依照相关法律、行政法规的规定各自承担网络拍卖形成的税费。本专题认为，在没有法律规定或者规定不明时，法院完全可以根据法律原则和案件实际情况来确定税费承担的主体以及具体数额。此种做法能够有效解决拍卖双方对税费承担的争议和冲突，在我国有关破产财产网络拍卖的法律规则尚未建立之前，值得各地法院借鉴。

五、结语

破产财产的网络拍卖是对破产企业财产进行处置的重要一环，与全体债权人的清偿利益紧密关联。从历史演进来看，法院拍卖系统逐步与破产拍卖分离，从而使破产拍卖由公权力干预向市场化运作发展，以提高效率。本专题结合一起关于包税条款的纠纷，提出破产财产的网络拍卖应由破产管理人作为实施主体、法院作为监督主体进行，在本质上属于具有私法性质的商事拍卖，与具有强制性的司法拍卖不同。但拍卖双方关于缴税义务转移至买受人的约定其实并无益于破产财产，反使其成为了买受人成本计算的一环、增高了门槛，亦与提升破产程序效率的目的相违。为化解实践中存在的争议，管理人应改变一味要求买受人包税的做法，法院应当出台规范性文件明确双方各自承担的纳税义务，对税款承担问题进行适当的监督与引导。

专题十

破产程序中的债权人撤销权问题

内容提要：债权人能够以及如何在破产程序中主张撤销权，是债之保全制度在破产程序中的映射和运用，对此，《企业破产法司法解释二》第13条原则上肯认了债权人的民事撤销权，但在司法实践中仍存在法律适用的难题。本专题结合一起个别债权人在破产程序中被管理人拒绝后另行提起民事撤销之诉的纠纷，对该问题展开分析：债权人在破产程序中有权保留行使撤销权，且原则上与管理人的破产撤销权"并轨"存在，在此基础之上，破产债权人提起撤销之诉不受关于主动债权在性质和数额上的限制，且在撤销权的实体构成要件方面，对债务人以及第三人的主观恶意审查标准也将显著降低；但同时，为与破产撤销权形成有效衔接，破产债权人的撤销权行使应以管理人尚未行使破产撤销权为前提，而这一前置条件与管理人是否怠于履行其职责以及债权人会议是否作出授权无关。

关键词：破产撤销权、债权人撤销权、共益性、破产管理人、债权人会议

一、问题的提出

在北京捷宸阳光科技发展有限公司（以下简称捷宸公司）的破产清算案中，债权人北京金宸星合资产管理有限公司（以下简称金宸公司）向管理人提出建议，要求其根据《企业破产法》第31条起诉撤销捷宸公司与第三人于2017年12月25日签订的《抵押担保合同》和《质押担保合同》，并立即办理解除抵押担保登记手续以及解除质押担

保登记手续，将追回的财产归入捷宸公司的破产财产。但是管理人向金宸公司说明，涉案事宜不符合行使破产撤销权的情形。于是金宸公司向一审法院起诉，请求根据《企业破产法司法解释二》第13条的规定，撤销案涉两份担保合同。另查明，金宸公司起诉时，破产受理法院作出的（2018）京0112破3号民事裁定书已对金宸公司的债权人地位予以确认，但债权的具体数额存有争议。

一审法院以破产撤销权纠纷作为本案案由，认为行使破产撤销权本身是管理人的职责，无须债权人会议的表决或者授权，但管理人认为可以不提起破产撤销权诉讼的，应当向债权人会议通报并说明理由，由债权人会议决议是否提起诉讼。本案中，金宸公司向管理人提出涉案撤销建议后，管理人已经向金宸公司阐明了不符合行使破产撤销权的情形。而且，现有证据虽然可以证明金宸公司对捷宸公司享有债权，但并未确认具体数额，因而其债权人身份不能确认，遂驳回起诉。

二审法院将本案案由改为债权人撤销权纠纷，并作如下说理：（1）对于金宸公司的债权人身份问题，虽然金宸公司的债权数额存疑，但（2018）京0112破3号裁定记载，金宸公司对捷宸公司确实享有债权，捷宸公司亦“自认”对金宸公司负有债务，一审法院直接以金宸公司的债权人身份未经确认为由驳回起诉，有失妥当。（2）对于管理人的履职问题，《企业破产法司法解释二》第13条规定，在发现债务人实施了法律规定的损害破产财产的行为时，应当优先由管理人通过行使破产撤销权的方式来追回破产财产，管理人未依法起诉的，债权人才享有提起诉讼的权利。本案中，管理人客观上并未提起破产撤销权诉讼，这一情况已经满足了债权人提起债权人撤销权纠纷诉讼的前提条件。（3）对于诉讼请求的具体内容，金宸公司的诉讼请求中虽然并未明确载明“将追回的财产归入债务人财产”，但其在诉讼理由中明确表达了为全体债权受益的意思，不足以认定金宸公司存在要求捷宸公司进行个别清偿的意思表示。二审法院于是撤销一审裁定并发回重审。①

该案中的争议反映出破产债权人根据《企业破产法司法解释二》第13条主张民事撤销权时可能面临如下问题：（1）破产债权人行使民事撤销权的请求权

① 参见北京市第三中级人民法院民事裁定书，（2020）京03民终5800号。

基础是什么，又应如何解读其与破产管理人破产撤销权之间的关系。(2) 破产债权人提起民事撤销之诉时，是否以其债权的具体内容、性质与数额均经破产债权表的确认为必要前提。(3) 破产债权人提起民事撤销之诉时，是否以破产管理人存在未勤勉尽责或债权人会议的决议授权为前提，破产债权人行使民事撤销之诉的法律效果如何。

二、破产撤销权和民事撤销权的概念界分

《企业破产法》第31条和第32条规定了破产管理人的破产撤销权，并对其行使要件作出了相应的规范，但对破产债权人行使民事撤销权的可能性以及具体方式未作规定。《企业破产法司法解释二》第13条填补了上述缺漏，规定："破产申请受理后，管理人未依据企业破产法第三十一条的规定请求撤销债务人无偿转让财产、以明显不合理价格交易、放弃债权行为的，债权人依据民法典第五百三十八条、第五百三十九条等规定提起诉讼，请求撤销债务人上述行为并将因此追回的财产归入债务人财产的，人民法院应予受理。相对人以债权人行使撤销权的范围超出债权人的债权抗辩的，人民法院不予支持。"该条司法解释规定的意义重大，可以说在我国破产程序规则中塑造了管理人行使破产撤销权、债权人行使民事撤销权的"并轨"局面。

作为问题分析的出发点，需要首先明确的是，在破产法已经赋予管理人破产撤销权的基础之上，破产债权人另外行使民事撤销权的法理依据。

（一）破产管理人的破产撤销权

破产管理人的撤销权，是指破产管理人请求法院对破产债务人在破产案件受理前法定期限内实施的损害债权人利益的行为予以撤销的一项权利。破产法设置破产撤销权的制度目的在于：通过撤销不当减少债务人财产的行为来保障债务人责任财产的最大化，进而保护全体债权人的利益；同时，贯彻债权人平等保护原则，保障全体债权人的公平受偿。①

就可撤销的行为类型而言，《企业破产法》对破产撤销权行使范围的规定，大致可分为对诈害行为的撤销以及对偏颇行为的撤销。其中，诈害行为是指通

① 参见许德风：《破产法论——解释与功能比较的视角》，北京大学出版社2015年版，第381页。

过财产的隐匿、不公平交易等方式损害全体债权人利益的行为。根据该法第31条的规定，诈害行为包括无偿转让财产、放弃债权、以明显不合理的价格进行交易的行为。而偏颇行为（又称偏袒性清偿、优惠性清偿）则是指破产债务人在破产程序开始前的法定期间内，以提前清偿到期债务、对没有财产担保的债务提供财产担保等方式，使特定债权人获得优于其他债权人的受偿地位的行为。此类行为违背了破产程序对全体债权人进行公平、有序清偿的原则，故为各国立法所禁止，并设置破产撤销权制度予以纠正。①

就诉讼构造而言，当破产管理人提起撤销之诉时，可被视为“戴着债权人的面纱”。实际上，我国当前的破产撤销权制度主要借鉴了《美国联邦破产法》第544（b）（1）条的规定，据其规定，破产撤销权的适用要件包括两个方面：（1）根据可适用的非破产法，实际存在享有对给付行为行使撤销权的债权人；（2）该债权人在破产案件中持有应予确认的无担保债权。② 据此，管理人行使的破产撤销权实则来源于拟制的、不知情的无担保债权人所享有的权利。③

就破产撤销权的行使主体而言，应以管理人的统一行使为原则。具体而言，管理人行使破产撤销权时无须经过债权人会议的同意或债权人委员会的授权。④值得说明的是，有些国家的破产法规定，在特殊的破产程序中或特殊情况之下，破产撤销权的行使主体可能有所不同。例如美国破产法规定中的重整程序主要采取的是债务人自行管理的重整模式，即由该经管债务人直接行使管理人的职权，此时，破产撤销权的行使主体也将转变为经管债务人。⑤ 对此，本专题认为，在破产程序中均应以管理人提起财产追收诉讼包括撤销之诉为宜。这是因为，管理人在接管破产财产上具有先天的专业性和中立性优势，其根据破产法的授权和法院的委派直接代表破产企业来诉请撤销过往的欺诈

---

① 参见王欣新：《破产撤销权研究》，载《中国法学》2007年第5期。

② See John C. McCoid II, *Bankruptcy Avoiding Power Unperfected Security Interest*, 59 American Bankruptcy Law Journal, p. 175（1985）. 转引自张玉海：《登记对抗主义下未登记抵押权在抵押人破产时的效力》，载《法律科学（西北政法大学学报）》2016年第5期。

③ 参见［美］查尔斯·J. 泰步：《美国破产法新论》（第3版），韩长印等译，中国政法大学出版社2017年版，第527页。

④ 参见韩长印主编：《破产法教程》，高等教育出版社2020年版，第148页。

⑤ 参见王欣新：《破产撤销权研究》，载《中国法学》2007年第5期。

行为或偏颇行为，最具合理性。而经管债务人的行使则较为复杂，将在下文进一步讨论。

（二）破产债权人的民事撤销权

在民法理论中，债权人撤销权向来是债之保全的重要组成部分，因而是债权的一项重要权能。债权人撤销权，是指债权人对于债务人所为的危害债权的行为，可请求法院予以撤销，以维持债务人责任财产的权利。债权人撤销权起源于罗马法，又名“废罢诉权”，即对于债务人损害债权的行为，债权人有权申请撤销。① 查士丁尼时期即以“保罗诉权”作为债权人的撤销权，并把债务人的行为分为有偿和无偿，对有偿行为的撤销“以债务人之诈害意思与受益人明知诈害事实为要件”，对无偿行为的撤销则无此要求。14 世纪，意大利诸州法首创不以债务人主观要件为必要的撤销权制度。随后，法国在其商法典中承袭意大利模式，规定了不以债务人主观要件为必要的破产法上的撤销权，与此同时，法国民法典仍继受罗马法的撤销权制度。至此，民法和破产法上的撤销权在其构成要件上产生了较大差异并得以分离，而后，这一立法模式也为德国、日本及我国台湾地区所承袭。② 我国《民法典》第 538 条至第 542 条在原《合同法》的基础之上，对债权人撤销权作出了更为系统的成文法规范，其规范内容与《企业破产法》中的破产撤销权亦有明显的区分，兹阐释如下：

就其权利效力而言，债权人撤销权具有以下机能：一为贯彻“债权人平等对待原则”，藉由撤销权之行使，防范债务人故意规避对其财产的查封扣押，并防范与债务人有特殊关系之债权人相对于其他债权人受更有利之对待；二为使债务人应负责任之积极财产增加或使消极财产减少，以最大化地满足债权；三为防范不正当行为，特别是在债务人主观上具有故意使债权人受有不利结果且相对人（受益人）对此亦有所认识之情形。③ 不过，在界定基于债权人平等对待原则而产生的民事撤销权之适用范围时，亦必须适当考量所有关系人之正当

---

① 参见韩世远：《债权人撤销权研究》，载《比较法研究》2004 年第 3 期。

② 参见祝伟荣：《破产撤销权制度的反思与重构——以利益衡平理念为视角》，载《法律适用》2012 年第 5 期。

③ See Kohn – Löffelmann, Insolvenzanfechtung in Europa: Vergleichder Anfechtungsvorschriftenvon Deutschland, derSchweizund Frankreich, Hamburg 2008, S. 39. 转引自沈冠伶：《债务清理程序之撤销权制度与撤销诉讼》，载《台大法学论丛》2011 年第 40 卷（第 3 期），第 1177 页。

利益的平衡。一般而言，在非破产的语境下，债务人原则上均得自由处分其财产，基于意思自治所生之法的安定性及信赖保护之要求，使债权人撤销权的行使仍须有所限制，以免危害到经济体系中之信用供给。[①] 可以认为，债权人撤销权在平衡与兼顾各关系人利益的问题上，扮演着核心角色。[②]

就其权利属性而言，有关债权人撤销权在民法语境中的性质界定存在如下观点：（1）请求权说，又称债权说，认为债权人撤销权的本质在于，债权人可以直接向因债务人的行为受有利益的第三人请求返还财产。因而此时撤销的效果仅在于产生债权请求权，而不发生使被转移之财产当然回复为债务人所有的物权效力。（2）形成权说，又称物权说，认为债权人撤销权具有实体法上形成权的性质，债权人可以通过起诉的方式使债务人与第三人之间法律行为的效力溯及既往地消灭。因此，债权人行使撤销权的效果将使原已归属于受益人的权利自始失其效力，直接复归于债务人。而在形成权说当中，关于债权人行使撤销权之后系基于何种请求权基础来要求受益人或转得人返还财产予债务人的问题，亦存有不同的理论立场。[③]（3）折中说，此说认为债权人撤销权的对象为债务人的行为，目的在于使债务人的责任财产恢复原状，因此债权人撤销权兼具请求权与形成权这两种性质：就撤销债务人与受益人间的行为而言，表现为形成权，具有形成之诉的性质；就请求受益人将财产返还于债务人而言，则表现为请求权，具有给付之诉的性质。[④] 但在请求权与形成权之中，何者居于主

① See Bork, Handbuchdes Insolvenzanfechtung srechts, Köln 2006, S. 2－3. 转引自沈冠伶：《债务清理程序之撤销权制度与撤销诉讼》，载《台大法学论丛》2011年第40卷（第3期），第1177页。

② See Bork,（Fn. 4）, S. 19. 转引自沈冠伶：《债务清理程序之撤销权制度与撤销诉讼》，载《台大法学论丛》2011年第40卷（第3期），第1177页。

③ 当前民法理论中大致存有三种观点。第一种观点认为，债权人于行使撤销权之后，若受益人或转得人仍占有标的物，债权人自己对于受益人或转得人不得直接请求返还，而只能基于代位权代债务人行使其权利。此种观点又称为极端的形成权说。参见史尚宽：《债法总论》，中国政法大学出版社2000年版，第499页。第二种观点认为，债权人于提起撤销之诉时，可以同时提起代位之诉，声明请求返还财产或赔偿予债务人或自己。该观点认为返还财产之请求虽须以撤销权的行使为前提，但却非撤销权行使的当然效力。第三种观点认为，债权人提起的撤销之诉为形成之诉，其形成效果为使受益人获得利益之恢复，成为债务人之责任财产状态，而不必由债权人另行请求受益人返还其所取得之利益，即得径行对该利益强制执行。参见黄立：《民法债编总论》，中国政法大学出版社2002年版，第482－483页。

④ 参见张龙文：《民法债权实务研究》，台北，汉林出版社1977年版，第26页；另参见钱国成：《民事判决评释选集》，台北，汉林出版社1977年版，第43页。

要地位，采折中说的观点对此不无争论。[①] 归纳之，撤销权行使的结果如可直接达到使债务人责任财产恢复原状的目的，那么债权人仅须诉请撤销，即为单纯的形成之诉；如单纯的撤销之诉尚不能达此目的，那么债权人须同时诉请财产返还或损害赔偿，即为附加的给付之诉。

（三）在破产程序中肯认债权人民事撤销权的法理基础

如前所述，在破产程序中由管理人行使的破产撤销权以及在一般民法语境中由债权人行使的民事撤销权系为两个独立的概念，二者在理论基础以及权利效果上既有相似性又有差异性。相似性在于，其都是债权实现的工具，因为无论是债权人还是管理人，其依据撤销权介入债务人与第三人之间的交易并将交易结果恢复至债务人的责任财产，无疑都构成对债权相对性的突破，从而呈现出债的一般保全效力。二者的差异性则主要表现在权利行使的具体规则上。民事撤销权的行使主体是个别债权人，仅涉及个别债权人对自身债权之特定权能的处分，因此其作为一项权利，个别债权人既可以选择行使，也可以选择放弃。而破产撤销权的行使主体是管理人，受益主体则是全体债权人，且管理人和全体债权人之间是相对独立的关系，因而此时，破产撤销权的行使主体和受益主体呈现出分离状态。由于此情况涉及对他人利益的照管，管理人主张破产撤销权时便不能任凭自己的意志而随意行使，更不能随意放弃。对此，有学者指出，管理人的“破产撤销权不是单纯的权利，也不仅仅是一种义务，而是一种职权”[②]。

二者的差异性还表现在权利行使的期限上。《企业破产法》并未规定破产撤销权的除斥期间，根据特别法优于一般法的规则，破产撤销权的行使似乎不受一般民事撤销制度中除斥期间的限制。司法实践中对此问题亦有比较统一的解读。在“天津银行股份有限公司上海分行破产撤销权纠纷案”[③] 中，法院认为破产撤销权是民事行为撤销权与合同撤销权在破产程序中的拓展和延伸，虽

---

① 关于此问题，学界存有三种不同见解：(1) 撤销权请求权同等说；(2) 以请求权为主撤销权为从说；(3) 以撤销权为主请求权说为从说。值得注意的是，第二种观点不承认仅以撤销行为为目的之诉。参见史尚宽：《债法总论》，中国政法大学出版社2000年版，第478页。

② 祝伟荣：《破产撤销权制度的反思与重构——以利益衡平理念为视角》，载《法律适用》2012年第5期。

③ 参见上海市第三中级人民法院民事判决书，(2021) 沪03民终9号。

然《企业破产法》未明文规定除斥期间，但是这并不代表不再适用相关规范，而应理解为该权利始于破产程序的开始，即受理之日，终于破产程序的终结。此外，在“长城华西银行股份有限公司、长城华西银行股份有限公司德阳旌阳支行破产撤销权纠纷案”[①] 中，受理法院同样认为，破产管理人在破产程序终结前均有权行使撤销权，不受《民法典》的相应限制。可见，法院往往认为管理人在破产程序终结之前均可提起破产撤销之诉，这与一般民事撤销权的除斥期间限制有着显著的差异。

既然二者在概念和规则上均呈现出较大的差异性，那么在债务人破产的语境下，就必须回应针对债务人不当减损责任财产行为的撤销权应当由谁来行使、采取何种制度来行使的问题。换言之，在破产法明确规定管理人享有破产撤销权的基础之上，是否还有必要在破产程序中承认债权人的民事撤销权？

当前，主张应将破产程序中的撤销权集中赋予管理人的观点提出，这种做法有两个好处：一是保障破产程序的效率；二是“在确保债权人享有制衡手段的前提下，防止债权人、债权人会议或债权人委员会等通过滥诉来妨碍破产程序的顺畅进行”[②]。还有学者主张，即便管理人在破产程序中系出于主观恶意而怠于行使撤销权或不行使撤销权，债权人此时也应以管理人为被告向法院提起责任之诉，要求管理人依法履行职责，因而没有必要承认债权人的民事撤销权。[③] 但这种救济方式将科以债权人过重的举证责任，因为债权人必须证明管理人应行使撤销权但却出于恶意而未行使撤销权，且其对债权人的损失存在主观过错。

而主张债权人在破产程序中仍有权主张民事撤销权的观点则认为，从维护债权人利益的角度出发，不应剥夺债权人的撤销诉权。具体而言，在民法明文规定债权人依法享有撤销权的情况下，破产程序不宜直接剥夺该项权利。法律允许管理人依职权行使破产撤销权的同时，在管理人怠于或拒绝行使破产撤销权或者债权人需要独立行使民事撤销权的情况下，应当允许债权人依据民事法律规范来行使撤销权。该权利的承认非但不会影响破产程序的顺利进行，而且

① 参见四川省高级人民法院民事判决书，（2020）川民终154号。
② 陈夏红：《企业破产法注释》，北京大学出版社2021年版，第200页。
③ 参见唐军：《论破产撤销权》，载《社会科学研究》2013年第1期。

撤销的结果将更加有利于维护债权人的利益。① 只是，由此追回的财产应当归入债务人财产（破产财产），不得用于清偿个别债权。

本专题认为，在破产程序中应当承认债权人的民事撤销权。相比较而言，作为特别担保的保证或物的担保，其实是在债务人的责任财产之外增加了保证人、并存的债务承担人或者特定物品的保障，从而使债权人对第三人享有的这些权利原则上不受破产程序的启动的影响；而同这些特别担保相比，债的一般保全制度无须债权人或债务人履行任何手续，只要有合法有效的债权存在，当特定条件具备时，债权人便当然地享有保全的权利。② 从这一角度出发，债之保全权能如同债权所具有的请求权、执行权、保有权、处分权等权能一样，系为一项重要的固有权能。③ 既然撤销权本就属于内生于特定债权的一项权能，破产程序的启动便不应打破其运作机制。从这个角度来看，《企业破产法司法解释二》第 13 条的规定并非赋权性规定，而是对债权本来权能的肯认，具有充分的法理基础。

（四）破产债权人行使民事撤销权的比较法视角

比较法上，也存有诸多关于破产债权人行使民事撤销权的规定。典型如联合国《破产法立法指南》建议："破产法应规定，破产管理人负有启动撤销程序的主要责任。破产法还可允许任何债权人在破产管理人同意的情况下启动撤销程序，如果破产管理人不同意，债权人可寻求法院的许可而启动该程序。"④ 该建议显然是认可了债权人启动撤销程序的权利，同时提议该撤销权的行使应力求实现债权人利益最大化以及合同可预测性之间的平衡，指南对此进一步解释道："如同破产法的一些核心规定一样，在拟定撤销规定时，需要在相竞争的社会利益之间求得平衡，例如，一方面有必要赋予极大的权力，为了全体债权人的利益而实现破产财产价值的最大化；另一方面又要防范可能损害合同的可预测性和确定性……为尽量减轻撤销权对合同可预见性和确定性可能产生的消极影响，只要有可能，就应使可予撤销的各种类别交易（不论其是广义界定的

---

① 参见乔博娟：《论破产撤销权之行使——兼析〈最高人民法院关于适用《企业破产法》若干问题的规定（二）〉》，载《法律适用》2014 年第 5 期。

② 参见郑玉波：《民法债编总论》，中国政法大学出版社 2004 年版，第 320 页。

③ 参见申卫星：《合同保全制度三论》，载《中国法学》2000 年第 2 期。

④ 联合国国际贸易法委员会：《破产法立法指南》（2006 年），第 138 页。

还是狭义界定的）和撤销权的行使都遵守能够确定企业和商业风险的明确标准。”①

英美法系国家破产法关于债权人撤销权的规定比较间接。如美国《联邦破产法》规定：“具有‘管理人’身份的经管债务人还有资格提起破产撤销之诉，比如对偏颇交易行为提出异议、撤销未公示的优先权、质疑欺诈转让。”② 该规定仅落脚于破产管理人的权利，并未提及债权人撤销权的问题。而在《联邦破产法》关于个人破产制度的第13章，则存有债务人自身是否也具有提起破产撤销之诉资格的争议。一种观点认为：“除了对影响财产豁免的优先权的撤销权之外，‘管理人’有权行使所有的撤销权。这里的‘债务人’并非‘管理人’，第13章程序中的唯一‘管理人’就是第13章管理人。此外，尽管§1303与§1304的确将部分管理人的权利授予了第13章债务人，但这些规定都未明确规定债务人可以行使管理人的撤销权。”③ 另一种观点则认为，《联邦破产法》第13章主要是将某些权利排他性地授予了债务人，并未对债务人可以行使的其他类型的管理人权利进行限制。而且立法记录似乎也更倾向于这种解读，明确指出：“对债务人的排他性权利的列举，并不表明债务人不得与管理人同时享有其他权力。”实践中，很多法院都对这一立法记录及其可操作性作有考量，并基于《联邦破产法》第13章中的债务人是最有动力代表财团提起撤销之诉的主体这一理由，允许债务人提起撤销之诉。④ 由此可知，至少在美国的破产程序中，有权启动撤销诉讼的主体并不限于管理人。

在大陆法系国家，德国破产法对债权人撤销权有比较直接的规定。德国《支付不能法》规定，在消费者支付不能程序中适用简易破产程序的，“非为受托人、而是任何支付不能债权人，有权依第129条至第147条撤销法律行为……债权人会议委托债权人撤销的，以发生的费用不能够从取得物中得到抵偿为限，应当从支付不能财团向债权人偿还所发生的费用”⑤。相反，日本破产实践中，

① 联合国国际贸易法委员会：《破产法立法指南》（2006年），第124页。

② ［美］查尔斯·J. 泰步：《美国破产法新论》（第3版），韩长印等译，中国政法大学出版社2017年版，第1149页。

③ In re Binghi, 299 B. R. 300 (Bankr. S. D. N. Y. 2003).

④ See Matter of Hamilton, 125 F. 3d 292 (5th Cir 1997).

⑤ 杜景林、卢谌译：《德国支付不能法》，法律出版社2002年版，第138页、第153页。

就有判例认为，“破产财产的管理权专属于管理人，不应允许债权人自行行使撤销权”①。相比较而言，日本破产制度采取的立场最为严格，法院有可能直接反对由债权人行使撤销权的做法。

就我国现行的法律规范而言，债权人根据《企业破产法司法解释二》第13条提起撤销权之诉，具有法律依据，这也是文首案例中原告起诉的直接依据，二审法院将本案案由从破产撤销权纠纷改为债权人撤销权纠纷的做法，符合法律规定。以上关于管理人破产撤销权和债权人民事撤销权之界分的讨论，有助于进一步解读债权人撤销权在破产程序中的行使边界。

三、破产债权人行使民事撤销权的原告资格认定

鉴于《企业破产法司法解释二》第13条并未对债权人民事撤销权的行使要件作细化规定，而是直接采取了对民事实体法律的索引性规范，那么在法律适用上，这是否意味着破产债权人提起民事撤销之诉时，仅需符合《民法典》关于债权人撤销权的一般性规定即可？答案显然没有那么简单。文首案件中的争议焦点反映出，破产债权人的撤销权之诉还将面临不同于一般民事撤销之诉的其他考验。

（一）主动债权不受性质上的限制

债权人提起撤销之诉时，应首先符合原告资格要求。在一般的债权人撤销之诉中，原告应当就其债权人身份作出说明，否则自然没有介入和处置他人事务的道理。而且，有权提起债权人撤销之诉的主动债权有其性质上的局限性。这是因为，债权人撤销权系以保全债务人的一般责任财产为制度目标，并非保全特定债权的制度，因而仅当处分债务人特定资产的行为减少了其一般责任财产而使债务人沦为无资力且撤销债权人的债权无法从债务人的一般责任财产中以金钱方式获得满足的场合，为保全其金钱债权，始应认可其撤销权。② 由此，撤销权人用于起诉的“主动债权”应为金钱债权（当然，此处所谓的金钱债权不以现在的金钱债权为限，还可能包含将来的金钱债权，即未到期的金钱债

---

① 王欣新：《破产撤销权研究》，载《中国法学》2007年第5期。

② 参见崔建远主编：《合同法》（第3版），法律出版社2003年版，第117页。

权)①。特定债权一般不得成为民事撤销权所保全的主动债权，换言之，不能以作为债之一般保全措施的撤销权来实现对特定债权的保全。也正因如此，在包括一房二卖等侵害在先特定债权的场合，债权人不得通过撤销权来请求受让人直接向自己移转登记，而应通过强制执行来获得对特定财产的满足。

对应在破产程序之中，将会发现，破产程序中的破产债权原则上均转化为金钱债权，此时债权人在提起撤销之诉的适格问题上，应更具正当性。具体来说，破产债权人可以直接根据破产债权表中记载的内容来确定其原告资格，无须再考虑基础法律关系中特定债权的性质。这是因为，经由管理人制作并经法院批准后的破产债权表便具有相当的既判力，更重要的是，该表对债权采取的是“等质化”审查方式——各类型的债权在破产程序中都将会被作等质化、同时也作金钱化的处理，尤其是对未到期债权、不确定债权、非金钱债权、连带关系中的债权、求偿权等特别债权，均作统一处理。破产程序之所以在债权确认问题上采取该等质化的处理方式，是为了将具有不同履行内容、不同履行期限、不同履行状态的破产债权一概加以货币化处理，以确定债权数额，并保证破产清偿的顺利、高效进行。② 尤其对于非金钱债权，在破产程序中应转换为金钱债权以确定其债权数额，转换标准一般以破产程序开始时的评价额为准，而评价额的确定应以债务履行地的平均市场价格计算。③ 当然，若某债权系有特定财产担保的别除权，那么在破产清算程序中，④ 该债权当然可直接受偿而不受破产程序的限制，别除权人因而无权提起民事撤销之诉。实际上，在别除权可以获得全额直接清偿的情况下，也很难想象该类债权人有动机提起撤销之诉。

总体而言，破产债权表足以充分表彰债权人的权利地位，且其记载的内容是已经“纯化”为特定金钱数额的债权，这为债权人提起民事撤销之诉创造了天然的适格条件。

---

① 参见史尚宽：《债法总论》，中国政法大学出版社2000年版，第461页。

② 参见王欣新：《论破产债权的确认程序》，载《法律适用》2018年第1期。根据该文介绍，当前各国破产法对于破产债权的等质化处理问题大多作有类似规定。

③ 参见付翠英：《论破产债权的申报、调查与确认》，载《政治与法律》2015年第2期。

④ 值得说明的是，在破产重整程序中，该结论可能有所不同。根据《企业破产法》第75条以及《九民纪要》第25条的规定，重整程序可能对部分担保债权的行使作出必要的限制。

（二）主动债权不受数额上的限制

除了主动债权的性质之外，民事撤销之诉还对主动债权的数额作有限制性要求。《民法典》第540条规定："撤销权的行使范围以债权人的债权为限。债权人行使撤销权的必要费用，由债务人负担。"据此，债权人撤销权的行使范围应以债权人的债权额为限，学理上称之为撤销权在行使范围上的"从属性"，①而这种从属性要求是债权人撤销权在目标定位上的"私益性"所导致的。撤销权的"私益性"是指债权人撤销权系为保全和实现撤销权人个人债权的制度，因而规则设计的着眼点在于制度的行为激励效应，即债权人耗费时间和金钱提起撤销权诉讼并承担败诉风险的目的在于回收自己的债权，因此使撤销权人独享胜诉利益合乎其理性动机。② 此外，"私益性"还具有法哲学上的依据：当出现债权难以实现的风险时，相较于在权利上沉睡的其他债权人，勤勉谨慎行动、主动保护自己权利的撤销权人理应获得相应的"报酬"，如此才能在实质意义上实现债权人之间的公平对待。③ 但不得不承认的是，实践中所撤销客体的价值与主动债权的金额几乎无法一一对应，因而对于撤销对象的"多余价值"的处理方式，便显得尤为重要。一方面，多余的价值不宜留给债务人，否则将会出现债务人得利的局面；另一方面，多余的价值也不宜直接供其他债权人受偿，其他债权人若想至撤销权相对人处执行剩余价值，仍需要另行提起新的债权人撤销之诉。④ 正是为了避免此两难境地，当前《民法典》直接规定债权人撤销权的行使范围，应以主动债权的数额为限。

对应在破产程序中，提起破产撤销权诉讼的主动债权不应受到数额上的限制。这是因为，在破产程序中，撤销权的法律效果将完全呈现出其"共益性"。不同于前述"私益性"的制度定位，"共益性"立场将债权人撤销权界定为旨在保障全体普通债权人的"共同担保"。这种定位所体现的是债权人平等原则，

① 参见云晋升：《论债权人撤销权行使的法律效果——以〈民法典〉第542条为中心的分析》，载《社会科学》2022年第3期。

② 参见张长青：《论债权人的撤销权行使范围与撤销权的优先受偿性》，载《法律适用》2003年第10期。

③ 参见陈韵希：《我国债权人撤销权制度的目标定位和法律效果》，载《求索》2020年第6期。

④ 参见云晋升：《论债权人撤销权行使的法律效果——以〈民法典〉第542条为中心的分析》，载《社会科学》2022年第3期。

其出发点正在于使撤销权的适用能够为普通债权人的平等受偿创造条件。[①] 在“共益性”的立场下，撤销权人行使撤销权后，应当就被保全的财产与其他债权人共同受偿，而不能独享追回的财产或优先受偿，显然，这与破产程序对全体债权人进行总括清偿的基本定位[②]是完全吻合的。一旦确立了破产程序中债权人撤销之诉的“共益性”定位，那么撤销权的行使范围便无须受限于撤销权人的个别债权数额，而是可以整体上撤销减损债务人财产的行为。当然，这并非意味着撤销的范围将不受任何限制，那又很可能对债务人的财产处分自由和第三人交易安全造成过度侵扰。较为合理的解释是，既然“共益性”撤销权的出发点是为了保全全体普通债权人，那么撤销的范围就应以全体普通债权人的债权总额为限。[③] 而鉴于破产债务人几乎均已处于资不抵债的困境，全体债权人的债权总额几乎总是大于债务人恶意转让或以其他方式处置的资产价值，由此可以进一步认为，当破产债权人提起撤销之诉时，无须审查其主动债权的数额，《民法典》第540条将不再适用。

实际上，《企业破产法司法解释二》第13条已明确规定，债权人在破产程序中请求撤销债务人不当资产转让或处分行为的，法律后果为“将因此追回的财产归入债务人财产”，即贯彻“入库规则”，以供债务人的所有债权人在破产程序中依法公平受偿。由此，破产程序中的撤销权系为全部债权人之利益而发生效力，所取回之财产或代财产之损害赔偿均属于债务人之一般财产，为全部债权人之共同担保，并按比例作出清偿。[④]

正因如此，在文首案例中，二审法院指出原告的起诉资格不应以其破产债权在数额上尚存的争议为阻却事由，该结论对一审结果的纠正值得肯定。实际上，即便在《民法典》第540条对可撤销的债权数额作有限制的基础之上，民法典的理解与适用释义书对此问题也已作出了进一步的厘清，提出仅就债权人提起撤销权诉讼的原告资格层面而言，不应以债权人享有的具体债权数额确定为前提：“撤销权只是撤销债务人减损责任财产的行为，不能要求相对人向债权

---

① 参见龙俊：《民法典中的债之保全体系》，载《比较法研究》2020年第4期。
② 参见韩长印：《企业破产立法目标的争论及其评价》，载《中国法学》2004年第5期。
③ 参见胡康生主编：《中华人民共和国合同法释义》，法律出版社2013年版，第141页。
④ 参见徐阳光、陈科林：《民法典视域下的破产撤销权》，载《人民司法》2022年第4期。

人给付，无需对债权人债权的准确数额进行审理认定。”① 实践中，最高人民法院也曾明确指出，提起撤销之诉的原告债权人虽就其具体债权数额尚在诉讼过程中因此并未完全确定，但原告与被告之间存在概括性的债权债务关系，其债权人身份应予承认，即提起撤销之诉的原告资格应予认可。② 可见，即便在民事撤销权语境中，主动债权的具体数额也并非原告起诉资格的必要限制性条件，《民法典》第540条是对债权人撤销诉讼法律效果的限制。而在破产债权人的撤销权诉讼语境中，既然撤销结果是将诉讼所得归入破产财产并对全体债权人公平分配，那么基于主债权的数额而限制撤销权诉讼之法律效果的规则也将不再适用。文首案例中，二审法院从原告在庭审过程中的表述“推得”其不具有个别获偿的诉求或意思表示，实际上，本案原告系基于《企业破产法司法解释二》第13条提起诉讼的行为便足以表明，其意在根据该条的明确规定将诉讼所得归入破产财产，而非单独受偿。

结合前述两点可以发现，在破产程序中，得益于破产债权在性质上均“纯化”为金钱债权的特征以及撤销法律效果由“私益性”向“共益性”的转换，债权人在提起撤销之诉时可能遭遇的对其主动债权在性质和数额上的限制性审查，将得到很大程度地消减，从这个角度来看，破产债权人的撤销权诉讼相较于普通民事撤销诉讼，其原告资格更易成立。

四、破产债权人行使民事撤销权的审查标准转变

除了对主动债权性质和数额的审查标准有所转变之外，文首案例的两审结果还揭示出，当债权人提起撤销权诉讼时，法院对债务人以及管理人特定状态的审查标准也将因为破产程序的启动而发生变化。

（一）对债务人及第三人主观恶意的审查标准降低

在一般的民法语境中，债权人撤销权的构成要件对债务人的主观状态作有要求。根据我国《民法典》第538条及第539条的规定，债权人行使撤销权时，法院有必要考察债务人的主观情况，且根据债务人处分行为的是否有偿而分为

① 最高人民法院民法典贯彻实施工作领导小组：《中华人民共和国民法典合同编理解与适用（一）》，人民法院出版社2020年版，第525页。

② 参见最高人民法院民事判决书，(2017) 最高法民再92号。

两类标准：对于无偿的处分行为，无须考虑债务人是否存在主观恶意，只要具备客观要件即可撤销；而对于有偿的处分行为，债务人和第三人主观上的恶意（或至少是明知）是债权人行使撤销权的前提，主要体现在《民法典》第539条关于“明显不合理的低价”、“明显不合理的高价”以及“债务人的相对人知道或者应当知道该情形的”的要求。

从制度发展史来看，罗马法时期以“不法行为思想”作为对诈害行为救济制度的基础，因而不论是债务人的有偿行为还是无偿行为，均以其主观上具备诈害意思为必要。① 我国民法学者亦一般认为，有必要在债权人撤销权制度中将债务人的主观诈害意图纳入考量范围，并且，在衡量债务人有无恶意时，其标准应以行为作出时为准——债务人行为时不知而后转变为恶意的，不成立诈害。② 总之，民事撤销权制度要求法院在判断是否存在诈害行为时，对债务人行为的主观状态、客观状态以及行为效果等因素进行全面把握，作出有机的综合判断。③

相比较而言，破产程序中的撤销权对债务人主观诈害性的要求并不突出，而是侧重于规制债务人行为的客观结果，尤其体现在债务人仅存在偏颇清偿行为的场合。既然民法上的债权人撤销权对行为人的主观恶意要件作有规定，那么破产撤销权作为民事撤销权在《企业破产法》的延伸与拓展，整体上仍属于撤销权的范畴，其实体构成要件原则上应当与一般的债权人撤销权保持一致。但同时，考虑到破产撤销权的行使能够惠及全体债权人，且债务人对其自身资产的自由处分权将因为破产程序的启动而受到很大程度的限制，本专题认为，不妨承认破产程序中的撤销权行使范围其实更为宽泛。如实践中就有法院认为，可以将损害债权人整体利益作为破产程序中可撤销行为的核心构成要件，同时规定相关行为应在临界期内作出，即以“行为损害性”和“行为时间性”作为可撤销行为的一般构成要件。④ 本专题对此表示赞同，并且主张，这种构成标准可同时适用于管理人的破产撤销权和债权人撤销权。

① 参见崔建远：《论债权人撤销权的构成》，载《清华法学》2020年第3期。

② 参见郑玉波：《民法债编总论》，台北，三民书局1996年版，第321页。

③ 参见韩世远：《债权人撤销权研究》，载《比较法研究》2004年第3期。

④ 参见温岭法院课题组、陈文通：《关于破产撤销权制度实施状况的调研》，载《上海法学研究》（第9卷）2021年，第187－195页。

总之，虽然《企业破产法司法解释二》第13条将债权人行使民事撤销权的实体构成要件切换到了《民法典》的相关规定之中，但是若仔细考察一般民法语境中的撤销权要件和破产程序中的撤销权要件，将会发现破产债权人的民事撤销权构成要件中，对债务人行为主观诈害要件的审查标准相对较低。

（二）新增管理人尚未提起撤销之诉的前置条件

虽然破产程序中的撤销权在实体构成要件上似乎相对宽松，但值得注意的是，《企业破产法司法解释二》第13条在对规范债权人撤销权并援引至《民法典》的相关规定之前，首先规定了“管理人未依据企业破产法第三十一条的规定请求撤销债务人无偿转让财产、以明显不合理价格交易、放弃债权行为的”这一项前置条件，即债权人撤销权在破产程序中的特殊性在于，以管理人接管工作的特定状态作为债权人行使民事撤销权的前提。换言之，这项前置条件是破产债权人行使撤销权时不同于一般撤销权规则的核心特征。

本专题认为，司法解释设置的该项前置条件具有合理性。以破产程序的启动为界，债务人此前自行经营中的财产处置行为将被管理人的接管行为所取代。而当破产债权人意欲提起撤销之诉时，就难免需要对程序启动前后的两重状态作出评价：对债务人在破产程序启动之前的行为评价，主要依据在于《民法典》的实体法规范；而对管理人接管后的行为评价，考虑到其几乎不可能存在诈害性，且管理人的接管工作也并非债权人意欲撤销的对象，而是债权人试图弥补的对象，因此，破产债权人的民事撤销权在吸纳和继承一般民事撤销权规范模式的基础之上，还加入了对管理人尚未提起相关撤销之诉这一前置行为状态条件，以形成民事权利在破产程序中的衔接与延伸。

应予明确的是，该项前置条件的成就不以管理人存在怠于履行职责甚至构成管理人侵权责任为必要，仅仅是对管理人是否起诉之客观状态的评价。这是因为，若管理人拒不提起撤销之诉的行为已经违背其勤勉义务的。这种仅对是否起诉的客观状态进行形式审查的标准亦体现在我国司法实践中。如文首案例中，二审法院纠正一审法院的裁判思路就在于，管理人向债权人说明不宜提起撤销之诉的客观情况已经符合司法解释所设置的前置条件，而不以管理人作出不起诉的决定是否违反勤勉义务为前提。此外，在“河北德隆房地产开发有限公司、阜城县福原食品有限公司破产撤销权纠纷案”① 中，两审法院均认为，破产撤销权原则上只能由管理人以诉讼的方式向法院提出，债权人不得自行主张破产撤销权；但是，当管理人怠于行使撤销权时，债权人有权要求管理人行使撤销权，因此判决限定管理人在指定期限内提起诉讼，并列明管理人应当提出的诉讼请求。该判决结果直接通过为管理人设置一段起诉期限的方式，由司法权创设了该项前置条件；而当该期限经过后，债权人便将有权自行提起撤销之诉。

除了以管理人履责状态作为前置条件之外，文首案例还涉及个别债权人提起具有“共益性”的债权人撤销之诉时，是否必须以债权人会议的核查与授权为前提的问题。一审法院在说理上对此问题有所提及，主张债权人金宸公司并无证据证明债权人会议怠于核查撤销权诉讼，并以此为由驳回起诉；而债权人在上诉过程中提出，相关法律及司法解释并未规定债权人会议怠于核查撤销事由是债权人提起撤销权诉讼的前置要件，二审法院对此予以认可，方才纠正了一审法院的裁判思路。本专题认为，二审法院的思路值得肯定，债权人会议的核查与个别债权人的撤销之诉并无关联。实际上，对撤销之诉的审核本就不是《企业破产法》赋予债权人会议核查与决议的对象，债权人会议对此仅享有知情权、质询权和建议权，若个别债权人对管理人不提起撤销之诉的状态存有异议的，有权直接提起民事撤销之诉，无须经过债权人会议的授权。

综上所述，破产债权人的撤销权虽然源于民法中的债权人撤销权，但是该权利在构成要件以及起诉的前置要求上均与一般的民事撤销制度存在差异性：一方面，破产债权人的撤销权在实体构成要件上相对降低了对债务人以及第三人主观恶意的审查标准；另一方面，该项权利又增加了对管理人履责状态的前置审查。只有准确把握这两个方面的差异，方能使破产债权人的撤销权在合理范围内发挥其功能。

五、结语

破产债权人的撤销权系作为破产撤销权的补充制度独立存在于破产程序之

① 参见河北省衡水市中级人民法院民事判决书，(2017) 冀11民终2126号。

中。文首案例系一起由破产债权人依据《企业破产法司法解释二》第13条提起的撤销之诉。该案反映出，破产债权人的撤销诉权源于民法中的债权人撤销权，二者在适用规则上既有联系、更显差异。总体而言，破产债权人提起撤销之诉的要件标准较为宽松，主要表现在，主动债权不受性质和数额方面的限制，并且债权人对诉请撤销行为主观要件的举证标准相对降低，即此时债权人只需证明有关行为损害了全体债权人利益即可；但与此同时，司法解释对破产债权人的撤销权设置了一项关于管理人履责状态的前置审查条件，即管理人尚未以诉讼的方式主张破产撤销权，当前司法实践就该项前置条件尚未形成统一的审查标准。对此，本专题提出，破产债权人提起撤销之诉并不以管理人主观上怠于履行职责甚至达到管理人侵权责任标准为必要，亦不以债权人会议以表决的方式明确授权为前提；换言之，破产债权人行使民事撤销权时，仅需考察管理人是否尚未以诉讼的方式追回破产财产这一客观状态，不以管理人是否违背勤勉义务或债权人会议是否授权作为个别债权人提起撤销权诉讼的阻却条件。

专题十一

破产受理前商业银行扣款还贷的法律适用

内容提要： 商业银行扣款还贷的本质是存款与贷款两项债务的相互抵销，因而此类案件的裁判应当遵循破产法对债务抵销的处理方式。一方面，破产法承认抵销权在实体层面发挥的担保功能，所以给予抵销权人以担保债权人的待遇；另一方面，抵销权的行使不能突破破产程序的集体主义原则，并且破产前夕发生的抵销行为受到偏颇清偿撤销制度的约束。在我国《企业破产法》第40条未涉及破产前抵销行为处理规则的情况下，应直接适用其第32条对于偏颇清偿撤销的一般性规定。在该条的适用中，其但书“使债务人财产受益”应当解释为“不会致使债权人集体利益受损”；债权人的主观善意可以作为抗辩事由；管理人的撤销范围应当限定在抵销行为使债权人的抵销权与其债权的差额所减少的部分。

关键词： 扣款还贷、破产抵销权、破产撤销权、偏颇清偿

一、问题的提出

浙江绿洲生态股份有限公司（以下简称绿洲公司）向中国建设银行股份有限公司柯桥支行（以下简称建设银行柯桥支行）借款2045万元，约定于2015年12月25日到期。因绿洲公司未按约归还建设银行柯桥支行的贷款本息，建设银行柯桥支行根据借款合同约定，分别于2016年2月21日、3月21日、4月21日、5月16日、5月21日，

从绿洲公司在建设银行柯桥支行处的账户中扣划款项66,122.60元、6914.05元、54,919.98元、100,728.34元、160,910元，合计清偿389,594.97元。2016年6月20日，浙江省绍兴市中级人民法院裁定受理绿洲公司的破产清算申请，并指定了本案的破产管理人。2016年7月12日，浙江省绍兴市中级人民法院裁定将该案交由浙江省绍兴市柯桥区人民法院审理。2020年7月7日，本案管理人向浙江省绍兴市柯桥区人民法院起诉，请求（变更后）：（1）撤销绿洲公司在2015年12月31日至2016年6月19日期间向建设银行柯桥支行偿还共计396,948.97元的个别清偿行为；（2）建设银行柯桥支行返还管理人个别清偿债务396,948.97元。

一审法院认为，绿洲公司向建设银行柯桥支行的还款行为符合《企业破产法》第32条规定之情形，应当予以撤销，建设银行柯桥支行应返还其已经收取的389,594.97元款项。主要理由为：首先，绍兴市中级人民法院于2016年6月20日裁定受理绿洲公司的破产清算申请，上述清偿行为的发生时间符合偏颇清偿撤销的时间条件；其次，根据专项审计报告，以及该院（2016）浙0603民初4579号民事判决确认的事实，绿洲公司于上述清偿行为发生之时已不能清偿到期债务，并且资产不足以清偿全部债务；再次，建设银行柯桥支行未能举证证明绿洲公司的案涉清偿行为使绿洲公司的财产受益，却使其他债权人平等受偿的权利受到了损害；最后，该院于2016年5月31日才作出要求绿洲公司归还借款本息的民事判决，因而绿洲公司的偏颇清偿行为并非《企业破产法解释（二）》第15条所允许的履行生效裁判文书的情形。此外，针对建设银行柯桥支行提出的主观善意抗辩，一审法院认为根据《企业破产法》第32条的规定，债权人接受清偿行为时的主观善意并非撤销偏颇清偿行为的例外情形，故对该项抗辩不予采纳。

二审法院认为，一审判决认定事实清楚，适用法律正确，故判决驳回上诉，维持原判。二审法院在一审法院的裁判理由之上补充了一个新的论点，即认为案涉扣款还贷行为不属于债务抵销行为，建设银行柯桥支行对破产抵销权的主张不能成立。原因在于，债务抵销本质上属于观念交付行为，权利人只需通知对方，相关债务就可自动抵销，无须作现实的交付；而本案中，建设银行柯桥支行的扣款还贷行为是现实的交付行为，并非在行使抵销权。①

商业银行在破产宣告前的扣款还贷行为处于偏颇清偿撤销权与破产抵销权两项重要破产制度的交汇点，涉及诸多对破产法和非破产法规范的复杂法律适用问题，所以在实践中常常引发大量的破产衍生诉讼。本案（以下亦称“中兴案”）的一审与二审法院，都基本遵循了浙江省高级人民法院在“中国建设银行股份有限公司绍兴分行与浙江保达机电环保包装有限公司管理人请求撤销个别清偿行为纠纷案”（以下简称“保达案”）② 中确立的裁判立场，本案故可视为对“保达案”观点的补充与发展。事实上，“保达案”的裁判立场也为最高人民法院民二庭所认可。③ 可见，如果商业银行的扣款还贷行为发生在债务人破产受理前6个月内，我国法院的主流做法是将其认定为偏颇清偿行为并予以撤销。

不过，无论是对于扣款还贷行为的定性，还是对其最终的处理方式，都涉及对偏颇清偿撤销权与破产抵销权两项制度的基本认识与规则解释的不同意见。本专题以下将分为三个部分展开论述：首先，探讨存款人与银行之间的法律关系和扣款还贷行为的法律性质；其次，阐述偏颇清偿撤销权与破产抵销权的制度原理、构成要件与交互关系；最后，提出扣款还贷行为的具体处理规则。

二、商业银行扣款还贷行为的性质认定

在“中兴案”中，二审法院明确区分了债务的抵销行为与清偿行为，并认为扣款还贷在性质上属于后者，故不适用《企业破产法》关于破产抵销权的规定。在此，二审法院所谓“清偿”与偏颇清偿撤销权的“清偿”显然不是同一概念，后者包括了所有实现债权的行为，而前者应该仅指以债务的实际履行消灭债权。再结合“保达案”的一审裁判理由来看，“中兴案”二审法院试图表达的意思应该是，由于存款人对其银行存款享有所有权而非债权，银行不对存款人负担债务，因而扣款还贷并非债务的相互抵销，而是以存款人被动履行金

① 参见浙江省绍兴市中级人民法院民事判决书，（2020）浙06民终3856号。

② 参见浙江省高级人民法院民事判决书，（2016）浙民终523号。

③ 参见贺小荣主编：《最高人民法院民事审判第二庭法官会议纪要——追寻裁判背后的法理》，人民法院出版社2018年版，第172－188页。

钱给付义务的方式实现银行的债权。但笔者认为，以上裁判观点可能误读了存款人与银行之间的法律关系，进而导致了对扣款还贷行为的定性偏差。

(一) 存款人与银行之间为债权债务关系

在比较法上，存款人与银行之间的基本法律关系就是典型的债权债务关系。存款人把钱存入银行后，金钱的所有权也随之移转给银行，存款人不能再要求银行向其返还某笔具体钱款。换言之，存款人放弃了对金钱的所有权以换取对银行的债权，在取款时也只能根据债权金额要求银行给付特定数量的货币。[①] 因此，存款在本质上属于民法中的消费借贷，即一方移转金钱或其他替代物之所有权于他方，并约定他方以种类、品质、数量相同之物返还的合同安排。[②]

在美国，联邦最高法院明确指出，银行通常就是存款的所有权人，而存款人账户上的金额“不过是银行向存款人支付金钱的一项允诺”。[③] 在英国，1848年的 Foley v. Hill[④] 一案具有分水岭的意义。在该案之前，有认为银行存款本质是财产寄托（bailment）、信托（trust）或者代理（agency）关系等不同观点。然而，财产寄托要求受托人向寄托人返还原物，信托和代理则限制了资金的使用方式，所以这些观点都与现实不符。[⑤] 在 Foley v. Hill 案中，英国最高法院正式确立了存款人与银行本质上就是债权人与债务人的关系。针对曾经盛行的不同观点，Cottenham 勋爵在裁判中详尽阐述了将银行存款认定为债权债务关系的意义：“在任何意义上，银行控制下的金钱就是银行的所有物，可以被银行随意处置；银行对钱款的使用不违反其信义义务。如果银行将金钱置于风险之中，或是从事高风险的投机活动，银行也无需向存款人负责，即银行无需将存款作为受托财产一般对待。不过，银行当然必须对存款账户的金额负责，因为根据存款合同的约定，银行有义务在存款人的请求下支付这些金额。”[⑥]

然而，我国学界与实务界对于存款法律关系的本质仍存在不同的认识。“保

---

① See Simon Gleeson, *The Legal Concept of Money*, Oxford University Press, 2018, p. 111 (§ 6.55).
② 参见黄立主编:《民法债编各论》(上下)，中国政法大学出版社2003年版，第357页。
③ See Citizens Bank of Maryland v. Stumpf, 516 US 16, 21 (1995).
④ (1848) 9 ER 1002.
⑤ See Ross Cranston et al., *Principles of Banking Law*, 3rd ed., Oxford University Press, 2017, pp. 190 – 191.
⑥ (1848) 9 ER 1002, at 1005 – 1006.

达案”一审法院认为，存款人对于其存款仍享有物权性质的支配权，该观点也为“中兴案”的二审法院所承继。同样是在浙江省，温州市中级人民法院审理的“浙江麦高鞋业有限公司与瑞安市新亚汽配有限公司申请破产清算纠纷案”①也持相同立场，并且进行了更具体的论证。根据该案二审承办法官的观点，存款人仅是将存款的使用权暂时转让给银行，但所有权仍由其保留，故存款人对银行享有的是物权请求权。② 但事实上，这类观点不过是英国判例所抛弃的财产寄托理论的翻版，与商业现实严重脱节。倘若存款人对其存款享有物权请求权，存款人就应有权要求银行向其返还原物，但现实中没有银行会接受存款人的此类请求。在规范层面，我国虽未在法律层面明确承认存款的债权性质，但从《商业银行法》第71条第2款的规定③来看，存款人在商业银行破产清算时，其法律地位就是具有较高优先级的债权人，而非可以行使破产取回权的所有权人。

综上，无论就法理还是规范而言，我国的存款法律关系都应当认定为债权债务关系。

（二）银行扣款还贷本质是行使抵销权

“中兴案”二审法院之所以认为银行扣款还贷是债务清偿而非抵销行为，还有一个原因是其认为扣款还贷不符合抵销权的行使方式。具体而言，二审认为：“债务抵销本质上属于观念交付行为，无论债务的法定抵销还是约定抵销，权利人只需通知对方，相关债务就可自动抵销，无需作现实的交付。而本案中，即使按照建设银行柯桥支行的主张，使绿洲公司债务减少的也是建设银行柯桥支行的扣款行为，即存在现实的交付行为，仅据此，建设银行柯桥支行所持的抵销主张即不能成立。”在此，“中兴案”二审法院虽然对实体法中抵销权行使方式的理解大体无误，但误解了银行划扣账户金额行为的法律意义。

---

① 参见温州市中级人民法院民事判决书，（2015）浙温商终字第1588号。

② 参见金晓平：《破产申请受理前银行按约定抵扣还贷的效力判定》，载《人民司法（案例）》2016年第8期。类似观点参见陈娜：《论储蓄合同的法律性质——兼论无主存款的归属》，载杨遂全主编：《民商法争鸣》第16辑，经济科学出版社2020年版，第109－120页；刘少军、张桐：《银行抵销权的认定标准研究》，载李昌麒、岳彩申主编：《经济法论坛》第7卷，群众出版社2010年版，第163－165页。

③ 《商业银行法》第71条第2款规定：“商业银行破产清算时，在支付清算费用、所欠职工工资和劳动保险费用后，应当优先支付个人储蓄存款的本金和利息。”

我国《民法典》第568条规定了法定抵销，在符合法定条件的情况下，法定抵销的行使方式是由当事人一方向相对人以对话方式作出单方意思表示，通知到达对方时就发生抵销的法律效果。除法定抵销外，《民法典》第569条还允许当事人采取约定的方式抵销债务，约定抵销的一种方式是双方在合同中事前确立行使抵销权的条件，待条件成就时一方就可以行使抵销权。① 实践中，银行的抵销权通常作为格式条款被写入借款合同。根据常见的抵销权条款内容，银行有权直接从借款人账户中扣划相应款项用于抵销，甚至无须通知借款人。② 即便在缺少约定抵销权的情况下，在借款人的债务到期时（无论是实际到期还是加速到期），由于双方互负债务都是货币给付之债，银行仍享有法定抵销权。③ 由于银行在划扣款项时通常伴随着对存款人账户变动的通知，因而也符合《民法典》第568条要求的行使法定抵销权的形式要件。

诚然，银行行使抵销权后必须从存款人账户中划扣相应款项，但划扣行为并非如“中兴案”二审法院所谓的物权变动中的交付行为。银行的划扣只是导致存款账户的账面金额发生变化，其效果相当于储蓄合同标的额的变更，其间并没有发生（实际的或者拟制的）资金交付行为。因此，在我国，划扣行为不过是独立于抵销意思表示的一种账户结算行为，其目的是使存款账户的金额反应存款人对银行实际享有的货币支付请求权的金额。

无论如何，只要认定存款人与银行之间的法律关系为债权债务关系，银行扣款还贷的本质就自然是抵销权的行使行为。不过，我国法律未对银行抵销权的行使方式作特别规定，划扣行为独立于抵销的意思表示，确实存在存款人利益保护不足的问题。美国联邦最高法院在 *Citizens Bank of Maryland v. Strumpf* 一案中指出，银行行使抵销权的意思表示必须具备三个要素：（1）实施抵销行为的决意；（2）采取实现抵销的一定行动；（3）抵销的效果必须记录在案。④ 通常情况下，银行从相对人的账户中扣款就足以满足这些要求。如此，如果银行

---

① 参见王利明：《合同法》，中国人民大学出版社2021年版，第258－260页。

② 参见乔博娟：《破产法视野下商业银行扣款抵债的效力认定与法律构成》，载《苏州大学学报（法学版）》2021年第3期。

③ See Richard A. Lord, *Williston on Contracts*, 4th ed., Thomson Reuters, 2022, § 44: 38.

④ See Citizens Bank of Maryland v. Stumpf, 516 US 16, 19 (1995).

仅有抵销之意思，而未实际从存款人账户中划扣，就不能认定为行使了抵销权。① 可见，美国是将银行行使抵销权作为一种以扣款为形式要件的要式行为，以确保存款人账户反映其真实的债权金额。

三、破产法处理债务抵销的原理与规则

既然商业银行扣款还贷本质是抵销权的行使行为，本案裁判就应当遵照破产法对债务抵销的处理规则。一方面，破产法承认抵销权在实体层面发挥的担保功能，并给予抵销权人以担保债权人的待遇；另一方面，抵销权的行使受到破产程序的集体主义原则限制，并且破产前夕发生的抵销行为还要受到偏颇清偿撤销制度的约束。因此，扣款还贷行为的定性必须同时考虑破产抵销权与偏颇清偿撤销权两项制度的有关规则。

（一）抵销权的担保属性与尊重非破产法原则

抵销权的传统作用主要是简化债权债务关系，但随着商事实践的发展，在债务回收的实体法中，抵销权实际发挥了近似担保物权的功能。例如，假设某一客户向银行借款5000元，并同时在银行开设了余额为6000元的存款账户。当该客户未能履行还款义务时，对银行而言，最简单的救济方式就是从客户存款账户中直接划扣所欠金额。在此，客户的存款账户其实就发挥了担保的功能，而银行扣款还贷实质就是其担保权益的实现过程。② 正是出于对抵销权提供的担保功能及其便利的实现程序的依赖，实践中银行可能要求大笔资金的借款人必须在其账户中存有一定的补偿性余额。③ 另一种利用抵销权担保功能的常见情形就是信用卡发卡行的“扣留”（holdback）资金：假设商家向消费者出售一张用以获得未来服务的票券，消费者用信用卡付款后，商家的银行账户上就会被记上一笔由发卡行支付的钱款。如果日后商家未能向消费者按约提供服务，持卡人有权就该笔交易向发卡行提出异议并拒绝付款，发卡行则会向商家要求

---

① See Henry J. Sommer & Richard Levin, *Collier on Bankruptcy*, 16th ed., Matthew Bender & Company, 2022, 533.05 [1].

② See Charles J. Tabb, *Law of Bankruptcy*, 4th ed., West Academic, 2016, pp. 565 – 566.

③ See Stephen L. Sepinuck, *The Problems with Setoff: A Proposed Legislative Solution*, 30 William and Mary Law Review 51, 2016, pp. 54 – 55 (1988).

退款。此时，发卡行就可以通过划拨商家在其处的扣留资金，更有保障地实现其债权。可见，抵销权实际已成为实体法上的一种非典型担保，在商事主体的融资活动中扮演着重要角色。①

由于破产程序中抵销权的行使会改变债权人间的优先级，一些国家（主要是法国法系国家）明确不允许抵销权在破产程序中的存续。② 不过，国际上更主流的做法是承认抵销权在实体法中的担保属性，允许破产抵销权的行使。例如，《美国破产法典》（Bankruptcy Code）第506（a）节明确承认抵销权人对债务人的债权是担保债权，可抵销债务的金额就是担保权益覆盖的范围。③

破产抵销权制度的底层原理，就是破产法中的尊重非破产法原则。根据美国学者白耶德（Douglas Baird）与杰克逊（Thomas Jackso）的经典论述，破产法的本质功能就是解决共同财产池所引发的公地悲剧问题，即通过建立债权的集体清偿程序，防止单个债权人的追讨行为损害债权人集体的利益。因此，破产程序必须因债权人集体的需要而启动，而为了有效地贯彻这一目标，除非基于破产法的特别政策考量，破产法原则上不应改变非破产法规范所界定的法律权益。如果破产法不遵从非破产法中的权益安排，而是另起炉灶、推倒重来，就会对权益所有权者产生不正当激励，诱使其通过启动破产程序来获得权益变更所带来的收益。一旦如此，破产程序就不再为债权人集体的利益而服务，反而会助长单个债权人的自利倾向与机会主义行为。④ 在 *Butner v. United States* 一案中，美国联邦最高法院正式确立和阐明了破产法的尊重非破产法规范原则，故该原则也被称为“Butner 原则”。⑤ 破产法对抵销权的承认保留了非破产法规范

---

① See Adam J. Levitin, *Business Bankruptcy: Financial Restructuring and Modern Commercial Markets*, 2nd ed., Wolters Kluwer, 2019, pp. 612 – 613.

② 参见李永军等：《破产法》，中国政法大学出版社2017年版，第137页。

③ See Lawrence Kalevitch, *Setoff and Bankruptcy*, 41 Cleveland State Law Review 599, p. 615 (1993).

④ See Douglas G. Baird & Thomas H. Jackson, *Corporate Reorganizations and the Treatment of Diverse Ownership Interests: A Comment on Adequate Protection of Secured Creditors in Bankruptcy*, 51 University of Chicago Law Review 97, p. 101 – 109 (1984); Thomas H. Jackson, *The Logic and Limits of Bankruptcy Law*, Harvard University Press, 1986, p. 20; Barry E. Adler, Anthony J. Casey & Edward R. Morrison, *Baird and Jackson's Bankruptcy: Cases, Problems, and Materials*, 5th ed., West Academic, 2020, pp. 29 – 30.

⑤ See *Butner v. United States*, 440 U. S. 48 (1979).

确立的担保价值，这正与“Butner 原则”的要求保持了一致。① 总之，既然商业惯例将抵销权视为担保物权的功能等值物，享有抵销权的债权人就应在破产程序中与其他担保债权人获得同等的对待。②

基于上述原理，破产程序的启动不会导致抵销权的消灭，其唯一的影响就是抵销权人因自动冻结制度而不得单方行使抵销权。③ 在美国，债权人若要行使破产抵销权，就必须向破产法院申请解除冻结。法院在作出许可前，会考虑抵销权人是否获得了“充分保护”（adequate protection），以及抵销权人欲抵销的资金对于企业拯救是否必要。④ 在我国，《企业破产法》第 40 条明确允许抵销权人可以在破产受理后行使抵销权，以实现其担保价值；《企业破产法解释（二）》第 41 条、第 42 条则要求破产抵销权必须向管理人主张，并经其审查且无异议后抵销才能生效；如管理人对抵销主张有异议，则需交由法院最终定夺。可见，虽然我国破产法对破产抵销权的规定虽与美国有一定区别，但二者总体的规范逻辑是一致的，都将抵销权人作为担保债权人对待，并且抵销权的行使受到破产程序的集体主义原则的制约。

（二）抵销权的偏颇清偿问题及可撤销情形

在禁止破产抵销的国家，对出现破产原因的债务人行使抵销权属于一种可撤销的偏颇清偿行为；相反，在承认破产抵销权的国家，破产立法出于对实体权益的尊重而为符合条件的抵销权行使提供了额外的保护，使其置于破产撤销权的范围之外。可以认为，破产抵销权实质是偏颇清偿撤销制度的一种法定例外情形。⑤ 一旦抵销权人对抵销权的行使逾越了破产法划定的边界，管理人仍能主张偏颇清偿而将之撤销。破产法对抵销权行使的各种限制性条件，也正是为了防止抵销权人利用破产撤销权制度的漏洞，以对其他债权人获得不公平的优势。

---

① See Philip T. Lacy, *Setoff and the Principle of Creditor Equality*, 43 South Carolina Law Review 951, p. 959 (1992).

② See Charles J. Tabb, *Law of Bankruptcy*, 4th ed., West Academic, 2016, p. 567.

③ See Robert E. Ginsberg, Robert D. Martin & Catherine J. Furay, *Ginsberg and Martin on Bankruptcy*, 6th ed., Wolters Kluwer, 2022, § 8.06 [B].

④ See Robert E. Ginsberg, Robert D. Martin & Catherine J. Furay, *Ginsberg and Martin on Bankruptcy*, 6th ed., Wolters Kluwer, 2022, § 8.06 [C] [2].

⑤ See Carmelita J. Hammon, *Setoff in Bankruptcy: Is the Creditor Preferred or Secured*, 50 University of Colorado Law Review 511, p. 515 (1979).

从《美国破产法典》的规定来看，对破产撤销权的限制主要包括：（1）被抵销的债务之间必须是“相互的”（mutual），即债务必须在相同法律权利与身份的当事人之间发生，而所谓的“三角抵销”（triangular setoffs）则不被承认；（2）被抵销的债务都必须在破产程序启动前产生，债务发生时点的判断则采取“行为标准”（conduct test）；（3）被抵销的债务必须为破产法所允许；（4）在破产前90日内，如债务人已具备破产原因，通过债权让与获得的债务不得抵销；（5）在破产前90日内，如债务人已具备破产原因，以获得抵销权为目的而制造的债务不得抵销；（6）在破产前90日内，如果债权人已行使抵销权，管理人可以撤销并收回已抵销金额，但撤销范围以债权人在破产前90日到抵销权行使之日的期间内所获得的“地位改进”（improvement－in－position）为限。① 其中，前三项限制规定主要是对可抵销债务提出的实体性要求，后三项限制则正是旨在打击“与偏颇清偿概念相关联的在破产前对抵销权规则的操纵行为”。②

在我国，《企业破产法》第40条第1款第1句规定，“债权人在破产申请受理前对债务人负有债务的，可以向管理人主张抵销。”从中即可解释出对可抵销债务的相互性、同在破产前产生与合法性的要求。《企业破产法》第40条第2款还规定了三项不得主张破产抵销权的情形，主要就是吸收了上述美国法中的第4项与第5项限制性规定。然而，恰恰是与破产前扣款还贷行为直接相关的第6项限制性情形，《企业破产法》第40条未能提及，这很大程度上也正是扣款还贷在实践中引发种种法律适用争议的重要原因之一。不过，如前所述，既然破产抵销权本质是对偏颇清偿撤销制度的例外规定，而《企业破产法》第40条又仅处理破产受理后能否向管理人主张抵销债务的问题，破产受理前的扣款抵债行为无法落入该条的涵摄范围，则其效力问题，直接适用《企业破产法》第32条对偏颇清偿撤销制度的一般性规定进行判断即可。基于这种思路，本专题第四部分将探讨《企业破产法》第32条视角下破产受理前扣款还贷行为的法律适用问题。

---

① See Charles J. Tabb, *Law of Bankruptcy*, 4th ed., West Academic, 2016, p. 568－570; Brian A. Blum & Samir D. Parikh, *Bankruptcy and Debtor－Creditor*, 7th ed., Wolters Kluwer, 2018, pp. 352－356.

② See Charles J. Tabb, *Law of Bankruptcy*, 4th ed., West Academic, 2016, p. 570.

四、破产受理前扣款还贷行为的具体处理

法院受理破产申请后，符合法定条件的抵销权行使行为因破产抵销权条款提供的保护，可以免受偏颇清偿的否定性评价。然而，在“中兴案”中，建设银行柯桥支行的五次扣款还贷行为均发生在2016年2月21日与2016年5月21日之间，而法院在2016年6月20日才裁定受理绿洲公司的破产申请。因此，本案扣款还贷行为效力应根据《企业破产法》第32条进行判断，而非第40条。不过，鉴于我国《企业破产法》第32条存在一定技术上的问题和较大的解释空间，本专题以下除结合“中兴案”讨论该条对破产受理前扣款还贷的适用外，还会适当引入域外实践经验与破产法理论，以探求更合理的法律适用结果。

（一）破产受理前扣款还贷行为的偏颇清偿属性认定

本节首先探讨与我国《企业破产法》第32条明确规定的偏颇清偿构成要件有关的争议问题，再讨论“中兴案”中当事人提出的其他有意义的争点。

1. 案涉扣款还贷行为符合《企业破产法》第32条规定的偏颇清偿构成要件

根据《企业破产法》第32条规定，可撤销的偏颇清偿行为应符合三个要件：（1）该行为发生在法院受理破产申请前6个月内；（2）该行为发生时债务人已具备破产原因；（3）该行为未能使债务人财产受益。根据法院的事实认定，“中兴案”涉及的五次扣款还贷行为都发生在法院受理破产申请前6个月内，并且当时债务人已出现资不抵债与支付不能的状况。唯一在解释上存在争议的，就是案涉扣款还贷行为能否“使债务人财产受益”。在“中兴案”中，一审法院回避了对该问题的直接讨论，而是从证明责任的角度出发，认为“建设银行柯桥支行未能举证证明绿洲公司的案涉清偿行为使绿洲公司的财产受益”；二审法院也未对此表达看法。

笔者认为，对《企业破产法》第32条但书的解释，需要重新回到白耶德和杰克逊阐述的破产法的本质功能。如前所述，破产法旨在通过建立集体清偿程序，防止债权人个人的追偿行为损害债权人集体的利益。但对于熟悉债务人财务状况并急于获得清偿的债权人而言，在破产程序尚未启动之时，他们就有动机展开对债务人财产的争夺；为了获得更高额度的清偿，他们甚至会剥夺债务

人营业所需的关键资产，摧毁债务人剩余的营运价值。作为回应，偏颇清偿撤销制度要求占得先机的债权人归还其所获清偿，使破产前竞相追债的做法不再有利可图，于是有效地抑制了债权人个人的机会主义倾向。[①] 可见，偏颇清偿撤销制度不仅旨在实现“债权人平等”原则，其更本质的功能是抑制债权人在破产前的资产竞逐行为，以实现破产财产价值最大化（债权人集体利益最大化）的政策目标。[②] 因此，《企业破产法》第32条但书“个别清偿使债务人财产受益的除外”中的“债务人财产”，应当理解为可供债权人集体分享的破产财产；而“使债务人财产受益”的行为，应当解释为“不会致使债权人集体利益受损的行为”。在此视角下，破产前的扣款还贷行为通常不属于偏颇清偿制度除外情形。银行在破产前夕的对债务人账户中资金的划拨，正是偏颇清偿撤销制度旨在打击的影响债务人持续运营与减少破产财产总体价值的行为。[③] 尤其对于本有望成功破产重整的企业，更可能遭受银行单方扣款行为的致命性打击，因其银行账户中的资金是企业拯救所依赖的流动性资本的重要来源。[④]

综上，案涉扣款还贷行为符合《企业破产法》第32条所有明确规定的偏颇清偿的构成要件。

2. 当事人善意可以作为偏颇清偿撤销的抗辩事由，但案涉银行非属善意

在“中兴案”的诉讼中，建设银行柯桥支行提出，因其“并不知晓绿洲公司将要破产，也不存在与绿洲公司恶意串通，在主观上系善意”，所以扣款还贷行为不应被撤销。对该抗辩，“中兴案”法院未予支持，认为“破产程序中规定撤销权的目的是纠正债务人不当处分财产的行为，恢复其责任财产，以防止损害债权人利益，且依照《企业破产法》第32条的规定，债权人接受清偿行为时的主观善意并不属于管理人行使撤销权的例外情况”。虽然《企业破产法》第32条确实未提及当事人主观状态对撤销权的影响，但笔者认为，从法理层面

---

① See Thomas H. Jackson, *The Logic and Limits of Bankruptcy Law*, Harvard University Press, 1986, pp. 123 – 125.

② See Adam J. Levitin, *Business Bankruptcy: Financial Restructuring and Modern Commercial Markets*, 2nd ed., Wolters Kluwer, 2019, pp. 597 – 598.

③ See Philip T. Lacy, *Setoff and the Principle of Creditor Equality*, 43 South Carolina Law Review 951, p. 975 (1992).

④ See Carmelita J. Hammon, *Setoff in Bankruptcy: Is the Creditor Preferred or Secured*, 50 University of Colorado Law Review 511, p. 516 (1979).

探讨主观善意是否可以作为偏颇清偿的抗辩事由，有助于对“中兴案”展开更深入分析。

与“中兴案”法院的观点不同，正如本专题以上反复强调的，偏颇清偿撤销制度的功能并不仅在于恢复债务人的责任财产，更重要的是威慑破产前夕债权人的资产竞逐行为。然而，对于善意债权人，由于他们行为时不知道债务人已出现破产原因，也就不会因偿债行为被撤销的后果而停止对债务的追讨。因此，偏颇清偿撤销权应当仅针对那些明知债务人已陷入财务困境的债权人。① 美国曾经的《破产法案》（Bankruptcy Act）第60b节就规定，只有当清偿行为发生时，债权人“有合理理由相信债务人已具有破产原因”，该偏颇清偿行为才可被撤销。《美国破产法典》虽然删除了该项规则，但同时在第547（c）（2）节确立了偏颇清偿撤销制度的“常规商事交易”（ordinary commercial transactions）例外规则，也发挥了近似善意债权人豁免规则的功能。总之，将偏颇清偿撤销权的行使限定在债权人恶意的情形，是平衡“维护商事交易安全”与“破产财产价值最大化”两个政策目标的适当做法。②

不过，在诉讼中，债权人主观状态的证明并非易事。对此，法院可以借鉴美国破产法对企业内部人与外部人的区分，并推定前者主观状态为恶意。如果一个债权人被认定为企业内部人，就必须举证证明自己在获得清偿时不知道债务人已具备破产原因，否则不得主张善意抗辩。《美国破产法典》第101（31）节界定的企业内部人范围较广，任何与债务人企业具有密切关系和能对其产生影响的人，都可以被认定为企业内部人。在实践中，法院会综合各种情形判断债权人与债务人企业的关系，包括债权人与债务人的密切程度、对债务人事务的了解、获得内部信息的机会，以及债权人可以控制或影响债务人的程度。③ 在此视角下，债务人开有存款账户的银行基本都可以认为是内部人。银行利用其对债务人账户的控制和交易往来中的信息优势，可以较早知悉债务人账户的资金情况并相应采取行动。实践中常见的情形是，银行一旦发觉债务人流动性

① See Charles J. Tabb, *Rethinking Preferences*, 43 South Carolina Law Review 981, p. 990 (1992).

② See William D. Warren, Daniel J. Bussel & David A. Skeel, Jr., *Bankruptcy*, 9th ed., Thomson Reuters/Foundation Press, 2012, pp. 324－326.

③ See Brian A. Blum & Samir D. Parikh, *Bankruptcy and Debtor－Creditor*, 7th ed., Wolters Kluwer, 2018, p. 332.

不足，可能进入破产程序，就会利用借款合同中的加速到期条款和单方抵销权条款迅速实现自己的债权。①

可见，银行属于典型的与债务人关系密切的复杂债权人，除非其有充分证据证明其善意，否则其扣款还贷行为就仍属于可撤销的行为。因此，在“中兴案”中，鉴于建设银行柯桥支行未能举证证明其在实施扣款行为时不知绿洲公司已具备破产原因，其善意抗辩不能成立。

（二）破产受理前扣款还贷的撤销范围还应受到“地位改进标准”的限制

虽然本专题认同“中兴案”中法院对于破产前扣款还贷行为是偏颇清偿行为的最终定性，但并不认同其对该行为完全撤销的处理方式。“中兴案”法院未能分析偏颇清偿撤销的“债权人地位改进”要件，也未意识到对扣款还贷行为的撤销还要考虑到银行的担保债权人地位。从美国的经验来看，对破产前抵销行为的撤销范围应当受到特殊的“地位改进标准”的限制。

1. “债权人地位改进”是偏颇清偿的构成要件之一

如前所述，偏颇清偿撤销制度旨在防止破产前夕的清偿行为改变集体清偿程序所确立的财产分配结构，以免对债权人产生不当激励，诱使其参与资产竞逐而损害债权人的集体利益。因此，对于那些未曾改变破产财产分配结构的清偿行为，因其对债权人集体利益不具有危害性，就没有适用偏颇清偿撤销权的必要。②《美国破产法典》第547（b）（5）节明确规定，偏颇清偿撤销权的要件之一是“清偿行为改进了债权人的法律地位”，即清偿行为必须使债权人获得比在假定的破产清算程序中所能获偿的债权数额更高的收益。③该要件被认为是第547（b）节的核心，其基本目的是确定破产前的清偿行为是否给予了债权人不公平的受偿水平。正是偏颇清偿的这一属性破坏了破产的集体程序，使

---

① 参见乔博娟：《破产法视野下商业银行扣款抵债的效力认定与法律构成》，载《苏州大学学报（法学版）》2021年第3期。

② See Jeffrey Ferriell & Edward J. Janger, *Understanding Bankruptcy*, 4th, Carolina Academic Press, 2019, § 15.02 [F].

③ 举例说明，假设债务人企业对债权人A负有52,000元到期债权，并在破产前夕向其支付2000元。债务人破产后，A申报了50,000元无担保债权。在本案的破产清算程序中，无担保债权人能够获得债权额90%的清偿，因而债权人A在清算中获得了45,000元，与破产前夕获得的2000元相加，共获偿47,000元。然而，如果不是破产前夕的清偿行为，A本应只能在清算中获偿46,800元，因而其地位因清偿行为得到了改进，本案的偏颇清偿行为应予撤销。

得债权人所获优势不具有合法性。[①] 基于上述原理，尽管我国《企业破产法》第32条没有明确规定，但偏颇清偿撤销权的行使还应当满足的一个要件就是“清偿行为改进了获得清偿的债权人的法律地位”。

对于破产前夕受偿的无担保债权人而言，满足偏颇清偿的“债权人地位改进”要件基本都不存在问题。然而，由于该要件的分析需要考虑债权人在假定的清算程序中可能主张的权利，如果破产前受偿的是享有担保或者其他优先权的债权人，该清偿行为可能就不具有偏颇清偿的效果。例如，假设担保债权人B对债务人企业享有5万元债权，抵押物价值为40万元。如果债务人被破产清算，债权人B通过实现抵押权仍然可以完全实现其债权。如果破产前夕债务人向债权人B支付3万元，则在假定破产清算测试下，债权人B最后能收回的债权仍然是5万元。此时，债权人B破产前受偿的3万元就不属于偏颇清偿。可见，由于担保债权在破产清算中基本都能获得足额清偿，“债权人地位改进”的要件也就无法满足。不过，如果债权人的债权额未能完全被担保物的价值所覆盖，则仍存在偏颇清偿的可能。[②] 事实上，上述原理已为我国最高人民法院所承认。《企业破产法解释（二）》第14条规定：“债务人对以自有财产设定担保物权的债权进行的个别清偿，管理人依据企业破产法第三十二条的规定请求撤销的，人民法院不予支持。但是，债务清偿时担保财产的价值低于债权额的除外。”

2. 撤销破产前抵销行为的“地位改进标准”

抵销权的担保功能虽然为破产法所承认，但由于破产前债务人存款账户中的资金会不断流动，所以被担保权益所覆盖的范围债权范围具有很大的不确定性，导致“地位改进标准”对破产前抵销的适用具有一定的特殊性。在此意义上，抵销权与浮动担保具有较大相似性。《美国破产法典》第553（b）节确立的破产前抵销的撤销规则，事实上就效仿自《美国破产法典》第547（c）（5）

① See Brian A. Blum & Samir D. Parikh, *Bankruptcy and Debtor - Creditor*, 7th ed., Wolters Kluwer, 2018, p. 333.

② See Jeffrey Ferriell & Edward J. Janger, *Understanding Bankruptcy*, 4th, Carolina Academic Press, 2019, § 15.02 [F].

节为浮动担保权人确立的特别的偏颇清偿撤销规则。①

《美国破产法典》第547（c）（5）节判断浮动担保债权人“地位改进”的基本思路是，考虑到浮动担保的担保物价值处于不断变动之中，与其通过计算每时每刻担保物价值的变化来判断是否存在偏颇清偿行为，不如直接比较破产前90日与破产程序启动时浮动担保物价值的变动，如果破产时债权人能获得担保的债权范围小于破产前90日时的范围，则认为其间发生的清偿行为是偏颇清偿行为。例如，浮动担保债权人C对债务人企业享有10万元债权，在破产前90日时，浮动担保物价值为8万元；在债务人破产时，债权人C尚有债权7万元，而浮动担保物价值仅剩6.5万元。比较两个时点，在破产前90日债权人C有2万元债权未被浮动担保权覆盖，在破产时未覆盖的债权则减至0.5万元。如此，其间发生的清偿行为使得债权人C的地位得到了改进，于是可撤销的偏颇清偿行为的数额就是1.5万元。②

根据相同原理，《美国破产法典》第553（b）节规定，对于破产前的抵销行为，管理人可以撤销的范围为该抵销行为使抵销权人未被担保效果覆盖的债权所减少的部分。这一计算过程也要求先确定两个时点，第一个时点是破产前90日，或者破产前90日到破产之日期间债权人的抵销权首次不足以完全覆盖其债权（出现“差额”）之日，以日期较晚的时点为准；第二个时点就是抵销行为发生之日。如果第一个时点的差额大于第二个时点的差额，多出来的部分即管理人可以主张撤销的偏颇清偿行为的数额。例如，假设银行D向债务人企业贷款1万元，同时要求债务人开设1.2万元的补偿性余额账户。30日后，债务人陷入财务困境，账户余额降至0.2万元，导致银行D的抵销权与其债权产生了0.8万元差额。一周后，债务人将其账户余额又增加至1万元，银行旋即根据借款合同约定扣款还贷，完全实现了其债权。又一周后，债务人正式破产。根据《美国破产法典》第553（b）节的规定，首次出现的差额为0.8万元，抵销时差额为0元，因而管理人可以撤销0.8万元的偏颇清偿行为。③ 但如果银行

---

① See Daniel A. Austin & Stephen P. Parsons, *Business Bankruptcy Law in Focus*, Wolters Kluwer, 2017, p. 269.

② See Adam J. Levitin, *Business Bankruptcy: Financial Restructuring and Modern Commercial Markets*, 2nd ed., Wolters Kluwer, 2019, p. 610.

③ See Charles J. Tabb, *Law of Bankruptcy*, 4th ed., West Academic, 2016, pp. 571 – 572.

扣款还贷的时点在首次出现差额之前，该行为就不具有偏颇清偿的属性，而属于银行通过担保权来实现债权的自力救济行为。①

3. “地位改进标准”对“中兴案”的适用

美国经验表明，结合偏颇清偿撤销权的“债权人地位改进”要件与抵销权担保属性的特殊性，管理人对破产前抵销行为的撤销范围，应当限定在抵销行为使债权人的抵销权与其债权的差额所减少的部分。因此，“中兴案”虽然对案涉扣款还贷行为的定性正确，但最终将之完全撤销的处理结果却有违法理。考虑到我国《企业破产法》第32条规定的偏颇清偿期间是破产前6个月，对上述规则进行相应地调整后，我国管理人对扣款还贷的撤销权，应当限定在清偿行为发生时相较破产前6个月或者首次出现差额之日（以日期较晚的时点为准），该清偿行为使债权人抵销权与债权的差额减少的部分。

在“中兴案”中，法院于2016年6月20日受理破产申请，破产前6个月即2015年12月20日，由于自始建设银行柯桥支行的抵销权就与其债权存在差额，故2015年12月20日即计算所需的第一个时点。此时，银行对绿洲公司仍享有约2062万元债权。遗憾的是，“中兴案”中未查明此后6个月债务人账户的资金变化情况，我们只能通过假设来继续演算。假设2015年12月20日绿洲公司账户中尚有X万元资金，银行抵销权与债权的差额即为（2062－X）万元。通过五次扣款还贷行为，建设银行柯桥支行共行使39.7万元的抵销权（五次划扣时点都在破产受理之前，故可合并计算）。若39.7≤X，则该扣款行为对差额不会产生影响，未使银行地位得到改进，故属于银行自力实现担保权益满足债权的行为，管理人不得予以撤销；若39.7＞X，则该抵销行为减小了（39.7－X）万元的差额，故管理人可以撤销（39.7－X）万元的偏颇清偿行为。如此处理，才是兼顾破产法承认抵销权担保功能与打击破产前资产竞逐行为两项制度诉求的合理做法。

五、结论

债务人企业在将钱款存入银行时，实际是放弃了对钱款的所有权以换取对

① See Robert E. Ginsberg, Robert D. Martin & Catherine J. Furay, *Ginsberg and Martin on Bankruptcy*, 6th ed., Wolters Kluwer, 2022, § 8.06 [E] [1].

银行的债权。商业银行扣款还贷的本质是存款与贷款两项债务的相互抵销，而其中的划扣行为不过是独立于抵销意思表示的账户结算，而非物权变动中的交付行为。因此，“中兴案”的裁判应当遵照破产法对债务抵销的处理方式。原则上，一方面，破产法承认抵销权在实体层面发挥的担保功能，并给予抵销权人以担保债权人的待遇；另一方面，抵销权的行使受到破产程序的集体主义原则限制，并且破产前夕发生的抵销行为还要受到偏颇清偿撤销制度的检视。破产抵销权的实质是偏颇清偿撤销制度的例外规定，在我国《企业破产法》第40条未涉及破产前抵销行为的处理规则时，应直接适用《企业破产法》第32条对于偏颇清偿撤销的一般性规定。

对于《企业破产法》第32条在“中兴案”适用的主要争议问题，本专题提出：首先，《企业破产法》第32条但书“使债务人财产受益”的行为，应当解释为“不会致使债权人集体利益受损的行为”，而银行在破产前夕的对债务人账户中资金的划拨，正是偏颇清偿撤销制度旨在打击的影响债务人持续运营与减少破产财产总体价值的行为，因而不符合但书规定的例外情形。其次，鉴于偏颇清偿撤销的威慑效果无法及于善意债权人，故当事人善意可以作为偏颇清偿撤销的抗辩事由，但案涉银行非属善意。最后，本专题还分析了对破产前抵销行为的撤销范围问题。基于偏颇清偿撤销权的“债权人地位改进”要件与抵销权担保属性的结合，管理人对破产前抵销行为的撤销范围，应当限定在抵销行为使债权人的抵销权与其债权的差额所减少的部分。因此，“中兴案”完全撤销扣款还贷行为的做法并不合理，而应在查明绿洲公司破产前6个月的账户资金变化情况后，才能确定应予撤销的偏颇清偿行为的范围。

专题十二

债务人为他人债务提供担保的破产撤销问题

内容提要：破产法赋予管理人破产撤销权的实质在于保全破产债务人的责任财产，实现不当移转利益的归位，因而对可撤销行为的识别存有两个视角：一是判断相关行为是否导致破产债务人的责任财产流失；二是判断相关行为最终是否导致他人获得破产法不予承认的利益。破产债务人为他人债务提供担保的行为同时涉及三方关系因而具有迷惑性。虽然为他人债务提供担保的合同多系单务无偿合同，但从债权人的视角观察之，其可能并未获得额外的不当利益，甚至被担保的他人才是交易的“利益赢家”。由此，应予审视和撤销的是破产债务人与他人之间的担保原因关系，而非破产债务人和债权人之间的担保合同关系。而在担保原因关系方面，为他人债务提供担保既可能因具备合理对价而不构成破产撤销权的对象；也可能缺乏对价进而归入“无偿转让财产”的范畴；还可能构成对价不均衡，从而归入“以明显不合理的价格进行交易”，予以撤销。

关键词：破产撤销权、第三人担保、担保原因关系、担保合同、合同对价

一、问题的提出

（一）为他人债务提供担保的案例

2017 年 9 月 6 日，恒丰银行股份有限公司泉州分行（以下简称恒

丰泉州分行）与福建五洲集团有限公司（以下简称五洲集团）签订《综合授信额度合同》，约定由恒丰泉州分行向五洲集团提供5000万元最高授信额度，由无锡龙工房地产开发有限公司（以下简称龙工公司）等为该协议项下的债权提供担保。同日，龙工公司与恒丰泉州分行签订《最高额抵押合同》，约定龙工公司以其名下的房地产为上述授信合同提供抵押担保。2017年9月21日，恒丰泉州分行与五洲集团签订《流动资金借款合同》，前者向后者发放贷款本金5000万元。2018年8月11日，一审法院裁定受理债权人对龙工公司的破产清算申请，并于2018年10月8日指定破产管理人，管理人遂针对上述抵押担保行为向法院诉请撤销。

一审法院认为，龙工公司为五洲集团借款设定的案涉房产抵押系对没有财产担保的债务提供财产担保。虽然龙工公司可以取得对五洲集团的追偿权，但因恒丰泉州分行行使担保物权的基础是五洲集团没有清偿能力，在该情况下龙工公司的追偿权无法实现，结果将导致龙工公司的责任财产减少，损害其他债权人的利益。一审法院遂判决撤销案涉《最高额抵押合同》以及有关23套房产的抵押登记。

二审法院认为，本案不属于《企业破产法》规定的管理人享有破产撤销权的情形。第一，本案不属于“对没有财产担保的债务提供财产担保”。龙工公司提供房产抵押的行为显然不是对龙工公司或者五洲集团既存债务追加的财产担保，而属于事先担保或者同时担保，因此不适用“对没有财产担保的债务提供财产担保”这一可撤销情形。第二，本案也不属于“无偿转让财产”：一方面，从龙工公司自身的角度看，如果龙工公司以其提供的抵押房产承担了担保责任，则龙工公司将会享有对主债务人五洲集团的追偿权，即龙工公司提供房产抵押的行为并非全无担保对价。担保追偿权属于法定权利，该担保追偿权是否获得足额实现则属于龙工公司提供房产抵押担保时所应承担的正常法律风险，不能仅以担保追偿权的实际行使结果为标准判定该担保追偿权是否构成抵押人提供抵押担保的足额对价。另一方面，从恒丰泉州分行的角度看，龙工公司提供的房产抵押是恒丰泉州分行向五洲集团发放贷款的前提条件或者对价，如果没有龙工公司提供房产抵押，五洲集团将难以获得泉州分行的5000万元贷款。基于此，如果以龙工公司事后行使担保追偿权能否获得足额清偿作为龙工公司的抵押行为是否应当撤销的标准，则势必导致金融机构正常经营的交易预期无法确定，甚或造成金融秩序的混乱状态。由此，二审法院判决撤销一审判决，并驳回龙工公司破产管理人的诉讼请求。①

（二）为他人债务提供担保的其他破产撤销纠纷分歧

当前，我国司法实践尚未对破产债务人为他人债务提供担保时管理人得否主张撤销的处理形成统一认识，裁判分歧较大，就管理人依据哪项法律规范作为主张破产撤销的请求权基础，亦存有争议。本专题经检索选取了部分代表性判例，整理如下：

法院支持管理人撤销的裁判路径主要有二：（1）为他人债务提供担保减少了破产债务人的财产，并且破产债务人并未获得相应的对价，即使破产债务人事后取得追偿权，其追偿权往往很难实现。因此为他人债务提供担保仍属于广义上的无偿转让财产行为，管理人有权予以撤销。②（2）依据法律规定，对“没有财产担保的债务提供财产担保”并未排除为他人债务提供担保的情形，甚至，较之于为自己债务提供担保，相关担保行为对其他破产债权人利益的侵害更为严重，举轻以明重，管理人应享有相应的破产撤销权。③实际上，此类裁判思维坚持了文义解释和当然解释的解释方法。

而法院不支持管理人行使撤销权的主要裁判理由则包括：（1）《企业破产法》第31条第1款第3项规定的“对没有财产担保的债务提供财产担保的”是指为破产债务人自身的既有债务提供的财产担保，而为他人债务提供物权类担保，以及为他人债务提供保证担保，都不在该款法律规定的语义射程范围之内。④（2）对于贷款人而言，此项交易其实构成有对价的交易，因为若没有相应的担保，贷款人就不会提供相应的融资。⑤（3）在提供保证担保情形下，破产债务人破产后，贷款人其实只能以普通债权人的身份在破产程序之中进行债权申报，无法获得优先受偿，总体上不会过度影响破产程序的集体清偿

---

① 参见江苏省无锡市中级人民法院民事判决书，（2021）苏02民终488号。

② 参见四川省高级人民法院民事判决书，（2020）川民终238号。

③ 参见浙江省嘉兴市中级人民法院民事判决书，（2020）浙04民终256号。

④ 参见湖南省高级人民法院民事判决书，（2018）湘民终848号。

⑤ 参见江苏省无锡市中级人民法院民事判决书，（2021）苏02民终488号。

目标。[①]（4）从破产债务人的角度来看，其很有可能也进行了有对价的交易，比如在他人提供反担保的情形下，[②]以及担保人承担担保责任后享有法定的追偿权，此时追偿权便构成对价，正如文首案例中二审法院对一审裁判的纠正理由所言，不能以追偿权能否足额实现作为判断是否具有对价的标准。[③]

（三）为他人债务提供担保的破产撤销纠纷学理分歧

当前，理论界对前述问题的观点分歧较大、不一而足。有观点认为，从文义解释的角度来看，破产法上可撤销行为的类型是法定的，破产债务人为他人债务提供担保的行为不属于法定的可撤销行为，不应对“无偿转让财产”作扩大解释和适用。甚至有学者主张，破产债务人的此类行为系有偿行为，因为破产债务人提供担保后可以将来的求偿权对被保证人行使追偿权。[④]相反的观点则认为，破产债务人为他人债务提供担保，并无任何经济利益；虽然破产债务人代为清偿之后享有追偿权，但往往因债务人丧失清偿能力，追偿权实现的可能性很小，性质上仍属于无偿行为，可以适用《企业破产法》第31条关于“无偿转让财产”行为的规定予以撤销。[⑤]另有学者认为，应区分不同情形加以讨论：（1）在贷款与担保互为条件、同时履行，以及破产债务人系为履行对他人的特定义务而提供担保时，不构成无偿转让财产。（2）若破产债务人明知他人无力偿还而仍然为其借款提供担保，自然可被撤销；若不知他人无力偿还借款，破产撤销所指向的相对人只能是借款人。（3）破产债务人事后为他人的既存债务提供担保时，应准用第二种情形中破产债务人的“明知”规则。[⑥]

从比较法来看，此问题亦存有较大争议。如有日本的相关判例就认为，经营者为自己经营的企业债务提供个人保证的，基于其无法从企业处获得保证金的经济实质，应当认为构成无偿行为。[⑦]但基于业主提供保证，企业才能获得

---

① 参见上海市青浦区人民法院民事判决书，(2018)沪0118民初9728号。

② 参见江苏省镇江市中级人民法院民事判决书，(2021)苏11民终826号。

③ 参见江苏省无锡市中级人民法院民事判决书，(2021)苏02民终488号。

④ 参见陈荣宗：《破产法》，台北，三民书局1986年版，第257页。

⑤ 参见王欣新：《破产撤销权研究》，载《中国法学》2007年第5期；另参见王欣新：《论“对没有财产担保的债务提供财产担保”行为的认定》，载《人民法院报》2016年1月27日，第7版。

⑥ 参见许德风：《论破产中无偿行为的撤销》，载《法商研究》2012年第1期。

⑦ 参见最高裁判所昭和六十二年（1987年）7月3日判决，民事判例集41卷5号，第1068页。转引自［日］山本和彦：《日本倒产法入门》，金春等译，法律出版社2016年版，第87页。

融资、恢复经营的现实情况，经营者似乎又可从保证行为中获利，因此，赞成撤销的前述观点和判例之上仍然存有争议。[①]

结合相关类案的裁判情况及学理争论，回归到文首案例中，就破产管理人对破产债务人为他人债务提供担保行为的破产撤销权纠纷，至少涉及以下三个方面的问题：（1）《企业破产法》第31条对可撤销行为的列举是封闭式还是开放式列举？能否针对他人债务提供担保的情况作出开放性解释？（2）为他人债务提供担保的行为能否解释为“无偿转让财产”的具体行为类型，并予以撤销？（3）为他人债务提供担保能否构成“对没有财产担保的债务提供财产担保”或是“以明显不合理的价格进行交易”予以撤销？下文将围绕上述问题展开讨论。

二、担保利益的处置与《企业破产法》第31条的开放性解释

（一）我国破产撤销权适用范围的立法选择

破产撤销权系指管理人享有的，对于债务人在破产申请受理前的法定期间内实施的欺诈债权人或损害全体债权人公平清偿的行为，于破产程序开始后予以撤销并将撤销利益复归破产财团的权利。[②] 破产撤销权的制度功能有二：其一，帮助实现破产财产价值的最大化，以保障破产债务人的责任财产能够满足全体债权人更高比例的清偿需求。其二，落实概括清偿和公平分配的破产法理念，避免个别债权人在破产案件受理前夕“突击受偿”从而侵害其他债权人的利益。鉴于破产撤销权具有改变既有交易状态的法律效力，因此也需兼顾交易安全，保障交易预期，进行充分的利益权衡，避免对善意受偿人造成不必要的损害。[③]

破产撤销权的适用范围影响着破产撤销权对“正常交易秩序”的干预边界，体现了破产撤销权制度在维护债权人利益与保护善意第三人交易安全价值之间作出的利益权衡。对于此项重要制度，各国立法例普遍从可撤销行为

① 参见［日］山本和彦：《日本倒产法入门》，金春等译，法律出版社2016年版，第87页。

② 参见王欣新主编：《破产法学》，中国人民大学出版社2008年版，第107页；韩长印主编：《破产法学》，中国政法大学出版社2016年版，第114页。

③ 参见许德凤：《破产法论：解释与功能比较的视角》，北京大学出版社2015年版，第372页。

类型的角度，对破产撤销权的适用范围采用列举主义、概括主义或者列举主义与概括主义相结合的立法体例加以规定。分别说来，列举主义立法例呈现为封闭结构，缺乏灵活性，限制了法官适用法条的裁量权；而概括主义立法模式则具有开放性，法官具有较大的自由裁量权。可见，相较于列举主义立法模式，含有概括条款的立法例的优势在于克服了列举主义挂一漏万的不完全性。①

在《企业破产法》实施之前，《企业破产法（试行）》第35条曾列举式地规定了五项无效行为。此后，直至《企业破产法》（2004年3月草案A版）的立法草案均增加了一款兜底条款，即“其他损害债权人利益的行为”。但后续的几部立法草案以及最终出台的《企业破产法》都没有采纳该兜底条款。从立法嬗变的角度分析，最终定稿的《企业破产法》体现了立法者的价值选择，即采纳列举主义的立法范式，从而限缩可撤销行为的类型、限制破产撤销权的适用范围；维护交易的可预期性和稳定性；在保障债权人利益同交易安全之间形成利益均衡。②

（二）应将“无偿转让财产”解释为“无偿处分财产权益”

我国《企业破产法》第31条的有限列举、不规定概括条款的立法选择，③显示出该条规范适用从严、限缩可撤销行为范围的立法旨趣。但是，这并非意味着该法条在结构上必然具有封闭性；相反，如果针对类型化可撤销行为的构成要件，能够发现遗留的法解释空间，经过法的续造或者法律的类推适用，仍然可能形成实质上的兜底条款。根据我国《企业破产法》第31条的规定，“无偿转让财产”是法定的可撤销行为类型之一。如果采取体系解释，那么《民法典》第538条以及《企业破产法》第31条规定的“无偿转让财产”应解释为同一语义，《企业破产法》第31条规定的“无偿转让财产”不能被解释为无偿行为的兜底条款。本专题认为，这种体系解释和文义解释并非对破产撤销权的

① 参见易萍：《破产撤销权的适用标准及完善》，载《河南省政法管理干部学院学报》2009年第2期。

② 参见陈夏红编著：《企业破产法注释》，北京大学出版社2021年版，第198－199页。

③ 参见王欣新主编：《破产法学》，中国人民大学出版社2008年版，第108页；另参见齐明：《破产法学：基本原理与立法规范》，华中科技大学出版社2013年版，第118页。

法律解释的终点，而是应将“无偿转让财产”解释为“无偿处分财产权益”，[①]使其充分发挥规制无偿行为的兜底条款之功能，理由包括：

首先，司法实践中存在诸多需要纳入破产撤销权适用范围的无偿行为，债法上无偿行为可撤销范围的不断扩大便是立法对这种司法实践需求的回应。根据原《合同法》第74条之规定，可撤销的无偿行为限于“债务人放弃其到期债权”和“无偿转让财产”这两种类型，但实践中侵害债权人利益的无偿行为并不限于此。故而，《合同法司法解释二》增加了债务人放弃其未到期债权或者放弃债权担保，或者恶意延长到期债权履行期限的可撤销行为类型。《民法典》则对此采取了概括式的立法范式，其第538条规定，债务人以放弃其债权、放弃债权担保、无偿转让财产等方式无偿处分财产权益，或者恶意延长其到期债权的履行期限，影响债权人的债权实现的，债权人可以请求人民法院撤销债务人的行为。其中“恶意延长其到期债权的履行期限”的行为类型也属于“无偿处分财产权益”的一种。[②]

其次，由于《企业破产法》第31条缺乏兜底性规定，并未对可撤销行为的构成要件进行抽象化规范，这便导致司法实践中，部分法院便产生了列举类型之外行为能否撤销的困惑，这将不利于法律适用的统一性和安定性。司法实践中，既有法院将为他人债务提供担保的行为归入“无偿转让财产”类型予以撤销，也有法院将其归入“对没有财产担保的债务提供财产担保”类型予以撤销，这均在一定程度上体现出该条文在解释上的困境。可见，虽然该条内容采取了列举式的封闭立法结构，但在司法实践中，为解决类型化可撤销行为之外的其他行为能否被撤销的问题，该条的具体内容有可能走向将“无偿转让财产”的行为类型视为无偿给付行为兜底条款的概括主义法解释进路。质言之，如果法院拟论证《企业破产法》第31条规定的行为类型之外的其他行为在破产程序中具有可撤销性，那么法院就会倾向于论证其他行为构成“无偿转让财

---

① 亦有学者观点主张我国有关无偿行为的立法在文字表述上存在涵盖不足的问题，仅将无偿行为限定为“转让财产”导致对非转让性质的无偿行为无法撤销，该观点建议立法应将“无偿转让财产行为”修改为“无偿行为”，参见王欣新主编：《破产法学》，中国人民大学出版社2008年版，第126－127页。

② 参见王洪亮：《〈民法典〉第538条（撤销债务人无偿行为）评注》，载《南京大学学报（哲学·人文科学·社会科学）》2021年第6期；另参见崔建远：《论债权人撤销权的构成》，载《清华法学》2020年第3期。

产”的具体类型;[①] 反之，如果法院拟排除《企业破产法》第31条规定的行为类型之外的其他行为的可撤销性，那么法院的裁判说理就会多集中在对“无偿”要件的否定性论证上。[②]

再次，我国《企业破产法》立法基本上遵循了将诈害行为与偏颇行为相区分规定的一般法理，[③] 但《企业破产法》第31条的规定却呈现复合状态，将“对没有财产担保的债务提供财产担保”以及“对未到期的债务提前清偿”同“无偿转让财产”并列规定。然而，前两种行为均属于偏颇行为，其作为撤销事由的法理基础在于偏袒性的个别清偿，而非该行为的无偿性；并且，诈害行为与偏颇行为在临界期、主观状态、例外规定等要件上应有所差别。[④] 因此，将“对没有财产担保的债务提供财产担保”以及“对未到期的债务提前清偿”置于《企业破产法》第31条的撤销范围中，缺乏合理性。此外，明确区分诈害债权行为与偏颇行为，并分别加以规范的做法被视为我国台湾地区债务清理法草案的进步表现之一。[⑤] 据此，在应然层面上，《企业破产法》第31条应当剔除“对没有财产担保的债务提供财产担保”以及“对未到期的债务提前清偿”类型，并予以另行规定，而后者应当成为《企业破产法》修订、破产撤销权制度重构的重要内容。随之，《企业破产法》第31条将同《民法典》中有关债权人撤销权的规范相接轨，根据对价均衡程度在诈害行为内部区分无偿行为与有偿行为，将“无偿转让财产”解释为“无偿处分财产权益”，将整体上有助于包容、规制立法未列举规定的无偿行为。

最后，前述立法结构安排也可从比较法上得到印证：（1）根据《德国破产法》第129条第1款的规定，破产程序启动前当事人作出的对全体破产债权人

---

① 为他人债务提供担保以及债务加入均未被《企业破产法》第31条明确列举，但支持撤销的部分法院判例认为上述行为属于广义上的无偿转让财产类型。相关判例可参见四川省高级人民法院民事判决书，(2020) 川民终238号；江苏省南通市中级人民法院民事判决书，(2018) 苏06民终4272号。

② 债务加入的相关案例，参见浙江省嘉兴市中级人民法院民事判决书，(2019) 浙04民终319号。

③ 有学者观点主张我国破产法将可撤销行为区分为诈害行为（《企业破产法》第31条）和到期债务的偏颇清偿行为（《企业破产法》第32条）两大类别，其中诈害行为又包含无偿行为、不合理对价交易行为与诈害性偏颇行为，参见韩长印：《破产撤销权若干疑难问题研究》，载《月旦民商法杂志》2006年第4期。

④ 参见许德风：《论破产中无偿行为的撤销》，载《法商研究》2012年第1期。

⑤ 参见沈冠伶：《债务清理程序之撤销权制度与撤销诉讼》，载《台大法学论丛》2011年第3期。

不利的法律行为可予撤销。① 也就是说德国破产法设置了“凡有损于债权人利益的行为”的兜底条款。② 除此一般性规定外，德国法还针对不同性质的行为分别规定了特殊构成要件：《德国破产法》第134条基于无偿取得与有偿给付应受保护程度不应等同的思想单独规定了无偿给付的撤销规则。③ 不同于我国破产法，《德国破产法》表述为无偿给付，而非无偿转让财产，并且未将放弃债权行为予以单独规定，但德国在相关司法判例中不断丰富着无偿给付的意涵，具体体现为：无偿转让财产、代第三人清偿或者履行给付、为第三人债务提供担保等。④ （2）在美国破产法中，给付（transfer、conveyance）要件被赋予了极为宽泛的含义，其目的在于囊括尽可能多的财产利益的转让方式，美国破产法将“给付”定义为：担保权的创设；为卖主保留所有权以提供担保；对债务人赎回抵押物权利的终止；针对财产或者财产利益的，任意形式的、直接或间接、绝对或附条件、自愿或强制的处分或出让。⑤ （3）我国台湾地区“破产法”第78条［破产对财产之效力（五）——诈害行为之撤销］明确地、概括地区分规定了无偿行为以及有偿行为的破产撤销，未对无偿行为的具体形式进行类型化列举，并同民法上诈害行为的撤销建立了直接的关联。⑥ 此外，我国台湾地区“消费者债务清理条例”及代表台湾地区破产法改革趋势的债务清理法草案均将诈害行为区分为无偿及有偿行为，并规定了不同的构成要件。⑦ 综上所述，

---

① 参见［德］莱茵哈德·波克：《德国破产法导论》，王艳柯译，北京大学出版社2014年版，第111页。

② 参见韩长印主编：《破产法学》，中国政法大学出版社2016年版，第127页。

③ 参见谢芝玲：《德国破产法撤销权制度述评》，载《比较法研究》2003年第3期；另参见［德］莱茵哈德·波克：《德国破产法导论》，王艳柯译，北京大学出版社2014年版，第116页。

④ 参见［德］莱茵哈德·波克：《德国破产法导论》，王艳柯译，北京大学出版社2014年版，第116－117页。

⑤ 参见［美］查尔斯·J. 泰步：《美国破产法新论》（中册），韩长印等译，中国政法大学出版社2017年版，第635－636页。

⑥ 我国台湾地区“破产法”第78条的内容为：债务人在破产宣告前所为之无偿或有偿行为，有损害于债权人之权利，依民法之规定得撤销者，破产管理人应声请法院撤销之。

⑦ 我国台湾地区“消费者债务清理条例”第20条第1款第1、2项的内容为：1. 债务人于法院裁定开始更生或清算程序前，2年内所为之无偿行为，有害及债权人之权利者。2. 债务人于法院裁定开始更生或清算程序前，2年内所为之有偿行为，于行为时明知有害及债权人之权利，而受益人于受益时亦知其情事者；“债务清理法草案”第40条第1款的内容为：债务人于法院裁定开始债务清理程序前所为之下列行为，有害及债权者，除本法别有规定外，监督人或管理人得撤销之：1. 无偿行为。2. 有偿行为，于行为时明知有损害于债权人之权利，受益人于受益时亦知其情事（以下第3、4项省略）。参见吴明轩：《债务清理法修正草案之商榷》，载《月旦法学杂志》2014年6月版（总第229卷）。

域外经验均表明，对无偿行为的规制多采取规定概括性条款、赋予无偿行为条款充分弹性的措施，以应对司法实践中新出现的各类无偿给付形式。而我国破产法立法将无偿给付的形式类型化列举为无偿转让财产与放弃债权两类行为，使得对无偿给付的规制更显刚性和缺乏解释上的灵活性。因此，若借鉴比较法经验，应将“无偿转让财产”解释为“无偿处分财产权益”，使其实质上发挥无偿给付条款的功用。

三、为他人债务提供担保可能构成“无偿转让财产”

（一）破产撤销语境下为他人债务提供担保行为的解构

在美国破产法中，起初只有由债务人实施的具有实际欺诈意图的给付，才能被视为欺诈性转让予以撤销。随后，由于拟制欺诈的理念得到采纳，不论破产债务人主观上是否具备欺诈意图，其给付都有可能被视为欺诈性转让而撤销。[①]《美国破产法典》第548（a）（1）条规定了实际欺诈，第548（a）（2）条规定了推定欺诈。我国《企业破产法》第31条规定的可撤销行为亦不以主观欺诈意图为构成要件，[②] 应属于拟制欺诈类型。罗伯特·拉斯穆森（Robert K. Rasmussen）教授在其专文探讨担保和《美国破产法典》第548（a）（2）条的关系时指出：[③]

《美国破产法典》第548（a）（2）条仅考虑了两方交易的范式，但忽视了三方交易的情形，破产债务人为他人债务提供担保便属于典型的三方交易情形，为分析上述情形下的破产撤销问题，可进一步思考以下三种交易情形，整理于表12－1。

---

① 参见［美］查尔斯·J. 泰步：《美国破产法新论》（中册），韩长印等译，中国政法大学出版社2017年版，第631页。

② “我国破产法对撤销权采取形式判断原则，故对撤销权的构成未规定主观要件要求。”参见王欣新主编：《破产法学》，中国人民大学出版社2008年版，第117页。“一般认为，无偿撤销并不考虑行为的内容、时期、关联人的善意或恶意等，仅以有害于债权人为已足，故有人称之为纯客观主义的撤销类型。”参见韩长印主编：《破产法学》，中国政法大学出版社2016年版，第121页。“在主观要件上，《企业破产法》第31、32条采取严格的客观主义规则。”参见许德风：《破产法论：解释与功能比较的视角》，北京大学出版社2015年版，第374页。

③ See Robert K. Rasmussen, *Guarantees and Section 548（a）（2）of the Bankruptcy Code*, 52 U. CHI. L. REV. 194（1985）.

表12－1　三方交易情形中的破产撤销问题

分类	破产债务人与贷款人	破产债务人与他人	备注
情形1	借贷关系（不可撤销）	赠与关系（可撤销）	破产债务人从贷款人处获得借贷后径直赠与他人
情形2	借贷关系（不可撤销）	赠与关系（可撤销）	破产债务人从贷款人处获得借贷后指示贷款人将贷款款项转赠与他人
情形3	担保合同关系	担保原因关系	能否撤销的关键在于判断贷款人或他人于三方借贷交易中因破产债务人提供担保而受益

相比于两方借贷交易而言，附加第三人担保的三方借贷交易情形下，由于第三人提供担保，贷款人将面临更小的风险，因此收取的利率应该低于无担保贷款交易情形下的利率，贷款人并没有因为增加第三人的担保而获得任何价值。实际上，在许多担保交易中，借款人不会因为担保利益的提供而给予破产债务人相应的价值，担保的授予实则构成破产债务人对借款人的欺诈性转让。就像表12－1中的情形2一样，担保的授予应重新定义为两方交易：（1）担保价值由贷款人向借款人转移以换取破产债务人的担保承诺；（2）破产债务人将该担保价值转移给借款人。

罗伯特·拉斯穆森（Robert K. Rasmussen）教授的前述解构与阐释，揭开了破产债务人为他人债务提供担保行为性质的"面纱"，此三角关系应当成为理解为他人债务提供担保的关键。由此，为他人债务提供担保实际上涉及三方当事人和三方法律关系：（1）三方当事人是指债权人、债务人（他人）、破产债务人；（2）三方法律关系是指债权人和债务人之间的主合同关系、债权人和破产债务人之间的担保合同关系、债务人和破产债务人之间的担保原因关系。

（二）无偿给付的两个分析维度：担保合同关系与担保原因关系

"'无偿'这一概念所描述的是合同签订时给付与对待给付之间超出市场限度的不对等状态。判断是否无偿的关键，是破产债务人是否不可回复地将特定利益移转于他人。"① 对欺诈性转让行为的识别有两个视角：一是判断相关行为

① 许德风：《论破产中无偿行为的撤销》，载《法商研究》2012年第1期。

是否导致破产债务人的责任财产流失；二是判断相关行为最终是否导致他人获得破产法不予承认的利益。①

首先，从判断相关行为是否导致债务人责任财产流失的视角进行观察，可以发现：(1)《美国破产法典》第548（a）(2）条在判断合理对价时并不要求破产债务人因负担合同义务而直接使其受益，相反，可以考虑破产债务人因负有义务而间接获得的价值，申言之，破产债务人因交易而获得的任何经济利益都可以成为判断合理对价的考量因素，无须严格限定在单个合同关系内判断对价是否合理。②（2）只要破产债务人在为他人债务提供担保这一交易中能够实现对价的“总量均衡”，便不属于欺诈性转让，也就是说，在判断破产债务人为他人债务提供担保是否构成欺诈性转让时，需要统筹兼顾地考量破产债务人所为的交易在担保合同关系以及担保原因关系中是否具有整体性的对价均衡。

其次，从判断相关行为最终是否导致他人获得未经破产法承认的利益的视角进行观察，又将发现：(1）在担保合同关系层面，倘若严守合同的相对性与独立性，担保合同应被视为单务无偿合同，并且不论债权人系基于何种考量提供贷款，亦不论担保原因关系是否有偿、不论破产债务人是否从相关担保中获利，都不会影响担保合同本身的无偿性。故而，在此视角下，为他人债务提供担保相当于破产债务人积极地为其责任财产设定没有对价的义务负担，当不存疑义。虽然担保合同关系属于无偿交易，但从债权人的视角设身处地地看，可能并无任何不符合破产法规则的欺诈性财产转移使贷款人受益：其一，如果没有破产债务人提供担保，贷款人便不会发放贷款；其二，如果没有破产债务人增加担保，贷款人便不会相应地降低贷款利率，对债权人而言，这是一项有对价的交易，不属于“无偿转让财产”。换言之，当权衡债权人是否因为担保合同关系而获得额外的不合理对价时，需要同时考量债权人是否通过主合同关系将额外获得的对价让渡和移转至债务人。(2）在担保原因关系层面，为他人债务提供担保的行为是否构成“无偿转让财产”的解释障碍集中在破产债务人承担担保责任后享有的追偿权问题。诚然，破产程序开始后，债权人向破产债务

① 如若债务人针对破产财产的处分行为没有导致第三人或债权人受益，便无破产撤销权而言，参见韩长印：《破产撤销权若干疑难问题研究》，载《月旦民商法杂志》2006年第14卷。

② See Scott F. Norberg, *Avoidability of Intercorporate Guarantees under Sections* 548（*a*）（2）*and* 544（*b*）*of the Bankruptcy Code*, 64 N. C. L. REV. 1099（1986）.

人主张担保债权往往意味着债务人已然丧失清偿能力，破产债务人需要负担巨大的追偿不能的风险以及追偿成本。但分析问题不能“只见树木，不见森林”，此种分析路径不得不面对以下质疑：从担保原因的层面来看，如果破产债务人基于为他人债务提供担保而获取保证金、保证保险、反担保，那么担保的原因关系便属于具有对价的有偿交易。此外，如果担保原因系无偿，这往往也意味着债务人和破产债务人之间存在某种利益牵连，债权人向债务人贷款的行为能让破产债务人间接受益。① 如此以来，便需要比较担保责任和间接收益之间的比例，以确定破产债务人提供担保时是否获得了合理的对价。此等无偿交易往往发生在母子公司等关联公司内部。② 例如，文首案例中龙工公司为五洲集团提供抵押担保的情形，龙工公司即为五洲集团的子公司。甚至，债务人有可能仅仅属于把破产债务人同贷款人之间的交易对价移转给破产债务人的中介和渠道，比如债务人将贷款款项专门用于破产债务人的经营活动。③ 何况，商事交易具备固定交易方多次反复交易、集合交易、长链交易的特征，在整体观察视角下，即使单笔交易确为无偿，只要“总账平衡”，仍有可能属于整体上对价均衡的交易。④

概言之，在破产债务人为他人债务提供担保的情境下，需要秉持整体总括性的视角进行观察：（1）就破产债务人而言，需要综合计算破产债务人在担保合同关系与担保原因关系中所让渡和取得的对价总和是否均衡，倘若得到否定性结论，那么便意味着该交易使得破产债务人责任财产流失，此时问题的关键转变为何者在此交易中获得了破产法不予承认的利益。（2）就债权人以及债务人而言，需要分别计算债权人在担保合同关系与主合同关系中，以及债务人在主合同关系与担保原因关系中所涉及的对价。因此，破产债务人为他人债务提

---

① 有美国司法判例认为改善公司的公众形象、增加开拓新市场的机会均可能构成间接利益而形成合理对价，See Telefest, Inc. v. VU－TV Inc。

② 在现代金融交易中，关联公司间交叉担保非常常见，表现为上游担保与下游担保，上游担保系指子公司为母公司的借款提供担保，下游担保系指母公司为子公司的借款提供担保。提供担保的母、子公司能否在提供担保行为中间接地获取利益，成为判断构成欺诈性转让与否的关键问题，See Thomas Hall & Keith Levenberg, *Fraudulent Conveyances and the Bankruptcy Code's Black Box: How Can Lenders Establish Value under Section* 548, 128 BANKING L. J. 689（2011）。

③ See Beemer *v.* Walter E. Heller & Co. （In Re Holly Hill Medical Center, Inc.）

④ 参见李志刚等：《为他人债务提供保证与破产撤销权》，载《人民司法》2022年第19期。

供担保可能构成“无偿转让财产”的行为而予以撤销，并且撤销的对象是让交易相对方取得破产法不予承认具有利益的交易关系。

四、为他人债务提供担保构成其他可撤销行为类型的可能性

（一）不应纳入“对没有财产担保的债务提供财产担保”并予撤销

在学理上，破产程序中的可撤销行为一般可分为侵害全体债权人利益的诈害行为，以及偏袒个别债权人、侵害其余债权人利益的偏颇行为。根据《企业破产法》第31条之规定，我国立法有限地列明了五种可撤销行为，即无偿转让财产、以明显不合理的价格进行交易、对没有财产担保的债务提供财产担保、对未到期的债务提前清偿、放弃债权。根据《企业破产法》第32条之规定，特殊临界期内具有破产原因要件的破产债务人针对个别债权人的清偿行为，管理人亦有权撤销之，该条即是关于偏颇性清偿可予撤销的规定。可见，我国破产立法基本上遵循了对诈害行为、偏颇行为区别规定的一般法理，但相关规定呈现出复合状态，部分可撤销行为的类型定性较为模糊。其中，无偿转让财产、以明显不合理的价格进行交易、放弃债权显然属于典型的诈害行为，侵害了全体债权人的预期分配利益。而至于对没有财产担保的债务提供财产担保，以及对未到期的债务提前清偿，则存在法律解释上的空间。

就破产债务人为他人债务提供财产担保这一问题而言，有必要分析其是否有可能属于“对没有财产担保的债务提供财产担保”行为模式的应有之义？（1）从文义解释的角度来看，该项规定并未明确排除为他人债务提供财产担保的情形，也未绝对地限定为只能为破产债务人自己的债务提供财产担保。（2）从司法实践的视角来看，当前部分判决遵循当然解释的解释方法，将为他人债务提供财产担保涵摄于“对没有财产担保的债务提供财产担保”的可撤销行为类型，也无可厚非。因此，该类可撤销行为在文义上兼具诈害行为与偏颇行为的意涵。但在学理通说上，一般都将“对没有财产担保的债务提供财产担保”解释为仅限于为债务人自身债务提供担保的情形。

本专题认为，破产债务人为他人债务提供担保不宜纳入“对没有财产担保的债务提供财产担保”的可撤销行为类型进行调整，原因如下：（1）虽然从文义解释的角度看，此类可撤销行为的条文语义并未排斥为他人债务提供担保的

情形，但对该项法律规定进行扩张解释的负外部性效应可能有：一则，引发对“没有财产担保”的额外解释，即没有财产担保指的是没有破产债务人提供的财产担保，抑或他人债务上不存有任何财产担保；二则，引发对“财产担保”的额外解释，即“财产担保”应狭义地限定为提供物权型担保，还是广义地认定为包含保证担保。（2）倘若把“财产担保”限定解释为物权型担保，那么保证型担保和物权型担保将不得不适用不同的裁判规则，前者归入“无偿转让财产”，后者归入“对没有财产担保的债务提供财产担保”或者“无偿转让财产”，不利于法律适用的简洁和统一。（3）虽然我国《企业破产法》第31条采取了列举主义的立法模式，但若将对“无偿转让财产”作广义理解，视之为对破产债务人责任财产的积极或者消极损害，将有助于对该款规定形成体系性解释，使其在实质上发挥无偿给付类行为的兜底条款功能。

（二）可能构成“以明显不合理的价格进行交易”

为他人债务提供担保既可能具备合理对价，也可能缺乏对价，还可能认定为对价不均衡。当认定为具备合理对价时，不应赋予管理人破产撤销权；当认定为没有对价时，属于无偿处分财产权益，便应构成“无偿转让财产”的可撤销行为类型，予以撤销；而当认定为对价不均衡时，虽然这在事实上也可能属于债务人无偿处分其财产权益的一种表现形式，即对价不均衡的利益被部分地无偿转移给了交易相对人，但仍应纳入“明显不合理的价格进行交易”的可撤销行为类型并予以撤销。这种区别对待的原因有三：（1）立法单独就“明显不合理的价格进行交易”作有规定，说明“明显不合理的价格进行交易”构成“无偿转让财产”的“特别法”规范，应当优先适用。（2）根据《民法典》第539条之规定，为他人债务提供担保的行为应当归入以不合理价格进行交易时的债权人撤销权行使范畴。依据当前的权威立法释义，《民法典》第539条是关于撤销债务人有偿行为的规定，相较于原《合同法》第74条，“为他人的债务提供担保的行为”是法律新增的行为类型，既包括为他人的债务充当保证人，也包括为他人的债务以自己的财产设定抵押、质押等。[①] 那么在体系性考量下，破产债务人为他人债务提供担保属于对价不均衡的情形，也应归入“明显不合

① 参见黄薇主编：《中华人民共和国民法典释义及适用指南》（中册），中国民主法制出版社2020年版，第817－818页。

理的价格进行交易”予以撤销。(3)《民法典》有关债权人撤销权的设计，区分了对无偿行为的撤销和有偿行为的撤销，规定了不同的构成要件，相应地，《企业破产法》第31条所规定的“无偿转让财产”和“明显不合理的价格进行交易”的构成要件也应当有所区别。其中，对有偿行为的撤销可以借鉴我国台湾地区“债务清理法”草案的经验，增加债务人于行为时明知相关行为对债权人的权利有害并且受益人于受益时知道相关情况的主观构成要件。

需要指出的是，对破产债务人为他人债务提供担保是否具有合理对价的考察，应回溯至担保合同订立的时刻。一方面，基于尊重非破产法规则的考量，在合同法上，交易当事人于合同订立时就应当充分考量合同履行中的预期收益和风险，合同将来的实质履行结果并不影响合同此前的效力评价。另一方面，如果允许以合同履行的实际状况进行衡量与比较，那么相当于允许破产债务人的债权人将交易风险转移给交易相对方：如果交易被证明是有利的，破产债务人的债权人将分享收益；而如果交易被证明是不利的，破产债务人的债权人将不承担任何损失，这种结果上的差异并不符合破产撤销权的立法宗旨，[①] 无助于破产法的稳定实施。

五、结语

我国《企业破产法》第31条有限列举和不规定概括条款的立法范式选择，显示出该条规范具有限缩可撤销行为范围的立法旨趣。但这并不意味着该法条结构的完全封闭性，应将“无偿转让财产”作以扩张解释，理解为债务人无偿处分财产权益，进而使“无偿转让财产”成为规制无偿给付行为的概括性条款。因此，认为可撤销行为的类型法定，因而缺乏将为他人债务提供担保的行为类型纳入《企业破产法》第31条规制范围的观点不能成立。此外，为他人债务提供担保也不能归入“对没有财产担保的债务提供财产担保”的行为类型予以撤销。在破产债务人为他人债务提供担保的行为与债权人为他人贷款的行为同时发生的前提设定下，例如以担保原因关系作为分析对象，为他人债务提供担保的行为得否予以撤销存在三种可能：(1) 担保原因关系具有合理对价，如

---

① See Robert K. Rasmussen, *Guarantees and Section* 548 (*a*) (2) *of the Bankruptcy Code*, 52 U. CHI. L. REV. 194 (1985).

债务人为破产债务人提供保证金、保证保险费、反担保，以及破产债务人从债务人获得贷款中间接受益的，破产管理人不享有破产撤销权。（2）担保原因关系对价不均衡达到“明显不合理”程度的，应归入“明显不合理的价格进行交易”类型予以撤销。（3）担保原因关系无偿、缺乏对价的，应归入“无偿转让财产”类型予以撤销。

《联合国破产立法指南》指出，资产价值最大化是高效破产制度的关键目标，与此同时，为实现上述目标也可能会危及合同交易的可预测性，造成破产制度不同目标之间的对立，完善的立法应当在各种价值目标之间形成衡平与协调。破产撤销权是民法上撤销权制度在破产程序中的延伸，①在效果上几乎和民法上债权人的撤销权达成一致，②破产撤销权同债权人撤销权一样具备对交易行为的“侵略性”，因而需要在适用上加以严控。③现行法是既定的，而法律人的使命便在于解释与充实法律，“判例学说不但补充法律之不足，而且也经常修正变更法律之内容”④。诚然，法律从制定之初便是滞后且模糊的，但又在不同的个案中因为法律的解释而与时俱进、得以清晰明了，复杂的现实交易关系和个案解释不断探索和接近破产撤销权适用范围的合理边界，而本专题讨论的为他人债务提供担保是否构成破产撤销权的对象，便是一例典型。

① 参见谢芝玲：《德国破产法撤销权制度述评》，载《比较法研究》2003年第3期。

② 参见韩长印主编：《破产法学》，中国政法大学出版社2016年版，第117页。

③ 参见崔建远：《论债权人撤销权的构成》，载《清华法学》2020年第3期。

④ 王泽鉴：《民法学说与判例研究》（第2册），北京大学出版社2009年版，第10页。

破产程序中代偿取回权的行使问题

内容提要：代偿取回权在我国破产立法中尚处于空白状态。本专题结合一起破产企业将取回权人资产作为破产财产整体处置后，取回权人要求主张代偿取回权的纠纷，对该问题展开讨论：为遏制破产程序中不当处分他人财产、充分保障取回权人的合法权益，立法上有必要赋予无权处分情形下权利人对标的物转让价款的代偿取回权，以完善我国破产法上的代偿取回权制度；取回权人申报破产债权并经法院裁定确认的程序行为，不应视为权利人对自身权利的"降格"处分，代偿取回权等破产取回权的行使本身不应受包括债权确认在内的破产程序的限制。当前我国破产法司法解释对代偿取回权行使条件的限定过于严苛，本专题主张，不论代偿财产表现为有体物抑或货币，在能够与债务人财产相区分的情况下，均应允许权利人主张取回，如此，代偿取回权制度的价值与功能才能得到最大限度的发挥。

关键词：破产取回权、代偿取回权、所有权保留、破产债权确认、无权处分

一、问题的提出

2012 年 9 月 11 日，天地科技股份有限公司（以下简称天地公司）与水城县都格河边煤矿（以下简称都格煤矿）签订《工业品买卖合同》，约定都格煤矿向天地公司采购价值 2314.81 万元的采煤设备一套，合同第 7 条约定："标的物所有权自货物到使用现场时起转移，

但买受人未履行支付价款义务的，标的物属于出卖人所有。”嗣后，都格煤矿向天地公司支付了463万元的价款，剩余1851.81万元未支付。2016年11月29日，法院裁定受理债权人对都格煤矿的破产清算申请。

都格煤矿管理人在法院受理破产申请后，并未依据破产法相关规定对案涉《工业品买卖合同》作出解除或者继续履行的决定，也未在两个月内通知天地公司。其后，都格煤矿管理人又通知天地公司申报债权，天地公司申报债权金额1851.81万元，该债权在（2016）黔02破2－1号民事裁定书中得到法院确认。2018年6月15日，都格煤矿管理人召集第五次债权人会议，就都格煤矿的整体竞买方案等事项进行表决。因涉及案涉采煤设备，天地公司表决意见为“不同意”。后天地公司向都格煤矿管理人发函要求取回成套采煤设备，遭到管理人的拒绝。2019年1月23日，都格煤矿管理人经与债权人协商，决定以第三次网络司法拍卖的价格即21,175.8016万元将包括案涉采煤设备在内的都格煤矿整体资产转让给贵州贵能投资股份有限公司，双方为此签订了《都格煤矿资产整体转让合同》。现天地公司诉至法院，要求行使买卖标的物取回权。①

一审法院认为，本案中天地公司既可以主张债权，即请求都格煤矿支付未履行的标的物价款，也可以根据合同约定的所有权保留条款要求返还标的物。但由于天地公司向管理人申报债权并经法院裁定确认，故天地公司自主选择以普通债权人的身份对其自身债权进行处分，对其行使取回权的诉讼请求不予支持。二审法院则认为，根据《企业破产法司法解释二》第26条的规定，破产取回权行使的时间应为从法院受理破产开始至破产程序终结，且不受管理人是否已经将破产财产变价方案或者和解协议、重整计划草案提交债权人会议讨论等时间节点的限制。除此之外，本案中管理人未能正确区分破产财产与他人财产，在合同被视为解除后仍然通知天地公司申报债权，天地公司在收到通知后填写债权申报表是债权人的合理反应，不能因此就定其选择放弃取回权。但由于案涉采煤设备已转让给第三人，天地公司已无法行使对设备的取回权，由此产生的债务应作为共益债务。再审法院认为，都格煤矿前四次债权人会议中并无将案涉采煤设备作为普通债权进行处理的决议，自然不能认定天地公司已明确同

① 参见贵州省高级人民法院民事判决书，（2019）黔民终465号；最高人民法院民事裁定书，（2020）最高法民申3415号。

意将其采煤设备作为普通债权进行处理；而第五次债权人会议将案涉采煤设备纳入都格煤矿财产变价方案，天地公司更是明确表示“不同意”，故其并未放弃取回权。同时，根据《企业破产法司法解释二》第37条第3款的规定，案涉采煤设备价款应作为共益债务由都格煤矿予以清偿。

由于该案中诉争采煤设备已被转让给案外第三人，上述问题的争议焦点实际上转化为权利人能否就案涉财产的转让价款主张取回权，即破产程序中代偿取回权的行使问题。围绕案情具体又可分为如下两个方面：第一，若取回权人申报破产债权并经法院裁定确认，其是否有权再主张代偿取回权？第二，取回权标的物被转让给他人时，权利人的损害是否仅能作为共益债务获得清偿？权利人能否对无权处分所得价款主张代偿取回权？

二、破产代偿取回权的规范构成与法理证成

（一）代偿取回权的内含与构成

在破产法理论上，取回权可以分为一般取回权与特别取回权。代偿取回权属于特别取回权的一种，是指在取回权标的物毁损、灭失或者被非法转让，导致一般取回权无法行使时，权利人依法对取回权标的物的代偿财产主张取回的权利。①

我国破产法对代偿取回权的规定经历了如下沿革：首先，最早体现代偿取回权思路的法律规范可以追溯至2002年最高人民法院颁布的《关于审理企业破产案件若干问题的规定》（以下简称《破产案件若干问题规定》），该规定第72条②针对破产实践中他人所有的财物被违法转让给第三人的情况，提出了“申报破产债权”“等值赔偿”等救济方式，以期通过给予原权利人额外的特殊途径来弥补损失；其次，2006年《企业破产法》在第38条、第39条正式规定了破产程序中的取回权制度，虽然该法并未提及代偿取回权，但在一定程度上体现了立法对原权利人救济方式具有物权性质的立场转变，这与《破产案件若干

① 参见孙向齐：《破产代偿取回权研究》，载《法学杂志》2008年第2期。

② 该条的具体内容为：“第七十一条第（一）项所列的财产，财产权利人有权取回。前款财产在破产宣告前已经毁损灭失的，财产权利人仅能以直接损失额为限申报债权；在破产宣告后因清算组的责任毁损灭失的，财产权利人有权获得等值赔偿。债务人转让上述财产获利的，财产权利人有权要求债务人等值赔偿。”

问题规定》中“申报破产债权”及“等值赔偿”的债权认定有着本质区别；最后，2013 年最高人民法院通过《企业破产法司法解释二》对代偿取回权制度予以肯定，其中，该解释第 29 条[①]对鲜活易腐的财产的代偿取回权行使作有规定，该解释第 32 条[②]对标的物出现毁损、灭失情形进行了规定，上述规定在该解释于 2020 年修正后继续沿用至今。这些规定不仅对代偿取回权的适用情形和处分规则做了细致划分，对权利行使的条件也给出了清晰的指导，包括：对于不易保管的财产以及不及时变现价值将严重贬损的财产，管理人应及时变价并提存变价款，权利人可以就变价款主张行使取回权；在财产毁损、灭失的情形下，处分规则则根据代偿财产系属于货币还是特定物、毁损灭失发生的时间节点等具体因素而区分不同的情况进行处理。

在学理上，代偿取回权主要存在于下列两种情形：其一，取回权的标的物因故毁损、灭失，权利人对因此产生的保险金、赔偿金、代偿物主张取回；其二，取回权的标的物转让给他人，且他人已经善意取得所有权，权利人对因此获得的标的物转让对价款主张取回。对于第一种情形，根据前文所述，我国《企业破产法司法解释二》第 32 条第 1 款已经进行了明确规定；而对于第二种情形，该解释第 30 条将其剔除在代偿取回权的适用范围外，而仅规定依据转让行为发生的时间不同，权利人可以通过“申报普通债权”或“作为共益债务处理”来实现救济。

对于破产法上取回权的权利基础，一般认为，在于所有权以及其他物权性的权利，但代偿取回权的权利基础实际上是原权利人的损害赔偿请求权，这属

---

① 2013 年《企业破产法司法解释二》第 29 条规定：“对债务人占有的权属不清的鲜活易腐等不易保管的财产或者不及时变现价值将严重贬损的财产，管理人及时变价并提存变价款后，有关权利人就该变价款行使取回权的，人民法院应予支持。”

② 2013 年《企业破产法司法解释二》第 32 条规定：“债务人占有的他人财产毁损、灭失，因此获得的保险金、赔偿金、代偿物尚未交付给债务人，或者代偿物虽已交付给债务人但能与债务人财产予以区分的，权利人主张取回就此获得的保险金、赔偿金、代偿物的，人民法院应予支持。保险金、赔偿金已经交付给债务人，或者代偿物已经交付给债务人且不能与债务人财产予以区分的，人民法院应当按照以下规定处理：（一）财产毁损、灭失发生在破产申请受理前的，权利人因财产损失形成的债权，作为普通破产债权清偿；（二）财产毁损、灭失发生在破产申请受理后的，因管理人或者相关人员执行职务导致权利人损害产生的债务，作为共益债务清偿。债务人占有的他人财产毁损、灭失，没有获得相应的保险金、赔偿金、代偿物，或者保险金、赔偿物、代偿物不足以弥补其损失的部分，人民法院应当按照本条第二款的规定处理。”

于债权而非物权。有学者指出，此系“以与所有权密切关联及公平考量为基础的债权破产取回”[①]，是法律为充分保障原权利人作出的特殊安排。依据一般的民法法理，在标的物毁损、灭失或债务人无权处分标的物的场合，权利人的原物返还请求权消灭，其仅能主张违约与侵权损害赔偿或是主张不当得利请求权。但在破产程序中，若仅允许权利人主张损害赔偿请求权，则因其普通债权的性质，只能在破产分配中获得部分受偿，该结果对所有权人或其他物权人并不公平。即便上述债权被认定为共益债务，亦有不完全清偿的可能性，故代偿请求权将权利人原先的优先权由标的财产延伸至其毁损、灭失或者被非法转让后的代偿财产之上，[②] 能够有效地保障原权利人的利益，避免破产债务人不当地将本应属于他人的财产占为己有。

对于代偿请求权的受偿问题，可类比于担保物权中的物上代位性。以抵押权为例，当抵押财产遭到毁损、灭失并存在相应的代偿物或代偿金时，抵押权人可以继续主张将原物的替代物，即代偿财产转让给自己或者提存。[③] 因此抵押制度不仅承认抵押权的追及效力，还肯定抵押权人对抵押物转让价金的优先受偿权，[④] 从而使抵押权人在抵押人擅自处分抵押物的情况下，拥有充分的救济手段。[⑤] 而在破产程序中，别除权即是以担保权为基础的一种优先受偿权。当管理人误将担保物处分变卖时，别除权人对变卖所产生的价款依旧享有优先受偿权。[⑥] 相比较而言，虽然取回权与别除权对于针对的财产的所有者状态有所不同，但二者都是针对特定财产行使的权利，取回权人也理应对变卖价款享有取回权。

比较法上，《日本民法典》第304条规定：“所谓先取特权之物上代位性，是指先取特权对债务人因其标的物变卖、租赁、灭失或毁损而应受的金钱或其他物亦可行使。”[⑦] 该法将代位物之范围扩展至“变卖所得价款”，对于我国有借鉴意义。

---

① 许德风：《论债权的破产取回》，载《法学》2012年第6期。

② 参见孙向齐：《破产代偿取回权研究》，载《法学杂志》2008年第2期。

③ 参见孙凌峰：《论破产程序中代偿取回权的行使》，吉林大学2018年硕士学位论文。

④ 参见李征宇：《论破产程序中所有权保留出卖人的取回权》，载《南开法律评论》2020年第1期。

⑤ 参见朱庆育：《抵押物转让效力之比较研究——兼评我国担保法第49条》，载《政法论坛》2000年第2期。

⑥ 参见王欣新：《破产别除权理论与实务研究》，载《政法论坛》2007年第1期。

⑦ 奚晓：《企业破产时以房抵债问题研究》，上海交通大学2019年硕士学位论文，第42页。

综上，代位求偿权将物上代位性延伸到了因原物损毁、灭失或被转让后而产生的替代物上，从文首案例中所有权保留买卖的目的来看，其在破产程序中可以为出卖人提供物权性救济措施，以避免债务人和管理人非法处分标的物的情形发生。因此，该案中权利人的取回权行使问题，不妨类推采取抵押权制度的相关做法，即肯认物上代位的优先性。

（二）债务人无权处分财产下确立代偿取回权的必要性

在学理上，有学者提出应当扩充代偿取回权的适用范围，将财产的违法转让或无权处分情形纳入其中，给予同等程度的保护。该主张主要有以下理由：（1）根据取回权理论，原物被违法转让或出现毁损、灭失的情况，都应该适用代偿取回权的情形，① 根据破产法所倡导的公平理念，对于这两种情况的规定应形成一致，不宜出现偏颇；（2）代偿取回权属于取回权制度的一部分，② 具有准物权的性质，与被列为共益债务的债权请求权相比，对权利人的保护效力更强，在物权人因管理人过错不能行使原有取回权的情形下，有必要对其进行强有力的物权救济；（3）通过共益债务来实现清偿的方式，在理论上被部分学者表述为赔偿取回权，③ 如此操作实质上是将非破产债权人的利益不当放置于破产债权人之上，这既与现行法有关共益债务的内含与宗旨不符，也会损害破产法公平清偿的目标；（4）对相似情形的不同规定，主要考虑到我国不存在尚未给付的善意取得制度，因此缺乏对第三人尚未对待给付的情形下代偿取回权的适用规定。但与处于正常经营状态时原物权利人的损失可以通过损害赔偿请求权或不当得利返还请求权等来获得充分、足额赔偿不同，买受人的破产程序启动后，原物权人对买受人的债权仅可以按照普通债权进行申报而获得部分受偿，此时原物权人的权利将受到相当程度的贬损，而本应属于他人的财产将被作为债务人自身的财产用于清偿全体普通债权人的债权，造成破产程序中的不同利害关系人之间的利益关系产生失衡。基于此，需要对现有规范进行扩充，将财产的违法转让或无权处分纳入代偿取回权的适用范围中。

但域外立法中，破产制度的相关规定为这一问题的应对措施提供了更好的

① 参见郎晨：《我国破产代偿取回权研究》，中南财经政法大学2020年硕士学位论文，第8页。
② 参见尹友正、张兴祥：《中美破产法律制度比较研究》，法律出版社2009年版，第125页。
③ 参见王艳梅、孙璐：《破产法》，中山大学出版社2005年版，第131页。

借鉴和参考。英美法系与大陆法系在此问题上存在较大差异，前者缺少有关物上代位的规则与理论，因而其构建代偿取回权制度时，一般考虑的是衡平法与商法中的相关规定；而在后者，德国、日本、瑞士等均明确规定了破产代偿取回权制度，如《德国破产法》第46条①、《日本破产法》第64条②以及《瑞士破产法》第202条③。对于前述问题，以上大陆法系国家均持下列观点：在取回权的标的物不当出售给第三人时，原物权利人有权就出售所得的对待财产主张代偿取回权，或者对行使处分行为的债务人或管理人主张转让其对第三人的对待给付请求权。

通过上述分析可知，我国破产法中的代偿取回权制度并不完善，这主要表现为在债务人或管理人无权处分情形下权利人对处分价款不享有代偿取回权。但本专题认为，为原物权利人设立代偿取回权有其必要性，主要理由如下：

第一，取回权标的财产被无权处分相较于财产因客观原因或第三人造成毁损、灭失而言有更强的可归责性，理应赋予权利人与后种情形同样的优先地位。取回权在破产程序中的主要意义在于保障权利人取回属于自身的财产，若不赋予无权处分财产情形下受损权利人以优先地位，可能导致破产管理人故意非法处置标的财产以规避取回权制度，进而导致权利人原本可以独立于破产程序之外行使的物权性权利，被迫降格为在破产程序中仅能获得部分清偿的债权性权利。举轻以明重，应当肯定无权处分情形下的代偿取回权。

第二，赋予权利人因无权处分遭受的损害以共益债权地位不足以充分保障其合法权益。尽管破产程序中共益债务的清偿相较于普通破产债权具有优先地位，但其仍劣后于破产费用，不能保证在破产财产分配时能够获得全额清偿。尽管破产法所承载的公平清偿的任务要求管理人尽可能扩大破产财产的范围，保障全体债权人的清偿利益，但破产法对多元价值目标的追求表明，在破产债权人之外亦应保护相关主体的正当权益，④ 承认无权处分情形下原权

---

① 参见刘汉富译：《德国破产法》，载王保树主编：《商事法论集》（第5卷），法律出版社2000年版。

② 参见李飞：《当代外国破产法》，中国法制出版社2006年版，第742页。

③ 参见刘汉富译：《瑞士联邦债务执行与破产法》，载王保树主编：《商事法论集》（第5卷），法律出版社2000年版。

④ 参见于新循、王赛男：《我国破产财产除外制度的检视与构想——以基础权利为中心》，载《四川师范大学学报（社会科学版）》2019年第2期。

利人的代偿取回权即能够有效避免其合法利益在破产场合下存在“打折”的风险。①

第三，赋予权利人无权处分情形下的代偿取回权是构建和完善我国破产法上代偿取回权制度的现实需要。域外破产法对此问题作有较为明确的规定。譬如，《德国支付不能法》第48条规定：“一个原本可以请求取回的物在支付不能程序开始之前被债务人、或在程序开始之后被支付不能管理人不正当让与的，以尚未履行对待给付为限，取回权人可以请求让与对待给付的请求权。取回权人可以由支付不能财团请求对待给付，但以对待给付在财团中尚可区别为限。”② 国内大多学者认为破产取回权的权利基础主要是所有权以及其他物权性的权利，但有学者指出，从价值层面出发，破产取回权成立的终极性依据在于“经济、道德以及社会一般观念层面权利的实际归属”，③ 而这正是“不得将他人财产据为己有”的朴素公平观的体现，故取回权的权源并不仅限于民法上的物权，亦可包括特殊情形下的债权。总之，代偿取回权制度自理论上提出之时即包括标的财产毁损灭失与非法处分两种情形，因而将后种情形纳入破产代偿取回规则，既有利于完善我国破产取回权制度，也有助于消除破产财产体系内部的矛盾与冲突。

三、破产债权确认后代偿取回权的行使问题

（一）案涉所有权保留买卖合同状态分析

就所有权保留买卖合同中，在买方破产的场合卖方所享有的权利，在不同的立法模式下其实存在很大区别。在采取功能主义立法模式的国家，所有权保留交易通常被归入动产担保物权体系，因此在买方破产的场合中，卖方的法律地位即等同于别除权人。日本学者石川明即指出：所有权保留本质上应归入担保范畴，即卖方享有的权利可以被认为是担保物权，此时标的物的所有权属于买受人一方享有。由于买卖双方已经履行了合同，则买方进入破产程序后卖方

① 参见娄爱华：《〈破产法〉第42条涉不当得利条款解释论》，载《社会科学》2013年第4期。

② 杜景林、卢谌译：《德国支付不能法》，法律出版社2002年版，第27页；另参见娄爱华：《〈破产法〉第42条涉不当得利条款解释论》，载《社会科学》2013年第4期。

③ 许德风：《论债权的破产取回》，载《法学》2012年第6期。

可以行使别除权。① 上述观点也为近江幸治、谷口安平等日本学者所肯定。② 我国也有部分学者对该观点持赞成态度。③ 而支持形式主义立法模式的国家一般将所有权保留合同的争议放置于破产待履行合同的框架下进行处理，也就是若破产管理人行使挑拣履行权解除双方的合同，卖方可以享有并行使破产取回权。比如德国学者莱茵哈德·波克就认为，买方破产时，若管理人选择不履行，那么卖方将有权基于所有权保留的情况而请求取回标的物。④

关于卖方能否就所有权保留买卖的标的物主张取回权的问题，我国学者的观点大致可以分为三种：第一种观点认为，应当借鉴大陆法系部分国家的观点，在破产待履行合同的框架下解决买方破产时因保留所有权买卖合同产生的纠纷，这种观点与我国《企业破产法司法解释二》的相关规定思路基本一致；⑤ 第二种观点主张，由于所有权保留合同中的卖方是真正的所有权人，在买方进入破产程序的情形下，其有权直接主张破产取回权，来取回其自身的财产；⑥ 第三种观点则指出，卖方应当属于担保物权人，在合同标的物的占有转移至买方后，卖方的主给付义务已经履行完毕，此时不能再主张适用破产法待履行合同的有关规则。⑦ 但是，在《民法典》颁布之后，最高人民法院的态度仍为在破产待履行合同的规则框架下处理所有权保留合同，在此后制定的《企业破产法司法解释二》中也未转变立场。⑧ 根据最高人民法院的观点，买受方尚未履行完毕付款义务即进入破产程序的，所有权保留买卖合同便属于尚未履行完毕的合同，

① 参见［日］石川明：《日本破产法》，何勤华、周桂秋译，中国法制出版社2000年版，第76－77页。

② 参见［日］谷口安平主编：《日本倒产法概述》，佐藤孝弘、田言等译，中国政法大学出版社2017年版，第130页；［日］近江幸治：《担保物权法》，祝娅等译，法律出版社2000年版，第270页。

③ 参见汪铁山：《论破产别除权的权利基础及其裁判规则的选择》，载《南京社会科学》2015年第3期；余能斌主编：《现代物权法专论》，法律出版社2002年版，第391－392页；云晋升、彭诚信：《完善我国动产担保的新路径探索（下）》，载《交大法学》2018年第1期。

④ 参见［德］莱因哈德·波克：《德国破产法导论》，王艳柯译，北京大学出版社2014年版，第130页。

⑤ 参见王泽鉴：《民法学说与判例研究》（第7册），北京大学出版社2009年版，第249－250页。

⑥ 李永军：《所有权保留制度的比较法研究——我国立法、司法解释和学理上的所有权保留评述》，载《法学论坛》2013年第6期。

⑦ 参见谢守分：《所有权保留之相关问题的比较研究》，载《法学论坛》2000年第5期。

⑧ 参见最高人民法院民法典贯彻实施工作领导小组主编：《中华人民共和国民法典合同编理解与适用（二）》，人民法院出版社2020年版，第1106页。

在破产程序中应当按照双方均未履行完毕的合同予以处理，破产管理人对该合同享有选择权。

在所有权保留买卖合同解除的情况下，因标的物仍属于出卖人所有，出卖人有权依据《企业破产法》第38条[①]向管理人主张取回权，而在标的物被无权处分的场合，出卖人也应当享有对转让价款的代偿取回权。但文首案例的特殊之处为，案涉合同解除后，管理人又向天地公司发出申报债权的通知，天地公司填写了债权申报表，其后，其债权又作为普通破产债权被法院确认，且以普通债权人身份参加了债权人会议。问题在于，此时能否据此认为天地公司放弃了其破产代偿取回权而主动地降格为普通破产债权？一审法院认为，权利人自愿处分了其权利，不能再主张行使取回权。但二审与再审法院皆认为，权利人并未放弃自身的取回权。本专题赞成后者观点，具体理由见下文分析。

（二）破产债权确认程序对代偿取回权行使的影响

取回权是破产程序中的返还请求权，权利人主张行使取回权的基础一般包括所有权和其他类型的物权，这些权利系破产受理之前已经存在。因此，对于取回权的性质，多数学者认为是民法上物的返还请求权在破产程序中的变形。[②]由于取回权人行使权利的对象并不属于债务人财产，其权利的行使无须借助破产程序，但由于企业进入破产程序后其占有和所有的财产均移交破产管理人接管，取回权人需向管理人主张权利，以取回自身的财产。

而对于所有权保留合同中买受人破产的情形，实践中法院常认为出卖人享有两种权利实现路径：一为申报债权即债法路径，二为行使取回权即物权法路径。出卖人若择其一行使，即可视为默示地放弃了另一路径。例如，在“巴州新正泰新成套电气制造有限公司与新疆新沛新材料有限公司破产管理人一般取回权纠纷案”[③]中，新疆维吾尔自治区高级人民法院指出，债权人申报债权时主张全部货款的行为应当视为不再保留合同项下标的物的所有权，即出卖人选

---

① 该条规定：“人民法院受理破产申请后，债务人占有的不属于债务人的财产，该财产的权利人可以通过管理人取回。但是，本法另有规定的除外。”

② 参见韩长印主编：《破产法教程》，高等教育出版社2020年版，第155页。

③ 参见新疆维吾尔自治区高级人民法院民事判决书，（2017）新民终115号。

择了所有权就丧失了债权，选择了债权就丧失了所有权。[①] 对此，有学者持不同观点，并以抵押担保作为类比，主张如果债权人在债务人不履行义务时便提起诉讼，并不会造成抵押权的消灭。[②] 因此，即便出卖人申报了债权，也不应理所当然地认为其放弃取回权的行使。而在域外法中，美国法院已确立“优先权不受破产案件影响”的原则，担保债权人可以申报担保债权以获得“经确认的担保债权”地位，也可以不进行申报而直接享有优先权利。[③] 由此可见，申报债权和担保物权的存在并不相互排斥，类推起来，所有权保留买卖中出卖人申报债权与其享有的取回权也应如此。

对于文首案例衍生的争点问题，兹展开陈述如下。首先，因合同已被视为解除，出卖人一方系基于保留的所有权而享有对标的物的返还请求权。即便其后标的物被转让给第三人，依据前文论述，出卖人仍应就转让价款享有代偿取回权，并非基于继续履行合同而产生的价款债权。但管理人在该案中却通知出卖人申报债权，实为混淆了破产财产与他人财产，并且未对案涉合同的解除状态作出准确判断。由于出卖人所申报的债权实际上并不存在，故不论是管理人的审查、债权人会议的审核还是法院对破产债权作出的裁定，都指向了一个不存在的债权，不能据此推定出卖人放弃了取回权。

其次，权利人填写债权申请表的行为不能当然被视为对取回权的放弃，不应影响后续代偿取回权的行使。回溯到法律规定本身，根据《企业破产法》第56条，如果债权人未及时申报债权将面临无法及时获得清偿的风险，并且也不得在破产程序中行使相关权利。因此，在破产管理人未清晰界分债务人财产与债务人占有的他人财产、未通知债权人合同继续履行抑或解除的情形下，债权人出于保证自身债权受清偿的考量填写债权申报表，属于合理且正当的程序行为。除此之外，取回权的放弃与否关涉到权利人请求权基础的变化，并直接决定了权利人是否需要参与破产程序以及其权利实现的后果。因此，权利人对其取回权的放弃，应当以明确的书面意思表示作出，而不应以单纯的债权申报行

① 参见万利蓉：《已在诉讼中主张债权请求权的当事人无权在执行中依据所有权保留主张物权请求权》，载《人民司法》2010年第6期。

② 参见许德风：《破产法论：解释与功能比较的视角》，北京大学出版社2015年版，第219页。

③ 参见［美］查尔斯·J. 泰步：《美国破产法新论》（中册），韩长印等译，中国政法大学出版社2017年版，第798页。

为就作出不利推定。况且，出卖人在第五次债权人会议中，对将案涉采煤设备纳入都格煤矿财产变价方案明确表示了“不同意”，故权利人已经通过明示的方式表明了并未放弃取回权。

再次，债权人会议的决议不应影响权利人代偿取回权的行使。即使该案中债权人会议表决通过了债务人的财产变价方案，根据《企业破产法司法解释二》第2条的规定，“下列财产不应认定为债务人财产：……（二）债务人在所有权保留买卖中尚未取得所有权的财产……”，故该设备并不属于债务人财产，破产管理人对该设备属于权利人系明知或应知，不应将其纳入破产财产的变价方案。同时，取回权人本身亦不具有普通破产债权人身份，债权人会议作为破产债权人集体意见表达与集体行动实现的机制，其决议结果不应当约束取回权人。

最后，取回权的行使不受破产程序的限制，尽管法院裁定确认了错误的债权申报，该债权裁定并不影响出卖人取回权的效力。《企业破产法司法解释二》第26条规定：“权利人依据企业破产法第三十八条的规定行使取回权，应当在破产财产变价方案或者和解协议、重整计划草案提交债权人会议表决前向管理人提出。权利人在上述期限后主张取回相关财产的，应当承担延迟行使取回权增加的相关费用。”据此，破产程序并未对破产取回权人权利的行使设置期限限制，但是权利人若在破产财产变价方案、和解协议或重整计划草案提交债权人会议表决后主张行使的，应当自行承担相关费用。故即便权利人被误确认为普通债权人，其仍可基于对标的物的所有权向管理人主张行使一般取回权，而在标的物被无权处分后亦可就转让价款主张代偿取回权，只是在破产财产变价方案经债权人会议表决通过后，其应当承担迟延主张权利所引发的费用。

四、债务人无权处分财产后破产代偿取回权的行使问题

（一）代偿取回权的行使思路

文首案例中，破产管理人主持召开第五次债权人会议表决通过了债务人的财产变价方案，但出卖人就其案涉采煤设备纳入财产变价方案中的表决意见是“不同意”。其后，出卖人向管理人发函明确要求取回案涉采煤设备，但管理人对其请求作驳回处理，并将案涉采煤设备出卖给他人。由此可知，破产管理人

系在明知或应知债务人对案涉设备并不享有所有权的情形下将该设备转让给第三人，为了有效避免管理人不当处置他人财产以规避取回权制度，有必要赋予权利人在此种情形下的代偿取回权。

有学者对此类问题提出了较为详细的思路：如受让人符合善意取得的条件或者无法返还财产时，权利人在进入破产程序后可以行使代偿取回权；在无法行使代偿取回权的情况下，则只能以赔偿请求权申报破产债权受偿。如果债务人在破产案件受理之前已转让权利人财产，且受让人于管理人接管财产时仍未向债务人支付对价，则权利人可以向管理人请求对受让人的给付请求权行使代偿取回权，管理人应为之办理债权转让手续。如果债务人在破产程序开始之前已经取得受让人支付的代偿财产，并在破产案件受理后为管理人所接管，则应分情况处理：代偿财产如系特定物，或虽是种类物、货币但能够与破产财产相区分的，权利人可以向管理人请求行使代偿取回权；而如果债务人取得的对价财产已与债务人其他财产相混同无法区分，权利人便不能再行使代偿取回权，只能以赔偿请求权申报破产债权受偿。①

本专题认为，在管理人无权处分财产情形下，对债权人救济方式的选择上，宜采用如下思路：首先，需分析管理人处分取回权标的物之下，第三人是否能够构成善意取得；其次，在第三人构成善意取得情况下，判断代偿财产是否能够与债务人财产相区分。

（二）代偿取回权的行使条件

代偿取回权的行使应以代偿财产能够与债务人财产相区分为主要条件，但实践中的难题往往在于如何认定“代偿财产未与债务人财产混同”。在大多数情况下善意第三人会选择以货币形式向管理人给付，由于货币本身的高度替代性，极易与债务人财产混同，而在此情形下又应当如何界定混同的标准呢？司法实务中，最高人民法院在《关于河南省高级人民法院就郑州亚细亚五彩购物广场有限公司破产一案中董某某等 50 家商户能否行使取回权问题请示的答复》（〔2003〕民二他字第 14 号）中指出，董某某等 50 家商户与亚细亚五彩购物广场有限公司形成委托收取销售货款的关系，现有证据不能证明五彩购物广场对

① 参见孙向齐：《破产代偿取回权研究》，载《法学杂志》2008 年第 2 期。

所收取的货款开立专门账户加以管理，即五彩购物广场代收的货款没有特定化。由于货币作为动产的特殊属性，董某某等50家商户对没有特定化的货款不具有所有权关系，在企业破产还债程序中不能行使取回权，可以以普通债权人的身份参与破产财产的分配。上述答复确立的一般取回权的行使规则是，除非专门账户管理货币资金特定化，否则货币资金不成立取回权。在“江苏铭驰物业管理有限公司、杭州千岛湖富溪旅游开发有限公司取回权纠纷案”①中，杭州市中级人民法院持类似观点，认为案涉保证金款项未固定和特定化，因而无法与债务人的其他款项区分开来，故保证金无法排除货币“占有即所有”一般原理的适用，上诉人对200万元货币的所有权已依法依约转换为相应的债权请求权。但也有学者指出，应确定代偿财产“可识别性”的标准，同时应当明确“可识别性”不以形式上的分立管理为唯一表现，而应当考量破产债务人是否已经通过占有支配获得实质上的所有权，使得该代偿财产与其他财产相混同。②

我国《企业破产法司法解释二》第32条规定，标的财产毁损、灭失时，权利人的代偿取回权仅限于获得的保险金、赔偿金、代偿物尚未交付给债务人，或者代偿物虽已交付给债务人但能与债务人财产相区分的情形。可见，对于货币形态的代偿财产，我国破产法将代偿取回权限定在尚未交付债务人，而不论交付后是否能够与债务人财产区分。

本专题认为，上述限定过于严苛，不利于代偿取回制度功能的发挥，尤其是在无权处分情形下代偿的财产一般皆为等价的货币。在德国法中，在原物的变形物为金钱且债务人已经收取的情况下，若流入专门账户则属特定化，能够与债务人财产区分；而若流入日常账户，只要有进账记录及相应的付款缘由即足以认定能够与债务人账户中的其他财产相区分，进而可以由债权人主张取回。③本专题认为，德国法对代偿取回权行使所采取的宽松标准值得借鉴，即在债务人无权处分情形下，若善意第三人尚未将价款支付给债务人，原权利人当然有权直接主张取回。即便代偿价款已经交付债务人，在能够与债务人其他

---

① 参见浙江省杭州市中级人民法院民事判决书，(2019) 浙01民终8936号。

② 参见纪欣桐：《论破产法上代偿取回权的意义及其制度完善——基于我国代偿取回权的破产立法现状与问题》，载《上海法学研究》2021年第22卷（总第70卷），第119－128页。

③ 参见许德风：《论债权的破产取回》，载《法学》2012年第6期。

财产予以区分的情况下，应当允许原权利人行使代偿取回权，以有效遏制在破产程序中不当处分他人财产的行为、充分保护权利人取回本应属于自身的财产。

五、结语

破产代偿取回权与出卖人取回权、行纪人取回权同属破产特别取回权，破产取回权的行使不受破产程序的限制，即便因管理人的疏忽等原因导致取回权人误被确认为普通债权人身份的，权利人仍有权主张取回权的行使。我国现行破产法仅承认标的财产毁损、灭失情形下原物权人的代偿取回权，但标的财产被无权处分时，债务人或管理人其实具有更强的可归责性。因此本专题提出，从避免取回权制度被不当规避、保障权利人合法权益的角度出发，应当承认无权处分情形下，原物权人的相应价款的代偿取回。除此之外，对代偿取回权的行使不宜采取过于严格的标准，不论是代偿物抑或代偿货币，在能够与债务人财产相区分的情况下，权利人均可主张行使代偿取回权。

专题十四

破产程序中税收债权与抵押担保债权的清偿顺位问题

内容提要：我国《税收征管法》第45条与《企业破产法》第113条在破产实务中的适用存在诸多争议。本专题结合一起最高额抵押债权人与税务机构之间的受偿顺位纠纷，对该问题展开分析：《税收征管法》第45条第1款并未明确税收优先权的产生时间，考虑到债权物权化的公示性以及保护交易安全、降低交易成本的需求，宜采“欠税公告说”，即以税务机关发布欠税公告的时间为税收优先权形成时间；而从特定时间、特定空间、特定主体以及特定事项标准来看，《企业破产法》第113条的规定相较于《税收征管法》第45条属于特别法，应在破产程序中优先适用，即肯认有担保债权的清偿顺位优先于税收债权；同时，担保债权的优先清偿亦存在一定的补强理由，包括税收债权的公益性并非绝对优先于私益、域外法对破产程序中税收优先权普遍采限制态度以及债权物权化中税收债权的公示不足等。总之，综合考量当前我国税务机关的征税能力以及风险分担主体选择上的妥适性，税收优先权在破产程序中不宜完全废除。

关键词：税收优先权、欠税公告说、税收债权、抵押担保债权、清偿顺位

一、问题的提出

2010年10月26日，中国农业银行股份有限公司绍兴越城支行

（以下简称农行越城支行）与绍兴金宝利纺织有限公司（以下简称金宝利公司）签订《最高额抵押合同》，约定金宝利公司以其名下房屋及土地，为农行越城支行与其自当日起至2012年10月25日期间内形成的债权，在最高额2026万元范围内提供抵押担保。其后，双方先后签订《流动资金借款合同》，约定金宝利公司借款905万元、505万元，上述二笔借款均已归还。2013年6月4日，双方签订第二份《最高额抵押合同》，金宝利公司以其名下的上述房地产，为农行越城支行与其自当日起至2015年6月3日期间内形成的债权，在最高额2026万元范围内提供抵押担保。后双方办理了抵押登记手续，登记证明书中记载的抵押设立日期为2013年6月4日。上述抵押房地产之国有土地使用证同时记载："注销该宗抵押登记"，落款时间是2013年6月5日，即对第一次抵押登记予以注销；"该宗土地及地上房屋建筑面积平方米，已办理抵押登记手续，抵押期限至2015年6月3日"，即对第二次抵押登记予以说明。2014年5月27日、28日，农行越城支行与金宝利公司先后签订两份《流动资金借款合同》，约定金宝利公司借款金额分别为905万元、505万元，合计1410万元。

2014年9月28日，金宝利公司被裁定进行破产清算。同年11月26日，管理人确认农行越城支行的上述1410万元债权为有财产担保债权，同时在备注栏注明："该债权额予以审核认定，但是绍兴市国税局其中37,419,373.07元税收优先权优先于贵行有财产担保的债权。"农行越城支行遂向法院起诉请求确认其有财产担保的债权优先于柯桥国税局的税收债权受偿。

一审法院认为，《税收征管法》第45条第1款规定与《企业破产法》第109条及第113条的规定并无冲突，农行越城支行的案涉有财产担保债权发生时间及其抵押权的设立时间均晚于柯桥国税的案涉税收债权，故应当适用《税收征管法》第45条之规定，税收债权应优先于农行越城支行的有财产担保债权受偿。

二审法院则认为，《税收征管法》第45条的规定旨在调整任何状态下企业的税收债权与有担保债权的清偿顺序问题，涵盖企业破产情形和企业正常经营情形。该条调整范围要宽于《企业破产法》第109条、第113条规定的调整范围，后者对案涉争议焦点更具有针对性，相对具有特别规定的属性，应在本案中优先适用；且当债务人进入破产程序，鉴于破产财产不足以清偿全部破产债务，税收债权人与担保债权人就抵押物而言形成零和博弈，此时强调税收债权的公益性，不具有说服力，即税收债权的优先性在破产程序中应适当受限。故农行越城支行有抵押担保的债权应当优先于柯桥国税主张的税收债权清偿，且税收债权产生时间与抵押权设立时间的先后顺序对此并无影响。①

上述案件引发的争议问题有三：第一，如何认定案涉税收债权优先权的发生时间？是以税务部门刊登欠税公告作为税收发生的准据时间，还是以纳税人纳税义务发生时间为准据时间？第二，案涉税收债权是否应优先于农行越城支行有抵押担保的债权获得清偿？《税收征管法》第45条第1款的规定与《企业破产法》第113条的规定在破产程序中应如何适用？第三，破产程序中是否应承认税收债权的优先受偿顺位？下文将围绕上述争议问题展开。

二、税收优先权产生时间的认定

我国《税收征管法》第45条第1款规定："税务机关征收税款，税收优先于无担保债权，法律另有规定的除外；纳税人欠缴的税款发生在纳税人以其财产设定抵押、质押或者纳税人的财产被留置之前的，税收应当先于抵押权、质权、留置权执行。"故适用该条的前提是明确纳税人欠缴税款的发生时间以及纳税人财产设定担保物权的时间，并判断两者的先后顺序。

（一）税收优先权设立时点之争

文首案例中，担保债权人农行越城支行主张税收债权的设立应当以税务部门作出处罚决定或刊登欠税公告作为认定时点，否则其无法知晓金宝利公司的欠税情况；而债务人金宝利公司以及柯桥国税则认为，应当以纳税义务人实际欠缴而应缴时间作为税收债权发生的认定时点。对此，一审法院认为，根据《税收征管法》第31条②和《增值税暂行条例》第19条③、第23条④的规定，

① 参见浙江省绍兴市中级人民法院民事判决书，(2017) 浙06民终1119号。

② 《税收征管法》第31条规定："纳税人、扣缴义务人按照法律、行政法规规定或者税务机关依照法律、行政法规的规定确定的期限，缴纳或者解缴税款。纳税人因有特殊困难，不能按期缴纳税款的，经省、自治区、直辖市国家税务局、地方税务局批准，可以延期缴纳税款，但是最长不得超过三个月。"

③ 《增值税暂行条例》第19条规定："增值税纳税义务发生时间：（一）发生应税销售行为，为收讫销售款项或者取得索取销售款项凭据的当天……（二）进口货物，为报关进口的当天……"

④ 《增值税暂行条例》第23条规定："增值税的纳税期限分别为1日、3日、5日、10日、15日、1个月或者1个季度。纳税人的具体纳税期限，由主管税务机关根据纳税人应纳税额的大小分别核定；不能按照固定期限纳税的，可以按次纳税。纳税人以1个月为1个纳税期的，自期满之日起15日内申报纳税；以1日、3日、5日、10日或者15日为1个纳税期的，自期满之日起5日内预缴税款，于次月1日起10日内申报纳税并结清上月应纳税款……"

税收债权的发生时间应以纳税人纳税义务的发生时间来确定，该时间系法定时间。税务机关是否刊登欠税公告，并不影响纳税人的欠税事实及应履行的纳税义务，亦不影响担保物权人通过向税务机关查询或要求纳税人说明情况等方式获悉纳税人之欠税情况。具体到该案，农行越城支行并未举证证明其在与金宝利公司发生案涉借贷及抵押关系之时，实施过要求金宝利公司说明欠税情况或向柯桥国税进行查询等调查行为，因而对该等交易风险的发生负有责任。

结合学界观点，有关税收优先权的发生时间主要存在以下学说：

第一，课税要件实现说。该说认为，税收优先权产生的时间系为税法给付义务发生的时间，该时间由税收法律直接规定，在条件成就时，纳税义务即成立，税收债权由此享有优先权。① 诉争案例中，一审法院即采此观点。但该说与《税收征管法》第45条第1款的文义解释并不相符，该款表述为，纳税人“欠缴的税款”，而税款发生的时间与税款欠缴的发生时间明显不同，以前者为判断的时间节点系不当扩张了享有优先权的税收债权之范围。除此之外，实践中企业的经营业务项目繁多，细算每日每项业务的纳税时间将导致繁重且细碎的工作量，加上破产企业内部的业务资料往往并不齐备，精确计算每项业务纳税发生的时间，在实践中实现难度较大。

第二，课税核定说。由于税收发生至课税核定之间往往有着一段时间间隔，该说将税款核定的时间作为税收优先权产生的时间，税收债权在课税核定之时才确定享有优先受偿权。但是经核定的税收仅税务机关与纳税人知晓，与纳税人进行交易的抵押权人、质权人无从知晓其税款数额，要求他们承担因税收优先而自身权利不能实现的风险，较为不公。

第三，欠税说。即将实际应缴而欠缴的时间认定为税收优先权发生时间，国家税务总局采此观点，其在《关于贯彻〈中华人民共和国税收征收管理法〉及其实施细则若干具体问题的通知》（部分失效）第7条指出，《税收征管法》第45条规定的“欠缴的税款”是指纳税人发生纳税义务，但未按照法律、行政法规规定的期限或者未按照税务机关依照法律、行政法规的规定确定的期限向税务机关申报缴纳的税款或者少缴的税款，故纳税人应缴纳税款的期限届满之

---

① 参见杨佩龙：《论税款缴纳义务履行顺位的确定——基于〈税收征管法〉第四十五条中的税收优先原则》，载《税务与经济》2020年第1期。

次日，即是纳税人欠缴税款的发生时间。该说存在与课税核定说同样的问题，即税收优先权未经任何登记或公示程序而自动产生，其优先地位对私法交易安全存在冲击。①

第四，欠税公告说。我国《税收征管法》第45条第3款规定“税务机关应当对纳税人欠缴税款的情况定期予以公告”，故该说主张以税务机关发布欠税公告的时间视为税收优先权形成时间，进而判断税收债权与抵押权、质权、留置权之间的先后清偿顺序。② 相比之下，该说给予了交易第三人最充分的保护，在确保税收债权透明化的基础上，赋予其优先权。

（二）“欠税公告说”的合理性分析

前述学说为税收优先权的行使划定了不同的范围，本专题赞成欠税公告说，主要理由如下：

第一，赋予税收债权在特定情形下优先于担保物权的效力，将使该债权具有物权化的特征，③ 故有必要参照物权法的公示公信原则，将该权利予以公示。税收债权的优先效力不仅关系到税收法律关系的双方当事人，还会对第三人的利益产生影响，因而第三人应当知晓这一优先权的存在，并在此基础上对其交易对象作出适当的选择和安排，未经公示的税收债权不应享有优先效力。

第二，赋予公告后的税收债权以优先效力有助于保护交易安全、降低交易成本并提高交易效率。欠税公告与抵押权登记同属权利公示的方式，有助于帮助交易第三人及时了解交易相对方的欠税情况。而如果以纳税义务发生时间或欠税时间为依据，这意味着纳税人的交易相对人在从事交易前都必须先行查询纳税人的欠税情况，否则其就可能在不知晓的情况下承担由于税收优先而抵押权不能实现的风险，这对相对人来说不仅成本过高，而且有违商事交易中的效率原则。同时，税款产生的时间往往会因税种、纳税人情况的不同而有所区别，这使得税收产生的时间非常复杂，欠税的具体发生时间难以确定，即便是专业人员也不一定完全把握准确，更遑论让担保物权人承担如此专业的审查义务。④

---

① 参见熊伟、王宗涛：《中国税收优先权制度的存废之辩》，载《法学评论》2013年第2期。

② 参见曹艳芝：《论税收优先权的效力冲突》，载《中国法学》2004年第5期。

③ 参见翟新辉：《我国立法应明确不动产租赁登记的效力——兼论物权化之债权及其公示》，载《学术交流》2008年第7期。

④ 参见曹艳芝：《论税收优先权的效力冲突》，载《中国法学》2004年第5期。

当前我国《税收征管法》仅对欠税公告制度进行了简略的规定，《税收征收管理法实施细则》第76条规定："县级以上各级税务机关应当将纳税人的欠税情况，在办税场所或者广播、电视、报纸、期刊、网络等新闻媒体上定期公告。对纳税人欠缴税款的情况实行定期公告的办法，由国家税务总局制定。"而由国家税务总局发布的《欠税公告办法（试行）》进一步对欠税公告的时间①、公告的内容②进行了规定，形成了较为体系化的欠税公告制度，但有关欠税公告的效力以及税务机关不予公告、迟延公告或公告错误的法律后果等，仍有待明确。

（三）案涉税收优先权的产生时间

文首案例中，金宝利公司所欠税款由应追回的违规出口退税（以下简称欠缴税款A）和应补提销项税（以下简称欠缴税款B）组成。关于欠缴税款A，柯桥国税于2012年5月31日作出绍县国税处〔2012〕5号《税务处理决定书》，限金宝利公司自收到该决定书之日起15日内将税款缴纳入库。柯桥国税于2012年6月6日向金宝利公司送达该决定书，因而欠缴税款A的发生时间为2012年6月22日。关于欠缴税款B，柯桥国税在一审法院裁定受理破产事宜后，于2014年11月3日作出的《绍兴金宝利纺织有限公司有关情况》中首次说明了欠缴税款B的情况，但没有明确金宝利公司应缴纳税款的期限，因而欠缴税款B的发生时间应迟于2014年11月3日。根据《税收征管法》第45条第3款欠税应予以公告的规定，柯桥国税于2015年1月20日对欠缴税款A进行公示，而对欠缴税款B，柯桥国税截至2016年10月13日尚未进行公示。

由此可知，柯桥国税并未按照《欠税公告办法（试行）》第4条的规定对

① 《欠税公告办法（试行）》第4条："公告机关应当按期在办税场所或者广播、电视、报纸、期刊、网络等新闻媒体上公告纳税人的欠缴税款情况。（一）企业或单位欠税的，每季公告一次；（二）个体工商户和其他个人欠税的，每半年公告一次；（三）走逃、失踪的纳税户以及其他经税务机关查无下落的非正常户欠税的，随时公告。"

② 《欠税公告办法（试行）》第5条："欠税公告内容如下：（一）企业或单位欠税的，公告企业或单位的名称、纳税人识别号、法定代表人或负责人姓名、居民身份证或其他有效身份证件号码、经营地点、欠税税种、欠税余额和当期新发生的欠税金额；（二）个体工商户欠税的，公告业户名称、业主姓名、纳税人识别号、居民身份证或其他有效身份证件号码、经营地点、欠税税种、欠税余额和当期新发生的欠税金额；（三）个人（不含个体工商户）欠税的，公告其姓名、居民身份证或其他有效身份证件号码、欠税税种、欠税余额和当期新发生的欠税金额。"

债务人企业的欠税情况按季公告：对于欠缴税款A，其在欠缴事实发生后两年半的时间才予以公示；而对欠缴税款B，则一直未予以公示。因而根据前文观点，欠缴税款A自2015年1月20日公告后产生优先效力，欠缴税款B因未经公告而不享有优先效力。

而对于案涉抵押债权的设定时间，债权人主张最高额抵押权具有连续性，设定抵押债权的时间应以第一次办理抵押的时间2010年10月26日为准。但根据法院查明事实可知，在第二次抵押权设立前，第一次抵押权所从属的主债权（第一次设立的两笔贷款）已经清偿，同时上诉人也已注销抵押登记，故第一次的抵押权已经消灭，其抵押债权的设定时间应为第二次抵押登记的时间，即2013年6月4日。由此依据“欠税公告说”案涉欠缴税款A仅对2015年1月20日后设定的抵押权、质押权以及留置权具有优先效力，欠缴税款B因未公告不具有优先效力，而债权人的抵押权设定于2013年6月4日，故税款债权不应优先于抵押债权获得清偿。

三、税收债权与抵押担保债权清偿顺位的确定

尽管“欠税公告说”可以为案涉争议的解决提供一条路径，但该说的主要观点系来自于学理中的观点，我国现行税收法律法规并未对欠税公告的效力作出规定，故在处理类似争议时，该观点难免面临质疑。从实定法出发，《税收征管法》第45条第1款与《企业破产法》第113条第1款均对税收债权与抵押担保债权的清偿顺位作出了规定，厘清两个条文的关系可以为案涉争议的解决提供另一条路径。

（一）破产法与税法的法律适用选择

《企业破产法》第113条第1款规定破产债务人所欠税款属于普通债权，劣后于担保债权、破产费用、共益债务以及劳动债权清偿，而《税收征管法》第45条第1款规定税收债权优先于在其产生后设定的抵押权、质押权或者留置权受偿，故该两部法律在税收债权与抵押担保债权的清偿顺位问题上的规定并不一致。在相关担保物权后于税收债权设立时，前者的清偿顺位为“担保物权—破产费用—共益债务—职工债权—税收债权—普通债权”，而后者的清偿顺位则为“税收债权—担保物权—破产费用—共益债务—职工债权—普通债权”。诉

争案例中，抵押债权人主张《企业破产法》应在该案中优先适用，因为《税收征管法》广泛调整各类主体与税收有关的事项，是税收征收管理领域的一般法；而《企业破产法》是处理极端情形下的企业债务清理的法律，有较为特殊的规则，系处理企业破产的专门性法律。因此在税收问题上，《税收征管法》是一般法，《企业破产法》是特别法，在处理税收问题的法律规定发生冲突时，特别法应优先适用。而债务人与税务机关则认为《企业破产法》第113条是破产财产分配的一般性规定，同时《税收征收管理法》第45条是确定税收债权与有财产担保债权优先性的特别规定，两者之间不存在冲突，应当在破产程序中适用《税收征收管理法》第45条。

一审法院赞成两部法律之间不存在适用冲突的结论，并认为税收债权优先于担保物权系附有条件的特别规定，《企业破产法》第113条系对破产债权清偿顺序的一般性规定，该一般性规定并无排除适用《税收征管法》第45条第1款之本意及解释之可能。立法既已对特定情形下的税收债权作出优先于担保物权的特别安排，应当予以维护。二审法院则认为《税收征管法》第45条规定调整任何状态下企业的税收债权与有担保债权的清偿顺序问题，涵盖企业破产情形和企业正常经营情形。《企业破产法》第113条的调整范围仅限于破产情形下企业的税收债权与有担保债权的清偿顺序问题。两相比较，《税收征管法》第45条规定的调整范围要宽于《企业破产法》第113条规定的调整范围，后者对案涉争议焦点更具有针对性，相对具有特别规定的属性，故应在该案中优先适用。

本专题赞成优先适用《企业破产法》第113条，即在破产程序中，有抵押担保的债权应优先于税收债权受偿。理由包括如下两点：

其一，《税收征管法》第45条与《企业破产法》第113条的规定存在冲突。如果在破产程序中适用《税收征管法》第45条的规定，则税收债权将优先于有担保债权清偿，其导致的后果是税收债权获得超级优先权，破产费用、共益债务以及劳动债权等债权的清偿顺位均须比照《企业破产法》第113条的规定后移，可获得的清偿比例也将相应减少，故两者并非对不同事项的规定，确实存在法律冲突。

其二，《企业破产法》第113条的规定相较于《税收征管法》第45条属于特别法。《税收征管法》与《企业破产法》都是由全国人大常委会制定，两部法律的位阶相同，根据《立法法》第103条规定，同一机关制定的法律，特别规定与一般规定不一致的，适用特别规定。一般法是指在时间、空间、适用对象以及立法事项上作出的一般性规定的法律规范，特别法则是适用于特定时间、特定空间、特定对象、特定事项的法律。[①] 基于此，将《企业破产法》第113条作为特别法优先适用具有合理性，具体说来：（1）从特定时间的标准来看，《企业破产法》的相关规定系企业处于破产时期对税款债务及其他债务之间清偿顺序的制度安排，适用于债务人企业被法院裁定受理破产申请之后，相较于《税收征管法》适用于企业经营的任何阶段而言，具有特殊性；（2）从特定空间标准来看，《企业破产法》的适用仅局限于破产程序，而《税收征管法》的适用空间则无限制；（3）从特定主体的标准来看，《税收征管法》中所规定的企业税收未对破产企业与正常经营企业加以区分，而《企业破产法》则是专门针对破产企业涉税问题的规定，适用主体为破产企业有关的债权人和债务人，故后者属于对破产企业这一特定主体债权清偿的特殊规定；（4）从特定事项的标准来看，《税收征管法》与《企业破产法》均对税收债权与担保债权的顺位问题作有相应规定，但前者并没有针对破产事项予以特殊考虑，而后者则基于破产的特殊理由，对于破产债权中的税收债权这一特殊事项进行了专门规定。

从两法的实施时间来看，《企业破产法》于2006年发布，次年开始实施；而《税收征管法》则于2015年修订后实施，因而有学者提出，还存在新的一般法与旧的特别法之适用问题。但应当说明的是，从修订沿革来看，《税收征管法》第45条的规定在该法2001年修订时即已存在，其后并未改动，故该特定条文的内容不应被视为新法，仍应依据特别法优于一般法处理。

从现有的司法实践裁判来看，多数法院也赞成以《企业破产法》为特别法，在税收债权与有抵押担保债权的清偿顺位问题上选择适用担保债权优先的思路，从而认定担保债权优先于作为破产债权的税收债权清偿。[②] 2019年广东

① 参见汪全胜：《“特别法”与“一般法”之关系及适用问题探讨》，载《法律科学（西北政法大学学报）》2006年第6期。

② 参见北京市西城区人民法院民事判决书，（2012）一中民初1112号；浙江省绍兴市中级人民法院民事判决书，（2017）浙06民终1119号；浙江省温州市中级人民法院民事判决书，（2017）浙03民终4844号。

省高级人民法院发布的《关于审理企业破产案件若干问题的指引》第115条即规定："破产清算程序中，税收债权人以税收债权先于担保物权成立为由，主张对担保物享有优先于担保权人受偿权利的，人民法院不予支持。"可见担保债权优先清偿亦为司法实务界的倾向性观点，在此背景下采纳该观点不仅存在现实基础，也有助于司法判决的统一，有利于稳定社会公众的预期。

（二）抵押担保债权优先清偿的补强理由

对于破产程序中抵押担保债权相较于税收债权的优先清偿顺位，除了从特别法优于一般法的角度予以解释之外，理论界还给出了其他补强理由：

第一，从公共利益与私人利益衡量角度出发，具有公益性权利属性的税收债权并非绝对优先于私利性权利，所谓的公共利益可能渗透于私人利益之中，不能被假设为绝对价值，也并非终极和排他的法律理想，① 以此为基础的优先权不应给予过分的侧重。② 同时，以上价值的考量因素在税收制度和现代社会发展的过程中也应有所削减，譬如：税收措施和相关制度的丰富和完善大大降低了税收征收的风险，现代国家治理中，日益强调对私权利的保护和尊重，以及公私法融合理论的发展，均为税收优先权仅应具备一般优先权的效力和地位提供了论证基础。当债务人进入破产程序后，破产财产不足以清偿全部债务，是否追缴破产企业的税款对国家整体税收来说影响不大，但对担保债权人却影响甚巨。此时，税收应当适当让位于私人利益，通过对市场主体的保护形成优良的营商环境，再反作用于公共利益。③ 从《企业破产法》的立法理念来看，其以社会整体利益为本位，实质上对公私利益都有所考量，相较于《税收征管法》的公法性质而言，《企业破产法》有关规定在公私法交融领域法律问题的处理与适用上，更具有正当性。④

第二，从比较法的视角出发，不少国家都对破产程序中的税收优先权作有

---

① 参见［美］E. 博登海默：《法理学：法律哲学与法律方法》，邓正来译，中国政法大学出版社1999年版，第199页。

② 参见张守文：《论税收的一般优先权》，载《中外法学》1997年第5期。

③ 参见周宇、李晖：《破产程序中税收债权与担保物权的冲突与弥合——一个法律解释的方法》，载《税务研究》2021年第3期。

④ 参见徐孟洲、徐阳光：《论公法私法融合与公私融合法——兼论〈十一五规划纲要〉中的公法私法融合》，载《法学杂志》2007年第1期。

限制。在美国破产法中，税收债权仅享有第八顺位的优先权，即便经过留置登记的税收也只能介于第七顺位与第八顺位之间受偿。[①] 德国1877年颁布的第一部破产法中，税收债权具有绝对优先地位，但随着经济社会的发展变化并受特殊国情的影响，1999年破产法取消了所有优先清偿权，包括税收优先权，创造了一种被称为“没有等级的破产”[②]。2003年《英国破产法》第176A条取消了国家优先权，并将“税务机关的税收债权受破产清算程序约束”以判例形式予以明确。[③] 2004年瑞典取消了国家税收的优先受偿权，将政府债权作为一般普通债权对待。澳大利亚1993年通过《破产立法修正法案》时完全废除了税收法律中的优先权制度，主要原因为税收债权的数额正常情形下都比较大，如果照旧规定为优先权，此时会对其他债权人的权益产生影响，而这种影响远大于税收的流失对政府的影响。因此澳大利亚修改了关于优先权的规定，并在此基础上建立了董事个人制度，该措施着重强调董事的欠税个人责任：一方面，对于董事而言，可以起到督促的作用，使得应缴税款可以及时高效地缴纳；另一方面，维护了政府之外其他普通债权人的权益，可以有效避免政府的税收损失，具有较好的社会效果。[④] 除此之外，奥地利、丹麦、挪威和芬兰等国家也对破产程序中的税收优先权进行了改革，将其与普通债权同等对待，[⑤] 现实经验表明，该举措并未给税收带来损害，反而促使税务机关积极采用税收保全、税收强制措施等及时追缴税款。[⑥] 通过以上立法例来看，税收优先权在实践中被越来越多国家所修正，其中虽有不同的国家经济制度、市场环境等因素的考量，但在破产法的国际趋同趋势下，对他国实践的考察有助于我国在面临相同情景时作出合理判断。因此，本专题认为，肯定担保债权的优先地位，在破产清算程序中税收债权与担保债权的冲突解决问题上适用《企业破产法》的规定，更

---

① 参见熊伟：《美国联邦税收程序》，北京大学出版社2006年版，第262－265页。

② 资料来源于德国波恩大学教授瓦尔特·格哈德博士在1997年由全国人大财经委组织、在北京召开的“中德破产法研讨会”上所作的题为《德国新破产法》的发言。转引自熊伟、王宗涛：《中国税收优先权制度的存废之辩》，载《法学评论》2013年第2期。

③ 参见张钦昱：《破产优先权之限制理论研究》，法律出版社2016年版，第221页。

④ 参见韩长印：《破产优先权的公共政策基础》，载《中国法学》2002年第3期。

⑤ 参见衡阳、黄建东：《税收优先权在参与分配程序中的困境与出路》，载《人民司法》2021年第16期。

⑥ 参见徐阳光：《破产法视野中的担保物权问题》，载《中国人民大学学报》2017年第2期。

加符合比较法的发展趋势和理念，能够帮助我国的破产清算程序更好地与国际接轨，更具合理性。

第三，从民法上“物债二分”的逻辑出发，尽管税收债权存在债权物权化的倾向，但鉴于我国有关税收公告制度并不完善的现实情况，税收债权尚无法达到同担保物权一般的公示力，① 而未公告的税收是否能够直接对抗第三人，尚不明确。由此，在公示力不足的情况下，支持税收债权优先于担保物权的正当理由不足。实践中，在企业濒临破产时，其重大资产上通常负担着各类担保物权，大陆法系规定的别除权即包含了上述的担保物权和一些特殊的法定优先权。别除权的设立是为了保障交易的顺利进行，而《税收征管法》第45条的规定其实降低了担保的安全作用。事实上，进入破产程序后，税收债权所针对的对象大多是不特定的财产享有的一般优先权，而担保物权是为担保特定财产而设立的，属于特别优先权，可以在清偿程序外得以受偿，故税收债权不应具有优先于别除权的地位。同时，法定优先权系基于对处于经济弱势地位一方的保护目标而设定的，但作为税收债权人的主体为国家，其与一般的抵押担保权人相比较，债务的征收有国家强制力作为保障，即税务机关在税收的实现上拥有较为有利的救济手段和路径，② 并非处于弱势地位。因此，破产程序中的税收债权与担保债权受偿顺序的争议解决，某种意义上可适用债权与物权之间的关系逻辑，由于税收债权尚未突破债的相对性并被赋予类似于物权的绝对权效果，故在现有民法原理中，应坚持“物权优先于债权”的一般原则。

除此之外，还有学者提出在处理破产法与税法的冲突时，应坚持“作为破产债权的税收债权”理念，税收债权作为破产债权的一种，其在行使上首先应当遵循破产法中有关破产债权的规则，在破产法没有规定时，才有必要从税法

---

① 参见周宇、李晖：《破产程序中税收债权与担保物权的冲突与弥合——一个法律解释的方法》，载《税务研究》2021年第3期。

② 税务机关拥有可以通过稽查、查封、扣押、拍卖，或者变卖其价值相当于应纳税款的商品、货物或者其他财产，以及行政处罚等方式增强税收债权实现的可能性。如《税收征管法》第40条规定：“从事生产、经营的纳税人、扣缴义务人未按照规定的期限缴纳或者解缴税款，纳税担保人未按照规定的期限缴纳所担保的税款，由税务机关责令限期缴纳，逾期仍未缴纳的，经县以上税务局（分局）局长批准，税务机关可以采取下列强制执行措施：（一）书面通知其开户银行或者其他金融机构从其存款中扣缴税款；（二）扣押、查封、依法拍卖或者变卖其价值相当于应纳税款的商品、货物或者其他财产，以拍卖或者变卖所得抵缴税款。税务机关采取强制执行措施时，对前款所列纳税人、扣缴义务人、纳税担保人未缴纳的滞纳金同时强制执行……”

中寻找法律依据，只有这样才能真正实现破产法公平清理债权债务的目标，[①]有关税收债权与担保债权之间清偿顺位的问题也可迎刃而解。本专题认为，上述思路和视角对抵押担保债权在破产程序中优先于税收债权清偿这一观点进行了补强，使得担保债权人相对税收债权人的优先受偿地位更具合理性和正当性。

（三）担保债权优先清偿的检视与完善

破产程序中，担保债权优先于税收债权受偿具有合法性与合理性，但出于利益平衡的考虑，亦应同时对其设定一定的限制，尤其在未登记的担保物权与纳税担保的关系上，进行细化规定和完善。与此同时，在立法的维度上协调《企业破产法》与《税收征管法》的规则设置，减少法律适用冲突的产生。

1. 增设对担保债权优先顺位的限制规定

从破产程序公平合理保护各利害关系人利益的目标出发，不能一味强调担保债权的优先顺位，而应借鉴物权法关于抵押担保的相关思路，对其进行一定限制。我国理论界中的主流观点认为，未经登记的抵押权属于不完整的、效力较低的物权，不得对抗申请强制执行的普通债权人。而破产程序是一种特别的概括执行程序，担保财产同样属于破产财产的范围，在担保财产清偿了担保债权后，普通债权人也可以按照顺序参与分配，在破产程序中对其亦享有支配权。如果存在抵押权未经登记的情况，出于对普通债权人信赖利益保护的考量，应明确该未经登记抵押权的优先性不得对抗破产程序中的普通债权人，自然也应当劣后于税收债权受偿，无法得到与登记抵押权相同的救济效果。如此对未经登记抵押权的优先性限制，是抵押权人主观上忽视、怠于保护其自身权利的后果，但有利于破产程序中各权益主体之间的利益平衡，也有利于商事交易的安全和稳定。

2. 明晰纳税担保制度下的适用例外

我国《税收征管法》第38条[②]对纳税担保制度进行了规定，该制度系征税

---

① 参见徐阳光：《破产程序中的税法问题研究》，载《中国法学》2018年第2期。

② 《税收征管法》第38条规定："税务机关有根据认为从事生产、经营的纳税人有逃避纳税义务行为的，可以在规定的纳税期之前，责令限期缴纳应纳税款；在限期内发现纳税人有明显的转移、隐匿其应纳税的商品、货物以及其他财产或者应纳税的收入的迹象的，税务机关可以责成纳税人提供纳税担保。如果纳税人不能提供纳税担保，经县以上税务局（分局）局长批准，税务机关可以采取下列税收保全措施：……"

机关为取得税收债权在破产程序中优先于担保物权的效果而作出的安排，是破产债务人所欠税款劣后于担保债权的例外。在此情形下，有担保的税款可以适用别除权的规定，就担保财产优先受偿，具备对抗有抵押担保债权的可能性。对此问题应按照担保法的法理，对普通债权人的担保物权与纳税担保进行衡量，完善纳税担保的公示制度，充分结合纳税担保标的物的特征来设置登记、占有等公示方式，在此基础上确定担保权的效力和优先受偿顺位。但需要注意的是，由于税收债权具有公益性，不能适用《企业破产法》第110条①的规定，原则上不得允许权利人放弃其优先受偿地位。与此同时，不同于普通担保债权，纳税债权人在放弃担保后，本质还是一项税收债权而非普通债权，应在普通债权之前优先受偿。在坚持担保债权优先清偿的同时，应对该例外情况加以规范和明晰，以促进实现市场交易的稳定与发展。

3. 立法协调破产法与税法相关规则

虽然担保债权优先受偿的观点为本案争议问题的解决提供了思路，但该思路系法解释角度的冲突解决方案，其反映出的《企业破产法》与《税收征管法》之间的规范冲突却真实存在，立法有必要通过规则层面的修改与完善予以适当协调与弥补。一方面，《企业破产法》应当承认税收债权的相对优先性，针对涉税问题作出进一步的专门的司法解释；另一方面，《税收征管法》应当针对破产企业的情况，对相关课税问题作出必要限制和例外规定，实现司法程序与行政程序之间的协调和衔接，从而减少法律适用上的困境。除此之外，在《税收征管法》的修订中，应着重关注税法私法化的现象，适当对税收优先权进行必要的限缩，充分衡量国家利益与其他破产债权人的利益，尽量减少对正常破产程序中清偿秩序的干涉，将对相对人权益造成的损害降到最低，避免与《企业破产法》的正常适用产生冲突。

四、破产程序中税收债权优先受偿顺位的存废之争

除了解释论上对税收优先权进行限制外，有学者也提出，应在立法论上废除税收债权在破产程序中相较于其他普通债权的优先受偿顺位，比较法上一些

① 该条规定："享有本法第一百零九条规定权利的债权人行使优先受偿权利未能完全受偿的，其未受偿的债权作为普通债权；放弃优先受偿权利的，其债权作为普通债权。"

国家已经取消了税收债权的优先清偿效力，从社会公平和效率的角度考虑，取消税收优先权可充分保护商业债权，同时避免税收机构怠于行使权力而不积极收取债权。① 有学者还认为，现代国家的福利国家属性都有所加强，企业的税负急剧增加，若仍让税收债权优先受偿，将极大降低其他普通债权的受偿比例，甚至让普通债权人得不到任何清偿，故应将税收债权降格为普通破产债权。②但也有学者认为从国家债权风险转移角度来看，如果不赋予税收优先权，则意味着国家在特定破产案件中所受到的损失，最终会通过增加税率或税额等方式最终由其他无辜的纳税人分摊。③

一般认为，设立税收优先权最主要的理由在于税收的公益性和风险性，④但在破产程序中，此种“公益”是否必然优先于“私益”，不无疑问，因为保证税收债权优先受偿的结果很可能是普通债权无法获得受偿，从而导致市场经营主体蒙受巨大的损失，整个市场的交易安全也会受到冲击。除此之外，税收虽具有风险性，但其并非完全不能克服，《税收征管法》规定了一系列税收保障措施，税务机关既可以进行税收保全、强制执行，也可以强制纳税人提供担保、预先征收等。因此，加强税务机关的征税能力建设并充分运用上述税收保障措施，足以在很大程度上控制税收风险。⑤

尽管上述有关废除税收优先权的观点具备一定的说服力，但本专题认为，是否赋予税收债权在破产程序中优于其他普通债权的地位，仍是政策选择的问题，并且与一国税收制度的完善与否密切相关。若存在保障国家税收的相应制度，则税收债权的优先性可以在一定程度上予以弱化；而若尚未建立完善的税收保障措施，则税收作为再分配的重要手段，强调税收债权的优先受偿仍有其正当性。鉴于我国当前税务机关的征税能力尚显不足，各项税收保障措施也有待进一步完善，贸然取消税收债权在破产程序中相对于一般普通债权的优先地位并非良策。除此之外，与让其他无辜的纳税人分摊国家税收在破产程序中的损失相比，由破产程序中的其他普通债权人承担这一风险似乎更为合理，因为

---

① 参见李雪田：《论破产优先权》，载《当代法学》2008年第5期。

② 参见许德风：《论破产债权的顺序》，载《当代法学》2013年第2期。

③ 参见韩长印：《破产优先权的公共政策基础》，载《中国法学》2002年第3期。

④ 参见熊伟、王宗涛：《中国税收优先权制度的存废之辩》，载《法学评论》2013年第2期。

⑤ 参见熊伟、王宗涛：《中国税收优先权制度的存废之辩》，载《法学评论》2013年第2期。

债务人的破产风险本身即应属于商事主体在市场交易中应当承担的风险，由普通债权人分担税收债务也可以促进其增强对债务人风险评估和预防的积极性。①

五、结语

税收之债是公法之债，与私法之债相比具有较强的公益性，一般情形下税收与私法之债有各自的作用领域，互不干涉。但在纳税人进入破产程序后，因其所有财产不足以清偿全部债务，税收之债与其他私法之债即产生了冲突。《税收征管法》第45条第1款与《企业破产法》第113条均对税收债权与抵押担保债权的清偿顺位作有规定，但两个条文的规定并不一致。从《税收征管法》第45条第1款来看，纳税人欠缴的税款优先于在其后设定的抵押权、质押权或者留置权受偿，但学界对于税收优先权产生的时间认定存在争议。考虑到税收债权物权化的特征以及对交易安全的保护，宜采纳"欠税公告说"，即以税务机关对欠税情况的公告时间作为税收优先权的发生时间。同时，《企业破产法》第113条相较于《税收征管法》第45条第1款的规定属于特别法，应当在破产程序中予以优先适用。而对于应否废除税收债权在破产程序中相较于其他普通债权的优先地位，综合考量当前我国税务机关的征税能力以及风险分担主体选择上的合理性，税收债权仍应保留一定的优先地位，不宜完全降格为普通破产债权。

① 参见韩长印：《破产优先权的公共政策基础》，载《中国法学》2002年第3期。

破产停止计息规则适用于违约金的解释论透视

内容提要：我国《企业破产法》第46条第2款规定了附利息债权于破产申请受理后停止计息的规则，但条文表述仅限于“利息”，造成了对违约金适用该规则的法律选择和法律解释问题，限制了将违约金纳入破产法保护范畴的制度潜力。相较于司法实务对违约金和利息不加区分地适用止息规则的倾向，未来法律适用的规范选择上，可从“利息”的潜在含义出发，探寻违约金和利息在债务负担、担保履行和时效利益上的共通之处，考察违约金的制度设计，体系化地引入民事实体法中的违约金及其他非利息担保规则；在法律解释上，可通过补足止息规则的片面和狭隘之处，扩充《企业破产法》对破产申请人的利益保全手段，同时消弭破产法作为特别债务清偿法和民事一般法的体系龃龉。

关键词：破产债权、违约金、停止计息规则、文义解释、目的解释

一、问题的提出

2014年9月，广西有色金属集团有限公司（以下简称有色金属公司）与五矿国际信托有限公司（以下简称信托公司）签订《特定资产收益权转让暨回购合同》（以下简称《回购合同》），约定有色金属公司将其合法持有的特定收益权以8亿元的价格转让给信托公司。①

① 参见最高人民法院民事判决书，（2016）最高法民终233号。

《回购合同》还允许提前到期,[①] 并对回购合同的逾期付款违约金、一次性违约金条款有单独约定。[②] 为确保该合同履行，有色金属公司以其名下在建工程向信托公司提供抵押担保，担保范围为回购本金、回购溢价（利息）及违约金等，但有色金属公司最终未履行合同义务。信托公司就此提起诉讼，请求有色金属公司支付一次性违约金 80,000,000.00 元、逾期付款违约金 1,008,995.04 元。该案一审结束后，有色金属公司的破产重整申请为法院受理，信托公司即作为债权人申报两种类型的违约金债权。最高人民法院作为二审法院经审理认为，由于该案逾期未付款情形确实发生，对两种违约金债权均应予支持。就违约金的截止时间而言，由于 2015 年 12 月 23 日有色金属公司的破产申请被受理，且据《企业破产法》第46 条第2 款关于“附利息的债权自破产申请受理时起停止计息”的规定（文题所及“破产法上停止计息规则”，本书称“停止计息规则”，又称“破产止息条款”“止息条款”等),[③] 即便违约金并非该条文规定中的“利息”，违约金债权也应参照利息债权的处理方法，在破产程序中停止计算。可见，最高人民法院对该案中违约金数额以及计算期限的判决依据在于对停止计息规则适用边界的理解。

根据该判决结果，停止计息规则中“利息”的本来文义解释被“及时确认债权数额”的目的解释所取代，这样的法律适用可能具有如下积极效果：一则因债权人无须考虑违约金或利息的性质差异等因素，违约金等同利息适用停止计息规则，可能从整体上提升债权人在破产程序中申报权利的主动性；二则保证了破产程序的效率，毕竟“一刀切”式的停止计息使破产债权的计算方式更

---

① 《回购合同》第 3.4 条约定：有色金属公司如未按合同约定支付其应付的特定资产收益，或未履行、未完全履行其在合同项下的回购特定资产收益权的义务，或未按合同约定支付其应付的其他任何款项，有色金属公司应在收到信托公司通知后 5 个工作日内予以改正并采取满足信托公司要求的补救措施，否则信托公司有权宣布各笔回购本金均提前到期。

② 《回购合同》第 9.3 条约定：“有色金属公司未按照本合同约定支付任何一单笔回购本金、回购溢价款的，或有色金属公司未按本合同约定支付其应付的任何款项，信托公司有权要求有色金属公司立即支付，且有权自有色金属公司逾期之日起按逾期未支付款项的万分之五计收违约金。”（逾期付款违约金条款）第 9.4 条约定：有色金属公司出现任何违约情形，自违约情形发生之日起信托公司有权要求有色金属公司支付违约金，违约金数额为特定资产收益权转让价款的 10%；同时信托公司可以要求有色金属公司提前支付全部或者部分回购价款。（一次性违约金条款）

③ 参见陈夏红编著：《企业破产法注释》，北京大学出版社 2021 年版，第 280 页。

具有稳定性和可预见性。但是也应当看到，该裁判结果似乎混淆了“利息”与“违约金”的本来意涵，可能造成《企业破产法》第46条第2款的不当解释和适用。申言之，最高人民法院尝试将“违约金”和“利息”作同质化处理，无疑会对我国破产案件的审判产生一定的指引效果；但与此同时，这种解释论上的突破很有可能造成以“违约金”为肯綮的民商部门法的体系性危险。换言之，如果不承认“违约金”在该案中的停止计算，则判决结果不仅有违《企业破产法》的立法宗旨，而且可能使债权人与债务人的关系陷入有失公平的不利境地；但若承认“违约金”的停止计算，又必然与停止计息规则的本来规制客体相冲突。

因此，该案所反映的问题是：违约金可否适用破产法上的停止计息规则？如果可以适用，又应对违约金作如何解释，在符合违约金的本来属性的同时，实现相关规则在破产程序中的目的？本专题拟围绕上述问题展开讨论。

二、停止计息规则的立法考量

停止计息规则的设计外观明确、简洁，然而，就其适用客体而言，“利息”概念的内涵与外延是否有统一认识，是特别需要法律解读中加以澄清、但至今仍未能澄清的。这种不协调源于法律条文对“利息”的概括式指称，也恰恰暴露出该规则外观和内在的不协调性，并最终导致了理论和实务上的脱节。

具体来说，《企业破产法》第46条中关于“利息”的指称同时具备了文本上的一般性和对象上的特殊性，即在形式上指代“一切利息”、在解释上却并不能涵盖“一切利息”，因而使部分概念从利息内涵中逃逸。这也许是立法者有意为之，即为接下来进一步完善可停止计算的具体债务负担类型留有空间；但该情形更可能是被立法者忽视的词不达意，即“利息”并非具有唯一、统一且明确解读的规范用语，而更偏近于“本金/本债生出的额外收益/负担”等口头化表达。法律条文的简洁往往意味着解释上的代价。一个审慎的条文总是保有其自身法律逻辑的，为实现这种逻辑的推演，法教义学的分析应不吝“舍简求繁”“舍近求远”地追求对条文的真义复现。

（一）文本一般性：对停止计息规则的解释类型

重新梳理《企业破产法》第46条，可以从文首裁判说理的止步之处推进分析。假设如下逻辑式：A＝“附利息的债权”，B＝“停止计（算）（利）息”，X＝“破产申请受理”，则破产法上的停止计息规则可采取简洁的逻辑表述，即《企业破产法》第46条第2款的“A（自X时）B”。这种逻辑具有一般性，即在民事实体法律中呈现“假定条件（——行为模式）——法律后果”的条文表述模式。[①] 由此，停止计息规则可抽象表述为，一旦（作为条件的）破产申请受理的行为发生，对附利息债权的利息即告停止计算（的结果即发生）。因此，停止计息规则条款本身已隐含着大小前提：大前提是指，适用该规则的背景须为某商主体已进入破产程序；小前提则是指，应于该程序中申报的债权存在，且上述债权中确有正在计算或约定正在计算的利息。因而在涉及实际问题的时候，正确理解小前提中关于“正在计算或约定正在计算”的应有之义，就成为解决问题的关键。

有关“计算”的问题向来容易引发程序上的纠纷，而关于破产程序启动后的利息计算，本就是相关利益纠葛最为突出的场域。所以，科学地释明现有规程，自然是破产立法与实务的重中之重。对此，当前已有诸多学者从与“计算”相关的程序性问题出发，尝试阐明该条款的意义。譬如，有学者的观点侧重于停止计息规则下，破产债务人（管理人）负担的减轻和破产债权人利益的实质不受影响，[②] 认为及时停止计算利息可以为企业的失败经营按下“暂停键”，既保证破产债务人应偿付的债权不再增加，又使债权数额得以及时确定，同时充分凸显破产受理时点的法律效力。以上种种，对债权人、债务人和司法机关而言都是切实的利好。

但本专题认为，该解释可能存在的问题在于，在破产程序的实际运行中，破产债权人的利益绝非不受影响。无论是申报共益债权还是另行追诉，债权人将不得不寻求以其他方式、向其他主体主张该部分权利，而破产债务人却可通过停止计息“轻易”地从中脱身。除此之外，也有学者将这种实质不受影响的债权人本位视为“时间成本”的减少，认为及时停止计算利息有助于减少花费在债权确定及后续债权偿付上的程序时间，[③] 进而以债权人实质得利的形式弭

---

① 参见《法理学》编写组编：《法理学》，人民出版社、高等教育出版社2010年版，第38页。
② 参见许德风：《破产中的连带债务》，载《法学》2016年第12期。
③ 参见齐明：《中国破产法原理与适用》，法律出版社2017年版，第108－109页。

平其利息损失。然而该观点不能解决的问题是，破产程序本身就是对债权人可期待利益的救济，或者说，启动破产程序的目的和宗旨，本就在于帮助债权人减少用于追回债权的总时间成本。从该角度出发，既然停止计算利息的“减少时间成本”功能已是破产程序的应有之义，前述观点对于停止计息如何能加强实现这一功能的阐释，又未能具体落实到可以脱离抽象的、宏观的破产时间成本分析的程度，那么，在此背景下，再通过法律解释的方式令债权人损失其应得利息，就极易构成甚至纵容破产债务人的实质性重复得利。

破产停止计息规则难有违约金的用武之地，问题的现状使对违约金制度的一般性解释成为必要。所谓一般性的解释，即当民事实体法律尚不足以解决相应问题、亦无特别法理可供参照，对应的案例也明显匮乏时，只能从基本法律解释方法论的角度出发，回应特定的疑难问题。虽然一般性解释往往凸显法律依据的缺漏，但它为特别问题的法律解释与适用提供了可论证的空间，值得在穷尽常规解释方法后做一补充探索。

回到本专题的焦点问题，有观点就认为，《企业破产法》第46条第1款规定的附利息债权旨在担保合同的履行，是系于违约责任承担的一道“法锁”，而利息的停止计算追求特定条件下（破产程序的启动）的违约责任豁免。二者是处分破产程序中民事法律关系的一对矛盾，具有对立统一的逻辑对称性，因此对发生的效果乃至这种处分的形式也要等量齐观。是故，利息、滞纳金、违约金等合同上的履约约束理应同样地停止计算。[①] 韩传华律师的猜想突破了一般性的解释，使停止计息规则跃入了特别法解释的范畴。但相较一般的“A（自X时）B”模式，利用特别法审查A项（“附利息的债权”）和B项（“停止计息”），必然会产生新的子项，如A1项“利息”和A2项“债权”在民商事法律上的不同内涵，又如B1项“停止计算”和B2项“利息”在程序设计及实务操作中的不同处理方式。从形式推理上，易得A1 = B2（两者都以“利息”为字面表述）；但从《企业破产法》第46条第2款的逻辑中，并结合最高人民法院在文首案例中的裁判结果，可以得出的结论是：对A1、B2两个“利息”字样的文义预设应当有所出入。否则，最高人民法院当然没有理由径行对违约金适用停止计

① 参见韩传华：《企业破产法解析》，人民法院出版社2007年版，第196页。

息规则。也就是说，领会和解读该条款真意的肯綮即在于对“利息”的解释。

（二）对象特殊性：破产法上“利息”的寓意

前文提及，文本上，A1 = B2 = “利息”，而 A1 和 A2 呈从属关系。这是因为利息是债权的法定孳息，“利息”的性质原则上应以债权的性质为前提。若按照这样的推理进一步解释下去，停止计息规则本身并无太大的解释价值。这种同一解释也很容易被当然化，成为当然解释，以充分满足立法者和当事人都愿意接受的“同一性”。并且，同一化倾向还能保证“利息”一词在整个破产法中的“体系性”（在法律规范体系中，各种对“利息”含义的明示或默示解释呈现出一种自圆其说的态势）。[①] 但若在原有解释的基础上进一步挖掘，就能看到更深层次的问题。厘清“利息”内涵的变与不变，就是破产法作为特别法对民事实体法的突破。虽然债权在破产法上与合同法的内涵外延的差异并不大，但社会中一般人观念上的债权是单纯无负担的债权。由于担保债权上附的保证、担保之目的恰恰在于由担保人完成对债务人不能清偿的部分债权的填补，使债权人的利益不受实质影响，担保债权便不能由 A2 项“债权”所并含而是必须作特殊对待，否则便无法得出停止计息的结论。[②] 换言之，从设定债权之行为的真意、依约履行所能达到的目的与可期待利益来看，即便“利息”的字样没有变动，“利息”的上位概念“债权”也已经产生了内涵的分化。“债权”的指称可能会囊括两种不同的“利息”概念，它们的目的论冲突动摇着“利息”一词的内涵。《企业破产法》第 46 条第 2 款中的“利息”在解释适用的过程中，完成了自身的“实变形不变”。

更进一步理解，进入破产程序意味着债务人失去偿债能力，由此，当初以债务人具有偿债能力为基础而对债务所为的担保就失去其从属性的基础，成为一个独立合同。[③] 因此，目前破产法上的停止计息规则在适用时仅考虑纯粹的

---

① 这也是大量有关停止计息规则的注释书停步之处：对停止计息规则的“利息”一词不作任何新的、变通的解释，因此就无法深入到该条款的内在矛盾一探究竟。这种情形产生的内在逻辑是：默认社会一般人都足以理解并坚持认为“利息”一词只有一个特定的含义。

② 参见陈永强、汪梦晗：《担保人援引破产止息规则的依据与路径》，载《江淮论坛》2021 年第 6 期。

③ 参见王欣新：《论债务人进入破产程序后其保证债权应否停止计息》，载《人民法院报》2018 年 12 月 12 日，第 7 版。

“债权人—债务人”双方法律关系，可以认为在第三人出现的情形下，凡涉及第三人（三方法律关系）的债权利息均不在《企业破产法》第46条第2款的调整范围之内。于是，停止计息规则的适用范围便有可能通过解释而被人为地限缩。但这个结论可能是武断的。有学者研究发现，各国破产法上的停止计息规则，在历史沿革中的变化过程存在普遍性规律。譬如，《德国破产法》最早明确了破产程序开始后债权人不得主张债权上附有利息的规则，近期，我国相关理论观点则主张将上述债权定性为劣后债权。具体而言，应当将利息视为“债务人因在一定期间内使用债权人资金而支付的报酬”[①]，破产债务人恰处于最迫切需要启用这笔资金的阶段，也正是偿付不能的主体，因此停止计算利息的本质并不在于免除债务人本应负担的利息，而是强化破产的保护作用。换言之，在利息停止计算的一刻，良善的法律规范便应当试图完成如下调整：以剩余应当计入而未计入的利息总额作为破产法对债务人的制度优待，并入第三人所负担的保证担保义务。相反，若只关注到利息的总额减损而未看到风险的转移，则破产程序对利息的停止计算将丧失其主旨。

据此可以重新审视A1中的“利息”。所谓利息，是指债务人为让与以金钱形式存在的资本使用权而应当支付的报酬。利息可以是行使本金使用权的对价，也可以是本金上产生的孳息，[②] 但无论从哪一点出发，免除对价或孳息的规范条款都是对债权人不利的；更何况，即便是采用替代性给付的方式，亦相当于在原债权上另设负担，而这种负担的性质和利息没有本质区别。结合上述可见，破产法上的“利息”指代的是B2，即需停止计算的“利息”；而A1中附“利息”债权的“利息”与前者仅在形式上一致，在文义上则有着显著的差别。广义上，民事法律关系中的利息不需要在破产的节点上停止计算，而停止计息规则是一种为挽救债务人所作的特别规定，其实已突破利息的内涵——为担保本金清偿而设定的债权，因而在某种程度上改双方当事人意定的担保为破产法上法定的担保，或将意定、法定兼可的金钱债权担保形式直接限定为法定形式，以《企业破产法》的法定规范来“处分”当事人基于契约自由形成的债务负担。这就使停止计息规则“误伤”了大量担保债务履行的法律手段。

① 贺丹：《企业拯救导向下债权破产止息规则的检讨》，载《法学》2017年第5期。
② 参见崔建远：《论利息之债》，载《中州学刊》2022年第1期。

由此，A1 与 B2 并非“等于”的逻辑关系，而是“真包含”的关系（A1 真包含 B2）。将这一要旨翻译为法言法语，其意旨大致如下：破产申请被受理时，对于设定了利息等负担的债权而言，真正属于“本金的孳息”范畴的，也就是真正的利息，应当停止计算、不再叠加；而不在上述范畴之内的，如违约金、定金、滞纳金等形式的负担，没有必要也不应当中止累加。也就是说，A1 的“利息”内涵要大于 B2 的“利息”内涵，真正应当停止计息的部分只是最狭义的“利息”（本金的孳息），而除此之外绝大部分的“利息”都不需要停止计算；甚至可以认为，这部分“利息”的内涵已经不能用广义的“利息”概念所容括，而是包含了其他指称（如违约金）的部分内涵。就算该解释有牵强的嫌疑，通过最高人民法院的判决，A1 的范畴也被实质扩大了——严肃的解释论没有理由对此视而不见。① 这种解释方式就给对违约金与利息相关性的解读留有逻辑上的余地：除去“等于”的部分，剩余的就不应被停止计算。但这又将产生进一步的问题：在实质上具有“利息”性质，或与“利息”同功能的权利（扩大解释，如违约金），是否能够借此机会从停止计息规则中析出？

综上，回归到文首案件中的争议焦点，A1—B2 是否等于或真包含于违约金（“等于”的意思是指，违约金被完整地视作“利息”而进入立法论的视野；“真包含于”的意思是指，违约金的一部分仍有机会适用停止计算的规则），就是下文所要讨论的核心问题。

三、对违约金适用停止计息规则的既存难题

依照前文的论证思路，违约金本不应当或不可能被纳入最狭义的“利息”之内涵而适用停止计息的规则；但正如此前分析所呈现的，如果 A1 > B2 的逻辑关系已经明确，那么长期以来，各地方法院进行的尝试都是扩大适用停止计息规则，即对 B2 作扩大解释，使其无限趋近于 A1 的范围。可见，违约金是有机会“浑水摸鱼”地成为“利息”的，并且这种解释方式已经在实践中运用了很长一段时间。

目前最高人民法院在判决中的说理暴露出了如下立法论上的问题：（1）在

① 最高人民法院在文首案例中的裁判也只有通过这种解释才能获得解释论上的合逻辑性和正当性。

体系上，违约金并不是破产法意欲规范的重点，有关规定仅能具体到债权等上位概念。若在破产受理的指导性规则中糅合加入违约金和利息的区别处理，确实将显得喧宾夺主。（2）在文义上，违约金与利息内涵的鸿沟太深，最高人民法院略过它们的含义差别而直接作出裁判，显得过于激进，不能得到通常观念的支持，其判决的指导作用有待考证。（3）在立法上，利息“词不达意”的情形容易使违约金对这一条款的适用泛化，刻意适用停止计息规则可能造成裁判观点的混乱。（4）在目的上，违约金和利息一样能够实现担保债务履行的目的，但破产程序究竟需要怎样的目的解释、怎样的目的解释对破产程序最为有利，以上种种问题尚属不清。这些问题都困扰着违约金对停止计息规则的适用，不能不让人考虑对停止计息规则“推陈出新”的可能性。

（一）体系难题：民事实体法中的违约金制度设计

在原《合同法》时期，民法理论已就违约金条款进行了全方位探讨，而该法第114条关于所谓“惩罚性违约金”的规定在适用上造成了困惑。[①] 就违约金究竟具有何种性质、发挥怎样作用的问题，比较有代表性的观点提出，应以能否排除其他救济手段为区分标准：能排除的是惩罚性违约金，不能排除的是补偿性违约金。[②] 换言之，违约金的作用在于，补偿当事人或形成所谓的“违约罚”，也就是原《合同法》第114条第3款规定的“就迟延履行约定违约金的，违约方支付违约金后，还应当履行债务”。[③] 该款的意思应当是：债务人迟延履行的情形下，违约金并不发生替代债务的效果。而对于“期待利益损失的给付”，在衡量时应以原《合同法》第113条第1款中的“合理的可预见性规则”为制约，[④] 否则就可能造成债务人获得超过损害本身的不当得利。在合同的履行过程中，除违约金能发挥这种“惩罚性—补偿性”二分的功能外，[⑤] 在补偿性的一端，当事人还可以通过适用合同法上的请求权而主张损害赔偿；[⑥]

---

① 参见韩世远：《违约金的理论问题——以合同法第114条为中心的解释论》，载《法学研究》2003年第4期。

② 参见崔建远：《合同法》，法律出版社1998年版，第268页。

③ 参见郑玉波：《民法债编总论》，台北，三民书局1996年版，第341页。

④ 参见范在峰、张斌：《两大法系违约损害赔偿可预见性规则比较研究》，载《比较法研究》2003年第3期。

⑤ 参见韩世远：《违约金的理论争议与实践问题》，载《北京仲裁》2009年第1期。

⑥ 参见王洪亮：《违约金请求权与损害赔偿请求权的关系》，载《法学》2013年第5期。

在惩罚性的一端，则可以以定金等形式立明罚则。[①] 定金本属常见的惩罚形式，因其具有清偿后可以被抵作价款而对债权人清偿且债务人无权请求返还的性质，除在来源上不同于作为原债之法定孳息的利息之外，二者发挥的效果实质上是一致的。因此，违约金在惩罚性上的法律效果可以与体现同样性质的利息达成一致，而二者的差别主要在于：是基于意定还是法定的因素产生。

基于意定的因素产生，即双方约定了违约金条款；基于法定的因素产生，即利息自动产生于债权。意定与法定的差别已足以制造体系解释上的壁垒——一个由法律确定的债权负担和一个由当事人约定的债权负担，这二者显然并不享受法律规则的同等对待。更重要的是，这样一重壁垒恰好涉及时间计算的问题，而由于规则的易变性（不同的制度功能、制度设计与背后考量在立法、司法等程序中的不同利益演化），对时间问题的分析向来容易触碰较为敏感的“利益衡量”法则。[②] 破产法实务界越过上述解释壁垒的过程，必将受到经济分析角度下多种否定观点的阻扰。阻止效率违约、引诱对方违约、增加社会成本、排除外来竞争、造成不当得利等解释路径，都令违约金不能被轻易地等同于“利息”。[③] 部分学者回到前文提及的可预见性规则，试将其作为沟通合同之债体系的基础性规范。[④] 然而，由于惩罚性功能本就不在当事人预期范围内，强化超出预期约定无效的必然后果，就是将违约金降格为单纯的利益填补制度。由此，回顾B2中的“利息”内涵，无论用惩罚性还是填补性的作用进行评价，都将同时具有意定和法定这两重面向。那么，究竟应当如何处理违约金的惩罚性和补偿性面向，使之在逻辑上与利息的两重面向形成呼应？这就要求我们重新解释违约金的内涵。

（二）文义难题：与“利息”共享内涵的违约金形态考辨

有学者曾经宣称，“惩罚性违约金就是一笔额外的金钱”。对应地，可以认

---

① 原《合同法》第115条规定：“当事人可以依照《中华人民共和国担保法》约定一方向对方给付定金作为债权的担保。债务人履行债务后，定金应当抵作价款或者收回。给付定金的一方不履行约定的债务的，无权要求返还定金；收受定金的一方不履行约定的债务的，应当双倍返还定金。”

② 参见梁上上：《制度利益衡量的逻辑》，载《中国法学》2012年第4期。

③ 参见刘廷华：《惩罚性违约金的经济分析——兼评我国合同法违约金数量调整规则》，载《北方法学》2013年第4期。

④ 参见叶金强：《可预见性之判断标准的具体化——〈合同法〉第113条第1款但书之解释路径》，载《法律科学（西北政法大学学报）》2013年第3期。

为，“违约金的规范目的归根结底是一个合同解释问题”①。从立法论上看，违约金有潜力发挥与利息一致的功能；但是若想在破产法中直接体现出上述立法论，则会面临现实的困境。一来，破产中涉及债权问题的，应以破产法为特别法，而合同法为一般法。在特别法上未作规定但对相关条文难以作扩大解释的情况，适用一般法时应务求谨慎，不能将一般法上的理论预设轻易移植到特别法。恰如附利息的债权在《企业破产法》中有所规定，而附违约金条款的债权则不能轻易从中被“发现”或扩大适用。除非上文对利息与违约金的同质化解释取得立法层面的认可，否则附利息的债权不可能直接解读成附违约金的债权。二来，作为法定孳息的利息与合同法上的定金、违约金等概念完全不属于同一法律关系，不在同一理论谱系之内。强令利息与违约金共享内涵，可能是法律在适用过程中产生的自然倾向；这种倾向即便可能是立法者出于为债权提供履行利益等制度考量的妥协，也绝非立法者的初衷。

破产法实务中的规则困境，尤其是应如何对违约金适用停止计息规则的问题，注定了法院于裁判中采取妥协态度的可能性，也即认定违约金与利息共享部分内涵。即便如此，若能根据破产停止计息规则的要旨，确定更贴合《企业破产法》规范内涵的具体违约金形态，便可以期待司法实务将对违约金停止计算的认识与适用从体系深入到文义。虽然违约金确实是具有二元性（惩罚性—补偿性）的债务负担形式，但有研究已经表明，对于合同法领域内的违约争议，理应优先适用合同法属性更强的解决范式。② 上文已经提及，利息是当然认定为归债权人所有的，而违约金是通过双方合意并排除法律强行调整的，如违约金酌减规则的适用。因此，相较于在侵权法领域同样可以适用的损害赔偿请求权，有理由授予违约金以适用上的优先级。在这一基础上，既然适用的优先或者意思自治的优先地位可以引出受偿过程的优先性，违约金就有可能取得类似于利息的受偿顺位优待。当然，该规则限于惩罚性违约金。③

具体而言，违约金酌减制度与停止计息规则确实存在内在的联系，这种联系存在的基础有以下几方面的理由。

---

① 韩世远：《违约金散考》，载《清华大学学报（哲学社会科学版）》2003年第4期。

② 参见崔建远：《违约金的边缘问题》，载《江汉论坛》2015年第11期。

③ 参见王洪亮：《违约金酌减规则论》，载《法学家》2015年第3期。

（1）两者的目的基本一致。如前文所述，真正适合酌减的情形不包括发挥填补功能的补偿性违约金，否则填补的效果便无法达到。而对债权来说，利息是法定的、不超出法律规定范围但超越本金数额的负担，惩罚性违约金是意定的、超出法律规定范围且超越本金数额的、由双方另行约定的负担。一则，两者并行互不干扰，共享担保的目的。二则，酌减时只处理超出本金的数额，负担的来源系法律规定还是当事人约定则并非重点。因此，在对两个制度的数额调减机制进行描述时，很难不认为二者的运行机理是一致的。

（2）两者的司法调控手段基本一致。我国原《合同法》规定了对惩罚性违约金的比例酌减规则，而由于利息的性质使然，停止计息规则本身就排除了对于部分特定债权（如上文所言的担保债权，因目的特殊，就不适用停止计息规则）的适用。因此，两者也能共享“减计”的内涵。

（3）两者都面临解释上的限制。大陆法系和英美法系都在对违约金适当性的判断标准上作有规定，[①] 而依上文分析，既然 A1（附利息的债权的“利息”）的范畴大于 B2（停止计息的“利息”），不是所有利息都要被停止计算，那么，只要“利息”的形式有所变化，这种“利息”就可以进入 A1—B2（属于 A1 但不属于 B2，也就是可以附在债权之上以利息的外观出现，但又并不真正地停止计算）的范畴，进而可能避免停止计算规则的适用。

再进一步讲，A1 不等于 B2，是本专题展开讨论的前提。一旦这种前提的现实性、正当性、合法性或者逻辑性不复存在，本专题的论述自始无意义。但是，当前没有相关法律、法规、司法解释明确规范了 A1—B2 的大致范围，最高人民法院的判决也没有正面回应 A1 和 B2 的关系（甚至没有发掘出 A1 和 B2 的内涵差异）。逻辑推演依然是可能的，且是必要的。通过对违约金酌减范围的深入解读，可以发现，很可能在受理破产申请、开展集体清算的一刻，法院已经准备好作出一个在数值计算上等价于 A1—B2，却在法律意义上对这一根本矛盾置若罔闻的减计判决，如此一来，再采取停止计息规则这种形式上的规定，又有何实际意义呢？

需要说明的是，本专题并未深入讨论补偿性违约金，主要原因在于：（1）如

---

① 参见罗昆：《我国违约金司法酌减的限制与排除》，载《法律科学（西北政法大学学报）》2016 年第 2 期。

果这种补偿性违约金的约定是以利息的形式（如迟延履行违约金的按月计罚形式）作出的，那么根本就没有必要对二者进行区分，它们是同性质的负担（这也是文首案例中最高人民法院的思路）；（2）如果这种补偿性违约金的约定是以其他形式作出的，和利息的外观相去甚远，已经不能被社会一般人评价为利息，那么讨论这种违约金的法律意义，就远不如讨论惩罚性违约金来得重要。如果惩罚性违约金有机会通过法律解释并适用停止计息规则，那么根据当然解释“举重以明轻”的原理，补偿性违约金当然也可以适用停止计息规则。

故惩罚性违约金与利息在破产法的层面上共享其内涵，讨论这种违约金是有意义的。当然，作为一个整体的违约金体系没有必要强分惩罚性和补偿性这两种面向，实践中，大部分违约金皆同时具备此二重性质。

（三）目的难题：违约金介入停止计息规则的价值面向

将违约金引入止息规则的关键在于对惩罚性违约金的法律解释。这种法律解释是否具有立法论所要求的价值，还取决于惩罚性违约金对债务人造成的实际压力大小。这种“压力”才是法律或者当事人设置各种债务负担的最终目的。由此，重新审视《企业破产法》第46条第2款的表述，停止利息的计算、阻断债务的累积并非该条文的根本目的，重要的是阻断债权人的权利，也就是直接利益人所能期待的高净利息收益率（Net Income Margin）。[①] 换言之，利息只是形式，可持续的利得才是计息的实质目标。究其根本，无论用什么解释方法衡量停止计息规则的价值，只要能保证当事人的可持续利得，规则的目的就能达到。既然如此，无论条文中的“利息”是狭义的、B2（停止计息的“利息”）式的利息，还是广义的、法定利息之外的违约金等债务负担形式，都无碍该条立法目的的实现。换言之，目的解释保证了如下法律效果的实现：停止计息规则中，A1（附利息的债权的“利息”）的外延能够以实质代替形式加以扩张，从而至少将违约金中的惩罚性部分吸收到规范的范畴之中——这是对目的解释的形式化理解，即在内涵与外延维度上的理解。

当然还可以对这种目的解释作实质性理解，即充分运用违约金罚则，放大

---

① 参见陈清、张海军、胡星：《利率风险、违约风险与净利差——基于门限回归的实证分析》，载《南京审计大学学报》2017年第5期。

违约罚对金钱债权不当减损（比如破产逃债的行为）的预防作用。[①] 虽然《企业破产法》的立法初衷绝非如此，但对停止计息规则作当然解释的后果，就是剥夺了当事人对支出价金或成本被偿还的期待，从而也就剥夺了当事人的立约自由。既然惩罚性违约金系出于意思自治，理应比利息更接近这种立约意思的实现，那么，以立法的方式将惩罚性违约金从文义上剔除出去（因为社会一般人不会以“利息”一词指代“违约金”），岂非进一步纵容未到期债务人通过破产程序免除债务负担的不当动机？一如当年的“信用卡全额计息条款案”，[②] 可能引发违约惩罚和公平交易之间的理念论争，最终，实质性的目的解释必然陷入价值冲突的困境。

眼下的困境就在于，破产立法尚未能厘清违约金的“惩罚”功能是否得当，或是否需要获得停止计息规则的“豁免”。从社会一般人的角度理解，当事人很有可能认为，停止计息规则就是帮助其免受加罚的规定，那么根据朴素的价值理念，在停止计算的时点届至时尚未溢出、但在未来必将溢出的违约金，似乎也应当被免去。问题在于，如果这样解释，前文的论证将陷入循环论证的困局，也即违约金的惩罚属性将被豁免，豁免利息同样旨在豁免惩罚，有惩罚功能的债务负担即可能同时包括利息和违约金。由此，若重新审视“信用卡全额计息条款案”，在该案的相关研究中，有观点就首次提出：“全额计息条款”中的“息”实际就是具有惩罚性的违约金。这种观点的解释思路必然回归目的解释，即基于惩罚的目的（如惩罚性违约金/利息）、风险管理的目的（如管理人制度）、担保还款的目的（如补偿性违约金/担保物权/利息）甚至营利的目的（如融资租赁），当事人约定了这种逾期还款的惩罚。[③] 如此处理便能发现，利息在停止计息规则目的论的各类解释模式中，都和违约金同时出现；而利息不出现的时候，违约金也不会单独出现。由此，违约金（哪怕是惩罚性违约金）就可以经由“与利息同目的”的目的解释上升到“与利息同质”的当然解释，进而从容地接受停止计息规则的调整，而不必回避“利息”的字眼。

---

① 参见王利民、官双霞：《惩罚性违约金的接纳与规制：以当事人中心主义为视角》，载《深圳大学学报（人文社会科学版）》2019 年第 2 期。

② 参见北京市第二中级人民法院民事判决书，(2017) 京 02 民终 12169 号。

③ 参见王怡聪：《惩罚性违约金规则下的信用卡全额计息条款探析》，载《法律适用》2019 年第 22 期。

四、对违约金直接适用停止计息规则的理论解释进路

最高人民法院在本专题案例中的留白做法并未使其致力解决的法律问题得到法的安定性。但是，对违约金适用停止计息规则的实践做法，已逐渐出现并为司法所接受。对此，理应明确论理标准、给出可行方案，不应停留在最基础的时间效益分析上。这样做实则是在回避违约金和利息在破产法上的关系这一根本问题，不利于当事人在未来的破产实务中对违约金、利息等多种担保形式作出更为符合预期的选择，更不利于国内破产业务乃至以合同为媒介的一切民商事交易的长足发展。当然，这些理论并不必然能够达到喜人的效果，或者说，在经历种种逻辑推演之后，在这些理论指导下的解释尝试最终可能被证明是逻辑不自洽的。但也要看到，破产法上的债务负担决不止于利息，其他类型的担保债权履行的负担，亦亟须法律授予“合法的身份”。在体系解释、文义解释、目的解释甚至当然解释等多种解释理论的帮助下，这个问题本来是可以在某种程度上被澄清的，即违约金本可以直接进入破产法规范的法律条文，且对这一点没有必要作任何折中或模糊处理。

这种授予身份的理论尝试依旧可以在体系、文义和目的解释的既存进路上展开，并且，对于已经形成路径依赖的解释论学者来说，这种“法言法语”更易于被听懂和接受、理解和把握。凡此种种皆有助于达成本专题的证明目的：对违约金适用《企业破产法》第46条第2款该当性的证立。证立的方式包括但不限于：（1）从民商事法律的总体关系上，把握违约金和利息相关条款的体系一致性、条文同构性；（2）从利息的含义上，寻找涵摄违约金（或违约金理论谱系的部分，比如惩罚性违约金的全部，或有惩罚性质的各种违约金形态）的空间；（3）从立法的目的上，探究违约金和利息实现（至少可以在破产法上被视为）同一的、担保债履行功能的蛛丝马迹等。种种解释，不一而足。总之，既然在实务层面已有因应问题的成案，那么，为之设计配套的理论框架，以确定未来适用于相同或相似问题的判断标准，就是本专题的重要任务。

（一）体系进路：以违约金调整规范统摄利息调整规范

前文多次讨论利息概念在停止计息规则中“同称不同义”的情形，并且发现了令停止计息规则涵摄部分违约金的解释模式。值得注意的是，作为《物权

法》上明确规定的法定孳息，利息源自物权法规范而非债法规范，但停止计息规则系以债为适用对象，依托合同关系发生。这就意味着，作为特别法的破产法在寻找停止计息规则背后的一般法理论时，应依托合同法/债法而非物权法的规范。这就使停止计息规则陷入一般法（债法上的债权）和特别法（物权法上的利息）的解释选择困境，方才造成了今日停止计息规则适用中的龃龉。接承上述观点，如果承认利息是物权法谱系下的概念，那么，停止计息规则的根系分离困境应归咎于功利的实用主义立法倾向，即为了符合成本效益，选择了最方便法律调整的利息，但这很有可能忽视债权债务关系中违约金远超利息的理论优越性。其实，违约金拥有强大的理论基础、深厚的理论根系，违约金相关调整规范的体系富于连贯性，因而有享受破产法独立规范的巨大潜力。

故本专题认为，实有必要摆脱扩大适用停止计息规则的观点束缚，直接讨论违约金规范，以发挥该制度自身的内在优势。例如，破产法中就有加速到期相关规定，其条件成就与否，本质上依赖的是《合同法》而非《物权法》的有关规定。在论述时，其法理依据也重点强调“提前届满”之属性所造成的债法效应。① 又如，取回权条款在《企业破产法》中的规定系源于物权法，但该条款在实务中的应用却高度依附于债的履行情况。相应地，在对停止计息规则进行统合适用的时候，应当也只能选取合同法律规范来整理相关条文。由上述观点可知，通过体系解释赋予违约金立法论上的停止计算正当性，是一种高度可为的法律创设。

当前的停止计息规则在结构上仅针对附利息的债权，然而法律并未在法定的停止计息规则之外另行规定意定处理模式。从另一角度来讲，利息债权其实也难以被意定的方式调整。因此，给利息一个独立的停止计算条款，显然不足以满足破产法中纷繁复杂之债权债务关系的要求，还可能反过来造成立法和司法资源的浪费。违约金则不同，其不仅配有高效的酌减规则，还匹配了清算关系中对合同履行的担保意义，允准了违约金请求权不论合同基础丧失与否的适用，分离了作为特定负担的违约金和作为一般规范的合同法救济路径。② 并且，立足于酌减规则这样的既成规范，已有学者为区分违约金和利息等债务负担手

① 参见李建星：《法定加速到期的教义学构造》，载《法商研究》2019 年第 1 期。

② 参见姚明斌：《〈民法典〉违约金规范的体系性发展》，载《比较法研究》2021 年第 1 期。

段提出了意见，如取缔“一金两性”的定性、专门化违约金的惩罚性、剔除补偿性违约金的独立地位等。① 从违约金的如上优势来说，以违约金调整规范统摄利息调整规范，或以超越违约金和利息概念之争的规范，集中统摄当前停止计息规则中“利息”这一立法表述，都是明显更利于《企业破产法》统一适用的选择。

从我国《民法典》相关立法中可以窥见这样一种立法倾向：《民法典》第179条第1款第9项单列了以违约金的方式承担民事责任的任意性规定；第389条在担保物权客体、第691条在保证范围中并列了利息与违约金；合同编（总则和分则）中则仅有关于违约金的特别规定。由此可知，应然和实然层面的立法论都表明，以违约金为主统摄整个债务负担立法的模式（而视利息为物权法概念），最符合债权债务关系双方当事人交易的需要，因而也最适合破产程序当事人总括清理金钱债务的需要。

（二）文义进路：塑造违约金和利息共享的吸收型规范

当然，不止违约金的规范体系可用以规束利息，使利息不超出合同法所能调整的客体范围，利息这一概念自身的文义表述也正在吸收违约金的内涵，并使违约金逐渐在作为特别法的破产法上被同化。对于法院而言，如文首案例的裁判观点所示，相较于将B2（停止计息的“利息”）的内涵扩张至违约金，法院其实更倾向于仅作出成本更低的文义变通，即将本需大量解释和论证成本的违约金简单地限缩入A1（附利息的债权的“利息”）的内涵之中。在法院看来，既然已经破除“A1 = B2”的认知陷阱，违约金就只需发挥其见缝插针、查缺补漏的作用。而这种解释和论证上的怠惰是一种不无隐患的思维惯性。

本专题已经讨论过，利息和违约金的文义可以在“时间成本”的范畴上达成统一，作为社会成本的填补工具，② 发挥其自动补齐的法律作用。正如学者的论述，迟延履行违约金“实际上也是金钱债权的迟延利息，应与利息同命运”③。但是，这种回归法律经济学的兜底模式，不能也不应该是最高人民法院

① 参见王洪、李兆利：《我国惩罚性违约金条款规范路径的反思——由某“假一罚万”案所引发》，载《湖湘论坛》2020年第2期。

② 参见唐伟、宋宗宇：《违约金司法裁判的社会成本分析》，载《人民论坛·学术前沿》2020年第15期。

③ 刘骏：《破产法上停止计息的规范构造和适用》，载《月旦法学杂志》2022年第4期。

作出具有社会影响力的裁判时，应当首先考虑并选取适用的解释模式。这种同化方式的不完整性就在于，如果强令迟延履行违约金在观念上等同于利息，对关于“补偿性违约金”的裁判可能更为便利，却直接排斥了“惩罚性违约金”对停止计息规则的适用。这就与前文描述的情况，即违约金以惩罚性为制度目的而以补偿性为应有之义这一结论相左。反之，如果从“惩罚性”的层面模糊违约金和利息的边界，又会导致如下问题：其一，二者的边界将可能变得过于模糊（如同在逻辑上区别 A1 和 B2“利息”的模糊程度），以至于很难在实务上加以澄清；其二，这种解释有投机取巧之嫌，容易规避前文对违约金和利息诸多不同性质和用途的比较，直接导致泛化债上担保、最终使停止计息规则过度扩张的结果。

怎样达成同时以文义解释吸收违约金和利息的最佳方案？问题的关键仍在于厘清违约金是否应当在破产法的语境下具有从属性和担保属性。[①] 利息因其孳息属性而当然地构成从物，具有相对于本金债权的从属性。同时，利息也因其对债务人施加的成本压力而具有担保属性。违约金的担保属性已无须赘述，但是，无论是惩罚性还是补偿性违约金，其实都不具备如利息这般可定期停止计算的从属性。认定从属性的关键还在于，债权确定时，利息即随之确定，因此被称为“停止计算”。而债权一旦确定，便将发生如下效果：首先，违约金因需要或应当适用各种增减规则（如酌减规则）而不能即刻确定；其次，即便是对于无须实质变更约定内容的违约金，由于需要跟从违约日而持续累计，债权的确定也无法令惩罚性违约金归于确定，甚至在债权确定不能带来填补金额总量的效果之时，补偿性违约金的具体数额也不好确定。

幸而还有一种将“从属性路径”转为“停止条件路径”的解释方式。对合同停止条件的要件依赖可能成为二者共有的特征。可以认为，“违约金是附有停止条件的债务”，虽然“违约金债务的附条件与典型的合同附停止条件存在区别”[②]，但是在破产实务中，实无必要区分此二者所附的条件。这是因为，合同的停止条件满足时，也就是破产申请受理时，违约金债务所附的条件自然达成。由于破产法刻意简化了程序期限及其起算时点等问题，将大量债权债务关系的

---

① 参见邓辉、王浩然：《〈民法典〉违约金制度的功能优化》，载《财经法学》2021 年第 2 期。
② 姚明斌：《〈合同法〉第 114 条（约定违约金）评注》，载《法学家》2017 年第 5 期。

清算同一化，同时令程序性事务执行的起算点定型化（如申请受理时点的适用），违约金的法律效力、实际影响在观念上的错位便将得到克服。那么，违约金作为附停止条件的债务，就与利息这一附停止条件的债务形成了同质。

综上，解决文义解释错位的关键已从违约金和利息的法律性质问题层面，细化到了违约金和债权的关系层面。前者是问题的表现形式，后者是问题的根本。违约金和利息在规范上的错位可以通过分析债权债务的实质关系加以修正，而实际上，通过这种修正来弥补当前规则漏洞的成本，远低于另作司法解释或裁判说理带来的司法资源耗费。

（三）目的进路：避免“及时申报债权”的当然性解读

“履行利益、固有利益、信赖利益与返还利益”是违约金对债权人进行全面保护的根源所在，[①] 也是目的解释的关键方向。对以上利益的比较可知，有必要将附担保债权置于惩罚性违约金、补偿性违约金和利息之间的关系中进行讨论，进而规避对停止计息规则的当然解读偏离立法目的。这样，停止计息规则能够得到澄清，其目的将仅限于“及时申报债权”。目前看来，无论利息、补偿性违约金还是惩罚性违约金，其实均为履行利益而设置；固有利益也不享有讨论上的优先地位，民法理论和实务中就利息对固有利益的填补作用早已不存疑问。但利息是否能够解释为兼顾信赖利益，即债权人对债务人的信赖是否应当另行计算价值，则另当别论：在目的上，补偿性违约金更接近对返还利益的保障，即赋予债权人一项特定请求权基础，以诉求追偿债务人造成的损失；惩罚性违约金则更接近对信赖利益的保障，信赖基础的破坏将直接引发罚则的适用。在这样的解释进路下，对两类违约金适用停止计息规则的前提条件，都有待修正与补强。

值得说明的是，超期返还在破产程序中是不被允许的，一切权利义务变动原则上于受理破产申请时均告终止。因此，时间上的紧迫性将使债务负担的受偿优先级成为决定立法倾向的重大因素。这也是《企业破产法》选择利息进行单独立法的关键考量之一。就保障返还利益的目的而言，利息已先于救济被置于债的担保之内，但补偿性违约金始终仅是救济的一种，在实现受领的优先级

---

① 参见孙维飞：《〈民法典〉第584条（违约损害赔偿范围）评注》，载《交大法学》2022年第1期。

上要远远劣后于利息。显而易见，如须使补偿性违约金满足停止计息的条件，则该补偿性违约金应当是持续计算的，并且，其计算条件与债权的履行期间相互绑定、同步推进。只有这样的补偿性违约金才有可能在目的上与利息相符，进而满足停止计息规则的理论预设与立法目的。

就保障信赖利益的目的而言，对于附利息的债权本应作不需要保障信赖利益的当然解释，因为利息本已意味着信赖的本质——自罗马法以降，利息始终在发挥这样的功用。至于惩罚性违约金，若该类违约金要满足停止计息的条件，只有严格规定其形式，如在约定中明示以金钱债权本金数额的比例计算违约罚或倍罚利息的合同条款，才能凸显其补偿超出本金的信赖这一目的。并且，由于当前经目的解释方式往往令惩罚性违约金适用停止计息规则的观点悖于主流通说，在理论契合度上，实际情况对惩罚性违约金的限制更大。即便惩罚性违约金满足上述严格的形式要件，如果法院仍严格限缩停止计息规则中目的解释的范围，将信赖利益与返还利益从“附利息的债权”的指代范畴中排除出去，对于惩罚性违约金将不可能经目的解释而适用《企业破产法》第46条第2款的规定。

因此，目的解释确实有助于厘清几种债务负担和利益的对应关系，但也相应地阻碍了将违约金纳入停止计息规则的最终目的。总体来看，体系和文义解释尚能够疏通惩罚性违约金适用停止计息规则的壁垒，但目的解释将使前述解释归于失效。

五、结语

从字面上看，破产法上的停止计息规则专为附有利息的债权所适用，为债务人的法定利息免除和债权人的时间成本保障提供两全其美的法律优益，是简明而有效的“优质条文”。但是，随着立法的推进和相关实务的活跃，违约金等富有代表性的债务负担形式开始进入停止计息规则的适用场域，并造成了体系、文义和目的解释论上的困惑。在文首的“五矿案”中，最高人民法院在相当程度上作出了解释层面的努力，最终创造性地授予违约金以适用利息调整规则的空间，而未纠结于债务负担的形式。通过对时间利益的论述，最高人民法院还回避了比较棘手的违约金理论问题，为违约金适用停止计息规则打开了实务上的突破口。这种突破恰如其分地保护了债权人的破产权益，是值得肯定的，但在理论阐释上仍有补足的空间。

为了满足理论上对扩张适用停止计息规则的期待，本专题针对性地探讨了通过体系解释将违约金处理成利息的上位规范，或通过文义解释将名为“利息”实为违约金的部分内涵并入停止计息规则的指称范围，以及通过目的解释将覆盖相同担保利益之违约金种类代入停止计息规则立法目的的不同处理进路，并以信赖利益和返还利益的目的论区分了补偿性与惩罚性的违约金类型，在形式上为统筹违约金适用停止计息规则的工作提供了一些论证材料。实际上，经特殊约定形成的补偿性违约金、经严格形式约束的惩罚性违约金，都有扩大适用停止计息规则、甚至超越该规则而独立适用“停止计算违约金规则”的可能性。

破产抵销权在重整程序中的行使期限问题

内容提要：抵销权是一项具有简易结算和担保功能的债权权能，而《企业破产法》仅承认债权人继续行使抵销权的可能性，但并未对行使的期限作出限制性规定。本专题结合一起债权人在重整计划执行期间提出抵销主张的案件对此问题展开论述：就其权利性质而言，主张抵销权的担保功能将在破产程序中赋予个别债权人实质上的优先受偿地位，从而影响破产财产的整体分配格局，因此确有必要对该项权利的行使期限作出一定的限制；就限制方式而言，债权人行使抵销权的始期应为破产债权获得审查确认之后，终期原则上应设置为重整计划的批准通过之前；而若债权人非出于自身原因而未能在重整计划批准之前及时提出抵销主张，债权人至迟可以在破产财产最后分配之前另行主张抵销，管理人应承担对抵销事由是否具有充分正当性的审查工作，且在准许抵销的场合，由管理人对重整计划作出必要的调整。

关键词：破产抵销权、破产债权、重整计划、重整期间、破产管理人

一、问题的提出

2015年12月23日，靖江市人民法院作出（2015）泰靖园民初字第944号民事判决书，判决江苏广宇建设集团有限公司（以下简称广宇公司）河北分公司、吴某某归还刘某借款本金60万元、承担利息

15.2万元（计算至2015年12月16日）、律师费6万元，合计81.2万元，并承担自2015年12月17日起至实际给付之日止，按本金60万元、月利率2%的逾期利息，广宇公司对上述款项承担补充清偿责任，江苏神龙海洋工程有限公司、张某某对上述款项承担连带清偿责任。该案执行过程中，靖江市人民法院于2016年3月2日、3月3日扣划江苏神龙海洋工程有限公司账户款项共计869,575元。

2016年9月18日，江苏神龙海洋工程有限公司名称变更为江苏神龙海洋工程集团有限公司（以下简称神龙公司）。2018年6月15日，靖江市人民法院裁定受理神龙公司破产重整。2018年9月12日，江苏中兴会计师事务所有限公司出具的《神龙公司2018年6月30日资产、负债专项审计报告》附件"其他应收款审核明细表"中显示"欠款对象名称：吴某某，账面数869,575元、386,040元"，"神龙公司预计负债统计表"中显示"债权人名称：广宇公司，申报金额22,000,000元，债权性质为担保追偿权"。神龙公司重整计划草案债权申报登记总表中确认广宇公司对神龙公司享有2450万元普通债权。2019年5月10日，靖江市人民法院根据神龙公司及其管理人的申请，裁定批准重整计划草案并终止神龙公司重整程序。在重整计划执行过程中，广宇公司主张以其在神龙公司管理人处确认的债权抵销该案神龙公司代偿的款项。神龙公司认为，广宇公司明知存在该案讼争的债务，但在法院裁定批准重整计划并终止神龙公司重整程序之前未向管理人主张抵销，故重整程序终止后广宇公司不能再主张抵销，因此成讼。

一审法院认为，广宇公司作为破产债权人在应当知道其对神龙公司负有债务的情况下，在法院裁定批准神龙公司重整计划草案并终止重整程序前未行使抵销权，视为其怠于行使权利，应自行承担由此产生的法律后果，且神龙公司对此并无主动行使抵销权的权利，也无法定义务行使该抵销权。若准许广宇公司在重整计划执行阶段提出抵销，势必会影响其他债权人的利益。广宇公司不服一审判决，提起上诉。

二审法院认为，神龙公司的管理人未告知过广宇公司追偿事宜，广宇公司并不构成怠于行使权利，因此仍有权主张破产抵销权，遂判决撤销一审判决，并驳回原告神龙公司的诉讼请求。①

---

① 参见江苏省泰州市中级人民法院民事判决书，（2021）苏12民终483号。

该案反映出破产抵销权的行使与重整计划批准的效力之间的可能冲突与抵牾，相关争议焦点表现在，债务人进入破产重整程序时，债权人主张破产抵销权是否有期限上的限制？若认为债权人的破产抵销权原则上应当在重整计划获批通过前行使，那么该规则是否有例外，以及在司法实践中如何识别和界定这些例外？

二、破产程序承认个别债权人抵销权的正当性证成

（一）个别债权人行使破产抵销权的依据

《企业破产法》第40条规定："债权人在破产申请受理前对债务人负有债务的，可以向管理人主张抵销。"这是当前我国破产法关于破产抵销权的规定，就其法理基础而言，该项权利来源于债权的一项内生权能。而破产法上的抵销权，则是指债权人在破产申请受理前对破产债务人负有债务的（无论是否已到清偿期限、标的是否相同），均可在破产财产最终分配确定前向管理人主张相互抵销的权利。[①] 将民法上的抵销权延伸运用至破产程序之中，对于维护债权人的权益具有重要的意义，因为其使特定债权人可以在抵销权行使的范围内得到全额清偿、优先清偿；甚至可以认为，破产制度对个别债权人的破产抵销权的承认，构成破产债权只能依破产程序受偿的一项例外。[②]

既然破产抵销权制度是对"破产债权只能依据破产清算程序按比例受偿"原则的突破，那么就有必要对破产抵销权的正当性作出特别说明。综合相关理论观点，破产法保护个别债权人主张抵销权的正当性体现在以下三方面：（1）抵销权为一种便利结算的安排，具有清偿债务的功能；（2）抵销权制度体现了公平与自然正义的观念；（3）抵销权制度具有担保的功能。[③] 当然，破产程序中的抵销权确实具有优先权的性质，为防止其被滥用并切实维护多数债权人正当利益，我国《企业破产法》第40条规定有以下不得抵销的情形：（1）债务人的债务人在破产申请受理后取得他人对债务人的债权的情形。此除外规则的设

① 参见李曙光：《破产法中的抵销权》，载《法制日报》2007年9月16日，第1版。

② 参见王欣新、王中旺：《论破产抵销权》，载《甘肃社会科学》2007年第3期。

③ 参见乔博娟：《破产法视野下商业银行扣款抵债的效力认定与法律构成》，载《苏州大学学报（法学版）》2021年第3期。

计目的在于防止当事人于破产程序中人为制造可相互抵销的债权，以达到实现一般破产债权完全清偿的目的。（2）债权人已知债务人有不能清偿到期债务或者破产申请的事实，对债务人负担债务的情形。此除外规则的设计目的在于防止债权人有意制造债务以进行抵销。（3）债务人的债务人已知债务人有不能清偿到期债务或者破产申请的事实，对债务人取得债权的情形。此除外规则的设计原因在于，破产程序中债权往往按照比例清偿，此时一般并无人愿意受让破产债权，于是在此情形下，法院会推定当事人的此类行为存在恶意进而禁止行使破产抵销权。除了以上法律已明确规定的三项限制，还可作补充的是，在破产程序之中可用于抵销的债务均应为当事人已无争议，或已得到司法、仲裁生效裁判确认的债务。

在破产这一总括清偿程序中允许个别债权人行使抵销权的依据，其实在于尊重债权所固有的保障其权利实现的权能。抵销权制度通过简化交易程序的方式担保债权的实现，使与破产企业互负债务的特定债权人可以在其权利范围内不根据破产程序而优先受偿。实际上，债权人是否能得到完全清偿的基础仅在于债务人资产负债的现实情况。若债务人因为不能清偿到期债务而陷入破产程序，当然有可能存在享有优先权、担保权或抵销权的债权人，这并非破产程序所导致的，而是全体债权人都必须面对的正常商业风险。甚至可以进一步认为，破产债权人应当“容忍”个别抵销债权人的优先地位，原因在于抵销权的存在对全体债权人均为可预见的。[①] 相反，若禁止债权人在破产程序中行使抵销权，会引发更为突出的不公平现象，即债权人就其欠破产人的债务，被要求作出全面的履行；与此相对的，其所拥有的债权只能作为破产债权，受到按比例的平均的分配。[②] 此种局面对个别债权人的限制显然过于不公，更非破产法应作的制度选择。总之，在破产程序中承认抵销权，确有必要性和合理性。

（二）破产程序限制抵销权行使期间的必要性

诚然，破产抵销权的存在具有充分的依据，但相关规则的设置也需要同时对破产程序的顺利进行、其他债权人利益以及债务人清偿能力等方面进行综合的考虑，从这个角度来看，显然仍有必要对破产抵销权的行使作出一定的限制

---

① 参见许德风：《破产视角下的抵销》，载《法学研究》2015年第2期。

② 参见［日］石川明：《日本破产法》，何勤华、周桂秋译，中国法制出版社2000年版，第133页。

性规范，尤其在我国《企业破产法》及其司法解释并未对破产抵销权的行使期限等问题作出明确规定的情况下。① 下文以文首案例中的重整计划执行期间这一场景为例，对相关理据展开分析。

1. 维护破产程序的稳定

通常认为，重整与重整计划执行期间系不同的阶段，但是《企业破产法》并未否认重整计划执行期间的破产抵销权行使，因而对该问题存在不同理解。例如，在文首案件中，债权人即主张因法无明文规定，债权人可以随时行使抵销权。客观事实是，债权人在重整期间确实未能明确提出抵销的申请，而当前该案件已按重整计划内容进入执行，其提出的抵销申请是在重整计划执行期内，实质上构成对重整计划的内容提出异议，抵销的结果显然将影响计划执行的整体结果，进一步对破产程序的稳定造成影响，甚至会导致程序的“回流”（引发再次表决等一系列问题）。正是考虑到破产作为一类总括执行程序，对结果的稳定性要求较高，因此任何个别债权人的优先受偿问题，必须在特定的期限之内（一般是指计划表决通过之前）完成，而不能放任个别债权人随时行使其权利。

2. 保持既有的利益分配

正向来看，对破产抵销权的行使期限作出一定限制确有必要性。重整程序旨在实现债务人企业的“起死回生”，如果债权人怠于行使破产抵销权，而是在重整计划执行期间方才主张，这不仅会引发重整计划中清偿方案的事后调整，甚至可能会阻碍重整计划的正常执行，不利于对债务人的拯救工作。除此之外，考虑到重整计划在某种程度上是一种债权人与债务人之间的有关重整事项的特殊合同且对全体债权人均有约束力，那么自然地，在重整计划经通过后，各利害关系人在重整计划中作出的让步与妥协均应受到遵循，即使享有破产抵销权的债权人在重整计划表决中投了反对票，其也应当受到计划结果的约束。在此语境下，重整计划中的既定利益分配格局应当得到全体债权人的遵守，因而有必要对个别债权人在计划通过后的抵销请求加以必要的限制。与此同时，若与其他同样具有优先地位的权利相对比，将会发现，在重整程序期间，出于“经

① 参见陈建忠：《论我国破产抵销权的限制》，载《东方企业文化》2012 年第 2 期。

营活动所必需”的目的，担保物权的行使将受到限制；举轻以明重，具有直接清偿效果的抵销权的行使更应受到特定限制。

3. 规范管理人的职权范围

依据《企业破产法司法解释二》第41条的规定，一般认为，破产抵销权只能由债权人主动向管理人主张，管理人不得主动主张债务之抵销。这是因为，管理人主动抵销的，将使个别债权人受益、破产财产减少，客观上对多数债权人不利，这与管理人应当为全体债权人共同利益活动的职责不符。① 而进入重整计划执行阶段后，管理人对重整计划执行进行监管，似乎管理人在此阶段的唯一职权就是在重整计划执行失败的情况下向法院申请将重整程序转为清算程序。但实际上，在重整计划执行期间，管理人是否仍应继续负责审查破产抵销等事项，仍是其职权范围中的一项问题。根据《企业破产法司法解释二》第41条②、第42条③的规定，债权人破产抵销权的行使需经过审查确认，而对破产抵销权的审查确认，一般包括两条路径，一条是管理人的路径，另一条则是法院的路径。这两条路径之间存在内在的关联性——通常情形下，如果管理人确认了破产抵销权的成立，则破产抵销权经过管理人的审查后成立并生效；如果经过审查，管理人认为破产抵销权不成立，则当事人有权以此事项诉至法院，由法院作出最后的判断。由此可见，首先应由管理人审查抵销事项，管理人认为抵销不能成立的，方有可能引发相关诉讼。也正因如此，管理人就此问题的履职结果会受到债权人会议、债权人委员会以及人民法院的监督，也会成为确定其报酬的参考因素，从这个角度来看，明晰破产抵销权的行使期限问题，将同时有助于规范管理人的职权范围。

综上，破产抵销权虽有其存在的正当性和必要性，但债权人在破产程序中行使该项权利时并非完全依据民法规则而不受破产程序的限制，下文将进一步

---

① 参见王欣新、王中旺：《论破产抵销权》，载《甘肃社会科学》2007年第3期。

② 该条规定：“债权人依据企业破产法第四十条的规定行使抵销权，应当向管理人提出抵销主张。管理人不得主动抵销债务人与债权人的互负债务，但抵销使债务人财产受益的除外。”

③ 该条规定：“管理人收到债权人提出的主张债务抵销的通知后，经审查无异议的，抵销自管理人收到通知之日起生效。管理人对抵销主张有异议的，应当在约定的异议期限内或者自收到主张债务抵销的通知之日起三个月内向人民法院提起诉讼。无正当理由逾期提起的，人民法院不予支持。人民法院判决驳回管理人提起的抵销无效诉讼请求的，该抵销自管理人收到主张债务抵销的通知之日起生效。”

从期限的角度来讨论破产抵销权的行使问题。

三、债权人行使破产抵销权的期限要求

关于破产抵销权的行使期间问题，我国《企业破产法》未作规定，但这并非意味着该项权利不存在行使期间方面的限制。理论界对此问题主要有3种观点：第一种观点认为，破产抵销权的行使期间在债权确定之后、破产财产分配之前较为合理。[①] 第二种观点认为，债权人行使抵销权的时间段应该为法院受理破产申请后至管理人向债权人会议提交制定的财产分配方案前。[②] 第三种观点认为，破产债权人行使破产抵销权的期间为破产申请受理之后到破产程序终结前任何时间。[③] 本章将对破产抵销权行使的起始时间和截止时间展开分析。

（一）债权人行使破产抵销权的起始时间

破产抵销权行使的起始时间问题，其实表现为债权人在行使破产抵销权时是否需要先行申报债权的问题。对此问题，当前存在"积极说""消极说""折中说"三种学说。

"积极说"认为，债权人依法申报债权并经法院核准确认是其行使抵销权的必要前提。缺少了这些步骤，管理人的职责将被不当扩大，而且要求债权人申报债权并不会降低其权利地位，只是可能延长了清偿期限。[④] 实际上，2002年最高人民法院颁布的《破产案件审理规定》第60条就明确规定，债权人在债权获得确认并且债权发生在破产宣告之前的基础上，方可以向管理人提出行使抵销权的请求。此外，我国《企业破产法》第56条第2款明确提到，债权人未依照本法规定申报债权的，不得依照本法规定的程序行使权利。从法律条款的字面意思理解，我国破产立法持"积极说"的观点，即债权人行使抵销权的前提条件是申报债权，只有完成这项法定程序，其破产债权人的主体地位才会受到法律的认可；而只有破产债权的地位受到法律的认可，才有可能对破产财产提出抵销等请求。

---

① 参见韩长印主编：《破产法教程》，高等教育出版社2020年版，第172页。
② 参见陈建忠：《论我国破产抵销权的限制》，载《东方企业文化》2012年第2期。
③ 参见贾靖：《论破产抵销权之行使》，黑龙江大学2015年硕士学位论文，第24－25页。
④ 参见沈志先主编：《破产案件审理实务》，法律出版社2013年版，第168页。

“消极说”则认为，破产债权人可以直接行使抵销权而无须以申报债权为前提条件，这种情形表现为，如果债权人在破产宣告后与债务人负有债权债务关系，债权人有权直接抵销其所负的债权债务而不受破产程序的约束。域外破产立法中多见这种立场。典型如《日本破产法》第67条明确规定，在破产程序开始后破产债权人对债务人享有债务的，债权人有权直接行使抵销权而不受破产程序的限制。《英国破产法》明确规定债权人行使抵销权的前提是债权申报，而有些英国法院的判例显示，债权人可以直接行使抵销权，不需要申报债权。此外，当前《德国破产法》也赞同“消极说”理论。①

最后，“折中说”在前述两种学说的基础之上认为，债权人在行使抵销权时一般不需要申报债权，除非对债权的性质和数额等问题存在分歧。换言之，如果管理人对抵销权的行使并无异议，抵销可直接成立生效，抵销权人不需要申报债权。②

本专题支持“积极说”，即债权人有权行使破产抵销权的起始时间应当在债权经申报程序得以确定之后。在破产申请受理的时点上，债权申报期限尚未明确、申报程序尚未启动，如果允许个别债权人此际行使破产抵销权，则无异于在债权尚未经申报审核程序的情况下，要求管理人对破产抵销权作出实质审查，这必然会耗费大量的人力与时间，且无法排除核查结果与法院事后裁定批准的破产债权表存在差异的可能性。更何况，《企业破产法司法解释二》第42条规定，管理人对债权人提出的破产抵销主张的异议期只有3个月，逾期提出异议的，人民法院不予支持。如此看来，债权人在破产申请受理后立即提出抵销的，显然会造成管理人工作的不效率，变相缩短管理人对违法抵销的异议期。从司法实践来看，未经确认的债权仍存在被法院驳回的风险，通常只有经过确认的债权才能进行抵销。③ 从地方性司法文件来看，《北京市高级人民法院企业破产案件审理规程》第133条已对此作出了明确的规定，债权人行使破产抵销权应当满足的要件有：用以抵销的债权没有超过诉讼时效或申请执行时效，经

① 参见张学安：《国际金融法中的抵销理论与实践》，法律出版社2008年版，第122页。

② 参见严加武：《破产抵销权问题研究》，载《法律适用》2005年第11期。

③ 参见浙江省平阳县人民法院民事裁定书，（2020）浙0326民初927号；广东省广州市中级人民法院民事裁定书，（2020）粤01民终7361号。

过申报并获得债权人会议的确认，且互负债权债务关系不存在争议。[①] 应当认为，该规程对破产抵销权行使在期限等程序问题上的补充，能够促使债权人积极配合债权申报工作，并使管理人以及法院对破产抵销权的审查更加有章可循，减少了讼累、提高了效率，具有良好的实践指导意义。

（二）债权人行使破产抵销权的截止时间

对于债权人行使破产抵销权的截止时间，我国《企业破产法》亦未作出规定。通常认为，破产抵销权的行使期间应限定在债权确定之后、破产财产分配之前。[②] 诚然，重整与重整计划执行期间系不同的破产程序阶段，将破产抵销权的行使限制在财产分配之前，既能够保障债权人抵销权的行使，又不会因为个别债务的抵销而实质变更和解协议或者重整计划，有助于破产程序的顺利进行；但同时，目前我国立法上并未限定破产抵销权行使的截止时间，对其进行限制似乎不符合法律规定，可能引发合理而不合法的质疑。因此，债权人行使破产抵销权的截止时间问题，落脚于是否能在重整计划执行期间主张抵销的问题。

1. 理论分野

当前破产法理论对于破产抵销权的行使期间存在不同观点。多数观点认为，破产抵销权的截止时间应限制在破产财产分配之前。[③] 因为若允许债权人在破产财产开始分配后行使抵销权，势必会影响用以分配的财产数额，导致管理人需重新制定分配方案并再次提交债权人会议讨论。如此，一方面耗时耗力，浪费司法资源，另一方面还将使破产财产分配方案长时间处于不确定状态，甚至无法进行破产财产的分配。[④] 若进一步细化分析，破产抵销权行使的截止时间应为债权人会议对财产分配方案进行表决之前。

相反，另有观点认为，法律并未就其行使期间作出限制，这就意味着法院

---

① 《北京市高级人民法院企业破产案件审理规程》第 133 条“抵销债权的条件”规定：“债权人用以抵销的债权应当同时满足以下条件：（1）已依据企业破产法的规定进行申报；（2）经债权人会议核查无异议；（3）债权债务关系无争议；（4）未超过诉讼时效或者申请执行时效；（5）不属于企业破产法第四十条第（一）、（三）项规定的债权。”

② 参见韩长印主编：《破产法教程》，高等教育出版社 2020 年版，第 172 页。

③ 参见李永军：《破产法——理论与规范研究》，中国政法大学出版社 2013 年版，第 297 页。

④ 参见陈建忠：《论我国破产抵销权的限制》，载《东方企业文化》2012 年第 2 期。

对此无权自由裁量、管理人亦无权自由决定，债权人在破产程序彻底结束前均可提出主张。

此外，还有观点切换角度认为，在破产最终分配方案确定之后，管理人仍有权主动主张抵销。此种抵销的法律性质不属破产抵销，而系民法上的抵销，所以不受破产法的限制，管理人可主动主张抵销。典型如债务人针对破产费用和共益债务的抵销，就属于民法上的抵销。就二者的关系而言，破产程序之中的破产抵销权与民法上的抵销权可同时存在并各自独立行使。①

2. 司法实践

实践中，部分地方法院考虑到已通过的财产分配方案或者重整计划会受到破产抵销权的实质影响，对重整计划批准通过后破产抵销权的行使作有限制。对此，《北京市高级人民法院企业破产案件审理规程》第131条、《广东省高级人民法院关于审理企业破产案件若干问题的指引》第61条第3款均规定，债权人行使破产抵销权，应当在破产财产分配方案提交债权人会议表决之前，或者和解协议或重整计划草案提交债权人会议表决之前提出主张。相较之下，《上海市高级人民法院破产审判工作规范指引（试行）》对于抵销权行使期间的规范更为宽松，据其规定，债权人在破产申请受理前对债务人负有债务的，无论是否已到清偿期限，双方互负债务标的物的种类和品质是否相同，均可在破产财产最终分配确定前向管理人主张相互抵销。② 而《山东省高级人民法院企业破产案件审理规范指引（试行）》《重庆破产法庭企业破产案件审理指南（试行）》等地方性司法文件，尚未对该问题作出明确规定。

从上述司法文件中不难看出，限制破产抵销权行使期间的主要目的在于维护财产分配方案或者重整计划的相对稳定，保障破产程序的顺利进行；而对破产抵销权不作严格限制，允许债权人在最终财产分配前均可加以主张的规定，则更多是出于保障抵销权人利益的考量。换言之，对破产抵销权在行使期间上

① 参见王欣新、王中旺：《论破产抵销权》，载《甘肃社会科学》2007年第3期。

② 《上海市高级人民法院破产审判工作规范指引（试行）》关于“破产抵销权的行使”规定：“债权人在破产申请受理前对债务人负有债务的，无论是否已到清偿期限、双方互负债务标的物的种类和品质是否相同，均可在破产财产最终分配确定前向管理人主张相互抵销。债权人依据《企业破产法》第四十条的规定行使抵销权，应当向管理人提出抵销主张，无需提起诉讼。管理人不得主动抵销债务人与债权人的互负债务，但抵销使债务人财产受益的除外。”

作出限制是为了防止对财产分配方案或者重整计划的实质性变更，以保障破产程序的进行；而对破产抵销权不作出限制，则是为了保障抵销权人的利益。可见，是否设置权利行使时间上的限制，系破产规则所保护法益的侧重点不同，在《企业破产法》未作明确规定的情况下，不同法院的操作规程以及法院判决对此作有不同的选择。

从具体的个案来看，法院主张为了不影响破产程序的顺利进行，对于已经通过财产分配方案之后再主张抵销的案件，就有可能判定该抵销无效，由债权人自行承担抵销不能的不利后果。例如，在厦门馨天达企业发展有限公司与厦门进雄企业有限公司破产抵销权纠纷案①中，法院就认为重整程序已经终结，而通过的重整计划系以公司继续经营为基础，此时对破产债权人抵销诉求的支持，客观上将导致债务人重整计划制定的基础发生重大变更，对重整计划的执行造成重大影响，并影响债权人的整体利益，因此认定抵销无效。另在宁国市永丽房地产开发有限公司管理人、杨某某破产抵销权纠纷案②中，法院以《企业破产法》第92条的规定为基础，认为破产抵销权的行使需在法院裁判批准重整计划之前提出，以便管理人将抵销后的债权债务结果纳入重整计划草案，对各类债权的清偿方案予以测算安排。人民法院一旦裁定批准重整计划后，各类债权的清偿条件均已经明确，全体债权人均应按照重整计划的规定受偿。如果此时允许债权人行使抵销权，势必也会使其他债权的清偿比例发生变动，从而实质上变更重整计划。

考察域外司法实践，美国也存在法院认定抵销权的行使期间应当有所限制的判例。如 In re Continental Airlines 案中，法院就认为：若债权人在重整过程中并未声明抵销，则事后不得用被免除的债权抵销其对破产债务人的债务。此外，在 United States v. Norton 一案中，重整计划免除了破产债务人所欠的税款。该计划被批准后，政府又拟用被免除的税款抵销本应向破产债务人返还的退税。对此，法院认为，税收征管部门在重整计划通过时并未提出任何异议，现另主张抵销是不合理的。值得注意的是，其后该法院在另一个案件中又重申了不得抵销的观点，即如果债权人在重整过程中没有声明抵销，那么事后便不能以该已

① 参见福建省厦门市中级人民法院民事判决书，(2016) 闽02民终907号。

② 参见安徽省宣城市中级人民法院民事判决书，(2020) 皖18民终1516号。

被免除的债权抵销其对重整后的“新”债务人所负的债务。①

综上，目前的司法实践以及法院的司法文件一般都对债权人在财产分配方案经法院批准之前及时行使破产抵销权作有要求。

本专题在认可相关说理的基础之上，认为还有必要针对不同类型的破产程序稍作区分：对于和解以及重整程序来说，确有必要要求债权人在和解协议、重整计划提交债权人会议表决通过之前行使抵销权。这是因为，和解以及重整程序兼顾了清理债务以及企业更生的双重价值目标，在和解协议和重整计划获法院批准通过之后，个别债权人的破产抵销权主张，必然变更和解协议和重整计划的具体内容，可能阻碍破产债务人的重生，因此，对抵销权的行使作出一定的限制具有正当性。但是在清算程序当中，不应将抵销权的行使限制在财产分配方案提交债权人会议审查表决之前，而应当允许债权人在破产财产最终分配之前行使破产抵销权。这是因为，经过清算程序，破产债务人将不再存续，债权人的抵销权将彻底无法实现，不应当限制破产抵销权行使的截止期间。

（三）抵销权制度与重整制度的不同价值面向

进一步而言，还可以从相关制度的不同价值面向来讨论破产抵销权制度和重整制度之间的内在关系问题。

作为问题分析的出发点，重整计划执行期间的法律性质定位本身存在一定的争议。《企业破产法》第72条对于重整期间作有如下界定：“自人民法院裁定债务人重整之日起至重整程序终止，为重整期间。”该规定中，裁定重整之日的时间点较为明确，但是对于何为“重整程序终止”，目前缺乏明确的判断标准，尤其是重整计划执行期间是否属于重整程序期间，尚无规定。对此，《九民纪要》第114条第3款规定：“重整程序因人民法院裁定批准重整计划草案而终止的，重整案件可作结案处理。重整计划执行完毕后，人民法院可以根据管理人等利害关系人申请，作出重整程序终结的裁定。”有观点认为，从前半句话中可以得出，相对于重整期间而言，重整计划执行期间具有相对的独立性，即后者并不包含于前者；然而，从后半句来看，重整计划执行完毕之后，重整程序才能“终结”，重整计划的执行期间又似乎包含在重整期间内，存在一定的逻

① 参见许德风：《破产视角下的抵销》，载《法学研究》2015年第2期。

辑障碍。另有观点较为旗帜鲜明地认为，重整计划的执行期间已经不属于重整期间，主张结合《企业破产法》第 72 条的规定，“终止”应为重整期间结束的标准，依据该法第 86 条，法院在批准重整计划草案之时，重整程序即行终止，因此重整计划执行期间并不属于重整期间。[①]

既然重整计划执行期间的法律性质问题并未有较为明确的结论，那么再进一步，法院批准重整计划行为本身的性质与效力，其实决定了计划执行期间的债权人抵销权行使等后续问题。实际上，债务人或者债权人申请破产重整的主要目的正在于，能够制定重整计划并获得法院的批准，从而在执行重整计划时实现债权债务的公平清偿。[②] 对于重整计划批准的效力问题，《企业破产法》第 92 条第 1 款规定：“经人民法院裁定批准的重整计划，对债务人和全体债权人均有约束力。”该法第 94 条规定：“按照重整计划减免的债务，自重整计划执行完毕时起，债务人不再承担清偿责任。”结合以上规定可见，虽然民法语境中的抵销权本无期限上的限制，且破产法亦未对抵销权的行使作出明确的期限性限制，但是通过对破产程序固有属性的解读，足以得出该项权利的行使应当符合重整免责制度目标的结论。具体来说，根据前引第 94 条的规定，为实现债务人的“新生”，被免除的债务已无须清偿，因而为了促进该重整目标的达成，对相关债务的抵销应当至迟在重整计划执行完毕之前提出；计划执行完毕之后，债务人便可不再受原债权人的追及。又因为重整计划的执行依据无不在于计划所规定的内容，在这方面，需要考察的不是重整计划的最终批准结果，而是个别债权人的表决态度。例如，有部分学者就认为，重整计划是否免除债务因而阻止债权人的抵销权行使，其关键并不在于多数决，而在于债权人自身放弃权利的表示，包括作为和不作为。因而，若债权人于重整计划表决之前并未提出抵销，应认为其具有放弃抵销权的意思，故不可嗣后主张抵销。[③] 本专题对此观点表示认可。债权人在没有无法行使权利的正当理由的情况下，确实应当在重整计划批准通过之前明确提出抵销主张；在确有其他原因未能及时主张的情况下，至迟也不应晚于重整计划执行完毕前提出抵销。

---

① 参见钱宁：《重整计划执行期间的独立性及规则完善》，载《华侨大学学报（哲学社会科学版）》2021 年第 1 期。

② 参见池伟宏：《论重整计划的制定》，载《交大法学》2017 年第 3 期。

③ 参见许德凤：《破产视角下的抵销》，载《法学研究》2015 年第 2 期。

究其本质，既然抵销权的正当性基础在于保障债权的实现，那么其权利行使上的限制性问题，亦有可能回归到破产重整程序中担保债权的行使及其限制方式之上，具体可从以下两个方面来解读其行使上的限制：（1）抵销权是可以不受破产程序的影响而优先受偿的权利，具体表现在债权人可以在计划制作和表决之前就明确主张抵销，获得直接受偿的优先地位；（2）《企业破产法》第75条规定了担保债权在重整程序中的行使受到特定限制，《九民纪要》第112条更是明确规定，重整中对担保物权的限制应以重整所必需为前提，可知，重整程序中优先性权利的行使应以不破坏重整目的为前提。而对于抵销权，其虽然不涉及对债务人特定财产的变卖等处置，但鉴于其行使后果仍是提升特定债权人的受偿比例，构成重整计划的重要实体内容，因而确实有必要要求债权人在计划批准之前行使该项权利，并在计划执行期间原则上不得再行主张。

总而言之，限制抵销权行使与维护债权人利益并非完全对立，重整制度的价值目标与债权人利益保护虽然可能表现出一定的冲突，但并非不可调和的矛盾，重整制度从来不是以牺牲债权人利益为代价来拯救债务人或谋求社会公共利益的制度，而是通过挽救具有营业价值的债务人从而实现债权人利益最大化的法律规则供给。[①] 实际上，在文首案例中，一审法院驳回原告诉请的理由就在于，“若准许神龙公司重整计划执行阶段提出抵销，势必会影响其他债权人的利益”。显然，保护债权人的主旨仍适用于重整计划的执行阶段，因此在该阶段，债权人原则上不得提出抵销的主张，但应保有必要的例外。

四、在重整计划执行期间例外准许债权人主张抵销权的可能性

（一）债权人在计划执行期间行使破产抵销权的例外情形

重整计划的性质以及重整程序挽救债务人的制度目的是否足以充分说明，在重整计划的执行期间，债权人完全丧失主张抵销权的可能性？本专题认为，可以从重整计划对相关债权债务关系规定的具体情况出发，进行如下分类讨论。

第一种场景中，重整计划已经对债权人和债务人之间互负债务的情况作出了明确说明。在此场景中，不论主张抵销的抵销权人作出了何种表决态度，只

---

① 参见刘颖：《论破产法中的债权人最大利益原则——兼析〈企业破产法〉第87条第2款》，载《甘肃政法学院学报》2014年第2期。

要其未在计划表决之前就抵销权的行使明确与管理人或自行管理的债务人沟通，就应当认为，债权人已经明知抵押权的存在，然而仍未积极行使该项权利，那么随着计划被法院裁定通过以及重整程序的终止，债权人也就不得再行主张该权利，除非有其他阻碍其权利行使的正当事由。

第二种场景中，重整计划并未对债权人和债务人之间互负债务的情况作出明确说明。重整计划原则上应当对债务人企业的资产负债情况作出客观且全面的说明，但由于重整程序的过程本就是一个动态的过程，尤其进入到计划执行阶段之后，企业更是全面投入到新的经营事业之中，这就无法排除新事实的发生导致债权债务人互负债务的情况出现。实际上，计划通过后债权人提出新诉求的处置问题，已经充分体现在对未申报债权的补充分配规则之中。对此问题，《企业破产法》第92条第2款已有规定："债权人未依照本法规定申报债权的，在重整计划执行期间不得行使权利；在重整计划执行完毕后，可以按照重整计划规定的同类债权的清偿条件行使权利。"有观点认为，该条在适用中应当注意区分未申报债权人的主观恶意程度，仅在其对未申报债权这一法律事实没有过错的前提下，才适用《企业破产法》第92条的规定予以分配。[①] 这是因为，为保障债权人利益，若其出于客观原因未能及时申报债权，只要其举证主观善意性，便不能排除其在重整计划执行完毕之后再行主张权利的可能。[②] 结合关于未申报债权追加分配问题的研究，可以发现，对于在重整计划批准之后债权人新生诉求的处置方式，法院和管理人是否准许其主张的出发点均在于，债权人未能及时行使权利是否具有正当、合理的事由，而且应当由债权人对其主观善意进行举证。换言之，只有当重整计划本身并未就抵销权之要件作出明确说明时，债权人才有可能提出，其在计划表决时对其权利的存在并非明知，嗣后发现并主张才可能具有正当性基础。甚至不排除这种情况：基于在计划执行期间新发生的事实，债权人才获取了其抵销权基础，那么此时债权人自然有权行使该权利，因为其在客观上不存在恶意拖延的可能性。

文首案例便是一起典型的债权人在重整计划执行期间才获取抵销权的案件。

---

① 参见郗伟明：《论破产重整中未按期申报债权之处置》，载《法商研究》2012年第6期。

② 参见韩长印、张旭东：《重整程序中未申报债权的清偿规则研究》，载《法律适用》2021年第9期。

相关事实表明，神龙公司的重整计划仅记载了债务人对吴某某所负有的债务，但对于其清偿债务之后对广宇公司将享有的代位追偿权，并未作明确提示。可以认为，在计划批准之时，广宇公司无从了解到神龙公司是否将对广宇公司持有确定的债权，要求广宇公司在计划批准之前就提前主张其抵销权，既没有事实基础，又缺乏法律依据。实际上，广宇公司只可能在神龙公司确切地对吴某某履行债务之后行使其抵销权，这是追偿的本质所致。既然当前重整计划尚未执行完毕，那么根据前述分析结论，广宇公司仍有可能以此为由主张抵销。

（二）管理人对破产抵销权的审查职责设置

破产法对于未及时申报的债权的处置方式表现为，经法院批准的重整计划，对债务人及全体债权人均有约束力，债权人未依法申报债权的，在重整计划执行期间不得行使权利，在重整计划执行完毕后，可以按照重整计划规定的同类债权的清偿条件行使权利。同理，对于破产抵销权而言，债权人未在债权申报期限内申报债权，应被视为放弃或怠于行使其权利。文首案例中，债权人正是申报了债权，但是未提出抵销请求。如果此时解释认为其已放弃或怠于行使抵销权的规定，系采取对抵销权的行使期间作出严格限制的立场，对债权人实体权利的限制似乎缺乏现行法的明确依据；但若不对抵销权的行使期间作出限制，则如前所述，个别债权人在重整计划执行期间行使抵销权，可能会对其他债权人利益造成损害，影响到债权债务公平清偿。本专题认为，应对该问题的关键在于，判断是否出于债权人原因而怠于行使破产抵销权。破产抵销权具有形成权的属性，其存在与行使具有同时产生、同时消灭的特征。因而如果非出于债权人的原因而未及时行使抵销权，即不构成其“怠于”行使权利，应当允许债权人继续行使，对重整计划中财产分配等进行变更；但如果放任债权人在确定的期限内怠于行使抵销权，而在重整计划执行阶段主张抵销，那么将产生破产程序的“回转”成本以及其他债权人可得利益损失，因为此时未及时抵销的责任应当归咎于抵销权人，可以限制其抵销权的行使。

在具体的审核程序上，进入重整计划执行阶段后，仍由管理人对重整的计划执行进行监督。此时，管理人的权限主要在于，及时发现被上诉人未执行重整计划的情况，从而向法院申请将重整程序转为清算程序。但本专题认为，有必要在现行法的基础之上，明确将破产抵销权在重整计划执行期间的行使问题纳入破产管理人履职的内在要求。诚然，如果在该期间内管理人需要对债权人的抵销请求进行审查与处理，则必然在现有基础上增加管理人的法定或者约定职权；但如果管理人在该期间内并无审查处理破产抵销事项的职权，甚至直接以此为由否认破产抵销权的行使，必将直接致使抵销权人行使权利“无门”。因此本专题认为，一种可能的解释方法是，将债权人在重整计划执行期间行使抵销权视为对重整计划的变更因素，而管理人正需要对重整计划是否依约执行进行监督，将对抵销权的审查视为其责任的延伸，如此方能规范管理人的职权范围，同时对于抵销权人亦能贯彻程序正义的理念。

诚然，若债权人在财产分配方案制定前行使抵销权，管理人可就实际状况对分配方案进行修改；但是若债权人在分配方案制定之后，尤其是在重整计划执行期间方才主张抵销，这就有可能需要由管理人重新调整已完成制定的分配方案，并再次交由法院进行审查，在一定程度上将会拖延破产程序的进程。[①] 但是，法谚有言，“凡是范式必有例外”，正如该案中债权人的债权已经确认，但是出于各种原因在重整程序中其未能主张抵销，而是在重整计划执行过程中方才获取了抵销的基础，并主张抵销。对此类问题，较好的解决方案是参照债权申报的相关规则，由法院在债权申报公告中同时告知抵销权行使的具体期间，鼓励抵销权人积极参与破产程序、主动行使权利；即便出现计划执行期间方才行使权利的情况，也可由管理人进行核查，根据具体事由来决定是否准许其抵销，并相应处置抵销的后果。

五、结语

应否限制破产抵销权的行使期限是一个两难的问题：一方面，自公平的角度加以考量，债权人的抵销权不应受重整计划的影响；另一方面，如对抵销权的行使期间完全不作限制，个别债权人在重整计划执行期间行使抵销权，又可能会对其他债权人利益造成损害，进而有碍于公平清偿。本专题提出，有必要针对破产抵销权的行使设置一个合理的期间，具体是债权经审核确定之后至破产财产分配之前，如此才能确保破产程序的顺利推进。而若权利人在破产财产

---

① 参见韩传华：《企业破产法解析》，人民法院出版社2007年版，第151页。

最终分配之前都未能行使破产抵销，就应当承担不利后果。从审核抵销事宜的职权分配来看，债权人应在破产财产最终分配之前向管理人主张抵销权，并非向债务人主张，也不得自行抵销，而管理人应当对用于抵销的债权进行审查，在计划执行期间，还需要根据抵销情势来相应调整重整计划。如此一来，方可在保障债权人的实体权利的同时，确保破产程序顺利进行，避免债权人为了自身利益而损害债权人的整体利益。

回顾文首案例，虽然二审法院对一审法院裁判结果作出的纠正值得赞同，但是进一步来看，即便出现基于计划执行期间的新发生事实而引发抵销权的情况，也可由重整计划预先作出更为周全的安排。以该案为例，虽然重整计划在批准时，债务人尚未对吴某某作出清偿，但是债务人并非无法预见其清偿之后将与广宇公司形成互负债务的局面。更为理想的应对方案是，由当事人在重整计划之中对此类极可能发生的抵销事宜作出合理的安排，以避免债权人嗣后主张权利时的无所适从以及产生的额外司法成本。

第三人垫付刑事退赔款后追偿债权的受偿问题

内容提要：《企业破产法》并未对债务人承担的刑事责任在破产程序中的处置作出明确规定，这在司法实践中引发了相关争议。本专题结合一起由第三人在破产前夕垫付企业非法吸收公众存款刑事退赔款后在破产程序中主张优先受偿地位的纠纷，主张：尚未与债务人财产混同的赃款并不属于破产财产，被害人的"退赔债权"属于返还原物请求权；但对于因混同等情况已经属于破产财产的赃款，受害人只能作为普通破产债权人申报债权。在第三人在破产受理前代为垫付刑事退赔款的场景中，该项债权的产生仍具有维护受害人权益、保障社会的和谐稳定等方面的重要意义，在债权人利益保护方面甚至发挥了比传统共益债务更为重要的作用，因此有必要参照"共益债务"规则加以适用，并结合府院联动中政府机构具有的特别背书作用，以保障垫付第三人的优先受偿地位。

关键词：刑事退赔款、破产债权、第三人垫付、共益债权、府院联动

一、问题的提出

2016年1月1日，彩虹（永州）燃气有限公司（以下简称彩虹公司）法定代表人张某因涉嫌非法吸收公众存款罪被羁押，但因其公司涉公用性质（负责一区23,000户家庭供气），随后住所地政府临时接

管了彩虹公司。政府抽调人员设立了专门的工作小组进驻被告彩虹公司，派专人管理公司财务并拨付财政资金200万元，以保证公司正常运转。基于大部分债权人要求自救的请求，张某先后授权刘某某、邵某某等债权人陆续临时代管彩虹公司的日常运转及债权债务清算。

2017年2月27日，彩虹公司及张某被零陵区人民法院判处非法吸收公众存款罪，对彩虹公司非法吸收公众存款的全部违法所得予以追缴（金额5736万元，已归还3353.98万元，未归还2382.02万元），返还113名被害人，二审维持原判。2017年8月，该刑事判决书进入执行程序。彩虹公司当时除维持公司正常运行外，没有多余资金返还给被害人。为此，113名被害人多次到永州市、零陵区两级政府和彩虹公司办公场地集体信访、闹访。在此情况下，通过零陵区人民政府和零陵区人民法院的协调，由李某某借款给被告彩虹公司用于履行该生效判决。于是，李某某与彩虹公司于2017年10月26日签订《借款合同》，约定“借款金额暂定为300万元，具体借款金额以实际借款金额为准；借款用途：用于化解113人债务和公司的发展；借款利率为月息2%；借款期限为一年”。2017年9月至12月，彩虹公司收到李某某借款合计340万元，该款直接用于执行刑事判决书。

2019年6月11日，地方政府收回了彩虹公司的特许经营权，并对公司实行全面接管。2019年8月28日，法院裁定受理彩虹公司的破产清算申请。在债权申报期间内，地方政府提出200万元垫付款享有优先受偿权，李某某提出借款本金340万元及按月息2%支付相应的利息享有优先受偿权。管理人确认该200万元的优先受偿地位，但同时将李某某的340万元债权确认为普通破产债权。

一审法院经审查认为，为解决被告公司的退赃问题，李某某的借款实质上是代为垫付履行被告彩虹公司的退赔执行案款，应当优先于一般普通债权，案涉借款本金340万元的债权享有破产优先受偿权。鉴于该笔借款产生的利息1,456,000元属借出资金而获得的报酬和收益，并不具备上述的紧急性、必要性及产生的积极作用，应作为普通债权确认。彩虹公司提起上诉。二审法院经审查亦认为，因刑事涉案财产退赔具有优先性，所以李某某对彩虹公司享有的债权本金340万元应当优先于普通债权，属于具有优先性的债权。李某某等人代为履行该公司的退赔案款，保障了公司的正常运营，避免了公司及债权人利益损失继续扩大，对维护全体债权人共同利益、维护社会稳定和公共利益均有显著的积极作用。因此，法院认定李某某的债权本金340万元属于具有优先性的债权。

关于利息，二审法院则认为，在彩虹公司进入破产程序后，若仍完全按照《借款合同》约定的月利率2%计算借款利息，会增加企业负担，从而影响其他债权人的公平受偿；但若对于其出借款项不计算任何利息亦有失公平。因此二审法院从该笔借款的实际作用情况出发，判决酌情按照年利率6%认定资金占用期间利息，性质为普通债权。①

该案系一起典型的在破产程序中关于刑事案件退赔款的处置争议，反映出如下争议焦点：以破产企业作为被告人所负的刑事案件退赔款债权，在破产程序中是否具有受偿上的优先性？该案的特殊点还在于，若他人在破产受理前已垫付该部分退赔款，那么第三人对破产企业的追偿债权又将具有何种性质？尤其在破产程序启动前，该企业已经由政府派人接管运营，涉诉的垫付行为正是经由政府和人民法院协调后做出。

二、刑事退赔款作为破产债权的受偿地位分析

就性质而言，刑事追缴或退赔财物的范围为破产企业犯罪违法所得。《刑法》第64条规定："犯罪分子违法所得的一切财物，应当予以追缴或者责令退赔；对被害人的合法财产，应当及时返还；违禁品和供犯罪所用的本人财物，应当予以没收。没收的财物和罚金，一律上缴国库，不得挪用和自行处理。"《刑事诉讼法》第245条第4款规定："人民法院作出的判决生效以后，对被扣押、冻结的赃款赃物及其孳息，除依法返还被害人的以外，一律没收，上缴国库。"《最高人民法院关于适用〈中华人民共和国刑事诉讼法〉的解释》第176条规定："被告人非法占有、处置被害人财产的，应当依法予以追缴或者责令退赔。被害人提起附带民事诉讼的，人民法院不予受理。"此外，《最高人民法院关于刑事裁判涉财产部分执行的若干规定》（以下简称《刑事裁判涉财产部分执行规定》）② 第13条第1款更是将刑事退赔款列在较为优先的支付地位，规

① 参见湖南省永州市中级人民法院民事判决书，(2021) 湘11民终1694号。

② 参见《最高人民法院关于刑事裁判涉财产部分执行的若干规定》(法释〔2014〕13号)。

定："被执行人在执行中同时承担刑事责任、民事责任，其财产不足以支付的，按照下列顺序执行：（一）人身损害赔偿中的医疗费用；（二）退赔被害人的损失；（三）其他民事债务；（四）罚金；（五）没收财产。"从以上规定可以看出，刑事追缴或退赔的款项在受偿问题上确实可能引发法律适用的特殊性，因此受偿地位是讨论该问题的出发点。

（一）刑事退赔款是否属于债务人财产的范围

刑事退赔款是否属于债务人财产的范围，是研究刑事退赔款权利人是否在破产程序中具有优先地位的前置性问题。倘若退赔款在性质上不属于债务人财产，退赔款可直接依照刑事执行程序加以执行，不会引发受偿顺位问题。

学理上对刑事退赔款是否能够从破产财产中加以分离和别除，也存在较大的争议。当前主要有3种观点：一是"否定说"，认为刑事退赔款均不属于债务人财产，也即无论赃款是否能与债务人财产进行区分，退赔款应全部通过刑事执行程序进行执行。[①] 换言之，"刑事附带民事诉讼或另行提起民事诉讼"与"责令退赔"严格区分，系我国被害人损害赔偿体系的两个并列的分支。[②] 二是"肯定说"，认为"金钱占有即所有"，刑事退赔款均属于债务人财产，[③] 因此，无论赃款是否能与债务人的其他存款进行区分，均应纳入破产程序统一处理。三是"折中说"，主张若退赔款能够与其他破产财产进行区分，则不属于债务人财产。若无法区分或无区分必要，则应当纳入债务人财产。

在我国司法实务中，多数法院意见采折中说。例如，《四川省高级人民法院关于审理破产案件若干问题的解答》就规定："破产程序中涉及非法集资类犯罪问题时，首先应把刑事案件的涉案财产与破产财产进行区分。对于应返还给刑事案件被害人的特定财产，不属于破产财产，应通过在刑事程序中退赔等方式返还给受害人；对于已无法区分或者无区分必要的财产，则应当纳入破产财产在破产程序中一并处理。"此外，《广东省高级人民法院关于审理企业破产案

① 参见徐澍：《企业破产与刑事追缴退赔交叉问题研究》，载《东北农业大学学报（社会科学版）》2020年第3期。

② 参见胡学相、甘莉：《我国刑事被害人民事赔偿权的缺陷与完善——兼评相关司法解释的合理性》，载《法治研究》2016年第4期。

③ 参见江苏省高级人民法院民二庭：《企业破产涉刑民交叉问题研究——以涉非法吸收公众存款罪为例》，载王欣新、郑志斌主编：《破产法论坛》第14辑，法律出版社2019年版。

件若干问题的指引》第122条[①]也有类似规定。

本专题认同折中说，理由如下。

第一，刑事判决给予了赃款作为“违法所得”的否定性评价，导致其不能作为责任财产从而用于清偿债务人的民事债务或执行财产，故不应纳入债务人财产。至于肯定说基于“金钱占有即所有”的理论而认为赃款由破产企业所有，需作两点回应：（1）“金钱占有即所有”的规则在民法学界似乎构成主流学说，[②] 但在刑事犯罪的场合中，可能会对被告人侵占金钱时构成的侵占罪造成解释上的困境，因而刑法理论学界实际上从未承认这种观点。[③]（2）退一步说，我国民法学界亦承认，“金钱占有即所有”规则也并非适用于所有情况。货币的特殊性在于其是一种具有高度替代性的种类物与消费物，依照民法原理，无论是特定物还是种类物，均可作为物权之标的。我国《民法典》虽然对物的特定性提出了要求，但特定性要求不能刻板理解为“实物性”，标的物有无特定性应首先取决于法律上有无相应的识别方法，只要法律上具有得当的识别方法，如通过涉及专门账户的方式予以特定化，即可使之成为具有可支配性的物。[④]

第二，在赃款与债务人财产不能区分的情况下，由于赃款不具有在法律上得当的识别方法，刑事执行的执行标的难以确定，便不应将赃款认定为债务人财产。否定说的论据主要是“先刑后民”理念，但所谓的“先刑后民”，主要是指实体审理阶段“刑事法律关系的确定应当先于民事法律关系”这一含义，并不包含执行阶段“刑事执行程序应当优于破产程序”，否则，《企业破产法》

---

① 《广东省高级人民法院关于审理企业破产案件若干问题的指引》第122条规定：“【被害人救济与破产程序的协调】生效刑事判决认定债务人返还受害人赃款、赃物，破产案件受理前，赃款在刑事程序中已经特定化、赃物与破产财产区分的，受害人可以向管理人主张取回。破产案件受理时，刑事程序并未以查封、扣押等措施将赃款特定化，赃物无法与破产财产区分的，受害人可以赃款、赃物的价值向管理人申报债权并主张优先受偿。破产案件受理时赃物与破产财产可以区分，因管理人或相关人员执行职务导致无法区分，受害人主张债务人赔偿赃款、赃物的价值并作为共益债务处理的，人民法院应予支持。”

② 参见车浩：《占有概念的二重性：事实与规范》，载《中外法学》2014年第5期。实务中最近的最高人民法判例可参见最高人民法院民事裁定书，（2020）最高法民申5423号。

③ 参见车浩：《占有概念的二重性：事实与规范》，载《中外法学》2014年第5期。

④ 参见其木提：《货币所有权归属及其流转规则——对“占有即所有”原则的质疑》，载《法学》2009年第11期。

关于刑事罚金、没收财产所得属于劣后债权的规定便将成为一纸空文。

值得注意的是，虽然折中说已被多数法院所接受，但债务人占有的“赃款”具体在什么条件下足以认定为“能够与债务人财产区分”，却不无疑问。目前关于刑事退赔款处置的相关破产案件较为有限，在城南置业破产案中，再审法院基于城南置业非法吸收的存款均置于同一特定账户下的客观事实，认定该款项“能够与其他债务人财产进行区分”①。而在一般存款货币的破产取回案件中，法院则可能要求存款货币的特定化必须满足在合同中约定“开立专门账户予以管理”②。本专题认为，赃款的特定化问题并不受“赃款”被给予了刑法上的否定性评价这一因素影响，判断存款货币特定化与否的标准在民事或刑事案件中应是同一的。至于具体的标准区分问题，因文首案例的症结并不在于此，本专题在此不做探究。

（二）刑事退赔款是否优先于普通民事债权受偿

刑事退赔款的受偿顺位问题缘起于《企业破产法》与《刑事裁判涉财产部分执行规定》第13条的冲突。《企业破产法》中的债权受偿顺位为“特别优先债权→破产费用和共益债权→劳动债权→社保、税款→普通破产债权→劣后债权”，而《刑事裁判涉财产部分执行规定》第13条下的债权受偿顺位为“人身损害赔偿中的医疗费用→特别优先债权→退赔被害人的损失→其他民事债务→罚金→没收财产”。也就是说，《企业破产法》与《刑事裁判涉财产部分执行规定》对于“退赔款劣后于享有法定特别优先权、担保物权的债权”的规定不存差异，而对于“退赔款是否优先于普通民事债权受偿”的规定则存在不一致。

根据现有规则，有可能得出刑事退赔款作为普通债权受偿的结论。该立场有相关法院指导意见作为背书，如最高人民法院于2009年颁布的《关于依法审理和执行被风险处置证券公司相关案件的通知》第5条规定：“证券公司进入破产程序后，人民法院作出的刑事附带民事赔偿或者涉及追缴赃款赃物的判决应当中止执行，由相关权利人在破产程序中以申报债权等方式行使权利；刑事判

---

① 参见四川省成都市中级人民法院民事裁定书，（2020）川01民终9744号；四川省高级人民法院民事裁定书，（2021）川民申494号。

② 例如北京市第三中级人民法院民事判决书，（2017）京03民初61号。

决中罚金、没收财产等处罚，应当在破产程序债权人获得全额清偿后的剩余财产中执行。”这是最高人民法院直接对破产程序中涉及追缴赃物问题的处理方式作出回应，虽然其规范范围相当有限，即仅针对证券公司的破产程序，但对于其他涉及集资犯罪的破产案件仍具有相当重要的参考价值。从地方法院的做法来看，浙江省高级人民法院于2013年印发的《关于在审理企业破产案件中处理涉集资类犯罪刑民交叉若干问题的讨论纪要》第4条规定：“在涉集资类案件刑事侦查终结后，未列入受害人范围的相关机构和个人可以以民间借贷债权人名义申报债权；列入集资犯罪受害人的，可作为破产债权人申报债权，同时给予受害人在破产程序中的临时表决权。”以上规定均指出，应退赔给被害人的财物可作为破产债权申报，并依照破产法，由被害人在破产程序中行使相关权利，显然，此处的“破产债权”便是指普通破产债权。理论上也有观点认为，有必要以债权请求权来认定犯罪行为人以其合法财产对被害人进行损害赔偿的给付行为。[①] 其具体理由包括，责令退赔所处理财产客体应视为合法财产的移转，因而不同于上述取回权的优先受偿立场；普通债权立场认为，破产企业系以其所有的合法财产对包括刑事案件受害人在内的债权人进行清偿，这实际上是一种合法财产移转的过程。

除了将其视为普通破产债权之外，还有可能对刑事退赔款作劣后处理。该立场的主要依据在于最高人民法院于2018年发布的《全国法院破产审判工作会议纪要》，其第28条载明：“破产债权的清偿原则和顺序。对于法律没有明确规定清偿顺序的债权，人民法院可以按照人身损害赔偿债权优先于财产性债权、私法债权优先于公法债权、补偿性债权优先于惩罚性债权的原则合理确定清偿顺序。因债务人侵权行为造成的人身损害赔偿，可以参照企业破产法第一百一十三条第一款第一项规定的顺序清偿，但其中涉及的惩罚性赔偿除外。破产财产依照企业破产法第一百一十三条规定的顺序清偿后仍有剩余的，可依次用于清偿破产受理前产生的民事惩罚性赔偿金、行政罚款、刑事罚金等惩罚性债权。”该条明确了破产程序中，公法债权、惩罚性债权应劣后于私法

① 参见姜瀛：《涉罪财产责令退赔与民事诉讼关系之反思与抉择》，载《环球法律评论》2020年第5期。

债权、补偿性债权受偿的原则。而刑事案件的处理本质区别于民事程序，即其具有显著的公法性质，因而在刑事案件中产生的退赔款也应视为具有公法性质的债权。若依照前引规定，似乎足以得出对刑事退赔款作劣后处理的结论。

就责令退赔程序本身的定性而言，其与民事执行程序不应处于互不兼容的地位。这体现为，责令退赔所适用的标的仍是债务人（犯罪行为人）合法所有的责任财产：在能够核价的情形下，法院可直接判决具体的退赔金额，实践中基本以现金退赔为主；而在不能核价的情形下，责令退赔同类型的物品。无论采取哪种退赔方式，用于履行退赔的财物均是犯罪行为人占有的财产，这同民事执行程序中被执行人承担民事责任的财产是被执行人合法所有的财产这一基础逻辑，确实具有一致性。究其根本，责令退赔是对被害人财产损失进行弥补的实体性处理措施，仍属于被害人的私权。① 就犯罪行为人与被害人之间的关系而言，犯罪行为本身就是一种最为严重的侵权，二者是一种侵权之债，而刑事程序中的刑罚主要以惩罚和预防犯罪为目的，不能完成对被害人所遭受的利益损失的弥补及救济，因而对被害人人身权利和财产权利的救济程序，就需要由刑事附带民事诉讼程序及追缴和责令退赔程序完成。② 故责令退赔制度设计的目的就在于对被害人的民事财产权利救济，其虽然与刑事案件相伴而生，但其制度背后的理论依据是“任何人不得因犯罪行为而获利”③ 之民法法理。

综上，本专题认为，对于尚未与债务人财产混同的赃款，其原则上不属于债务人财产，故被害人的“退赔债权”在性质上是一种返还原物请求权，具有受偿地位的优先性；对于因混同等情况已经属于债务人财产的赃款，其只能作为普通破产债权加以申报。根据最高人民法院执行局的相关解释，《刑事裁判涉财产部分执行规定》第13条将“刑事退赔”的执行顺位置于普通民事债权之前，原因就在于，退赔债权具有“物权化”的效力。但在赃款与债务人财产无法区分的情况下，返还原物请求权消灭，转化成为损害赔偿请求权。由此，纳

① 参见邢会丽：《论刑民交叉案件中刑事退赔程序与民事执行程序的竞合》，载《法律适用》2019年第21期。

② 参见曲升霞、袁江华：《论我国〈刑法〉第64条的理解与适用——兼议我国〈刑法〉第64条的完善》，载《法律适用》2007年第4期。

③ 李以游：《刑事诉讼中责令退赔问题的几点思考》，载《河北法学》2014年第11期。

入破产程序进行受偿，而非以刑事执行或主张取回权方式进行受偿的刑事退赔款债权，在性质上不再具有物权效力，与其他民事上的损害赔偿请求权并无二致，《刑事裁判涉财产部分执行规定》优先受偿顺位的规定缺乏法理基础。从利益平衡的层面来看，正如四川省高级人民法院相关规范指出的，“刑事案件被害人作为非法金融活动的参与者，其往往本身也具有一定的过错”。总之，被害人享有的退赔债权不能优于合法的普通民事债权人，应认定为普通破产债权。

三、他人垫付刑事退赔款后追偿债权的受偿地位分析

在文首案件中，法院认为原告李某某于破产程序启动前垫付的340万元具有优先受偿地位，其核心依据并不在于刑事退赔款本身的特殊属性，而在于该垫付行为系维持破产企业继续营运的必要条件。对此，一审法院认为：该案当时的情况下，不立即解决113名被害人（债权人）的退赃问题，被告彩虹公司则无法继续经营，无法保证零陵城区的天然气供应和社会稳定，原告李某某代为履行被告公司的退赔案款，是为了避免被告公司及债权人利益损失继续扩大，保证公司的正常运营，类似于《企业破产法》第42条（第2、4项）规定的共益债务的情形。二审法院进一步指出：“李某某等人代为履行该公司的退赔案款，保障了公司的正常运营，避免了公司及债权人利益损失继续扩大，对维护全体债权人共同利益、维护社会稳定和公共利益均有显著的积极作用。”以上说理显然是将垫付债权视同为共益债权。但本专题认为，在该案中直接适用《企业破产法》第42条的规定来认定共益债权，还存在两处较为特殊的因素：一为该案中共益债权认定的时间要素问题，二为地方政府在破产受理前夕对债务人采取的全面接管行为的影响。

（一）共益债务构成要件的理论综述

1. 共益债务的内涵及其标准界定

学界对共益债务之内涵界定的观点不一，尚未形成定论，其中具代表性的有：（1）认为共益债务是指在破产程序开始后，为保证破产程序的顺利进行和维护全体债权人利益所形成的债务。[①]（2）认为共益债务又可称为财团债务或

① 参见韩长印主编：《破产法教程》，高等教育出版社2020年版，第182－183页。

财团债权，是在破产程序中为全体债权人利益而由债务人财产负担的债务的总称。[①]（3）认为共益债务是指人民法院受理破产案件后，管理人为全体债权人的共同利益，管理债务人财产时所负担或者产生的债务以及因债务人财产而产生的有关债务。[②] 从以上不同表述中大致可以窥见共益债务的基础内涵和内容，即产生于“破产程序开始后或破产程序中”并为了“全体债权人的共同利益”而产生。根据《企业破产法》的相关规定，共益债务还具有“以债务人的全部财产为担保并随时清偿”的法律特征，有学者根据“属 + 种差”的定义方法，认为债务人在必要时可以主动设置共益债务，于是共益债务实际上是指“在破产程序中发生或设定的主要为保全全体债权人利益，而以债务人财产负担并依法随时清偿的债务的总称”[③]。总体而言，学界对共益债务的具体构成要件具有不同的认识，切入视角各有不同。

2. 共益债务构成的两要件理论

主流观点将共益债务的构成要件归纳为时间要件和共益性要件两点，亦有观点认为，在此基础上尚需具备原因要件。[④] 具体而言，时间要件是指共益债务需产生于破产程序的进行过程中，即人民法院受理破产申请以后到破产程序终结之前的时间内；共益性要件则是指，相关债务系为全体债权人的共同利益而发生，亦有学者指出，共益性中受益主体不应局限于全体债权人，应将其扩大至“破产相关人”[⑤]；所谓的原因要件，是指以管理债务人财产、管理人履行职务为债务产生的主要方式。在各国破产法的规定中，时间要件普遍构成划分破产企业所负担债务性质的标准，是因为当企业具备破产原因后，债务人即丧失维系日常信用交易的商业信用，暂缓对债权的足额清偿才有可能换取破产挽救的可能性，从而将在破产程序开始前成立的债权认定为破产债权，程序开始

① 参见王欣新：《破产法》（第3版），中国人民大学出版社2011年版，第290页。

② 参见法律出版社法规中心：《中华人民共和国企业破产法注释本》，法律出版社2010年版，第28页。

③ 洪燕：《共益债务的理论重构及其实践》，载《四川理工学院学报（社会科学版）》2019年第3期。

④ 参见最高人民法院民事审判第二庭编著：《最高人民法院关于企业破产法司法解释（三）理解与适用》，人民法院出版社2019年版，第49页。

⑤ 参见洪燕：《共益债务的理论重构及其实践》，载《四川理工学院学报（社会科学版）》2019年第3期。

后成立的债权划分为共益债权以从破产财产中随时清偿。[1] 而共益性则是共益债务的实质与核心，为各国构成要件理论所认同，亦因其似为共益债务的“应有之义”而被学界所忽视。[2] 纯粹的时间标准实则简化了破产实践中的复杂情形，因其一刀切地对破产申请后所产生的债务均赋予“能够使全体债权人受益”之特性。实际上，设置共益债务的目的在于实现破产财产的最大化，系为全体债权人的共同利益而言，仅为个别债权人利益而产生的债务显然不具有“共益性”，自然不能优先于无担保债权获得优先清偿。因此，本专题赞同对共益债务之构成要件采取“时间”和“共益性”这两层标准，从程序和实质上对共益债务加以综合判定。

关于两层标准的具体设定和运用，我国有学者指出，应当将“在破产宣告后产生的债务原则上推定具有共益性，如果不符合‘结果标准’则不应认定为共益债务”[3]。除此之外，国外亦有学者持相似观点，如美国学者大卫·G. 爱泼斯坦认为：“一项债权构成管理费用需符合两项条件。首先，该债权必须发生在破产申请之后。在破产之前尚不存在需要维持的破产财团，自然不会产生管理费用。……管理费用的第二点要求是，该产生于申请后的费用必须是用来维持财团‘实际的、必须的’费用。”[4] 日本亦有学者指出：财团债权多数是宣告之后总债权者的以公益性支出的费用为基础的债权。[5] 以上观点均将时间标准和共益性标准结合起来认定共益债务。我国《企业破产法》第42条的规定与此意旨相一致。若循此构成要件标准，文首案例中李某某为化解113人非法吸收公众存款问题和公司继续经营而在破产受理前所借的款项，似乎在时间要件上不尽相符，但在“公益性”要件上论据充足，是否可依该“共益性”的特殊需求而突破时间要件的限制，下文将对此问题再做讨论。

（二）对共益债务“时间要件”的司法认定

实务中存在以下情况：某项债务发生于破产程序启动前，但其影响或结果

---

① 参见齐明：《中国破产法原理与适用》，法律出版社2017年版，第101页。

② 参见娄爱华：《〈破产法〉第42条涉不当得利条款解释论》，载《社会科学》2013年第4期。

③ 陈伟：《共益债务的认定——从“绝对程序标准”到“双重标准”》，载《南京航空航天大学学报（社会科学版）》2017年第1期。

④ ［美］大卫·G. 爱泼斯坦等：《美国破产法》，韩长印等译，中国政法大学出版社2003年版，第467－468页。

⑤ 参见［日］石川明：《日本破产法》，何勤华、周桂秋译，中国法制出版社2000年版，第159页。

延续至破产程序之中，仍适用《企业破产法》中的共益债务的优先清偿顺序规定。裁判文书往往对此情形下的债务准用共益债务的规定，参照共益债务的清偿顺序进行处理。本专题认为，有必要从司法案例出发，反思共益债务的适用思路及立法改进。

1. 样本案例的筛选

本专题在北大法宝司法案例库中以“共益债务”为争议焦点关键词，以“破产受理前”为全文关键词进行检索，截至2022年5月7日共检索到22份裁判文书。在此基础上进行分析和筛选，其中直接以相关债务系“破产受理前”发生或形成的债务为由，从而认定其不属于共益债务的裁判有（2021）辽民终1401号、（2021）粤19民终2661号、（2020）浙01民终7534号、（2020）浙10民终1680号、（2020）浙10民终1679号、（2020）湘10民终1585号、（2022）浙0105民初22号、（2022）辽0211民初280号、（2021）粤0103民初14747号、（2021）鲁0211民初16138号、（2018）津01民终5060号、（2018）津01民终5060号、（2018）辽03民终2434号等13份判决。由此可见，实践中直接以时间要件进行认定的情形仍大量存在，剔除上述案例，检索到突破时间要件的样本案例共5篇。

2. 样本案例裁判信息

在对样本案例进行整理后，按时间顺序将案件信息和裁判要旨梳理于以下表格信息（见表17－1）。

表17－1　样本判决书基本信息

序号	裁判时间	案例文号	裁判要旨
1	2017.01.23	（2016）苏12民终2740号	我国《企业破产法》明确规定，因合同继续履行所产生的债务属于共益债务，对该债务法律并没有作分割性排除。2013年3月15日的工业品买卖合同项下有59个单项订单，当案涉合同实际继续履行时，应当维持合同的不可分性，因该合同而产生的所有债务无论发生在破产清算案之前还是之后，均应作为共益债务优先清偿

续表

序号	裁判时间	案例文号	裁判要旨
2	2017. 12. 29	(2017) 浙 01 民终 5761 号	债务人亚西亚公司资金链断裂导致阳光景台项目停工发生于 2012 年，其时亚西亚公司破产原因已经具备，如当时进入破产清算程序，为阳光景台项目的复工、续建、交房而需要支付的资金，无论是何种途径筹集，都是为了债权人的共同利益，属于亚西亚公司继续营业而产生的债务，按《企业破产法》第 42 条的规定，应属于共益债务
3	2018. 05. 04	(2017) 苏 13 民终 1504 号	《企业破产法》第 42 条确定了管理人在法院受理破产申请后，请求原合同相对方履行双方均未履行完毕的合同所产生的债务为共益债务。故当管理人决定继续履行合同时，因该合同而产生的债务并非以发生在破产申请受理之前还是之后为标准确定是否为共益债务。认定继续履行合同产生的债务是否为共益债务，还应考虑该债务性质是否具有共益性，尤其是对于供用电合同等继续性合同项下的分期债务认定，共益性应作为认定各分期债务是否为共益债务的主要标准。 电费并非破产企业在破产程序开始前因日常经营产生的电费，而是在企业已经停产的情况下，为维护企业特殊生产设备而发生的费用。债务人在欠缴电费时已经停产，但因其为二级重要电力用户，即使停产也要保持设备带电状态，否则相关的生产设备价值就会贬损甚至报废，故在当地政府出面协调的情况下，供电公司才未予断电。得益于电力公司的持续供电，债务人的生产设备在进入破产程序后仍运行良好，并可租赁给案外人使用和获得新收益。因此，在债务人欠缴电费的情况下，供电公司仍然持续供电的行为，明显有利于全体债权人，具有共益性，应认定为共益债务

续表

序号	裁判时间	案例文号	裁判要旨
4	2019. 01. 28	（2018）粤1226民初873号	共益债务是人民法院受理破产申请后发生的债务，共益债务和破产费用由债务人财产随时清偿。原告上述投入虽然发生于受理和煌公司破产清算之前，但管理人在接管和煌公司的财产之后同意继续履行合同，本案原告主张的财产权益是因管理人或者债务人同意对方当事人履行双方均未履行完毕的合同所产生的债务范畴，可参照共益债务的清偿原则处理。故原告主张参照共益债务的清偿原则处理其投入的诉讼请求，依法有据，合乎情理，本院支持

在上述法院判决中，1号案件裁判文书以“合同的不可分性”为由，认为发生在破产清算案前的债务应与其后的债务共同认定为共益债务；2号则着重强调该笔债务的共益性，虽未进行共益债务的认定，但参照共益债务进行清偿；3号指出，因合同而产生的债务并非仅以发生在破产申请受理之前还是之后为标准确定是否为共益债务，而应当以共益性作为认定共益债务的标准，因此，对虽发生在破产申请受理之前但明显有利于全体债权人的债务，可以作出共益债务的认定；4号亦未将相关债务直接认定为共益债务，而是参照共益债务的规则进行清偿。该案中，法院指出“代为履行该公司的退赔案款，保障了公司的正常运营，避免了公司及债权人利益损失继续扩大，对维护全体债权人共同利益、维护社会稳定和公共利益均有显著的积极作用。因此，认定被上诉人李某某的债权本金340万元属于具有优先性的债权”，该裁判思路并未明确将破产受理前产生的债务认定为共益债务，与前述参照适用共益债务清偿顺序的判决思路具有一致性。

（三）共益债务的时间要件规范及突破的可能性

1. 原则上共益债务应产生于破产申请受理后

《企业破产法》对于共益债务的时间要件明确限定在“受理破产申请后”，该条似乎是以破产申请受理为界限，对债务的性质作出了不同的认定：破产程序启动前所形成的“老债”按照统一申报、统一分配的办法处理，而启动后形成的“新债”原则上按照随时支付、足额支付的规则处理。[①]

《企业破产法》第42条仅列举了6种情形，似乎难以满足破产实务中出现的情形，而后《企业破产法司法解释三》提供了共益债融资的依据，其第2条第1款规定：“破产申请受理后，经债权人会议决议通过，或者第一次债权人会议召开前经人民法院许可，管理人或者自行管理的债务人可以为债务人继续营业而借款。提供借款的债权人主张参照企业破产法第四十二条第四项的规定优先于普通破产债权清偿的，人民法院应予支持，但其主张优先于此前已就债务人特定财产享有担保的债权清偿的，人民法院不予支持。”该司法解释似乎对第42条的内容范围作出了一定的突破，但关于共益债务的认定仍是采取破产程序启动的时间标准。这意味着，司法实践中若仍旧以严格的时间标准为线，则企业破产案件实际受理情况中的割裂问题将无法获得回应（如文首案例中，债务人企业状况出现危机至企业破产受理期间，间隔了整整三年）；而若以时间为标准，从宽认定共益债务，则存在共益债务制度被滥用的风险，可能损害债权人的公平求偿权。与此同时，若将目光转向共益性的实质标准，对共益债务的认定从严掌握，则意味着从事共益债务行为的风险只能全部由行为人承担，这将严重打击相关主体从事共益债务行为、挽救债务人企业的热情；而若以实质标准对共益债务从宽认定，则会导致共益债务的边界模糊，同样可能导致滥用的风险。

对此，本专题认为，仍应当回到“共益债务”的原本概念内涵来界定其认定标准，即“共益”的内涵和“为债务人继续经营”[②]的目的。对于“共益”的内涵，传统学说认为“共益”即是指有利于全体债权人利益，但本专题认为，随着破产事业的发展，对破产制度的去污名化，应认可“共益”的对象及于债务人及其股东。如在文首案例中，政府所支付的200万元系为企业的经营所需，双方对此并无异议，而李某某与公司间借贷合同的目的仍存在异议。具体而言，共益性要求债务之产生系为了维持破产企业的继续经营，就该案而言，裁判文书的事实部分强调了113人上访、闹访对企业的影响，而企业的实际控

---

① 参见丁燕：《共益债务融资的实践进路与法律保障》，载《月旦财经法杂志》2020年第6期。

② 《企业破产法》第42条第4款规定：“为债务人继续营业而应支付的劳动报酬和社会保险费用以及由此产生的其他债务。”

制人系由区政府派驻，因此需要反思的是，该案中上访、闹访行为所直接影响的是政府部门，上访、闹访行为客观上已无法影响燃气公司的营运，因为燃气公司属于城市的供给系统，不同于一般的商事活动，在特许经营权未被收回之前，其营运过程基本不可能被第三人干扰。该案最终得出李某某的借款具有优先性的结论，系将社会稳定性因素的考量加入到了为了破产企业继续经营的“共益性”概念之中。

2. 特殊情形下共益债务可以产生于破产申请受理前

如前文所述，现行《企业破产法》将共益债务的时间范围限定在破产申请受理前。法谚有言“凡是范式必有例外”，正如文首案例中的情形一样，特殊情况下，需要考虑破产申请受理前的债务可否构成“共益债务”。

在比较法视角下，对共益债务时间要件的突破已有相关例证可以参考。如英国法上，霍夫曼法官在托莎联邦金融公司上诉案中指出，“清算费用发生的债务的概念扩张到包括清算之前发生的、与清算人后来为破产财产的利益而保留的财产相关的债务”，在一定程度上突破了共益债权的时间要件；[①]《日本民事再生法》第120条规定，对于在程序申请后，开始裁定前产生的债权，如果是再生债务人的重整所不可或缺的债权，可认定为共益债权；[②]《德国破产法》中，破产程序启动前由临时管理人设立的请求权，在程序启动后被视为财团债务。[③]在我国台湾地区，共益债务之构成也在时间要件的认定方面有所突破，比如我国台湾地区“破产法”第96条规定，“左列各款为财团债务：（1）破产管理人关于破产财团所为行为而生之债务……”，但在2016年版的“债务清理法”草案第171条的修订中，却明确规定了破产程序开始前的特定债务属于共益债务，此外，在“债务清理法”草案第81条第2款中又规定“前项规定，于法院裁定开始和解程序前之下列债务，准用之”，可见，我国台湾地区破产制度对和解程序中突破时间要件的债务采取参照适用共益债权规定的做法。

---

① 参见［英］费奥娜·托米：《英国公司和个人破产法》（第2版），汤维建、刘静译，北京大学出版社2010年版，第404页。

② 《日本民事再生法》第120条规定，“再生债务人在再生程序开始申请之后到再生程序开始之间，作出的借款、原材料的买入以及其他对再生债务人的营业额的继续必不可少的行为的，法院可以许可因该行为产生的对方当事人的请求权为共益债权”。

③ 参见［德］莱因哈德·波克：《德国破产法导论》（第6版），王艳柯译，北京大学出版社2014年版，第34页。

受现行法律明文规定的思维限制，目前专门针对破产申请受理前，政府部门对债务人企业“代管阶段”所产生债务性质的讨论较少。有观点认为，预重整期间的债务在严格满足除“破产申请受理后”要件外的其他要件时，可以纳入共益债务的范围，主要理由有三：（1）《企业破产法司法解释三》以参照的方式，将破产程序启动前债务人尚未支付的评估费、公告费、保管费等执行费用，纳入破产费用的支付范围。这说明破产程序启动前的部分费用与破产费用的功能或者性质相同或者相似，可打破时间标准的限制，以参照的方式将该费用纳入破产费用。（2）预重整制度具有激励相关主体在黄金时间对破产企业实施救治的功能，因此而生的债务符合为债务人利益之特征，可以参照适用的方式将之有条件地纳入共益债务之中。（3）基于防止参照共益债务清偿的债务过滥等方面的考虑，应施加债权人会议通过或者经人民法院批准或者追认等限制。① 在文首案例中，李某某在管理被告公司事务期间，彩虹公司面对数量庞大的被害人（债权人）的集体信访、闹访，若不立即解决被害人的退赃问题，彩虹公司将无法继续经营，也就无法保证零陵城区的天然气供应和社会稳定。借款行为是为了避免被告公司及债权人利益损失继续扩大，保证公司的正常运营。李某某的借款虽发生在法院受理被告公司破产申请前，但其在性质上是为了垫付法院刑事执行案件受害人的退赔案款，而这显著维护了受害人、债权人的合法权益及社会的和谐稳定，在债权人利益保护方面甚至发挥了比传统共益债务更为重要的作用，从结果来看，参照“共益债务”的规则加以适用，并无不妥。

四、“府院联动”模式下共益债务认定的规则适用

“府院联动”一般系指，政府和法院在破产案件中通过成立协调组织，建立起依案件需求导向的工作方式，实现信息共享和及时沟通，提升破产案件处理的绩效。在“府院联动”模式下，法院行使审判职能，负责破产案件的审理裁判；政府行使行政职能，负责处理因企业破产而衍生的社会问题。换言之，政府的介入意在与法院达成某种辅助关系，而不影响审判中立。但不得不承认

① 参见郭云峰：《程序正义视角下的共益债务认定》，载《人民司法》2021年第22期。

的是，政府的介入有其目的性，主要表现为缓解或解决社会问题，反哺目标企业，尽量使其避免进入破产清算。本专题认为，在“府院联动”模式下的共益债务认定应重点考虑以下两点。

第一，垫付行为确实发生在破产程序启动之前。就对《企业破产法》第42条的文意解读而言，该条似乎无法直接适用于政府在破产程序受理前就介入企业营运拯救事业的场景，这种对共益债权的机械式解读显然无法满足现实中涌现的各类型争议。实际上，此前有关论著中就遴选了一起电力供应公司在破产程序受理前欠缴的电费是否可以作为共益债权的案件，彼时的研究结果提出了将此类发生在破产受理前但是具有共益性的债权视为“准共益债权”的解释方法。[①] 本专题现进一步提出，此类为企业基本运营而支出的必要维护费甚至是维稳成本，只要由法院结合事实背景综合判断后，认定确属必要的支出因而符合共益属性的，便可突破时间要件而视为共益债权。

第二，垫付行为是在政府的介入与调停下做出的。文首案例的相关事实表明，因彩虹公司涉及公用性质（负责一区23,000户家庭的供气），早在破产案件正式受理的前3年，其住所地政府就对彩虹公司采取了临时接管措施，抽调人员设立了专门的工作小组进驻，甚至派专人管理公司财务并拨付财政资金200万元，以保证公司正常运转。这种由政府出面对经营事务涉及重大民生的特定危困企业进行破产程序之外的接管，属于行政接管，在我国有着较为广泛的运用。[②] 目前，行政接管模式规定于《商业银行法》《证券法》《保险法》等，而对于其他涉及公用事业的企业，法律也提供了类似的行政接管方案，如《市政公用事业特许经营管理办法》第25条规定，特许经营项目的主管部门应当建立临时接管应急预案，文首案例显然就属于此类情况。既然政府的行政接管措施完全可能出现在企业进入破产程序之前，并且对企业的经营模式产生较大的影响，那么一旦企业正式进入破产程序，破产法如何评价行政接管期间在政府介入的因素下产生的法律行为的效力，便构成破产法需要回应的话题。本专题认为，较为合理的解释立场是，破产法应对其破产债权、共益债权等权利

① 参见韩长印主编：《破产疑难案例研习报告》（2020年卷），中国政法大学出版社2020年版，第236－250页。

② 参见应松年、冯健：《论行政接管的法律性质》，载《学习与实践》2020年第10期。

属性的本来划分，不以行政接管中政府的角色为移转。原因如下：一则，虽然我国目前有《市政公用事业特许经营管理办法》，但据其规定，政府接管的程度和可采取的具体措施具有高度的差异性，在行政接管的相关立法本身尚不完善的情况下，破产法从立法技术上本就无法对接管作出有针对性的回应；二则，即便认为行政接管措施本身足以形成统一范式，也不应以行政权的介入作为破产程序区别对待破产债权的依据，这可能会造成不当的地方保护主义，甚至架空破产案件受理法院的实体审判权力。落实在具体问题上，如文首案例关于破产受理前的垫付行为是否构成共益债权的问题，就应当以该行为本身是否具有充足的“共益性”为判断依据，至于政府在其中的调解角色，无须作为法院的特别考量因素。

五、结语

由文首案件中的相关争议以及本专题分析可知，《企业破产法》第42条以列举方式规定共益债务不可避免会面临难以穷尽而无法适应司法实务状况的情形，这就要求管理人和人民法院在破产实践中，于破产法的基本价值和原则的指导下，灵活采用各种手段达到平衡。本专题提出，在共益债务的认定问题上，有必要突破时间要件“一刀切”的设置，主要从共益性的实体要件入手，参照适用共益债务优先清偿的规定；与此同时，未来立法修改时可对共益债务增设相关兜底条款，据此对应当归属于共益债务的类型采取扩大解释，不妨将破产受理前具有较显著共益性特质的融资、借款以及政府接管费用等，直接纳入共益债务的范围。

专题十八

破产清算中土地拍卖增值税费的承担问题

内容提要：企业在进入破产程序后如何高效顺畅地退出市场，向来是破产法领域中亟待解决的难题，破产程序中新产生的税收经常面临定性、清偿、征收管理等方面的问题。本专题结合一起税务机关强制划扣破产清算债务人土地拍卖增值税费所引发的纠纷，对该问题展开分析：破产清算程序中新生税费的性质认定与清偿问题在相当程度上体现了破产法与税法在企业非正常经营状态下进行调适的必要性，鉴于此，为尊重破产课税特区的理念，税法的相关规则在破产领域应当进行适当的调整，即在明确破产新生税费的优先债权性质的基础上，将其清偿顺序置于破产费用与共益债务具体项目中的相对劣后顺位，并对破产清算程序中的新生税费采取减征、免征等灵活的调整措施。此外，税收强制执行措施在破产清算程序中应有所限制。

关键词：破产清算、新生增值税费、破产费用、税费清偿、税收措施

一、问题的提出

2010 年 3 月 5 日，吴忠市中级人民法院裁定受理吴忠宁燕塑料工业有限公司（以下简称宁燕公司）的破产清算申请，并指定宁夏天纪律师事务所为破产管理人。2014 年 8 月 21 日，管理人委托宁夏盛世

开元拍卖行公开拍卖破产财产，宁夏正豪投资置业公司以2050万元拍得破产财产26.2亩国有工业用地使用权及地上附着物，双方约定由购买方承担所有交易税费，并于2015年9月28日与管理人办理了拍卖破产财产的移交手续。其后，买方未按照约定缴纳税费，吴忠市利通区地方税务局（以下简称利通地税局）于2016年11月23日分三次以吴利地税通（2016）001、002、003号税务事项通知书向管理人发出通知，要求其限期缴纳税款，管理人在限期内没有缴纳，利通地税局又于2016年11月28日向管理人发出扣缴税收款通知书，并于当日作出吴利地税强扣（2016）01号税收强制执行决定书，从管理人在中国银行吴忠分行的存款账户扣划税款4,542,309.83元，缴入国库。管理人不服，主张该案尚未进入破产财产分配程序，未到缴纳税款时间，认为利通地税局依据《税收征管法》第40条强制划扣税款的行政行为法律依据错误，程序违法，请求依法撤销该行政行为。

一审法院认为，管理人委托拍卖破产财产，其取得价款后应依照相关税法缴纳税款，该税款是在破产清算中变价处理破产财产而产生的，属于《企业破产法》规定的破产费用，应优先清偿。就该部分新生税收的扣缴程序而言，法院认为，既然定性为破产费用，则应当在进入破产清偿程序之前优先受偿，故利通地税局作出的强制扣缴措施并无不妥。管理人不服，提起上诉。

二审法院认为，本案中被扣缴的税费属于破产企业管理人在对企业财产依法进行拍卖和变价后因财产增值而产生的增值税，并非变价行为本身产生的费用，因而不属于《企业破产法》规定的破产费用。现吴忠宁燕塑料工业有限公司申请破产案件尚未进入破产财产分配清偿程序，被上诉人所实施的扣缴行为明显违反《企业破产法》第113条的规定，遂判决认定该税收强制执行行为违法。利通地税局不服二审判决，提起再审。再审法院并未直接回应涉案税款是否构成破产费用的争议，未对诉争税费的性质作出认定，而是提出，破产管理人并非从事生产、经营的纳税人，且破产司法程序中，任何对债务或费用的强制划扣均须经过人民法院审查准许或在清偿顺序中依法清偿。故本案利通地税局强制划扣拍卖税费的行为，属于执行程序违法，应予撤销。①

① 参见宁夏回族自治区高级人民法院行政判决书，（2018）宁行申28号。

本案的主要争议焦点为：（1）若拍卖双方已自行约定了由买方承担税费，那么在买方未按时缴纳税费时，破产债务人是否应当缴纳因破产企业的财产变价处置而产生的税费；（2）地税局强制划扣的税费是否属于《企业破产法》所规定的破产费用，尤其当本案涉诉的税费为“增值税”而非其他拍卖费用时，如何确定增值税在破产清算程序中的受偿顺位；（3）地税局是否有权依据《税收征管法》第40条的规定强制从破产管理人账户扣划拍卖所产生的增值税？本专题将围绕上述问题展开探讨，以明晰破产清算程序中的税费缴纳问题。

二、破产清算程序中新生增值税费的纳税义务人认定

我国《税收征管法》第4条规定：“法律、行政法规规定负有纳税义务的单位和个人为纳税人。法律、行政法规规定负有代扣代缴、代收代缴税款义务的单位和个人为扣缴义务人。纳税人、扣缴义务人必须依照法律、行政法规的规定缴纳税款、代扣代缴、代收代缴税款。”与此同时，《土地增值税暂行条例》第2条规定，转让国有土地使用权、地上的建筑物及其附着物并取得收入的单位和个人，为土地增值税的纳税义务人，应当依照本条例缴纳土地增值税。在文首案例中，破产债务人拍卖企业享有的国有工业用地使用权及地上附着物，即构成上述法律规定中的纳税义务人，应当就其取得的拍卖款缴纳增值税。但破产债务人在拍卖前已与买受人在竞拍协议书中明确约定，破产财产拍卖的税费由后者承担，“拍卖特别声明”也对此作了专门说明，由此产生的问题是：在买受人未按双方自行达成的约定向债务人交付税款时，税务机关是否有权直接要求由破产企业来履行缴纳税款的义务？

在税收实践中，合同双方约定由协议一方承担和缴纳交易产生的全部税费的条款往往被称为“包税条款”，且此时，根据协议约定承担缴纳税款义务的一方通常并非税法上的义务主体。[①] 由于我国目前相关的税收法律没有明确规定土地增值税、所得税等税种是否能通过约定的方式转嫁负税义务，存有法律漏洞，当事人自行约定的包税条款效力经常面临争论。学界的主流观点持

① 参见肖太寿：《包税合同条款的法律效力与涉税分析》，载《财会学习》2012年第1期。

相对肯定的态度，主要理由为：我国税收相关法律法规对纳税义务人以及纳税责任、税额税率、缴纳方式等进行规范，但并没有对税款的实际承担主体作出限制性规定；[①] 包税条款中双方关于税费承担的规定仅改变了实际的税费承担者，并未否认或改变债务人纳税义务人的身份，没有改变破产企业与税务机关之间的行政法律关系；[②] 包税条款仅改变了税款资金的来源，并不存在降低或减少税收额度的情形，不会对税务机关税收请求权的实现产生不利影响。[③]

实践中也多有持此立场的裁判文书。例如，江苏省高级人民法院曾在一起税收纠纷的说理部分提出："法律并不禁止纳税义务人与他人约定由他人负担本应由纳税义务人缴纳的税款。该约定并不改变纳税主体身份，实质是约定由他人承担支付相当款额的义务。"[④] 而最高人民法院在"山西嘉和泰房地产开发有限公司与太原重型机械（集团）有限公司土地使用权转让合同纠纷案"[⑤] 中的说理部分也强调，包税条款实质上是一种税负转嫁条款，在纳税义务人未发生改变的前提下，其本身并未违背纳税义务人的人身专属性或违反税收管理方面的法律法规。包税条款作为缔约双方在交易过程中对经济利益进行分配的约定，是当事人意思自治的一种体现。故从尊重商事主体意思自治出发，应当肯定其法律效力，即在税法所规定的课税要件与私法上的法律关系耦合时，关于课税要件的事实认定，原则上应承接并尊重纳税人所形成的私法上的法律关系，以此维持法律秩序的安定性。

由此，虽然当事人在拍卖活动中通常会约定由购买方承担所有交易税费，但是该约定本身属于民事行为，管理人可以根据该约定要求购买方及时代为缴纳或者偿还拍卖交易税费，而这并不改变税法意义上的纳税义务主体。[⑥] 在文首案例中，虽然拍卖双方对税费的实际承担主体进行了特别约定，但破产债务人的纳税义务人身份并不受此影响，在买受方未依照包税条款向出卖方交付税

① 参见张婉苏：《包税条款的效力反思与路径重构》，载《南京社会科学》2021 年第 11 期。
② 参见包关云、包卓群：《破产企业财产拍卖涉税研究——基于财务与法学视角》，载《中国注册会计师》2019 年第 11 期。
③ 参见张婉苏：《包税条款的效力反思与路径重构》，载《南京社会科学》2021 年第 11 期。
④ 江苏省高级人民法院民事判决书，（2016）苏民终 646 号。
⑤ 参见最高人民法院民事判决书，（2007）民一终字第 62 号。
⑥ 参见张松、王怡：《企业破产程序中的若干税收法律问题》，载《税务与经济》2019 年第 4 期。

款时，债务人不能以此为由对抗税务机关，而应继续履行其纳税义务，但在缴纳税款后可以向买受人追偿。除此之外，需注意的是，虽然破产财产的拍卖系以管理人的名义进行的，但这是由于在法院受理破产申请后，债务人即丧失对自身财产的管理和处分权，而由管理人接管。而在债务人企业宣告破产后、办理注销登记之前，其主体资格继续存续，拍卖所得的财产属于债务人财产而非管理人财产，虽然具体的拍卖事宜与其后缴纳税费的事宜均需由管理人实际完成，但并不能据此认为纳税义务人为破产管理人，即债务人企业纳税义务人的主体身份并不因管理人在破产程序中的接管情况而改变。

聚焦在文首案例中，再审法院以宁燕公司宣告破产、丧失生产经营能力为由，否定其具有纳税义务人身份的观点有待商榷。事实上，拍卖作为一种破产企业的资产处置方式，旨在利用拍卖的充分竞价机制，实现财产变卖收入的最大化，属于破产清算程序处置破产财产的本来任务。而在拍卖过程中，双方对税费的实际承担主体进行了特别约定，此为民事行为，并不改变税法规定中的纳税义务承担主体，债务人仍应继续履行其纳税义务。相比较而言，两审法院根据《财政部国家税务总局关于全面推开营业税改征增值税试点的通知》、《营业税改征增值税试点实施办法》及《土地增值税暂行条例》而将宁燕公司认定为纳税义务人，代其履行纳税义务的破产管理人则构成纳税主体，该种认定方式更为妥当。

三、破产清算程序中新生增值税费的受偿顺位调整

（一）新生增值税费的性质

破产程序中的新生税收，是指人民法院受理破产申请后至破产程序终结前产生的纳税义务。[①] 如上文所述，法院受理破产申请时，企业的主体资格尚未注销，因而其作为纳税义务人的资格地位并未消灭，如果发生应税行为，仍然会产生纳税义务。

1. 我国司法实务对新生增值税费的处置方式

对于破产清算程序中，因财产处置行为产生的税费的性质问题，司法实践

① 参见杨红伟：《论企业破产程序中“新生税收”问题》，载《第十二届“中部崛起法治论坛”论文汇编集》（2019年），第1266页。

中绝大部分法院将其认定为破产费用从而认可其优先受偿地位。如在“国家税务总局桂阳县税务局、湖南黄沙坪铅锌矿破产债权确认纠纷案”① 中，二审法院就认为，对于资产处置和出租门面等行为产生的房产税、增值税、教育附加等税款，桂阳税务局可在破产财产分配前，请求列入“破产费用”或“共益债务”进行分配；在“广发银行股份有限公司佛山分行与佛山市南海广亿五金制品有限公司管理人等管理人责任纠纷案”② 中，法院则指出，因拍卖处置债务人财产所产生的增值税税款，应属于《企业破产法》第41条第2项中的破产费用，由债务人财产随时清偿。

除此之外，我国地方司法文件也多持该立场。如广州市中级人民法院、国家税务总局广州市税务局共同发布的《关于进一步解决破产程序中涉税问题的若干意见（试行)》第24条规定，在破产程序中，因继续履行合同、生产经营或者处置破产企业财产等新产生的相关税（费）及滞纳金，以及因发生税收违法行为产生的罚款，均属于《企业破产法》第41条规定的“管理、变价和分配债务人财产的费用”，由管理人按照税收法律法规规定的期限，代为申报缴纳相关税（费)，税务机关无须进行税收债权申报。又如，南京市中级人民法院和国家税务总局南京市税务局制定的《破产清算程序中税收债权申报与税收征收管理实施办法》第2章第4条规定，破产程序中“为债权人利益继续生产经营，或者在纳税人财产的使用、拍卖、变现过程中产生的应当由纳税人缴纳的税（费)，属于《中华人民共和国企业破产法》第四十一条破产费用中的‘管理、变价和分配债务人财产的费用’，依法由纳税人的财产及时清偿”。此外，《四川省高级人民法院关于审理破产案件若干问题的解答》第六部分第13条③、江苏省镇江市中级人民法院和国家税务总局镇江市税务局共同制定的《关于企

① 参见湖南省郴州市中级人民法院民事判决书，（2020）湘10民终1585号。

② 参见广东省高级人民法院民事判决书，（2016）粤民终1942号。

③《四川省高级人民法院关于审理破产案件若干问题的解答》第六部分第13条：在破产清算程序中处置财产所产生的应由债务人承担的税款，属于破产费用还是税收债权？答：破产程序中处置破产财产新产生的增值税、附加税、印花税、契税等税费，属于在破产程序中为实现全体债权人的共同利益而必须支付的费用或者承担的必要债务，可以归为破产费用中“变价和分配债务人财产的费用”，由债务人的财产随时清偿。如处置的破产财产系担保物，则处置破产财产所产生的税费从担保物处置价款中优先清偿。

业破产处置涉税问题处理的实施意见》第3条①、重庆市高级人民法院、国家税务总局重庆市税务局于2020年2月25日制定的《关于企业破产程序涉税问题处理的实施意见》第7条②、扬州中院和扬州市税务局于2020年3月16日联合出台的《关于企业破产处置涉税问题处理的实施意见》第12条③也都有类似的规定。

由此可知，将破产程序中财产处置所产生的新税费认定为破产费用，是当前司法实践中的普遍做法。

2. 新生增值税费性质的理论分野及本专题立场

关于破产财产处置中所生税费是否属于破产清算程序中的新生税费因而是否属于破产费用的问题，存在以下不同的立场：

（1）“肯定说”认为，财产处置过程中的增值税本身是基于财产变价行为而产生的，应认定为《企业破产法》规定的“变价破产企业的财产所产生的费用”。有学者对破产程序中可能产生的新生税费进行了分类，并指出对于处置破产财产新生的增值税、印花税等“积极性质”的税种，可以归为“变价和分配债务人财产的费用”；而接管程序中持续产生的房产税、城镇土地使用税等“消极性质”的税种，则属于“管理债务人财产的费用”④。从这个角度来说，破产企业产生的新生增值税款完全处于《企业破产法》关于破产费用定义的含义之内。再者，从《企业破产法》设置破产费用和共益债务的原意来看，该二者本来就是为了破产程序能够持续推进而专门设置的，而破产程序中的新生税

① 《关于企业破产处置涉税问题处理的实施意见》（镇中法〔2019〕161号）第3条第2款规定：“管理人经法院许可，为债权人利益继续营业，或者在债务人财产的使用、处置破产财产过程中产生的应当由债务人或破产企业缴纳的税（费），属于《中华人民共和国企业破产法》第四十一条破产费用中的‘管理、变价和分配债务人财产的费用’，由管理人按期进行纳税申报，并依法由债务人的财产随时清偿。”

② 《关于企业破产程序涉税问题处理的实施意见》（渝高法〔2020〕24号）第7条第2款规定：管理人经人民法院许可，为债权人利益继续营业，或者在使用、处置债务人财产过程中产生的应当由债务人缴纳的税（费），属于《企业破产法》第41条破产费用中的“管理、变价和分配债务人财产的费用”，由管理人按期进行纳税申报，并依法由债务人的财产随时清偿。

③ 《关于企业破产处置涉税问题处理的实施意见》（扬中法〔2020〕22号）第12条规定：管理人经法院许可，为债权人利益继续营业，或者破产企业财产的使用、处置过程中产生的应当由破产企业缴纳的税（费），属于《企业破产法》第41条破产费用中的“管理、变价和分配债务人财产的费用”，由管理人按期进行纳税申报，并依法由破产企业的财产随时清偿。

④ 参见罗敏：《破产程序新生税费之性质省思及税务处理调适》，载《财会月刊》2021年第6期。

款都是“在破产程序中为全体债权人的共同利益而支付的各项费用或者承担的必要债务，主要目的旨在保障破产程序的顺利进行，在使用效果上可以增进所有债权人的利益”①，因此完全可以将新生税款视为破产费用和共益债务的固有内涵。

（2）“否定说”则认为，《企业破产法》列举的破产费用范围并不包括破产清算新生税收。这是因为，破产费用的本质是为了破产程序的顺利进行和更好地管理债务人财产，实现债务人财产的保值增值，为保护债权人利益所产生的支出，而新生税收显然不具备这种功能，因此把新生税收定性为破产费用的思路并不符合《企业破产法》的规定。②

本专题支持“肯定说”。上文提及“肯定说”的部分观点认为，增值税属于积极性质的新生税收，因而可以归为变价和分配债务人财产的费用。一般而言，债务人财产的变价费用是指管理人为变现债务人财产而支出的费用，这主要包括对债务人财产的估价费、鉴定费、公证费、拍卖费用等。若仅根据“否定说”采取的严格的文义解释，那么拍卖财产后因财产增值而产生的增值税似乎难以完全等同于因变价行为本身所产生的费用，而是属于财产变价后的新生费用。但是，考虑到破产程序新生税费的税务处理问题关乎纳税人与税务机关等多方主体的利益，牵涉到破产法与税法之间的协调问题，甚至事关营商环境能否精准优化的总体目标，对此不能仅从狭义的文本进行解读，否则无疑是对法律条文的机械适用。就破产程序中的税费问题而言，有必要多角度展开论证：

首先，从目的解释来看，破产费用是指在法院受理破产案件时以及破产程序进行中为全体债权人利益和程序开展而支付的各项费用。③ 破产费用的核心特征在于，其是为破产程序的进行以及全体债权人的共同利益而产生的费用，并由债务人财产优先清偿。而作为纳税义务人的企业进入破产程序后的新生税款在本质上是满足“在破产程序中为全体债权人的共同利益而支付的各项费用或者承担的必要债务”这一条件要求的，因为缴纳这些费用是管理人顺利推进

① 李慈强：《破产清算中税收优先权的类型化分析》，载《税务研究》2016 年第 3 期。

② 参见杨红伟：《论企业破产程序中“新生税收”问题》，载《第十二届“中部崛起法治论坛”论文汇编集》(2019 年)，第 1266 页。

③ 参见韩长印主编，王玉梅、徐阳光副主编：《破产法教程》，高等教育出版社 2020 年版，第 179 页。

破产项目的必要前提，以达到管理人得以顺利持有和处分破产企业的资产、从而增进所有债权人利益的最终程序目的，因而属于破产程序本身必然面临的成本，符合破产费用的内涵。具体而言，变价债务人财产是为了实现债务清偿，而拍卖债务人财产必然会随之产生税费，债务人根据税法的规定而负有纳税义务，故税费应属于破产程序进行所必须支付的费用。何况，其是因变价行为这一有利于全体债权人的行为而产生的费用，不应与变价行为割裂对待，也应构成破产费用。

其次，从域外经验来看，其他国家也多存在将破产程序新生税费作为类似破产费用和共益债务对待之例。如美国破产法就将破产程序中发生的税款作为破产管理费用的一部分，《美国破产法典》第503条规定，“为管理维持破产财团所必需的实际的费用和支出、税收，因该税收而产生的罚款、惩罚等”经过通知和听证后可以被确认为管理费用；《日本破产法》第148条则规定，“依国税征收法和国税征收条例可以征收的租税债权”为财团债权，而“财团债权”可类比我国企业破产法中的破产费用和共益债务，系“基于破产程序开始之后的原因产生的请求权仅限于就破产财团所发生者”①。《德国破产法》则认为，只要是因破产变现而发生的税收债权都可以纳入破产费用的概念中。② 由此可见，将新生税费解释至破产费用和共益债务之列，具有充分的国际经验。

最后，从实际可操作性的角度来看，对于财产变价过程中产生的新生税收，其缴纳情况将直接影响企业财产的过户和破产程序的进行，如不能及时缴纳该部分税费，那么后续的过户环节以及企业的注销环节均将会因税款尚未缴清、缺乏完税凭证等原因遭遇阻碍。③ 因此，对于拍卖变价过程中的增值税，应将其作为变价、管理破产财产过程中必需支付的破产费用。

聚焦到文首案例中，关于新生增值税费的性质，一审法院认为其构成随时、优先清偿的破产费用；二审法院则认为，涉案税费属于管理人在对企业财产依法进行拍卖和变价后因财产增值而产生的增值税，并不是因变价行为本身而产

① 罗敏：《破产程序新生税费之性质省思及税务处理调适》，载《财会月刊》2021年第6期。
② 参见许德风：《破产法论：解释与功能比较的视角》，北京大学出版社2015年版，第167页。
③ 参见范志勇、叶俊丽：《破产程序中新生应缴税款的清偿顺位》，载《税法解释与判例评注》2019年第11期。

生的费用，因此否定其破产费用属性，将其认定为《企业破产法》第113条①中规定的在职工工资之后的破产人所欠税款。有理由认为，该案中的拍卖行为发生时，我国尚未全面实施“营改增”，而在“营改增”实施前，拍卖行为本身就属于营业应税行为，而营业税纳税义务本身又与财产增值并无关联。退而言之，即便本案的拍卖行为确实发生在“营改增”实施后，认为破产管理人拍卖债务人的财产时因财产的增值而发生了增值税，那么该税款“究竟属于何种税的问题”和其“是否属于破产费用的问题”是同时并存的问题，即二者并非矛盾的关系。可以认为，无论拍卖期间产生何种税费，包括增值税这种积极性质的税种以及城镇土地使用税等消极性质的税种，只要仍处于破产程序期间，那么管理人对债务人财产进行管理、变价等行为的费用支出，均可认定为破产费用。② 何况，《企业破产法》第113条规定的“所欠税款”应指企业在进入破产程序之前所欠缴的税款，并不包括破产程序进行过程中新产生的税款债权。该案二审法院将因破产财产处置行为新生的增值税认定为《企业破产法》第113条规定的所欠税款，是对两个不同环节产生的税款性质的混淆。

综上所述，将企业在破产清算程序中新生的增值税费解释为破产费用，不仅是当前司法实践中的普遍做法，而且具有理论基础，符合现行目的解释的逻辑、具有可操作性且有域外经验的支撑。在此背景下采纳该观点有助于法律适用的统一，有利于稳定社会公众的预期。

（二）新生增值税费的清偿

就破产费用的清偿问题，我国《企业破产法》第43条第1款规定：“破产费用和共益债务由债务人财产随时清偿。”由此可知，既然认定新生税费属于破产费用，即意味着其能够优先于其他普通破产债权就债务人的财产随时获得清偿。文首案例中，该案的一审法院认为，宁燕公司在其破产清算期间通过拍卖

---

① 《企业破产法》第113条规定：“破产财产在优先清偿破产费用和共益债务后，依照下列顺序清偿：（一）破产人所欠职工的工资和医疗、伤残补助、抚恤费用，所欠的应当划入职工个人账户的基本养老保险、基本医疗保险费用，以及法律、行政法规规定应当支付给职工的补偿金；（二）破产人欠缴的除前项规定以外的社会保险费用和破产人所欠税款；（三）普通破产债权。破产财产不足以清偿同一顺序的清偿要求的，按照比例分配。破产企业的董事、监事和高级管理人员的工资按照该企业职工的平均工资计算。”

② 参见罗敏：《破产程序新生税费之性质省思及税务处理调适》，载《财会月刊》2021年第6期。

的方式转让土地及其附着物，属于破产费用，应当以破产财产随时清偿、优先支付。本专题赞同该说理中的定性部分，但对新生税款是否可以“随时清偿，优先支付”的具体处理方式有待商榷。在涉税问题上，破产制度若处理不当，在税法的重压之下极有可能使得存有挽救可能性的企业因为税收问题而最终不得不注销解散，或是在清算环节中，导致普通破产债权人一无所得。考虑到破产程序的特殊性，在处理破产程序新生税费时，可以尝试对现行法做出突破，设置更为明晰的破产清偿规则。

1. 新生增值税费的清偿顺位认定

虽然破产程序中的新生税费在性质划分上归属于破产费用之列，但是否赋予其第一顺位的“超级优先”清偿次序，仍有待商榷。

从税收制度自身的价值出发，税收强调为公众提供公共产品的最终目的，当纳税人处于极度危难之中时，国家也有施救的义务：涵养税源方能保障国家运转和存续，一味地赋予新生税费“超级优先”清偿次序可能会让征税机关竭泽而渔，甚至影响整个市场秩序。正如有观点指出：“征税权的权威性毋庸置疑，但是处于困境中的企业所能承受的税收负担和权力压力已经到了最为敏感和脆弱的程度，如不加区分地行使征税权力，将会带来征税权行使中的‘不妥当’和个案中的非正义问题。”[①] 尤其针对重整程序，作为公权力代表的税收债权人，给予重整债务人在重整期间最大空间的支持，在某种程度上，税务机关的此做法也是尊重法院、培育税源的利人利己的明智之举；而从另一个角度，税务机关对重整后的企业作出了上述明确的限制，这无疑是为其税收利益上了一份万全的保险。重整债务人和税务机关之间达到了充分的协调和共赢。[②] 换句话说，放弃暂时的税收利益将更有利于征税机关“放长线钓大鱼”。

该问题同时涉及破产制度本身的价值取向。美国专门破产法委员会曾在其立法研究报告中提及破产程序的“外在目的”与“内在目的”。其中，破产法的“外在目的”要求破产程序应当在规则设计上尽可能实现如下目标：顺应市场规律，提供清晰明确、具有可预见性的程序性规范；避免当事人的实体权利在破产程序中受到额外的不公损害；顺应破产法内在的社会化属性，合理地在

① 徐阳光：《破产程序中的税法问题研究》，载《中国法学》2018年第2期。
② 参见郑志斌、张婷：《公司重整：角色与规则》，北京大学出版社2013年版，第526页。

各利益相关者之间分配风险。而破产法的“内在目的”正在于：实现程序“友好”化，使债权人与债务人均可方便地启动与参与程序；平等地对待债权人的请求；降低破产程序自身运转的成本；制约欺诈等。[①] 这些制度目的阐释了破产法的正确态度并非在于谋求逆转，而是因势利导地加以调整的理念，可以看出，破产程序具有另一种意义上的涵养税源的价值，可见破产程序与税法在理念上有着异曲同工之趣。

需要明确的是，征税机关和破产企业之间并非敌对的关系，不存在零和博弈。相反，支持一个企业渡过难关，其实对该企业的上下游企业，即供应链、产业链都有所裨益。盘活一个企业能带来的长期收益，远不止众多债权人所争夺的、极为有限的破产财产。退一步讲，即便破产企业存在逃废债行为，征税机关完全可以通过强制执行划转及时弥补损失，这也正是文首案例中税收机关采取的强制措施。此外，由于我国资本市场相对欠发达的情况，企业直接融资的比例并不高，企业最大的债权人往往都是银行，因此在破产清算程序中将新生税费视作破产费用的优先处理模式下，利益受损最大的就是银行债权人。而实际情况是，银行作为社会资金融通的机构，其影响力极其广泛。如果因为银行债权的损失，使银行出现大量呆账、坏账，必将从更为广泛的意义上危及金融安全，产生连锁效应。[②]

从域外经验来看，当前各国也往往对新生税费作为破产费用的优先受偿地位作有相对缓和化的处理。《美国破产法典》第 11 章规定，破产案件受理后，当税务机关征收其后发生的税款时，不能损害债务重组计划的实施，对于已经纳入债务人还款计划的工资、财产，税务机关不能依据行政权力而直接将其作为执行对象，以满足债务人破产申请后发生的税收。[③] 虽然该规定针对的是个人破产程序，但其中的法理是可以借鉴的，即在破产情形下，新生税费有必要对破产程序的整体目标作出特定的让步，这是征税权在破产程序中的克制表现，与上述税法进入破产法后应具有的谦抑性相吻合。《日本破产法》对新生税收的分类更为细致，这是因为其修法前的旧法中大部分租税债权被划为财团债权、

① 参见许德风：《破产法论：解释与功能比较的视角》，北京大学出版社 2015 年版，第 31－33 页。
② 参见熊伟、王宗涛：《中国税收优先权制度的存废之辩》，载《法学评论》2013 年第 2 期。
③ 参见熊伟：《美国联邦税收程序》，北京大学出版社 2006 年版，第 253、257 页。

享有绝对优先顺位的做法备受诟病，破产管理人往往被当作专门为租税债权人服务的人员。因此，日本破产制度对新生税款的优先清偿地位作有限制，基于破产程序开始后的事实而产生的租税债权中，只有与破产财团相关的债权才可被视为破产财团的管理费用，从而归入财团债权并获得优先清偿，典型如破产财团所属的不动产相关的固定资产税等。[①] 同时，《日本破产法》进一步对财团债权作出罗列，不仅对“租税债权”和“破产财团的管理、变价及分配费用”加以区分，而且规定二者在清偿次序上也有先后之分。《日本破产法》第152条规定，当破产财团明显不足以清偿财团债权时，“破产财团的管理、变价及分配费用”仍可优先于“破产程序开始后就破产财团而发生的租税债权”受偿。由此可见，《日本破产法》对这部分已然享有优先受偿权的财团债权（破产费用与共益债务）再次作出了清偿次序的具体细分，从而将破产程序中的新生税费置于相对劣后受偿的地位。[②]

因此，我国在将破产程序新生税款的性质明确界定为破产费用的基础上，可以借鉴《日本破产法》的做法，在破产费用项下对各项债权的清偿次序予以细化排列，并将该税费置于破产费用与共益债务项目中的相对劣后顺位。这种处置模式在明确了执行标准的同时，又保证了推进破产程序的必要费用，体现了破产法与税法理念的融合与协调，具有合理性。

2. 新生增值税费减征、免征的可能性

对于破产程序中的新生税费是否应获得完全清偿问题，即便是赞成将新生税款界定为破产费用的学者，也往往承认完全清偿的结果并非没有潜在问题。虽然新生税款在产生时间、产生过程以及产生原因上都符合破产费用的核心特征，但与其他破产费用相比，其并不具有对价性、双务性和有偿性。具体而言，一般破产费用和共益债务的支出，收取方均需负有一定的义务或付出一定的对价，比如对破产财产的保管费用中，管理人向保管人支付的费用即是为了表彰保管人负有的保管义务。但在新生税费的场景中，该费用是由交易双方之外的第三方（国家）无偿收取的，收取方并未因此付出具体的对价。[③] 对此，有实

① 参见［日］山本和彦：《日本倒产处理法入门》，金春等译，法律出版社2016年版，第64－65页。

② 参见罗敏：《破产程序新生税费之性质省思及税务处理调适》，载《财会月刊》2021年第6期。

③ 参见徐战成：《企业破产程序中新生税款应如何定性》，载《中国税务报》2018年10月17日。

务界人士进一步指出，从税收契约论的角度出发，正常经营状态下的纳税人在纳税后依法享有政府提供的公共产品及服务的权利。但在破产清算程序中，破产企业在资产分配完成后将立即被注销，因而无法享有政府提供的公共产品及服务，此时若仍对其资产处置行为进行征税，并不符合税收契约的精神。①

当前，我国实践中亦有相关文件建议由有权机关免除某些企业在破产程序中应缴纳的税收，其中也包括破产程序中可能遭遇的土地增值税。典型如2002年最高人民法院对河南省高级人民法院作出的《关于人民法院拍卖、变卖破产企业财产，破产企业应否纳税问题的答复》中就提到："对于破产企业财产变现所产生的税金能否免于征收，要根据国家有关政策和财政部门的意见确定，鉴于目前破产案件普遍存在债权清偿率低的情况，可由清算组与地方税务征管机关进行沟通协商，争取税务机关理解并同意对变现财产减免征税。税务机关不同意减免的，应纳税金应当在法定普通清偿顺序的第三顺序中予以清偿。"虽然上述答复系于现行《企业破产法》颁布前作出的，但已经明确体现出了最高人民法院对破产程序中新生税费的减免可能性所持的支持态度。针对特殊行业，国务院发布的《金融机构撤销条例》第21条亦有类似规定，"被撤销的金融机构财产的清理和处置，免交税收和行政性收费"。此外，《财政部、国家税务总局关于大连证券破产及财产处置过程中有关税收政策问题的通知》（财税〔2003〕88号）第4条规定："大连证券破产财产被清算组用来清偿债务时，免征大连证券销售转让货物、不动产、无形资产、有价证券、票据等应缴纳的增值税、营业税、城市维护建设税、教育费附加和土地增值税。"甚至，个别省市为维护债权人的合法权益以及地方经济的稳定发展，以地方政府规范性文件的方式明确规定企业在破产清算程序中可以免征土地增值税，如《青海省人民政府办公厅转发省经贸委关于鼓励收购重组破产企业有关政策规定的通知》（青政办〔2000〕121号）第1条规定，"收购重组破产企业，发展方向符合国家产业政策和我省经济特色或采用高新技术，同时安置原企业一定数量职工的企业，在实施重组过程中，凡涉及转让土地使用权的，免缴土地出让金、土地增值税等各类税费"。当然，值得说明的是，上述税收的免征、减征均系针对特定的企

① 参见杨红伟：《论企业破产程序中的"新生税收"问题》，载 https://mp.weixin.qq.com/s/MIz6cxGLBvF_BWz03emJQA，最后访问日期：2023年6月14日。

业，在破产清算程序中不具有普适性。

在破产清算程序中对新生税费予以减征、免征具有合理性，主要有以下理由：（1）从税收契约论的角度来看，纳税人与国家之间的关系可以被视为买卖契约关系，其中，纳税人作为买方向政府购买公共产品或服务，享有买方的权利，包括“缴纳适当税款的权利（合理的公共产品或服务的购买价格）、对政府财政或预算支出的监督权（对卖方所提供商品或服务的检查验收的权利）、享受良好的税收服务的权利（买方购买商品之后的售后服务）”等。① 但在破产清算程序中，破产债务人进行财产清理工作的核心目标即在于注销其法人资格，债务人显然无法在依法纳税后继续享有应有的纳税人权利，故要求破产债务人与正常经营中的其他企业缴纳同样的税费，似有不妥。（2）从税收公平原则出发，纳税是公法上强制性的、无对价的金钱给付义务，其制度价值主要在于保障处于弱势的纳税人的权益，因而税收规则应当受到实质平等原则的约束。② 而在纳税人破产情形下，纳税人一方的权利与义务是否对等不无疑问，故为保障税收正义的实现，有必要对破产清算程序中的新生税费采取减征，甚至免征的措施。（3）结合课税特区理论加以分析。课税特区是指为保障纳税人的正当权益，征税机关应当慎入（禁入）或者原有税法规则应当在破产领域做出特别调整。③ 具体而言，本案即属于破产程序中因变价处置债务人财产而产生的税费，考虑到破产程序的特殊性，该企业本就处于困境状态，变价行为本身即是为了使债权人得到更多的清偿，不应再抬高破产过程中财产变价产生的成本。国家征税机关应在破产领域内顺应《企业破产法》的价值取向，保护债权人利益，作出适当调整和让步，不应再与本就难以获得全面清偿的债权人争夺破产企业可分配的利益。④ 因此，破产程序应当在某种意义上构成“课税特区”。故对于破产清算过程中的新生税收，应当充分考虑到债权人利益与国家征税利益的平衡，对新生税收适用相应的减免规则。

综上所述，破产程序中新生税款的性质应界定为破产费用，同时，考虑到《企业破产法》在保障债权人公平受偿、维护关系人合法利益之同时，兼具着

---

① 参见油晓峰、王志芳：《税收契约与纳税人权利之保护》，载《税务研究》2007年第2期。
② 参见侯作前：《从税收法定到税收公平：税法原则的演变》，载《社会科学》2008年第9期。
③ 参见徐阳光：《破产程序中的税法问题研究》，载《中国法学》2018年第2期。
④ 参见徐阳光：《破产程序中的税法问题研究》，载《中国法学》2018年第2期。

维护社会公共利益和稳定社会经济秩序的功能，便有可能将此二方面的价值取向作适当调和，由此，在将企业在破产程序中遭遇的增值税等税费置于破产费用与共益债务项目中的相对劣后位置加以处理的同时，也应当对破产清算程序中的新生税费采取减征、免征等灵活的调整措施。

四、税收强制执行措施在破产清算程序中的适用限制

（一）税收强制执行措施与破产制度的不兼容性

我国《税收征管法》第40条第1款规定："从事生产、经营的纳税人、扣缴义务人未按照规定的期限缴纳或者解缴税款，纳税担保人未按照规定的期限缴纳所担保的税款，由税务机关责令限期缴纳，逾期仍未缴纳的，经县以上税务局（分局）局长批准，税务机关可以采取下列强制执行措施：（一）书面通知其开户银行或者其他金融机构从其存款中扣缴税款；（二）扣押、查封、依法拍卖或者变卖其价值相当于应纳税款的商品、货物或者其他财产，以拍卖或者变卖所得抵缴税款。"显然，在将破产程序中因破产拍卖所致的新生税费定性为破产费用的基础上，又会遭遇下一步的新问题：税务机关能否于破产程序中适用《税收征管法》第40条的规定，从破产管理人账户中强制划扣破产新生税款？该问题表现出《税收征管法》在破产程序中可能遭遇的适用龃龉以及《企业破产法》在税收问题上的衔接失衡，反映出破产法与税法之间的适用矛盾与困境。

究其本质，这是破产制度与税收制度在理念追求上的分歧所导致的。《税收征管法》的目标在于"加强税收征收管理，规范税收征收和缴纳行为，保障国家税收收入，保护纳税人的合法权益，促进经济和社会发展"；相较而言，《企业破产法》的宗旨则是"规范企业破产程序，公平清理债权债务，保护债权人和债务人的合法权益，维护社会主义市场经济秩序"。当相关争议焦点聚焦于破产程序新生税费的税务处理时，究竟何种理念占上风，显然将引发多种解释纬度的探讨可能性。但至少可以明确的一项结论是，纯粹依据税收征管法理论推导出的税收强制执行措施，显然在破产程序中将遭遇实施的不兼容性。

（二）税收强制执行措施在破产程序中的限制

在文首案例中，二审法院肯定了税务机关本来具有的强制执行职权，但仍

以所扣缴税费并非破产费用且破产案件尚未进入分配清偿程序为由，认定涉诉的税收强制执行行为违法。再审法院并未对诉争税费的性质问题作出认定，而是认为该企业的破产申请一经人民法院受理，对破产财产的保全、执行、债务清偿顺序等均有法律上的严格限定。不同于普通民事执行程序，在破产司法程序中，任何对债务或费用的强制划扣都必须经过人民法院的审查、准许，或在清偿顺序中依法清偿，故税务机关直接强制划扣拍卖税费的做法在执行程序上显属违法。对此，本专题赞同再审法院的说理，即税务机关在征税问题上的强制执行权必须在破产清算程序中受到必要的限制。具体的理由如下：

首先，从目的解释的角度出发，破产程序的启动即意味着将债务人与债权人的权利义务状态同时陷入某种“未知”状态：债务人被剥夺对自身财产的管理权，由破产管理人接管和管理并留待对全体债权人进行清偿；而债权人并不知其债权的损失能挽回几成，只能按照法定顺序和比例从“公共鱼塘”中获取有限的清偿。为保障全体破产债权人的公平受偿，破产申请一经人民法院受理，总括司法程序即告开启，破产规则对于破产财产的保全、执行、债务清偿顺序等均有严格限定，具体表现为《企业破产法》对个别债务人的债务清偿、有关债务人财产的保全执行、破产费用的清偿顺序、破产财产分配方案均需经人民法院裁定认可等事项所作的规定，该法第19条规定：“人民法院受理破产申请后，有关债务人财产的保全措施应当解除，执行程序应当中止。”显然，该措施所秉持的理念乃是保持债务人财产的完整性、保证财产分配的公平性，防止债权人或债务人的行为损害其他债权人的利益，以实现破产预防和破产债权受偿的最大化目标。① 因此，出于以上考量，此处的保全措施和执行程序应当理解为所有类型，既包括人民法院的保全措施和执行程序，又包括行政机关的保全措施和执行程序。② 保全措施与执行程序的实施主体应当同时包括法院与行政机关。同时《最高人民法院关于正确审理企业破产案件为维护市场经济秩序提供司法保障若干问题的意见》（法发〔2009〕36号）第17条规定：“破产程序是对债务人全部财产进行的概括执行，注重对所有债权的公平受偿，具有对一般债务清偿程序的排他性。因此，人民法院受理破产申请后，对债务人财产所

① 参见熊伟：《美国联邦税收程序》，北京大学出版社2006年版，第257页。
② 参见徐战成：《企业破产涉税问题处理的新探索》，载《中国税务报》2019年10月30日。

采取的所有保全措施和执行程序都应解除和中止，相关债务在破产程序中一并公平清偿。”故从破产制度设计的精神出发，税务机关自然不应在破产程序中径行采取新的强制措施或执行措施。

其次，从文义解释的角度出发，《税收征管法》第40条所规范的对象为“从事生产、经营的纳税人”，显然该定义着眼于正常经营状态下的纳税人，而未考虑到处于破产程序中的企业的特殊状态。若仔细审视我国现行的税收法律制度，其主要针对的是正常状态下的纳税人，相关规则均以此为基调进行拟定，很少考虑到纳税义务人的破产状态。而实际上，当债务人企业的破产清算程序启动后，债务人实际上已不再从事任何生产经营行为，对破产财产的变价处置仅服务于清偿债权这一任务。从这个角度来看，似乎可以认为破产债务人并不属于《税收征管法》第40条中的税收机关可以采取税收强制措施的对象。

最后，若从税法中的“课税特区”理论出发，也可以佐证为何纳税机关不应对破产企业直接采取强制划扣措施。依照该理念，税收强制执行程序应避开破产课税特区，以尊重破产程序作为集体清偿程序的特征，保持债务人破产财产的完整性与破产财产分配的公平性。① 因此对于进入破产程序后的纳税义务人，税收机关应当充分考量《企业破产法》对新生税收之清偿顺序作出的安排。而根据《企业破产法》关于进入破产程序后税收强制执行措施停止执行的规定，不难发现，税务机关的强制执行权在破产程序中已被逐渐弱化，因此对于破产程序中新生税收的征收方式，应当首先服从《企业破产法》语境下关于其受偿顺序的安排，税收机关不得再采取直接扣划的方式予以征收。

综上，二审及再审法院作出的关于强制执行行为程序违法的认定，符合现代破产法的国家征税权限缩理念，也符合相关法律制度的目的解释及文义解释。要求税收强制执行措施在破产清算程序中遭受一定限制，是对破产法规则与税法规则的调适结果，更是二者在理念上的兼容方式。本专题所采取的解释进路既秉持了保障破产财产完整性、破产债权最大化受偿等破产制度价值，又体现了破产程序作为课税特区的税收制度理念。

---

① 参见徐阳光：《破产程序中的税法问题研究》，载《中国法学》2018年第2期。

五、结论

新生税费在债务清偿中引发的争议性问题主要源于在我国现有的破产法制度规则尚未能从根本上厘清新生税款的性质，因而难以在确立新生税款清偿的顺位规则上实现突破。为妥善解决诸如文首案例中出现的破产程序中的增值税缴纳问题，本专题提出，首先应确认新生税费的破产费用性质，在此基础之上，还需要进一步认识到破产清算程序中新生税费的性质认定与清偿在相当程度上反映出了破产法与税法在企业非正常经营状态下进行协调的现实需求。

为尊重破产课税特区的理念，税法的相关规则在破产领域中应当作出如下调整：在实体层面，在对我国当前立法的解释论路径中结合对域外经验的借鉴，可以得出将破产程序新生税费作为破产费用中相对劣后债权的清偿顺位结论，同时适当对债务人企业因处置其财产而新生的税费进行减征或免征，以保障税收公平与正义；在程序层面，限制税收强制执行措施在破产程序中的适用，尊重破产作为集体清偿程序的本质特征，以实现破产财产在全体债权人之间的公平分配与清偿。总之，本专题提出的解释进路旨在对未来房地产企业在破产程序中进行资产处置所生的税费问题形成更为准确且合理的指引，在尊重破产规则以及税收规则的基础之上，厘清二者的适用关系。

专题十九

破产清算程序终结后的股东损害债权人利益纠纷问题

内容提要：对于破产程序终结后个别债权人是否有权针对股东提起损害债权人利益之诉的问题，当前《企业破产法》和《公司法》均未作回应，在实践中引发了相关争议。本专题通过一起个别债权人在清算程序终结后对原股东提起的财产混同责任之诉对该问题展开分析，主张：从债权人的起诉资格来看，破产程序的终结本身并非阻却债权人行使《公司法》上相关实体权利以及《民事诉讼法》上相关诉讼权利的事由，仍有权起诉并未破产的股东个人；对于此类诉讼的审理方式，法院可以积极行使释明权，要求原告的诉请贯彻财产入库规则，由此，诉讼结果其实有利于全体债权人利益，法院只需回归一般意义上的时效制度来判断债权人可否行使其实体权利即可；对于此类诉讼的执行方式，应当交由破产受理法院执行诉讼所得，并在必要时恢复破产管理人的工作职位，甚至在相关财产数额巨大并可能影响到分配方案的整体比例时恢复债权人会议/委员会的表决机制，即最终结果应当符合破产财产的追加分配规则，以避免程序终结后的衍生诉讼不当贬损破产程序总括清偿的制度价值。

关键词：破产清算、衍生诉讼、法人人格否认、入库原则、追加分配

一、问题的提出

2018年5月21日，广州市黄埔区人民法院依法受理广州市南方

特种涂装有限公司（以下简称南方公司）的破产清算申请，并同时指定广东启源律师事务所为破产管理人。管理人向各债权人发布债权申报公告后，富特机械（广州）有限公司（以下简称富特公司）按照程序向管理人申报债权2,143,119.08元。2019年2月25日，黄埔区人民法院裁定确认南方公司的破产债权表，其中富特公司的债权金额为2,143,119.08元，债权性质为普通债权。

2019年3月12日，黄埔区人民法院裁定宣告南方公司破产，并于12月19日裁定认可《南方公司破产清算财产分配方案》，在该分配方案中，南方公司实际可分配数额为4,053,400元。其中第一顺序债权合计数额为4,821,404.61元，包括职工工资、医保、伤残补助、应划入职工个人账户的基本养老保险、基本医疗保险费用及补偿金等，清偿率为84.07%；第二顺序债权包括社保债权、税务债权等，清偿率为零；第三顺序债权为包括富特公司在内的普通债权，清偿率为零。2020年1月10日，管理人以南方公司的破产财产已分配完毕为由申请终结破产程序，法院遂裁定终结本破产程序。

富特公司在南方公司的清算程序终结之后，向广州市南沙区人民法院提起股东损害公司债权人利益之诉，主张南方公司在2015年9月“倒签”的脚手架协议，是为了掩盖广州市旭景实业有限责任公司所欠广州文冲船舶修造有限公司（南方公司股东，以下简称文冲公司）的巨额债务，以转移南方公司的资产至文冲公司。2014—2018年间，南方公司与文冲公司间的关联交易占比达99%以上，两公司业务高度混同，且缺乏正常的工程合同、派工单等；破产清算审计师制作的《关于破产清算财务问题的说明》亦表明，无法判断工程结算单价的合理性，无法完整确认相关工程项目的真实性与完整性，双方也没有工程结算的具体明细清单。于是，富特公司以破产管理人和控股股东互相配合、掩饰财产混同问题并损害债权人利益为由，向一审法院起诉要求文冲公司赔偿富特公司债权损失2,143,119.08元。

在一审庭审过程中，经法庭释明后，富特公司将诉讼请求变更为“文冲公司向全体债权人支付2,143,119.08元，并自2018年4月12日起按照同期贷款利率支付利息至实际支付日止”。

一审法院认为，虽然原告债权人经法院释明后已变更诉讼请求因而不再构成个别清偿，但是原告的诉讼请求与追收相关财产并归入破产企业仍存有差异，毕竟从财产归于债务人到最终分配到全体债权人，还需要严格按照分配程序进行分配，不同顺位的债权人最终获得清偿率是不同的，这只能在破产程序中加以判断，遂未经实体审查，直接驳回诉请。

二审法院则认为，破产管理人在清算程序中已明确表示不会向股东文冲公司主张权利，故富特公司直接起诉文冲公司的前提条件已经成就。虽然富特公司是在破产程序终结之后才提起本案诉讼，但现行法律和司法解释并未禁止债权人在破产程序终结之后提起该类诉讼，且富特公司已明确将文冲公司赔偿的款项归于全体债权人，至于归入后在各债权人之间如何分配，属于《企业破产法》上追加分配的范畴，不属于本案审理范围。因而二审法院对案件的实体内容进行了审查，但仍以本案不存在财产混同的证据为由驳回了原告的诉请。①

该案为个别债权人在破产清算程序终结后追究股东损害债权人利益责任的典型案件，两审法院在说理上的差异反映出如下争议焦点：(1) 个别债权人是否有权在破产清算程序终结后对个别股东提起损害债权人利益之诉？(2) 若有权提起此类诉讼，则债权人的诉讼请求是否必须是将所得归入破产财产并对全体债权人进行分配？与之相关联的，债权人诉请的数额是否必须限于其个别债权额？(3) 若债权人胜诉，裁判结果应当由谁执行、如何执行？本专题将围绕以上问题展开分析。

二、个别债权人在破产清算程序终结后能否对原股东提起诉讼

为解决破产程序的终结是否具有直接阻却债权人对可能滥用股权的股东提起诉讼效力的问题，需要从破产制度对相关债权债务的法律效果谈起。

(一) 破产清算程序终结对个别债权人权利地位的影响

1. 破产法视角下的分析

破产程序是概括清偿程序，破产程序的终结在某种程度上即意味着对债权债务关系的“了断”。因而无论是破产清算、和解还是重整，破产程序的终结均须由法院以裁定的方式作出，并产生包括但不限于以下几个方面的法律效果：

---

① 参见广州市中级人民法院民事判决书，(2021) 粤01民终1931号。

（1）破产债务人丧失民事主体资格。管理人将依据《企业破产法》第121条的规定，在破产程序终结之日起10日内，向破产债务人的原登记机关办理注销登记。（2）未得到清偿的债权债务关系消灭。依据《民法典担保制度司法解释》第23条[①]的规定，债权人在破产程序中未获清偿的部分债权，可以请求担保人继续承担担保责任。但该条同时规定，担保人在承担担保责任后，无权向和解协议或者重整计划执行完毕后的债务人追偿。可见，即便对于有担保债权，破产债务人对于债权人以及担保人的责任均将随着程序的终结而消灭。（3）破产债务人的法定代表人等有关人员在破产程序中受到的限制应予解除。依据《企业破产法》第15条的规定，在法院受理破产申请的裁定送达债务人之日起至破产程序终结之日，企业法定代表人等特定人员未经法院许可不得离开住所地，不得新任其他企业的董事、监事、高级管理人员等。而该等限制应当随着破产程序的终结相应地解除。（4）管理人终止执行其职务。根据权利义务对等的原则以及避免管理人陷入无休止的诉讼的要求，管理人在破产程序终止后便不再履行义务。若在破产程序终结后，发生与破产程序有关的纠纷，应当直接由法院处置，例如追加分配等。[②] 由此可知，破产程序的终结并非具有直接禁止相关诉讼的效果，例如在文首案例中，个别债权人就在破产清算程序终结之后提起相关股东责任之诉，即便此时，管理人已经结束履职、债务人的主体资格已告消灭。

值得注意的是，《企业破产法司法解释二》第23条确实对债权人单独提起的诉讼类型作规定，即“破产申请受理后，债权人就债务人财产向人民法院提起本规定第二十一条第一款所列诉讼的，人民法院不予受理。债权人通过债权人会议或者债权人委员会，要求管理人依法向次债务人、债务人的出资人等追

① 该条规定：“人民法院受理债务人破产案件，债权人在破产程序中申报债权后又向人民法院提起诉讼，请求担保人承担担保责任的，人民法院依法予以支持。担保人清偿债权人的全部债权后，可以代替债权人在破产程序中受偿；在债权人的债权未获全部清偿前，担保人不得代替债权人在破产程序中受偿，但是有权就债权人通过破产分配和实现担保债权等方式获得清偿总额中超出债权的部分，在其承担担保责任的范围内请求债权人返还。债权人在债务人破产程序中未获全部清偿，请求担保人继续承担担保责任的，人民法院应予支持；担保人承担担保责任后，向和解协议或者重整计划执行完毕后的债务人追偿的，人民法院不予支持。”

② 追加分配程序的负责人是法院。参见崔明亮：《论破产追加分配》，载《法治研究》2018年第6期。

收债务人财产，管理人无正当理由拒绝追收，债权人会议依据企业破产法第二十二条的规定，申请人民法院更换管理人的，人民法院应予支持。管理人不予追收，个别债权人代表全体债权人提起相关诉讼，主张次债务人或者债务人的出资人等向债务人清偿或者返还债务人财产，或者依法申请合并破产的，人民法院应予受理”。据此，在破产申请被受理后，管理人可以追究股东出资或者人格混同的法律责任，若管理人未尽责任，债权人有权通过债权人会议或者债权人委员会向法院申请更换管理人。该条并非针对破产程序终结这一特定场景所作的规范，但仍可以根据其内容推知，本案中管理人认为债务人与其股东的财产并未混同，且已就相关问题在债权人会议管理人阶段性工作中向债权人进行了报告，此时，管理人“不予追收”的履职结果很可能是符合破产程序要求的；而从个别债权人的角度来看，根据私法领域中“法无禁止即可为”这项基本准则，即便管理人在破产程序期间依据程序规定而决定不予追收的，亦无法直接否认破产程序终结后个别债权人代表全体债权人以起诉的方式向原股东追责的正当性，法院对此并无不予受理或者驳回起诉的依据，应当依法受理。

2. 其他部门法视角下的分析

从民事诉讼的起诉要件也可发现，破产程序的终结本身无法直接构成阻碍债权人起诉的事由。通常认为，诉权是指请求法律救济的权利，是一项启动与延续诉讼的权利，其特殊性在于，不同于实体权利通常体现为一种物质与精神利益，诉权则主要是一项行动能力，本身并不具有利益属性，仅当通过与财产权等其他权利连接时，才能产生利益。[①] 根据我国《民事诉讼法》第122条的规定，当事人提起民事诉讼的要求包括：(1) 原告主体适格，即原告是与本案有直接利害关系的公民、法人和其他组织；(2) 有明确的被告；(3) 有具体的诉讼请求和事实、理由；(4) 符合法院主管和管辖的规定，即案件属于法院受理民事诉讼的范围和受诉法院管辖。[②] 针对文首案例的情况，原告起诉资格的主要争议在于第四项。而对于法院主管范围的判断需要根据具体的争议焦点，适用不同的部门法及相关司法解释。就本案的争议焦点来看，目前并无法律

---

① 参见周永坤：《诉权法理研究论纲》，载《中国法学》2004年第5期。

② 在德国诉讼法理论中也存在十分相近的要件要求，可参见［德］康拉德·赫尔维格：《诉权与诉的可能性：当代民事诉讼基本问题研究》，任重译，法律出版社2018年版，第110－113页。

规范明令禁止个别债权人在破产程序终结后以起诉的方式追究原股东责任。此种情况下，法院不应以个别债权人怠于履行权利为由不予受理或者驳回起诉，因为债权人是否怠于履行其权利的问题已经受诉讼时效等相关制度的规制。

就债权人起诉公司股东的《公司法》依据而言，在破产程序终结后，个别债权人对原股东提起责任混同之诉的实体法依据在于《公司法》，目前没有相关法律规定破产程序能够直接阻却和否认此类实体权利。《公司法》和《企业破产法》之间的适用关系近似于一般法与特殊法。针对“公司人格否认”的问题，破产程序在基本承认和延续公司法律规范的基础之上，亦作有一定的区别。《破产审判纪要》对此问题作有回应，其第32条规定：“人民法院在审理企业破产案件时，应当尊重企业法人人格的独立性，以对关联企业成员的破产原因单独判断并适用单个破产程序为基本原则。当关联企业成员之间存在法人人格高度混同、区分各关联企业成员财产成本过高，严重损害债权人公平清偿利益时，可例外适用关联企业实质合并破产方式进行审理。”据此，在企业法人的股东与公司存在人格高度混同，无法区分财产或者区分成本过高，严重影响到破产程序中债权债务公平清偿时，方可以适用实质合并破产的方式。该规定主要针对的是破产程序的启动方式，而对于破产程序终结后的救济问题，有必要同样认为，破产程序应当直面和解决股东和公司的财产混同对债权人造成损害的可能性，因此即便在程序终结后，《公司法》上的实体规范仍有对权利受损的债权人持续提供救济的必要性。

（二）不同股东责任类型下债权人的起诉可能性

针对破产程序终结后的股东责任纠纷，还可以区分不同的诉讼请求类型来讨论债权人起诉的合法地位。第一类便是文首案件中的股东损害债权人利益纠纷，典型如滥用股东地位而引发的公司法人人格否认。此时，原告起诉的实体法依据在于《民法典》第83条，该条第2款继承了《公司法》的法人人格否认规则，并且将适用主体由“公司”扩展至“营利法人”。据其规定，“滥用法人独立地位和出资人有限责任”的股东应对“公司债务”承担连带责任。我国当前的法学理论和司法实践均认为，前引法条规范的是具有侵权性质的民事责任,[①] 这意味着，股东连带责任的成立以其行为对债权人的损害具有直接因果关系为前提，因此，前引法条中的“公司债务”一般是指特定的公司债务。进一步而言，就法人人格否认制度的法理基础而言，其仅是修复公司独立人格和股东有限责任之墙上的破损之洞，并非意在将这座坚固的大厦摧毁，一般采取“一案一否认”的方式。[②] 这在实践中表现为，同一个公司与其侵权债权人或合同债权人之间的纠纷，在适用法人人格否认规则时的结果常常是不同的。总体来说，包括财产混同在内的法人人格否认导致的股东侵权责任应当是符合特定因果关系的个别公司债务，责任的性质是无限连带责任，责任的对象是直接受有损害的特定债权人。

第二类较为典型的股东责任，是当股东违反清算义务而引发的损害赔偿责任。《公司法司法解释二》第 18 条对此作出了规定，据此，清算义务人未尽清算义务而给他人造成损失的，应当承担侵权损害赔偿责任，受害人可能是公司、股东或债权人等关系人。该项法律责任源于清算义务人对公司、股东、债权人所负的信义义务，违反该义务就会导致侵权责任的发生。[③] 深圳市中级人民法院就曾指出，债权人要求违反清算义务的股东对公司债务承担清算赔偿责任，其实质是一种侵权责任，而破产程序终结的裁定本身便足以说明股东存在重大过错导致清算不能的情况，法院由此判令股东直接对债权人承担赔偿责任。[④] 相较于法人人格否认引发的赔偿责任，股东违反清算义务时承担的损害赔偿责任同样具有侵权责任之性质，但二者的责任范围有可能不同：违反清算义务的股东乃对公司债务之整体承担相应的或者连带的责任，因此全体债权人都有权对股东提起诉讼。

第一类和第二类股东责任均可归纳为股东因其个人的过错而对债权人承担连带损害赔偿责任，此时，债权人持有对股东的直接诉讼请求权，可不受破产程序的约束。在破产程序进行过程中，这种责任属性表现为债权人有权

① 参见薛波：《公司法人格否认制度“入典”的正当性质疑——兼评〈民法总则〉“法人章”的立法技术》，载《法律科学》2018 年第 4 期。

② 参见朱慈蕴：《公司法人格否认：从法条跃入实践》，载《清华法学》2007 年第 2 期。

③ 参见李建伟：《公司清算义务人基本问题研究》，载《北方法学》2010 年第 2 期。

④ 参见深圳市中级人民法院民事判决书，(2019) 粤 03 民终 16069 号；另参见上海市第一中级人民法院民事判决书，(2019) 沪 01 民终 14587 号。

直接对股东提起诉讼，这在《企业破产法》第92条和第124条已经有十分明确的规定，且债权人对个别股东的直接诉权已经得到了司法实践的认可。如最高人民法院曾在其判决中指出，债权人有权依据《公司法》的规定，向破产企业的自然人等非企业法人股东主张相关权利，且该诉讼不属于《企业破产法司法解释二》第21条规定的债权人就债务人财产提起的个别清偿诉讼，亦不违反《企业破产法》第16条禁止个别清偿的规定，因为自然人等非企业法人股东的财产在法律属性上并非破产财产。[①] 而在破产程序终结之后，只要股东确实负有此类损害赔偿责任且未超过诉讼时效，便没有理由否认债权人的相关实体诉权。

第三类股东责任则是债权人对股东提起的出资责任之诉。此时，股东并非直接对债权人负有侵权责任或是过错责任，而是作为破产企业的债务人、债权人的次债务人，可以认为，债权人此时对股东主张出资责任属于典型的《公司法》上的代位权。[②] 对此，《企业破产法司法解释二》第21条已经规定，在破产申请受理前，债权人就债务人的出资人等次债务人提起诉讼，且在一审中变更其诉讼请求为追回的相关财产归入债务人财产的，法院可以继续审理相关诉讼。显然，该规定认为破产申请受理前已经提起的代位诉讼可以在破产程序中实现入库效果。即便在破产程序进行过程中提起的诉讼，《企业破产法司法解释二》第23条第3款也规定，在“管理人不追回”的情况下，个别债权人亦有可能提起代位诉讼。但问题在于，破产清算程序终结后，个别债权人是否还有可能提起此类代位诉讼？此时，作为被代位对象的破产企业（债务人）已经注销，代位的法律关系是否仍得以维系显然将遭遇较大的法理挑战，囿于文章篇幅，本专题对此不再展开。

针对文首案例，在股东因其财产混同行为而承担具有连带性质的损害赔偿责任的场合中，股东应当就其滥用权利的后果而对债权人直接承担责任，原则上不受债务人企业破产程序的影响，即便在破产清算程序业已终结的情况下，个别债权人仍有可能提起相关诉讼。

---

① 参见最高人民法院民事裁决书，(2015) 民申字第541号。

② 参见最高人民法院民事审判第二庭编：《商事审判指导》(2009年·第4辑)，人民法院出版社2010年版，第96-101页。

三、破产清算程序终结后法院对股东责任之诉的审理方式

本案中，一审法院否认原告债权人诉权的直接依据在于，“毕竟从财产归于债务人到最终分配到全体债权人，还需要严格按照分配程序进行分配，不同顺位的债权人最终获得清偿率是不同的，这只能在破产程序中加以判断”。而这正是二审法院改变说理的主要内容，二审法院提出，“富特公司已明确将文冲公司赔偿的款项归于全体债权人，至于归入后在各债权人之间如何分配，属于破产法上追加分配的范畴，不属于本案审理范围”。本专题认为，个别债权人针对股东滥用股权行为而提起的赔偿责任之诉不应受破产程序的限制，而法院若认为其诉讼结果应“套入”追加分配制度之中，尚需要完善当前的破产追加分配规则。

（一）法院对诉请变更为入库的释明权

文首的诉讼程序得以开展的前提在于，原告债权人在一审法院的释明下变更其诉请为“入库”。针对法院释明权的行使，我国《民事诉讼法》未有明确规定，而是由《最高人民法院关于民事诉讼证据的若干规定》第53条第1款规定如下：“在诉讼过程中，当事人主张的法律关系性质或者民事行为效力与人民法院根据案件事实作出的认定不一致的，人民法院应当将法律关系性质或者民事行为效力作为焦点问题进行审理。但法律关系性质对裁判理由及结果没有影响，或者有关问题已经当事人充分辩论的除外。”一般而言，我国当前的民事诉讼程序具有较为浓厚的当事人主义，法院需遵循处分原则，并受辩论原则的拘束。在此背景下，法院的释明权本质是程序正义对实质正义的必要修正。在比较法视角下，《德国民事诉讼法》第139条第2款就规定法院负有对法律观点的释明义务，以保障当事人的法定听审请求权。[①] 如果法院未释明当事人忽略或认识错误的法律观点，导致当事人未就该法律观点发表意见时，不得将该法律观点作为裁判依据。我国台湾地区“民事诉讼法”第199-1条将诉讼请求不完整的释明设定为法官的义务，释明后法院根据当事人的诉讼行为进行裁判不违

① 参见汪太贤：《论宪法与民法的关系发生及其模式》，载《广西大学学报（哲学社会科学版）》2019年第6期。

反处分原则的要求。[①] 应当认为，法院在合理范围内的释明权并非对当事人辩论主义的违背，反而是诉讼程序顺利开展的必要前提。

针对破产案件的实际情况，关于个别债权人的诉请问题，根据《企业破产法》第16条的规定，在破产申请被法院受理后，债务人对个别债权人的清偿行为均系无效。这是因为，债务人的破产程序启动后，破产财产的分配方式和分配方案均需要提交债权人会议讨论，并按照分配方案进行。而当个别债权人以自己的名义起诉破产企业的股东时，其追究的是股东的财产混同责任，用以偿还的财产是股东的个人资产而非破产财产，因此并非《企业破产法》第16条中的个别清偿；但是，考虑到此时的股东责任其实仍是对公司的整体债务承担连带责任，因此可以类推第16条的要求，原则上仍应禁止个别债权人的直接受偿。在此基础之上，考虑到破产财产的分配需要遵循严格的分配程序，不同顺位的债权人最终获得清偿率一般是不同的，基于实质正义与诉讼效率的考量，法院对个别债权人的诉讼请求进行释明，这种处理方式既满足了当事人的诉讼预期，又符合当事人主义的要求。

（二）法院对实体诉讼请求的审查方式

在法院释明变更诉讼请求为对全体债权人清偿的基础之上，下一步的问题便在于，如何在个别债权人提起的诉讼中实现对全体债权人的清偿。在文首案例中，二审法院经过实体审查后直接以证据不足为由否认了原告的诉讼请求，因此并未详细阐明相应的法律后果。其实，在清偿顺位问题上，《企业破产法》第113条已有明确规定，具体到本案中，作为个别债权人的原告系处于第三顺位的普通债权人组，即便其胜诉，亦很有可能无法获得任何实际清偿。并且，如前文所述，基于权责一致的考虑，在破产程序终结后不宜使管理人再次陷入“纠纷的旋涡”，尤其是在管理人团队已不再存续的情形。因此，较为合理的方式是直接由法院根据破产程序期间的分配计划来执行诉讼所得；而若诉讼涉及的权利义务关系较为复杂或重大，应当重新召集债权人会议/委员会进行商讨与表决，以符合破产程序终结后对相关纠纷进行合理且高效处理的要求。

---

① 参见蔡虹、张琳：《民事诉讼请求之释明》，载《湖南大学学报（社会科学版）》2021年第3期。

如此一来，允许个别债权人在破产终结后对原股东提起责任之诉，其实有利于保障债权人的整体利益，法院在审查时，只需判断其权利是否超出时效即可。在实际的破产案件办理过程中，管理人并不一定总是公平公正的，管理人与债务人及其股东合谋损害债权人的利益仍时有发生，在此情境下，应允许债权人保有救济自身权利的途径。然而，债权人在实际调查中可能遇到各种阻碍，导致其无法在破产程序期间就找到证据、提起诉讼，这种情况下，有必要肯认债权人在程序终结后一定的合理期限内起诉的可能性（如《企业破产法》第123条规定的两年除斥期间）。当然，对于《企业破产法》规定的两年除斥期间，也有学者提出该时限要求过于严苛。譬如，对于以隐匿、转移财产和虚构债务等方式恶意逃债及破产企业管理人员利用职权侵占企业财产的行为，若不加区分地适用两年除斥期间的限制，会导致对这类违法行为的肆意放纵，难以遏制此类行为的发生。①

四、破产清算程序终结后股东责任之诉的执行方式

债权人在清算程序终结后提起股东责任之诉并获得胜诉后，需进一步阐明的问题是，相关诉讼是否构成一般意义上的破产追加分配程序，换言之，对此类诉讼所得的执行方式是什么。

就当前的法律规定而言，破产追加分配的适用条件以及管理人职责范围上的限制，共同导致了对此类诉讼所得处置方式的规范漏洞。具体而言，《企业破产法》第123条针对“新发现”的破产财产设有追加分配制度，根据其文意，对于那些相关当事人在破产程序中就充分了解但未能及时追回的破产财产，似乎不宜纳入追加分配的适用对象，尤其是股东的出资义务：第123条第1款第1项具体列举了《企业破产法》第31条至第36条作为追加分配的对象，但是跳过、忽略了第34条、第35条关于追回包括股东出资义务等破产财产的规定，虽第1款第2项加入了“供分配的其他财产”的规定，但该兜底性条款的意图显然并非纳入第1项有意略去的股东出资义务等破产财产。综合解读来看，第1

① 参见王邦习：《破产程序终结后民事权利救济的现实考量与破解路径——基于222个案例的实证分析》，载《政法论坛》2018年第36期。

项和第2项句首的“发现”具有“新发现”的含义，[①] 因此对于那些在破产程序中已进行调查和发现的股东责任等破产财产，很难将其视为破产程序终结后“新发现”的财产，因而很难直接纳入追加分配的规范之中。与此同时，《企业破产法》第122条将管理人在破产程序终结之后继续履责的情况限定于那些“存在诉讼或者仲裁未决情况”，由此可知，对于那些在破产程序中已有过调查和讨论但因为种种原因未能以诉讼或仲裁的方式提起正式追回诉讼的破产财产，似乎便不属于追加分配的对象，也不属于管理人继续履职的范围，从而陷入了破产法律规范的“真空”之中。这种潜在危害并非理论假象，司法实践中已经产生了诸多个别债权人在破产程序终结之后，另以股东损害公司债权人利益责任纠纷、股东出资义务纠纷的方式起诉并要求个别受偿的案件。[②]

本专题认为，当前《企业破产法》以是否为“新发现”和是否已提出“诉讼或仲裁”作为处理破产程序终结后财产分配事务的前提并不合理，这其实不当贬损了破产程序概括清偿的优先效力，甚至有可能引发极大的道德风险。固然，在破产程序终结后继续坚持入库和集体分配的要求，会提高个别纠纷的执行成本，但这种成本是破产概括清偿效果的本旨，是在提升破产审判效率的同时，保持其质量的前提。这是因为，破产程序的启动意味着以概括分配模式取代普通执行的“先来后到”模式，[③] 且破产规则具有优先性和排他性，[④] 所有与破产企业相关的债权债务关系都将被纳入这种统一分配的模式，没有理由以程序的终结为界限而恢复个别执行模式；尤其是在清算程序终结后，债权人之间的“执行竞赛”仍未消除，仍受破产总括分配模式的直接约束。相反，若认为破产程序终结之后，个别债权人可以就破产财产个别受偿，必然会诱发极高的道德风险。因为此时，大债权人完全可以利用其占优的表决地位来左右破产程序中的财产追回情况，待到破产程序终结之后，另行提出个别诉讼以享受高额的清偿，如此一来，破产程序很可能因此沦为一种甩开小债权人、肥私大债权

① 这也是域外破产法的观点，参见［德］莱因哈德·波克：《德国破产法导论》（第6版），王艳柯译，北京大学出版社2014年版，第164页。

② 类似的情况还可参见海南金厦建设股份有限公司与中国农业银行股份有限公司深圳市分行股东出资纠纷案二审，广东省高级人民法院民事判决书，（2013）粤高法民二终字第79号。

③ 参见韩长印主编：《破产法教程》，高等教育出版社2020年版，第8－14页。

④ 参见王欣新：《破产原因理论与实务研究》，载《天津法学》2010年第1期。

人的工具，这完全违背了破产制度的公平分配价值。甚至可以进一步认为，只有使每一位债权人明确意识到，其在破产程序终结后亦无法从其他渠道获得个别清偿，且破产程序终结后的集体分配反而会引发更高的执行成本，债权人（尤其是大债权人）才更有动力来积极配合管理人在破产程序中追回财产的工作，并有助于提升破产程序本身的效率。

本专题主张，为合理处置包括文首案例在内的相关纠纷，有必要对追加分配制度作出如下调整：(1) 合理设置追加分配的期间。当前的破产追加分配规则受2年的期间限制，随着《民法典》的出台，应与3年的普通民事诉讼时效保持一致，而更为关键的是，《公司法》上的股东出资义务不受诉讼时效的限制，[1] 破产程序亦有必要对此作出特殊规定。(2) 扩大追加分配的申请的主体。有动机提出追加分配的不仅有债权人，还有可能是掌握了新证据的破产管理人，甚至包括那些对破产企业的债务承担连带责任的关系人（其在履行连带责任之后对破产企业持有追偿权，因此也构成广义上的债权人）。(3) 可供追加分配的财产是所有可追回的破产财产，而不限于程序终结后新发现的财产。这是因为，破产程序本身并不免除包括出资人等次债务人的法律责任，这些财产均归属于全体破产债权人，不应因当事人是否新发现的主观状态或程序选择而有所差别。(4) 管理人原则上应当在追加分配中参与诉讼并成为诉讼所得的受领人，以保障追加分配的入库效果，避免破产财产流入“私人鱼塘”。

综上，文首案例中一审法院对于个别债权人诉讼结果的担忧不无道理，二审法院对此直接以“追加分配”制度作出回应，据此，若原告确实胜诉，那么该案的执行部分应当交由破产受理法院执行，并在必要时恢复破产管理人的工作，甚至在相关财产数额巨大并可能影响到分配方案的整体比例时恢复债权人会议/委员会的表决机制，方才是符合破产制度要求的财产追加执行方式。

五、结语

文首案例是关于破产清算程序终结后，个别债权人对原股东提起财产混同

---

① 《公司法司法解释三》第19条以及《企业破产法司法解释二》第20条都否认了股东以超过诉讼时效为由拒绝履行的抗辩理由。

责任之诉的一起典型案件。通过二审法院在说理上对一审法院的纠正可以看出，此类诉讼在实务中面临着起诉资格、审理方式、执行方式上的法律适用困境。本专题通过梳理以上三个争议焦点发现，破产清算程序的终结本身不足以直接构成阻碍个别债权人对股东提起责任之诉的事由，但是此类纠纷在审理过程中，原告的诉求应当遵循入库规则，由此其执行方式也必须纳入符合总括清偿要求的追加分配程序，由破产受理法院以及破产管理人负责分配。当然，为从根本上解决甚至避免此类纠纷，未来的破产立法以及实践应当尽可能地完善相关制度，激励破产程序参与人以及其他利害关系人能够及时地在破产程序期间完成对股东等责任人的追诉，尽可能地避免程序终结后再度追加分配导致的成本增加甚至变更分配计划的不确定性。

破产清算中"配合清算义务人"的责任承担问题

内容提要：我国当前破产审判实务中对"公司解散清算与破产清算""清算人、清算义务人与配合清算义务人"的不同内涵加以区别对待，一定程度上填补了我国配合清算义务人制度的立法空白，但引发了法律适用方面的难题。本专题结合一起债权人在破产清算程序终结后主张企业原法定代表人以及监事因怠于履行清算义务应当对公司债务承担连带责任的纠纷，经过分析认为，在配合清算义务人范围的认定问题上，不宜推定有限公司的监事为《企业破产法》第15条中的"经法院决定的经营管理人员"，应视配合清算义务人违反的具体义务来决定是否需要"经法院事先决定"；在配合清算之诉的程序事项上，管理人应于破产清算程序终结前将配合清算义务人的履责情况报告债权人会议，并按照债权人会议关于是否起诉的决议结果决定在清算程序终结前还是程序后提起诉讼；至于诉讼结果的执行方式，在破产清算程序终结后，追究配合清算义务人的民事责任所得赔偿款应纳入追加分配程序。

关键词：破产清算、配合清算义务人、配合清算责任之诉、追加分配

一、问题的提出

2016年9月13日，上海市虹口区人民法院判定上海锦尚建设科

技有限公司（以下简称锦尚公司）于判决生效之日起10日内给付无锡阿博华科技有限公司（以下简称阿博华公司）剩余设备预付款8万元及利息。2018年7月，因锦尚公司不能清偿到期债务，阿博华公司向虹口区人民法院申请对锦尚公司进行破产清算。同年12月29日，虹口区人民法院作出（2018）沪0109破12号之三民事裁定书，认为在该清算案办理过程中，债务人未能向管理人交付清算所必需的相关财务账册，管理人无法对其开展全面清算，经管理人追收，锦尚公司名下少量银行存款不足以支付破产费用。鉴于锦尚公司目前无法清算的现状，有关权利人可另行向相关责任主体提起诉讼，遂裁定宣告锦尚公司破产并终结本次破产程序。阿博华公司在破产清算程序终结后，依据《公司法司法解释二》第18条第2款的规定提起诉讼，主张锦尚公司的法定代表人股东王某某以及监事股东黄某某因怠于履行清算义务，对其未获清偿的债务承担连带责任。

一审法院认为，有限责任公司的股东因怠于履行义务，导致公司主要财产、账册、重要文件等灭失，无法进行清算，债权人主张其对公司债务承担连带清偿责任的，法院应依法予以支持，故判决王某某、黄某某对锦尚公司的债务承担连带清偿责任。二审法院则认为，锦尚公司股东确实存在怠于履行义务、导致账册灭失的情况，且黄某某虽然是小股东，但其一直担任公司监事，两被告均应对公司债务承担连带清偿责任。

再审法院则认为，《公司法司法解释二》第18条的预设前提是债务人财产可以清偿全部债务，而破产程序则是债务人财产不足以清偿全部债务时方才采取的一种概括清偿程序，债务人的相关人员在破产程序中不履行配合清算义务而引发的责任，应当在《企业破产法》框架下进行。相关主体不配合破产清算导致的债务人财产灭失，理论上属于债务人破产财产，应当由管理人依法追回后分配给全体债权人，不应在法院裁定终结破产程序后，由个别债权人进行追偿并用于清偿其自身债权。因此，现阿博华公司作为个别债权人起诉锦尚公司的股东承担清算责任并用于清偿自身债权，缺乏法律依据。再审法院还指出，王某某表示锦尚公司缺失的部分账簿已经找到，若符合追加分配的情形的，阿博华公司可以请求人民法院追加分配，故判决撤销两审法院判决，驳回阿博华公司的诉讼请求。①

该案为一起典型的破产清算程序终结后个别债权人对债务人的股东及监事等相关人员提起的诉讼纠纷。该案引发的争议焦点为：第一，追究破产清算程序中配合清算义务人的民事责任是否能适用《公司法司法解释二》第18条第2款的规定？第二，如何界定破产清算程序中配合清算义务人的范围？第三，对配合清算义务人的责任追究程序应如何构建？

二、破产清算中“配合清算义务人”的内涵厘清与法律适用

（一）实践中“配合清算人”的法律适用现状

关于破产程序中配合清算义务人责任纠纷的审理思路，我国相关司法实践中存在一个明显的转向：以《九民纪要》的出台为分界点，相关法律适用出现了较为重大的变化。从《九民纪要》颁布前的相关司法裁判来看，② 主流审理思路往往将破产清算程序中的配合清算义务人视同为《公司法司法解释二》第18条第2款中的债务人的有关人员，并扩张适用该款规定，判定破产企业的配合清算义务人应当向债权人承担赔偿或连带赔偿责任。有的法院在处理无清算条件的案件时甚至会参照《最高人民法院关于债权人对人员下落不明或者财产状况不清的债务人申请破产清算案件如何处理的批复》③ 规定作出破产程序的终结裁定，并向债权人释明可以在破产程序终结后要求债务人的股东等清算义

---

① 参见上海市高级人民法院民事判决书，（2020）沪民申613号；上海市高级人民法院民事裁定书，（2020）沪民再17号。

② 参见广东省深圳市中级人民法院民事判决书，（2018）粤03民终19378号；上海市第二中级人民法院民事判决书，（2018）沪02民终7471号；上海市第一中级人民法院民事判决书，（2017）沪01民终11819号；浙江省温州市中级人民法院民事判决书，（2018）浙03民初334号等。

③ 2008年8月7日发布的《最高人民法院关于债权人对人员下落不明或者财产状况不清的债务人申请破产清算案件如何处理的批复》规定：“债权人对人员下落不明或者财产状况不清的债务人申请破产清算，符合企业破产法规定的，人民法院应依法予以受理。债务人能否依据企业破产法第十一条第二款的规定向人民法院提交财产状况说明、债权债务清册等相关材料，并不影响对债权人申请的受理。人民法院受理上述破产案件后，应当依据企业破产法的有关规定指定管理人追收债务人财产；经依法清算，债务人确无财产可供分配的，应当宣告债务人破产并终结破产程序；破产程序终结后二年内发现有依法应当追回的财产或者有应当供分配的其他财产的，债权人可以请求人民法院追加分配。债务人的有关人员不履行法定义务，人民法院可依据有关法律规定追究其相应法律责任；其行为导致无法清算或者造成损失，有关权利人起诉请求其承担相应民事责任的，人民法院应依法予以支持。”

务人对其债务承担清偿责任。

对此，有部分法院提出，破产清算程序中配合清算义务人的责任问题不应适用一般公司解散清算程序的相关规定，转而援引关于连带之债的相关原理和规定来解释此类责任的构成要件以及承担形式。《最高人民法院关于债权人对人员下落不明或者财产状况不清的债务人申请破产清算案件如何处理的批复》的解释和论证采取点便是此种思路，即以侵权行为要件作为裁判框架并基于此论证、分析责任的有无及承担问题。[①]

为统一规范司法实践对“无法清算”类破产清算案件的办理方式，《九民纪要》第118条第2款规定：“人民法院在适用《最高人民法院关于债权人对人员下落不明或者财产状况不清的债务人申请破产清算案件如何处理的批复》第3款的规定，判定债务人相关人员承担责任时，应当依照企业破产法的相关规定来确定相关主体的义务内容和责任范围，不得根据公司法司法解释二第18条第2款的规定来判定相关主体的责任。”

有观点对此作出解读，认为《九民纪要》的立场暗含着“两个维度的区分”——第一个维度是将破产清算程序与公司解散清算程序在法条适用上进行区分，明确《公司法》中关于“无法清算”时债务人相关人员的民事责任承担的规定不可适用于破产清算程序；第二个维度是采纳学理上对清算义务人员的“三元化”划分观点，[②] 明确破产清算程序中清算相关主体包括清算人、清算义务人与配合清算义务人，对清算义务人的民事责任不适用于配合清算义务人。下文将对该“两个维度的区分”之原理作出阐明。

（二）“配合清算人”理论内涵的区分与厘清

1. 破产清算程序与公司解散清算程序之区分

公司清算（liquidation，winding up）包括破产清算与公司解散清算，[③] 前者是对达到破产界限的债务人，依法宣告其破产，对债务人的全部财产进行变价，

---

① 此类判决可参见北京市第二中级人民法院民事判决书，(2012) 二中民终字第16314号；北京市第三中级人民法院民事判决书，(2014) 三中民终字第06966号。

② 参见王欣新：《论清算义务人的义务及其与破产程序的关系》，载《法学杂志》2019年第12期；张旭东：《有限公司清算义务人的范围问题研究》，载《南大法学》2022年第2期。

③ 参见李建伟：《公司法学》（第4版），中国人民大学出版社2018年版，第138页。

并在债权人之间进行分配的程序性制度；后者则是指，在公司解散后，利害关系人一同处分公司财产、了解了结各种法律关系并最终消灭公司人格的程序。

破产清算程序的适用条件为公司具备破产原因，而由于《企业破产法》第7条规定在公司解散清算程序中若资产不足以清偿债务，清算组应当向人民法院申请破产清算，故我国的公司解散清算程序适用的预设前提为公司资产足以清偿债务。此种适用条件上的差异塑造了两种制度设计目的上的差异——公司解散清算程序的主要目的在于终止公司，债权人是否得到公平清偿并非公司解散清算的根本目的，甚至可以说是该程序中根本不存在的问题，而破产清算程序的目的恰恰是使债权人得到公平的清偿。[①]

本专题由此提出，《公司法司法解释二》第18条第2款不能适用于“无法清算”类型的破产清算程序，其核心理由即直接来源于上述差异，具体表现为：(1) 依据《公司法司法解释二》第18条第2款规定的无法清算责任，有限责任公司的股东、股份有限公司的董事和控股股东等清算义务人对公司债务向债权人承担连带清偿责任，显然属于个别清偿。若依照《公司法》的相关规定直接判定清算义务人向个别债权人承担损害赔偿责任，则很有可能将本应进行统一分配的破产财产直接偿付给个别债权人。此类清偿将构成《企业破产法》第16条规定的个别清偿无效之情形。同时，若是允许债权人在破产清算终结后以诉讼方式获得个别清偿，则可能出现如同“抢执行”一般的“抢诉讼”情况，这也将违背破产程序应秉持的集中清偿这一根本性原则，无疑会加剧债权人之间的不公平性。(2)《公司法司法解释二》第18条第2款规定的无法清算责任属于全额清偿，而债权人在破产清算程序中所能获得的清偿为破产财产分配方案所限，如若适用《公司法》中的规定，则显然是忽视了破产清算程序中公司资不抵债、债权人无法获得全额清偿的客观前提，且忽视了破产程序已经对财产分配方式作出的规定。

由上文论述，可以得到如下结论：无论债务人企业是否具备解散事由，当企业进入破产清算程序后，《公司法司法解释二》第18条第2款就不复有适用空间。对此，文首案例中，二审法院的说理还揭示出了一个更为根本的问题：

① 参见施天涛：《公司法论》(第4版)，法律出版社2018年版，第602页。

我国《公司法》上的公司解散事由为公司章程规定的营业期限届满或其他解散事由出现，包括股东（大）会决议解散、依法被吊销营业执照、责令关闭或被撤销、合并分立、司法强制解散等，而不包括公司具备破产原因。应当认为，《公司法》如此规定是立法者有意为之，因公司具备破产原因后便可能进入重整程序，破产清算程序并非必然。对应到文首案例决书中所载信息，也可以发现，锦尚公司并不存在公司解散事由，因此被告在《公司法》上的清算义务根本没有被引发，其违反的义务便不可能是公司解散清算程序中的清算义务，自然不能适用《公司法司法解释二》第18条第2款来追究其责任。

2. 清算义务人与配合清算义务人之区分

关于公司清算的相关义务主体之类型界定，学界中存有“二元化”和“三元化”两种观点。①“二元化”观点认为，公司清算中的相关义务人可划分为清算人与清算义务人。② 其中，清算人是指在清算程序启动后负责具体清算事务的人；③ 清算义务人则是指基于其与公司之间存在的特定法律关系而在公司解散时对公司负有依法组织清算义务，并在公司因未及时清算而对相关权利人造成损失时依法承担相应责任的民事主体。④ 清算义务人的义务内容不仅包括启动清算程序、（在公司解散清算中）进行解散登记、作出清算决议、选任清算人等启动和组织清算、资本足额维持、⑤ 对清算进行监督的义务，⑥ 还包括对清算人的清算工作予以必要协助，以善良的方式保管公司财产、账册、重要文件等配合、协助清算的义务。⑦

而“三元化”观点则认为，公司清算的相关义务主体包括清算人、清算义

① 参见张旭东：《有限公司清算义务人范围问题研究》，载《南大法学》2022年第2期。

② 参见冯果：《公司法要论》，武汉大学出版社2003年版，第246－247页。

③ 参见王欣新：《论清算义务人的义务及其与破产程序的关系》，载《法学杂志》2019年第12期。

④ 参见刘敏：《公司解散清算制度》，北京大学出版社2010年版，第229页。

⑤ 参见徐力英：《有限责任公司清算义务人责任纠纷之探讨》，载《人民司法》2011年第1期。

⑥ 参见刘敏：《公司解散清算制度》，北京大学出版社2010年版，第242页。

⑦ 参见刘俊海：《公司法学》，北京大学出版社2008年版，第451页；王德山：《公司法学》，中国政法大学出版社2008年版，第265页；王朋：《论有限责任公司股东的清算义务与清算责任》，载《晟典律师评论》2007年第1期；李建伟：《公司清算义务人基本问题研究》，载《北方法学》2010年第2期。

务人与配合清算义务人。[①] 其中，清算义务人的清算义务应当集中于及时启动清算程序与组织清算这两项实质性的工作，而对清算人工作的协助、配合，则属于配合清算义务人的义务，同时，此三类主体不履行其义务的行为均有可能造成无法清算的后果，清算责任应当由具体造成无法清算责任的主体承担。[②]《九民纪要》即采此三元化立场。

本专题赞同《九民纪要》所持的“三元化”立场，并进一步提出，在破产清算以及一般的公司解散清算程序中，与清算工作相关的义务主体均应区分为清算人、清算义务人与配合清算义务人这三类。若对《企业破产法》的相关规定进行梳理，便可发现，我国与破产清算程序相关的立法已明确体现出了对上述三类义务及其主体的区分：清算义务、启动清算义务与配合清算义务分别规定于《企业破产法》第25条[③]、第7条第3款[④]与第15条[⑤]，其义务承担主体分别为破产管理人、“依法负有清算责任的人”与“企业的法定代表人与（经法院决定的）财务管理人员与其他经营管理人员”。

而在公司解散清算程序中，由于《民法典》、《公司法》及其司法解释对于公司解散清算程序的立法并未明确提出“配合清算义务人”的概念，持“二元化”观点的学者于是将配合、协助也纳入清算义务人的义务内容，并认为对违反配合清算义务所生之民事责任，也应适用《公司法司法解释二》第18条第2

① 参见王欣新：《论清算义务人的义务及其与破产程序的关系》，载《法学杂志》2019年第12期。

② 参见王欣新：《论清算义务人的义务及其与破产程序的关系》，载《法学杂志》2019年第12期。

③《企业破产法》第25条规定：“管理人履行下列职责：（一）接管债务人的财产、印章和账簿、文书等资料；（二）调查债务人财产状况，制作财产状况报告；（三）决定债务人的内部管理事务；（四）决定债务人的日常开支和其他必要开支；（五）在第一次债权人会议召开之前，决定继续或者停止债务人的营业；（六）管理和处分债务人的财产；（七）代表债务人参加诉讼、仲裁或者其他法律程序；（八）提议召开债权人会议；（九）人民法院认为管理人应当履行的其他职责。本法对管理人的职责另有规定的，适用其规定。”

④《企业破产法》第7条第3款规定：“企业法人已解散但未清算或者未清算完毕，资产不足以清偿债务的，依法负有清算责任的人应当向人民法院申请破产清算。”

⑤《企业破产法》第15条规定：“自人民法院受理破产申请的裁定送达债务人之日起至破产程序终结之日，债务人的有关人员承担下列义务：（一）妥善保管其占有和管理的财产、印章和账簿、文书等资料；（二）根据人民法院、管理人的要求进行工作，并如实回答询问；（三）列席债权人会议并如实回答债权人的询问；（四）未经人民法院许可，不得离开住所地；（五）不得新任其他企业的董事、监事、高级管理人员。前款所称有关人员，是指企业的法定代表人；经人民法院决定，可以包括企业的财务管理人员和其他经营管理人员。”

款。司法实践中，部分法院也确实根据《公司法司法解释二》第18条第1款①和第2款②的规定，认为公司清算义务人的义务包括在法定期限内成立清算组开始清算，以及妥善保管公司主要财产、账册、重要文件。③

但本专题认为，“二元化”立场实则构成对清算义务人概念的“膨胀化”处理，概因公司法立法者未厘清清算义务人与配合清算义务人的概念所致。④实际上，公司在日常经营管理中，真正掌握公司主要财产、账册、重要文件的主体是公司的法定代表人、高级管理人员以及财务人员等经营管理人员，但公司的清算义务人与上述主体并不必然完全重叠，在清算义务人为公司股东时，清算义务人显然并不实际保管上述材料，因而也就不具备履行保管义务的条件，故不能当然认为清算义务人负有《公司法》上的保管义务。但与此同时，清算义务人确实负有及时启动清算的义务，若因未能在法定期限内开始清算，导致上述资料从适格保管主体手中灭失、毁损的，清算义务人应当承担相应的责任，但其责任的来源并非违反保管义务，而是怠于履行及时清算义务。总之，二元化立场对清算义务的分配方式并不符合相关义务的实际情况，应当采取三元化立场，区分清算义务人与配合清算义务人。

（三）两个区分维度下的应然法律适用

在三元化立场下，本专题从上述“两个区分维度”对破产清算和非破产清算中的配合清算义务人、清算义务人及其责任承担和相应的法律依据进行了梳理，以进一步明确在公司破产清算和非破产清算状态下相关内部人员的职责与义务，详见表20-1。

① 《公司法司法解释（二）》第18条第1款规定：“有限责任公司的股东、股份有限公司的董事和控股股东未在法定期限内成立清算组开始清算，导致公司财产贬值、流失、毁损或者灭失，债权人主张其在造成损失范围内对公司债务承担赔偿责任的，人民法院应依法予以支持。”

② 《公司法司法解释（二）》第18条第2款规定：“有限责任公司的股东、股份有限公司的董事和控股股东因怠于履行义务，导致公司主要财产、账册、重要文件等灭失，无法进行清算，债权人主张其对公司债务承担连带清偿责任的，人民法院应依法予以支持。”

③ 参见浙江省高级人民法院民事判决书，(2020)浙民再103号；上海市普陀区人民法院民事判决书，(2019)沪0107民初14755号。

④ 参见张旭东：《有限公司清算义务人的范围问题研究》，载《南大法学》2022年第2期。

表 20－1　公司清算程序、破产清算程序中清算义务、配合清算义务的法律适用梳理

分类	公司解散清算程序	破产清算程序
清算义务	【清算义务人】 有限责任公司的股东、股份有限公司的董事和控股股东、实际控制人（《公司法司法解释二》第 18 条第 2 款[1]）	【清算义务人】 “依法负有清算责任的人”（《企业破产法》第 7 条第 3 款）
	【义务内容】 在法定期限内成立清算组，并开始清算（《公司法司法解释二》第 18 条第 2、3 款）	【义务内容】 及时向人民法院申请破产清算（《企业破产法》第 7 条第 3 款） 【产生义务的前提】 企业法人已解散但未清算或者未清算完毕（《企业破产法》第 7 条第 3 款）
	【民事责任】 1. 清算义务人未在法定期限内成立清算组开始清算，导致公司财产贬值、流失、毁损或者灭失的，在造成损失范围内对公司承担赔偿责任（《公司法司法解释二》第 18 条第 2 款） 2. 公司未经清算即办理注销登记，导致公司无法进行清算的，清算义务人对公司债务承担连带清偿责任（《公司法司法解释二》第 20 条第 1 款） 3. 清算义务人怠于履行义务，导致公司主要财产、账册、重要文件等灭失，无法进行清算的，对公司债务承担连带清偿责任（《公司法司法解释二》第 18 条第 2、3 款）	【民事责任】 其行为导致无法清算或者造成损失，有关权利人起诉请求其承担相应民事责任的，人民法院应依法予以支持（《破产清算批复》第 3 条、《九民纪要》第 118 条） 【追责程序】 “有关权利人起诉请求其承担相应民事责任”，系指管理人请求上述主体承担相应损害赔偿责任并将因此获得的赔偿归入债务人财产。管理人未主张上述赔偿，个别债权人可以代表全体债权人提起上述诉讼 上述破产清算案件被裁定终结后，相关主体以债务人主要财产、账册、重要文件等重新出现为由，申请对破产清算程序启动审判监督的，人民法院不予受理，但符合《企业破产法》第 123 条规定的，债权人可以请求人民法院追加分配（《九民纪要》第 118 条）
配合清算义务	【配合清算义务人】 /	【配合清算义务人】 企业的法定代表人。经人民法院决定，可以包括企业的财务管理人员和其他经营管理人员（《企业破产法》第 15 条第 3 款）

续表

分类	公司解散清算程序	破产清算程序
	【义务内容】 /	【义务内容】 （一）妥善保管其占有和管理的财产、印章和账簿、文书等资料；（二）根据人民法院、管理人的要求进行工作，并如实回答询问；（三）列席债权人会议并如实回答债权人的询问；（四）未经人民法院许可，不得离开住所地；（五）不得新任其他企业的董事、监事、高级管理人员（《企业破产法》第15条第2款）
	【民事责任】 /	【民事责任】 配合清算义务人不履行配合清算义务，导致无法清算或者造成损失的，承担相应民事责任（侵权损害赔偿责任）（《破产清算批复》第3条、《九民纪要》第118条）
		【追责程序】 1. 原则上由管理人请求上述主体承担相应损害赔偿责任并将因此获得的赔偿归入债务人财产 2. 管理人未主张上述赔偿，个别债权人可以代表全体债权人提起上述诉讼（《九民纪要》第118条）

〔1〕即债务人的有关人员不履行法定义务，人民法院可依据有关法律规定追究其相应法律责任，其行为导致无法清算或者造成损失，有关权利人起诉请求其承担相应民事责任的，人民法院应依法予以支持。该批复首次对破产程序下无法清算责任的追责问题作出了规定，但该等规定关于人民法院如何追究清算义务人法律责任及其如何承担民事责任等问题均"语焉不详"。

回到文首案例，该案的再审判决即为《九民纪要》出台后对法律适用进行主动纠偏的案例之一，法院的说理遵照《九民纪要》第118条之精神，纠正了一审、二审判决对破产清算程序中配合清算义务人责任适用公司解散清算中清算义务人责任的做法，值得肯定。

《九民纪要》固然明确了配合清算义务人案件中的实体法律适用问题，然而这并非意味着相关问题已无争议。从追责程序的角度来看，《九民纪要》赋予管理人在破产程序中追究相关清算义务人或配合清算义务人的民事责任之职责，但关于此类纠纷案件的诉讼路径目前尚缺乏完整且明晰的法律规范，可能引发的争议包括：在此类案件中，存在责任主体范围不明、认定时点不清、能否在破产程序终结后提起配合清算责任之诉不明等问题，且《九民纪要》规定的追责程序之合理性本身也存有争议。下文将对上述问题进行探究。

三、破产清算中配合清算义务人的范围认定

（一）法院对配合清算义务人范围的前置决定程序

根据《企业破产法》第15条第3款的规定，破产程序中的配合清算义务人是指企业的法定代表人，经人民法院决定，可以包括企业的财务管理人员和其他经营管理人员。实践中，法院均认为企业的财务管理人员和其他经营管理人员不必然负有配合清算义务，但就配合清算义务人的认定时点而言，不同法院对于如何决定特定经营管理人员是否属于配合清算义务人之时点的理解不尽相同。一种观点认为，只有经破产受理法院决定后，此类人员才会成为具体案件中的配合清算义务人，否则相关纠纷的受理法院无权追究其不配合清算的法律责任。例如在上诉人南京世岐货架型材制造有限公司与被上诉人胡某、沈某、郑某春原审第三人江苏天哲律师事务所清算责任纠纷一案民事判决中，南京市中级人民法院认为在破产清算过程中，法院并未决定前述人员包括沈某、郑某春，因此原告主张二人违反《企业破产法》第15条的规定并承担相应民事责任没有法律依据。[①] 又如在重庆凡瑞建筑设备租赁有限公司与张某莉、徐某江股东损害公司债权人利益责任纠纷案件中，重庆市涪陵区人民法院认为：“债权人未提供重庆市第五中级人民法院决定张某为债务人企业有关人员的证据……债权人请求张某承担民事责任，无法律依据，本院不予支持。”[②] 另一种实务观点则认为，相关纠纷的受理法院可以在审理追究不配合清算责任时直接决定被告是否属于配合清算义务人，倘若属于，则可径行判决其承担相应责任。

全国人大常委会法工委的相关释义并未明确给出由破产受理法院决定配合

① 参见江苏省南京市中级人民法院民事判决书，（2021）苏01民终2862号。
② 参见重庆市涪陵区人民法院民事判决书，（2019）渝0102民初3468号。

清算义务人这一项程序的设置原因，本专题认为，这可能是由于破产清算程序中配合清算义务人的义务内容较为严苛，不仅包括对清算财产和资料的善管义务、配合管理人与法院工作的义务，还包括未经法院许可不得离开住所地、不得担任其他公司董监高的义务，相关内容涉及对义务人人身自由的限制，故而不宜由管理人直接决定某一主体是否属于法定的配合清算义务人。因此，从《企业破产法》第15条的规定来看，应当认为“法院决定”确实是一种事前的决定要求。同时。有观点还结合该条处于“破产的申请与受理”一章的条文设置推知，立法者的预想是法院在向债务人送达受理破产申请裁定的同时，一并将对配合清算义务人范围的书面决定送达给债务人。①

然而，在实际操作中，法院通常不会在破产案件的受理阶段就决定配合清算义务人的范围，而是由管理人在接管债务人企业后依据接管所得的债务人资料、可查询的工商内档等，电联或致函债务人的相关管理人员，要求其接受询问并履行配合清算义务。本专题认为，这种现象的普遍存在是因为法院在受理阶段客观上难以清晰划定配合清算义务人的范围，例如，法院在受理阶段根本无从得知负责企业合同印章的保管人员及公司账册的保管人员，但配合清算义务人的义务内容又较为严苛，故而法院倾向于将配合清算义务人范围的认定交由管理人按实际需要来完成。在此背景下，倘若严格遵守必须由法院在审理案件前决定的解释进路，则当相关人员拒不配合、管理人亦未能事先提请法院决定其为配合清算义务人时，相关人员甚至可以援引人民法院在程序上尚未确定其为责任人这一理由进行抗辩，如此一来，配合清算义务人责任的规定很可能被架空，对债权人的保护极为不利。

综合以上两方面的考量，本专题认为：（1）在事前决定阶段，应对配合清算义务人的义务内容作进一步细化。若无限制地扩大任何有关人员承担的义务范围，甚至要求较低级别的有关人员对企业债务承担所谓的连带责任，在实践中可能导致利益的失衡甚至相关规定沦为具文。对此，不应认为《企业破产法》第15条所规定的5项义务之间的关系为“全有或全无”模式，在破产受理法院针对具体破产案件决定有关义务人员时，应同时明确其需要承担的具体义

① 参见韩传华：《企业破产法解析》，人民法院出版社2007年版，第53页。

务范围，对某一主体科以未经法院许可不得离开住所地的义务、列席债权人会议并接受询问等较为严苛的、限制部分人身自由的义务时，均以确有必要为前提。（2）倘若没有法院的事前决定，在追究相应责任时被告是否能以“无事前决定”为由进行抗辩，应根据相关主体违反的义务内容之不同而区别对待。具体而言，若相关主体违反的是《企业破产法》第15条规定的后两项义务——未经人民法院批准离开住所地、担任其他公司董监高，则追究其责任时须以法院事前曾作出相关认定决定为前提。这是因为，这两项配合清算义务人的认定标准具有较高的不确定性：从债务人企业的执行董事到财务部门，甚至负责归档的合同管理专员在事实上均有可能掌管清算资料，从而负有配合清算义务。为避免相应责任的承担，相关人员似乎不得不在清算完成前“留守”于住所地，显然，若缺乏法院事先的决定，会引致巨大的规则成本。而倘若相关主体违反的是前三项义务——对财产、资料的善管义务；对法院、管理人进行破产清算的配合义务；列席债权人会议并如实回答债权人询问的义务，那么可以认为，破产受理法院无须对此进行事前决定，完全可以由相关纠纷的受理法院在不配合清算责任之诉中直接审查义务人的范围。这是因为，这三项义务并不涉及对相关人员人身自由的限制，且管理人较之于法院更能了解需要对谁科以配合清算义务，此时倘若严格地要求追究相关主体不配合清算责任必须以法院的事前决定为前提，则会导致其形式意义大于实际意义，不仅缩减了相关主体履行配合清算义务的动力，客观上也增加了人民法院及管理人的工作量以及办案难度。

（二）配合清算义务人的甄别标准

关于配合清算义务人认定的第二个实体性问题是，如何理解《企业破产法》第15条规定的“经营管理人员”之具体范围。该概念本身具有相当的开放性与不确定性，司法裁判的分歧主要集中于，是否能够推定有限责任公司的股东与监事也属于配合清算义务人。

在实质标准方面，对“经营管理人员”的认定应当从《企业破产法》第15条规定中的义务内容推得。现行法设定的配合清算义务旨在督促管理人迅速接管破产财产、确保企业破产程序的顺畅运行，[①] 其核心在于对债务人财产、清

① 参见蒋黔贵主编：《中华人民共和国企业破产法释义》，中国市场出版社2006年版，第80页。

算资料的善良保管义务与配合协助管理人、人民法院进行破产清算的义务，而其余三项义务的设定均是为保障该两项核心义务的履行：列席债权人会议并接受询问是为对上述核心义务的履行进行监督；未经法院许可不得离开住所地是为避免相关人员携债务人财产逃避清算，损害债权人利益；而不得担任其他公司的董监高则是为了与《公司法》上关于董监高任职资格的相关规定达成衔接。[①] 从上述两项核心义务出发，配合清算义务人认定的实质标准应界定为“掌握债务人财产与清算资料，或具有制作清算资料的一手便利的主体”，否则，对不符合该标准的相关主体科以配合清算义务并无意义。

在形式标准方面，不宜直接将有限公司的股东与监事推定为配合清算义务人。实务中认定有限责任公司的股东是否属于配合清算义务人的主要依据在于，“《公司法》第37条规定股东会有决定公司的经营方针和投资计划；审议批准公司的年度财务预算方案、决算方案；审议批准公司的利润分配方案和弥补亏损方案；对公司增加或者减少注册资本作出决议；对发行公司债券作出决议的权利。故有限责任公司的股东应该了解公司的财务状况，并有义务对公司的财务制度进行监管。因此，在公司进入破产程序后，除破产法第十五条规定的有关人员外，公司股东也有妥善保管和管理公司的财产、印章和账簿，并在公司进入破产程序后将上述资料移交管理人，如实向管理人说明公司财产状况的义务”[②]。然而，从公司治理中所有权与经营权相分离的角度来看，考虑到中小股东大多并不参与债务人的日常经营管理活动，其对于债务人的债权债务关系、资产状况及财务状况无法进行实时监管，因而将股东推定为破产配合清算的责任主体并不妥当，除非其同时兼任公司的法定代表人、董事等实际经营管理职务。退一步讲，如果认为股东对债务人确实存在实际控制并对日常管理活动具有影响力，也应当根据上文所述的实质标准将其纳入配合清算义务人的范围。

对于监事，则不宜将其认定为配合清算义务人。在我国的公司治理结构中，监事会与股东会、董事会构成公司治理的三大机关，其中股东会是最高权力机关，公司的重大事项决策权主要归属于股东会；董事会则是执行机关，负责公司事务管理和业务经营；监事会则是公司的监督机关，主要是为了公司和全体

---

① 参见韩传华：《企业破产法解析》，人民法院出版社2007年版，第52页。

② 浙江省浦江县人民法院民事判决书，(2019) 浙0726民初5880号。

股东的利益对执行业务的董事、高管进行监管。准此以言，监事的职责履行更多体现在监督公司经营管理人员善尽经营管理职责，而非直接负责经营管理，正如（2019）渝0102民初3468号案件民事判决书中，重庆市涪陵区人民法院的说理：“监事是公司的管理人员，但并非经营管理人员。”从监事的职能定位而言，应当认为，默认监事属于配合清算义务人并不恰当。①

回归到文首案例之中，债务人锦尚公司的登记股东为王某某和黄某某，而王某某同时为公司的法定代表人，黄某某则兼任公司的监事。从公司法角度来看，王某某作为执行公司事务的法定代表人，其被认定为公司解散清算时的清算义务人并无疑问，但黄某某作为股东兼监事是否应作为清算义务人仍需根据其对公司经营管理参与的具体情况予以判定。本专题认为，该案中黄某某确实曾举证主张自身从未参与锦尚公司的经营管理，二审法院仅以黄某某与王某某曾为夫妻为由便对其该项主张不予采纳，似有进一步推敲的余地。

四、破产清算程序终结后对配合清算义务人的追责程序

（一）配合清算责任之诉的诉讼时机

针对侵权责任诉讼能否在破产程序终结后提起的问题，《九民纪要》第118条第5款仅明确当债务人的主要财产、账册、重要文件等重新出现时，应通过追加分配程序而非再审程序来处置相关财产及其他事项，但并未就利害关系人能否在破产程序终结后提起相关侵权赔偿之诉作出规定。

对此问题，上海市高级人民法院在《关于理解与把握〈九民会议纪要〉第118条若干问题的解答》（以下简称《上海高院解答》）中认为：“个别债权人以《企业破产法》的相关规定为依据，要求债务人的相关人员承担民事责任的，因破产程序已对债权债务进行了概括性清理，具有程序不可逆性，人民法院判决不予支持。”此种思路在上海市第二中级人民法院审理的部分案件中有所体现，相关裁判文书曾提出：“企业破产程序系旨在终局性地清理破产企业的债权债务，故个别债权人要求破产企业相关人员承担破产配合责任的，应当限定

① 参见李宾宾：《论破产程序中配合清算义务人的民事赔偿责任》，载《上海法学研究》2021年第9卷。

于破产程序中，在破产程序终结后，个别债权人再行提起诉讼，既有悖于破产程序终局、不可逆的宗旨，亦有悖于债权债务集体清偿的理念。”①

但亦有部分地方法院持相反观点。例如，浙江省高级人民法院出台的《关于深化执行与破产程序衔接推进破产清算案件简易审理若干问题的会议纪要（二）》（浙高法〔2020〕12号）第27条第2款规定：“人民法院可以依照《最高人民法院关于债权人对人员下落不明或者财产状况不清的债务人申请破产清算案件如何处理的批复》的规定，告知有关权利人在破产程序终结后依法向债务人企业有关人员主张相应的民事责任。”大连市中级人民法院、大连市市场监督管理局于2020年8月3日联合发布的《关于企业破产中办理公司登记事项若干问题的意见》也持此立场。② 而在个案审理中，也可见采此思路的裁判文书。如在“江苏万奇电器集团（盱眙）有限公司与江某玲、廖某伟等清算责任纠纷案”③ 中，重庆市第五中级人民法院认为，破产清算程序终结后，个别债权人代表全体债权人依据《企业破产法》相关规定提起诉讼并追回《企业破产法》第123条规定的应供分配财产之权利未当然丧失。有的法院甚至还会在终结破产程序裁定中写明代表全体债权人的个别债权人在破产程序终结后，有权就不配合清算责任提起诉讼。④

本专题支持后一种立场，即关于配合清算义务人的个人责任之诉可以在破产程序终结之后进行。首先，《九民纪要》第118条第5款规定：“上述破产清算案件被裁定终结后，相关主体以债务人主要财产、账册、重要文件等重新出现为由，申请对破产清算程序启动审判监督的，人民法院不予受理，但符合《企业破产法》第123条规定的，债权人可以请求人民法院追加分配。”我国《企业破产法》第123条的规定是债权债务统一概括清理功能在破产清算程序终

① 此类裁判思路可参见上海市第二中级人民法院民事判决书，(2020) 沪02民终10230号；上海市第二中级人民法院民事判决书，(2020) 沪02民终4868号。

② 《关于企业破产中办理公司登记事项若干问题的意见》第4条第2款规定：“对于企业主要财产、账册、重要文件等灭失，或者企业人员下落不明的破产清算案件，管理人已履行查找的必要义务，人民法院向有关责任人员释明或者采取民事制裁措施后，仍无法清算或无法全面清算的，人民法院作出的终结破产清算程序的民事裁定书应当载明上述情况以及债务人的有关人员不履行法定义务，其行为导致无法清算或者造成损失的，债权人有权起诉其承担相应民事责任的内容。”

③ 参见重庆市第五中级人民法院民事判决书，(2020) 渝05民终6066号。

④ 参见江苏省东台市人民法院民事裁定书，(2018) 苏0981破3号之六。

结后的延伸，该条第1款规定“自破产程序依照本法第四十三条第四款或者第一百二十条的规定终结之日起二年内，有下列情形之一的，债权人可以请求人民法院按照破产财产分配方案进行追加分配：……　（二）发现破产人有应当供分配的其他财产的。”根据以上规定可知，适用《企业破产法》第123条规定的前提当然是发现破产人有应当供分配的财产，而通过诉讼、执行等法律程序发现的债务人财产系追加分配范围的当然之义。

其次，根据《企业破产法》第15条的规定，自人民法院受理破产申请的裁定送达债务人之日起至破产程序终结之日，债务人的相关配合清算义务人应承担配合清算义务，换言之，配合清算义务履行期限截至破产程序终结之日，在此之前，配合清算义务人均可履行相关配合清算义务，而在此之后，再要求相关配合清算义务人履行配合清算义务已不具有意义，相关配合清算义务人的责任因义务不履行已最终确定。从严格意义上来说，追究配合清算义务人责任其实应以破产程序终结之日作为提起诉讼的“逻辑起点”①。

最后，若将破产清算责任诉讼的提起时间限定在破产清算程序中，则管理人需在法院受理清算责任诉讼案件后方可申请终结破产清算程序，这将在很大程度上影响破产清算案件的终结，延长案件的审理期限，尤其是在“无产可破”案件中，普遍存在管理人难以有效完成接管、查找相关人员困难进而影响破产案件进程的现象。

综上所述，从最大限度挖掘债务人企业的责任财产、保障全体债权人的清偿利益、确定配合清算义务人责任范围、缩短破产清算程序期限的角度出发，应当肯定配合清算责任之诉的诉讼时机不仅限于破产程序中，也包括破产程序终结后。

（二）配合清算责任之诉的适格原告

前引《破产清算批复》指出，债务人有关人员的行为导致无法清算或者造成损失，有关权利人起诉请求其承担相应民事责任的，人民法院应依法予以支持。而《九民纪要》第118条第4款进一步指出上述《破产清算批复》中“‘有关权利人起诉请求其承担相应民事责任’，系指管理人请求上述主体承担

---

① 参见李宾宾：《论破产程序中配合清算义务人的民事赔偿责任》，载《上海法学研究》2021年第9卷。

相应损害赔偿责任并将因此获得的赔偿归入债务人财产。管理人未主张上述赔偿，个别债权人可以代表全体债权人提起上述诉讼”。由此可知，配合清算义务人的适格原告原则上为管理人，仅在管理人选择不提起配合清算责任之诉时，代表全体债权人的个别债权人方可构成适格原告，此时个别债权人虽具有单独起诉的权利，但该诉讼本质上仍是对全体债权人进行概括清偿的诉讼行为，诉讼所得财产应归入债务人财产。

《九民纪要》第118条要求个别债权人提起诉讼须代表全体债权人才能构成适格原告，该规定系力图避免在法院裁定终结破产程序后由债权人个别进行追偿并用于清偿其自身债权的情况，也旨在避免破产案件终结后衍生出众多的个别诉讼，从而使本应在破产程序中统一概括清理债权债务的制度目标无法实现。① 然而该项规定的合理性仍值得商榷：当管理人选择不提起配合清算责任之诉时：（1）倘若个别债权人必须代表全体债权人起诉，则诉讼费的计算须以全体债权人的债权额为标的额，这显然增加了个别债权人起诉时缴纳诉讼费的门槛；（2）个别债权人代表全体债权人诉讼时还面临如何履行意见征询程序、如被拒绝代表时如何协调等问题，考验着个别债权人代表全体债权人诉讼制度本身的正当性以及生命力；② （3）提起配合清算责任之诉的风险较高，原告败诉时须承担高昂的诉讼费，即使胜诉也须按照债权清偿方案优先清偿破产费用与共益债务。而依照《九民纪要》的规定，唯有个别债权人系“代表全体债权人”时才能起诉，这就意味着在管理人选择不提起诉讼时，债权人关于是否追究配合清算义务人民事责任的决定嬗变为了“一致决”——只要有一个债权人因上述担忧而拒绝授权，则其他债权人均不能提起诉讼。此种严苛的规定一定程度上架空了《企业破产法》第15条关于配合清算义务的规定。

鉴于此，本专题认为应当限制管理人对是否提起配合清算责任之诉的裁量权，而是交由债权人会议，对提起配合清算责任之诉的败诉风险、诉讼费用、时间成本进行衡量。具体而言，管理人应于破产清算程序终结前将配合清算义务人履行配合清算义务的情况报告债权人会议，由债权人会议按《企业破产

① 参见最高人民法院民事审判第二庭编著：《〈全国法院民商事审判工作会议纪要〉理解与适用》，人民法院出版社2019年版，第592页。

② 参见李宾宾：《论破产程序中配合清算义务人的民事赔偿责任》，载《上海法学研究》2021年第9卷。

法》第64条第1款[①]的规定，出具是否在破产程序终结后提起配合清算责任之诉的决议。(1) 如债权人会议决议起诉，则管理人必须提起诉讼。此时若债务人财产不足以支付诉讼费用的，投赞成票的债权人应当垫付诉讼费用，在取得赔偿款后，该等垫付的费用可认定为《企业破产法》第41条第1款规定的“破产案件的诉讼费用”，纳入破产费用进行优先清偿。(2) 如债权人会议决议不起诉，则个别债权人仍可代表全体债权人提起诉讼，并将获得的赔偿款纳入债务人财产进行后续的追加分配。

（三）配合清算责任之诉所得的分配方式

我国《企业破产法》第30条规定：“破产申请受理时属于债务人的全部财产，以及破产申请受理后至破产程序终结前债务人取得的财产，为债务人财产。”在破产程序进行的过程中，管理人对债务人企业有关人员违反配合破产清算义务的行为追究民事赔偿责任，其所得的民事赔偿款应归入债务人财产，供全体债权人公平分配与清偿。但在破产程序终结后，个别债权人代表全体债权人起诉时，所得的赔偿款是否也应归入债务人财产范畴并且对全体债权人进行分配？若仅从责任产生时间来看，该类赔偿款取得于破产程序终结后，并不符合《企业破产法》对债务人财产的定义。但从民事赔偿款的本质属性出发，该类赔偿款属于债务人在破产程序中可得且应得的财产，仅因管理人怠于追究或其他原因而未能及时取得，不能因为时间要件将其绝对地排除在分配范围外。《企业破产法》第123条所规定的破产程序终结之日起2年内的追加分配即属于对前述时间要件的某种选择性突破，值得肯定。

回归到文首案例之中，再审法院认为，锦尚公司破产程序终结后，债权债务已清理完毕，阿博华公司作为债权人个别地对锦尚公司的股东提起诉讼，要求其承担清算责任并用于清偿自身债权，缺乏法律依据；但法院同时提出，在债务人股东表示锦尚公司缺失的部分账簿已经找到情形下，若符合《企业破产法》规定的追加分配情形的，阿博华公司可以请求人民法院追加分配。本专题对上述裁判意见表示赞同，其纠正了一审、二审法院将配合清算义务视同为对

① 《企业破产法》第64条第1款规定：“债权人会议的决议，由出席会议的有表决权的债权人过半数通过，并且其所代表的债权额占无财产担保债权总额的二分之一以上。但是，本法另有规定的除外。”

原告承担连带责任的做法，而是采取了追加分配的执行方式，更加符合《企业破产法》公平清偿的价值取向和目标。

五、结语

《九民纪要》第118条的相关规定首次明确了无法清算类型破产程序中清算责任纠纷的诉讼结构，也昭示着“无法清算”责任制度已划分为破产清算与公司解散清算两类泾渭分明的程序，且破产清算程序中的相关清算义务人也已明确为清算人、清算义务人、配合清算义务人这三类不同的主体。然而，由于《企业破产法》现有规定的局限性，以《企业破产法》、《破产清算批复》及《九民纪要》为基础而构建的破产程序并未对清算责任制度作出完善的规范，似乎无法完全满足司法实践的需要。在《企业破产法》确立及时申请破产义务并将股东、董事以及实际控制人等相关主体明确规定为清算相关义务责任人之前，基于现实案件的审理需要，未来仍可能出现部分案件，通过对《破产清算批复》及《九民纪要》进行扩大解释或援引《公司法》相关规定的方式来解决对公司股东等主体的追责问题。

本专题主要对《九民纪要》第118条在法律适用上所作的两个维度的区分进行了阐明，并就《九民纪要》的三项未尽事宜——配合清算义务人的范围、配合清算责任之诉的诉讼时机、配合清算责任之诉的适格原告，进行了讨论。但由于文章的主题和篇幅，尚有如下问题有待未来的破产理论与实践进一步关注：

第一，现行法对清算相关义务主体的“三元化”划分是否为最佳立法方案？“三元化”的划分方法固然具有概念上的清晰性与不同主体在公司清算中分工上的合理性，然而要求债权人掌握该等划分方法、调查其损失具体是由哪一主体造成，似乎略显严苛。对此，已有观点认为，未来在公司解散清算中，应以“一元化”的清算义务人制度代替当前清算义务人、清算人以及配合清算人的“多元化”做法，以免去债权人的选择成本，便利司法实务操作。① 上述观点不失为立法论上解决问题的一种可行思路，其能否推广至破产清算程序，

① 参见张旭东：《有限公司清算义务人范围问题研究》，载《南大法学》2022年第2期。

以及破产清算程序中的“一元主体”又应当由何者担当，殊值思考。

第二，《企业破产法》第123条规定，在破产程序终结之日起2年内追回破产人其他财产的，债权人可以请求法院按照破产财产分配方案进行追加分配。但在文首案例中，管理人并未制定破产财产分配方案，债务人即因无财产清偿破产费用而被申请终结破产程序，此时应如何对债权人进行追加分配？根据该条规定进行追加分配属于法院的职责范畴，在当不存在破产财产分配方案时，似乎也应由法院对如何分配作出决定。但在欠缺明确规则指引的情况下，法院行使司法裁量权时不免面临难题，或是自由裁量范围过于宽泛的情况，未来仍需从立法的层面对该问题作出进一步的回应。

此外，案件争议标的额的确定、损害赔偿数额的认定、配合清算责任之诉的诉讼时效起算点、是否受到2年追加分配时效的限制等问题均存在较大的完善空间。我国未来破产理论与实践在探讨上述问题时，既应当考虑到破产程序作为概括清理的制度的功能定位，又需要维护债权人的相关合法权利，在二者之间进行合理的平衡。

专题二十一

重整程序向和解程序的转换问题

内容提要： 破产和解在制度价值、申请主体与适用条件、程序参与主体的范围与作用等方面均不同于破产重整，当两种程序之间发生程序转化时，就可能引发法律适用上的困境。本专题结合一起破产企业申请由重整程序转为和解程序的案件对该问题展开分析，主张：从制度属性来看，破产和解制度的应然定位为预防破产、促进债务人企业再生，但当前我国《企业破产法》中的和解制度仅能实现了结企业债权债务的作用；如此一来，完善和解程序的转换机制将有助于发挥和解制度的应然功能，而构建破产重整程序向和解程序的转换机制为其中的重要一步；具体而言，重整向和解程序转换机制的构建需明确程序转换的条件与限制，切实保障债权人的利益，延续重整程序对担保债权人的权利限制，并进一步明确法院、政府等公权力机关在程序转换过程中应当发挥的作用。

关键词： 破产重整、破产和解、庭内和解、程序转换

一、问题的提出

吉安市六合盛置业发展有限公司（以下简称吉安六合盛公司）于2003年4月注册成立，主营房地产的开发、经营等业务。2014年以来，因房地产市场整体形势下滑、公司经营管理不善等原因，大量资金外流以及巨额关联担保爆雷，造成资金链断裂，大量房产和土地使用权因诉讼被各地法院查封。2016年9月22日，吉安市中级人民法院裁定受理吉安六合盛公司的重整申请。公司的资产评估总额为

8.9797 亿元，各类债权达 1600 余笔，负债总额为 15.4393 亿元。根据意向重整投资人提供的偿债资金数额，在模拟清算条件下，普通债权的清偿率为 18.71%。因大量普通债权人反对意向重整投资人提出的初步重整计划草案，意向重整投资人最终决定退出。

2017 年 11 月，在政府支持下，吉安六合盛公司成功追回外流现金约 1.8947 亿元和价值近 2000 万元的房产。吉安市中级人民法院经征求各方意见后于 2018 年 3 月 2 日准许吉安六合盛公司在清算组的监督下自行管理财产和营业事务。同年 11 月 9 日，吉安六合盛公司以拟按 100% 的比例清偿全部债务为由申请转入和解程序。吉安市中级人民法院于同月 16 日裁定吉安六合盛公司和解。2019 年 6 月 5 日，经债权人会议表决，和解协议获高票通过。同年 12 月 31 日，吉安市中级人民法院裁定认可和解协议，终止和解程序，普通债权的清偿率均达 100%。①

该案作为破产企业由重整程序向和解程序转换的典型案例，显示出不同类型的破产程序之间灵活转换的重要意义，但也由此引发了如下思考：第一，如何理解破产和解程序在我国《企业破产法》中的定位？其与重整程序之间存在何种关系？第二，债务人企业进入破产重整程序后能否向和解程序转换？该种转换是否应有一定的条件限制？

二、破产和解在破产预防体系中的制度定位

破产和解是指经债务人申请，在法院受理破产申请后、作出破产宣告之前，为预防和避免债务人被宣告破产清算，由债务人和债权人会议按照多数决规则达成中止破产程序的协议，并围绕该协议的履行而设置的一项程序性破产挽救制度。② 我破产和解的制度定位在我国学界一直存有争论，下文将试图厘清破产和解制度与重整制度之间的关系，并进一步明确和解制度的应然定位。

（一）和解制度与重整制度的共性与区别

破产和解制度与重整制度同为破产预防体系的重要组成部分，但二者在本

① 参见江西省高级人民法院民二庭：《江西省高级人民法院 2021 年破产审判十大典型案例之九》，载江西法院网，http://jxgy.jxfy.gov.cn/article/detail/2022/02/id/6532587.shtml，最后访问日期：2023 年 5 月 14 日。

② 参见韩长印主编：《破产法教程》，高等教育出版社 2020 年版，第 5 页。

质上仍存有诸多差异：

第一，制度价值存在偏差。重整制度偏重于积极主动地挽救债务人企业，提高企业的营运价值并促进企业再生。而和解程序的制度设计侧重于消极地避免企业被宣告破产，程序的进行主要围绕处理债权债务展开，① 一般无法像重整程序一样积极地推进债务人企业并予以再建。

第二，申请主体与申请条件不同。我国《企业破产法》第95条第1款将破产和解的申请主体限制为债务人自身，债权人和其他利害关系人均无权向法院提出破产和解的申请。而对于重整程序，除债务人和债权人有权提起外，出资额占债务人注册资本1/10以上的出资人也可以向法院申请对进入清算程序但尚未被宣告破产的债务人进行重整。除此之外，根据《企业破产法》第2条和第7条第1款的规定，债务人申请和解的条件与清算相同，但重整的申请条件较为特殊，债务人在“有明显丧失清偿能力可能”时即可被申请重整。更为广泛的申请主体和更为宽松的申请条件决定了重整制度较和解制度有着更大的适用空间。

第三，适用的法律措施有差别。重整程序中除了债权人作出让步外，往往会采取企业部分或整体转让、出租、引进投资等多种措施来挽救债务人企业，而和解程序主要就是借助债权人同意减免债务或延期支付的方式来缓解债务人的债务压力，② 促进和解成功。

第四，法律效力不同。重整程序开始后担保债权人的权利通常将受到一定的限制，但和解程序的开始仅对无担保的普通债权人具有效力，担保债权人行使权利不受和解程序的影响且和解协议对其不具备约束力。

第五，程序参与主体的范围及作用不同。重整程序不仅有普通债权人、有财产担保债权人、债务人的出资人和重整投资人等利害关系主体的参与，出资人在重整程序中一般还具有发言权和表决权；而在和解程序中，出资人对和解协议的达成缺乏制定和表决的权利，有财产担保的债权人也不参与和解程序。除此之外，和解制度中的债权人自治程度更高，虽然和解协议需要由法院裁定认可，属于庭内和解，但相较于重整程序中法院对重整计划的强裁，和解程序

① 参见李永军：《破产法的程序结构与利益平衡机制》，载《政法论坛》2007年第1期。

② 参见贾林青、钟欣：《企业重整制度与破产和解制度比较研究》，载《法律适用》2005年第1期。

中司法干预的范围较为有限，更大程度体现债权人自由意志。[①]

综合看来，和解制度与重整制度各有其优劣势——和解制度程序简单、耗时少且成本低，而重整制度借助引入重整投资人、公权力介入等多元手段能更有力地推进债务人再生。

（二）和解制度的实然与应然定位

破产和解制度的定位在我国破产法学界存在争论，部分学者认为和解制度与重整制度同为预防破产而设，主要目的是促使债务人企业获得重生。[②] 但另一部分学者则认为破产和解应以了结债权债务为目标，可以被视为一种不同于破产分配的偿债方式。[③] 由此可以看出，我国破产和解制度的法律定位尚不明晰。

在域外破产法中，和解制度主要是基于弥补破产清算制度的弊端而发展起来的，其理论基础在于破产预防。[④] 而审视我国《企业破产法》和解章节的相关规定，破产和解的申请可以在债务人企业进入破产清算程序之后、宣告破产之前提出，由此我国似乎借鉴了域外法的思路，期望将破产和解定位为破产预防制度。然而，纵观《企业破产法》中和解章节的12个条文，我国的破产和解制度实则难以实现促进企业再生的目标。一方面，破产和解协议不能限制别除权的行使，只能约束无财产担保债权的人，故当企业优质资产被设定抵押的情况下，保留企业营运价值几乎是不可能的。[⑤] 在企业核心资产被用于清偿担保债权人后，企业所剩资产无几，与债权人达成和解的概率也会被削减。另一方面，和解程序缺少有效的监督机制，债权人会议、管理人及法院都难以对和解

---

① 参见韩长印：《我国企业破产预防制度的多样化构建》，载《河南社会科学》2004年第1期。

② 参见张善斌、翟宇翔：《破产和解制度的完善》，载《河南财经政法大学学报》2019年第5期；齐明：《破产法学：基本原理与立法规范》，华中科技大学出版社2013年版，第166页；金春：《中国重整程序与和解程序的功能及构造》，载《政法论坛》2008年第1期；李曙光、王佐发：《中国〈破产法〉实施三年的实证分析——立法预期与司法实践的差距及其解决路径》，载《中国政法大学学报》2011年第2期。

③ 参见张钦昱：《破产和解之殇——兼论我国破产和解制度的完善》，载《华东政法大学学报》2014年第1期；常敏、邹海林：《中华人民共和国破产法的制定》，载《法学研究》1995年第2期；邹海林：《我国企业再生程序的制度分析和适用》，载《政法论坛》2007年第1期。

④ 参见郁琳：《我国企业破产法和解制度评析》，载《中国青年政治学院学报》2008年第6期。

⑤ 参见李曙光、王佐发：《中国〈破产法〉实施三年的实证分析——立法预期与司法实践的差距及其解决路径》，载《中国政法大学学报》2011年第2期。

协议的执行起到监督作用，在债务人不自觉履行和解协议甚至不法转移、隐匿财产时，和解制度的效果无法获得保障。[①] 因而，我国当前的和解制度在实然上仅起到了结债权债务的作用，即通过和解协议来约定对债务进行减免或延期偿还，以达到清偿债权人的目的。

而若从应然层面出发，和解制度应当在保留债务人营运价值、提升生产经营能力等方面发挥更积极的作用。在域外破产和解立法中，意大利破产和解制度于2013年进行了全面的改进，自此，和解协议的实施目标除清偿债务外，还包括债务人的继续经营、公司转让或分立等。[②] 同时，意大利破产法还新增了“企业持续协议”规则，允许债务人向法院提交企业继续经营费用、预期收入、必要金融支持需要等材料申请通过“企业持续协议”进行和解。[③] 法国的困境企业和解程序也被认为是“预防进入集体清偿程序的程序”，是集体清偿程序的“补充程序”或“前置程序”。[④] 对此，我国部分学者提出了建立破产和解程序的监督机制[⑤]、创设和解程序的转换机制[⑥]、简化破产和解程序[⑦]、适当限制担保债权人的权利[⑧]等建议。本专题对上述观点予以认同，总体来看，通过改进和完善破产和解制度，才有可能促使我国破产和解程序实现预设的目标并发挥应有的预防破产、帮助债务人企业再生之功能。

三、破产重整向和解程序转换机制的缺失与填补

前文主要对破产和解制度在我国《企业破产法》中的实然与应然定位进行

---

① 参见邹杨、丁玉海：《破产和解制度的反思：价值、规范与实践的统一》，载《海南大学学报（人文社会科学版）》2013年第6期。

② 参见陶乾、张世君：《意大利破产和解制度的发展及经验借鉴》，载《社会科学战线》2016年第10期。

③ 参见陶乾、张世君：《意大利破产和解制度的发展及经验借鉴》，载《社会科学战线》2016年第10期。

④ 参见种林：《法国困境企业保护制度研究及借鉴》，载《南京社会科学》2018年第6期。

⑤ 参见蔡一文：《论我国破产和解制度的完善》，载《湘潭大学学报（哲学社会科学版）》2005年第S1期。

⑥ 参见邹杨、丁玉海：《破产和解制度的反思：价值、规范与实践的统一》，载《海南大学学报（人文社会科学版）》2013年第6期。

⑦ 参见张钦昱：《破产和解之殇——兼论我国破产和解制度的完善》，载《华东政法大学学报》2014年第1期。

⑧ 参见张善斌、翟宇翔：《破产和解制度的完善》，载《河南财经政法大学学报》2019年第5期。

了分析，可知对破产和解制度应然定位的实现离不开对该制度现状的查漏补缺，限于文章主题与篇幅，本部分仅结合文首案例着重对重整程序向和解程序转换机制的构建展开探讨。

（一）重整向和解程序转换机制的缺位

通常意义上，破产法中的程序转换是指随着破产程序的推进或公司财务状况的恶化，当原程序不足以或者不适合处理债务人企业的债务问题时，在原程序效力终止或中止的情况下，从原程序转变进入另外一种程序。我国现行《企业破产法》已构建了破产清算、破产和解和破产重整程序三者之间的动态转化机制，其中，常见的转化形式包括：（1）破产清算程序向破产和解程序的转化；（2）破产清算程序向破产重整程序的转化；（3）破产和解程序或破产重整程序失败的情况下，债务人企业向破产清算程序的转化。① 而司法实践中出现的破产重整向和解程序的转化实属一种“非常态”情形。我国《企业破产法》第 95 条第 1 款规定：“债务人可以依照本法规定，直接向人民法院申请和解；也可以在人民法院受理破产申请后、宣告债务人破产前，向人民法院申请和解。”债务人企业具有破产和解申请权，可以直接向法院申请破产和解，也可以在企业进入破产清算程序后、被法院宣告破产前，申请由破产清算程序转入和解程序。但显然，对于企业进入破产重整程序后能否再转入和解程序，法律并没有明确规定。《企业破产法》第 105 条规定：“人民法院受理破产申请后，债务人与全体债权人就债权债务的处理自行达成协议的，可以请求人民法院裁定认可，并终结破产程序。”但此处的“达成协议”非指庭内和解，系为法庭外的和解，属纯粹的私法自治范畴。且因须与“全体债权人”达成一致，其表决规则并非和解程序中的“多数决”，而是“全体决”。据此，有观点指出我国《企业破产法》对重整程序与和解程序的关系采“取舍”而非“兼得”的态度，即若债务人进入重整或和解程序后就不能再向另一个程序转换。②

然而，我国当前司法实践中已经出现不少债务人企业由重整程序转入和解程序且最终和解成功的案例，在“焦作市全星钙业有限责任公司破产重整转和

① 参见齐明：《论我国破产程序转换与债权人后续重整申请权》，载《东北师大学报（哲学社会科学版）》2015 年第 5 期。

② 参见李永军：《破产法的程序结构与利益平衡机制》，载《政法论坛》2007 年第 1 期。

解案”①中，债务人企业在进入重整程序后遭遇突发的新冠疫情，意向投资人无法对企业进行现场考察，资金迟迟不能到位，破产程序就此停滞，而债权人则纷纷要求破产清算。但破产清算不仅会使企业彻底退出市场，还将导致债权清偿率大幅下降。为此，修武县人民法院多次组织听证会，积极引导债务人、债权人达成和解，成功化解了60余位债权人的1.9亿元债务，维系了128名职工的主要生活来源。而在“温州三联锻造有限公司破产重整转和解案”②中，因重整计划草案未调整股权结构，法院终止了重整协议的执行，在市金融办的协调下债务人与债权人达成和解协议，最终通过和解程序达到清偿债务、企业继续经营的目标。部分法官从实践角度对该案进行了进一步剖析，认为在案涉债务人仍然具有拯救希望和价值的情况下，如果仅因为“破产法没有明确规定重整与和解程序之间可以相互转换，进而启动破产清算程序，会导致债权人和债务人的利益双双受损”③。同时，《企业破产法》第八章、第九章与第十章分别规定了重整制度、和解制度和清算制度，从《企业破产法》的篇章结构设置能够看出这是一部以拯救为首要目标的法律，“立法鼓励陷入流动性困境的企业先选择拯救程序，只有确实没有拯救的能力或者价值的企业才选择破产清算作为最后的选项。正是基于保护债权人利益和‘拯救’有价值的企业两方面考虑，瑞安法院支持了债务人转为破产和解的请求，最终裁定认可三联公司的和解协议”④。

在文首案例中，因大部分普通债权人对重整投资人建议的初步重整计划草案持反对意见，意向重整投资人退出重整，重整程序陷入停滞。由上述案例可知，在债务人企业进入重整程序后允许其根据实际情况提出向和解程序转换的申请，对企业的再建具有重要意义。若完全切断破产重整转为和解的机制、强行对具备挽救价值的债务人企业进行破产清算，不仅违背破产预防制度挽救企业营运价值的立法目的，也不利于保护债权人和债务人的合法权益。

---

① 参见河南省高级人民法院：《焦作市全星钙业有限责任公司破产重整转和解案》，载河南省高级人民法院官网，http：//www.hncourt.gov.cn/public/detail.php？id=184209，最后访问日期：2022年3月6日。

② 参见刘约：《如何处置“僵尸企业”瑞安法院有心得》，载温州商报网，http：//news.66wz.com/system/2016/04/11/104792643.shtml，最后访问日期：2022年3月7日。

③ 鞠海亭：《维护金融安全的破产审判路径》，法律出版社2019年版，第180页。

④ 鞠海亭：《维护金融安全的破产审判路径》，法律出版社2019年版，第180页。

（二）重整程序向和解程序转换机制的构建

鉴于《企业破产法》关于重整程序向和解程序转换的规范缺位，理论上有学者持怀疑态度，但同时认为我国《企业破产法》给这一程序转换预留了空间。[①] 有学者则较为旗帜鲜明地指出，通常情况下，破产重整具有优先于和解程序适用的效力，所以如果当事人已经向法院申请且法院已受理破产重整程序，此时应排除适用和解程序。故在启动破产重整程序后，破产债务人就不得申请重整程序向和解程序转换。[②] 还有观点提出，和解制度旨在为重整制度提供替代性企业解困制度，但造成制度成本的重叠，在已有重整制度情况下应废除和解制度。[③] 总体上，否定立场的主要理由在于，重整程序系具有多元的企业挽救措施，若经过重整程序的强制磋商、公权力介入等措施都无法挽救债务人企业，和解程序能够扭转局面的可能性微乎其微，不如尽早进入清算程序符合效率原则，也能最大限度避免企业财产进一步损耗。也有部分学者对重整程序转换和解程序持肯定的态度，其理由主要在于，程序之间转换机制的缺失可能导致尚有拯救可能性的债务人丧失了利用另外一种制度来获取破产拯救的机会。[④]

本专题认为，重整程序向和解程序转换具有法律依据、法理基础以及现实意义。首先，重整程序向和解程序转换在我国《企业破产法》中并非完全没有法律依据。《企业破产法》第95条第1款规定：“债务人可以依照本法规定，直接向人民法院申请和解；也可以在人民法院受理破产申请后、宣告债务人破产前，向人民法院申请和解。”其中，首先人民法院受理“破产申请”存在一定的解释空间，在破产清算申请之外，通过解释可以涵盖重整申请。其次，重整程序向和解程序转换具备法理基础。私法自治是私法的最高原则，这一点在破产和解程序中体现得尤为明显。因为和解制度的主要核心为债权人与债务人相

① 参见齐明：《论我国破产程序转换与债权人后续重整申请权》，载《东北师大学报（哲学社会科学版）》2015年第5期。

② 参见范建、王建文：《破产法》，北京法律出版社2009年版，第213页。

③ 参见李曙光、王佐发：《中国〈破产法〉实施三年的实证分析——立法预期与司法实践的差距及其解决路径》，载《中国政法大学学报》2011年第2期。

④ 参见张世君：《破产重整与清算、和解程序相互转换的法律思考——以新〈破产法〉为中心的考察》，载王保树主编：《中国商法年刊2007：和谐社会构建中的商法建设》，北京大学出版社2008年版，第511－515页；邹杨、丁玉海：《破产和解制度的反思：价值、规范与实践的统一》，载《海南大学学报（人文社会科学版）》2013年第6期。

互协商，就债权债务关系达成一个总体的解决方案，进而化解债务人企业原有的债务危机，在这一过程中保障和解最终成功的关键是债权人认同并接受债务人提出的和解协议，即当事人的“自愿原则”。因此，“只要债权人愿意接受债务人的和解方案，就应当允许债务人进入和解程序”。再次，重整程序向和解程序转换具有现实意义。前文案例已经证明允许进入重整程序的债务人企业向和解程序转换具有现实价值和必要性。除此之外，相较于重整程序，和解程序较为简单，耗时少、成本低，且和解制度中不存在法院对和解计划的强制批准权，管理人、投资人以及法院的介入程度较浅，可以有效避免对企业经营、管理的冲击，对企业的商业信誉、信用修复等具有诸多优势。最后，并非所有破产申请人都是理性经济人，在程序的选择上难免判断失误，故在重整程序无法顺利进行时，允许债务人企业灵活地向和解程序转换，能够降低破产申请人的选择风险，既符合当事人的意思自治，又有助于保护债务人企业和债权人的利益。

在域外破产法中，意大利破产法明确允许重整程序与和解程序的相互转换，为债务人提供了更多的选择机会，在促进制度资源优化配置的同时，也提高了破产和解程序的使用效率。《俄罗斯联邦无支付能力法》第150条规定，在仲裁法院审理破产案件的任何阶段，债务人、破产债权人以及被授权机关有权签订和解协议。同时该法第153条表明，在优化财务状况阶段，即破产重整阶段，也可签订和解协议。①《美国联邦破产法》规定，在符合下列条件的情况下，重整程序可以转化为农场主的重整程序（第12章）以及个人和解程序（第13章）：债务人请求转化；债务人没有根据该法第1114（d）条获得免责；该种转化是公平的，同时当事人必须合适。② 由于和解是一种典型的当事人意思自治式的制度安排，法院介入程度较浅，一般需要当事人主动申请才可。因此，美国法规定重整程序在向和解程序转化时，须当事人主动提出和解的申请，以避免直接转换对当事人意思自治干预过多，保护债权人的利益。③ 而我国台湾地区的“公司法”对于破产重整与和解程序之间的转换也持肯定的态度，依据该

① 参见牛超群：《破产程序转换问题研究》，上海交通大学2010年硕士学位论文，第3页。
② 参见张世君：《破产重整与清算、和解程序相互转换的法律思考——以新〈破产法〉为中心的考察》，《中国商法年刊》2007年版，第513－514页。
③ 参见张世君：《破产重整与清算、和解程序相互转换的法律思考——以新〈破产法〉为中心的考察》，《中国商法年刊》2007年版，第513－514页。

法第304条、第308条的规定，重整计划的执行期限为：自法院裁定认可之日起不得超过一年（除债务清偿期限外），若有正当理由无法在一年内完成，须向法院申请延期且必须取得重整监督人的许可。若在期限内仍无法完成，法院可以依破产当事人的申请或者依职权裁定重整程序终止，重整程序被终止后，强制执行、和解、破产清算程序恢复其效力。

本专题认为，我国《企业破产法》可以在一定程度上借鉴域外法的先进经验，构建起重整向和解程序转换的机制。同时，转换机制的构建应当注意以下四方面问题：

第一，明确债务人企业由重整程序向和解程序转换的条件与限制。一方面，在重整程序正常顺利进行过程中，特别是对于债权人申请债务人企业重整的案件，对债务人提出的转换申请应持限制态度，因为重整的制度设计对债务人具有更强的约束力，在重整程序有序进行中不应允许债务人企业随意转入和解程序。另一方面，并非所有重整失败的债务人均适合转入和解程序，由于破产和解也属于债务人企业再生制度的一部分，只有尚具有再生可能性和价值的企业才能转入和解程序。如果债务人的重整程序已经进入中后期，债务人财产经过前期消耗已所剩无几，企业持续经营能力也未见好转，不应再准许债务人的和解申请。具体而言，《企业破产法》规定破产重整失败的原因包括：（1）在重整期间，债务人的经营状况和财产状况继续恶化，缺乏挽救可能性；（2）在重整期间，债务人有欺诈、恶意减少债务人财产或其他显著不利于债权人的行为；（3）在重整期间，由于债务人的行为导致管理人无法执行职务；（4）重整草案未获得通过且未获得法院强制批准或者已通过的重整计划未获得法院的批准的；（5）债务人不能执行或者不执行重整计划。分别看来，对于上述前两种情况，债务人企业缺乏和解所需的财产基础或是欠缺和解诚意，此时应将企业转入清算程序。而对后三种情况，在债务人企业尚有和解可能性和价值时，可以允许程序的转换。

第二，切实保障债权人在程序转换过程中的合法权益。和解程序注重债务人企业和债权人的合意，在性质上类似于民事调解程序，而债务人、债权人因利益博弈有时难以达成和解协议。对此，在程序转换过程中应充分尊重债权人的意见。我国《企业破产法》第96条规定，法院审查和解申请符合法律规定的，应当裁定和解并召集债权人会议讨论和解协议草案，即法院裁定和解在先，债权人会议表决和解协议草案在后。但在程序转换中，应当将债权人会议对和解协议草案的审核前置，即债务人申请和解时，除应当提出和解协议草案外，还应当提交债权人会议对草案的初步表决意见，以避免出现法院依据债务人单方意愿先行裁定程序转换但债权人会议后续却否决和解协议草案的情况。除此之外，有法官提出了“重整式”和解的模式，指出具备优质资产的债务人企业申请破产和解的，法院可以引导各当事方参考破产重整程序的一般财产作价投入成本、清偿方案等标准进行谈判协商，管理人可协助债务人股东参考重整计划提出破产和解协议，该种“重整式”和解的实质相当于以原始股东代替了重整中新的战略投资人，① 在保留原公司架构的基础上进一步提高和解的可行性。

第三，重整程序对担保物权的限制应延续至和解程序。根据前文所述，和解程序受到诟病的原因之一即在于其对担保权人缺乏约束力，在企业大部分资产被设定抵押时，一旦担保债权人主张优先行使自身权利，债务人企业很可能会因缺乏继续运营的物质基础而陷入困境，导致债权人对和解程序的启动普遍持消极态度。《破产审判纪要》第25条指出，在破产和解程序中，担保债权人可以随时向管理人主张就该特定财产变价处置行使优先受偿权，但因单独处置担保财产会降低其他破产财产的价值而应整体处置的除外。这一规定即体现了最高人民法院对和解程序中特定情形下担保债权人优先权予以适当限制的态度。重整程序中，现行法规定对债务人的特定财产享有的担保权应暂停行使，这一权利限制在重整程序向和解程序转换时予以延续具有合理性和必要性。因为由重整转入和解程序的企业仍属于具有再建希望的企业，此时和解作为对重整遭遇障碍的企业的“兜底”程序，应当提高和保障自身的成功率，而限制担保权人权利的行使即有利于保障和解协议的履行，避免企业因担保权的实现而丧失后续履行能力。同时，由于对担保权行使加以限制的延续做法有助于防止债务人不可挽回地进入破产清算程序，亦符合和解程序破产预防的应然定位。

第四，明确法院、政府等公权力机关在程序转换过程中的角色。前文所述案例可以发现，在债务人企业成功由重整程序转入和解程序的过程中，往往离

① 参见鞠海亭主编：《维护金融安全的破产审判路径》，法律出版社2019年版，第181页。

不开法院、政府等公权力机关的积极助推。由于重整程序的复杂性以及重整计划的执行所需较长执行期的要求，债务人企业无法顺利重整的主客观原因往往十分多样，加之债务人、债权人以及出资人等重整利害关系人之间存在着利益冲突，若公权力机关不适时介入并加以引导，程序的转换往往难以有效进行。除此之外，公权力的适当介入还可以对债务人的和解起到一定的监督作用，避免程序转换沦为债务人企业逃废债的不当手段，增强债权人对和解制度的信心，提高和解程序的利用率。故法院、政府应当在程序转换过程中扮演更积极主动的角色，借助召开听证会、专家论证会等方式，促进重整程序向和解程序转换的顺利进行。

四、结语

和解制度的产生，源于对传统破产清算程序缺陷之“修正”。最具典型性意义的和解制度产生于19世纪晚期，1883年比利时率先公布《预防破产和解制度》。我国企业破产和解制度与重整制度同属破产预防制度的重要组成部分，但实证分析证明破产和解制度在司法实践中的使用率远远低于重整制度，[①] 和解程序并未发挥其预设的效果，出现上述情况的主要原因在于，和解制度在我国破产法中的定位模糊。虽然破产和解制度在设立之初旨在预防破产、促进债务人企业再生，但当前的和解制度仅能促进债务人与债权人之间债务关系的了结，难以实现企业再建的目标。激发和解制度的潜在功能需要从多个方面完善该制度，构建破产重整程序向和解程序的转换机制即为其中一个重要方面。借鉴域外法的先进经验，允许重整程序向和解程序的转化，能够显著提升和解程序的使用率与灵活程度，赋予破产当事人的制度选择权，符合商事主体意思自治原则，也能够有效提高困境企业再建成功的概率。与此同时，我国破产程序转换机制的构建还需进一步明确转换的条件与限制、切实保障债权人的利益、延续暂停担保权行使的程序效力以及明确法院、政府等公权力机关在程序转换过程中应当发挥的作用，以满足和回应困境企业破产预防和挽救的现实需求。

---

① 参见李曙光、王佐发：《中国〈破产法〉实施三年的实证分析——立法预期与司法实践的差距及其解决路径》，载《中国政法大学学报》2011年第2期。

专题二十二

清算式重整中通过信托进行清偿的适法性问题

内容提要：财产信托不同于一般的财产权，在委托关系之下具有财产处置方面的特殊性，并且愈发广泛地运用于破产重整实践中。本专题结合一例在清算式重整中设置财产信托以偿还大部分债务的实践做法，对该问题进行如下分析，主张：重整程序的性质实与财产信托计划的属性可以相互兼容，因而基于现有法律规定以及重整实践的迫切需求，引入财产信托计划不失为一种有效的新型偿债方案；就受益权设置而言，有必要适当变通重整计划批准规则中绝对顺位规则的限制，将重整溢价随着信托计划执行的实际情况进行灵活分配；同时，确立清算式重整中受托人对破产财产处置的方案制定以及执行方面的职责，具体操作中可参照破产重整程序中的表决规则，并完善对受托人的监督机制。

关键词：清算式重整、财产信托、受益权、重整计划、信托受托人

一、问题的提出

2021年12月1日，上海市第三中级人民法院裁定批准中科建设开发总公司（以下简称中科建设）的重整计划，并终止中科建设重整程序。根据重整计划，为维护债权人合法权益，确保重整后资产管理盘活工作高效开展，本重整程序将引入信托公司并通过其设立信托计

划，中科建设既有资产将通过纳入专属、独立信托计划的方式保留在重整体系内，避免出现资产外流。

根据《国民信托凤凰1号中科建设重整信托计划合同》（以下简称《重整合同》)，国民信托中标了中科建设开发总公司破产重整案的财产权信托业务，该《重整合同》已于2021年12月31日签署完成，合同总期限为5年，信托报酬400万元。《重整合同》称，鉴于审计评估情况，中科建设已经资不抵债。为“实现全部资产用于清偿债权”的目标，将对中科建设出资人权益进行调整，使权益归属债权人，即中科建设原有出资人中科院行管局将对其持有的中科建设全部股权进行权益调整，无偿划转至信托计划。全体债权人的债权将根据重整计划的规定，获得相应类型的信托受益权份额，债权人成为信托受益人，进而参与信托财产分配。

就偿债方式而言，《重整合同》将信托受益权分为4大类：A类对应建设工程价款债权，将依法在对应工程折价或者拍卖的价款优先受偿。B类对应财产担保债权，在相应担保财产范围内获得优先受偿，该等债权在相应担保财产中的管理处置收益中优先分配。若相应担保财产的全部实际处置管理收益无法达到有财产担保债权额的，则相差部分的信托收益权转为普通债权，对应信托收益权与普通债权人所享有的信托财产管理处置收益顺位等同。C类对应普通债权。D类对应劣后债权。此外，小额债权（金额不超过15万元的A类、B类、C类债权）就其不超过15万元（含本数）范围内的债权将另行由中科建设进行现金清偿，不再纳入信托计划。①

这是一起典型的以设立信托的方式执行重整方案的破产案件，所披露出的信托计划内容反映出如下争点问题：（1）在以信托偿还债权的重整模式中，如何判断信托设立方案的公正性与合法性？尤其在中科建设纳入信托计划的资产是相对缺乏现金价值的原债务人股权的情况下，该偿债方案如何反映出重整价值对债权人的合理分配？具体而言，如何将《企业破产法》第113条中不同顺位的破产债权对应设置为信托财产中的“信托收益权”？（2）信托受托人是否取代债务人而成为重整计划的执行义务人？进一步而言，信托受托人在根据信

---

① 参见上海市第三中级人民法院民事裁定书，(2020) 沪03破307号。

托合同承担合同义务的同时，将承担哪些《企业破产法》中的法定义务？法院、破产管理人在计划执行阶段的监督职能又将因为信托计划的引入而受到何种影响？（3）以为期5年的信托方案偿还债权的计划是否变相延长了重整计划的执行期限，从而构成对全体债权人利益的某种损害？

二、中科建设重整服务信托交易结构梳理

根据管理人向媒体披露的《重整合同》[①] 并结合国家企业信用信息公示系统中的相关信息，中科建设重整信托的交易结构与步骤可见图22－1：

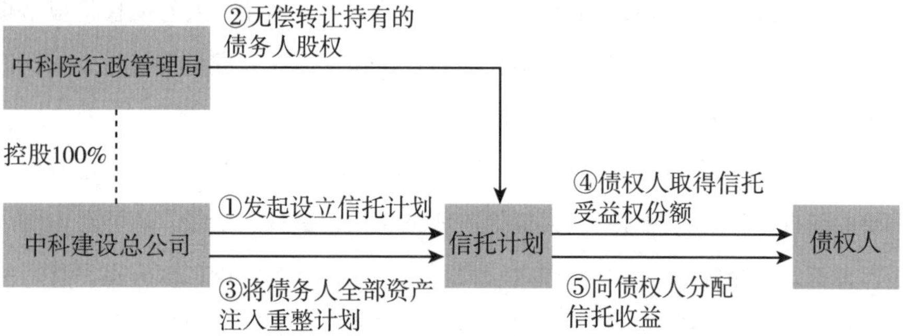

图22－1　中科建设重整信托的交易结构与步骤

本专题对交易结构作如下阐明与评析：第一步，中科建设总公司与国民信托签订信托合同，发起设立以自己作为委托人、国民信托作为受托人、所有债权人作为受益人的“服务信托”。本案重整信托为他益信托而非自益信托。从实践中来看，设立自益信托，再由债务人与债权人签订《信托份额抵债协议》将信托受益权转让给债权人的方式较为常见，而本案中采取直接依照法院裁定设立以债权人为受益人的他益信托的方式，从本质来看也是用信托受益权的“以物抵债”方式，有助于节省债务人与众多债权人签订信托受益权转让合同的成本，值得肯定。第二步，中科建设总公司的唯一股东中科院行管局将其股权无偿转让至信托计划，相当于将出资人权益调整为零。此种调整获得法院批准的原因：一方面可能是中科院行管局对中科建设总公司进入破产重整程序

① 参见信托圈内人：《国民信托中科建设重整合同：分四类债权，15万元以内小额全部现金清偿》，载https：//mp. weixin. qq. com/s/W97AHcL1iWXMjzKvhk1rUA，最后访问日期：2022年8月18日。

具有管理责任，将其出资人权益调整为零有助于化解债权人的负面情绪，使重整计划通过的可能性增大，对全体债权人更显“公平公正”；另一方面还可能是中科院行管局作为国家事业单位，主动让渡了其出资人权益并表决通过了该调整方案，以最大程度支持债务人重整工作。第三步，将中科建设的全部资产注入重整计划，由此，信托财产作为中科建设的全部资产与股权。第四步，债权人根据在破产程序中被确认的债权金额取得相应的信托受益权份额。第五步，在信托的运营过程中，将信托收益依照信托合同约定的 ABCD 四类信托受益权依次进行分配。

三、在重整程序中设立财产信托的法律依据

通常认为，信托是财产管理的一种特别机制，具体表现为委托人把其财产权交由受托人进行分配。信托起源于 16 世纪英国的用益制度，但是信托监察人并非起源于英国，而是 20 世纪 70 年代出现在离岸管辖的岛国中。[①] 对于重整程序中处置财产信托的性质而言，需要在厘清财产信托法律性质的基础上，结合破产重整的背景进行具体认定，以期使财产信托契合破产法的制度规范与重整价值。

（一）财产信托的法律性质

信托的法律性质问题实际上是信托关系人围绕信托财产所形成的权利义务的性质问题，同时也是受托人对信托财产权利的性质问题，大陆法系与英美法系国家均有不同理论观点，有学者就将主流观点归纳为 7 类：（1）双重财产权说。英美法系学者基于信托历史沿革上的法理认为，信托的实质在于分割财产权，即将信托财产上的权利一分为二，受托人为了他人的利益享有信托财产普通法上的所有权（legal title），受益人享有信托财产衡平法上的所有权（equitable title）。换言之，受托人是信托财产普通法上的所有人（legal owner），受益人是信托财产衡平法上的所有人（equitable owner），二者都享有信托财产所有权。[②]（2）物权说。物权说主张信托财产的所有权归属于受益人，受托人只享有代理权。（3）债权说。该说严格按照大陆法系中物债二分的基本原理，

① 参见付立新：《破产重整 DIP 模式中管理人监督权的信托法解构》，载《银行家》2019 年第 9 期。
② 参见周小明：《信托制度比较法研究》，法律出版社 1996 年版，第 28 页。

在将信托财产的所有权归属于受托人的同时，明确受益人对受托人享有债权。大陆法系学者多数赞同该种观点，各国信托立法也有债权说的趋势。（4）物权债权并行说。该说实际上是物权说与债权说的折中观点。（5）财产权能区分说。该说认为大陆法系传统民法中的物债二分，主要是从权利机能的角度探究信托的法律性质，但是在一定程度上分离了信托财产的管理属性和价值属性。（6）法主体说。该说颇具将财产人格化的意味，即从信托财产独立性出发将信托财产本身视为一个独立的法律主体，而将受托人视为该主体的管理人行使财产管理权。（7）附解除条件的法律行为说。附解除条件法律行为以单一的权利义务关系为基础，但是信托是一种以信托人、受托人、受益人三方当事人权利义务为内容的多边信用关系，权利义务关系十分复杂。如果认定信托为附解除条件的法律行为，那么在条件成就前，受益人对信托财产只享有期待权而无任何现实权利。但是受益权的内容性质决定了其在条件成就之前，是一种现实的、可加以行使的权利。①

学界从法律解释的角度，区分信托下信托财产所有权与一般所有权的特殊性。如楼建波教授认为："我国在引入信托时，未把信托受益人的权利定性为所有权甚至物权，从而避免了与'一物一权'的冲突。允许信托当事人根据信托目的和信托财产的具体情况决定是委托保留信托财产所有权还是转移给受托人，符合《关于信托的法律适用及其承认的海牙公约》的约定。但无论是委托人保留还是受托人享有对信托财产的所有权，都是权能不完整的期限有限的'不完全所有权'或'特殊所有权'，与一般的所有权概念不符。"② 赵廉慧教授认为："在引入信托法的双重财团所有权时，受托人定位已经明确，信托财产归属于受托人，但为特殊财团，受信托目的之限制。"③

本专题认为，当前我国《信托法》关于"委托"的性质立法上并不明确，部分实务做法将企业所有权进行分割处理，按照信托协议约定确立委托人、受托人、受益人权利及义务，这体现了信托工具的灵活性和创造性，也同时为未

---

① 参见李群星：《信托的法律性质与基本理念》，载《法学研究》2000年第3期。

② 楼建波：《信托财产关系与物权法原则的冲突——兼论信托财产关系的民法典表达》，载《交大法学》2019年第2期。

③ 赵廉慧：《信托财产权法律地位新解——"双财团理论"的引入》，载《中国政法大学学报》2016年第4期。

来破产信托实务探索和法律体系解释之间进行磨合准备好了前置要件。

（二）在重整程序中设立信托的法律依据

2018年4月27日，中国人民银行、中国银行保险监督管理委员会、中国证券监督管理委员会、国家外汇管理局联合发布了《关于规范金融机构资产管理业务的指导意见》（以下简称《资管新规》），对包括信托公司在内的金融机构接受投资者委托、对受托的投资者财产进行投资和管理的资产管理业务进行监管，并且力度较大。但理论上对于破产重整信托是否适用《资管新规》存在不同观点：（1）肯定说认为，《资管新规》第2条明确“资产管理业务是指银行、信托、证券、基金、期货、保险资产管理机构、金融资产投资公司等金融机构接受投资者委托，对受托的投资者财产进行投资和管理的金融服务。金融机构为委托人利益履行诚实信用、勤勉尽责义务并收取相应的管理费用，委托人自担投资风险并获得收益”，信托在监管范围之内。同时，该规定第3条指出“资产管理产品包括但不限于人民币或外币形式的银行非保本理财产品，资金信托，证券公司、证券公司子公司、基金管理公司、基金管理子公司、期货公司、期货公司子公司、保险资产管理机构、金融资产投资公司发行的资产管理产品等”，又将具体的资金信托包括在内。因此，破产重整信托可以适用《资管新规》。（2）否定说则主张，“设立破产重整信托的初衷和目的在于以分配受益权份额的方式在有限的重整计划执行期间内实现破产债权的名义清偿，再通过对信托财产的持续管理、运用和处分，使得债权人通过信托受益权通道获得信托利益的真实偿付。可见，破产重整信托本质上属于以偿债为目的的服务信托业务，并不包含投资功能、不属于投资类资产管理业务，因此无需适用《资管新规》关于合格投资者、风险准备金、净值化管理等方面的要求。破产重整企业或特殊目的公司的股权和委托人享有的应收账款债权是较为常见的信托财产，属于财产权信托的范畴，故不宜适用于资金类信托的相关监管规范”①。事实上，我国现行《企业破产法》和《信托法》并未明确重整企业能否在重整程序中设立信托的问题，相关规范亟待明确。

---

① 刘新宇、葛舒：《破产重整程序引入信托计划的二三事》，载 https://mp.weixin.qq.com/s/fkowEMR5nSvZE17miLFa8g，最后访问日期：2023年6月15日。

（三）信托适用于破产程序的现实背景

信托在破产重整领域的作用日益凸显，据报道，“近年来企业破产重整案件逐年上升。根据最高人民法院官网，2007年至2020年，全国法院共审结破产案件逾4.8万件，企业破产法实施后的一段时间，我国每年破产案件数量在3000件左右。值得注意的是，2020年全年破产重整案件5183件，比2019年全年增长133%。而另一方面，不良资产规模持续增长。不良资产主要来源于银行、非银金融机构以及非金融机构（企业）。根据中国银保监会发布的《商业银行主要监管指标情况表》，截至2021年三季度末，商业银行不良贷款余额2.8万亿元，较上季末增加427亿元；商业银行不良贷款率1.75%，较上季末下降0.01个百分点。有行业统计数据显示，2020年全年共有324只信托计划违约，涉及金额1394.38亿元。此外，近4个月以来发生的信托产品违约事件超90起，涉及金额550亿元”①。

上述数据在实然层面上能够表明破产重整业务持续向好，但从应然层面出发，仍缺乏规范指引。在重整模式方面，有观点认为，“近年来，逐渐兴起的‘出售式重整’及‘反向出售式重整’，都面临着在重整中转让核心经营事业后非核心资产处置变现的问题。无论何种模式，都是在破产法的框架和监管下进行。破产管理人在一定程度上具有信托受托人的地位，从企业破产法中规定的管理人职责来看，管理和处分债务人的财产是管理人的基本职责，是不允许再行委托的”②。本案中，继海航集团相关重整案采用服务信托方式处置相关重整事务，中科建设公开招募信托公司，出具整体信托方案，通过设立信托计划优化中科建设资产及债务处置方式。企业破产中，越来越多采用财产权信托的处置方式，根据破产重整项目的资产负债情况及引进战投的需求和进度，由信托公司成立财产权信托，用信托收益向债权人进行偿付，达到破产重整的整体目标。财产权信托能够解决仅采用财产处置、引入战略投资人的重整方案所面临的难题，以更好平衡各方利益、搁置争议，推动重整顺利进行：一方面，《信托

---

① 陈嘉玲：《财产权信托破解“大企业”重整难题》，载《中国经营报》2021年11月29日，B11版。

② 王玲芳、刘琦：《重整程序中财产处置信托的风险规制》，载《人民法院报》2021年12月9日，第7版。

法》所确立的信托关系区别于其他资管产品的委托代理关系，信托财产具有效力层级最高的法定破产隔离的作用，破产重整项目中，以剥离资产设立财产权信托，该部分资产不纳入企业破产财产，由信托公司独立运作，可以有效隔离与原破产主体其他财产之间的关联性；另一方面，信托公司通过对剥离资产的管理和处分，实现信托财产的增值，从专业和特色化角度体现信托公司的优势和价值，原破产企业的债权人将通过信托受益权人身份持续享有剥离资产运营处置的相关收益。

至于破产债权人和信托受益权人身份转变后的权利行使问题，当前就有观点认为，“将债务人待处置财产纳入信托后，受益人仍保留财产管理处置的重要事项决定权，后续将继续召开受益人大会来决定财产处置方式、分配方案，其与破产清算程序中的债权人决议机制类似。财产处置信托仅仅是更换了处置实施主体，但处置程序、处置方式、分配方式均未发生实质性变化，信托仅是财产处置的一个中间环节，而不能视为财产处置完毕。如果将原本由管理人在企业破产法框架下按照法定程序处置资产，变更为单纯商业信托方案下的资产处置，也不再作为重整计划执行内容和执行完毕的标准，客观上使得信托方案的执行游离于重整和清算之外，不受企业破产法的监管与规制，则不利于债权人权益的保护”①。

综上所述，根据以上关于信托性质的论述，信托并不能视为财产处置执行完毕，仅是作为一种工具行使，并不具有终局性的决定意义。如果因为违反法律法规强制规定或者损害公共利益等各种原因导致信托无效，或者信托行为存有瑕疵由此产生纠纷的，重整程序终结后将面临程序回转的尴尬境地，额外耗费重整成本。因此，不应将破产重整信托视为重整程序的终结，而应将信托的设立视为一类特殊的计划执行方式。

四、绝对顺位规则下重整服务信托受益权的设置

（一）绝对顺位规则的含义与我国的本土化适用

“绝对顺位规则”是大多数法域在破产重整时遵循的规则。这一规则要求

---

① 王玲芳、刘琦：《重整程序中财产处置信托的风险规制》，载《人民法院报》2021年12月9日，第7版。

只有在高阶利益相关者被全额清偿，或者同意比全额清偿更少的清偿后，低位阶利益相关者（如股权持有者）方可获得清偿或分配。①

完整的绝对顺位规则包括利益相关者的权利顺位和利益相关者权利在重整计划中的调整规则。就前者而言，包括担保债权人与其他利益相关者的关系、债权人与股东之间的顺位关系；而后者则要求在只有高阶利益相关者被全额清偿，或者同意获得比全额清偿更少的清偿后，低阶利益相关者（如股权持有者）方可获得清偿或分配。并且如果排在较前顺位的利益相关者没有通过该计划，则法院只有在该组利益相关者获得全额清偿时才能强制通过重整计划。②

我国《企业破产法》第87条也体现了绝对顺位规则。根据该条规定，在法院强制批准重整计划草案时，要求重整计划草案必须：（1）使担保债权人就其特定担保财产获得全额清偿，其因延期清偿所受的损失将得到公平补偿，并且其担保权未受到实质性损害，或者该表决组已经通过重整计划草案；（2）劳动债权和税款获得全额清偿或者相应表决组已经通过重整计划草案；（3）普通债权所获得的清偿比例，不低于其在重整计划草案被提请批准时依照破产清算程序所能获得的清偿比例，或者该表决组已经通过重整计划草案；（4）重整计划草案对出资人权益的调整公平、公正，或者出资人组已经通过重整计划草案；（5）重整计划草案公平对待同一表决组的成员，并且所规定的债权清偿顺序不违反《企业破产法》第113条的规定，即按照劳动债权→税款→普通债权的顺序来清偿债权的规定。

（二）绝对顺位规则在重整服务信托受益安排中的体现

在重整服务信托的语境下，虽然是以信托受益权抵顶债务，但是信托受益权并未使债权人获得最终的清偿，只是将债权人债权的清偿工作从重整程序转换到了重整服务信托这个平台日后进行处理，以达到“以时间换空间”之功效。因此，法院在裁定强制批准重整计划草案时，应当审查《信托合同》中对重整服务信托受益权的安排是否符合《企业破产法》第87条的规定。

具体而言，在重整服务信托受益权的类别设置方面，应根据《企业破产

① See Sarra & Janis, *From Subordination to Parity: An International Comparison of Equity Securities Law Claims in Insolvency Proceedings*. International Insolvency Review, 2007, p. 181 - 246.

② 参见贺丹：《破产重整优先规则：实践突破与规则重构》，载《政法论丛》2022年第2期。

法》第113条关于债权不同的清偿顺位相应设置不同类别的信托受益权。其中，对于享有特别优先债权的债权人，应当根据其特别优先权债权的优先性依据设定不同的信托受益权类别。

在信托利益的分配方面，应当规定对其信托利益的分配建立在处于相对优先顺位的债权被清偿完毕的基础之上。然而，重整服务信托的信托财产分配，并不完全按照优先、普通、劣后的顺序进行分配，还要看变现的信托底层资产是什么，若是法定优先权、担保物权之客体的变现，变价所得应当优先定向分配给享有特别优先权的债权人。倘若经分配完仍有剩余，则剩余部分归入信托计划中，按照运营方案进行适用分配。倘若变价后得到的价款不足以清偿其债权，则应当规定其信托受益权从“优先类”转为“普通类”。

中科建设重整程序中签订的《信托合同》，在前述基础上还规定了倘若信托收益的分配使处于优先顺位的债权被清偿完毕，则不意味着相应债权人的信托受益权的消灭，而是使该信托受益权份额暂不参与分配，直至所有的债权人获得的收益达到各自的债权金额后继续分配。在笔者看来这并非必选项，可以规定当所有债权人获得的收益达到各自的债权金额后信托设立目的实现，信托终止。

本专题认为，绝对顺位规则除了是围绕原本权利顺位的一种法律规则之外，更是在重整程序之中分配债务人企业继续营运所产生溢价的重要依据。既然在清算地板原则（最大利益原则）的要求之下，重整程序至少会满足在破产受理时点上对价值的基本分配格局，在此基础之上，对于得益于重整制度而产生的重整溢价应当如何分配，则是一个十分复杂的涉及商业实际的问题。若严格遵守绝对顺位规则，似乎是指，得益于企业继续营运所产生的价值仍必须按照破产受理时所规定的债权债务格局进行分配。而这种分配方式似乎完全忽视了在实际重整过程中，各利害关系人对重整溢价的客观贡献程度，也正因如此，当前有越来越多的观点提出了“相对优先顺位规则”①，本专题深以为然，认为不应以过于僵化的绝对顺位原则来将原出资人权益彻底清零。

回归到重整程序中的信托设置问题之上，信托计划的加入，似乎是一种随

① 参见韩长印：《中小企业重整的法理阐释与制度重构》，载《中国法律评论》2021年第6期。

着计划的执行和重整的展开而相应调整重整溢价的方式。既然当前的信托财产是出自债务人企业的权益，就意味着未来企业因为重整程序而获得的价值的提升将在不同顺位的债权人之间进行灵活的比例分配。本专题认为，中科建设开发总公司的信托重整方案为我国未来重整实践中的财产与价值分配模式提供了一种对重整溢价进行分配的合理方案。

五、“清算式重整 + 重整服务信托”模式下信托受托人的法定义务与监督机制

（一）本案信托受托人系“清算式重整”中财产处置方案的制定者与执行者

清算式重整，指将破产资产整体出售，原企业破产清算。清算式重整的作用在于保证资产完整性，隔离历史遗留问题和其他潜在风险，减轻债务重组收益税负。此前的利达海洋馆重整案、方正集团重整案即采取此方案。在方正集团重整案中，破产管理人将“重整企业的资产分为保留资产和待处置资产。保留资产出资设立新方正集团和各业务平台公司，作为收购公司，同时也是投资者持股和运营平台，并承接相应业务和职工就业”。

信托参与清算式重整的方式，是企业原股东将其持有的重整企业的股权全部转让给债权人，由债权人作为委托人，交付受托人进行管理、处分。如在海航集团重整案中，全部债务归集至发起人公司，由发起人作为委托人，并将持有的总持股平台的股权以及对各业务板块的应收款债权作为信托财产委托给受托人。受托人通过总持股平台的股权来实现对所有信托底层资产的实控及管理。

根据本案《重整合同》第8.2.2条约定：“根据受益人大会或受益人常务委员会的决议，信托计划可与资产管理服务机构签署资产管理服务协议，委托资产服务机构具体实施对信托财产的经营、追偿、维护、处置和变现等，以尽可能实现现金回款。”并且，接受转委托的资产服务机构“可针对信托财产内的具体项目资产，采取灵活多样的管理处置方式……具体将以受益人大会认可的方式开展”。由此可见，信托受托人（或后续转委托的资产服务机构）是对信托财产的经营、管理、处置方案的制定者与执行者。“以信托受益权抵债”并不意味着债权得到了实际的受偿，而只是将债权受偿问题从破产重整转移到了破产清算这一平台之上。是故，作为信托财产处置方案制定者与执行者的信

托受托人具有的法定义务与监督机制，理应平行于《企业破产法》对破产重整程序中相应的制定者与执行者相关义务与监督机制之拘束。

（二）信托受托人作为财产处置方案制定者的法定义务与方案的表决机制

在《企业破产法》中，负责制定破产财产经营、管理、处置方案的相应主体为管理人。从本重整案件的交易结构来看，债务人的全部股权、资产均将注入信托计划，由信托受托人进行经营、追偿、维护、处置和变现等，并且即使债权人全部得到全部清偿，信托计划也不终止，而是继续向债权人分配信托收益。设立信托计划的目的实际上是使受托人对中科建设的全部资产与股权进行经营与处置，最终清算并分配给全体债权人。因此，中科建设的重整实际上属于清算式重整。而在清算式重整中，财产经营、管理、处置方案实则是重整计划的一部分，属于《企业破产法》第81条中的“有利于债务人重整的其他方案”①。该方案本应由管理人制定，并且依照重整方案的表决程序表决通过。因此，信托方案的实质是将管理人的上述职责委托给信托公司，② 因此真正对“重整方案”的表决实际上是对信托公司拟定的“财产处置方案”的表决。

从信托受托人的义务来看，其制定该方案时依《信托法》负有与管理人制定重整计划时同等程度的忠实勤勉义务，不存在问题。然而在方案的表决机制方面，本案《重整合同》规定受益人大会与受益人常委会有权决定是否批准财产经营、处置方案，与《企业破产法》中重整计划的通过程序存在以下三点不同：(1) 虽然规定决议须经受益人大会的受益人所持表决权2/3以上通过方为有效，然而由于表决权是1∶1对应信托受益权份额，2/3只意味着“债权额多数决”，缺乏对“人数决”的要求，并且也未按照ABCD四类信托受益权对表决进行分组，并要求每一组信托受益权人的赞同票均达到2/3。(2) 在变价方案通过后，不存在法院的司法审查程序。(3) 在变价方案未获通过时，不存在

① 在比较法上，《日本公司更生法》第191条规定：“更生程序开始后，以公司的延续合并、新公司的设立或营业的转让等为内容的计划草案的制定有明显困难时，法院可根据计划草案指定人的申请，许可制订以清算为内容的计划草案”；《美国破产法》第1123条（a）（5）（D）规定，允许在重整程序中提出一个进行清算的计划。可见，清算式重整中的“清算方案”是“重整计划”中的一部分。

② 参见王玲芳、刘琦：《重整程序中财产处置信托的风险规制》，载《人民法院报》2021年12月9日，第7版。

法院的强制批准程序。本专题认为，以上三个方面，有必要参照适用《企业破产法》的相关规定，因“债权额多数决”、法院正常批准阶段听证与异议权的缺失、绝对顺位规则的缺失势必会造成大债权人对小债权人、大债权人组对小债权人组的压迫现象，架空《企业破产法》第84条“平衡和兼顾大小债权人利益”[①] 的立法意旨。

（三）信托受托人作为财产处置方案执行者的监督机制

根据《企业破产法》第8章第2节的相关规定，债务人作为重整计划的执行人受到管理人与法院的监督：债务人负有向管理人报告重整计划执行情况与债务人财务状况的义务，管理人负有在监督期届满时向人民法院提交监督报告的义务。而根据《信托法》及本案《重整合同》的相关规定，信托受托人经营、管理、处置信托财产受到受益人大会与受益人大会常委会的监督，相当于全体债权人替代法院与管理人，自然应当承担起重整计划执行的监督者职责。

对于信托受托人执行财产处置方案的监督机制，也应当参照适用《企业破产法》的相关规定。这是因为，虽然重整计划的执行人依照《企业破产法》的定义毫无疑问是债务人，但是债务人对重整计划的执行仅限于将企业的全部资产注入信托计划，此后债务人便无法对信托受托人如何制定具体财产处置方案、如何执行该方案产生影响，而真正对于债权人利益保护具有关键意义的则是信托受托人制定的财产处置方案的执行情况。因此，不应认为《企业破产法》将重整计划的执行人界定为债务人，信托受托人执行财产处置方案就不受到法院与管理人的监督。

值得说明的是，虽然以信托的方式来实现重整目的确实具有可行性，但信托的引入必然使重整计划在具体的执行方式上呈现出特殊性。一般而言，依据我国《企业破产法》第89条的规定，重整计划由债务人负责执行，唯有当出现“债务人不能执行或不执行重整计划”之情形时，按照《企业破产法》第93条第1款的规定，人民法院经管理人或利害关系人请求，应当裁定终止重整计划的执行，并宣告债务人破产。据此，我国上市公司重整计划执行主体只限于债

① 参见安建主编、全国人民代表大会常务委员会法制工作委员会编：《中华人民共和国企业破产法释义》，法律出版社2006年版，第121页。

务人，即使因主客观原因致使债务人无法执行重整计划，亦不得更换执行主体。但本专题认为，上述绝对单一化的立法模式，不利于债权人利益的保护，也有违法律逻辑，难以适应实践的需求。举例来说，若仅是因为债务人的原因，如董事、监事、高等管理人员不执行重整计划，或存在破产欺诈或其他严重损害债权人利益的违法行为时，[①] 即使重整计划本身仍具可行性，依现行立法亦只能终止重整计划的执行。这意味着已经进行的重整活动变得“徒劳”而“无益”，且因此而产生的重整成本最终仍旧落在债权人的头上，于破产财产价值最大化以及社会整体福利的增进而言似均无实益。另外，即使债务人不能执行或不执行重整计划，径直宣告债务人破产也未尽妥当。特别是考虑到，若债务人适用重整程序的原因为《企业破产法》第 2 条第 2 款规定之“有明显丧失清偿能力的可能”，则债务人不执行或者不能执行重整计划时，是否应当裁定债务人破产清算，只能取决于债务人于法院裁定终止执行重整计划时是否具有《企业破产法》第 2 条第 1 款规定之破产原因这一法律事实，若债务人仍然处于“有明显丧失清偿能力的可能”之状态，法院不能裁定宣告债务人破产清算。[②] 归纳之，在债务人明显不能履行时，应当及时采取转化计划执行主体的做法。

因此，在引入信托计划的重整程序中，重整计划的执行人原则上仍是债务人自身，并非直接转变为信托受托人；而在债务人不能履行时，不宜根据《企业破产法》第 93 条直接裁定破产清算，而是应当充分调动信托受托人的能动性，积极参与企业挽救。实际上，信托的加入只是一种对债权人分期还债的具体手段，并非意味着重整计划已经顺利执行完毕。既然对债权的偿还效果的方式是内嵌于信托计划的具体内容之中的，那么在信托计划能够依照约定的比例的方式充分偿还债权之前，自然不能认为仅因为信托的设立，重整计划即告执行完毕。总之，信托合同的偿债期间，自然也属于重整计划的执行期间，此时，债务人仍承担着计划执行人的角色，信托受托人承担的是合同责任，与此同时，破产管理人和法院也应当持续地对计划执行情况承担监督、汇报甚至审批必要事项的职能。

---

① 参见王欣新：《破产法》（第 3 版），中国人民大学出版社 2011 年版，第 279 页。

② 参见邹海林：《我国企业再生程序的制度分析和适用》，载《政法论坛》2007 年第 1 期。

六、结语

在破产重整的信托模式尚处于发展前期因而有关规则较为欠缺的情形下，更需要审慎对待信托工具的规则设定，本专题最后就防范信托工具在重整程序中的滥用提出如下三点注意事项：（1）某些个案中，重整计划草案既无实质性的债务清偿方案，又无明确破产财产处置方案，更无战略投资人，仅是简单抛出信托计划以图推进重整的通过。有案例将资产大规模托付于信托计划，甚至出现信托计划几乎覆盖整体清偿的现象。这种做法没有从根本上解决问题，实质上是将债务从一个原本应该解决问题的司法程序“平移”至另一个平台。债权人的权益存在悬而未决的风险。这种规模性、粗放式的滥用若不及时遏制，将极大地异化信托计划本质，并对重整程序的效用形成冲击。[①]（2）破产管理人将破产财产处置的任务转由信托机构执行，信托机构能否就某一部分再行委托？依《信托法》第30条的规定，原则上受托人应亲自处理信托事务，但并未明确禁止受托人再委托。在重整中，委托人将债务人全部财产作为信托财产交由信托公司管理，信托公司再转委托原股东及管理团队对企业经营管理。在某些个案中，重整计划未安排资产管理公司与信托公司的决策权限，信托公司将核心权利委托资产管理公司的行为，有“通道业务”之嫌。[②]（3）应当注意破产信托“达摩克利斯之剑”下的监督权和撤销权问题。信托财产交付受托人管理后，依《信托法》的相关规定，委托人、受益人对受托人享有撤销权、监督权，此时应尊重受托人与委托人、受益人之间的意思自治。但信托计划作为重整计划的内容，管理人作为重整计划的监督人当然成为信托计划监督主体。2019年《九民纪要》第113条规定：“要依法确保重整计划的执行和有效监督。重整计划执行期间和监督期间原则上应当一致。”管理人参与信托计划的监督是有必要和法律及法理依据的。此前，长江航运重整案执行期为10年，监督期仅为12个月，“监督期间则远远短于重整计划执行期间的安排”。信托计划也存在

---

① 参见郑志斌：《破产重整工具的四大滥用》，载 https：//mp. weixin. qq. com/s/aPdXWVpNPmRB6FIFuthHgA，最后访问日期：2023年6月15日。

② 参见马然：《破产重整计划中信托收益权清偿安排》，载 https：//mp. weixin. qq. com/s/fX22Py1bkyFjD0OSErUahQ，最后访问日期：2023年6月15日。

执行期限较长的问题，应保证监督期应与之匹配，避免管理人监督缺位。在撤销权问题上，应在信托协议中明确具体的资产管理及处置方案。在资产处置上，涉及委托人、受托人及受益人等利益主体的关联交易，应设定价格不低于市场价的限定条件。受托人违反上述资产管理及处置方案处置资产的，受益人可行使撤销权，并要求受托人赔偿损失。

专题二十三

上市公司重整中出资人权益调整与股权质权的协调处理

内容提要：股权质押系依附于股权的担保权，其风险高于普通动产质押，重整程序中的股权质押具有特殊性，质押权人不享有破产别除权、不可行使股东表决权等。在方欣米业集团及新都酒店、庞大集团等上市公司重整案件中，股权质押权人均对涉及质押股权的强制调整事项提出过异议，出资人权益调整与股权质押面临冲突。在当前优化营商环境背景下，重整程序应以企业拯救和重整成功为首要目标，可考虑在重整程序之外对股权质押权人予以权利保障和救济，本专题主张：在重整计划中选择最优的股权质押实现方式、将出质股权无形价值纳入评估、区分"资不抵债"与"资产大于负债"的情形进行股权调整。

关键词：上市公司重整、出资人权益调整、股权质押

一、问题的提出

2011年9月20日，河南方欣米业集团股份有限公司（以下简称方欣米业集团）和民生银行郑州分行签订《中小企业金融服务合同（综合授信）》，约定方欣米业集团向民生银行郑州分行借款2500万元。同日，中原再担保集团公司（原名为河南省中小企业担保集团股份有限公司，以下简称中原再担保集团）与民生银行郑州分行签订《最高额保证合同》，约定其为方欣米业集团上述2500万元借款提供

连带责任保证。2011 年 8 月 11 日，方欣米业集团股东寇某、北京华易腾投资管理有限公司与中原再担保集团签订《股权质押合同》，约定前者自愿将其持有的方欣米业 100% 的股权及派生权益质押给后者提供反担保，并办理了股权质押登记。借款期限届满后，方欣米业集团未足额偿还借款本息，中原再担保集团履行保证责任后追偿未果。

2016 年 8 月 10 日，方欣米业集团被裁定受理破产重整申请，管理人提交的重整计划草案载明：方欣米业集团 100% 股权转让到经债权人会议表决通过选择的重整投资人，重整计划草案中将中原再担保集团列入普通债权组进行表决。中原再担保集团对重整计划草案表决投反对票，并诉至法院，主张重整计划草案将其视为普通债权人侵犯其合法权益并违背《企业破产法》的规定。

一审法院认为，本案的争议焦点为中原再担保集团的股权质押权是否属于破产程序中的别除权。法院认为，股权质押权有别于公司以公司财产设立的质权，股权质押权是股东为实现个人目的或为公司利益，对外以其个人股权提供的担保，不属于破产财产，股权质权人对破产财产不享有优先受偿权，只能在企业破产分配后就出质股东获得的股权剩余价值来清偿其债权。除此之外，审查出资人权益调整事项时，股权质押权人以出资人权益调整损害其担保权为由提出异议的，不应影响重整计划草案的批准。

二审法院认为，本案争议焦点为方欣米业集团重整计划是否侵害了中原再担保集团的权益，是否应当予以撤销。该院指出，股权质权人仅能以质权担保债权实现，而不能享有股东参与企业经营管理等权利。故企业破产重整中涉及股权调整时，依法应以出资人的表决意见为准，股权质权人不能在企业重整程序中代替出资人参与表决。同时，虽然中原再担保集团对方欣米业集团享有债权，但对方欣米业集团的财产不享有担保物权，方欣米业集团管理人将其列入普通债权人组进行表决并无不当，重整计划未损害中原再担保集团的实体权利。

再审法院认为，根据评估机构出具的评估报告显示，方欣米业集团净资产（全部股权）的评估价值为 -68,070.19 万元，公司处于严重资不抵债状态，股权无实际价值，股权质押权已无实现的价值基础。由于清算状态下中原再担保集团可获清偿的债权数额远低于按照重整计划可受偿的数额，故《方欣米业重整计划》未损害其权利，中原再担保集团的相关主张不能成立。①

围绕上述案例的争议焦点表现在：第一，如何认识股权质押权人在重整程序中的法律地位？重整计划草案涉及出资人权益调整的，股权质押权人是否有权代出资人行使重整计划的表决权？第二，如何权衡并协调破产重整程序中出资人权益调整与股权质押权人的利益保护？第三，重整程序中股权质押权人的合法权益应当如何获得保障？

二、上市公司破产重整中股权质权的性质及权利行使

（一）破产重整中股权质权的性质

《企业破产法》第109条规定，对破产人的特定财产享有担保权的权利人，对该特定财产享有优先受偿的权利。“特定财产”限定于破产企业的公司财产，破产企业股权作为股东的财产与破产企业的财产相互独立，破产企业的股权不属于破产财产。破产企业的股权质押，是质押权人和破产企业股东就股东自己或他人债务设立的质押担保，质押权人的优先受偿权是相对于出质股东的其他债权人，而非破产企业的其他债权人。股东的投资权益在破产程序中的清偿顺位劣后于普通债权，而破产企业的股权质押权作为依附于股权的担保权，更不具有优先于普通债权人的权利。文首案例中，中原再担保集团股权质押权的义务人是方欣米业集团的股东即寇某和北京华易腾投资管理有限公司。优先权应是对债务人的特定财产享有担保权的债权，中原再担保集团享有的股权质押权不属于破产债务人方欣米业集团的财产，因此，中原再担保集团对方欣米业集团享有的股权质权并非对方欣米业集团的优先权。

（二）破产重整中股权质权的特征

1. 股权质权具有特殊性

与正常经营状态下的公司质权人不同，破产重整中的股权质押权人在股权质押的标的、内容以及实现方面都具备特殊性：（1）上市公司破产重整中的股权质押标的较为特殊，其在是否包含股权的全部权能、是否包括股权的共益权

---

① 参见河南省高级人民法院民事判决书，（2021）豫民终26号；最高人民法院民事裁定书，（2021）最高法民申6429号。

等问题上存在争议。对于股权质押的标的，有观点认为是“纯粹财产权的部分”①，亦有观点指出股权质押时公司事务参与权不随财产性权利转移不妥，并认为“股权质权的标的是股东财产性权利和公司事务参与权的有机结合”②。本案争议焦点之一中便包括股权质押权人是否有权代出资人行使重整计划的表决权，法院认为，公司事务的参与权由出质股东继续行使，本专题对此持相同看法，股权质押的标的应仅为股权中的财产权利。（2）上市公司重整中的股权质押内容具有特殊性，一般担保物权下担保物权人在破产清算程序中就特定担保物享有别除权，但股权质押的标的并非公司而是股东所有，股权质权的义务承担者是股东个人而非公司法人，质押股权的价值主要体现为按质押股权比例对股权剩余价值享有变价权和优先受偿权。（3）上市公司的重整中股权质押的实现也具有特殊性，与普通的权利质押实现相比有较多的限制，表现在：一方面，上市公司股权需在场内交易，因此对于股权质权的实现只能采取拍卖方式，先通过非讼程序取得执行名义再申请强制执行；③ 另一方面，对于已经取得执行名义的质权人而言，若相关执行行为有碍重整进行的，则会受到限制而中止有关的执行程序。④

2. 风险高于普通动产质权

根据我国《民法典》第 440 条⑤的规定，股权质押属于权利质权的一种，是指债务人或第三人将其享有的股权作为债权的担保，在债务人不履行债务时，债权人有权依法从股权变价所得的价款中优先受偿的一种担保方式。该种质押方式随着商业信用的票据化、资产的证券化，以及票据和证券市场的快速发展而受到青睐，具有流动性强、易于变现等特点。⑥ 但与动产质权相比，股权只是法律设立的一种无形的权利，股权质押面临一系列固有的风险：（1）市场风

① 参见史尚宽：《物权法论》，中国政法大学出版社 2000 年版，第 411 页。

② 参见阎天怀：《论股权质押》，载《中国法学》1999 年第 1 期。

③ 参见李莉：《论上市公司股权质权的实现》，载《证券市场导报》2014 年第 6 期。

④ 参见张勇健、杜军：《破产重整程序中股权调减与股权负担协调问题刍议》，载《法律适用》2012 年第 11 期。

⑤ 《民法典》第 440 条规定：“债务人或者第三人有权处分的下列权利可以出质：……（四）可以转让的基金份额、股权……”

⑥ 参见林建伟：《股权质押制度的反思与重构——以制度价值为中心的考察》，载《现代法学》2005 年第 5 期。

险。股权能够作为质押标的的根本原因在于其财产性、价值性，但在实践中股权的价格极易受到市场供求状况、市场利率高低等市场因素的影响，且与企业本身的经营情况密切关联，故股权价值的波动性很大，难以有一个稳定的预期值。[①]（2）法律风险。股权质押权人在债务人不能清偿到期债务时，对设质股权享有优先受偿权，但该优先受偿权不同于一般担保物的优先受偿权。在企业进入破产程序后，根据《企业破产法》的规定，一般担保物权人对担保物享有别除权，但股权出质人并不享有此种权利。且股东在破产程序中的清偿顺位劣后于普通债权人，即便质权人能够取得股东的地位，也在很大程度上面临无法获得受偿的局面。[②]（3）实现风险。股权质权人行使质权可通过与出质人协议以折价方式取得股权、依法拍卖股权与依法变卖股权三种方式。折价方式需要质权人与出质人事后签订折价协议，因此其与当事人的谈判能力紧密关联，一旦双方无法达成折价协议，质权人往往只能通过提起诉讼的方式实现自身债权。而股权的拍卖或变卖与一般动产不同，其最终实现效果具有相当程度的不确定性。

（三）破产重整中质权人的权利行使

1. 不享有破产别除权

文首案例中股权质押权人认为重整计划将其视为普通债权人并在普通债权组进行表决侵犯了其合法权益，故有必要进一步辨别股权质押权是否属于《企业破产法》中的别除权。别除权是债权人就破产财产的特定财产所享有的不依破产程序而优先受偿的权利，[③] 别除权的标的物是债务人的特定财产。而股权是公司股东对公司所享有的包含人身和财产权益的一种综合性权益，其属于股东自身的无形资产，并非公司财产。同时，股权质押是出质股东以自己名义就自身债务或公司债务设立的质押担保。因此，在公司破产时，股权质权人的权利附属于股东的股权，在公司破产时其虽相对于股东属于担保权人，但相对于

① 参见贺晖：《浅析股权质押贷款风险及其防范措施》，载《湖北大学学报（哲学社会科学版）》2007年第2期。

② 参见林建伟：《股权质押制度的反思与重构——以制度价值为中心的考察》，载《现代法学》2005年第3期。

③ 参见韩长印主编，王玉梅、徐阳光副主编：《破产法教程》，高等教育出版社2020年版，第161页。

公司却不具有该身份，只能就股权的剩余价值来获得清偿，故股权质权人并非破产程序中的别除权人。

2. 不可行使股东表决权

在破产实务中，调整股东的股权通常是重整计划的重要内容，这主要表现为以股抵债清偿公司债权人或是将公司股权转让给重整投资人以换取重整所需的资金注入。但在公司股权被股东对外设质时，上述股权调整措施必将影响到股权质权人的利益，此时在重整计划表决时是否应允许股权质权人代替股东行使表决权？对此，我国《企业破产法》第85条第2款规定："重整计划草案涉及出资人权益调整事项的，应当设出资人组，对该事项进行表决。"股东对重整计划的表决权是其行使重整事务参与权的具体体现，与其股东身份和所享有的股权紧密相连。而股权质权与股权的性质在本质上存在不同，股东将其股权质押的目的在于对外融资或为债务提供担保，股权质权是以股权中的财产权内容为质押标的，股权中的人身权部分仍由股东享有，并非出质的范围。同时，尽管股东将股权依法出质，所出质的股权仍然登记在出质股东名下，股东对企业的权利和义务实际上仍由出质股东行使和负担。因此，股权质权作为担保物权，其所追求的是质押股权的交换价值而非使用价值，质权人在行使质权时仅能对财产性权利进行处分，而不能直接主张行使公司事务的参与权。①

3. 股权质权人可视情况提出异议

针对重整计划中的出资人权益调整事项，股权质押权人能否提出异议，实践中不同法院观点不一。河南省高级人民法院②、广州市中级人民法院③和深圳市中级人民法院④均认为审查出资人权益调整事项时，股权质押权人以出资人权益调整损害其担保权为由提出异议的，不影响重整计划草案的批准。四川省

① 参见陈晓军、李琪：《股权质押中的几个特殊问题》，载《法律适用》2004年第11期。

② 《河南省高级人民法院审理企业重整案件的工作指引》第60条规定："审查出资人权益调整事项时，股权质押权人以出资人权益调整损害其担保权为由提出异议的，不影响重整计划草案的批准。"

③ 《广州市中级人民法院关于破产重整案件审理指引（试行）》第79条规定："审查出资人权益调整事项时，股权质押权人以出资人权益调整损害其担保权为由提出异议的，不影响重整计划草案的批准。"

④ 《深圳市中级人民法院审理企业重整案件的工作指引（试行）》第103条规定："审查出资人权益调整事项时，股权质押权人以出资人权益调整损害其担保权为由提出异议的，不影响重整计划草案的批准。"

高级人民法院则认为，应当区分重整企业是否存在资不抵债，从而对股权质押权人的异议权作出不同规定。① 显然，对于资大于债型破产重整企业，其股权仍可能具有价值，重整计划中的出资人权益调整方案应兼顾股权负担之权利人的利益，故在制定出资人权益调整方案时也应当尽量征求出资人及股权负担的权利人的意见，搭建相关权利人充分表达意见的平台。当重整企业资产大于负债，但又缺乏及时清偿能力的，股权质押权人对出资人权益调整方案有异议的，法院可以组织召开听证会听取各方利害关系人的意见协商解决，若协商不成，出资人权益调整方案应确保出资人权益调整后股权质押权人的利益，不低于调整前其就股权质押权可以获得的利益。

三、重整计划中出资人权益调整与股权质押的冲突

（一）出资人权益调整与股权质押冲突的表现

根据《企业破产法》第85条和第87条的规定，重整计划草案可以对原出资人的权益进行相应调整。但《企业破产法》第93条未明确规定重整计划的效力是否及于受限股权的权利人。同时，第87条未规定股权被质押后就不能调整。本案中最高人民法院认为，股权质权人仅对重整企业股权享有质权时，其无参与重整程序的法律地位，在企业重整程序中实现质权过程中，因知情权、参与权等程序上权利受限，出质股权在重整程序中多表现为“被动调整”；并认为在债务人企业资不抵债时，因企业所有者权益为负，出资人的权益价值为零，对出资人权益的调整由出资人行使表决权，股权价值调整为零，不影响出资人本应向股权负担相关权利人承担的债务偿还责任以及其导致质权人设立股权质押的目的落空所遭受损失的损害赔偿责任。

---

① 参见《四川省高级人民法院关于审理破产案件若干问题的解答》分类处理：第一，当债务人企业资不抵债时，所有者权益为负，出资人的权益价值为零，对出资人权益的调整由出资人行使表决权，股权价值调整为零，不影响出资人本应向股权负担相关权利人承担的债务偿还责任以及其导致质权人设立股权质押的目的落空所遭受损失的损害赔偿责任；第二，当债务人企业资产大于负债，但又缺乏及时清偿能力的，出资人权益仍具有账面价值，出资人权益调整方案应同时兼顾股权质押权人的权益，股权质押权人对方案有异议的，受理破产重整的人民法院可以组织召开听证会听取各方利害关系人的意见，尽量通过协商解决，若协商不成，重整计划草案中的出资人权益调整方案应确保出资人权益调整后股权质押权人的利益，不低于调整前其就股权质押权可以获得的利益。

对此，物权法律规范中有关于出质股权转让以质权人明确同意为前提的规定，但因重整程序中对股权调整的安排并不等同于对出质股权的转让，其并不适用于重整程序，因此在重整程序中出资人股权价值为零的情况下，仍应由股东对股权价值是否调整为零进行表决。如从已设定质押权的股权权利属性来看，完全由股东决定是否同意认定出质股权有无价值，确实存在越俎代庖之嫌，对质权人的利益确有损害的可能，但如果将质权人纳入重整程序中，目前尚无法律依据。由于股权调整方案对质权人具有强制执行力，必然造成股权调整方案遭到股权质权人的强烈反对，重整计划执行困难，如 2015 年新都酒店及 2020 年庞大集团重整计划中股票无偿让渡程序中就出现了障碍。实践中有法院通过召开听证会的方式，确认重整程序中出质股权为“无价值”，出质人基于股权上的利益丧失为由要求解除股权质押。但对于听取股权质押权人意见的时间，多安排在重整计划执行期内，实际为将出质股权调整的结果生硬地强加给质权人，质权人对重整计划的内容安排并无实质参与权。且目前在重整计划执行期内听取质权人意见的操作更多流于形式，即使质权人反对，也难以影响法院裁定批准重整计划并强制执行股权调整方案，反而徒增多方在此过程中的沟通和协调成本。出现上述问题的根本原因在于，股权质权的价值优先权属性及现有法律规定隔离了股权质权人对破产企业重整程序的参与权。

（二）出资人权益调整与股权质押冲突的解读

股权质押作为股权负担的一种，与出资人权益调整具有一定冲突，其核心在于股权价值的实现与分配上，即破产重整程序中股权价值是否还可得以实现，实现后的股权价值应如何分配，以及此种分配应按照何种规则进行。有学者指出，如何看待破产重整程序中股权的价值决定着能否妥当处理股权调整与股权负担之间的冲突问题。[①] 根据《企业破产法》的规定，破产重整一般包括资不抵债和资可抵债两种情形，显然，资不抵债与资可抵债情形下股权调整的冲突程度以及利益平衡点有所差异，应当予以区别对待。

1. 资不抵债情形

关于企业资不抵债情形下的股权价值问题，目前多数学者认为，公司资不

---

① 参见郑志斌、张婷：《公司重整制度中的股东权益问题》，北京大学出版社 2012 年版，第 153－154 页。

抵债时净资产为负，股权对应价值为零，如果此时公司进入破产清算，股东将不能从公司获得任何资产，股权对股东也没有实际意义，故对股权进行调整或清零并无不妥。[①] 就该问题，美国法院的推理逻辑为，资不抵债是公司股东对破产企业失去控制权的重要标准，例如在曼维尔公司重整案中，法院就认定，“如果曼维尔公司已经被认定为资不抵债，那么股东在公司中缺乏衡平权利，否认召开股东大会的权利是正确的”[②]。在资不抵债情形下，股权之于股东已无价值，此种情形下对股权进行调整并无不妥。至于股权上的质押与保全等负担，也因股权无法实现价值，从属性权利也无法得以实现。

但有部分学者认为，资不抵债的企业股权价值并非为零。对股权价值的判断在重整程序中通常采用评估的方式，即以资产负债比例来确定价值。但问题是评估只可以测算资产价值，但不一定可以测算企业整体价值（包括壳价值和盈利能力等）。在市场经济环境下，企业的整体价值不是通过简单的资产负债比来判断的，更多取决于企业的盈利能力和在市场中对综合资源的占有情况，因此部分资不抵债型重整企业的股权仍具有价值，此时股权对于质押权人或者保全申请人具有意义。在股权负担的权利人就股权实现相应权利以前，股权负担的效力应当予以维护。

本专题认为这一观点的法理基础并不牢靠，企业在进入破产程序后处于资不抵债情形，如果重组方不进行投入，即便是上市公司这类“壳资源”也会因重整失败而失去价值。换言之，企业在进入破产时，该阶段的价值为清算价值，而重整成功后获得的价值为运营价值，前者因资不抵债削减为零，后者因重组方投入产生溢出价值，二者在时间上存在关联，但不宜混为一谈。故在资不抵债情形下，股权已无价值，相应的质押权人、保全申请人也因主权利无可实现价值，从质押或保全等规则中已无法获取利益，重整计划中对股权进行调整或清零应被权利人所遵守。

2. 资可抵债情形

实践中资产大于负债型的重整企业相对来说较少，如何协调该种企业重整

---

① 参见张勇健、杜军：《破产重整程序中股权调减与股权负担协调问题刍议》，载《法律适用》2012年第11期。

② 参见郑志斌、张婷：《困境公司如何重整》，人民法院出版社2007年版，第22－23页。

程序中的股权让渡与股权负担冲突，理论界有不同的观点。有观点认为，在资产大于负债的情形下，股权无论是对于股东还是股权负担之权利人均具有价值和意义，所以在重整计划中对股权调减时，股权负担的权利人的利益应当兼顾。也有观点认为，为了大多数人的利益并保证重整的成功，重整计划中的股权调整应当优先于股权负担的权利人的权益保障。对以上两种观点进行分析可知，第一种观点更具有合理性，但是破产重整程序是挽救企业的特殊程序，如果刚性要求负担权利人利益在量上的不可削减，容易导致司法实践中重整计划无法通过或执行，最终利益平衡无法达成，难谓合理。我国《企业破产法》赋予法院强制批准重整计划的权利，该强裁制度是建立在程序正当基础之上，保障利益的公平公正，所以本专题认为一旦程序合法、正当，股权调整亦无须遵照上述第一种观点，而应按照已经被法院强制裁定的重整计划对股权进行调整，并与办理股权变更登记的有关机关衔接变更登记事项。

资产大于负债的情形下，因股权价值仍然存在，质押权人在破产重整中系正当利益关系人，需要权衡其与出质人、破产债权人以及重组方之间的利益，不得进行强制性调整。[①] 对于出质人而言，质押权人按照质押股权的比例对剩余资产享有变价权和优先受偿权，质押财产价值减少时需由出质人补足担保。对于破产债权人而言，在面临质押股权让渡的问题上应坚持债权人优先的原则，股权让渡比例应大于普通债权的削减比例。对于重组方而言，在对质押股权进行让渡以引进重组方时，应为质权人保留一部分的质押股权，以股权实际价值的提升来弥补质权人的损失。

四、重整计划对出资人权益调整与股权质押冲突的协调

无视股权本身的负担情形对股权进行调整或受股权负担限制未及时有效对股权进行调整，这两种情况均可能导致重整计划无法顺利执行且不符合利益平衡的要求。前者忽视了正当的股权负担权利人的利益，后者则造成了司法和社会资源的浪费，损害了司法权威，二者都不是处理问题的良策。由于现行《企业破产法》并未提供明确的法律依据，在已有的破产重整案例中，股权让渡与

① 参见刘延岭、赵坤成主编：《上市公司重整案例解析》，法律出版社2017年版，第51页。

股权负担冲突问题的解决方案并不相同，主要包括：（1）由受理重整案件的法院强制执行；（2）由权益被调整的出资人与质权人、保全申请人达成合意；（3）由受理重整案件的法院协调解决。比较上述三种现有方式，第一种方式最为高效但也容易引发新的纠纷；第二种方式和第三种方式均存在一定的不确定性，容易造成重整计划无法在规定的期限内执行完毕，进而导致重整企业因不能执行重整计划而被法院宣告破产。因此，基于对股权让渡和股权负担冲突的理论分析，结合现有法律规定和破产重整实践的经验，本专题提出如下建议。

（一）注重股权质权人的权利保护与救济

依据现有的规范，股权质押权人对重整计划草案制定的参与权等被排除在外，质押权人的权利在出质股东没有其他财产可供清偿到期债权时无法得到有效的保障。《企业破产法》第1条及第77条确立了债权人优先原则，但对该原则的适用不可僵化，出资人权益调整方案的制定应在优先保护债权人利益的基础上，适当借鉴美国破产法的新价值例外规则以保护股东及股权质押权人的合法权益。① 因此，在处理出资人权益调整与股权质押权人的利益协调问题上，建议将质押权人纳入利害关系人的范畴之内，更注重对质押权人面临的风险进行防范，更好地保护破产重整利益相关者的权利。

具体而言，首先，可考虑赋予质押权人对重整计划草案的知情权，在涉及质押股权让渡的相关事项上，应允许质押权人对相关计划草案提出意见和建议，这是平衡重整程序各相关主体利益的要求，是对质押权人最低限度的保护，也是重整程序正当性的要求。具体而言，受理重整案件的法院可通过召开听证会的方式来听取股权质押权人的意见，为股权质押权人搭建诉求反映平台，更好地促成各方达成一致意见，为后续重整计划的执行排除障碍。② 其次，因上市公司的股票价值具有较大的不稳定性，要加强对相关质押股权的价值监控，以便及时对其进行保全和质押实现。最后，股权让渡作为权益调整方案最为广泛的应用方式，应在坚持债权人利益优先的基础上合理确定股权让渡比例，保留部分质押股权，通过禁止设定质押股权的完全让渡来促使利益各方达成有效让

① 参见［美］大卫·G. 爱波斯坦、史蒂夫·H. 尼克勒斯、詹姆斯·J. 怀特等：《美国破产法》，韩长印等译，中国政法大学出版社2003年版，第764页。

② 参见刘浪：《重整企业已出质股权如何调整》，载《江苏经济报》2009年12月2日。

渡协议，避免对质权人利益保护的失衡。

（二）选择最优的股权质押实现方式

在企业处于正常经营状态时股权质押权可以通过协议折价、拍卖以及变卖的方式予以实现，但在企业进入破产程序后，我国《企业破产法》第77条第2款规定："在重整期间，债务人的董事、监事、高级管理人员不得向第三人转让其持有的债务人的股权。但是，经人民法院同意的除外。"故即便股权质押权人同意，在出质股东具有特殊身份时，股权在重整程序中也难以借助折价的方式得到处理。而对于拍卖、变卖方式实现股权质押权在重整程序中同样面临困难，实务中重整计划对股权的调整与股权质押强制执行程序存在直接的冲突，为保障重整计划的顺利执行，管理人会申请法院中止相关执行措施，此时股权质权人将被迫听从重整计划对股权的安排。

因此，股权质押权人可以考虑采取其他方式实现自身的权利：（1）在股东以股权对公司债务设立质押权时，股权质押权人同时也是公司的债务人，故其可选择放弃股权质押权，直接作为普通债权人参与企业财产的分配。因为破产程序中股权的清偿顺位劣后于普通债权，且股权还要面临在重整计划中被消减或让渡的风险，转化为普通债权相对而言还能获得一定比例的清偿。（2）在股权质押权人是公司债务人时，若重整计划未对股权进行大规模调减或让渡，其还可以选择以"债转股"的方式清偿债权，并在企业重整成功后继续作为股东享有继续经营的股息和红利。此种"债转股"的方式也可以减轻重整债务人的偿债压力，一定程度上实现双赢局面。（3）在重整程序之外，亦可考虑由股东、股权质押权人与出资人自行进行协商，在符合现有法律规定的框架下由投资人对股权质押权人支付一定的补偿，并由各方配合办理解押手续，为后续出资人权益调整方案的推进和执行提前排除障碍。①

（三）将出质股权无形价值纳入评估

实践中，破产重整计划通常对出资人权益做无偿股权让渡、② 资本公积转

① 参见曹文兵：《上市公司重整中出资人权益调整的检视与完善——基于51家上市公司破产重整案件的实证分析》，载《法律适用》2018年第17期。

② 股权让渡，即上市公司重整计划中，将现有股东所持股权的一部分或者全部进行无偿转让，转让的股权可用于公开处置、定向处置给意向投资人获得流动资金清偿债务或作为债转股股票直接分配给债权人抵偿债务。股权让渡措施不会减少上市公司股票总数量。

增股本①或缩股②等调整，甚至直接将股东权益调整为零，但值得质疑的是：被认定为无价值的股权却有时会被借助以股抵债的方式抵扣部分债权，这与前述法院对股权的无价值认定是否矛盾？

首先，企业重整程序中，股权的价值大多是审计评估机构以企业模拟清算状态下所作财产估值为参考，确定股权的清算价值。但该种模式不能完全反映已出质股权的真实价值，企业清算价值是作为企业资产快速变现要求下进行的资产估值，与企业正常经营状况下资产状况价值差别较大，以此来确定出质股权价值，显然低估了股权的价值。其次，对于上市公司而言，其价值不仅体现在资产负债情况，更体现在股票所具有的高度流动性及完善的退出机制上。股东的所有者权益为零并不意味着股份市值为零，上市公司的“壳资源”亦是专属于公司原股东的独特资产，上市公司的价值评估必须将前述无形价值考虑其中。③ 再次，在主债务人逾期清偿时，质权人以股权转让价值实现优先受偿，使得股权质权人与重整企业之间具有利益关系，企业通过调整股权方式寻求再生，实现对重整企业债权的概括执行时，股权的调整将导致质物的消失或减值，最终影响股权质押权的实现。最后，上市公司主要股东所持股票普遍设定质押权，大多数涉及股权让渡的方案中均认为主要股东对公司亏损负有主要责任，出资人权益调整方案的制定应当体现过错责任原则。④ 在此情况下，没有过错的质押权人被让渡的权益将可能远远超过所有股东让渡的权益比例，此时质押权人的权益一定程度上相当于被分享给了债权人或其他中小股东，导致利益明显失衡。

因此，从保护质押权人利益的角度，应当在企业的有形资产之外，将具备重整成功条件企业的技术、品牌较好企业的产品市场以及企业具有持续经营能力的无形价值等计入出质股权的价值范围，法院在评估破产企业价值时也有必要参考股权所对应的表决权或控制权的价值。

---

① 资本公积转增股本，指转增后的股票用于公开处置获得偿债资金、引入战略投资人获直接用于偿付债务。

② 缩股，即上市公司重整计划中，将现有股东所持股权按照一定比例缩减并注销。

③ 参见刘延岭、赵坤成主编：《上市公司重整案例解析》，法律出版社2017年版，第50页。

④ 参见曹文兵：《上市公司重整中出资人权益调整的检视与完善——基于51家上市公司破产重整案件的实证分析》，载《法律适用》2018年第17期。

（四）区分不同的情形进行股权调整

借鉴四川省高级人民法院的思路，[①] 本专题认为，应采取分情况处理的方法，将股权质权纳入重整程序，对重整企业“资不抵债”与“资可抵债”进行区别对待。

1. 资不抵债情形

企业因资不抵债进入重整程序时，因股权已经没有实际财产价值，股权质押权人的权利已确定不能实现，股权价值只有在重整程序顺利实现后方能得到保护，[②] 股权质押权人的权利实现亦以重整成功为基础条件，故在重整计划对出资人权益进行调整时，无须对股权质押权人的利益进行额外的考量。此时，重整计划的通过与执行优先于质权实现或担保实现，股权质押权人的权益在重整程序之中应无条件地服从于重整计划的股权调整方案以确保债务人重整的顺利推进，股东或质权人均非股权调整方案的利益方，质权人负有协助解除对股权质押的义务，如怠于履行解除质押义务，法院可通过强制裁定的方式对股权进行调减或清零。理论中关于“资不抵债”的界定存在争论，主流观点认为：以债务人的财产不能抵偿现有债务为标准无可厚非，但在评估债务人财产时，不应局限于法院受理破产时的资产负债表状况，而应以企业的经营价值进行灵活判断。[③]

2. 资可抵债情形

企业资产大于负债时，股权尚具有账面价值，股权调减与股权质权人利益

---

① 《四川省高级人民法院关于审理破产案件若干问题的解答》将重整债务人区分为资不抵债与资产大于负债两种情况，分别对股权质押权人采取不同的对策：当债务人企业资不抵债时，所有者权益为负，出资人的权益价值为零，对出资人权益的调整由出资人行使表决权，股权价值调整为零，不影响出资人本应向股权负担相关权利人承担的债务偿还责任以及其导致质权人设立股权质押的目的落空所遭受损失的损害赔偿责任；当债务人企业资产大于负债，但又缺乏及时清偿能力的，出资人权益仍具有账面价值，出资人权益调整方案应同时兼顾股权质押权人的权益，股权质押权人对方案有异议的，受理破产重整的人民法院可以组织召开听证会听取各方利害关系人的意见，尽量通过协商解决，若协商不成，重整计划草案中的出资人权益调整方案应确保出资人权益调整后股权质押权人的利益，不低于调整前其就股权质押权可以获得的利益。

② 参见贺丹：《上市公司重整中的股东权益》，载王欣新、尹正友主编：《破产法论坛》第 1 辑，法律出版社 2008 年版。

③ 参见张勇健、杜军：《破产重整程序中股权调减与股权负担协调问题刍议》，载《法律适用》2012 年第 11 期。

保障之间的冲突凸显，为减少重整计划的执行阻力，法院应当引导重整投资人、股东与股东质押权人等利害关系人进行充分协商，尽量对各方的利益进行平衡与协调。但若各方无法协商一致，则可参照美国法上的“最佳利益原则”对股权进行调整，即重整计划应保证反对该计划的债权人或股东，可以在重整程序中获得不少于清算程序中的分配利益。① 虽然该原则主要适用于重整债务人的债权人与股东，但股权质押权人的权益与股权紧密联系，故同样可以参照适用该规则。具体而言，在资可抵债情形下，股权调整可采取以下措施：（1）原则上不对股权进行清零处理，采用公允标准对股权价值予以计算，进而确定负担权利人对股权的可实现利益值，再行确定股权调减量；（2）例外情形包括引进重整资金的紧迫情况与负担权利人并未获得法院的执行名义情形，前者表现为重整企业亟须重整方资金投入，若不及时引进重整资金，会导致重整企业重整难度或成本增大甚至重整失败等结果，后者则表现为负担权利人在股权上设定之负担的效果本身尚不确定，并且在强制裁定前法院已召开听证会，相关权利人对于该情形知情，在该两种情形下对股权进行强制调整符合利益平衡的要求。

回归到文首案例，根据评估机构出具的评估报告显示，重整债务人净资产（全部股权）的评估价值为负值，公司处于严重资不抵债状态，股权无实际价值，股权质押权已无实现的价值基础。但股权质押权人则主张无论债务人企业的股权是否具有财务意义上的价值，都不能以这种财务价值否定其股权质押权。债务人的股权具有价值，但不是财务数据上的价值，而是法律关系重构意义上的价值。对此，有观点也指出资不抵债的标准存在一定的模糊性，有时资不抵债并不代表股权完全不存在任何价值，也不代表股权在未来不具有价值，例如上市公司即具有重要的壳资源。正如本专题认为，股权的潜在未来价值取决于重整的结果，如果重整成功，则股权因企业的继续运营获得价值，但若重整失败，则股权只具有清算价值，即便是上市公司的壳资源也不再具有实际意义。因此，保障重整程序的顺利进行仍具有优先性，且股权的潜在未来价值是由重整参与方创造的，股权质押权人并不当然享有重整成功后的股权溢价效应。②

---

① 参见［美］大卫·G. 爱泼斯坦、史蒂夫·H. 尼克勒斯、詹姆斯·J. 怀特等：《美国破产法》，韩长印等译，中国政法大学出版社2003年版，第759页。

② 参见张勇健、杜军：《破产重整程序中股权调减与股权负担协调问题刍议》，载《法律适用》2012年第11期。

五、结语

重整程序中出资人权益的调整不可避免地与股权质押权人的权益产生冲突，虽然重整计划的制定与执行原则上应考虑和保护股权质押权人的权益，但也应认识到，重整程序系以企业拯救和重整成功为首要目标的，在重整程序的顺利进行与股权质押权人的权益行使之间具有难以调和的冲突的情形下，应当优先考虑实现前者的目标，而股权质押权人的权益尚且有可能在破产重整程序之外寻求其他救济和保障途径。

转化型重整的申请限制与受理审查问题

内容提要：《企业破产法》第70条第2款赋予了债务人和出资人在债权人申请破产清算时的后续重整申请权，但未明确规定债务人申请破产清算后能否再转入破产重整程序，理论与实践对此均存在观点分歧。本专题主张：从立法意旨、体系解释、实践可操作性等角度出发，应当承认债务人自行申请破产清算时的后续重整申请权，但该类转化型重整的申请需设置时间要件，即破产财产变价方案表决通过后，应对债务人申请权的行使予以限制；同时，法院应完善对转化型重整的司法审查方式与内容，从重整价值与可行性两个方面对债务人的申请作出更谨慎的判断，以防程序的不当转化造成时间拖延与资源浪费。

关键词：转化型重整、重整申请权、程序转化、重整价值、重整可行性

一、问题的提出

2019年10月28日，因上海万豪投资有限公司（以下简称万豪投资）不能清偿到期债务，并且资产不足以清偿全部债务，上海铁路运输法院依法裁定受理万豪投资的自愿破产清算申请。此后，万豪投资第二次债权人会议通过了拍卖股票的财产变价方案，将万豪投资持有的占万达信息股份有限公司（以下简称万达信息）总股本接近17%的

股票予以拍卖。但万豪投资随后向法院提出了破产清算转重整的申请，并主张上述变价方案违背了破产财产处置的价值最大化原则。意向投资人联合精准医疗技术集团股份有限公司（以下简称精准医疗）提交了重整计划建议草案，并表示其正在归集首期投资款人民币20亿元，该笔款项可以覆盖全部14亿元担保债权以及部分普通债权。万达信息则认为，万豪投资不具有重整价值和重整可行性。除此之外，《企业破产法》并未赋予债务人申请破产清算后再转破产重整的权利，破产财产变价方案经债权人会议通过后，所涉决议即对全体债权人具有约束力，此阶段不能再提出重整申请。另外，管理人报告称8户（合计约14亿元）担保债权中1户（约9000万元）同意破产重整，其余不同意破产重整；7户（合计约21.5亿元）普通债权中3户（合计约1.65亿元）同意破产重整，其余不同意。

法院认为，《企业破产法》没有明确规定债务人申请破产清算后能否再转为破产重整，然而不能因此就否认此情形下债务人启动程序转换的权利。但破产程序进入变价方案执行阶段后，原则上不应再转入破产重整程序，否则将有损债权人会议所作决议的效力和执行力，影响破产程序的确定性及效率，不符合各方预期。同时，意向投资人精准医疗并未按其承诺提交首期偿债资金20亿元的相关凭证，其上述行为表明其提出的重整建议方案不具可行性，故万豪投资的上诉请求不能成立。①

该案主要涉及企业破产清算程序向重整程序的转化问题，具体而言：第一，债务人申请破产清算后能否再提出破产重整的申请？该申请是否有时间节点的限制？第二，在债务人申请破产清算转重整时，法院应当如何审查债务人企业的重整价值和可行性？

二、破产程序转化衔接的制度设计

我国《企业破产法》将破产程序划分为破产清算、破产重整与破产和解三大类型，规定企业进入破产程序后将产生自动冻结等法律效果，同时就破产程序启动与退出的路径进行规范。实践中，企业经营状况与资产状况可能不断发

① 参见上海市第三中级人民法院民事裁定书，(2020)沪03破终6号。

生变化，正如文首案例中，债务人在破产清算程序中转念欲使企业“起死回生”进行破产重整，但是由于现行法规定尚不完善，不同破产程序的启动、退出以及不同程序之间的转换成为需要明确的问题。

（一）破产程序的外部衔接

1. 解散清算转破产程序

公司解散清算与破产清算在本质上系截然不同的法律制度。《公司法司法解释（二）》第17条第3款规定：“债权人对债务清偿方案不予确认或者人民法院不予认可的，清算组应当依法向人民法院申请宣告破产。”依据《企业破产法》第7条第3款的规定，企业法人已解散但未清算或者未清算完毕，资产不足以清偿债务的，依法负有清算责任的人应当向申请破产清算。可见，已经开始解散清算的公司在满足何种条件下进行破产清算，是解决公司解散清算与破产清算程序衔接的首要问题。出现解散原因的公司在解散清算程序开始时，资产负债情况有时并不明确。在企业资产大于负债时，可以顺利进行解散清算，但是当企业财产不足以清偿全部债务时，根据《公司法》第188条及《企业破产法》第7条第3款的规定，即应启动破产清算程序。因此，企业资不抵债是公司解散清算向破产清算转换的一般条件。司法实践中，有可能出现解散清算即将结束才发现资不抵债。虽然债务人企业符合破产原因，但是在债务人企业与债权人达成清偿和解时，是否应当转换成清算程序仍存在疑问。有观点认为，从尊重当事人的意思自治、提高清算效率的角度出发，解散清算中具备破产原因的债务人企业与债权人达成清偿协议的，可以不转化为破产清算。①

2. 执行转破产程序

“执转破”程序是执行程序的终结，同时是破产程序的开始。其作为启动破产程序的路径之一，需要符合破产程序的目的，从而发挥破产的社会经济功能。② 在理论和司法实践中，“执转破”操作模式主要有申请主义、职权主义和

① 参见游伟、李春：《公司清算程序转换的实务问题》，载《人民法院报》2008年7月24日，第5版。

② 参见赵泽君、林洋：《“执转破”程序启动模式的分解与重塑》，载《政法论丛》2018年第3期。

并行主义三种。在当事人直接申请破产的情况下，只有法院裁定受理破产申请的才能产生中止执行的效力，而“执转破”是由执行法院移送的，可以避免浪费非必要的协调成本。职权主义则是指“法院不俟当事人之声请，依职权宣告债务人破产之主义”①。折中主义则是指以申请主义为原则，以职权主义为例外。我国当前采取模式是申请主义之下职权辅助的“执转破”操作模式，呈现出主体有限、管辖相对集中、征询强制性、破产立案审查独立性等特征。② 此外，在“执转破”与当事人申请破产的程序衔接方面，依据《民事诉讼法司法解释》第513条起草的立法背景介绍，无论执行法院依职权启动还是当事人申请启动“执转破”程序，都不影响当事人直接向法院申请启动破产程序。③

（二）破产程序的内部转化

破产重整制度与破产清算制度、破产和解制度共同构成了我国《企业破产法》的主要内容。三大制度相互独立，又互相关联，三者在程序进行过程中可以依法转换，本专题重点探讨从破产清算程序向重整程序转换的条件。

1. 破产清算与破产重整的转化

首先，关于破产清算可否转化为破产重整的问题，《企业破产法》第70条第2款规定：“债权人申请对债务人进行破产清算的，在人民法院受理破产申请后、宣告债务人破产前，债务人或者出资额占债务人注册资本十分之一以上的出资人，可以向人民法院申请重整。”有学者将该种重整类型表述为“转化型重整”④，亦有学者将其表述为“后续重整”⑤。为便于表述与区分，本专题认可将此类重整命名为“转化型重整”，相关主体享有申请权即为“后续重整申请权”。结合《最高人民法院关于〈中华人民共和国企业破产法〉施行时尚未审结的企业破产案件适用法律若干问题的规定》第1条中债权人、债务人或者出资人向人民法院提出重整或者和解申请，人民法院应予受理的几种条件，可

---

① 参见吴传颐：《比较破产法》，商务印书馆2013年翻印版，第159页。

② 参见丁海湖、田飞：《“执转破”操作模式及相关实务问题研究》，载《法律适用》2017年第11期。

③ 参见最高人民法院修改后民事诉讼法贯彻实施工作领导小组编著：《最高人民法院民事诉讼法司法解释理解与适用》，人民法院出版社2015年版，第1352－1353页。

④ 参见陈夏红编著：《企业破产法注释》，北京大学出版社2021年版，第357页。

⑤ 参见黄贤华：《后续重整申请权的保护与限制——上海万豪投资有限公司申请破产清算转重整上诉案评析》，载《中国注册会计师》2022年第4期。

将转化型重整需要满足的要件归纳如下：（1）程序上，法院已经受理破产清算申请，但尚未对债务人作出宣告破产的裁定；（2）范围上，转化型重整所受理的是债权人提出破产清算申请的案件；（3）实体上，根据《最高人民法院关于正确审理企业破产案件为维护市场经济秩序提供司法保障若干问题的意见》第3条①、《破产审判纪要》第14条②，转化型重整企业具备实施重整的价值及拯救可能性，需结合债务人的资产状况、技术工艺、困境企业的行业地位、行业前景、经营情况、资产价值、品牌价值认定等因素来进行审查与识别；（4）申请主体资格上，债权人申请债务人企业破产清算，债务人及出资额占债务人注册资本1/10以上的出资人在破产宣告前可以向人民法院申请重整。下文将对转化型重整的申请、限制与审查进行阐述。

其次，在破产重整可否转化为破产清算的问题上，《企业破产法》第78条规定重整期间存在“债务人的经营状况和财产状况继续恶化，缺乏挽救的可能性”“债务人有欺诈、恶意减少债务人财产或者其他显著不利于债权人的行为”“由于债务人的行为致使管理人无法执行职务”等三种情况之一的，管理人或者利害关系人可以向法院申请终止重整程序，进行破产清算。

2. 破产清算与破产和解的转化

《企业破产法》第95条规定，债务人可以直接依法向法院申请和解；也可以在法院受理破产申请后、宣告债务人破产前，向法院申请和解。因此，破产清算程序可以转化为破产和解程序。根据该法第99条的规定，和解协议草案经债权人会议表决未获得通过，或者已经债权人会议通过的和解协议未获得法院认可的，法院应当裁定终止和解程序，并宣告债务人破产。因此，在和解程序无法继续进行且无法实现程序目的的情况下，可以转化为破产清算程序。

---

① 《最高人民法院关于正确审理企业破产案件为维护市场经济秩序提供司法保障若干问题的意见》第3条规定：“对于虽然已经出现破产原因或者有明显丧失清偿能力可能，但符合国家产业结构调整政策、仍具发展前景的企业，人民法院要充分发挥破产重整的作用，对其进行积极有效的挽救。”

② 《破产审判纪要》第14条规定：“重整企业的识别审查。破产重整的对象应当是具有挽救价值和可能的困境企业；对于僵尸企业，应通过破产清算，果断实现市场出清。人民法院在审查重整申请时，根据债务人的资产状况、技术工艺、生产销售、行业前景等因素，能够认定债务人明显不具备重整价值以及拯救可能性的，应裁定不予受理。”

3. 破产重整与破产和解的转化

首先，对于破产重整能否转化为破产和解，我国《企业破产法》第95条第1款规定，债务人有权在人民法院受理破产申请后、宣告债务人破产前，向法院申请和解。有观点认为此处的“受理破产申请后”既包括破产清算又包括破产重整，但也有观点指出破产重整具有优先和解程序适用的效力，若破产当事人已经向法院申请且法院已受理破产重整程序，在破产重整程序适用过程中不应再允许破产债务人申请向和解程序转换。司法实务对上述问题持开放态度，实践中已经出现债务人企业进入重整程序后又转换和解程序的案例。[①] 其次，对于破产和解可否转化为重整，《企业破产法》未明确规定亦未禁止，可以分为和解是否失败进行探讨：（1）在和解程序进行中但并未失败的情形，例如在法院受理破产和解申请后、和解协议提交债权人会议表决前，债务人或债权人可以申请转为重整程序，法院应在接到重整申请7日内裁定是否准许；（2）在和解失败的情况下，似乎仅可以进行破产清算，但是允许和解程序失败转化重整程序，有利于发挥破产和解程序的“余热”，不至于立刻结束企业“生命”。同时，破产和解的程序成本低，不少困境企业会优先选择和解程序，如果禁止转化为重整程序，那么当事人优先选择和解程序的意愿将会大大降低，不利于和解程序发挥功效。

综上所述，破产清算程序转化为破产重整、破产和解程序需要在破产宣告前进行，破产宣告裁定的作出具有不可逆的特点。破产和解或者破产重整制度向破产清算程序转化，在某种意义上具有惩罚的意味，在和解或者重整无法发挥功效时，由法院宣告破产。对于转化次数而言，“从破产程序转化机制和破产重整制度的具体设计上，有理由认为现行破产法对破产重整制度的态度为在保证破产程序效率的前提下鼓励重整原则，由此可以推定‘一次性重整原则’，即任何破产案件中的债务人只有一次启动或者转化重整程序的机会”[②]。对现行法中破产程序的内部转化规定梳理见表24-1。

① 参见江西省高级人民法院2021年破产审判十大典型案例之九，载江西法院网，https://jxfy.chinacourt.gov.cn/article/detail/2022/02/id/6532587.shtml，最后访问日期：2022年7月30日。

② 参见齐明：《论我国破产程序转换与债权人后续重整申请权》，载《东北师大学报（哲学社会科学版）》2015年第5期。

表24－1　破产程序内部转化的现行法规定

启始程序	后续程序		
	破产清算	破产重整	破产和解
破产清算	\	允许转化（第70条第2款）	允许转化（第95条第1款）
破产重整	允许转化（第78条）	\	未明确规定
破产和解	允许转化（第99条）	未明确规定	\

三、转化型重整的申请与限制条件

（一）债务人的后续重整申请权

现行法律规范对于债权人申请破产清算时债务人的后续重整申请权存在较为明确的规定，但是实践中存在债务人自行申请破产清算后，债务人、债权人、管理人向人民法院提出破产重整的案例，对该类案件是否满足转化型重整的适用范围存在比较多的争议。

1. 转化型重整的理论分野

我国《企业破产法》第70条第2款赋予了债务人和出资人在债权人申请破产清算时的后续重整申请权。之所以赋予上述主体申请权，是因为债务人和出资人对企业自身的经营与负债情况最为了解，在企业尚具有挽救价值和可能性时，通过此种方式可以增加企业获得挽救的机会，避免本应再生的企业走向破产清算的深渊。同时，该款将破产申请受理后进行重整的范围限制在债权人申请破产清算的情形，并未包括债务人申请破产的情况。

就债务人申请破产清算后可否再申请重整而言，存在不同的观点：（1）“肯定说”认为，公法领域奉行“法无授权不可为”，而私法领域则是“法无禁止皆可为”，《企业破产法》第70条第2款并未禁止债务人在其破产清算申请被受理后再提出重整申请。此外，在经济新常态背景之下，从挽救更多企业、优化资源配置、调整产业结构、改善投资机制的目标来看，可对美国破产法加以借鉴，赋予任何利益关系人将清算程序转换为重整程序的请求权，从而为企业清算转重整提供必要的便利，以利于困境企业的重整启动。[①]（2）“否定说”则认为，债务人申请破产清算后不可再申请重整。持否定态度的理由主要有以下几点：一是后续申请权是一项程序性的权利，应当由法律进行规定。《企业破产法》第70条第2款明确规定，债务人在破产清算申请受理后、程序终结前提出重整申请的前提是该项破产申请由债权人提出。二是由于债务人自身是对企业是否具有挽救价值最为了解的主体，当其自行申请破产清算时，就意味着企业不具备重整的价值和可能。三是应防止债务人通过启动重整程序以“假破产、真躲债”来损害债权人利益。[②] 四是由于债务人自行申请破产清算的，一般无重整意愿，法律亦未授权其他利害关系人申请程序转换，故此时不能进行程序转换。如果是因债务人申请而进入破产程序，就说明债务人已经清楚地知道自己已无恢复生机的可能，只能进行破产清算，否则，债务人无须申请破产清算，而应直接申请重整。[③] 在此情况下，再赋予债务人后续重整申请权就显得多此一举。

本专题认为，“否定说”的理由有待商榷。对于第一点理由，后续申请权是由法律赋予债务人的权利，但是法律并未对后续申请权的行使前提进行严格的限制，仅是限制了后续申请权的申请对象和申请时间，从文义上并不能看出对于债务人自行进行破产清算后又申请重整的禁止。对于第二点理由而言，在债务人提起破产清算后，因市场环境因素等的转变，可能会发生债务人破产启动时陷入严重的财务困境，但启动后因资产升值从而具备从破产清算转向重整的可能，比如文首案例中的股票价格随着市场信息的变化而波动。正是因为债务人是对企业经营状况最为了解的主体，因此，债务人在破产清算被受理后，由于客观情况的变化而具有了重整的客观条件和强烈主观愿望时，应当具有启动程序转换的权利。在第三点理由上，对于“假破产、真躲债”，需要考察的是禁止债务人行使程序转化权是否可以有效避免或者改变这一情况。若否定程序转化权既不能杜绝这一道德风险又同时有损债务人的权益，那么似乎就没有

① 参见李琳、徐瑞阳：《困境企业的重整启动机制研究》，载《中国物价》2016年第2期。

② 参见孙涛、赵锦辉：《破产重整申请权相关问题研究》，载《第十二届“中部崛起法治论坛”论文汇编集》2019年版，第1007－1012页。

③ 参见吴高盛主编：《〈中华人民共和国企业破产法〉条文释义与适用》，人民法院出版社2006年版，第163页。

禁止的必要。且如果债务人启动破产程序的初衷就是为了“躲债”，那么债务人可以在进入破产程序前收购一家债权人的债权并由该债权人代持，然后以该债权人的名义向法院申请破产清算，之后债务人仍然可以借此从事损害债权人的行为，待控制整个债权人的会议之后，再申请转入重整程序。由此可见，在法律确认债权人申请破产清算时债务人后续重整申请权的情况下，债务人就有了“躲债”的可乘之机，而限制债务人自行提起破产清算时的后续重整申请权对此问题的防范是微乎其微的。最后一点理由在一定程度上忽视了客观情况变化的可能性，不能仅因债务人申请破产清算就视为其放弃申请重整的权利。因此，否定债务人申请破产清算后的重整申请权的理由并不成立。

文首案例中，利害关系人主张《企业破产法》第70条第2款的适用前提是破产清算由债权人提出，但该案中破产清算申请由债务人提出，其在此后不享有再申请转化重整程序的权利。法院认为从立法本意看，《企业破产法》设立重整制度的目的是挽救陷于债务困境但又具有再建希望与价值的企业，从而实现《企业破产法》破产保护的独特价值。债务人的破产重整申请权是一项程序性权利，但并不适用“法无授权不可为”的公法原则，虽然《企业破产法》没有明确规定债务人申请破产清算后能否再转为破产重整，但不能因此就否认此情形下债务人启动程序转换的权利。在我国现有法律并未明确债务人申请破产清算的前提下能否再次申请转入破产重整程序以及如何转换，需要综合考量破产案件中纷繁复杂的利益冲突问题，从立法本意和实际情况出发进行考量，不可一味机械地适用法律条文，具体理由如下：

（1）从条文理解上来看，《企业破产法》并未以禁止性规定明确限缩后续重整申请权的主体范围。《企业破产法》第7条第2款规定，债务人不能清偿到期债务，债权人可以向人民法院提出对债务人进行重整或者破产清算的申请。该条是关于重整申请和受理条件的总则性规定，如果《企业破产法》分则重整部分对此没有规定，应适用总则的规定。同时，第70条第2款也不宜理解为赋权性条款，而宜理解为提示性条款，其立法本意更适合理解为提醒债务人及其出资人，即使债权人申请破产清算并被受理，债务人仍没有丧失自救的可能，可采取积极措施。否则，按赋权性条款的思路推演，在债务人申请破产清算的情况下，我国《企业破产法》还未明确规定债务人、出资人或债权人等任何主体有权申请重整。即使出现投资人明确表示重整投资意愿的情况，也只能坐等债务人被清算注销，这样的结局岂不背离了破产立法重视企业挽救的基本价值取向？因此，对于后续重整权，宜解读为法无明文禁止即可为。

（2）从立法目的上来看，《企业破产法》设立重整的目的是对陷入财务困境但又具有挽救希望的企业给予破产保护，使其免于破产清算境地，同时最大限度保障债务人企业、全体债权人和利害关系人利益，相比破产清算，重整更能兼顾各方利益。而探求《企业破产法》第70条第2款的立法原意，应当是尽可能扩大重整制度的适用情形，而非进行限制。在债权人的破产清算申请权与债务人的破产重整申请权发生矛盾的情况下，法律选择优先保障债务人的破产重整申请权，甚至不需要征得债权人的同意。此时，体现出了《企业破产法》倡导通过重整避免清算的立法理念。而从《企业破产法》破产程序转化机制和破产重整制度的具体设计上来看，有理由认为现行《企业破产法》对破产重整制度的态度为在保证破产程序效率的前提下鼓励重整原则。因此，在债权人的破产清算申请权与债务人的破产重整申请权之间，法律优先保障重整申请权；那么在债务人自行破产清算申请权与重整申请权之间，法院没有理由对该申请进行驳回。

（3）从体系解释的角度来看，虽然《企业破产法》第70条第2款对此未进行规定，但《企业破产法》第7条规定了在债务人资不抵债时，债务人可以申请破产或者重整，因此在债务人申请破产清算前提下，债权人、债务人可以直接向法院申请重整，后续仍可以申请进入重整程序。在不损害债权人、债务人等合法权益的情况下，这也符合私法领域“法无禁止皆可为”的原则。在债权人申请破产清算时，债务人尚具有后续重整申请权，在债务人自己提起破产清算申请时，允许其后续申请转化重整程序的理由似乎更加充分。

（4）从《企业破产法》的价值取向来看，债务人若具备重整挽救价值，允许其自救有利于企业、员工和债权人利益的维护，符合“充分调查发掘债务人财产，在合法合理的基础上，使其价值实现最大化”的《企业破产法》追求，也不违背“债权人公平受偿以维护破产分配相应秩序”的要求。一方面，在债务人提起破产清算申请后，受市场变化、行业政策等客观因素的影响，债务人企业的资产价值和负债情况可能发生变化，债务人可能重新获得继续运营的价值。此时，相较于以消灭法人主体资格的清算程序，重整程序更能发挥企业的潜在价值，赋予债务人后续重整申请权符合我国《企业破产法》鼓励重整的立法目标。另一方面，在企业具有挽救价值和可能性时，重整能够帮助债务人重获新生并继续保有市场主体身份。且在重整成功情况下不仅债权人可以获得远大于清算状态的债权额清偿，企业的职工利益也能够获得充分保护。

（5）从程序效果上来看，扩大后续重整申请权的主体范围，有利于发挥相关主体的重整积极性。坚持企业挽救，并对利益相关方进行整体保护，是现代《企业破产法》的重要价值目标。对于符合再生条件的企业，如果重整成功，无疑比清算注销更能优化社会资源。如果对后续重整申请主体范围限制过于严苛，不仅限制了具有再生希望的企业进入重整程序的机会，而且也不利于发挥重整制度的积极作用，不能使更多的人通过重整司法实践认识到重整制度对于企业拯救、优化资源的价值和优势。《最高人民法院关于〈中华人民共和国企业破产法〉施行时尚未审结的企业破产案件适用法律若干问题的规定》第1条第3项规定“债务人申请破产清算的案件，债务人于被宣告破产前提出重整申请，且符合企业破产法关于债务人直接向人民法院申请重整的规定”，人民法院应予受理。根据上述《企业破产法》过渡阶段的司法解释精神，《企业破产法》施行之前债务人申请破产清算被依法受理且在施行后未被宣告破产的，债务人有权提出重整申请，也即意味着赋予了债务人后续申请重整的权利。本专题认为，从鼓励债务人重整的角度出发，现行《企业破产法》应当继续贯彻上述规定之精神，赋予债务人申请变更破产程序的权利。

（6）从域外破产立法角度来看，债务人提起破产重整均被给予了相当宽松的条件。如美国破产法下，债务人可以随时申请破产重整，也可以随时转换程序，没有前提条件限制。① 我国《企业破产法》若不赋予债务人后续重整申请权，就会导致对企业最熟悉的主体丢失了拯救企业的“启动键”，似与《企业破产法》的立法宗旨相悖，也不符合当下各国在破产领域所普遍采用的再建主义立法原则。

（7）从可操作性角度来看：一方面，重整的情形确有可能在清算程序中具备，因为随着破产清算程序的推进和各方主体的介入，企业的重整存续价值能

① 参见齐明、仇晓光：《我国破产法中自愿破产原则的反思与重构——从中美重整制度的比较出发》，载《东北师大学报（哲学社会科学版）》2010年第4期。

够被更好地挖掘。此时，无论是债权人还是债务人先行申请了清算都应当赋予后续的重整申请权。另一方面，债务人不直接提起重整可能系客观原因所限，因为在债务人由于受自身经营活动以外的因素影响，比如被母公司挪用资金、关联企业互保等，会给债务人带来大量未清偿的到期债务，并引起诉讼和保全程序。在这种情形下，如果债务人直接申请破产重整，可能会受制于法律对破产重整计划草案提出期限的限制，无法在规定的期限内提出重整方案。故先申请破产清算，在清算中继续生产，寻找战略投资人，在企业出现转机时，由债务人申请转入破产重整程序，可以促使企业起死回生。

综上所述，文首案例认可了债务人在自行申请破产清算受理后的后续重整申请权，符合现行《企业破产法》的文义解释、体系解释、目的解释的逻辑，是贴合立法意旨且具有司法实践支撑的。

2. 转化型重整的司法实践

债务人在自行申请破产清算案件中寻求程序转换，提出重整申请并最终获得债权人会议批准并重整成功的案例为数不少，[①] 通过在聚法案例、北大法宝等司法案例平台进行检索，在由债务人提起破产清算申请的案例中，有以下典型案例值得探究。在最高人民法院 2021 年 9 月 24 日发布的五起人民法院服务保障京津冀协同发展典型案例之五——“唐山佳华煤化工有限公司破产清算转破产重整案”[②] 中，法院裁定将债务人提起的破产清算案件转入重整程序，同时指出《企业破产法》第 70 条第 2 款“赋予债务人发起破产重整程序的权利，其立法本意和目的是强调清算程序与重整程序的转换，而非由谁首先发起破产清算程序。对于债务人申请的破产清算案件，债务人、债权人和符合法定条件的股东应当拥有后续重整申请权”。另外，在“中电电气上海公司清算转重整案”[③] 中，上述观点同样得到了支持，债务人在申请破产清算并被法院受理后找到了意向重整投资人，遂向法院申请转入破产重整程序，并同时向法院提交

① 参见上海市第三中级人民法院民事裁定书，(2019) 沪 03 破 145－2 号；北京市昌平区人民法院民事裁定书，(2016) 京 0114 民破 2 号。

② 参见吉林市昌邑区人民法院：《最高人民法院发布人民法院服务保障京津冀协同发展典型案例》，载澎湃新闻网，https://www.thepaper.cn/newsDetail_forward_14692345，最后访问日期：2022 年 7 月 30 日。

③ 参见上海市第三中级人民法院民事裁定书，(2019) 沪 03 破 145－2 号。

了重整计划草案，最终经法院裁定转入破产重整程序。在衢州市中级人民法院审理的“浙江中宁硅业有限公司破产清算转重整案”① 中，破产清算的申请由浙江中宁硅业有限公司（以下简称中宁硅业）自行提出，但在清算程序中，中宁硅业掌握的核心技术及生产线的竞争力和价值逐步被识别，债务人、管理人、当地政府及法院等多方一致认为推动破产清算转为重整才是拯救中宁硅业的最佳方案。最终，该案法官对现有法律进行了目的性解释，允许债务人自己提出重整申请。经过两年时间，该企业实现凤凰涅槃，获得了衢州市政府授予的2019年度企业“成长之星”奖。由此可见，在债务自行申请破产清算被受理后，赋予债务人后续重整申请权，具有丰富的现实意义。更有学者认为，该做法符合中央13部门《加快完善市场主体退出制度改革方案》中提出的“充分利用破产重整制度促进企业重组重生”的要求，应将其总结并制度化。② 与此同时，在各地法院出台的规范性文件中，如上海、广州、四川等地亦未将可转重整的清算案件限定为由债权人申请的清算案件，仅对清算案件如何转重整案件进行了笼统的规定，主要涉及清算转重整程序应如何申请的问题。③

在文首案例中，虽然法院裁定债务人万豪投资不予转入重整程序，但其理由并非因为债务人不享有后续重整申请权。相反，法院从立法本意考量，对债务人提起清算转重整的权利予以肯定，指出债务人的破产重整申请权虽是一项程序性权利，但并不适用“法无授权不可为”的公法原则。事实上，在债务人提起破产清算后，因市场环境因素等的转变，可能会发生债务人破产启动时陷入严重的财务困境，但启动后因资产升值（如本案所涉股票）从而具备从破产清算转向重整的可能。因此，债务人申请破产清算后，在宣告破产前，债务人仍可提出破产重整申请。本案的关键在于，债权人会议已表决通过破产财产变价方案，由此形成的决议非经法定程序撤销即应当执行。债务人在并未证明破产重整相比清算能使各方债权人获得更多清偿利益且由债权人明示同意的情况下，提出转入重整程序的申请将有损债权人会议所作决议的效力和执行力，影

---

① 参见衢州中院：《衢州中院召开破产审判工作新闻发布会》，载澎湃新闻网，https：//www.thepaper.cn/newsDetail_forward_13499587，最后访问日期：2022年7月30日。

② 参见王卫国：《破产法精义》（第2版），法律出版社2020年版，第234页。

③ 参见《上海市高级人民法院破产审判工作规范指引（试行）》《广州市中级人民法院关于破产重整案件审理指引（试行）》《四川省高级人民法院关于审理破产案件若干问题的解答》等。

响破产程序的确定性及效率且不符合各方预期。因此，后文将进一步探究后续重整申请权行使的时间限制。

（二）债务人后续重整申请权的限制

现行《企业破产法》对于债务人后续重整申请的主要限制体现在时间要件方面，《企业破产法》第70条第2款要求后续重整申请权在受理破产申请后、宣告债务人破产前行使。之所以将提出申请的时间节点限制在破产宣告之前，是因为破产宣告将产生一系列法律效果：名义上，债务人将被称为破产人，债务人财产为破产财产，债权人对债务人享有的债权称为破产债权；债务人的财产自破产宣告之日起将进入变价和分配阶段；对债务人特定财产享有担保权的债权人，可以主张拍卖、变卖担保物并获得优先受偿等。[①] 在比较法视域下，《美国破产法典》规定，债务人可以随时提出破产重整申请。因此，在美国法上，债务人由破产清算转换到破产重整是一项肯定的、无条件的、绝对的权利。[②] 类似的，英国的破产立法对于债务人自身提起重整程序，是在所有的主体申请条件中最为宽松的，几乎没有任何条件的限制。[③] 虽然赋予债务人后续重整申请权能够充分发挥破产保护、拯救功能，但程序转换带来的不确定性和程序拖延可能损害到利害关系人的权益。因此，应当对债务人的后续重整申请权加以适当限制，以实现破产各方主体的利益平衡。

在申请过程中，对于财产变价方案是否影响后续重整程序的启动，存在不同观点。一种观点主张，在破产宣告前，相关主体均享有转化型重整的申请权，即财产变价方案通过与否不影响转化型重整的启动。另一种观点则认为，在破产分配方案表决通过前，债务人才可以提出重整申请。正如本案二审法院所指出，从立法目的出发，《企业破产法》第70条体现了对债务人破产重整申请权充分保障的立法旨趣，因此本案中债务人可以提出破产重整申请。但是就破产清算程序而言，第二次债权人会议已经通过破产财产变价方案，意向投资人参与股票竞拍即可。利害关系人则主张债务人企业第二次债权人会议已经通过破

① 参见许德风：《破产法论：解释与功能比较的视角》，北京大学出版社2015年版，第463－464页。

② 参见李永军：《破产法——理论与规范研究》，中国政法大学出版社2013年版，第342页。

③ 参见张海征：《英国破产重整制度及其借鉴》，载《政治与法律》2010年第9期。

产财产变价方案，变价方案所涉决议对全体债权人具有约束力，非依法撤销即应当执行，此阶段不能再允许债务人提出重整申请。对此，法院认为，债务人虽对破产财产变价方案不予认同，但并未提起撤销诉讼。而破产程序进入变价方案执行阶段后，除非破产重整相比清算能使各方债权人获得更多清偿利益且由债权人明示同意，原则上不应再转入破产重整程序，否则不仅会有损债权人会议所作决议的效力和执行力，也将影响破产程序的确定性及效率。由此，值得进一步探讨的问题是，在债权人会议表决通过破产财产变价方案时，债务人是否有权再行使后续重整申请权？

《企业破产法》第64条第3款规定："债权人会议的决议，对于全体债权人均有约束力。"因此，通过债务人企业破产财产变价方案的决议对全体债权人均具有效力和约束力，允许债务人申请向重整程序转化无疑会影响该决议的效力。同时，《破产法司法解释（三）》第12条规定，仅在债权人会议的召开或表决违反法定程序，以及债权人会议的决议内容违法或决议超出债权人会议的职权范围，并损害债权人利益的，债权人有权申请予以撤销。根据该条规定，债务人并不享有对债权人会议决议的申请撤销权，而债权人的撤销权也被限定在特定情形之下，故在债务人行使后续重整申请权之前其自身或债权人往往难以先行申请撤销通过破产财产变价方案的决议。由于《企业破产法》第61条将通过财产方案作为债权人会议的一项职权，且第64条第3款规定债权人会议的决议对全体债权人均有约束力。因此，破产财产变价方案经债权人会议通过后，所涉决议即对全体债权人具有约束力。如果此时再转入重整程序，将会有损各方主体的预期。因此，在破产财产变价方案通过后，法院应当对债务人的后续重整申请权进行一定限制。

通过上述分析可见，赋予债务人后续重整申请权对最大限度发挥破产拯救的功能具有重要的意义。但在维护债务人后续重整申请权的同时，也应认识到清算向重整的转换在一定程度上会增加程序的不可预见性，对于迫切希望通过破产程序实现债权清偿的债权人（特别是担保债权人）而言，程序的转换很可能会延长案件办理的时间，增加办案成本，影响案件的效率。针对此，最高人民法院采取了一定的措施。例如，就后续重整申请的申请时间，在起草《破产审判纪要》过程中，曾有观点认为无论是基于实践中已有成功案例，还是从鼓励拯救债务人的角度出发，都应当允许债务人被宣告破产后，在一定条件下能够再行转入破产重整或和解程序。而正式颁布的《破产审判纪要》第24条明确规定债务人被宣告破产后，不得再转入重整程序或和解程序①，从而对争鸣的观点进行了明确的回应，在强调后续重整申请时间限制的同时，为利害关系人之间就是否同意重整的博弈，设定了更为严格的规则，② 但上述规定仍不够完善，未处理债权人会议已作决议的效力问题。

鉴于此，在充分发挥破产重整程度挽救功能的基础上，从尊重决议的合法性和效力出发，本专题认为破产财产变价方案表决通过后，应当限制债务人后续重整申请权的行使。除非债务人能够提供债权人同意的证明，即债权人会议可以就是否同意不予执行原有关财产变价方案的决议并允许债务人企业转入重整程序进行额外的表决，在经债权人多数决表决通过后，债务人可以向法院主张行使后续重整申请权。而在文首案例中，根据管理人的报告，8户（合计约14亿元）担保债权中1户（约9000万元）同意破产重整，其余不同意破产重整；7户（合计约21.5亿元）普通债权中3户（合计约1.65亿元）同意破产重整，其余不同意，表决结果并未达到《企业破产法》第64条第1款规定的人数与债权额双重过半的标准，故不应允许债务人提出破产清算程序转化重整程序的申请。因此，对于转化型重整而言，在破产分配方案被表决通过前行使重整转化申请权更符合实践操作层面的要求。

四、转化型重整申请受理审查的内容

重整程序的不适当启动会导致全体债权人的受偿权利被迫中止，由于不具有挽救条件的企业最终仍无法避免走向破产清算，误入重整程序只会浪费资源，消耗债务人财产并延误债权人的受偿时间。③ 因此，法院在审查重整申请时应当对债务人企业的重整价值和可行性进行合理的甄别和判断。而相较于初始重整申请，转化型重整意图将债务人从破产清算程序转入重整程序，由于程序的转换之间需要成本，且一旦转换不当还要经历二次破产清算，故法院对于转化

① 参见刘宁：《宣告破产后转重整的合法性分析》，载《政法论坛》2019年第37卷第5期。

② 参见王欣新：《〈全国法院破产审判工作会议纪要〉要点解读》，载《法治研究》2019年第5期。

③ 参见王欣新：《立案登记制与破产案件受理机制改革》，载《法律适用》2015年第10期。

型重整的申请更需谨慎地进行审查。

（一）转化型重整的法院审查方式

法院审查过程通常可分为形式审查与实质审查，在转化型重整的审查过程中仍需要明确审查方式。首先，从实然角度出发，法院对重整申请进行实质审查具有明确的法律依据，即《破产审判纪要》第14条规定："破产重整的对象应当是具有挽救价值和可能的困境企业；对于僵尸企业，应通过破产清算，果断实现市场出清。人民法院在审查重整申请时，根据债务人的资产状况、技术工艺、生产销售、行业前景等因素，能够认定债务人明显不具备重整价值以及拯救可能性的，应裁定不予受理。"从前述内容来看，人民法院对于破产重整申请的审查，除形式审查外，还应包括相当程度的实质审查。

文首案例中，法院即认为，"从后续重整申请权的目的解释出发，应赋予债务人此项权利，以最大限度通过重整发挥破产保护、拯救功能。但同时也应关注到程序转换所带来的不确定性和程序拖延，同样可能影响各方权益。因此，对后续重整申请权应予必要限制，主要体现为对重整价值及重整可行性的判断"。《破产审判纪要》第17条规定："重整不限于债务减免和财务调整，重整的重点是维持企业的营运价值。"实践中，法院通常从营运价值维持、债务清偿情况等两个方面进行实质审查。

其次，从应然角度出发，形式审查与实质审查是法院作出裁定的重要过程，对于重整是否需要进行实质审查存在两种观点。一种观点认为，一般情况下应进行形式审查。以民商事诉讼的立案为例，法院仅对案件进行形式审查，符合《民事诉讼法》第122条的规定即可立案进入实质审理阶段。虽然法院对重整申请进行实质审查存在明确的法律依据，但是若仅从学理角度探讨，法院难以对商业领域完全了解，在法院难以确定债务人是否具有重整价值的情况下，似乎更宜进行形式审查。另一种观点则认为，重整用实质审查的方法，可以召开听证会听取利害关系人的意见，必要时需要征询专家意见。本专题认为，在转化型重整的情况下，是否裁定允许重整的关键即在于该企业是否具备重整价值和重整可行性，在进入破产清算程序后，对企业重整价值及方案可行性的考量应更慎重，否则应及时进行市场出清，方能实现破产财产最大化、各方权益最大化的目的。因此，法院有必要实质审查债务人的重整价值及重整方案的可行性，在具体的审查标准和判断上，可以理论界较为成熟的观点作为参考。

（二）转化型重整中重整价值的审查

企业是否具有重整价值不仅是法律判断，更是商业判断和市场判断，这在实践中对法院提出了较高的要求。有学者指出可以从三个维度对债务人企业是否具有重整价值进行衡量：其一，企业是否具有营运价值，即企业的、重整价值是否高于清算价值，具体的判断标准有四，即企业所处行业的发展前景及企业在行业中的地位、企业的股权结构状况及股东实力、企业自身的治理情况和内部文化、企业的信用能力和负债水平；其二，企业是否具有资质价值；其三，企业是否具有公共价值。[①] 其中在判断企业重整价值时，除了考虑债务人的资产状况、技术工艺、生产销售、行业前景等经营方面的因素外，还应当着重考虑评价企业的重整经济价值，[②] 如企业所处行业的前景及企业在行业中的地位[③]、企业的股权结构状况及股东实力、企业自身的治理情况和内部文化、企业的信用能力和负债水平等。地方司法文件中，如《深圳市中级人民法院审理企业重整案件的工作指引（试行）》第22条[④]和《山东省高级人民法院企业破产案件审理规范指引（试行）》第133条[⑤]均对法院进行重整价值判断时可以参

① 参见李曙光：《如何判断企业是否有重整价值》，载 http：//www. yunqingsuan. com/news/detail/13290? webshiecdDRSessionVerify = 07R9u9uSM93lgcoAjm52，最后访问日期：2024年3月30日。

② 参见王欣新：《〈全国法院破产审判工作会议纪要〉要点解读》，载《法治研究》2019年第5期。

③ 参见《最高人民法院关于正确审理企业破产案件为维护市场经济秩序提供司法保障若干问题的意见》一、“依法受理企业破产案件，为建立我国社会主义市场经济良性运行机制提供司法保障”第3项规定：“对于虽然已经出现破产原因或者有明显丧失清偿能力可能，但符合国家产业结构调整政策、仍具发展前景的企业，人民法院要充分发挥破产重整和破产和解程序的作用，对其进行积极有效的挽救。”

④《深圳市中级人民法院审理企业重整案件的工作指引（试行）》第22条规定：“债务人具有重整价值是指，债务人的继续经营价值大于清算价值。判断债务人的重整价值，应当综合考虑下列因素：（一）债务人的行业地位和行业前景，包括债务人的市场认可度、产能先进性等；（二）债务人的经营情况，包括债务人经营模式的成熟程度、经营团队的稳定性和经营管理的运行情况等；（三）债务人的资质价值，包括债务人的资本价值、特许经营权或者生产资质等；（四）债务人的品牌价值，包括债务人的营销网络、客户关系、品牌效应及其商誉等；（五）债务人的社会公共价值，包括债务人对国计民生及公共利益的重大影响等；（六）能够体现债务人重整价值的其他情形。社会中介机构、预重整管理人出具的报告可以作为判断债务人重整价值的参考。”

⑤《山东省高级人民法院企业破产案件审理规范指引（试行）》第133条规定：“债务人具有重整价值是指债务人的继续经营价值大于清算价值。判断债务人是否具有重整价值，应综合考虑债务人的行业地位和行业前景、经营情况、资质价值、品牌价值、社会公共价值，以及能够体现债务人重整价值的其他情形。人民法院对重整价值进行判断时，可以根据案件情况，征询市场监管部门、企业主管部门、行业协会以及行业专家的意见。债务人自行重组重整期间由社会中介机构出具的报告可以作为判断债务人重整价值的参考。”

考的因素作出了详细的规定。

而对于法院查明重整价值的方式和途径，有观点提出法院可以组织专家组成专门的审查机构来辅助法院进行审查工作。①《四川省高级人民法院关于审理破产案件若干问题的解答》《江苏省高级人民法院民二庭破产案件审理指南（修订版）》规定法院在司法实践中可以通过以下三种途径查明债务人是否具备重整希望及重整价值：一是可以召集申请人、债务人、出资人、政府及有关部门、专业中介机构举行听证会；二是可以商请会计师事务所、律师事务所、资产评估事务所等中介机构提出专业意见；三是可以向债务人所在地政府及行业主管等部门征询意见。由于重整价值的判断不单纯是法律问题，为保证判断的准确性和专业性，法院有必要适时借助外部力量避免单方评判的片面性。在审查中也可以采取征询、调查、听证等方法辅助法院对重整的必要性和可行性进行必要的商业判断。②

在文首案例中，利害关系人主张债务人企业的主要资产为持有的万达信息股票，其自身并无实质性经营，所做股权投资并无任何前置审批或资质要求，营运价值非常有限，债务人本身缺乏重整价值。一审法院以债务人“无实质性经营”为由否认了其重整价值，而二审法院则认为对重整价值的判断涉及企业营运价值维持及债务清偿两个方面。债务人企业的经营范围主要是高科技投资、实业投资、资产经营管理和投资咨询等。作为一家投资公司，其主营业务不同于传统的生产制造，债务人企业为持有万达信息总股本17%的第二大股东，按照万达信息的公司章程，向万达信息派驻董事，依法通过公司治理机制对万达信息生产经营产生影响，从而参与决定万达公司的经营计划和投资方案，公司的控制权可以作为一项富有价值的资产，特别是上市公司的控制权本身具有稀缺性，且破产重整相比出售股票能够因税费支出减少而增加对投资人的吸引力，因而不应否认债务人的重整价值。从债务清偿角度来看，经测算，重整相比清算能够节约大笔税款，有利于破产财产价值最大化，提高偿债清偿率，因此万豪公司具有重整价值。③ 本专题认为，重整增加对投资人的吸引力并不应作为

① 参见张善斌主编：《破产法研究综述》，武汉大学出版社2018年版，第263－264页。

② 参见王欣新：《破产法》（第4版），中国人民大学出版社2019年版，第303页。

③ 参见黄贤华：《后续重整申请权的保护与限制——上海万豪投资有限公司申请破产清算转重整上诉案评析》，载《中国注册会计师》2022年第4期。

对债务人重整价值判断的考量因素，在债务人企业不具有资质价值社会公共价值和独特的品牌价值时，对其重整价值的判断应聚焦于债务人的行业地位和行业前景以及经营情况，在债务人具有较高的市场认可度、行业发展前景较好，且经营团队具有持续稳定经营的能力时，应当承认债务人企业的重整价值。

（三）转化型重整中重整可行性的审查

债务人仅具有重整价值尚不足以启动转化型重整，为保障重整程序能够顺利推进，债务人还需具备重整的可行性，即债务人的现有资源和状况能够保证重整计划的执行。对于债务人的挽救可能，有法官提出应当主要从4个方面进行考察：一是企业及其股东的重整意愿强烈程度。因为重整程序对于债务人企业自身和股东的权益均会产生较大影响，企业与股东的重整意愿越强烈，越利于重整计划的顺利执行和程序的推进。二是债权人的支持程度。债权人尤其是大债权人的支持与配合会对债务人企业的重整产生较大影响。三是是否存在意向投资人。债务人重整的成功离不开重整投资人的资金注入，若债务人已经存在意向的投资人且制作了初步可行的重整计划草案，应当认为债务人具有较高的挽救可能。四是是否存在不可克服的重整障碍。主要指债务人重整过程中是否可能面临法律政策或事实上的障碍，若债务人的重整可预见性将面临难以克服的障碍，则不应再允许债务人进行重整。①

上述思路从债务人、出资人、债权人、意向投资人等利害关系主体以及企业外部条件等方面出发，能够较为全面和准确地对债务人企业的重整可行性作出判断。参照这一审查思路，文首案例中，转化型重整申请由债务人提出，虽然意向投资人提出了重整方案并承诺募集人民币20亿元用于覆盖全部14亿元担保债权以及部分普通债权，但其两次违反承诺，并未按时向法院提交偿债资金的相关凭证。除此之外，大部分债权人对债务人转入破产重整程序持明确反对态度，故难以认定债务人具备重整可行性。

五、结语

破产清算程序转为重整程序的制度设计目的在于给予正在经历破产清算的

① 参见徐涛、江铮：《疫情背景下破产企业重整价值识别机制研究》，载微信公众号“破产重整那些事”2021年5月31日。

债务人现实的营业保护以及将来通过重整计划实现再生的机会。该程序转化一方面可对债权人进行最大限度地保护，另一方面可对债务企业实施挽救，进而公平地保护各方面利益主体，实现社会资源的优化配置。债权人和债务人均是我国《企业破产法》下有权对债务人企业提出破产申请的适格主体，依法可以直接提请破产重整，但在债务人已被受理破产清算的情况下，《企业破产法》对后续破产重整申请权的规定还有模糊之处，有必要通过司法解释等形式加以细化，为债权人、债务人等申请权人更宽松地行使后续破产重整申请权提供条件，这也符合现阶段司法实践中以市场化为导向，做好危困企业或者市场主体救治工作的现实需求。

为鼓励具有挽救价值和可能性的债务人进行重整，应当放宽对后续重整申请权行使主体的范围要求。但后续重整申请权的行使要受到必要的时间限制，在破产财产变价方案经债权人会议表决通过后，除债务人能够提供债权人同意重整的证明，原则上不应允许其主张由清算程序向重整程序转换。转化型重整相较于初始重整涉及不同破产程序之间的转换，法院在对重整申请进行审查时需要对债务人企业的重整价值与可行性作出更谨慎的判断，防止程序的不当转化造成更大程度的成本和资源浪费，以确保程序运行的效率和对各方主体利益的平衡，因此法院原则上应当实质审查债务人的重整价值以及重整方案的可行性。

总体而言，现阶段“转化型重整”的机制仍不健全，学理及司法实务之中均存在一定的分歧之处。对于制度涉及的争点问题，可通过立法加以明确。尤其需要注意在维护后续重整申请权的同时，在《企业破产法》的现有架构下也应对其进行必要的规制，尊重破产程序的特殊性，不应以过度牺牲破产审判效率为代价，假借创新探索之名，无条件地追求扩大适用重整制度。二者之间的平衡与尺度，值得进一步地权衡和思考。

上市公司重整中的“府院联动”机制问题

内容提要：“市场化破产”不仅对行政机关在破产程序中的角色与定位提出了新的挑战，也对司法权与行政权的府院协调联动机制提出了新的要求。上市公司破产重整是一项系统性工程，但我国目前缺乏统一明确的府院联动指引规范，这就导致政府在上市公司重整中的权力边界不清、透明度不高，法院与政府的角色出现错位，极大地阻碍了“市场化破产”的进程。本专题结合一起法院、党委和政府等多方主体积极参与的上市企业破产重整实践案例，主张：府院联动机制的完善需要借助立法明确府院内部的职权划分，预防性设立府院联动常态化机制或专门机构，并探索建立政府主导下的企业救助基金制度，适当准许检察监督新模式的介入，以发挥“一府两院”联动的合力，从而实现上市公司的“涅槃重生”。

关键词：府院联动、上市公司、破产重整、检察监督、市场化破产

一、问题的提出

东方时代网络传媒股份有限公司（以下简称东方网络）系上市公司，公司股票于2007年10月在深圳证券交易所挂牌上市，该公司及其子公司拥有职工千余人，股民近5万人，其核心子公司属于国家专精特新企业，产品技术居于世界前列。2020年度，东方网络总资产约

为6.14亿元，负债总额约为15.19亿元，资产负债率约为247%，被深圳证券交易所给予退市风险警示。东方网络一旦退市，不仅会导致股民利益受损，增加社会不稳定因素，还会对当地经济与社会发展造成较大负面影响。

2021年4月23日，东方网络向桂林市中级人民法院（以下简称桂林中院）申请预重整。桂林中院于同年5月26日决定对东方网络进行预重整。预重整期间，桂林中院指导管理人完成前期债权申报、债权审核、投资人招募，召开预重整第一次债权人会议、出资人会议对重整计划草案进行表决等工作。2021年6月25日，东方网络向桂林中院正式申请重整。经层报最高人民法院审查同意，桂林中院于2021年10月27日裁定受理其重整申请，并于11月29日召开第一次债权人会议表决通过东方网络公司重整计划草案。2021年11月30日，桂林中院裁定批准重整计划并终止重整程序。①

据官方报道，该案系广西首例在最高人民法院、广西壮族自治区党委和政府、桂林市委市政府的共同指导下上市公司预重整转重整的案件，历时仅七个月零五天，依靠党建引领破产企业“涅槃重生”。本案处理过程的亮点有三：一是高效的府院联动。在东方网络预重整及重整过程中桂林中院多方协调，自治区高级人民法院悉心指导，自治区地方金融监管局、中国证券监督管理委员会广西监管局积极助力，而桂林市政府则给予充分支持，由常务副市长亲自汇报、协调工作，推进重整程序的顺利进行。二是市场化的管理人选任。本案管理人并非由政府成员组成的清算组担任，而是按照市场规则由中介机构担任。三是开创性地发挥检察监督的作用。为强化监督工作、切实保障重整各利害关系方的合法权益，桂林中院主动开创性地邀请桂林市检察院全程参与东方网络公司预重整及重整工作，是广西区内首例检察院全程参与预重整、重整监督工作的案件，发挥了人民检察院在破产程序中的监督作用。②

围绕上述案例，本专题拟探讨如下问题：第一，上市公司重整中府院联动

---

① 参见广西壮族自治区桂林市中级人民法院民事裁定书，（2021）桂03破申5号、（2021）桂03破申5号之一、（2021）桂03破6号之二。

② 参见卢林锋、蒋励：《七个月零五天，党建引领破产公司涅槃重生》，载《广西法治日报》2022年4月28日，第A04版；《7个月生死渡劫！桂林法院给出破产公司“重生密码”》，载中国长安网，http：//www.chinapeace.gov.cn/chinapeace/c100056/2022-05/14/content_12626017.shtml，最后访问日期：2022年7月23日。

机制的法理依据何在？第二，上市公司重整程序中如何实现高效的府院联动？第三，检察机关如何在上市公司重整案中发挥检察监督作用？

二、府院联动机制的法理基础与规范依据

通常而言，上市公司的利益相关方人数众多、关系复杂，需要在破产重整中审慎处理相关事项。最高人民法院审判委员会专职委员刘贵祥曾经指出，在《企业破产法》实施过程中，最高人民法院通过推动地方法院与政府建立协调机制，补齐企业破产的制度机制“短板”，降低企业破产的制度性成本，有助于统筹解决企业破产中的职工安置、维护稳定、企业征信恢复等问题。① 府院联动机制的主要优势或者制度基础在于，行政机关有参与企业挽救的内在动力与职责、有明确的法律依据、有能力协调各方支持预重整、重整等工作。②

（一）府院联动机制的法理基础

在我国，地方政府在破产重整中的地位非常特殊。通常情况是，法院启动重整程序以地方政府认为该企业尚有拯救价值，对当地经济有积极作用为前提。③ 企业破产语境下“府院联动机制”是指政府和法院联合处理企业破产问题，法院行使审判职能，负责破产案件的审理裁判；政府行使行政职能，负责处理因企业破产而衍生的社会问题。政府和法院在各自的职责范围内各司其职，互相配合，互相支持，为破产案件的妥善处理协同发力。府院联动机制实际更加强调政府在处理破产案件当中所起到的角色和所能发挥的作用，因为基于司法的被动性，对于因企业破产衍生的社会问题的处理，法院往往无能为力，而处理社会问题则属于政府的职责范围和强项。因此，破产案件的处理，不能仅依靠法院的力量，而更要发挥政府在处理社会问题中的作用，形成政府和法院协调联动、法律问题和社会问题一体化解决机制。

---

① 参见最高人民法院：《最高法召开发布会 介绍法院破产审判工作情况》，载中华人民共和国最高人民法院网，https://www.court.gov.cn/hudong-xiangqing-83772.html，最后访问日期：2022年7月25日。

② 参见孙翔、丁立波：《府院联动机制下预重整制度的重构》，载王欣新、郑志斌主编：《破产法论坛》第二十辑（下册）。

③ 参见温岭市人民法院课题组、陈文通：《破产重整程序中相关权益的现状与保护》，载《上海法学研究集刊》2021年第9卷。

1. 政府参与对上市公司重整的必要意义

一般来说，出于区域经济稳定、对外招商引资等原因地方政府并不希望域内有大型企业进行破产清算，故对于大型企业尤其是“壳资源”丰富的困境上市企业，政府通常会竭尽全力推动其进行重整，“保壳重生”即成为企业挽救的首要目标之一。有学者即指出，倘若缺少政府的支持协调，上市公司重整举步维艰。[①] 上市公司的重整不仅是法律问题，还涉及诸如调整社会产业结构、职工安置等社会问题，此类问题往往更需要依靠党委与政府的权威及协调能力来处理，因此需要明确政府与法院在上市公司重整中的角色定位，以及解决可能存在的“府院失衡”问题。[②]

2. 法院审查对上市公司重整的推动作用

鉴于上市公司重整涉及面广、程序烦琐，最高人民法院发布的《关于审理上市公司破产重整案件工作座谈会纪要》（以下简称《上市公司重整座谈会纪要》）专门对上市公司重整的法律适用、司法程序与行政程序衔接等问题进行了细化。根据该纪要的规定，上市公司的破产重整申请一般由中级人民法院受理，在债权人、债务人、出资人等各方对于重整存在不同意见时，法院应当组织召开听证会。法院在裁定受理上市公司破产重整申请之前，应当将相关材料逐级报送至最高人民法院审查。最高人民法院通过与中国证券监督管理委员会（以下简称中国证监会）的会商机制，委托专家出具咨询意见，法院据此作出是否批准重整计划草案的裁定。

以上市公司重整程序中“信息披露环节”的法院审查为例。信息披露系上市公司的法定义务，上市公司进入破产重整程序之后，除向公众披露大量信息外，还应向债权人披露大量不为投资者所知悉的事实与信息。[③] 虽然政府监管的强制性制度安排可以使得上市公司及时、完整、真实地披露信息，以提高信息披露的有效性，但是法院的推动对于上市公司重整程序中“信息披露环节”至关重要。在破产重整阶段上市公司应履行披露义务的重大事件包括破产重整申请报告、法院裁定上市公司重整的法律文书、法院裁定批准重整计划草案的

---

① 参见赵柯：《上市公司重整程序启动的实务研究》，载《人民司法》2009年第1期。

② 参见王毓莹：《论我国上市公司重整中的“府院失衡现象”及其协调》，载《法学评论》2022年第2期。

③ 参见王欣新、徐阳光：《上市公司重整法律制度研究》，载《法学杂志》2007年第3期。

法律文书、债务人不能执行或不执行重整计划时法院经管理人或者利害关系人请求裁定终止重整计划并宣告债务人破产的信息等，以及其他法律、法规规定应该予以披露或者法院认为应该披露的信息。[①] 法院通过审查作出是否准许的裁定，从而整体推动上市公司重整的具体进程。如果缺少法院在重整程序中的审查与协调，不仅会使重整进度受到阻碍，反过来还将使得上市公司难以履行信息披露的法定义务，陷入重整过程中司法审查与信息披露的“双重困境”，因此上市公司的顺利重整离不开法院的推动作用。

3. 府院联动机制的现实路径与紧迫需求

2015 年中央经济工作会议公报提出，“依法为实施市场化破产程序创造条件”。“市场化破产”系与“政策性破产”相对应的概念，“市场化破产”强调市场在资源配置中的决定性作用以及如何更好地发挥政府作用。上市公司是市场经济的产物，若要实现“市场化破产”，一方面在制度上要有市场化的破产规则，缺少规则的明确指引，容易产生不作为或乱作为现象；另一方面在践行上要有市场化的实施，政府不能有过多的干预，行政权的介入需要遵循行政法治的基本要求，符合权益保障、行政法定、行政均衡、行政效能等基本原则与制度的要求。[②] 但是综观我国上市公司重整过程，政府前置审批以及政府干预重整计划制定、批准与实施的现象普遍存在，这一方面，可能导致本应由法院主导的重整程序产生利益失衡，因为地方政府更多地从经济发展、社会影响、稳定因素等地方利益角度出发作出决策，而法院则更重视法律法规的规范适用，利益冲突的出现可能会导致重整进度受阻；另一方面，政府主导替代法院主导可能会弱化市场经济的“适者生存”法则，一旦由政府主导上市公司破产重整则有可能导致“政策性破产”的重现，与社会主义市场经济下的“优胜劣汰”格格不入，同时也会弱化法院的独立性地位。[③] 基于此，上市公司破产重整案件亟须构建和完善府院联动机制，以妥善处理企业破产重整案件中所潜藏的社会问题。

---

① 参见李慧荣：《略论我国上市公司重整法律制度之完善》，载《南京工业大学学报（社会科学版）》2009 年第 8 期。

② 参见周佑勇：《行政法总则中基本原则体系的立法构建》，载《行政法学研究》2021 年第 1 期。

③ 参见王毓莹：《论我国上市公司重整中的“府院失衡现象”及其协调》，载《法学评论》2022 年第 2 期。

（二）府院联动机制的发展历程及其规范依据

1. 中央层面府院联动机制的确立与发展

从我国《企业破产法》实践历程可知，《企业破产法》发挥价值的过程中均有行政权的参与，《企业破产法》曾经被视为一种解决行政问题的主要工具。[①] 还有观点指出："在企业破产程序中，一直存在相关司法机关、政府部门与法院在破产工作中的协调困难问题，长期未能得到有效解决。"[②] 1986年《企业破产法（试行）》出台后全国破产案件数量不足，国务院制定了行政色彩浓厚的政策性破产制度。2005年，国务院在对一半以上国有大中型困难企业政策性关闭破产的基础上，明确提出用4年时间完成最后的攻坚任务。在2006年《企业破产法》实施后，政策性破产制度被废止，行政权力在破产制度中的角色和作用被重新审视。为解决破产审判难题、提升破产审判质效，中央层面逐步提出构建破产审判府院联动机制，有关府院联动机制的文件在不断丰富。2016年12月，国务院发布《中央企业处置"僵尸企业"工作方案》，要求"成立以国资委牵头，中央组织部、国家发改委、最高人民法院等单位参加的中央企业处置'僵尸企业'工作领导小组工作机制"。此举标志着我国国家级府院联动机制初步建立。2017年发布的《最高人民法院关于为改善营商环境提供司法保障的若干意见》第18条对协调完善破产相关制度进行规定，提出要"推进府院联动破产工作统一协调机制，统筹推进破产程序中的业务协调、信息提供、维护稳定等工作"。此后，府院联动机制在破产程序中进一步加强。2018年，国家发展和改革委员会（以下简称国家发展改革委）等11部门联合发布《关于进一步做好"僵尸企业"及去产能企业债务处置工作的通知》，该规范性文件的发布主体涵盖国家发展改革委、工业和信息化部、财政部、人力资源和社会保障部、自然资源部、人民银行、国务院国有资产监督管理委员会、税务总局、市场监管总局、原中国银行保险监督管理委员会、中国证监会等部级单位，标志着府院联动机制建设进入新的发展阶段。2019年，最高人民法院下发的《破产审判纪要》更是在破产重整部分中明确指出，法院与政府应当建立沟通协调机制，对管理人或债务人制定重整计划草案提供帮助或相应解决方案。除

---

① 参见陈夏红：《破产法七十年：从政策工具到法治缩影》，载《法人》2019年第10期。

② 王欣新：《僵尸企业治理与破产法的实施》，载《人民司法（应用）》2016年第13期。

此之外，2019年6月，国家发展改革委、最高人民法院等13部门印发《加快完善市场主体退出制度改革方案》的通知；2019年10月，国务院公布《优化营商环境条例》，条例第一章总则部分对政府在优化营商环境背景下的职能转型作出了明确的规定；2019年11月，最高人民法院发布《九民纪要》。通过以上文件的颁布和发行可以看出，国家层面一直注重破产审判府院联动机制的构建，且对该机制的构建提出了具体的要求和目标，这也为地方构建府院联动机制提供了依据。

2. 地方层面府院联动机制的探索与构建

各地方法院和政府也在积极构建破产审判的府院联动机制。截至2021年7月25日，浙江、福建、江苏、江西、广东、北京、上海、重庆等省、直辖市已出台了府院联动机制文件，全国多个省市也出台了市级府院联动机制。在构建破产审判府院联动机制方面，浙江省和温州市一直走在全国前列：2014年6月，温州政府办公室发布《企业破产处置工作联席会议纪要》；2016年3月，温州市中级人民法院等联合出台《企业破产处置工作联席会议纪要二》；2016年11月，浙江出台《关于成立省级“僵尸企业”处置府院联动机制的通知》（浙并购办〔2016〕8号），在吸取温州、绍兴等地法院先进实践经验的基础上，率先制定并形成了破产程序中的府院联动运行机制，这是我国破产审判实践成立的第一个省级府院联动机制。

除了浙江省，全国其他省市也踊跃展开府院联动运行机制的探索。譬如，2019年6月，江苏省人民政府办公厅发布《关于建立企业破产处置协调联动机制的通知》；2019年10月，北京市高级人民法院、北京市财政局、北京市人民政府国有资产监督管理委员会等13部门联合出台《关于建立企业破产工作府院联动统一协调机制的实施意见》。以上地方层面的规范性文件陆续颁布，也为破产重整制度中府院联动机制的构建和完善提供了规范层面的支持。

三、上市公司重整中府院联动机制的现状、短板与完善思路

（一）府院联动机制的现状

府院联动机制的运作模式是指政府和法院在破产案件中成立怎样的协调组织，建立怎样的工作方式，如何实现信息共享和及时沟通，政府、法院及其成

员各自的工作职责如何界定，如何确保府院联动机制可以制度化、法治化的实施，为破产案件处理发挥效用。上市公司重整相较于非上市公司重整而言，不仅需要前置报批程序且在重整计划草案涉及证券监管机构行政许可事项时还需与证券监管部门启动会商机制，重整程序更为烦琐复杂。当前，重整府院联动机制在我国破产审判实践中主要形成以下几种运作模式：

一是常态化重整府院联动机制。在这种联动机制下，地方法院与政府形成了制度化协调机制，包括形成组织协调机制、信息共享、通报机制等，并出台破产经费保障、职工欠薪保障、破产企业注销等规范性文件。在制度化协调机制下，法院和政府有关部门联合成立预重整协调领导小组和办公室，明确各部门成员的工作职责和工作开展方式，建立信息沟通平台。浙江温州是破产审判中较早引入府院联动机制的城市，并且已形成较为成熟的“府院联动机制”，成为可推广的“温州经验”。温州市政府成立的“风险企业帮扶和不良贷款处置工作领导小组”即是典型。

二是破产府院联动机制中的预重整机制。此种机制是在破产府院联动机制中将预重整机制作为一项或几项内容进行规范的。比如2017年12月，浙江省人民政府办公厅《关于加快处置“僵尸企业”的若干意见》（浙政办发〔2017〕136号）中提出，“五、支持法院提高审判效率……探索在诉讼调解对接工作框架内开展预重整工作，对担保链复杂、社会影响大、符合实施破产重整的企业，可由有关地方政府会同相关债权人和破产案件管理人，对企业破产重整、和解方案进行预审和完善，缩短审理期限”。预重整工作被规定在府院联动机制中是该种机制的特点。在这种机制下，政府积极主动与相关破产主体开展破产预重整工作，以节省庭内重整时间。

三是个案预重整联动机制。此种机制在实践中较为常见。在未形成制度化协调机制的情况下，司法实践中往往是进行“一案一协调”。“一案一协调”是指当出现重大破产预重整案件，地方政府和法院为妥善处理好该案，专门针对该案件成立协调机制，以解决重大预重整案件所遇到的各种重大、疑难问题。个案预重整联动机制由于并未形成制度化的运作模式，在实践中存在人治而非法治化的现象。

根据上文论述可知，除常态化府院联动机制外，其他机制均存在一定不足：

破产府院联动机制中的预重整机制往往仅规定某几项预重整工作为府院联动的具体事项，并没有对实践中面临的问题进行全面的梳理与规定。另外，预重整本质上属于庭外协商重组，如若政府过度介入则可能实质影响当事人的意思自治。

（二）府院联动机制的现有短板

府院联动机制虽然在我国当前上市公司破产审判实践中取得一定成效，但是起步晚、规定简单的矛盾仍然突出。市场化破产中政府的角色定位是“行政配套”，然而在实践中“行政配套”往往处于用力过猛和用力不足两个极端，“或者过度干预，致使破产程序本身丧失了司法引导下的市场自治功能；或者消极怠政致，将破产再生（退出）衍生出的社会问题推诿给法院承担”①。上述两个极端正揭示出当前府院联动机制存在的若干短板问题：

首先，缺乏统一明确的府院联动指引规范。现行《企业破产法》并未明确规定政府在破产重整程序中的具体职权范围，法律规范的缺乏导致相关职权行使的不确定性与任意性，产生“相互推诿”或者“争抢管辖”的尴尬局面，尤其是在上市公司各地子公司数量众多的情况下，倘若各地政府与法院对于重整方案的立场不同、举措不一，很有可能会出现管辖冲突从而影响重整整体进程，甚至可能影响重整的最终效果。现阶段法律规范中的府院联动机制的沟通协调更多的是一种事后救济，主要是针对破产处置中突发矛盾的应急协调解决，而对于突发矛盾预防措施的规定则存在相当程度的不足。②

其次，政府权力行使透明度不足。根据《上市公司重整座谈会纪要》的规定，中级人民法院在受理上市公司重整案件前，须由上市公司所在地省级政府向中国证监会出具支持上市公司进行重整的函件，并取得中国证监会无异议复函以及最高人民法院的批准。同时，重整预案要求对违规占款、违规担保、可持续经营能力等诸多事项提出切实可行的解决方案。在实践中，根据监管的要求，大股东对上市公司的业绩补偿视同违规占款，对此也要提出切实可行的方

① 陆晓燕：《“府院联动”的建构与边界——围绕后疫情时代市场化破产中的政府定位展开》，载《法律适用》2020年第17期。

② 参见翟静波、蒋慧：《企业破产处置府院联动机制的嬗变逻辑与进化路径》，载《广西警察学院学报》2021年第4期。

案，总体而言，重整报批流程十分烦琐复杂。由此可见，政府审批是上市公司启动重整必不可少的前置条件。但是，目前对于政府是否需要在债权人等适当范围内公布决策理由、决策因素并无明确规定，不透明的前置审查有可能会架空司法权，威胁司法的主导地位。①

最后，政府主导的清算组有违破产管理人选任的市场化机制。上市公司本身便是市场化的产物，由政府主导的清算组担任管理人存在诸多弊端：第一，相较于专业管理人，由政府官员组成的清算组通常在专业性上可能有所欠缺，在工作精力上亦可能不足；第二，清算组成员可能与重整企业存在直接或潜在的利益关联，政府领导可能从维稳角度出发，在具体问题的决策上存在倾斜，出现既当“运动员”又当“裁判员”的情况。②

（三）府院联动机制的完善思路

上市公司重整涉及利益面广、程序复杂，司法权与行政权的互动十分密切，这对府院联动机制作用的发挥提出了更高的要求。从府院联动机制的现有短板来看，主要问题集中在法律规范缺失、公权力行使的“应为”与“不为”界限不明等方面，因此需要在市场化破产的背景下，完善上市公司重整中府院联动的法律规范、适用模式以及相应的配套机制等。

首先，明确府院职权划分。企业破产具有法治化、市场化的性质，而上市公司重整又具有“牵一发而动全身”的特点，对于其破产事务的处理更应遵守法律规定，遵循市场规律。“破产案件中固有着司法判断与行政管理的要求，破产法治的设计无法回避这两项因素，唯有合理安排二者在破产程序中的定位才是可行性路径。”③ 府院联动机制适用的目标是使法院更好地行使审判权，使得政府更好地发挥其社会调整作用，通过完善破产法相关配套法律与制度，“为实施市场化破产程序创造条件”。因此，需要处理好司法权与行政权在实施过程中的边界，法院负责审理部分，而政府则负责处理破产程序涉及或者衍生的社会

---

① 参见刘媛媛：《行政权参与上市公司重整的边界之界定》，载《湖北经济学院学报（人文社会科学版）》2021年第2期。

② 参见丁燕：《上市公司重整中行政权运行的偏离与矫正——以45家破产重组之上市公司为研究样本》，载《法学论坛》2016年第2期。

③ 范志勇：《从单向走向互动的破产府院联动机制——以我国法院的破产能动司法为中心》，载《中国政法大学学报》2021年第1期。

问题。[①] 鉴于法院与政府的地位与职责不同，在衔接同时既需要保持必要的“泾渭分明”，又需要防范政府基于地方保护主义的不当行为。考虑到长期以来我国行政机关属于相对强势的一方，且上市公司重整通常又涉及地方重大利益，上述问题可以通过立法明确政府在“府院联动”中的具体职权以及政府内部分工加以解决，即以法律规范的明文规定来督促政府履行自己应尽的职责，同时也应坚持“法无授权不可为”的公法原则，“任何形式的调控政策和规制措施都必须具备充分的法治基础”[②]。

具体而言，一方面，政府不可以直接干预法院和破产管理人对破产事务的处理，而应在法院的主导下，协调各职能部门支持和配合法院及破产管理人履行职责。此时，政府的权力之手应在破产程序的外围活动，扮演好“守夜人”的角色，不直接介入或者干预重整过程中的具体事务，而应由破产管理人对外处理各项事务。另一方面，政府内部应注重明确部门职责，确保法定职责切实履行，各部门协调联动，形成合力，在政策允许的范围之内，尽力为法院和破产管理人的工作提供全面而有效的支撑和保障。

其次，可以探索建立政府主导下的企业救助基金制度。“破产法是一部社会外部性极强的法律”[③]，在上市公司重整程序中，需要政府来解决此过程中衍生出来的众多社会问题。对于在府院联动中政府的履职完善而言，有观点认为，政府需要充分发挥社会保障、维护稳定、经济调节、金融风险防范等相关职能作用，同时可以创新性地设立以财政拨款为主的重整扶助基金制度，构建救助民营企业的“资金蓄水池”，以期解决民营企业启动重整程序可能面临的经费筹措难、职工救助难、管理费用难等一系列问题，为民营企业营造良好的营商环境。[④] 企业救助基金可能关系到社会稳定与上市公司的“生死存亡”，政府应规范基金的来源与使用，在市场化破产的背景下，适用条件原则上应限定在重整综合效果大于挽救成本的情形，避免企业救助基金的不

---

① 参见王欣新：《府院联动机制与破产案件审理》，载《人民法院报》2018年2月7日，第7版。

② 李长友、吴文平：《政府干预经济行为法治化之探究》，载《吉首大学学报（社会科学版）》2014年第4期。

③ 王欣新：《府院联动机制与破产案件审理》，载《人民法院报》2018年2月7日，第7版。

④ 参见王鹏成：《市场思维下民营企业重整困境的法治化破解——以S市法院府院联动机制为视角》，载《第十二届“中部崛起法治论坛”论文汇编》2019年版，第149-157页。

当使用。

再次，建立府院联动的常态化机制。法院与政府有关部门可以成立破产重整的联动机制，明确各自的职权范围。例如，2014年温州市人民政府专门成立了“风险企业帮扶和不良贷款处置工作领导小组”。据公开报道，温州市级处置办由金融办、经信委牵头，由公安、法院、银监、人行、财税、住建、国土等11个相关部门组成，并实行集中办公。该处置办设立1个综合组、1个司法组与3个银企协调组，主要任务便是沟通协调，提高处置效率。在申请流程方面，需要帮扶的企业可向当地处置办申请，并提供资产负债、生产经营和互保联保等必要信息，原则由县级先行负责，但是若涉及跨区域协调、涉及市分行贷款以及大型企业破产，后续再由市级处置办参与协调。① 在2016年，浙江省建立了全国首个省级“府院联动”平台，“大部分地市成立了由市长担任组长，常务副市长和法院院长任副组长，相关部门负责人为成员的企业破产处置工作领导小组，进一步强化了政府在企业破产审判工作中的公共服务职能，有效解决企业重整中税收、工商登记、过户、参与招投标等问题”②。

最后，可以考虑建立全国层面的府院联动专门机构。相较于常态化联动机制而言，专门机构在组织形式与人员构成上更为紧密，在职权范围与业务处理上更为明晰高效。有学者提出可在我国国务院下设破产服务局，并在全国设立分支机构，实行垂直管理，配合属地破产案件协调解决破产衍生社会问题，如此便可以构建一个在法院主导下的三维高效运行模式，即“债权人自治”、“破产管理人协会自律监管”与“破产服务局管理”并行。③ 其中，破产服务局主要在法院受理破产案件之后发挥行政职能，例如破产财产处置、破产企业职工安置、重整投资引进、企业信用修复等。④ 由此，破产服务局便可以适当分担破产法官的行政性职能，专职负责协调相关行政部门或机关处理破产衍生的社会问题，从而“在破产法治领域形成司法与行政机关分立、权责清晰的应然的

---

① 参见高翔：《温州方案：“特种部队”围剿不良贷款》，载中国证券网，https：//news.cnstock.com/news，yw－201505－3420135.htm，最后访问日期：2022年7月23日。

② 参见胡虎肇：《浙江困境企业破产重整的探索与实践》，载《浙江金融》2018年第3期。

③ 参见赵树文、王嘉伟：《僵尸企业治理法治化保障研究——以破产法及其实施机制的完善为研究路径》，载《河北法学》2017年第2期。

④ 参见范志勇：《从单向走向互动的破产府院联动机制——以我国法院的破产能动司法为中心》，载《中国政法大学学报》2021年第1期。

权力原始格局”①。

2021年深圳市成立全国首家个人破产事务管理机构——深圳市破产事务管理署，其性质为司法局下属事业单位，主要工作内容为个人破产管理人管理、破产信息登记与信息公开、提供破产事务咨询与援助服务、建立健全与政府部门协调机制等，目前主要职能定位仍为处置个人破产事务。2022年7月，深圳市破产事务管理署发布《深圳市破产事务管理署暂行办法（征求意见稿）》，对其职责、治理结构、财务与人事管理、财务监督等方面进行明确。值得关注的是，管理署拟确定的职能范围及于企业破产，但是“市破产管理署承担企业破产事务行政管理职能等前款规定之外的其他职能的，应当由市破产管理署报市人民政府批准”，在涉及企业破产事务的行政管理职能上，仍然是持审慎态度，未经政府批准不可“越界”。上述地方实践经验对于建立全国层面的府院联动专门机构存在重要的借鉴意义。

除此之外，在比较法视域下，美国即设立了单独的联邦托管人制度。“美国于1978年破产法改革后开始了联邦托管人制度的试点，并借助1986年10月通过的《破产法官、联邦托管人和家庭农场主破产法》将该制度在全美范围内永久地确立下来……联邦托管人是美国司法部的组成部分，由司法部长任命和监督。全美范围内共设有21个联邦托管人办公室，各地联邦托管人的工作由联邦托管人执行办公室在办公室主任的领导下统筹协调。联邦托管人在性质上属于独立于司法机关和立法机构的破产事务执行机构。在破产法的实施中充当捍卫债权人、债务人的权益以及公众利益的‘看门人’角色。”② 英国亦设立了专门的破产服务局作为政府的执行机构，该机构下设多个分支：法律服务处的主要职能是提供法律、业务以及政策咨询；官方接管人主要负责破产人财务事务的调查工作；调查与执行小组的主要职责是在公司进入强制清算程序或者个人被颁发破产令、债务纾缓令等情形下，对案件进行管理和调查；刑事执法小组是刑事执法机构，主要处置与破产相关欺诈及公司失当行为；破产从业者监管小

① 范志勇：《从单向走向互动的破产府院联动机制——以我国法院的破产能动司法为中心》，载《中国政法大学学报》2021年第1期。

② ［美］查尔斯·J. 泰步：《美国破产法新论》，韩长印、何欢、王之洲译，中国政法大学出版社2017年版，“译者前言”部分第6页。

组主要负责对“受认可专业团体”（PRBs）[①] 的监督与管理。[②]

四、检察监督对上市公司破产重整“府院联动”的适用空间

2012年修正的《民事诉讼法》全面贯彻了检察监督原则，有观点认为其实现了民商事案件检察监督的“四个扩张”：一是监督对象扩张，将检察机关对民商事案件的监督从狭义的审判程序覆盖扩展到执行程序，并将调解书纳入监督范围，实现民商事司法审判的全过程监督；二是监督形式扩张，除依法提起抗诉之外，还赋予了检察机关提出检察建议的权力，相较而言监督方式更为温和；三是监督过程扩张，通过对生效裁判抗诉的事后监督，侧面扩展成对审判和执行活动全过程的事中监督；四是监督手段扩张，赋予了检察机关在特定条件下的民商事案件的调查权，使其履行监督职责更加有力。[③] 在宪制层面上，检察机关是国家的法律监督机关，代表着国家利益与社会公共利益，承担着法律守护者的角色。[④] 在民商事案件中，检察机关可以通过提起公益诉讼、提起抗诉、提出检察建议等方式，履行诉讼职能、行政监督与诉讼监督职能。[⑤] 上市公司破产重整可视作一项特殊程序并往往涉及公共利益保护与公权力行使，因此检察机关介入上市公司破产重整案件具有一定正当性，于此破产重整中“一府一院”的联动也体现出“一府两院”的新发展。

文首案例在司法裁判文书中并未体现检察监督的内容，但法院的公开报道可见，检察院全程参与了该案的预重整及重整工作，检察院在此过程中行使的具体职权与监督内容尚不得而知。上市公司破产重整涉及多元利益主体及社会公共利益，在司法实践中亦曾出现涉嫌恶意串通损害其他债权人利益的情形，但是目前检察机关如何在破产程序中进行监督，在全国层面并无明确的规定，检察监督的模式以及具体内容仍需要进一步明确。

在破产重整案件中，法院角色由普通民事案件的单纯裁判者转化为引导者

---

① 参见英国《1986年破产法》第391条，该条规定内阁大臣可以命令宣布受认可的专业机构（Recognised Professional Body）。

② 参见徐阳光：《英国个人破产与债务清理制度》，法律出版社2020年版，第63－66页；徐阳光：《个人破产立法的英国经验与启示》，载《法学杂志》2020年第7期。

③ 参见梁伟：《破产案件检察监督新构造》，载《西南政法大学学报》2017年第3期。

④ 参见魏晓娜：《依法治国语境下检察机关的性质与职权》，载《中国法学》2018年第1期。

⑤ 参见陈瑞华：《论检察机关的法律职能》，载《政法论坛》2018年第1期。

与推动者，检察监督的角色则更多元化，其既要防止司法权与行政权的不当越界，又要支持破产重整的顺利进行，充分发挥重整的制度功效。① 检察监督的范围应当是破产重整相关的全部流程，具体而言，时间上应当包括预重整程序、重整程序、重整计划执行等全部流程，客体上包括法院司法权、政府行政权、管理人履职情况等。值得注意的是，破产程序是一项调和各方私权主体利益冲突的制度，检察权的介入极有可能会改变私权主体的平等地位。② 在对上市公司重整进行法律监督的过程中，检察机关需要明确行政监督与司法监督的职责范围，原则上主动介入的情形应当限于涉及公权力行使或者公共利益的事项，例如政府决定与法院裁判。但是对于私主体的行为，在不损害公共利益且法院、政府或者各方当事人未申请的情形下，检察机关不应主动介入，例如债权人会议选任管理人、通过财产分配方案等。③ 因此，检察监督的介入应当具有一定的谦抑性，“检察”不等于“检查”，原则上检察机关参与破产重整程序应当以当事人申请为前提，切忌检察监督的不当扩张。④

五、结语

在我国，由于上市公司重整的复杂性和利益关系协调的困难性，重整过程不乏行政权的参与和介入。从博弈论的角度来看，无论是在上市公司重整的静态层面还是动态层面，均体现出相关利益方，尤其是债权人、债务人、股东、重组方等多方主体之间的利益博弈。⑤ 以行政为主导的政策性破产已被新的市场化破产所取代，但市场化的破产制度并非意味着行政权力的完全退出，相反，行政权力应当作为破产审判配套机制存在。“行政配套”的定位要求行政机关在参与处理破产案件时把握好适度原则，既不能越位，又不能缺位。

上市公司破产重整案件作为一项系统的社会工程，其任务不仅包括清理债务，同时也包括产业重整、资源重整、信用重整，涉及债权人沟通协调、重整

---

① 参见梁伟：《破产案件检察监督新构造》，载《西南政法大学学报》2017 年第 3 期。
② 参见李菊明：《民事执行检察监督制度建构新论》，载《法学论坛》2015 年第 2 期。
③ 参见于学飞：《国有企业破产的检察监督研究》，哈尔滨工程大学 2011 年硕士学位论文，第 45 页。
④ 参见梁伟：《破产案件检察监督新构造》，载《西南政法大学学报》2017 年第 3 期。
⑤ 参见丁燕：《上市公司重整中行政权运行的偏离与矫正——以 45 家破产重组之上市公司为研究样本》，载《法学论坛》2016 年第 2 期。

投资引进、党委政府管理协调、产业政策扶持协调、社会稳定与舆情关注等诸多复杂衍生事务的办理场所。因此，若要在我国快速推动重整制度的发展，就必然需要在法院主导下，尽可能地争取行政机关的积极配合。同时，府院联动机制的新发展离不开对检察监督适用空间的探索，通过“一府两院”模式的合理运用有利于提升府院联动效能，将可能存在的风险转化为现实利益，从而实现高效稳妥清退“僵尸企业”、优化配置社会资源，并让重整企业获得新生的目标。但同时，现阶段仍需要清醒地认识到府院联动机制中行政权力滥用的可能性，需要警惕“屠龙者反成恶龙”的局面，[①] 唯有明晰“公权力”在破产重整中的行使边界，才有可能更好地保障各利益相关主体的“私权利”。

① 参见陆晓燕：《“府院联动”的建构与边界——围绕后疫情时代市场化破产中的政府定位展开》，载《法律适用》2020年第17期。

上市公司预重整中的控股股东资金占用问题

内容提要：上市公司控股股东通过关联交易转移、借款担保等形式占用公司资金的情况在实践中频发，并构成上市公司进入重整程序的一大前置障碍。预重整作为当事人意思自治主导的庭外谈判程序，能够在解决上市公司资金占用等历史遗留问题的同时推进债务人企业的挽救进程。本专题结合一起法院启动预重整时上市企业原大股东存在资金占用情况的实例，对府院联动问题作进行分析，从现有实践经验来看，预重整中控股股东的资金占用可以采取削债、债务转让、股票抵偿、债权债务抵销以及差异化转增等多元方案予以应对，但上述方案的顺利实施离不开有效的府院合力；从尊重预重整的自治属性出发，建立当事人主导的府院联动模式，明确法院的统筹指导与地方政府的辅助协调作用，有助于推进资金占用问题的解决，而前述形成的府院联动经验亦可推广适用至上市公司预重整的全过程。

关键词：上市公司、预重整、股东资金占用、府院联动

一、问题的提出

华昌达智能装备集团股份有限公司（以下简称华昌达公司）是一家以工业高端智能型自动化装备研发、设计、制造等为主营业务的高新技术企业，股票在深圳证券交易所创业板上市，是十堰市唯一创业

板上市公司及地方汽车高端制造行业名片之一。受原大股东债务诉讼、国内外经济下行、行业周期性波动及新冠肺炎疫情等因素影响，华昌达公司逐步陷入生产经营困境并引发债务危机，因2020年度经审计净资产为负值，公司股票被深交所实施“退市风险警示”，并进一步面临紧迫的终止上市风险。退市危机发生后，在当地党委、政府的领导下，湖北省十堰市中级人民法院提前介入。经法院研判，华昌达公司因主营业务技术水平、市场地位等具有较高的重整价值，且拥有珍贵的上市主体资源，但原大股东资金占用问题触及中国证券监督管理委员会（以下简称中国证监会）、最高人民法院支持重整政策红线，为最大限度节约重整程序时间，法院大胆运用“预重整”机制。

为解决华昌达公司原大股东占用资金（约4.76亿元）这一重整工作最大前置障碍，该院组织各方论证创新方式解决占用问题，赶赴全国多地与违规担保债权人协商谈判，组织协调华昌达与最大债权人高新投集团进行沟通，协助工作专班向中国证监会、湖北证监局进行专题汇报并获得表态支持。在各方积极努力下，2021年8月31日，华昌达与意向投资人高新投集团签订以重整受理为生效条件的《债务豁免协议》，依法豁免违规担保债权人对公司享有的约4.76亿元存量债权，为华昌达重整受理扫除了障碍。同时，在省市区三级政府高效推动下，2021年9月17日，中国证监会正式复函支持华昌达重整事宜。在预重整程序的助力下，华昌达公司重整计划草案最终以债权人会议100%表决通过及出资人组会议高票表决通过，破产法院裁定批准重整计划并终止重整程序。①

上述案例涉及的主要问题有二：其一，上市公司破产重整启动前面临的股东资金占用障碍如何在预重整阶段予以解决？其二，预重整阶段中法院、地方政府在解决控股股东资金占用问题时应当扮演何种角色？如何有效实现府院联动与合力？下文将围绕上述问题展开探讨。

---

① 参见湖北省高级人民法院发布5起发挥破产审判职能优化营商环境典型案例之五，载北大法宝官网，http：//www. pkulaw. cn/case/pfnl_95b2ca8d4055fce1a15a95d541c707ef81688e7faca2bab9bdfb. html？keywords = % E5% 8D% 8E% E6% 98% 8C% E8% BE% BE% E6% 99% BA% E8% 83% BD% E8% A3% 85% E5% A4% 87% E9% 9B% 86% E5% 9B% A2% E8% 82% A1% E4% BB% BD% E6% 9C% 89% E9% 99% 90% E5% 85% AC% E5% 8F% B8% E9% 87% 8D% E6% 95% B4% E6% A1% 88&match = Exact，最后访问日期：2022年6月11日。

二、上市公司股东资金占用困境及其应对

(一) 股东资金占用对重整程序启动的障碍

上市公司中控股股东的资金占用是指“非经营性资金占用，即上市公司控股股东、实际控制人及其关联方非经营性占用上市公司资金，以及变相利用经营性资金往来的形式达到实质非经营性占用上市公司资金的行为”①，本质上是对上市公司财产实施的无权占有行为。实践中，由于上市公司存在“一股独大”的现象，公司内部董事会与监事会难以形成有效的约束制衡机制，导致大股东滥用控制权实施资金占用的行为频发，② 不仅侵害中小股东利益，也会损害公司价值、降低资源配置的效率。控股股东对上市公司的资金占用主要表现为通过非经营性交易直接占用公司资金、通过关联交易转移占用公司资金以及利用上市公司进行借款担保等形式，③ 均属于利用公司资产为自身谋取不当利益。中国证监会发布的《上市公司监管指引第 8 号——上市公司资金往来、对外担保的监管要求》第 4 条规定：“控股股东、实际控制人及其他关联方与上市公司发生的经营性资金往来中，不得占用上市公司资金。”第 5 条进一步对控股股东与上市公司的资金往来进行了细化的限制性规定，指出上市公司不得通过垫支费用和成本、拆借公司资金、委托投资、开具无真实交易背景的商业承兑汇票以及代替偿还债务等方式将资金提供给控股股东及其关联方使用。④

近年来，关联方占用资金问题在我国上市公司重整中愈发普遍，在市场中

---

① 申林平：《上市公司破产重整中资金占用、违规担保问题解决路径分析》，载锦天城律师事务所官网，https://www.allbrightlaw.com/CN/10475/403b3944162fc90c.aspx，最后访问日期：2022 年 6 月 20 日。

② 参见赵洪军：《我国上市公司资金占用现状、成因及对策》，载《经济纵横》2006 年第 11 期。

③ 参见毕雪东：《保护证券投资者利益 治理上市公司大股东占款问题》，载《特区经济》2008 年第 9 期。

④ 该条内容为：“上市公司不得以下列方式将资金直接或者间接地提供给控股股东、实际控制人及其他关联方使用：（一）为控股股东、实际控制人及其他关联方垫支工资、福利、保险、广告等费用、承担成本和其他支出；（二）有偿或者无偿地拆借公司的资金（含委托贷款）给控股股东、实际控制人及其他关联方使用，但上市公司参股公司的其他股东同比例提供资金的除外。前述所称“参股公司”，不包括由控股股东、实际控制人控制的公司；（三）委托控股股东、实际控制人及其他关联方进行投资活动；（四）为控股股东、实际控制人及其他关联方开具没有真实交易背景的商业承兑汇票，以及在没有商品和劳务对价情况下或者明显有悖商业逻辑情况下以采购款、资产转让款、预付款等方式提供资金；（五）代控股股东、实际控制人及其他关联方偿还债务；（六）中国证券监督管理委员会（以下简称中国证监会）认定的其他方式。”

引起了巨大反响，如海航系上市公司海航控股的关联方占用资金多达380.22亿元、供销大集关联方占用资金多达199.79亿元，康美医药关联方占用资金也高达94.81亿元。2020年10月5日发布的《国务院关于进一步提高上市公司质量的意见》第10条指出要严肃处置上市公司中突出的资金占用、违规担保问题，并规定："上市公司实施破产重整的，应当提出解决资金占用、违规担保问题的切实可行方案。"最高人民法院发布的《关于审理上市公司破产重整案件工作座谈会纪要》第3条"关于上市公司破产重整的申请"部分要求申请人申请上市公司破产重整的，应当提交上市公司住所地省级人民政府向证券监督管理部门的通报情况材料以及证券监督管理部门的意见。上市公司运营过程中突出存在的资金占用、违规担保等违法行为若不得到解决，很可能会引发巨大的道德风险和逆向选择问题，且会导致破产重整成为上市公司恶意逃废债的工具。由此，控股股东的资金占用问题直接影响到监管部门对上市公司重整的态度，并进而成为上市公司顺利进入破产重整程序的一大障碍。实践中即有上市公司因存在资金占用问题而导致破产重整申请流程停滞，① 这在很大程度上导致陷入困境的债务人企业错过最佳挽救时机，也是部分上市公司重整失败的原因。

（二）预重整中股东资金占用问题的化解

为及时挽救处于困境的上市公司，不少法院积极探索运用预重整机制，在预重整过程中寻找解决控股股东资金占用问题的方案。预重整作为市场主体意思自治主导的庭外重组谈判程序，② 没有正式重整程序中较高的申请和受理门槛，能够在解决上市公司资金占用等历史遗留问题的同时推进债务人企业的挽救进程。文首案例中债务人解决资金占用的方式是在预重整阶段与债权人签订以重整受理为生效条件的《债务豁免协议》，豁免部分债务用以抵偿股东对公司的资金占用。实践中采用此种"削债"模式③的案例还有中南文化④、华昌股份、众泰汽车、天翔环境等，均系以债权人的"削债"收益来填补大股东资金

① 如*ST莲花曾因存在资金占用问题导致破产重整申请流程停滞3个月之久。参见李慧敏：《破产重整密集受理 监管严防逃废债 *ST莲花解决资金占用"解锁"重整通道》，载微信公众号"中国经营报"2019年10月19日。

② 参见徐阳光：《困境企业预重整的法律规制研究》，载《法商研究》2021年第3期。

③ "削债"或称"债权打折"，是指由债权人减让部分债权，在一定程度上减轻负债企业的负担。

④ *ST中南以公司在预重整和重整中的削债收益进行损失与收益的对冲，即部分债权人自愿让渡部分债权金额，使因资金占用的损失得到填补。

占用未偿还部分的损失。通过在预重整中寻找关联方资金占用解决方案，债务人企业的重整受理审批流程、司法和行政审批程序能够同步进行，既有助于解决关联方资金占用问题，又提高了重整的效率。相比直接进入正式重整程序而言，预重整能够对债务人企业的风险进行有效识别并最大限度维护债务人财产的保值增值，而通过预重整管理人与债权人的提前沟通，可以保障后续重整方案的顺利通过，有利于规避破产重整程序中的不确定性。且从更宏观的角度来看，预重整巧妙地结合了私力救济和公力救济的优点，既保全了债务人的商誉，又能确保债务人日常经营的开展，其与重整制度结合使得预重整期间的工作具有连续性，省去了债权人和管理人熟悉债务人财务和经营状况的时间成本。

除此之外，实务中上市公司解决股东资金占用问题还有以下几种路径：

（1）上市公司将其对部分债权人的债务转让给控股股东，由控股股东代为清偿，以抵销控股股东等额的占用资金。在＊ST金贵（002716）破产重整案中，《郴州市金贵银业股份有限公司关于公司控股股东非经营性资金占用事项的进展公告》① 指出，截至2019年6月30日，控股股东曹某累计非经营性占用上市公司资金101,383.67万元。为推进公司重整进程，解决控股股东及其关联方对公司的资金占用问题，公司及控股股东通过与债权人签订附条件生效的《债务转移暨股东代偿协议》，各方同意自法院裁定受理公司司法重整之日，公司对债权人的标的债务转移由控股股东代为清偿，公司就标的债务不再向债权人承担清偿责任；标的债务转移至控股股东之日，公司就标的债务欠付控股股东的款项与控股股东欠付公司的等额占用资金的款项相互抵销，视为控股股东向公司清偿了与标的债务等额的占用资金。截至2020年8月24日，公司控股股东曹某非经营性占用上市公司资金已全部达成解决方案。在＊ST海航（600221）破产重整案中，根据2020年2月9日＊ST海航披露的《海南航空控股股份有限公司关于针对上市公司治理专项自查报告的整改计划的补充公告》②，公司计划对股东及关联方非经营性资金占用、需承担责任的未披露担保、需关注的资产

① 参见《郴州市金贵银业股份有限公司关于公司控股股东非经营性资金占用事项的进展公告》，载https：//pdf. dfcfw. com/pdf/H2_AN202008231400796900_1. pdf，最后访问日期：2024年3月30日。

② 参见《海南航空控股股份有限公司关于针对上市公司治理专项自查报告的整改计划的补充公告》，载https：//pdf. dfcfw. com/pdf/H2_AN202102091460291141_1. pdf? 1612859513000. pdf，最后访问日期：2024年3月30日。

对公司造成的损失等通过债务转移方式进行整改。按照不得损害上市公司和中小股东利益、保障债权人合法利益的原则，公司重整申请被法院受理后，在重整计划中，按同等比例将部分无救助性质的带息普通债转移至股东和关联方海航集团有限公司和海航航空集团有限公司清偿，转移的债务金额预计不少于约725亿元。

（2）上市公司控股股东将转增获得的股票转让给重整投资人，重整投资人以受让股票的现金对价投入公司，以清偿控股股东占用的资金。在安通控股股份有限公司破产重整案中，黑龙江证监局向公司下发《行政处罚决定书》（〔2020〕1号），根据《行政处罚决定书》中的立案调查结果，公司存在被控股股东非经营性占用资金约13.09亿元的情况。为解决资金占用问题，应向控股股东分配的股票中的230,004,336股股票，根据重整计划的规定进行处置，将按照安通控股重整受理之日公司股票的收盘价，即5.69元/股，向安通控股的重整投资人转让该等股票，处置所得现金13.09亿元用于向安通控股偿还所占用的资金。即*ST安通在资本公积转增股票后，通过提取应向控股股东及一致行动人分配的部分股票，专门用以抵偿资金占用。

（3）通过上市公司与控股股东债权债务抵销解决控股股东资金占用问题。在*ST天娱（002354）被债权人申请破产重整前，根据《关于大连天神娱乐股份有限公司第一大股东资金占用整改情况的专项核查报告》① 等公开信息，*ST天娱第一大股东占用公司资金成本1,542.88万元；第一大股东对*ST天娱的应收账款共计1,626.03万元。由于第一大股东和公司之间互负债权债务，因此，为解决资金占用问题，*ST天娱通过与第一大股东债权债务抵销并签署《债权债务抵销协议》的方式，整改第一大股东占用公司资金情况。

（4）采取差异化转增方案。采用差异化转增方案解决资金占用问题，即将采用资本公积金转增股票，其中大股东获得的转增股票让渡给上市公司，用于解决股东及其关联方非经营性资金占用对公司造成的损失；中小股东获得的转增股票自行保留。在供销大集集团及其24家子公司破产重整案中，按照供销大集合规问题的整改计划，供销大集将通过资本公积金转增股票，并由上市公司

① 参见《关于大连天神娱乐股份有限公司第一大股东资金占用整改情况的专项核查报告》，载https：//pdf. dfcfw. com/pdf/H2_AN201909251367585194_1. PDF，最后访问日期：2024年3月30日。

部分股东将应获分配的转增股票及部分所持存量股回填给公司的方式，解决同等金额的股东及关联方非经营性资金占用、需承担责任的未披露担保和需关注的资产对公司造成的损失。此外，海航商控及其一致行动人、特定关联方合计持有的281,094.39万股共计转增981,173.23万股股票，全部回填至上市公司。除了新合作商贸及其一致行动人，以及前述海航商控及其一致行动人、特定关联方，其余股东持有的170,054.86万股对应转增新股593,584.49万股，按照同等比例将其中221,185万股给上市公司。

除前述方案外，＊ST银亿重整中，公司以关联方持有的受认可的其他公司股权为解决资产占用提供质押担保；＊ST赫美的投资方或关联方自愿向公司无偿提供专项资金用于解决资金占用问题。① 由这些多元资金占用解决方案可知，预重整中预重整管理人应当组织债务人、控股股东、债权人以及意向重整投资人进行充分的协商谈判，选择适合债务人企业的资金占用解决方案。同时，《最高人民法院关于审理上市公司破产重整案件工作座谈会纪要》第6条第2款规定："控股股东、实际控制人及其关联方在上市公司破产重整程序前因违规占用、担保等行为对上市公司造成损害的，制定重整计划草案时应当根据其过错对控股股东及实际控制人支配的股东的股权作相应调整。"因此，预重整管理人在制订预重整方案时也应当参照上述规定对有过错的控股股东的股权进行相应的调整。

三、上市公司预重整阶段控股股东资金占用解决中的府院联动

预重整并非我国的法定制度，但实践中如最高人民法院2018年3月发布的《破产审判纪要》第22条、② 2019年11月发布的《九民纪要》第115条③实际

---

① 参见王振翔：《上市公司重整中违规担保、资金占用的解决方案》，载微信公众号"北京市竞天公诚律师事务所"2022年5月24日。

② 《破产审判纪要》第22条规定："探索推行庭外重组与庭内重整制度的衔接。在企业进入重整程序之前，可以先由债权人与债务人、出资人等利害关系人通过庭外商业谈判，拟定重组方案。重整程序启动后，可以重组方案为依据拟定重整计划草案提交人民法院依法审查批准。"

③ 《九民纪要》第115条规定："继续完善庭外重组与庭内重整的衔接机制，降低制度性成本，提高破产制度效率。人民法院受理重整申请前，债务人和部分债权人已经达成的有关协议与重整程序中制作的重整计划草案内容一致的，有关债权人对该协议的同意视为对该重整计划草案表决的同意。但重整计划草案对协议内容进行了修改并对有关债权人有不利影响，或者与有关债权人重大利益相关的，受到影响的债权人有权按照企业破产法的规定对重整计划草案重新进行表决。"

上规定了预重整的操作要求，上海、深圳、温州、北京、南京、成都、苏州、珠海、淄博、眉山、重庆等地的法院均制定了有关预重整的规范性文件，相关案例也逐渐增多。预重整制度不仅能够有效应对大公司在正式重整中的高昂成本问题，还可以提前解决大公司挽救中面临的疑难问题，故在实践中被上市公司挽救所青睐，不少上市公司倾向于借助预重整提前解决控股股东资金占用等问题。但上市公司预重整阶段的谈判需要受到证券市场相关制度的规制，前文所述的股东资金占用问题多元解决方案的顺利执行离不开法院的指导与政府的支持，下文将围绕股东资金占用问题的解决探讨我国上市公司预重整阶段如何达成司法权与行政权的平衡与协调，控股股东资金占用应对中形成的府院联动经验亦可推广适用至上市公司预重整的全过程。

（一）控股股东资金占用解决中法院的角色

根据《破产审判纪要》和《九民纪要》的精神，预重整是债权人与债务人、出资人等利害关系人自愿进行的庭外重组活动。故有学者指出法院不应行使法庭内的司法权力对预重整进行干预，而应保证预重整程序由债务人主导，预重整的启动与进行不需要法院的受理和批准，不需法院指定临时管理人，不能具有中止执行、①解除保全、停止计息等重整程序启动后才有的司法效力②，以建立市场化、法治化的预重整制度。同样持反对干预观点的学者亦从预重整的保密性优势角度出发，认为司法的提前介入会使预重整初衷难以实现，应遵循合同法的一般原则，以市场化的方式进行。③ 2022年5月31日上海破产法庭起草小组出台的《上海破产法庭预重整案件办理规程（试行）》也基本遵循了“当事人自愿协商、排除司法权力和行政权力强制性干预”的基本定性，并在第1条④、

① 该观点在司法实践中得到验证，如在“中资国本成都投资有限公司、四川丰泰投资集团有限公司、四川丰泰金科投资有限公司与天地建筑创新技术成都有限公司合同纠纷案”中，最高人民法院在（2021）最高法民申1488号民事裁定书中认为：破产预重整不能产生人民法院裁定受理破产申请的效力，有关法律程序不应当中止。

② 参见王欣新：《建立市场化法治化的预重整制度》，载《政法论丛》2021年第6期。

③ 参见徐阳光：《困境企业预重整的法律规制研究》，载《法商研究》2021年第3期。

④ 《上海破产法庭预重整案件办理规程（试行）》第1条规定：“在重整程序前开展预重整，充分发挥市场主导作用与司法指引功能，尽早挽救困境企业。鼓励陷入困境的尚有重整价值企业及其相关利益主体，依当事人意思自治原则进行协商谈判，促进重整可行性提高，减少企业直接进入重整程序可能面临的重整失败而转入破产清算的不可逆风险。”

第2条[①]中强调了对预重整基本性质的理解，突出了当事人自主协商、市场化运作的特点。

本专题认为反对司法干预的观点基于预重整制度的目的和理念适用于普通企业并无不妥，但完全适用于上市公司预重整则具有理想化色彩。由于上市公司在监管等方面的特殊性，需要地方政府、证券监管机构的助力以及大债权人的配合和让步，而债务人企业自身的谈判协商和协调能力往往十分有限，若完全由债务人主导预重整可能难以达到预期效果。且预重整本身也与纯粹意思自治下的私人谈判相区别，其在一定程度上借助法院的公权力来解决私人谈判中因集体行动而不可避免的“钳制问题”（holdout problem）。[②] 因而相较于普通企业的预重整，在目前市场化破产尚不完善、信息披露制度尚不健全、普通投资者参与有限的现状下，法院在上市公司预重整中应当发挥更积极主动的作用。

文首案例中，为解决控股股东的资金占用问题，法院组织预重整利害关系各方论证解决占用问题的创新方式，赶赴全国多地与违规担保债权人协商谈判，组织协调债务人企业与其最大的债权人高新投集团进行沟通，并协助工作专班向中国证监会、湖北证监局进行专题汇报并获得表态支持。通过这些工作，债务人企业与意向投资人高新投集团签订以重整受理为生效条件的《债务豁免协议》，依法豁免违规担保债权人对公司享有的与资金占用相当的约4.76亿元存量债权，为华昌达公司重整受理扫除了障碍。如果缺少法院的介入与协调，可以预见的是上述工作难以获得如此高效与顺利的处理。因此，法院行使司法权力介入上市公司的预重整不仅是必要的也是合理的，法院除制订规则指引预重整之外，应当更积极地参与到上市公司预重整的谈判协商过程以及各相关部分的协调工作之中，帮助上市公司在预重整中有效解决资金占用等遗留的疑难问题，促进上市公司高效有序的进入正式重整程序。

（二）控股股东资金占用解决中地方政府的角色

对于预重整中地方政府的角色定位，有观点指出虽然预重整制度具有私力

---

① 《上海破产法庭预重整案件办理规程（试行）》第2条规定：“债务人在专业中介机构引导和辅助下开展各项事务，与相关利益主体开展自主谈判。法院给予相应指导、监督和必要司法协调，推动各相关利益主体积极协商形成重整计划草案，保障庭外重组与重整程序顺利衔接。”

② 参见王佐发：《预重整制度的法律经济分析》，载《政法论坛》2009年第2期。

救济的性质，但由于政府具有较强的管理职能和协调力，若预重整没有政府的牵头往往难以有序进行，故各级政府应当在预重整中起到主导作用。[①] 不可否认，地方政府在上市公司的预重整中发挥着重要的作用，但本专题认为政府在预重整中主要应处于辅助性地位，其应当为上市公司重整提供支持，但不得行使行政权力直接介入上市公司的预重整过程。

有学者对上市公司正式重整中政府的角色进行了实证研究，并指出上市公司重整过程中普遍存在政府过度干预的情况，一方面政府对上市公司破产重整的前置批准为其设定了较高的入口门槛，另一方面政府人员往往作为清算组成员直接参与上市公司重整过程，但由于政府在重整中通常侧重于考量地方政府的利益和对社会稳定的维护，难免在利益取舍中无法完全处于中立地位，这不仅有违重整制度的目标，也对高效的重整带来了不利影响。[②] 有观点也指出，上市公司重整中存在着府院失衡现象，政府公共管理身份、股东身份与破产管理人身份的混同直接影响到法院在重整中的主导地位，降低了上市公司重整的市场化程度，导致债权人利益受到不当侵害。由此可知，政府在正式重整程序中的不当介入已经对上市公司的重整带来了负面影响，而预重整作为当事人自愿进行的庭外重组，不论从制度定位还是当事人意思自治的保护出发，政府均应当发挥谦抑性作用。首先，预重整中的管理人应当通过自治化、市场化的选任机制由律师事务所、会计师事务所等社会中介机构担任。在地方司法和行政文件中，《深圳市中级人民法院审理企业重整案件的工作指引（试行）》第30条第1款规定，管理人一般通过摇珠方式在一级管理人中选定，也可以在债务人及其出资人、主要债权人共同推荐或者有关监管部门、机构推荐的已编入管理人名册的机构中指定。而温州市政府发布的《企业金融风险处置工作府院联席会议纪要》第2条则规定预重整管理人由政府指定入选人民法院管理人名册的中介机构担任。本专题认为预重整管理人可以先由债务人、主要债权人以及重整意向投资人协商予以推荐，在未能协商一致推荐时则应采取随机或竞争方式确定。其次，政府在预重整中的职能发挥应当聚焦于协调各部门和主体，畅

① 参见潘光林、方飞潮、叶飞：《预重整制度的价值分析及温州实践——以温州吉尔达鞋业有限公司预重整案为视角》，载《法律适用》2019年第12期。

② 参见赵惠妙：《上市公司重整中政府角色的实证研究》，载《兰州学刊》2017年第12期。

通上市公司的重整通道。如绍兴市发布的《府院联动推进企业预重整规程》第10条专门对预重整程序中政府部门的职责进行了具体规定，将政府的职权由“行政主导”向“行政配套”转化。上述规定值得借鉴与肯定，未来我国在确立预重整规则时也应当对政府的职责予以明确。

（三）控股股东资金占用解决中的府院联动

《最高人民法院关于为改善营商环境提供司法保障的若干意见》第18条提到“推进府院联动破产工作统一协调机制”，《破产审判纪要》在“破产审判的总体要求”的第三点提到“要进一步完善破产重整企业识别、政府与法院协调、案件信息沟通、合法有序的利益衡平四项破产审判工作机制，推动破产审判工作良性运行，彰显破产审判工作的制度价值和社会责任”。现阶段下，预重整制度在我国尚处于探索阶段，虽然积累了一些经验，形成了本土特色，但不可否认的是，在探索过程中凸显出诸多运行困境。其中，相关主体角色定位不清的问题颇为突出，有学者指出，市场化破产的政府或者过度干预，致使破产程序本身丧失了司法引导下的市场自治功能；或者消极怠政，将破产再生（退出）衍生出的社会问题推诿给法院承担。①

1. 预重整中府院联动机制建立的必要性

府院联动机制是政府部门与法院的工作协调机制，实践中常常是以政府牵头召开案件协调会议，成立包括法院、金融监管部门、税务、公安、社保等机关部门在内的工作小组，建立一套完善的府院联络机制，加强府院职能联动。首先，府院联动体制属于中国特色的破产司法实践模式，政府和法院都是国家公权力机关。司法公正原则要求法院作为中立的司法裁判者公正裁判案件——妥善平衡各方法益；合理行政原则要求行政机关实施行政管理应当基于公平、公正原则，平等对待行政管理相对人，政府在运用公权力行使其市场监管和社会管理的经济职能以及在作出行政行为过程中也要平衡多方利益。由此可见二者参与预重整进行工作协调有助于确保预重整工作的公正，保护利害关系方的合法权益。

其次，考虑到我国目前破产预重整制度的不完整，虽然我国的破产制度已

---

① 参见陆晓燕：《“府院联动”的建构与边界——围绕后疫情时代市场化破产中的政府定位展开》，载《法律适用》2020年第17期。

经从“政策性破产”转向“市场化破产”，但政府的职能并没有完全从原先的“行政主导”演变为“行政配套”①。同时，当下我国破产相关的配套机制不完善，大量的破产衍生社会问题缺少明确的机制加以规范和保障，需要行政权介入解决，所以破产案件的审理自然离不开政府的身影。② 而预重整制度目前处于探索过程中，相关的规范和配套机制尚无明确规定，法院和政府介入预重整案件有助于进行利益协调与平衡，同时发挥程序保障和为债务人和重组方或投资人提供磋商平台的作用。

最后，在破产预重整程序中引入府院联动机制以促进破产制度价值的实现，符合市场失灵情形下政府职能的市场实现。市场失灵是指维持合乎需要的活动或停止不合需要的活动，其市场制度偏离理想化状态，致使市场对资源的配置出现低效率。③ 而企业破产是市场竞争的必然结果，事实上，在破产过程中企业很可能为保障自身的存续性，不严格遵循破产法制度规定，导致司法资源和社会资源浪费的结果。从市场失灵理论的角度来说，破产是企业相互竞争后市场对市场资源的再次配置，但这种配置作用因为种种原因无法准确地体现在破产重整程序中，因此引入府院联动机制来调节市场是有必要的。

2. 预重整中府院联动机制的模式选择

从现有的各地预重整规范来看，府院联动模式选择上存在不同的尝试和实践：其一是以温州为代表的政府主导模式，预重整程序由属地政府启动，并指定入选人民法院管理人名册的中介机构负责具体工作，债务人企业进入预重整程序均需由属地政府发布书面文件予以确认。该种模式过于依赖政府职权，与预重整本身的制度定位不相符，且政府有不当逾越职能边界之嫌。其二是以深圳为代表的法院主导模式，该种模式对于体量小、债务规模小、经营状况维持较好的小型企业来说较为适宜，但对于规模较大的中大型企业来说，缺少政府有力支持的预重整将困难重重。其三是以南京为代表的当事人主导模式，即由当事人启动预重整，法院进行相应的指导监督，政府提供必要的帮助支持。该种模式下，法院的指导相对于正式的重整程序较弱，具有较强可复制性、可推

① 参见陆晓燕：《“府院联动”的建构与边界——围绕后疫情时代市场化破产中的政府定位展开》，载《法律适用》2020年第17期。

② 参见王欣新：《府院联动机制与破产案件审理》，载《人民法院报》2018年2月7日，第7版。

③ 参见胡代光、周安军编著：《当代国外学者论市场经济》，商务印书馆1996年版，第16页。

广性。①

本专题赞成第三种模式，即上市公司预重整中政府和法院要注重权力平衡，立足自身定位发挥应有作用，同时注重相互监督与制约，避免对当事人自治权利进行不当干预。具体而言，在政府与法院的角色定位上，政府应充分发挥协调作用，积极与当事人进行沟通和联络，利用其天然优势协调相关部门。同时，对预重整过程中的维稳、联络以及相关政策优惠等提供协助与支持。法院应发挥好在整个预重整过程中的统筹指导作用，如对预重整方案从信息披露和表决程序上进行审查，规定申请人向法院申请类似于支付令性质的文书，或进行预重整登记，从而在缺乏预重整法律规定的情况下保障预重整方案的法律效力。政府与法院的具体职责设置可参考前文所述的浙江绍兴市出台的预重整规程，如政府部门在预重整程序中负责监督指导债务人妥善决定经营事务和内部管理事务；督促落实维稳、安保、信访等相关属地责任；依法协调解决涉及人力社保、工商、税务、规划、建设、环保、信贷、不动产登记、档案信息查询等方面的问题；协助引进重整投资人；听取管理人工作报告，监督管理人依法履职等。② 法院在预重整中，主要负责协调相关法院参照《最高人民法院关于执行案件移送破产审查若干问题的指导意见》第 8 条规定对引进重整投资人、重整方案草案表决以及重整方案的合法性、可行性审查等重点环节给予指导；提前研判、依法解决预重整程序与重整程序衔接的相关问题；听取管理人工作报告，监督指导管理人依法履职等。③

---

① 参见王静：《我国预重整模式的实证分析》，载 https：//mp. weixin. qq. com/s/RWWlAk6ZQnOf2OnZfNAoNA，最后访问日期：2023 年 6 月 15 日。

② 浙江省绍兴市《府院联动推进企业预重整规程》第 10 条规定："在预重整程序中，政府部门主要履行下列职责：（一）监督指导债务人妥善决定经营事务和内部管理事务；（二）督促落实维稳、安保、信访等相关属地责任；（三）依法协调解决涉及人力社保、工商、税务、规划、建设、环保、信贷、不动产登记、档案信息查询等方面的问题；（四）协助引进重整投资人；（五）听取管理人工作报告，监督管理人依法履职；（六）应由政府部门在职能范围内根据预重整需要依法履行的其他职责。"

③ 浙江省绍兴市《府院联动推进企业预重整规程》第 11 条规定："在预重整程序中，法院主要履行下列职责：（一）协调相关法院参照《最高人民法院关于执行案件移送破产审查若干问题的指导意见》第八条规定中止对债务人的相关执行、保全措施；（二）对引进重整投资人、重整方案草案表决以及重整方案的合法性、可行性审查等重点环节给予指导；（三）提前研判、依法解决预重整程序与重整程序衔接的相关问题；（四）听取管理人工作报告，监督指导管理人依法履职；（五）应由法院在职能范围内根据预重整需要依法履行的其他职责。"

文首案例中，地方政府在解决债务人控股股东资金占用问题过程中，积极与证券监管机构协调，推动了中国证监会复函支持债务人企业的重整事宜，促进债务人企业预重整与重整程序的高效衔接。而法院则主动指导解决控股股东对债务人企业的资金占用问题，为债务人进入正式破产重整程序扫清障碍。因此，政府在应对包括解决控股股东资金占用问题在内的上市公司预重整事项时应发挥辅助性的协调作用，与法院明确各自的定位，形成良性的府院联动机制。

四、结语

由于上市公司进入破产重整程序具有较高的门槛限制，为妥善解决和应对控股股东资金占用等疑难问题，实践中越来越多的上市公司倾向于借助预重整制度提前化解重整障碍。我国目前尚未建立正式的预重整规则，预重整中法院与地方政府之间司法权与行政权的配置和行使也不甚明晰。因此本专题提出，为推进上市公司预重整与正式重整程序的有序衔接，未来在确立预重整规则的基础上，应当进一步明确预重整阶段法院与地方政府的角色定位，以充分发挥法院的统筹指导与地方政府的辅助协调作用。

个人破产的委托和解模式探析

内容提要：意思自治作为个人破产和解程序的制度基础，具有适用方案灵活、促进信用再生等诸多优势，但是《深圳经济特区个人破产条例》现有规范中的个人和解制度，在申请条件、制度保障、程序转化等方面仍存在规定的不详尽之处，有必要在全国范围内推行个人破产程序之前进行完善细化。本专题结合《深圳经济特区个人破产条例》出台后发生的一起法院将破产和解程序委托至深圳市破产事务管理署进行组织和解的案例，对该问题作如下分析：就个人破产和解制度机制而言，其具有不同于清算与重整的优势，且有可能在个人破产程序中发挥出比企业破产更为显著的价值；而当前由破产事务监督管理部门负责委托和解的模式，是一种个人破产程序的创新模式，在程序的启动效果、协议效力认定、司法审查标准以及监督模式等问题上，仍应将委托和解置于破产程序的框架内，遵守破产制度特有的债权申报、停止计息、集中清偿以及对债务人的行为限制等规则，在充分发挥意思自治和效率原则的同时，遵循破产程序的基本要求。

关键词：个人破产、破产和解、委托和解、个人破产条例

一、问题的提出

魏某因生活消费、生产经营频繁使用信用卡。2017 年至 2018 年，魏某投资店面经营女装。其后，魏某妻子怀孕，店面因无人管理而关闭。魏某与其妻育有一子，时年 3 岁，一家三口租住于深圳市龙岗区南岭村一套 76 平方米的出租屋内，月租金 2400 元。魏某向深圳中院

申请个人破产和解，申报债务约73万元、申报财产约4万元，并提交了工作和收入证明、和解可行性报告。

2021年7月22日，深圳市中级人民法院裁定受理魏某的破产和解申请，同时具函委托深圳市破产事务管理署组织和解。同年8月3日，管理署在深圳市个人破产信息公开平台发布公告，内容包括魏某申请个人破产和解相关信息、债权申报期间、债权人会议召开时间等。公告发布后，共有10名债权人向管理署申报债权，债权金额总计709,136.74元，其中借款本金662,226.31元，利息及违约金等费用46,910.43元，均为普通债权。经管理署调查核实，截至2021年8月30日，魏某及其妻子账户余额和其他财物价值合计11万多元。魏某目前每月收入15,696元、年底有奖金，魏某妻子每月收入约3000元。管理署协助魏某制订了和解协议草案。和解协议执行完毕后，债务人向法院申请免除其未清偿债务。2021年9月16日，管理署组织债权人召开了和解会议，和解协议草案经会议表决，获得一致通过。

2021年10月9日，魏某向深圳市中级人民法院申请认可和解协议，并提交了债权人名册、债务人财产和债务说明、管理署出具的和解情况说明等材料。深圳中院对和解协议予以公告，并进行了听证审查。2021年11月16日，深圳市中级人民法院裁定认可魏某和解协议，终结魏某个人和解程序。①

该案为我国首例个人破产委托和解案，本专题试从以下角度对本案所涉相关争点问题作一分析：第一，和解制度有何种区别于清算程序、重整程序的特点？其在个人破产中有何运用价值？第二，委托和解的法律效果如何？与诉讼和解或执行和解有何区别？进一步而言，法院应如何审查和认定委托和解协议的效力？

二、个人破产和解的制度定位及其优缺点分析

（一）个人破产和解的制度定位

与企业破产一样，个人破产制度设计的重要目标仍是对财产进行公平分配，尽可能实现债权人利益的最大化。有观点认为，个人破产制度虽然可能豁免债

① 参见广东省深圳市中级人民法院民事裁定书，（2021）粤03破365（个7）号。

务人尚未清偿的部分或全部债务，从而对债权人权益造成不利影响，但是豁免制度可以提升债务人配合破产程序的积极性，亦能够帮助实现债权人利益最大化的制度目的。同时，在人道主义理念的影响下，对被债务淹没的个人持仁慈态度为破产免责的正当理由，而将债务人解救出来系人道主义的必然要求。[①] 鉴于破产制度在我国本就是从企业破产的视角开始落地实施的，对于个人破产和解的制度定位，自然也可从《企业破产法》中的和解程序说起。

就破产和解的制度功能而言，学界与实务界中存在不同理解：有观点认为，破产和解是一种预防性制度，系债权人与债务人双方为避免债务人被宣告破产而对债权数额或情形期限进行协商调整；亦有观点指出，破产和解的根本目的在于终结债权债务关系，系一种通过债权人与债务人通过协商退让而达成的不同于破产清算的债务终结模式；另有观点采折中说，认为破产和解制度兼具前述两种功能。[②] 究其本质，强调意思自治正是和解制度的核心特征：破产和解程序的基础是尊重债权人与债务人的意思自治，激励双方自愿平等协商，从而达到降低司法成本、提升司法效能的目的，也正因如此，破产和解制度对于诸多主体均具有适用的空间。[③] 因此，同样作为强调挽救债务人或是破产预防的程序，破产和解显著不同于破产重整之处就在于，法院在破产和解程序中仅处于非主导地位，法院亦无权强制批准通过和解协议，体现了法院对于债权人与债务人意思自治的充分肯定。[④]

从实然角度出发，根据《深圳经济特区个人破产条例》第 133 条、第 134 条的规定，债务人既可以直接选择和解程序，又可以选择转化型和解，即在法院裁定受理破产清算申请后、宣告债务人破产前，债务人可向法院申请和解。该规定建立在清算、重整、和解三分的背景下，基本原理与《企业破产法》并无二致。但若从应然角度出发，破产清算、重整与和解这三种程序在个人破产中的功能价值与适用条件各不相同，引发的讨论有：其一，现有和解程序是否可从个人破产程序中剥离并作为一种破产前置程序；其二，个人破产清算与重整程序是否可以由当事人自由选择适用。对上述问题的回答涉及对和解程序相

---

① 参见徐阳光：《个人破产免责的理论基础与规范构建》，载《中国法学》2021 年第 4 期。
② 参见张朋敏、丁燕：《企业破产和解法律制度研究》，载《东莞理工学院学报》2021 年第 6 期。
③ 参见张善斌：《个人破产制度嵌入现行破产法之路径》，载《法学评论》2022 年第 3 期。
④ 参见张朋敏、丁燕：《企业破产和解法律制度研究》，载《东莞理工学院学报》2021 年第 6 期。

关特征与价值的把握。[①]

在和解程序的特征上，当前存有两类观点。一种观点认为，和解程序是破产三大程序的支柱，是意思自治在破产程序中的具体适用。另一种观点则认为，和解程序属于一种前置程序，应从破产程序中剥离开来。本专题认为，第二种观点有待商榷。破产和解不同于诉讼和解与执行和解。破产和解带有强制同意的属性，是修正后的意思自治，和解协议的通过无须全体债权人一致同意。而诉讼和解以及执行和解均具有脱离破产程序的强制色彩，必须由当事人意思表示一致才可成立生效，并且不存在法院强制批准和解的空间。

而在债务人的程序选择权上，《深圳经济特区个人破产条例》允许债务人申请破产清算、重整、和解等。在比较法视角下，日本和我国台湾地区的现行破产法呈现出自由模式，受限模式则集中在美国破产法。有观点认为，“自由选择模式和选择受限模式在规范特点和实施效果上差异明显。原因至少有二：一是制度设计是否有效发挥重整程序与清算程序的立法功能；二是如何处理债权人与债务人之间的利益冲突。此立法定位和价值取向很大程度上决定了我国在这两种模式之间的取舍”[②]。本专题认为，在不损害他人合法权益的情况下，宜赋予债务人程序选择权。除此之外，法院也可进行“个案辅导”，指导当事人申请合适的破产程序，着重把握“审核关”而非限制债务人应享有的程序权利。

（二）个人破产和解制度的优劣势分析

1. 个人破产和解应当发挥的制度优势

个人破产除了可以赋予债务人对豁免财产范围和破产免责条件有清晰且合理的预期外，还可为债权的实现节省整体司法成本，甚至允许债权人追及债务人一定范围和额度的未来收入，以此建立债权的长效保障机制和社会信用问题的常规化解机制。[③] 破产和解制度的程序主体主要包含两部分，即债务人和债权人，该程序是债务人和债权人为避免债务人破产清算而就延期付款、减免债

---

① 参见颜卉：《我国个人破产程序设置的模式选择》，载《甘肃社会科学》2021年第2期。

② 郭东阳：《个人破产中的程序选择模式问题研究》，载《河南大学学报（社会科学版）》2020年第2期。

③ 参见韩长印：《建立自然人破产制度正当其时》，载《人民法院报》2021年10月15日，第2版。

务和财产分配达成的协议。① 因此，破产和解的本质仍属于“和解”的范畴，自愿是其制度基础。在比较法视域下，法院通常并非和解必要参与主体，以德国庭外和解程序为例，和解程序系破产清算的前置程序，虽然能够在一定程度上避免直接清算后被宣告破产，但是若强制要求前置和解，则可能限缩破产清算申请权的自由空间，并且有违司法效率原则。因此，和解程序需建立在自愿基础之上，而根据自愿和解的要求，在符合破产程序进程的前提下，自然不宜由法律硬性规范破产和解的固定时长，而是应当赋予双方随时终结和解的权利，以免过分拖延破产程序进程。相较于企业破产而言，自然人的债权债务关系通常比较简单，一般情况下，和解协议需要由全体债权人一致同意。② 而和解制度对于个人破产制度而言，除了具有其本身的制度优势之外，还具有以下特殊价值：

第一，债权人同意通过破产和解协议而非破产清算的最大动因是岌岌可危的企业此时选择破产和解最有可能使债权利益最大化。这一做法基于经济学上对市场经营主体存在状态价值优劣的经典归纳，即企业财产的经营价值高于闲置价值，而闲置价值又高于清算价值。企业的清算程序必然会导致破产财产价值减损，相对于破产清算，财产的继续经营才有可能使得债权利益得到更大程度的实现。由债务人提出和解申请，债权人表决通过形成的和解协议，在体现商事主体意思自治的同时，能最大程度地实现破产法上的帕累托效率，达到最优资源配置。在整个破产和解程序中法院干预少，只需在双方当事人达成和解协议后注入国家强制力的肯定，制度成本较低，相比依赖法院为主导的重整制度，破产和解具有简便、高效、成本低的制度优势。③

第二，避免或减轻破产记录对个人生活的不利影响。破产清算程序中，债务人被宣告破产的同时，还会引发法院的相关公告，由于存在破产记录，破产债务人在今后的生活中必将受到更多的约束与限制。比如在向银行借贷过程当中，银行会对贷款的发放增设更为严格的条件；在债务人与其他主体进行交易时，对方也可能对他的信用和履行义务的能力产生怀疑等。而借助个人破产和

---

① 参见王欣新：《个人破产法的立法模式与路径》，载《人民司法》2020 年第 4 期。

② 参见张宏立：《自然人破产：程序设计、滥用规制和制度衔接》，青岛大学 2019 年硕士学位论文，第 19 页。

③ 参见张朋敏、丁燕：《企业破产和解法律制度研究》，载《东莞理工学院学报》2021 年第 6 期。

解程序，在和解成功的情形下债务人就不会被宣告破产清算，同时也不会被留下破产记录，有助于债务人个人的社会性“重生”。此外，成功履行和解协议在某种程度上可以作为债务人能力和信用的背书，让未来的交易相对人增强对债务人清偿能力的信任度。

第三，和解程序中的清偿方案更灵活。在清算程序中，债务人要承担3—5年的免责考查期。在和解制度下，和解协议执行完毕债务人可申请免除未清偿的债务，履行期限可少于3年。在免责范围方面，立法并未对不予免责的债务类型进行绝对化的规定，所以在债权人自愿放弃的情况下，原来属于不可免责的债务，也能够通过这种自愿放弃的形式予以减免；在还款方式方面，贷款保证人可以出现在和解协议中，实现司法债务调整难以实现的债务清偿效果；在债务人名下有房产时，房产在和解程序中有时也能够得到更好的保护。

第四，学界通说认为，自然人破产不同于企业破产，前者不存在人格受限制的情形，即不存在“破产失权”的情形。① “自然人失权”即“人格破产”概念由法国提出，是指债务人因破产宣告而失去或被限制职业权或公民权的情况。② 自然人债务人因参与破产程序所承受的程序性负担，与破产失权与复权制度存在较大本质差异，不应将二者混淆。③ 虽然个人被法院宣告破产后，作为“人之所以为人”的主体资格仍然存续并且给予其经济再生的资格，但是个人破产后经济主体资格不完全，消费与就业等方面受到较大限制，仅能进行必需消费，短时间内较难以完全恢复至破产前状态。破产和解经法院认可后发生效力，债务人获得一定豁免，有利于债务人经济重生，进而契合债权人利益最大化的目标，形成良性循环。④

2. 个人破产和解可能存在的潜在制度缺陷

即便具有如上的制度优势，现实情况显示，在已经施行近20年的《企业破

① 参见王云鹏、王鹏：《创建我国自然人破产制度的若干问题刍议》，载《河南社会科学》2005年第5期。

② 参见胡玲：《债务人生存权益视角下的我国个人破产立法研究》，中国法制出版社2014年版，第117页。

③ 参见范志勇：《论自然人破产失权、复权法律制度：多元价值革新与双重体系构造》，载《经济法学评论》2020年第1期。

④ 参见刘金丽：《我国个人破产法律制度研究》，华南理工大学2017年硕士学位论文，第41－42页。

产法》领域，《企业破产法》中的和解程序制度仍存在定位不明、程序设计存在缺陷等问题，因此有观点提出，应当适当吸收破产和解的实践经验，逐步修改与完善破产和解制度。① 具体而言，当前企业和解制度中存在的以下缺陷相当程度上可能体现在未来的个人破产和解中：（1）和解申请条件过于严格。尤其是与重整程序相比，重整制度可在债务人尚不具备《企业破产法》第 2 条第 1 款所规定的破产原因，仅具有明显丧失清偿能力的可能时启动，仅从程序启动时间来看，重整程序相较于和解程序更具再生优势，债务人重生可能性也更大。（2）和解程序无法对债务人特定财产享有的担保权进行必要限制。根据《企业破产法》的规定，在和解程序中，对债务人特定财产享有担保权的债权人可直接通过实现担保物权来实现债权，而无须受和解协议的约束与限制。在司法实践中，债务人的财产负有担保的比重越来越大，债权人在实现担保物权之后，企业债务人很可能会失去其生产经营所必需的厂房和机器设备等财产，而对于个人债务人而言，可能会失去生活必需的房屋等。（3）和解协议的履行缺少必要保障手段，法院认可和解协议后，和解程序终止，但现行《企业破产法》并未规定和解协议执行的相关问题，致使在和解协议执行过程中可能会出现债务人故意损害债权人利益的情形，与和解的制度目的与效果“南辕北辙”。（4）对于未按期申报债权的处置规定不完善。根据《企业破产法》第 100 条第 3 款的规定，未按期申报债权的和解债权人，在和解协议执行期间不得行使权利，但是在和解协议执行完毕后，可以按照和解协议规定的清偿条件行使权利，这一条款显然使得破产程序对于债务人的免责程度大打折扣，削弱破产程序的制度效果。② （5）就程序之间的关系而言，还有观点指出，应当在破产和解与破产重整之间建立合理的转换机制。具体而言，破产和解与破产重整均为破产预防制度的有机构成体，为充分发挥破产程序的制度价值，我国应当构建多元而灵活的破产预防体系。③ 然而在司法实践中，破产和解程序与重整程序之间缺乏清晰的转化机制，破产当事人需要在选择适用和解还是重整程序之间作出明确的权衡与取舍，并且该种选择通常情况下几乎是不可逆转的，当事人在选

① 参见张钦昱：《破产和解之殇——兼论我国破产和解制度的完善》，载《华东政法大学学报》2014 年第 1 期。

② 参见张善斌、翟宇翔：《破产和解制度的完善》，载《河南财经政法大学学报》2019 年第 5 期。

③ 参见丁燕：《论“出售式重整”的经济法品格》，载《法学杂志》2016 年第 6 期。

择具体程序时需要慎重考虑所付出的机会成本。①

总而言之，破产和解制度是一类特别强调当事人意思自治的破产程序，但是其在以企业作为债务人破产程序实施过程中面临诸多缺陷问题，导致和解程序的制度设计与价值实现之间存在沟壑。当前，个人破产和解制度在我国仍然处于试点阶段，尚未全国范围内大面积实施，未来在个人破产制度中如何落实和把握破产和解制度就值得进一步分析。

三、我国破产制度对个人破产和解的程序设计与选择

（一）《深圳经济特区个人破产条例》的立法模式选择

《深圳经济特区个人破产条例》自2021年3月1日起施行，开启了我国个人破产立法的试点。《深圳经济特区个人破产条例》在起草过程中存在一些争议较大的问题，比如，破产重整与和解制度是否有必要同时并行，个人破产制度的和解程序如何进行设计等。该条例起草过程之中，由深圳破产法庭向深圳市人大常委会监察和司法工作委员会提供的《草案建议稿（初稿）》之中仅有破产清算、重整程序，并无破产和解的制度设计。李曙光教授建议增加个人破产的替代机制："个人破产并非债务人处理债务的唯一途径，必要的替代机制是对个人破产制度的适用进行有效过滤的重要手段，如德国个人破产立法就设置了债务清偿庭外和解程序和庭内和解程序。"这也促使起草小组对破产和解制度进行进一步的思考和重构，后为回应多方意见，《深圳经济特区个人破产条例（征求专家意见稿）》中首次增设破产和解制度，并将其作为第9章的独立章节，赋予和解制度独立的制度价值，使其成为庭外和解的司法审查确认程序，搭建了庭内外衔接的桥梁，对培育庭外债务纾缓机制具有重要意义。②《深圳经济特区个人破产条例》的第7、8、9章分别规定了清算、重整、和解程序，该条例第134条明确规定破产和解提出的时间节点为法院受理破产清算申请后、宣告债务人破产前，因此条例第135条和第136条分别规定的委托和解和自行和解两种方式在性质上均属于法庭内和解程序，并未将具有和解性质的法庭外

① 参见张朋敏、丁燕：《企业破产和解法律制度研究》，载《东莞理工学院学报》2021年第6期。

② 参见白田甜：《个人破产立法中的争议与抉择——以〈深圳经济特区个人破产条例〉为例》，载《中国人民大学学报》2021年第5期。

债务清理程序作为启动庭内个人破产程序的前置条件。[①]

（二）对我国个人破产立法中和解程序的设计建议

理论上，个人破产中的和解程序主要有以下三种类型：（1）债务人向人民法院申请启动和解程序，按照申请的提出时间还可以细分为直接申请和清算转和解，由于和解程序属于破产程序当中的一种类型，因此债务人与债权人的行为也应当受到破产程序规则的约束，比如禁止个别清偿、债权加速到期、付利息债权停止计算利息等。裁定转入和解程序后，人民法院可以依据《深圳经济特区个人破产条例》第135条的规定，将和解事宜委托人民调解委员会，或是由特邀调解员、特邀调解组织或者破产事务管理部门等将参与和解，债务人与债权人将在专业和解机构主持下达成和解，且经申请达成的和解协议可被法院赋予强制执行力。（2）自行委托和解，即债务人与全体债权人在庭外自行委托人民调解委员会，特邀调解员、特邀调解组织或者破产事务管理部门等先行进行和解。这种自行委托和解不以法院受理和解申请为必要条件，即使破产和解的程序没有启动，债务人也可以通过委托上述机构，在上述机构的主持下与全体债权人进行和解，所达成的和解协议，债务人也可以向法院请求司法裁定的认可。（3）破产程序当中的民事和解。在破产程序当中的民事和解要求债务人与全体债权人达成一致，法院经过审查确认和解协议符合相关法律规定的，裁定认可和解协议，并且终结和解程序。

而不论采取何种立法模式，都应当认可的是，相较于企业破产制度，和解程序在个人破产中更能彰显其重要性。以个人破产和解程序为代表的个人破产预防性程序存在诸多优点，譬如，利用延期偿付的办法既充分赋予了债务人时间利益，使其获得一定的“喘息空间”，最大程度减少破产给其带来的不利影响，又在一定程度上提高了债权人的受偿比例，尽可能减少债权人损失，因此该制度亦备受各国或地区青睐。[②] 相比于企业破产视角下的和解模式，针对作为自然人的债务人适用和解模式很有可能在未来更加焕发出和解程序的制度活力，主要原因如下：（1）个人破产程序涉及的债权人人数、债权债务数额、复

---

① 参见颜卉：《我国个人破产程序设置的模式选择》，载《甘肃社会科学》2021年第2期。

② 参见汤维建、胡守鑫：《个人破产制度构建中的理论分歧、共识与反思——基于571份调查问卷的实证研究》，载《中国应用法学》2021年第5期。

杂程度往往略低于企业破产程序，对于企业而言难以落地实施的和解商谈模式可能完全可以在个人破产程序中实现。（2）作为自然人的债务人更渴望获得债权人主观上的谅解甚至支持。不同于企业破产程序，自然人债务人的破产程序应当真正为自然人的“重新出发”提供物质上以及某种程度上的精神支持，而债权人一致同意的和解协议最能有效缓解自然人债务人的主观情绪以及破产“羞耻感”。（3）从实际角度来看，自然人的破产程序更加强调程序的低成本、高效率属性，否则该制度很有可能对自然人欠缺足够的吸引力。

就破产程序设计的制度初衷而言，破产法一方面对“诚实而不幸”的破产债务人进行制度上的保护，但是另一方面又对其实施一定程度的“惩戒”。脱离了“破产有罪论”，现代破产法的指导理念与立法技术是在破产保护和适当惩戒之间保持一定的均衡，这是一个需要不断审慎考量、反复权衡、动态调整、因时而变、因地制宜的复杂决策过程，因此在个人破产立法的价值本位选择上，任何偏向于一端而忽视另一端的行为都必然会导致破产制度的重心失衡，最终会将导致个人破产法的功能紊乱，难以展示和发挥出整体的、综合的、持久的、可持续的法治调控动能。①

此外，破产和解仍属于破产程序，其在性质上终究不同于一般诉讼程序中的调解程序，因此在个人破产和解程序中同样应该设定在程序启动时产生“冻结效力”的法律效果，即在法院直接受理个人破产和解时，有关债务人财产的保全措施应当解除，执行程序应当中止，已经开始而尚未终结的有关债务人的民事诉讼或者仲裁应当中止。冻结效力的存在是实现债权债务公平清偿的前提与基础，在个人破产和解中如果否定冻结效力，就可能会出现“抢先执行”等损害公平清偿机制的行为。由于权利存有被滥用的情形，因此对于破产和解案件，似乎也应当赋予债权人与债务人提出异议的权利，且由法院审查该异议。在破产和解程序中，当事人亦有权随时申请终止程序，此时应当赋予债权人与债务人向法院申请转换为破产清算或者破产重整程序的权利。当然，在和解协议需要全体债权人一致同意方能生效的情况下，在申请阶段提出异议对于债权人而言属于权利维护的“双重保险”。

---

① 参见汤维建：《制定我国〈个人破产法〉的利弊分析及立法对策》，载《甘肃政法大学学报》2021年第6期。

四、个人破产制度中的委托和解模式

（一）个人破产委托和解的程序规则

文首案例系我国首例个人破产委托和解案，在具体的规则适用上，应重点把握以下四个方面：（1）委托和解应当在破产制度框架内进行。委托和解仍然属于破产和解，应当遵守破产制度特有的债权申报、停止计息、集中清偿规则，以及债务人行为限制等规定。（2）委托和解应当仅适用于“诚实而不幸”的债务人。破产制度是诚信之法，保护的是诚实而不幸的人，委托和解制度自然不能例外。深圳破产管理署在组织本案和解时，重点对债务人的资产、负债和家庭经济状况进行走访核实，并与债务人的陈述、申报情况进行比对，目的就是要对债务人是否属于诚信债务人作出判断。（3）在和解协议的效力认定方面，委托和解虽然与诉讼和解、执行和解等常规意义上的和解制度在主体与程序上较为相似，但是委托和解总体上仍是在破产程序的框架内运行，所达成的和解协议的效力的判定仍应遵循破产法的一般原理。对于委托和解下所形成的和解协议，《深圳经济特区个人破产条例》明确规定债务人与全体债权人可以申请人民法院裁定认可和解协议，以进一步确认其效力。（4）在和解协议的内容审查方面，债务人申请法院认可和解协议的，人民法院应当就和解协议的真实性、合法性，以及和解程序是否规范完整进行审查。在和解协议的审查方面，法院在审查个人破产和解协议时，除一般的内容真实性与合法性、程序的规范性外，还应注重审查债务人的情况是否属于“诚实而不幸”这一基础性条件。因个人破产语境下所生和解协议涉及多方利益，且对债务人方存有较深程度的影响，应当对其进行实质审查，法院还应当进一步衡量考察当事方所达成的和解协议是否存有可执行性。具体到文首案例中，在审查债务人提交的和解协议时，依照条例相关规定，要求债务人提交管理署出具的和解情况说明，对和解协议予以公告，并进行了听证审查。这样做的目的就是要防止破产欺诈，保证和解协议与各方当事人的真实意愿、债务人的履行能力相符，同时不损害国家利益、社会公共利益或者他人合法权益。

（二）对个人破产委托和解的监督模式

至于文首案例中出现的“委托和解”的监督模式，有必要从法院的监督角色来作出进一步的解读。总体来看，破产程序中的监督机制主要包括法院监督模式、债权人委员会监督模式和专门监督人监督这三种监督模式。有观点认为，我国在和解程序中对和解协议执行的监督力度薄弱成为和解制度屡屡被司法实践弃之不用的重要原因之一。其由此进一步指出，在强制和解中，有必要进一步加强法院对和解协议的审查与监督，尤其需要防止在和解过程中债务人假借破产之名掩盖其逃避债务的意图，加强对和解协议内容、债权人会议表决程序正当性、相关破产业务文书标准性的审查，在符合法律规定的情形下，法院予以认可。由于一般情况下和解程序参与的利害关系人较多，债权申报与审核所耗费的时间较长，可能存在繁杂的利益冲突，因此如何平衡公正与效率价值往往会给法院带来较大挑战。鉴于司法审判机构的特性，可以借鉴公司自愿安排程序的制度设计，引入有资格的破产执业者监督和解协议的执行；同时加强管理人对和解债务人的监督，管理人的职务向后适当延长，一旦发现债务人有转移资产、挥霍浪费等损害债权人利益的行为，应当立即向法院报告。① 本专题对此表示认同，即破产和解程序作为一类破产司法程序，其不同于当事人私下达成和解协议的最主要之处在于，破产和解程序仍提供了最低限度的司法监督机制，司法权的“更大介入”相应换来的应当是债权人利益保障上的“更小风险”。

在正视法院监督职权的基础之上，值得进一步思考的问题是，若法院将具体的和解过程对外进行委托，正如文首案例一般，那么此时对和解程序的监督权将发生何种变化？本专题认为，此时法院的监督职责并不会发生本质的区别。这正如破产管理人系破产法院所指派，因而破产法院需要对管理人的选任和履职进行监督，并且承担管理人的行为后果，当法院将本属于司法程序范围内的和解过程委托给第三方机构进行时，若仍认可该程序尚属于司法程序，就不能忽视法院在其中的检查监督权。并且，鉴于法院对和解程序的监督角色本就是所有类型的破产程序中最为“弱势”的一类，即已经退缩至极为有限的最基本的程序性事项审查，那么对于委托和解模式而言，法院的监督角色其实已“退无可退”，仍有必要坚持前述的基本审查事项。

---

① 参见张善斌、翟宇翔：《破产和解制度的完善》，载《河南财经政法大学学报》2019年第5期。

五、结语

个人破产制度的发展与成熟是现代市场经济的重要标志之一。“构建个人破产制度的意义绝非为了对抗贫穷，而是在于在必要限度内缩减债权人无意义甚至是破坏性的追偿。”① 自然人破产制度具有重要的经济和社会功能，除满足当事人合理预期外，还可为债权的实现节省整体司法成本，更可以推动建立债权的长效保障机制和社会信用问题的常规化解机制，能够大大提升投资创业的积极性，促进市场经济的良性运行。②

有观点认为，《深圳经济特区个人破产条例》的贡献在于首次规定了委托和解制度，并使破产和解制度初步具备了庭外程序的雏形，还为最终和解制度发育为庭内外衔接奠定了基础。③ 但本专题认为，该条例所构建的委托和解制度仍存有可予完善的空间，对于前文所提及的问题，仍亟待进一步明确的规则层面的问题还包括：第一，根据《深圳经济特区个人破产条例》第 135 条、第 136 条的表述，法院、债务人与全体债权人均可成为委托主体，并且列明若干受托对象，对于不同主体的委托调解是否存在具体的程序性差异，该条例似乎并未予以明确；第二，《深圳经济特区个人破产条例》第 135 条明确规定，法院作为委托主体的情形下，委托期限不超过两个月，但第 136 条却并未作出期限的相关规定，那么是否可以推论出当债务人与全体债权人作为委托主体之时，期限全然不受限制？第三，《深圳经济特区个人破产条例》第 136 条规定债务人与全体债权人可以就债务清理在庭外自行委托，但第 135 条却未作出“庭外”的表述，是否意味着法院既可以作出“庭内委托和解”，又可作出“庭外委托和解”？显然，在个人破产制度的破冰阶段，上述问题仍需在规范与实践层面予以进一步的明确。

---

① 张善斌：《个人破产制度嵌入现行破产法之路径》，载《法学评论》2022 年第 3 期。

② 参见韩长印：《建立自然人破产制度正当其时》，载《人民法院报》2021 年 10 月 15 日，第 2 版。

③ 参见白田甜：《个人破产立法中的争议与抉择——以〈深圳经济特区个人破产条例〉为例》，载《中国人民大学学报》2021 年第 5 期。

重整计划表决权交易的法律问题研究

周楚航*

一、问题的提出

（一）重整计划表决权交易的司法判例

2015 年 8 月 19 日，杭州市经济技术开发区人民法院受理了杭州富阳久恒置业投资有限公司（以下简称久恒公司）对杭州金孚洋房地产开发有限公司（以下简称金孚洋公司）的破产重整申请。通过重整竞标，杭州君和实业投资有限公司（以下简称君和公司）成为重整投资人。

2016 年 12 月 23 日，重整投资人君和公司与普通债权人中的“网签债权人”在管理人的见证下签订《协议书》，约定由君和公司全程代表上述网签债权人参加金孚洋公司第二次债权人会议，并对重整计划以及其他表决事项行使表决权；在重整计划经人民法院裁定批准后，网签债权人应配合解除其与重整债务人金孚洋公司的《商品房买卖合同》以及相关抵押合同并办理涂销登记，而君和公司将一次性向网签债权人支付债权本金 50% 的对价款以及重整方案中普通债权总额 10% 的清偿款。2017 年 1 月 17 日，金孚洋公司重整计划草案经债权人会议表决通过，并获法院裁定批准。

---

* 作者系方达（广州）律师事务所律师，本文系在作者硕士学位论文（指导老师是上海交通大学凯原法学院韩长印教授）基础上修改而成。

2019年3月18日，债权人久恒公司提起管理人责任之诉，主张管理人参与君和公司收买部分普通债权人参会权及表决权的行为违反了管理人义务，并主张：一方面，表决权收买行为损害了久恒公司的公平受偿权；另一方面，《协议书》签订行为属于恶意串通损害他人合法权益的行为，即部分债权人企图得到额外补偿，君和公司企图使对自己有利的重整计划得以通过，从而谋取暴利。该协议书直接造成债权人之间的不平等，使其他债权人丧失选择其他方案的机会，蒙受损失。因此，久恒公司要求管理人按照久恒公司债权本金的50%支付赔偿款。

法院认为，本案管理人责任并不成立。理由在于：首先，《协议书》系重整投资人君和公司与网签债权人签订，君和公司系《协议书》的签订主体及付款主体，且付款资金来源于君和公司的自有资金，并非金孚洋公司的破产财产，不构成偏颇性清偿。其次，本案若进行破产清算，普通债权人的清偿率为零，而久恒公司因重整计划而获得了10%的清偿率，是获益而非损失。最后，管理人作为《协议书》的见证人，其目的是确保协议的顺利签订与履行，保证重整计划的通过，避免破产清算的结局，属于维护全体债权人利益的职务履行行为，并无任何过错和责任。因此，一二审法院分别驳回了久恒公司的诉讼请求和上诉请求。①

（二）重整计划表决权交易的潜在缺陷

根据《企业破产法》第59条及第61条的规定，依法申报债权的债权人享有重整计划表决权。当前，我国企业破产法及相关司法解释对于重整计划表决权可否成为单独交易的对象、如何规制表决权交易行为等问题未置一词，仍然属于立法的空白。

在公司法领域，早有学者指出，表决权从股份中分离出来成为独立的权利是一种必然趋势，现代公司法中的表决权早已显现出一种客体化倾向。② 晚近的公司法研究亦在一定限度上肯定了股东表决权交易行为的有效性。③ 然而，

---

① 详见（2019）浙01民终9546号。相关系列案另有（2019）浙01民终9542号、（2019）浙01民终9547号、（2019）浙01民终9548号、（2020）浙01民终6876号等。

② 梁上上：《论股东表决权——以公司控制权争夺为中心展开》，法律出版社2005年版，第37－38页。

③ 参见赵金龙、梁素娟：《投票权价购问题之检讨》，载《证券法苑》2012年第7卷；鲍平晓：《股东表决权买卖问题研究》，南京大学2015年硕士毕业论文，第27页等。

有鉴于公司法与破产法在立法宗旨和调整对象等方面的差异，上述结论无法当然地推广至破产法领域。诸如文首案例中的重整计划表决权交易至少会给破产制度带来如下潜在缺陷：

第一，重整计划表决权交易为相关主体操控特定表决组的表决结果提供了可能性，使得未参与交易的债权人“丧失选择其他方案的机会”。然而，当事人之间的有效协商和谈判又是重整制度发挥作用的核心要义，① 对重整计划表决结果的操控是否与重整程序的协商性质之间存在一定的扞格之处，便成为一个问题。

第二，案涉重整计划表决权交易事实上造成了普通债权人间的不同清偿待遇——参与表决权交易的普通债权人将额外获得债权本金50%的对价款。这一现象是否违反了债权平等原则？重整计划表决权交易的对价款并非来自于破产财产的主张是否足以正当化这一行为？

第三，法院在裁判理由中载明：案涉重整计划表决权交易行为避免了破产清算的结局，有助于维护全体债权人利益。这一主张反映了表决权交易行为“促进重整效率”的积极面向，但其“有助于维护全体债权人利益”的结论是否成立？有学者指出：重整制度的目标应当包括筛选出本该走向清算却试图重整的企业，② 不恰当地为破产企业制造重整机会可能与重整制度的宗旨背道而驰。

可见，重整计划表决权交易行为与重整制度的制度精神、立法宗旨之间存在一定的紧张关系。事实上，文首案例绝非孤例，重整计划表决权交易亦发生在社会影响更大、法律关系更为复杂的上市公司重整案件之中。例如，在上海华源企业发展股份有限公司重整案中，债务人的关联公司便承诺：若小额债权人表决支持重整计划草案，其将全额或高价收购小额债权人的债权。③ 作为重整实践中自发产生的现象，表决权交易行为的出现有其现实诱因，但其合法性

---

① 参见高丝敏：《重整计划强裁规则的误读与重释》，载《比较法研究》2018年第1期。

② 参见张钦昱：《论公平原则在重整计划强制批准中的适用》，载《法商研究》2018年第6期。

③ 参见高长久、汤征宇、符望：《上市公司重整中的法律难题——以“华源股份”重整为例》，载《证券法苑》2010年第3卷。值得注意的是，前文作者指出，本案所谓的“债权收购”行为既便于小额债权人深入了解相关情况，作出正确的表决选择，又可以为重整计划的通过提供更多的有利因素，故“从效果而言是很好的”。对此，本文认为，在概念使用方面，本案虽然采用了“债权收购”的说法，但由于债权收购的前提是小额债权人表决通过重整计划，获得债权转让的对价利益构成小额债权人的表决动机，故本质上仍属于重整计划表决权交易行为。

仍需在理论上加以审视，并在充分认识其性质的基础上构建起相应的法律规范方案。若放任表决权交易行为在重整实践中野蛮生长，忽视其与重整制度规范目的之间的内在矛盾，最终将有损破产法制度的完整性与严肃性。

本文将分为四部分对“重整计划表决权交易的法律问题”展开研究。第一部分对重整计划表决权交易行为进行界定，探讨表决权交易行为出现的原因；第二部分对重整计划表决权交易行为的合法性展开分析，证成对表决权交易行为进行规制的必要性；第三部分讨论现行法律对重整计划表决权交易行为的规制效果，剖析现行法律规定的不足之处；第四部分则立足于我国现有规则与实践现状，通过借鉴域外经验，得出我国法律的完善方案。

二、重整计划表决权交易的界定与成因

（一）重整计划表决权交易的内涵界定

顾名思义，重整计划表决权交易是指重整债权人为获得交易相对人提供的对价利益，在不转让其债权的前提下，单独将其重整计划表决权转移给交易相对人的行为。重整计划表决权交易导致了重整计划表决权与其基础债权相分离的结果，故与“表决权代理”虽有一定相似之处，但亦存在如下显著差异：

首先，当事人之间权利义务关系不同。一方面，在重整计划表决权代理情形下，代理人虽可独立作出意思表示，并由重整债权人承担表决行为的法律效果，但代理人在表决时应当以重整债权人（本人/被代理人）的利益为导向，除非被代理人的授权内容中作出了明确的、相反的指示。[①] 然而，在重整计划表决权交易场合，表决权收购方有权依据自身的利益对重整计划进行表决。即便交易相对方作出的表决决定不符合该重整债权人的利益，也难谓其违反了任何约定或法定的义务，因为赋予交易相对方自主表决的权利是表决权交易的题中应有之义。

其次，利益流向不同。表决权交易行为强调利益引诱，即重整债权人将表决权赋予他人行使的根本目的在于获取相对人的对价利益输送。此时，利益是由相对人流向重整债权人，获得相对人付出的对价利益是重整债权人“出售”

① 参见王利明：《民法总则研究（第二版）》，中国人民大学出版社2012年版，第660－661页。

表决权的动机。然而，重整计划表决权代理并不存在重整债权人受他人利益引诱的情况，相反，在有偿代理的情况下，利益是由重整债权人（被代理人/本人）流向代理人，作为代理人受托为重整债权人处理事务的对价。

综上所述，表决权交易行为的核心特征在于：重整债权人为了获取特定利益而将其表决权交由交易相对方自主行使，交易相对方在进行重整计划表决时亦无需考虑重整债权人的意思或利益。不过，由于法律未明确认可表决权交易行为的效力，实务中往往以表决权代理之名行表决权交易之实，以避免行为合法性方面的争议。①

（二）重整计划表决权交易行为的成因

作为自发于重整实务的现象，表决权交易行为的出现有其商业合理性。总体而言，表决权交易行为有如下成因：

首先，对重整计划表决权收购方而言，表决权交易行为有助于其获得对重整程序的控制权。② 我国企业破产法将债权人会议视为破产企业的“权力机关”，③ 将债务人企业的重大决策事项交由债权人会议行使。④ 重整计划决定着重整企业的命运，故重整计划进行表决是债权人行使控制权的最重要方式。⑤ 正因如此，意图控制重整程序的主体才会积极地收购表决权，以促进有利于自身的重整计划的表决结果。

其次，对于出售表决权的债权人而言，表决权交易行为有助于其提前退出破产程序，甚至获得更高的清偿比例。由于债权的产生具有个别化特征，重整

---

① 同样，由于我国公司法未对股东表决权交易问题作出明确规定，在公司法领域同样存在表决权委托与表决权交易概念混用的现象。有观点指出，我国证券市场上部分表决权委托行为实质上属于表决权转让行为。参见蒋学跃：《上市公司表决权委托问题研究》，载《证券市场导报》2018年5月号。

② 参见张维迎：《所有制、治理结构及委托—代理关系——兼评崔之元和周其仁的一些观点》，载《经济研究》1996年第9期。

③ 参见张钦昱：《公司重整中出资人权益的保护——以出资人委员会为视角》，载《政治与法律》2018年第11期。

④ 参见韩长印：《论破产程序中的财产处分规则——以“江湖生态”破产重整案为分析样本》，载《政治与法律》2011年第12期。韩长印教授指出：基于状态相依所有权理论，债务人主要财产的处分权应当由债权人会议享有。基于此，《企业破产法司法解释（三）》第15条明确将债务人重大财产处分权赋予债权人会议，进一步贯彻了状态相依所有权理论。

⑤ 参见贺丹：《破产重整控制权的法律配置》，中国检察出版社2010年版，第57－58页。

债权人的利益具有异质性,[①] 即便同为无担保债权人,“传统交易型债权人”倾向于早日将其债权变现以投身于新的交易之中，而“投资型债权人”则更倾向于谋求对重整企业的长期控制。[②] 重整债权人的不同利益取向形成了表决权交易行为的供需关系。重整计划表决权交易一方面为债权人提供了从重整程序抽身的退出机制，另一方面也有助于投资人扩大自身对重整程序的影响。

最后，就重整程序本身而言，表决权交易能够提高程序效率。我国重整实践一直为效率低下的问题所困扰,[③] 通过表决权交易，重整计划的制定者、投资方能够在重整计划草案表决之前有效预测债权人会议的表决结果，并在债权人会议表决通过重整计划草案后及时提请法院裁定批准重整计划，最终大幅度地降低重整计划表决和执行的时间成本。

可见，表决权交易行为呼应了实践中破产程序参与者争夺控制权的现实需求，顺应了重整债权的异质性特征，还提高了重整程序的运行效率。然而，重整实务的实践需求是一种实然状态，并不足以证实表决权交易行为在规范意义上理所当然得到立法的肯定。在认识到表决权交易行为的现实成因后，仍然需要在理论上对其正当性加以审视。

三、重整计划表决权交易行为的正当性证成

与实践中的观点不同，本文的立场是：重整计划表决权交易行为不具有法理正当性而应予以禁止。原因主要包括立法以及政策两个方面。

（一）立法上禁止表决权交易的理由

立法上的理由系指，表决权交易行为是否与我国《企业破产法》的具体规则、制度精神之间存在矛盾。若答案是肯定的，规制表决权交易行为便有了立法上的依据。

1. 违反破产法的债权平等原则

债权平等原则（*pari passu*）被誉为破产法中的基本原则,[④] 即同类债权人

---

① 参见贺丹：《破产重整控制权的法律配置》，中国检察出版社2010年版，第55－56页。

② 参见陈熹：《金融交易改变破产重整债权人的利益格局——以美国破产法重整制度为例分析》，载《上海金融》2018年第4期。

③ 参见池伟宏：《困境企业拯救的破产重整路径效率优化》，载《中国政法大学学报》2021年第4期。

④ See Roy Goode，Principles of Corporate Insolvency Law，Sweet & Maxwell，2011，p. 239.

应当在破产程序中获得同样的清偿待遇。我国《企业破产法》第113条第2款关于同顺序债权等比例清偿的规定、第32条关于偏颇行为撤销权的规定等诸多规则均体现了债权平等原则的制度理念。

债权平等原则的规范意旨有二：一是创造有序的破产财产分配秩序，二是保障同类债权人平等受偿。① 首先，破产程序终止了个别执行制度中各债权人“勤勉竞赛”的乱象，取而代之的是“债权人整体利益最大化”的财产处置原则以及“同类债权人平等受偿”的财产分配原则。② 如此一来，破产程序便可以避免个别执行中单个债权人不顾债务人财产的整体价值而竞相争夺债务人财产的现象，促进债权人的合作以增大可供全体债权人分配的总财产。③ 其次，破产作为一个社会事件，其所肇致的损失应当由各交易当事人平等承受。④ 否则，极容易出现个别债权人利用其与债务人之间的关系、距离、信息等优势实现自身的债权，而损害其他债权人利益。

从债权平等原则的规范意旨出发，不难发现表决权交易行为与债权平等原则之间存在矛盾之处：对于参与表决权交易行为的债权人而言，他们比未参与交易的债权人额外获得了表决权交易的对价利益，享受了更优渥的清偿待遇，事实上造成了同类债权人不同等受偿的结果。一个可能的反驳是，表决权交易的对价利益来源于破产程序之外，而在破产程序之内，同组债权人的清偿待遇是一致的，故未违反债权平等原则。然而，这一反驳的欠缺在于：重整计划表决权收购的目的在于控制重整计划的表决结果，而用于收购表决权的成本原本可以用于提高整组债权人的清偿待遇，由同类债权人共同分享。但是，表决权交易行为使得部分债权人获得了同组其他债权人无法享受的利益，形成了参与交易的债权人掠夺未参与交易的债权人的利益的局面。

美国破产实践中的司法态度亦可反映这一观点。美国破产法典同样将“债权平等原则”作为立法目的，⑤ 甚至将其视为美国破产法最根本、最源远流长

---

① See Rizwaan Jameel Mokal, *Priority as Pathology: The Pari Passu Myth*, Cambridge Law Journal, Vol. 60: 3, p. 581 - 621 (2001).

② See Roy Goode, Principles of Corporate Insolvency Law, Sweet & Maxwell, 2011, p. 236.

③ 参见韩长印：《破产程序的财产分配规则与价值增值规则——兼与个别执行制度的功能对比》，载《法商研究》2002年第3期。

④ 参见许德风：《破产法基本原则再认识》，载《法学》2009年第8期。

⑤ See Elizabeth Warren, *Bankruptcy Policy*, The University of Chicago Law Review, Vol. 54: 3, p. 775 - 814 (1987).

的价值追求。[①] 判例认为，若重整计划表决者的表决动机系为了获得其在破产财产中可得份额以外的利益，那么该表决行为将与破产法典在债权人之间按比例公平分配破产财产的立法目标相违背。[②] 具体的例子包括："债权人在获得他人提供的25,000美元后，将表决支持重整计划，而同组其他债权人未享受同等待遇"[③]、"重整计划的拥护者向部分而非全部债券持有者承诺，若重整计划最终通过，将以90%的票面价值购买其债券，以此换取该部分债券持有者对重整计划的支持"[④] 等等。

2. 损害重整计划表决的双重多数决机制

根据《企业破产法》第84条第2款的规定，我国重整计划草案的表决机制为双重多数决，需要同时获得表决组中出席债权人数及债权额的多数决。双重多数决的立法理由在于平衡大小债权人的利益，避免表决结果为多数小额债权人或少数大额债权人所单方绑架。[⑤]

从深层次看，之所以采取双重多数决的表决机制，主要有以下两方面的理由：(1) 重整债权人的异质性。债权人对于破产财团所享有的利益是多元的而难以评价的，会随着债权产生原因的差异、债权数额的大小而变化，故采取双重多数决能够使得债权人的多元利益在重整程序中均得到一定程度的反映与兼顾。[⑥] (2) 重整程序的协商属性。在本质上，重整制度仍然可以被视为一种对破产企业财产加以变现的方式，但与清算制度不同的是，重整企业财产是被"出售"给企业债权人而非第三人。[⑦] 重整制度弥补了市场契约面临的"市场不

---

① See Lawrence Ponoroff, *The Resiliency of the Equality of Creditors Ethos in Bankruptcy*, American Bankruptcy Institute Law Review, Vol. 30: 1, p. 1 - 60 (2022).

② See Young v. Higbee Co., 324 U. S. 204 (U. S. 1945).

③ See *In re* Featherworks Corp., 25 B. R. 634 (Bkrtcy. N. Y., 1982).

④ See *In re* Fuller Cleaning & Dyeing Co., 118 F. 2d 978 (C. A. 6 1941).

⑤ 参见韩长印：《从分组到分段：重整程序中的小额债权清偿机制研究》，载《法学》2019年第12期。

⑥ See David Arthur Skeel, Jr., *The Nature and Effect of Corporate Voting in Chapter 11 Reorganization Cases*, Virginia Law Review, Vol. 78: 2, p. 461 - 533 (1992).

⑦ See Thomas H. Jackson, Bankruptcy, *Non - Bankruptcy Entitlements*, *and the Creditors' Bargain*, The Yale Law Journal, Vol. 91: 5, p. 857 - 907 (1982). 当然，这仅是基于重整程序债务清偿功能视角的描述，重整程序显然还具有以"债权"进行再投资的特征。参见［美］查尔斯·J. 泰步：《美国破产法新论》，韩长印、何欢、王之洲译，中国政法大学出版社2017年版，第1200 - 1201页。

知价”的缺陷，而此种制度优势又建立在当事人有效谈判的基础之上。① 为了促进重整程序的参与者就最终的损益分配作出最优决策，重整制度通过分配议价能力的方式保障各方均有一定的谈判筹码。② 双重多数决正是重整程序协商性质的保障机制之一。

我国学界普遍肯定双重多数决的制度精神。例如，齐明教授提出：虽然双重多数决能够保障表决结果符合大多数人的利益，但是应当警惕大债权人通过表决权收购或拆分出让自己债权的方式解决自身人数上的劣势，进而控制表决结果的行为。③ 又如，许德风教授以债权交易为例，指出：若大债权人通过分散转让其债权而获取人数上的占优效果，由于此时债权购买人与出卖人在表决行为上具有一致利益，形成了某种程度的单一投票团体，故即便承认有关债权转让的效力，也不应承认其在表决权上所追求的人数优势。④

遵循前述思路，重整计划表决权交易也应该受到法律限制。从表决权交易的行为内涵可知，表决权交易并不改变参与重整计划草案投票的债权人数量与债权额总量，只不过参与表决权交易的债权人应当按照协议的事先安排进行投票。可见，只要恰当安排好表决权交易，就能就特定的表决结果同时占据表决组内债权额与债权人数量的多数，进而实现对重整计划表决结果的操控。此时，双重多数决为不同债权人分配的议价能力均被削弱了，导致债权人会议无法作出最优决策。甚至，在极端场合下，若重整计划表决权收购方的真实身份为重整企业的有力竞争对手，其完全可以恶意阻碍重整计划的表决通过，使得债务人最终走向清算的命运。这对未参与表决权交易的债权人而言无疑是一种损害，也与重整制度“挽救债务人”“维护社会稳定”等多重价值目标相悖。

综上所述，表决权交易行为与债权平等原则及重整计划双重多数决机制之间存在明显冲突，禁止表决权交易行为具有充分的法规依据。

（二）政策上禁止表决权交易的理由

政策上的理由，系指禁止表决权交易行为是否会与我国《企业破产法》实

---

① 参见高丝敏：《重整计划强裁规则的误读与重释》，载《比较法研究》2018年第1期。

② See Raymond T. Nimmer, *Negotiated Bankruptcy Reorganization Plans: Absolute Priority and New Value Contributions*, Emory Law Journal, Vol. 36: 4, p. 1009 – 1084 (1987).

③ 参见齐明：《中国破产法原理与适用》，法律出版社2017年版，第159页。

④ 参见许德风：《破产法论：解释与功能比较的视角》，北京大学出版社2015年版，第205页。

施所欲追求的政策目标存在矛盾。① 前已述及，重整计划表决权交易有其实践需求。那么，禁止重整计划表决权交易是否会导致实践需求得不到回应，进而阻碍了重整制度的发展？若答案是否定的，那么规制表决权交易便有了政策上的理由。

1. 债权交易可作为回应实践需求的替代方案

重整计划表决权交易为重整参与方控制重整程序提供了便利，有助于那些无意在重整程序中长时间滞留的债权人及时退出，提高重整效率，具有一定的积极作用。然而，上述积极功能完全可以通过破产债权交易的方式来实现，不足以证成立法肯认重整计划表决权交易的正当性。

《企业破产法》及其司法解释对于破产债权是否可以转让、转让条件等问题未作出明确规定，但第40条明确禁止了债务人的债务人在破产申请受理后通过受让他人对债务人的债权的方式行使抵销权的行为。此外，根据《最高人民法院关于审理企业破产案件若干问题的规定》第60条第2款的规定，经确认的破产债权可以转让。可见，我国破产制度并未禁止破产债权转让行为。事实上，破产实务中早已出现通过“债权转让”促进重整进程的实践。例如，在纵横集团“1+5”公司申请破产重整案中，就是通过“债权转让”的方式对50万元以下的小额债权人获得全额清偿进行“清零”，以相对较小的代价换取了这部分债权人的安定，并为重整计划草案的表决争取了票权。② 重整债权交易同样具备为债权人提供退出机制、加强对公司管理层的控制、引入专业投资人、提高重整效率等积极作用。③ 因此，表决权交易行为所带来的积极作用完全可为债权交易所覆盖。

相较于表决权交易行为，债权交易对债权平等原则的冲击更小。通过债权

---

① 本文沿袭韩长印教授在《破产优先权的公共政策基础》一文中所使用的公共政策概念。所谓公共政策，是指政府在破产法立法与执行等环节中所可能抱持的态度，体现了政府基于公共利益而作出的政策决定，如职工救济、社会保障等等。参见韩长印：《破产优先权的公共政策基础》，载《中国法学》2002年第3期。概言之，公共政策是指虽未明确规定于破产法中，但是在破产法的执行过程中必须考量、追求的一系列目标。

② 参见余建华、孟焕良：《破茧化蝶焕然新生——绍兴中院成功实施大型民企纵横集团破产重整案纪实》，载《人民法院报》2011年3月29日，第003版；《纵横集团“1+5”公司申请破产重整案》，载北大法宝，https://www.pkulaw.com/pfnl/c05aeed05a57db0a00da23a2c0102aa324b3c00249c00066bdfb.html?，最后访问日期：2023年2月20日。

③ 参见谢肇煌：《公司重整中债权交易的法律规制》，载《财经法学》2023年第1期。

交易，收购方成为新的债权主体，同组债权人所获得的清偿待遇将是一致的。此外，由于债权收购方对重整计划的表决结果将影响其自身的清偿利益，在一定程度上亦能够避免恶意表决降低本组债权人待遇的情形。

与此同时，债权交易行为对双重多数决的表决机制损害程度更低。虽然有学者指出，若破产债权从单一债权人手中分散到更多债权人手中，很可能导致出让人与受让人在交易后形成某种利益共同体，进而导致有关债权人同时获得表决权人数与债权额上的优势。① 前述顾虑不无道理。但是，相比于表决权交易行为，由于破产债权转让将导致债权主体与债权数额的变更，故在实践中需要通过债权转让通知、债权申报等方式告知管理人，以方便最终表决结果的统计。因此，破产债权转让具有一定的公开性，为其他债权人、管理人、法院来监督表决行为提供了可能。②

2. 重整计划表决权行使的便利化趋势

根据企业所有权的状态依存性，债权人在破产程序中成为企业的剩余索取权人，享有企业的剩余决策权，但债权人行使控制权容易出现债权人冷漠问题。尽管企业重整从整体上有利于债权人利益，但大多数无担保债权人在破产重整程序中仅能获得较低比例的清偿，导致债权人欠缺行使控制权、参与重要事项表决的动力。③ 此外，参与重整程序的高昂成本也将对债权人重整控制权的行使造成实质性阻碍。在此情况下，重整债权人就倾向于将其重整计划表决权出售给其他有意参与重整程序的主体。在无法为重整债权人行使表决权提供足够便利的情况下，仍然强调重整债权人的表决权应当由本人行使，难免有强人所难之嫌。

然而，近年来，重整计划表决权行使出现了便利化的趋势。《企业破产法司法解释（三）》第 11 条对债权人会议非现场表决机制给予了明确肯定。根据规定，债权人可以通过通信、网络投票等非现场方式对重整计划进行表决，同时管理人应当事先将相关决议事项有效告知债权人，以保障债权人的知情权。此

① 参见许德风：《破产法论：解释与功能比较的视角》，北京大学出版社 2015 年版，第 205 页。

② 有观点认为，若确有证据证明债权人通过分割其债权形成投票团体以占据债权人数中的优势，可依照恶意串通损害第三人利益的法律行为无效的规定来否认债权转让行为的效力。参见刘敏、池伟宏：《法院批准重整计划实务问题研究》，载《法律适用》2011 年第 10 期。

③ 参见贺丹：《破产重整控制权的法律配置》，中国检察出版社 2010 年版，第 54－55 页。

外，《关于审理上市公司破产重整案件工作座谈会纪要》亦规定，为了降低中小投资者参加债权人会议的成本，在上市公司重整案件中应当为中小投资者提供网络表决的方式，提高中小投资者的参会积极性，为中小投资者参与重整程序，表决重整计划，维护自身权益提供便利。以上规定能够有效降低债权人参加重整程序的成本，提高债权人参与重整程序的积极性，充分发挥债权人作为剩余利益索取者的作用。当前，虽然网络表决仅在上市公司重整案件中属于硬性规定，但越来越多的破产重整案件引入了非现场表决制度，降低了债权人参与重整程序、管理人办理案件的时间、金钱成本，提高了债权人会议的议决效率，促进了重整程序的高效运行。因此，重整计划表决权行使的便利化趋势，降低了债权人因忌惮重整程序的参与成本而希望尽早退出重整程序的需求。因此，参与重整计划表决的成本过高在大多数情况下已经不宜作为债权人出售其重整计划表决权的理由了。

综上所述，禁止表决权交易行为有法律上以及政策上的充分理由。表决权交易行为的规制必要性和正当性得以证成。

四、现有法律规制重整计划表决权交易行为的不足之处

在确认表决权交易行为具有规制的必要性和正当性之后，有必要对现行法律有关的救济途径之适用效果进行讨论，以避免在解释论尚有余力的情况下，盲目地倒向立法论的立场。结合实务中的诉讼思路及破产法的相关规定，可能的救济选择包括“债权人会议决议撤销制度”、“重整计划批准制度”以及相应的“损害赔偿制度”。

（一）债权人会议决议撤销制度

《企业破产法》第64条第2款规定了债权人会议决议的撤销制度。《企业破产法司法解释（三）》第12条对债权人会议决议可撤销的具体情形进行了进一步细化，具体包括“债权人会议的召开违反法定程序”“债权人会议的表决违反法定程序”“债权人会议的决议内容违法”“债权人会议的决议超出债权人会议的职权范围”等四种情形。问题在于，表决权交易行为是否构成撤销重整计划通过决议的事由？

1. 撤销制度的构成要件分析

首先，需要明确重整计划本身与重整计划通过决议之间的差别。关于重整计划的性质，学界存在契约说、裁判说、混合行为说、规范说等多种学说。有学者认为采决议说为宜，因为重整计划实质上是依多数决规则形成的团体意思，对少数反对者仍具有拘束力，符合决议的法律特征。① 然而，决议说混淆了重整计划本身与通过重整计划决议之间的关系。② 有鉴于重整计划本质上体现的仍然是重整当事人的意思自治，而法院的司法审查又构成一种不足以撼动重整计划契约本质的特殊性，故重整计划应定性为各重整参与主体经协商达成的具有投资意义的合同。③ 因此，重整计划本身并非债权人会议决议撤销制度的规范对象，但通过重整计划的债权人会议决议则应落入这一制度的规制范畴，应无疑义。

其次，表决权交易行为是否属于债权人会议决议可撤销的事由，存在一定的讨论空间。

第一，在程序方面，即便存在表决权交易行为，该重整计划草案表决结果的统计仍然是在双重多数决的标准下进行的，故难谓重整计划的表决违反了法定程序。当然，从实质上说，由于表决权交易行为绑架了其他债权人的表决意志，使得双重多数决机制功能失灵，完全可以在解释上扩大表决程序违法的概念，将表决权交易行为涵摄在内。只不过，根据《企业破产法司法解释（三）》制定者的意见，程序违法与内容违法的区别之一在于：因内容上的违法被否认决议效力后，债权人会议决议不可能作出同样内容的决议。④ 然而，在重整计划表决权交易的场合中，债权人会议仍然可能在再次表决中达成同样的表决结果。因此，这一解释方案可能与司法裁判观点存在矛盾，难为实务所采。

第二，在内容方面，债权人会议决议内容违法指决议内容违反法律、行政法规强制性规定或者违背公共利益、公序良俗等情形，如债权人会议决议内容

① 参见崔明亮：《我国破产重整计划性质探究》，载《河南社会科学》2018 年第 7 期。

② 参见韩长印主编：《破产疑难案例研习报告（2020 年卷）》，中国政法大学出版社 2020 年版，第 340 页。

③ 参见［美］查尔斯·J. 泰步：《美国破产法新论》，韩长印、何欢、王之洲译，中国政法大学出版社 2017 年版，第 1200－1201 页。

④ 参见最高人民法院民事审判第二庭编著：《最高人民法院关于企业破产法司法解释（三）理解与适用》，人民法院出版社 2019 年版，第 248 页。

侵犯了少数债权人合法债权，未对同类债权公平受偿等情况。[①] 如前所述，表决权交易行为违反了债权平等原则的要求，在实质上导致同类债权人不平等受偿的结果，故在解释上亦可认为此时构成一种债权人会议决议内容违法的情形。然而，在形式上，由于重整计划对于同组债权人通常都会规定相同的清偿方案，而表决权交易所导致的不公主要是源于重整程序之外的对价，故将此种情形解释为内容违法存在一定的艰难之处。

2. 撤销制度的规制效果检讨

在规制效果方面，根据《企业破产法司法解释（三）》第12条规定，人民法院可以裁定撤销全部或者部分事项的决议，责令债权人会议依法重新作出决议。然而，这一法律效果在重整计划表决权交易的情况中存在明显的不匹配性。

其一，债权人会议决议撤销制度与重整计划的既判力之间存在扞格之处。重整计划的批准裁定具有终局性。我国《企业破产法》并未明确赋予债权人等利害关系人挑战已由法院裁定批准的重整计划效力的渠道，这也是重整计划终局效力的体现。[②] 这意味着，一旦重整计划获得法院的批准，利害关系人即便对此持有异议，也应当无条件服从重整计划。[③] 需要指出的是，撤销重整计划通过决议的负面影响并非局限于破产程序之内，还涉及保护其他基于信赖而善意地与债务人开展交易的第三人的问题。即便破产法赋予法院相关的权力，法院也不应当轻率地动用这一颠覆性的权力。

即使从权利救济的角度肯定债权人等利害关系人享有申请法院撤销重整计划通过决议的权利，在我国《企业破产法》规则框架下，也将衍生出更多的问题。例如，根据《企业破产法》第64条第2款的规定，债权人会议决议撤销的申请应当在决议作出后的15天内提起。然而，《企业破产法》第86条第2款规定，对于债权人会议决议通过的重整计划草案，债务人或管理人应当在重整计

① 参见最高人民法院民事审判第二庭编著：《最高人民法院关于企业破产法司法解释（三）理解与适用》，人民法院出版社2019年版，第237页。另外，从这一表述看，司法解释制定者似乎认为重整计划属于债权人会议决议撤销制度的规范对象，因为侵犯少数债权人合法债权、未对同类债权公平受偿等情况显然属于重整计划内容不合法的情况，但这一观点混淆了重整计划本身与通过重整计划决议之间的关系，已如前述。

② 参见韩长印、张旭东：《重整程序中未申报债权的清偿规则研究》，载《法律适用》2021年第9期。

③ 参见陈义华：《论破产重整计划强制批准权的法律规制》，载《商业研究》2014年第11期。

划通过10天内提请法院裁定批准重整计划，而法院应当在收到申请之日的30天内裁定是否批准。考虑到法院审查债权人会议决议可撤销事由的过程可能耗时较长，重整计划裁定批准程序可能因此被耽误，那么应该如何处理债权人会议决议审查与重整计划批准程序之间的冲突？又如，在恶意收购表决权促使债权人会议表决不通过重整计划的情形下，法院此时应当根据《企业破产法》第88条的规定裁定终止重整程序并宣告债务人破产，依照清算程序对破产财产进行分配。此时，即便债权人会议决议得以撤销，债权人会议得以再次对重整计划进行表决，由清算程序“回转”至重整程序的依据何在？

其二，债权人会议决议撤销制度难以保障债权人会议重新决议的公平性。若法院责令债权人会议重新决议，那么之前参与重整计划表决权交易的债权人是否有权参与新一轮的表决？如何保证新一轮表决不受此前表决权交易行为影响？若无法保证新一轮表决不受此前表决权交易行为的影响，那么重新表决的效果将大打折扣，无法有效保障债权人的利益。

综上所述，虽然一定条件下，通过解释论将表决权交易行为列为债权人会议决议撤销的一种特殊事由，但债权人会议决议撤销制度的规制效果与重整计划的既判力之间存在一定的不匹配性，利用这一制度来规制表决权交易行为将衍生出更多困境，徒将问题复杂化。

（二）重整计划批准制度

《企业破产法》第86条规定了重整计划的正常批准制度，要求法院对经债权人会议表决通过的重整计划开展包括合法性、可行性在内的审查。合法性审查关注重整计划草案是否符合法律规定与公共利益的要求，以防止重整计划草案侵犯第三人权益或者社会公共利益。[①] 可行性审查则侧重于确保企业的营运价值能够通过重整程序得以维系，实现企业挽救的目的。[②] 问题在于，重整计划表决权交易是否构成法院拒绝批准重整计划的一项事由？

1. 重整计划的批准条件分析

《全国法院破产审判工作会议纪要》第17条对重整计划正常批准的条件进行了细化，规定重整计划中关于企业重新获得盈利能力的经营方案具有可行性、

---

① 参见齐明：《中国破产法原理与适用》，法律出版社2017年版，第162－163页。
② 参见王欣新：《〈全国法院破产审判工作会议纪要〉要点解读》，载《法治研究》2019年第5期。

表决程序合法、内容不损害各表决组中反对者的清偿利益的，人民法院应当裁定批准重整计划。

同样，表决权交易行为可否为重整计划批准制度所识别，关键还是在于对表决权交易行为的违法性认识上。由于我国《企业破产法》第86条对重整计划正常批准的条件采用了较为宽松的描述，存在较大的解释空间，完全可以基于表决权交易行为的违法性而将其解释为一种法院应当拒绝批准重整计划的事由。事实上，学界对本条文的解读就极大地丰富了其内涵。例如，有学者认为，重整计划草案是否符合法律规定，法院原则上应当审查重整计划草案提出的目的是否诚实、是否规避法律；重整计划草案中债权人所受到的清偿利益是否大于清算利益；重整计划草案是否对各种费用的支付进行了安排；重整计划草案拟采取的措施是否有保障等等。① 作为不正当表决的一种具体行为，表决权交易行为亦可被解释为一种“重整计划表决程序不合法”的情形，进而构成法院拒绝批准重整计划的理由。

2. 批准制度的规制效果检讨

首先，重整计划批准制度无法保障重新表决通过的重整计划的公平性。由于重整计划批准制度并未明确参加重整计划表决权交易的主体是否有资格参与重整计划的新一轮表决，故表决权交易行为的负面影响完全可能延续至新的重整计划表决中。

其次，重整计划批准制度无法规制恶意表决阻碍重整计划通过的情况。由于重整计划批准制度的启动条件为管理人或债务人在债权人会议表决通过重整计划后向法院提出申请，在相关主体通过收购重整计划表决权以阻碍重整计划通过的情况下，重整计划批准制度根本不会被启用。此时，根据《企业破产法》第88条的规定，法院应当裁定终止重整程序，并宣告债务人破产，债权人将因此失去通过重整实现更生的机会。至于重整计划强制批准制度，其启动要件包括至少有一组表决组表决通过该重整计划，此时亦无法发挥任何作用。因此，恶意表决阻碍重整计划的情况显然处于重整计划批准制度力有未逮的规范范围之外了。

---

① 参见付翠英：《破产法比较研究》，中国人民公安大学出版社2004年版，第268－269页。

最后，重整计划批准制度并未为法院发现表决权交易行为提供制度空间。根据《企业破产法》第86条的规定，经管理人申请裁定批准重整计划草案后，法院即开始对重整计划的合法性、可行性等要件进行审查，其中并未规定任何异议债权人的申诉、救济渠道。由于表决权交易行为具有隐蔽性，法院难以单纯地通过审查重整计划发现问题，更多的是依赖利益受损者、异议债权人的主动揭发和指控才得以知晓。事实上，在重整计划正常批准的情形中，法院也缺乏发现表决权交易行为的动力。对于债权人会议表决通过的重整计划，法院采取的是一种“弱审查”的态度。学界有观点建议，此时只要重整计划的表决程序符合法律规定，具有法定的必备内容，无明显违反法律强制性规定之处，法院即应批准重整计划，以体现法院对当事人意思自治的尊重。① 这一态度亦反映在我国的重整实践之中。根据学者的统计，在31家正常批准重整计划的上市公司中，法院审查批准时间少于5天的有11家，有的甚至仅花费了1天的时间，令人不禁反思法院在如此短的时间内审查、批准重整计划是否具备合理性。② 有鉴于此，司法实务大概率会忽视对表决权交易的防范与审查。

综上所述，虽然解释论上可以将表决权交易行为解释为一种法院应当拒绝批准重整计划的事由，但囿于表决权交易行为本身的隐蔽性，重整计划批准制度难以被有效激活。此外，重整计划批准制度亦无法应对表决权交易行为的所有情况，在规制效果方面欠缺全面性与周延性。

（三）损害赔偿制度

在债权人会议决议相关的救济手段之外，若未参与重整计划表决权交易的债权人认为表决权交易行为损害了其合法权益，其亦可尝试通过损害赔偿制度实现对自身权益的救济。请求对象可以是管理人，亦可以是参与表决权交易的主体。前者通过《企业破产法》第130条规定的“管理人责任之诉”实现，后者则通过《民法典》第1165条的一般侵权规范落实。

① 参见邹海林：《破产法——程序理念与制度结构解析》，中国社会科学出版社2016年版，第412页。

② 参见丁燕：《上市公司破产重整计划法律问题研究：理念、规则与实证》，法律出版社2014年版，第144页。

1. 损害赔偿制度的构成要件分析

（1）损害要件的认定

损害是侵权责任成立的要件之一。唯有被侵权人因侵权行为遭受了损害，方能要求侵权人负损害赔偿义务，即成立损害赔偿责任。① 通说认为，在判断损害是否存在时，以差额说为一般原则。② 若财产上不存在差额，通常即不存在损害。③ 在重整计划表决权交易的场合中，假设没有表决权交易行为的干扰，各重整债权人也完全有可能表决通过同样的、甚至更不利的重整计划草案。因此，在差额说的审视下，难以证明其他债权人存在财产上的增减变化，故损害要件难以成立。

但是，差额公式的适用也并非必然，在个案中即使不存在利益差额，也可能存在应赔偿之损害，反之亦然。④ 这是因为，差额说的特色在于价值中立，将损失的算定变成一种计算格式，未能顾及法律上的公平，使得其所得结论与公平正义观念相悖的现象时有发生。⑤ 因此，为了实现个案的正义与公平，需要通过损害的规范化来修正差额说的价值中立性。如前所述，表决权交易行为有违重整计划草案表决机制的制度精神，亦与破产法的债权平等原则相矛盾，故可以从损害规范化的角度出发，认为此时其他债权人受法律保护的权利或利益地位受到侵害，损害得以成立。在损害内涵上，可认为其他债权人丧失了通过利用自己的议价能力，争取其他重整计划草案并获得平等受偿的“机会”。

不过，即便损害得以证成，损害的金钱评价也是另一个横亘在损害赔偿路径上的问题。表决权交易行为所损害的是其他债权人的议价能力，是其他债权人通过协商获得合理、公平重整计划的机会，因此难以找到供作参考的市场价格。《民法典》第1184条允许法院在损害额无法按照市场价格计算时通过“其他合理方式计算”，为法院通过行使自由裁量权酌定损害额提供了规范依据。⑥

① 参见程啸：《侵权责任法（第二版）》，法律出版社2015年版，第215页。

② 参见王泽鉴：《损害赔偿》，北京大学出版社2017年版，第60－69页。

③ 参见李昊：《损害概念的变迁及类型建构——以民法典侵权责任编的编纂为视角》，载《法学》2019年第2期。

④ 参见徐建刚：《〈民法典〉背景下损害概念渊流论》，载《财经法学》2021年第2期。

⑤ 参见王泽鉴：《损害赔偿》，北京大学出版社2017年版，第66页。

⑥ 参见王磊：《财产损害算定的基本原理与规范内涵——〈民法典〉第1184条解释论展开》，载《环球法律评论》2021年第5期。

（2）管理人过错要件的认定

《企业破产法》第27条要求管理人承担勤勉、忠实义务。同法第25条列举了管理人在破产程序中的一系列职责。由于表决权交易行为的防范不属于《企业破产法》明定的管理人具体职责，故还需从管理人的信义义务的内涵与外延入手，探讨防范表决权交易行为是否蕴含于管理人的信义义务之中。

我国《企业破产法》借鉴了英美法系的破产受托人理论，以信义义务为基础构建了管理人责任制度。[①] 然而，虽然破产法确定了管理人的受信义务，但没有列明义务对象与行为标准，使得管理人的控制权极其容易被滥用，并且在被质疑时缺乏证明其决策正当性的依据。[②] 学者的评价可谓是切中肯綮。具体而言，管理人需要对债务人、债权人、债务人股东等主体承担信义义务，但这些主体本身就存在利益冲突，根本无法为管理人提供清楚的行为指导。[③] 相应地，当管理人被指控违反了其对特定主体的受信义务时，管理人完全可能抗辩其行为有利于实现其他主体的利益，符合管理人对其他主体所负的信义义务，进而摆脱相应的法律责任。

表决权交易行为即是重整程序中利益冲突的例证之一。其在提高重整程序效率，迎合部分债权人、投资人利益的同时，损害了其他债权人公平议价、平等受偿的权利。面对这样一种利益冲突的局面，《企业破产法》及相关规定其实并未给管理人提供明确的解决方案，而信义义务的内涵也无法发挥任何指引作用。因此，即便管理人参与了表决权交易行为的组织、实施等环节之中，也难谓管理人违反了信义义务的要求，因为重整计划表决权交易可能同时使其他债权人、债务人或投资人受益。

（3）重整计划表决权交易主体过错的认定

除管理人责任之外，参与重整计划表决权交易的主体亦可能成为损害赔偿责任的责任主体。在肯定表决权交易行为有害于重整计划草案表决机制的设置精神、侵犯其他债权人平等受偿权利后，前述加害行为、损害与因果关系的构成要件均可得到满足。问题的关键在于，实施重整计划表决权交易的主体是否

① 参见张艳丽：《破产管理人的法律责任》，载《法学杂志》2008年第4期。
② 参见齐明：《破产法学：基本原理与立法规范》，华中科技大学出版社2013年版，第92－93页。
③ 参见宋辉：《破产管理人民事责任：现状、问题与完善》，载《人民论坛·学术前沿》2020年第22期。

存在过错？

过失的认定应采取客观过失说，即根据某种基于社会生活共同需要而提出的客观标准，如合理人标准或善良管理人标准来判断过失是否存在。[①] 在过失的考量过程中，可预见性是重要的标准之一，要求实施侵权行为的主体对于损害的发生应当合理可预见。[②] 具体到表决权交易行为的场合中，即应当考察表决权出让人与受让人是否能够预见并有义务避免损害的发生？由于我国《企业破产法》并未明文禁止表决权交易行为，虽然不难证成表决权交易行为将损害重整程序的制度精神以及其他债权人的合法权益，但对于债权人等主体而言，他们并不一定能够认识到这一行为的损害性质。因此，要求参与重整计划表决权交易的相关主体负有不参与表决权交易行为的义务或属过分苛责，违反了可预见性的要求。因此，在立法没有明确禁止的前提下，不宜认为行为人有相应的注意义务。

2. 损害赔偿制度的规制效果检讨

前文分析表明，表决权交易行为难以符合损害赔偿制度的所有构成要件，尤其是在过错要件方面出现了适用上的困境。事实上，在规范效果上，损害赔偿制度也无法妥善地应对表决权交易行为。

通过损害赔偿的方式实现对其他债权人的救济无法突出重整程序的协商性质。对于未参与重整计划表决权交易的债权人而言，他们失去的是一个为更好的清偿待遇、更具有前景的经营方案而协商的机会。这个机会是否具有价值、价值几何均是难以合理确定的。即便通过规范损害的理论对这一损失予以量化，也难谓符合债权人所受损害的本质。而且，从重整程序整体而言，让每个债权人均能够在重整计划的协商过程中充分地表达自己的意见，可能更有利于达成一个公平合理、具有商业潜力的重整计划，更有利于调和重整程序广泛的利益冲突。从这一角度出发，首要的救济方案应当是消除表决权交易行为对重整计划本身的负面影响，确保重整计划符合重整制度对当事人协商自治、多元目标调和的追求，而通过损害赔偿制度对未参与表决权交易行为的债权人提供救济永远是一个“退而求其次”的事后救济方案。

---

① 参见程啸：《侵权责任法（第二版）》，法律出版社2015年版，第272－275页。

② 参见于雪锋：《侵权法中可预见性标准的基本功能及其比较》，载《东方法学》2016年第4期。

综上所述，损害赔偿制度难以有效规制表决权交易行为，不仅在构成要件的适用上存在艰难之处，还在规范效果上与重整制度的制度本质、价值追求不相匹配。

五、重整计划表决权交易行为的应然规制方案

前文分析也表明，表决权交易行为有其规制必要性，而现行法律制度尚不足以妥善地规制这一行为。有鉴于此，有必要完善我国《企业破产法》的相关规则，以实现对表决权交易行为有效规范。

（一）重整计划批准制度

前已述及，我国重整计划批准制度难以识别出表决权交易行为，导致这一制度无法被有效激活。因此，完善我国的重整计划批准制度，确保其能够有效地识别、应对表决权交易行为，不失为规制表决权交易行为的方案选择之一。

1. 重整计划批准制度的条件完善

由于《企业破产法》第86条对重整计划的正常批准条件作出了较为笼统的规定，为避免法院忽略对表决权交易行为的审查，可尝试对重整计划正常批准的各项条件予以细化，将重整计划表决权交易明确规定为一项法院应拒绝批准重整计划的具体事由。事实上，德国、日本等国的破产制度正是通过重整计划批准制度来实现对表决权交易有效规制顺位。

《德国破产法》第226条规定，破产管理人、债务人或其他人与个别利害关系人缔结协议并约定，这些利害关系人在表决或者在与破产程序相关的其他情形里实施一定行为时将获得未在方案中规定的利益的，该协议为无效。①同法第250条规定，若重整计划的接受是以不正当方式，特别是以使一名债权人受利益的方式促成的，那么法院应当依职权拒绝许可。② 德国联邦最高法院曾于2005年3月3日作出裁决，认定如若债权人或第三人以高于重整计划规定受偿额的价格购买了其他债权人债权，并由此通过行使表决权促成了本无法通过的重整计划表决通过，那么这一情况即构成法院应当拒绝批准重整计

① 参见杜景林、卢谌译：《德国支付不能法》，法律出版社2002年版，第117页。
② 参见杜景林、卢谌译：《德国支付不能法》，法律出版社2002年版，第121页。

划的情形。[①] 可见，德国破产法明文规定破产程序中的表决权交易协议无效，并且通过表决权交易促成重整计划通过的情形应构成法院拒绝批准重整计划的具体事由之一。

《日本民事再生法》也有类似的规定。根据该法第174条的规定，法院不批准再生计划的事由包括“再生计划的表决方法不正当”，而这一事由除了包括欺诈、胁迫等情形外，还包括了判例明确认可的表决方法违反诚信原则的情形，例如通过债权分割的方法，人为地增加债权人的总人数的情况。[②] 基于判例的裁判逻辑，通过表决权交易行为以促成重整计划的行为同样属于表决方法不正当的行为，因为表决权交易行为与债权分割行为一样，都为特定主体谋取表决结果控制权提供了不正当的帮助，使得双重多数决的规范目的落空，故法院在这种情况下应当拒绝批准再生计划。

前已述及，在重整计划正常批准的场合，出于对当事人意思自治的尊重，法院往往不会对重整计划进行全面的审查。然而，这一做法并不妥当。一方面，在重整计划正常批准的场合中，也要防范多数人的表决结果剥夺少数债权人基本权利的情况。[③] 另一方面，尊重当事人意思自治的前提在于当事人的意思表示并无瑕疵。正如联合国国际贸易法委员会编著的《破产法立法指南》所强调的一般，如果破产法要求法院确认已获得债权人必要多数通过的重整计划，法院此时虽不需审查债权人表决支持重整计划时考虑的商业依据，但也要确保重整计划的表决通过是经由正当方式获得的，并且满足了某些条件。[④] 因此，在重整计划正常批准的情况下，法院亦应当确保当事人达成的意思自治是真实有效的，并且保障重整计划异议债权人能够受到债权人最大利益规则、公平对待规则的保护。

因此，我国应当明确法院在重整计划正常批准的情况下应当重视对重整计划表决方式、表决程序是否正当的审查，确保债权人会议的表决过程不存在舞弊、欺诈等不正当事由。如若发现重整计划的通过是通过表决权交易行为等不

---

① 参见何旺翔：《德国联邦最高法院典型判例研究（破产法篇）》，法律出版社2019年版，第131页。

② 参见［日］山本和彦：《日本倒产处理法入门》，法律出版社2016年版，第157页。

③ 参见王欣新：《重整制度理论与实务新论》，载《法律适用》2012年第11期。

④ 参见联合国国际贸易法委员会编著：《破产法立法指南》（中译本），第203页。

正当方式促成的，那么应当拒绝批准重整计划，因为此时尊重当事人意思自治的前提基础并不存在。

2. 重整计划批准制度的程序保障

除却重整计划正常批准条件的完善之外，还应当在程序维度上保障重整当事人的权益。由于法院在破产程序中并非享有作出最佳决策激励的主体，但重整计划的审批过程中难免触及商业判断。例如，如何判断经债权人会议表决通过的重整计划能够使异议债权人获得的清偿比例不低于其在清算程序中所能获得的清偿比例？虽说最低保障规则在表现上属于法律判断，但其实际上却是具有不确定性的商业判断，因为其以重整成功为预设前提，且破产清算情况下所得受偿额也是模拟计算的结果。① 此外，部分足以影响重整计划表决结果正当性的行为无法通过法院的主动审查而及时发现，表决权交易行为即为例证。是故，法院难以独自承担起审查重整计划的重任，有必要为享有作出最佳决策激励的利害关系人提供畅通的意见表达渠道。

要求法院在审批重整计划时听取利害关系人的意见是比较法上的惯常做法。《美国破产法典》第1128条规定，法院必须就是否批准重整计划举行听审，任何利害关系方均可在听审时提出异议。② 甚至，即便没有异议提出，法院也不可省去举行听审的程序，此时重整计划的制定者仍然负有主动说明、论证重整计划符合各项批准要件的义务。③《德国破产法》第248条第2款规定，法院在作出是否认可支付不能方案的裁判之前，应当听取支付不能管理人和债务人的意见，在有选任债权人委员会的情形中还应当听取债权人委员会的意见。④《日本民事再生法》第174条第3款亦规定，再生债务人、管理人、已申报债权人、工会等，可在法院做出是否批准再生计划裁定时发表意见。⑤ 从比较法的经验出发，我国《企业破产法》未对重整计划批准过程中的程序要求作出任何规定，未赋予利害关系人提出异议的正式渠道，存在一定的疏漏。

虽说要求法院在重整计划正常批准以及强制批准的场合下均召开听证会会

---

① 参见韩长印主编：《破产法教程》，高等教育出版社2020年版，第233页。

② See 11 U. S. C. § 1128.

③ See *In re* Multiut Corp., 449 B. R. 323 (Bankr. N. D. Ill. 2011).

④ 参见杜景林、卢谌译：《德国支付不能法》，法律出版社2002年版，第125页。

⑤ 参见［日］山本和彦：《日本倒产处理法入门》，法律出版社2016年版，第157页。

提高重整程序的运行成本，且与重整制度的效率目标存在一定的冲突，但是，只有当重整在经济上具有可行性时，才应当考虑重整程序广泛的立法目的；如果重整在经济上不可行，那就应当选择清算程序，不能以实现诸立法目的为由强行推进重整程序。① 重整计划正常批准程序中的听证会亦是确保重整债务人具备重整可能性的确认手段。基于此，仅仅以听证会的召开成本高昂为由拒绝设置听证会的理由是不够充分的。

为确保听证会或其他异议程序发挥实际作用，法院应当提前将召开听证会的通知告知利害关系人。② 同时，为降低听证会召开的人力、时间与金钱成本，可探索非现场召开听证会的形式，通过网络等方式召开听证会。此外，对于利害关系人在听证会上提出的异议，债务人、管理人等申请法院批准重整计划的主体应当及时回应，并予以记录，最终由法院判断异议及理由是否成立。对于听证会过程中所提出的异议、处理结果及处理理由，应当形成书面文件，及时予以公示或者通知相关利害关系人。

3. 重整计划批准制度的法律救济

更进一步的问题是，若法院不当地批准了经由表决权交易行为而促成的重整计划，那么是否应当赋予利害关系人挑战法院批准重整计划裁决的效力？当前，针对法院是否批准重整计划的裁决结果，我国《企业破产法》并未规定任何法律救济手段。有学者建议增加相关规定：当债权人对法院批准重整计划的裁定有异议的，可以向上一级法院复议，复议期间原则上不停止重整计划的执行。③ 然而，本文认为，即便通过立法肯定利害关系人申请复议的权利，法院也不应当轻易撤销重整计划的批准裁决。

比较法上，即便是在明确规定重整计划得因特殊事由而撤销的立法例中，亦对重整计划的撤销条件作出了严格限制。根据《美国破产法典》第1144条的规定，在重整计划是通过欺诈的方式获得法院裁定批准的情况下，利害关系人

---

① 参见徐阳光、王静主编：《破产重整法律制度研究》，法律出版社2020年版，第111页。

② 《美国联邦破产程序规则》规定，对于重整计划批准异议的截止时间、批准听审时间的通知必须提前至少28日寄送给债务人、管理人、债权人等利害关系人。See Federal Rules of Bankruptcy Procedure, § 2002.

③ 参见王欣新：《重整制度理论与实务新论》，载《法律适用》2012年第11期。

有权在裁定作出后的180天内向法院申请撤销重整计划。① 然而，有学者指出，即便确实存在欺诈事由，法院也不负有撤销重整计划的义务，法院完全可以基于自由裁量权选择最适当的救济措施，例如在补救欺诈行为已经为时过晚、撤销重整计划且恢复原状已经不切实际时，法院应当拒绝撤销重整计划，并选择其他替代性的、损害更小的补救措施。②

《德国破产法》第253条亦赋予了利害关系人就法院是否批准重整计划的裁定上诉的权利，但同样规定了严格的上诉条件，其中之一便是“如果法院确信重整计划执行迟延所产生的不利益超过了重整计划执行给上诉人带来的不利益，从而导致重整计划的立即有效性具有优先地位，则州法院可依照破产管理人的申请拒绝上诉人的上诉。”③ 根据这一规定，即便重整计划确实存在可撤销事由，德国法院仍然可以基于重整计划继续执行的损益比较，决定是否拒绝利害关系人的上诉。

撤销法院批准重整计划的裁定绝非易事。这是因为：首先，在大多数情况下，撤销重整计划的实际意义并不大。重整计划涉及债权清偿、财产转让、债务人控制权移转等一系列事项，而前述事项常常在重整计划获得批准后的数日之内就已经得到完成。④ 此时若撤销重整计划，已经作出的分配大概率“覆水难收”，恢复原状的成本可能比继续执行重整计划的成本还要高。其次，撤销重整计划面临巨大的公共利益风险。若重整计划涉及复杂的交易，许多无辜的第三方完全可能基于信赖而善意地与债务人开展了交易，此时撤销重整计划还将损害众多善意第三人的利益。⑤ 因此，美国学者一针见血地指出，重整计划批准裁定上诉权的象征意义远远大于其实际意义。⑥

因此，即便我国要构建重整计划批准制度的法律救济渠道，也应当对该制

---

① See 11 U. S. C. § 1144.

② See Mark G. Douglas, *Unscrambling the Egg or Redividing the Pie*: *Revoking a Chapter 11 Plan Confirmation Order*, Pratt's Journal of Bankruptcy Law, Vol. 2: 4, p. 333 – 350 (2006).

③ 参见韩长印主编：《破产法教程》，高等教育出版社2020年版，第238页。

④ 参见［美］查尔斯·J. 泰步：《美国破产法新论》，韩长印、何欢、王之洲译，中国政法大学出版社2017年版，第1314页。

⑤ See *In re* Continental Airlines, 91 F. 3d 553 (C. A. 3 (Del.), 1996).

⑥ 参见［美］查尔斯·J. 泰步：《美国破产法新论》，韩长印、何欢、王之洲译，中国政法大学出版社2017年版，第1309 – 1317页。

度的启动要件作出严格的限定，不宜过分依赖这一方式来实现对利害关系人的保护。此外，在充分保障利害关系人均享有异议表达渠道的情况下，若当事人未及时提出异议，可视为其已经放弃了主张异议的权利。这一主张的合理性植根于传统的诉讼法理论，即若当事人参与了令其不满的裁判的作出程序，那么他就不得就法院已作出的裁判或本可作出的裁判的问题提出上诉。① 况且，即便表决权交易行为系在法院批准重整计划之后才得以曝光，此时亦可通过侵权损害赔偿等制度为债权人提供救济。若日后立法明确将表决方式的正当性作为法院批准重整计划前的审查内容之一，甚至明确要求管理人承担防范表决权交易行为的义务，那么相关主体参与实施表决权交易的行为就明显违反了法律的规定，存在适用侵权制度的空间。如此一来，便能够在重整计划既判力与债权人保护之间实现一定程度上的平衡。

（二）善意表决规则

《美国破产法典》通过善意表决规则来实现对表决权交易行为的规制。根据《美国破产法典》第 1126 条（e）的规定，经利害关系人的申请，法院有权在通知与听证程序后将特定主体的表决意见予以排除，只要符合如下条件之一：（1）该表决并非基于善意；（2）该表决意见并非是以善意的方式或者以遵守破产法典的方式征集或取得的。② 被排除的表决意见将视为废票，且不计入计算基数，相关表决组的表决结果由剩余的表决票及表决债权人数根据双重多数决规则决定。

1. 善意表决规则的比较优势

相比于重整计划批准制度，善意表决规则在规制不正当表决方面有其独特优势。具体如下：

其一，重整计划批准制度无法应对表决权交易的所有情形。前已述及，通过明确重整计划的批准条件，增设听证会等程序要求，有利于规制表决权交易行为。遗憾的是，重整计划批准制度在面对恶意表决以阻碍重整计划通过的情形时无法被有效激活。在恶意阻碍重整计划通过的情况下，由于债权人会议未

---

① 参见韩长印、张旭东：《重整程序中未申报债权的清偿规则研究》，载《法律适用》2021 年第 9 期。

② See 11 U. S. C. § 1126（e）.

表决通过重整计划，法院此时根本不会收到管理人或债务人提交的请求批准重整计划的申请，遑论对重整计划的表决方式是否正当充分的审查了。

其二，重整计划批准制度无法规制不正当表决的所有情形。表决权交易行为并非操控重整计划表决结果的唯一手段。例如，债权收购亦可成为控制重整计划表决结果的途径之一。由于重整计划的表决采取了双重多数决机制，债权人完全可以通过债权收购的方式在特定的表决组中获得债权额的优势，进而在特定表决组中获得对重整计划的一票否决权。此时，由于债权人是通过公开的债权交易而获得债权额上的多数，不涉及对双重多数决的破坏，难谓重整计划的表决方式存在不正当的情况，故重整计划批准制度难以发挥作用。

但是，这不意味着这种情况不需要得到法律的规制。原因在于，若此时不赋予法院审查债权人表决动机的权力，债权人此时大可漫天要价，将私人利益凌驾于重整制度的多元目标之上。诚然，一个可能的质疑是：债权人基于自己的利益作出投票选择是人之本性，要求债权人在表决重整计划时考虑个人利益以外的重整目标似乎过分严苛。但是，若允许特定的债权人对重整计划草案享有一票否决权，那么该债权人将事实上享有强迫所有重整参与方接受其对重整计划可行性、企业重整价值评估的判断。① 若肯定特定的债权人可对重整计划享有绝对的一票否决权，即锁定地位（*Blocking Position*），将事实上导致该债权人享有主宰重整程序的能力，有违重整程序促进协商，平衡诸多破产法政策目标的宗旨。因此，此类受不当表决动机趋势而做出的表决行为也应当受到规制。

对于以上重整计划批准制度无法规制却具备规制必要性的不正当表决行为，善意表决规则可有效发挥作用。善意表决规则的立法目的在于应对重整程序中同处同一表决组的债权人之间的利益冲突。若债权人与同一表决组的其他债权人之间存在利益冲突且该利益冲突的性质足以正当化法院行使排除该债权人表决权的权力时，如债权人为损害同组少数债权人的利益而表决重整计划等情况，善意表决规则即得以适用。② 具体而言，重整制度的一个基本预设是：债权人会将扩大其清偿份额作为自己表决重整计划的出发点，而提高债权清偿率的主

---

① See Linda J. Rusch, *Single Asset Cases and Chapter 11: The Classification Quandary*, American Bankruptcy Institute Law Review, Vol. 1: 1, p. 43 –64 (1993).

② See H. R. Rep. No. 95 –595, 95th Cong., 1st Sess, at 411.

要方式就是促进债务人财产的保值增值，故这一表决动机将最终促进破产法的政策目标之一——破产财产价值最大化的实现。① 若债权人的表决动机与这一预设相违背，即意味着其与本组其他债权人之间存在着利益冲突。此时若继续肯定其表决意见的效力，不仅对同组其他债权人而言显失公平，还有与破产财产价值最大化的追求背道而驰的危险。

我国破产实践的发展需要善意表决规则的保障。学界已经注意到，我国破产实践中已经出现了债权交易的现象，而随着破产债权交易市场的发展壮大，相伴而来的控制权争夺现象极易滋生表决权滥用的问题，此时善意表决规则将成为有效应对的方案之一。② 因此，我国破产法应当未雨绸缪，事先为实践中可能出现的不正当表决行为作出防范。通过善意表决规则以及重整计划批准制度的同步建构与完善，实现对包括表决权交易行为在内的不正当表决行为的事先防范与有效控制。

综上所述，从规制的全面性出发，善意表决规则有重整计划批准制度无法替代的独到优势。我国破产立法应当引入善意表决规则。

2. 善意表决规则的适用范围

何为善意（*Good Faith*）？对于这一问题，美国破产法典并未给出明确的答案，而是将判断的权力委诸法院进行个案认定。认定的难点在于：如何将债权人的自利动机与非善意表决之间作出清晰的区隔？毕竟，重整计划的协商本质允许债权人以反对重整计划为要挟争取自身权益，而这显然不能构成一种非善意的情形。③ 对于这一问题，美国破产学界未能够提出一个普适的标准，而司法裁判所提供的指引亦是有限的。④ 可以说，善意概念本身的模糊性导致了其适用的裁量性，无法总结归纳出一条清楚确定的司法裁判规则。但是，基于对

---

① See Christopher W. Frost, *Bankruptcy Voting and the Designation Power*, American Bankruptcy Law Journal, Vol. 82: 2, p. 155 - 190 (2013).

② 参见谢肇煌：《公司重整中债权交易的法律规制》，载《财经法学》2023 年第 1 期；丁燕：《破产重整企业债权融资的异化及其解决》，载《华东政法大学学报》2019 年第 4 期。

③ 参见［美］查尔斯·J. 泰步：《美国破产法新论》，韩长印、何欢、王之洲译，中国政法大学出版社 2017 年版，第 1234 页。

④ See Andrew Africk, *Trading Claims in Chapter* 11: *How Much Influence Can Be Purchased in Good Faith under Section* 1126?, University of Pennsylvania Law Review, Vol. 139: 5, p. 1393 - 1422 (1991).

判例的梳理，可以将善意表决规则的典型适用情形归为以下几类：

（1）为恶意破坏债务人营业而表决

在*In re* MacLeod Co.，Inc. 一案中，债务人的数名职工都给重整计划投了反对票。法院经听证会后发现，前述职工均已入职债务人的竞争企业，且在破产程序进行中，上述职工多次联系法院表达了对债务人的不满，认为法院不应当允许债务人继续存续。此外，债权额普遍超过160万美元的普通债权人大多投票通过了重整计划，而前述职工的债权基本不超过2000美元，却纷纷投了反对票。基于以上种种蹊跷之处，法院最终认定前述职工主观上存在破坏债务人营业的恶意，进而排除了他们的表决意见。①

（2）为获得比同组债权人更优待遇而表决

在*In re* Featherworks Corp. 一案中，一名债权人在得到债务人关联人所提供的25,000美元后将其对重整计划的反对票更改为赞成票。尽管债权人主张其表决意见的变更未受到债务人关联人所提供款项的不当影响，但法院还是认为该债权人改变表决意见的时间与背景使其充满了不当表决的嫌疑。法院进一步指出：破产法典仰赖债权人的自利动机来避免破产程序的滥用，若一项重整计划经双重多数决而表决通过，法院就有合理理由相信该重整计划是符合债权人最佳利益的。但是，若特定的债权人得到了其他同组债权人享受不到的特殊对价，那么其表决意见就不可避免地具有偏颇性，最终损害了破产法典的内在控制机制。②

（3）为获得债权人在破产程序中不应得的利益而表决

在*In re* DBSD North America，Inc. 一案中，一名债权人在债务人破产程序开始后收购了大量债权，获得了对债务人重整计划的一票否决权。法院经调查后认为，该债权人的投票动机不在于最大化自己的债权清偿率，而是为了争夺对债务人的控制权，进而排除了该债权人的表决意见。不过，法院同时强调，这一决定并不意味着重整实践中通过债权收购谋求重整企业控制权的行为都应当得到禁止。法院禁止的是通过滥用锁定地位来争夺重整企业控制权的方式。③换言之，重整程序不应该沦为特定债权人谋求个人利益的工具。

---

① See *In re* MacLeod Co.，Inc.，63 B. R. 654（Bankr. S. D. Ohio 1986）.

② See *In re* Featherworks Corp.，25 B. R. 634（Bankr. N. Y.，1982）.

③ See *In re* DBSD North America，Inc.，634 F. 3d 79（2d Cir. 2011）.

因此，非善意表决情形主要有：出于恶意破坏、控制债务人营业等与债权人利益显然无关的、纯粹的恶意而表决；为获得比同组其他债权人更优的待遇而表决；为获得债权人在破产程序中本不应得的利益而表决。[①] 值得注意的是，在里程碑式的 *In re P－R Holding Corp.* 案中，美国破产法院确立了这样的一条规则：若为了确保重整计划表决通过而收购债权，那么为这些债权所支付的对价应当与同组未参加债权收购的债权人所能从重整计划中获得的清偿待遇相同，否则就构成一种不公平的歧视待遇，相应表决意见也将被认定为非善意并被排除。[②] 其原因在于，重整程序应当确保同一组别的所有人获得同样的清偿，而为某一笔债权所支付的、高于其在重整计划中所获清偿方案的对价很大程度上反映了控制权溢价，而控制权溢价应当覆盖到表决组别中的每一个人，否则即违反了公平对待的要求。[③]

重整计划表决权交易是善意表决规则的规制对象之一，因为重整计划表决权的交易对价不仅不属于债权人在破产程序中应当获得的利益，还会导致特定债权人获得比同组其他债权人更优的清偿待遇。美国破产学界亦普遍持此态度。有学者主张，表决权人不得滥用破产制度，他们虽然有权投票，但是不能将其表决权予以出卖或者以其作为打击债务人的武器。[④] 有观点在总结美国破产法院的判决规律后指出，为破产债权人提供经济利益以换取其对重整计划的表决票是不妥当的，即便双方的协议内容里没有明确表示该经济利益与重整计划表决内容之间存在对价关系，但法院往往会将相应的表决行为认定为非善意进而对该债权人的表决权予以排除。[⑤] 因此，虽然善意表决规则的适用范围不甚清晰，但重整计划表决权交易应当受其规制已成为美国破产学界及实务界的主流观点，实施表决权交易行为的主体面临着被法院排除表决权的极大风险。

---

① Mark G. Douglas, *Disenfranchising Strategic Investors in Chapter 11: Loan to Own Acquisition Strategy May Result in Vote Designation*, Pratt's Journal of Bankruptcy Law, Vol. 6: 5, p. 383－395 (2010).

② *In re* P－R Holding Corp., 147 F. 2d 895 (C. A. 2 1945).

③ 参见［美］道格拉斯·G. 贝尔德：《美国破产法精要（第六版）》，徐阳光、武诗敏译，法律出版社 2020 年版，第 274－275 页。

④ 参见［美］查尔斯·J. 泰步：《美国破产法新论》，韩长印、何欢、王之洲译，中国政法大学出版社 2017 年版，第 1234 页。

⑤ See Susan E. Trent & Mark A. Warsco, *Buying Votes in Chapter 11*, American Bankruptcy Institute Journal, Vol. 30: 1, p. 61 (2011).

3. 善意表决规则的滥用风险

最后，一个需要回应的隐忧是，善意表决规则是否会赋予法院过大的裁量权，进而对破产制度造成损害？这一担忧有我国特殊的现实背景。学界对我国法院在破产程序中的权力误用问题一直有所顾虑。有学者曾经指出，我国关于法院强制批准重整计划的有关规定在内容上的宽泛、原则和不周延，在客观上为司法实务运用强制批准制度干预当事人的自治提供了较为广阔的空间，也事实上导致了实践中法院频繁动用强制批准权力的现象。[①] 然而，善意表决规则一直被视为“国会委托给法院的权力”，由法院在具体个案中基于自己的自由裁量权对越界的债权人进行认定。[②] 在这种现实背景下，通过善意表决规则进一步扩大法院的权力又是否妥当？

对此，本文认为，破产实践的复杂性必然要求破产制度具有灵活性。因此，对于很多问题，破产法都无法在规则上给出一个“非黑即白”的处理方案，唯有通过赋予法院自由裁量权的方式实现个案中的灵活处理。现代破产法熔铸了广泛的立法目标和理念，不再仅仅立足于单一债权人利益保护的基石之上，还将企业挽救、社会经济等追求贯彻于破产制度的立法、司法等各个环节之中。[③] 正因为破产程序承载着如此多的价值追求，才导致无法为破产公司治理提炼出一条单一的、可供适用的指导原则，也导致实践中的破产公司治理结构呈现出一种务实、灵活的特征，以此应对复杂的利益冲突。[④] 而法院所享有的自由裁量权正是破产制度灵活性的一种保障手段。就连一向强调当事人意思自治的美国破产法典亦是如此。正如美国破产学者所指出的，在破产程序中，几乎所有由债务人管理人、股东以及债权人行使的权利都可以成为法院自由裁量权干涉的对象，法院有权决定重整程序企业治理的所有内容，只不过实践中的绝大多数法院都采取了克制的态度。[⑤] 事实上，针对善意表决规则，有学者就建议法

① 参见邹海林：《法院强制批准重整计划的不确定性》，载《法律适用》2012年第11期。

② See *In re* DBSD North America, Inc., 634 F. 3d 79 (2d Cir. 2011).

③ 参见韩长印：《企业破产立法目标的争论及其评价》，载《中国法学》2004年第5期。

④ See Christopher W. Frost, *The Theory, Reality, and Pragmatism of Corporate Governance in Bankruptcy Reorganizations*, American Bankruptcy Law Journal, Vol. 72: 1, p103－156 (1998).

⑤ See Lynn M. LoPucki & William C. Whitford, *Corporate Governance in the Bankruptcy Reorganization of Large, Publicly Held Companies*, University of Pennsylvania Law Review, Vol. 141: 3, p669－800 (1993).

院以一种更积极的姿态投身于不当表决行为的规制之中，以应对新兴金融衍生品对重整计划表决机制的负面影响。[①] 我国破产制度同样见证着新兴金融衍生品的萌发，亦面临着伴随其发展壮大而带来的风险，例如名义债权人与实际债权人分离导致表决权的行使不符合实际债权人最佳利益等一系列的问题。[②] 可见，赋予法院足够的自由裁量权，亦是破产制度回应复杂实践需求的必要举措。

但是，前述学者的顾虑亦不无道理。毕竟，对重整计划的表决权是债权人所拥有的、对重整程序影响最为深远的权利。若法院不当地排除了债权人的表决权，不仅损害了特定债权人的利益，还可能颠覆整个重整案件的命运。为了在破产制度的灵活性与法院权力行使的审慎性之间取得平衡，除了对各项适用要件予以具体化之外，亦可通过司法解释、指导性案例等方式尽可能统一司法实践，为法院自由裁量权的行使提供尽可能多的指引。此外，亦可通过设置相关的程序要件来限制法院的权力，具体包括：其一，可规定法院排除债权人的表决权需以债权人、债务人等利害关系人的申请为前提，禁止法院主动行使这一权力。美国破产法典即将“利害关系人的动议”作为法院启动表决权排除权力的前提要件之一。[③] 其二，要求申请排除表决权的利害关系人承担举证责任，法院行使这一权力需要有充分的事实依据。例如，有学者主张赋予相关人“善意表决的推定”，并由指控他人恶意表决的利害关系人证明不当表决动机及相关负面影响确实存在。[④] 其三，为被排除表决权的债权人提供申辩渠道，以保障其充分反驳指控、表达异议的权利。可资借鉴的是，美国破产法典要求法院动用表决权排除权力之前需经过妥当的通知及听证程序，以保障各方的意见均能得到顺畅的表达，避免如此重要的权力被误用或滥用。[⑤] 其四，针对被排除表决意见的主体，应当赋予他们向上一级法院申请复议的权利，以实现权力行使

① See Christopher W. Frost, *Bankruptcy Voting and the Designation Power*, American Bankruptcy Law Journal, Vol. 82: 2, p. 162 (2013).

② 参见陈熹：《金融交易改变破产重整债权人的利益格局——以美国破产法重整制度为例分析》，载《上海金融》2018 年第 4 期。

③ See 11 U. S. C. § 1126 (e).

④ See Andrew Africk, *Trading Claims in Chapter 11: How Much Influence Can Be Purchased in Good Faith under Section 1126?*, University of Pennsylvania Law Review, Vol. 139: 5, p. 1393 – 1422 (1991).

⑤ See 11 U. S. C. § 1126 (e).

的纵向监督。鉴于诸如以上的措施均可限制和规范法院自由裁量权的行使。而为避免自由裁量权的滥用而不赋予法院相关权力，则可能导致破产制度失去灵活性的品格，颇有因噎废食、削足适履之感。

（三）小结

综上所述，我国应当完善重整计划批准制度，同时引入善意表决规则，形成制度合力，以有效规制表决权交易行为。

在重整计划批准制度方面，我国《企业破产法》应当作如下完善：首先，法院在收到管理人或债务人提交的批准重整计划的申请后，应当召开听证会听取债权人、债务人等利害关系人的意见，并提前将听证会的召开时间、地点予以妥善通知，会后将听证会内容及时形成书面记录并予以公示。其次，法院在决定是否批准重整计划时，应当审查重整计划是否具备可行性与合法性，是否满足债权人最低保障规则以及公平对待规则，表决方式是否正当等。若不满足上述要件的其中之一，法院就应当拒绝批准重整计划。最后，若法院批准重整计划的裁定是在受欺诈的情况下作出的，法院可基于利害关系人的申请撤销批准重整计划的裁定，但以撤销裁定的利益大于不利益，且不存在其他可供救济的途径为限。

在善意表决规则方面，我国《企业破产法》可采取如下规则进路：其一，引入善意表决规则，规定基于利害关系人的申请，法院可在召开听证会程序后排除特定主体对重整计划的表决意见，只要该主体对重整计划的表决非基于善意；其二，赋予被排除表决意见的主体救济渠道。例如，被排除表决意见的主体可就该裁定向上级法院申请复议。上级法院应当在收到复议申请之日起的一定期限内作出是否维持原裁定的裁定，并在裁定中充分回应复议申请人的异议。复议期间原则上不停止原裁定的执行，但鉴于破产程序尤其是重整计划执行的不可逆特点，法院应当要求管理人或债务人在复议期间避免采取若计划被撤销则难以恢复原状的行为、以免对当事人的利益造成无法挽回的损害。

六、结语

本文基于司法判例，指出重整实践中已然出现了重整计划表决权交易的现象，并产生了一定的合法性争议。本文在对重整计划表决权交易现象的成因进行分析之后，试图证成规制重整计划表决权交易的必要性，并在指出现有规则不足以有效规范表决权交易行为的基础上，建议我国未来立法对重整计划批准制度进行完善，引入善意表决规则，以实现对表决权交易行为的全面规制。

本论题所引发的深层次思考是：应当如何理解破产程序中的表决机制？主流观点认为：破产表决的目的在于实现破产财产价值最大化，而当债权人不再基于其分配利益而进行表决时，破产表决机制将不再能反映其设立初衷，此时该债权人的表决意见应当被排除。① 然而，随着破产逐渐成为一个常态的社会事件，越来越多的投资者意识到破产企业的商业价值并积极投身于破产重整之中，甚至披上债权人的外衣左右重整计划的表决结果，企图在破产程序中实现债权清偿之外的其他商业追求。这一现象挑战甚至颠覆了破产法关于表决机制的预设。正如著名美国破产法学者大卫·斯基尔所言，破产实践中各种新兴现象已经“扭曲”了破产程序的表决机制，即便我们可以轻易地基于破产法的规定去否定这些扭曲行为，破产实践往往不允许我们这么做。② 可见，对于破产实践中出现的种种挑战、背离破产程序表决机制的行为，究竟是一种对法律规定的背离还是一种超越，尚存在较大的讨论空间。因此，如何理解破产程序中的表决机制、如何应对表决动机异化现象给破产制度所带来的冲击，还有赖于学术界与实务界基于破产法的制度精神以及实践需求而展开更加周密与审慎的论述。

---

① See Christopher W. Frost, *Bankruptcy Voting and the Designation Power*, American Bankruptcy Law Journal, Vol. 82: 2, p. 155 – 190 (2013).

② 例如，大量出现在重整实践中的重整支持协议（restructuring support agreement），往往为签署重整支持协议、预先表示支持重整计划的债权人支付费用，使得此行为事实上与表决权购买行为无异。对此，大卫·斯基尔认为，由于现代企业重整对效率提出了更高的要求，且美国存在发展程度较高的债权转让市场，导致不良债权交易者能够轻易地获得特定表决组内的锁定地位，阻碍重整计划的通过，所以在一定情况下可以在破产程序中承认重整支持协议的效力，因为其可以有效解决破产程序中的钳制成本，促进了重整计划的通过。See David A. Skeel Jr., *Distorted Choice in Corporate Bankruptcy*, Yale Law Journal, Vol. 130: 2, p. 366 – 427 (2020). 可见，对于种种与破产程序表决机制存在矛盾的行为，不同的学者基于不同的破产实践情况可能得出完全不同的看法。